すぐわかる！韓国語活用辞典

石賢敬［監修］

高橋書店

はじめに

　本書は、韓国語の初歩的な勉強を終え、K-POPの歌詞や韓流ドラマの字幕などを読めるようになりたい、韓国語でブログやメールを書いてみたい方を対象に、韓国語の動詞・形容詞などの用言924語の基本的な活用形をまとめています。

　文字の読み方を学び、単語を少しずつ覚え、簡単な文へと学習を進めていくと、単語と単語の間で起こる音声変化や、用言のさまざまな活用形に気づくようになり、韓国語の難しさを感じてきます。音声変化については、読み仮名を見れば何となくわかりますが、活用形の仕組みは、文を読むだけでは理解しにくいでしょう。

　しかし、日本語で「行く－行きません－行けば」という活用形を覚えれば「書く」も「書きません－書けば」と活用させられるのは、韓国語も同じです。

　本書ではさまざまな活用形から、まず、1つの単語につき16の基本的な活用形を整理し、一覧表にしました。さらに、各用言に同じ活用表を使い、いくつかの単語を調べていくうちに、活用語尾の形、つまり活用の仕組みが自然に身につくようになっています。

　韓流ドラマのせりふや歌詞にあった活用形を本書で探したり、活用表を使って文を書いたりして韓国語にさらに親しみ、「用言の活用」という韓国語学習の最初の難関を楽しみながらマスターされることを願っています。

目　次

はじめに ………………………………………… 2
韓国語の用言について ………………………… 4
本書の活用表の構成 …………………………… 5

活用辞典を読むための基本知識 ………… 9

1　韓国語の文字・ハングル ………………… 10
2　音声変化 …………………………………… 20
3　用言の活用パターン ……………………… 33

活用辞典 (全924語)

あ行 (158語) ……………………………………… 50
か行 (128語) …………………………………… 129
さ行 (128語) …………………………………… 193
た行 (128語) …………………………………… 257
な行 (96語) …………………………………… 321
は行 (96語) …………………………………… 369
ま行 (96語) …………………………………… 417
や行 (56語) …………………………………… 465
ら行 (20語) …………………………………… 493
わ行 (18語) …………………………………… 503

韓国語の用言について

　本書は、韓国語の基本的な「活用する語（用言）」の活用形をまとめた辞典です。日本語の「行く」は「行かない」「行きます」、「美しい」は「美しかった」「美しくない」などと活用します。韓国語も同じで、基本の形の「行く」だけを知っていても、活用を知らなければ話したり書いたりできません。

▎韓国語の用言とは

日本語と韓国語では用言に含まれる品詞が多少異なります。

日本語の用言	動詞	形容詞	形容動詞		
韓国語の用言	動詞	形容詞		存在詞	指定詞

①韓国語には形容動詞という区分がない
　「きれいだ」「元気だ」は形容詞になります。本書では日本人学習者のために「形容動詞」と表記していますが、本来、韓国語にはこのような分け方はありません。
②「存在詞」がある
　日本語の「ある／いる」「ない／いない」などにあたる語を存在詞と言います。
③「指定詞」がある
　日本語の「積極的である」「積極的ではない」のように「名詞＋である／～ではない」にあたる語です。

▎語幹と語尾

韓国語の用言の基本形（辞書形という）はすべて-다の形になります。

「行く」（動詞）　　　　　＝가다（カダ）　　「多い」（形容詞）＝많다（マンタ）
「ある／いる」（存在詞）　　　　　　　　　＝있다（イッタ）　「～だ」（指定詞）　＝-이다（イダ）

そして、辞書形から다を除いた部分が「語幹」です。

　　　　　　　가다　　➡　　　가　　＋　　다
　　　　　　辞書形　　　　　語幹　　　　語尾

韓国語の用言は、다を除いた語幹にさまざまな語尾をつけて活用させます。

活用について、詳しくはp.33～をご覧ください。

本書の活用表の構成

- 見出し語
- 辞書形
- 読み方 *文字の読み方はp.10〜19参照。
- 品詞の別
- 活用の種類 詳しくはp.33〜参照。

| 愛する | 사랑하다 | サランハダ | 動形 形動 規則 |

요체 愛します	사랑해요 サランヘヨ	〜てください 愛してください	사랑해 주세요 サランヘ ジュセヨ
否定 愛しません	사랑하지 않아요 サランハジ アナヨ	〜ないでください 愛さないでください	사랑하지 마세요 サランハジ マセヨ
過去 愛しました	사랑했어요 サランヘッソヨ	仮定 愛すれば	사랑하면 サランハミョン
現在連体 愛する(人)	사랑하는 (사람) サランハヌン サラム	〜たいです 愛したいです	사랑하고 싶어요 サランハゴ シポヨ
過去連体 愛した(人)	사랑한 (사람) サランハン サラム	〜て 愛して	사랑하고 サランハゴ
未来連体 愛する(人)	사랑할 (사람) サランハル ッサラム	〜でしょう 愛するでしょう	사랑할 거예요 サランハル ッコエヨ
〜から 愛するから	사랑하니까 サランハニッカ	〜と思います 愛すると思います	사랑할 것 같아요 サランハル ッコッ カタヨ
〜けれど 愛するけれど	사랑하지만 サランハジマン	意志 愛します	사랑하겠어요 サランハゲッソヨ

ひと言フレーズ ずっとあなたを愛します。
영원히 당신을 사랑하겠어요. ヨンウォニ タンシヌル サランハゲッソヨ

- 活用表
日本語の色文字は活用の形、黒い文字は見出し語の活用形を示しています。

- ミニコラム
①活用形を使ったひと言フレーズ
②表にはない、その他の活用形
③見出し語の類義語
などが書かれています。

- 韓国語の活用形と読み方
*辞書形から変化した部分を色文字にしています。

(辞書形)　　사랑하다　　サランハダ
(〜けれど)　사랑하지만　サランハジマン

そのほか、表の右上には

ハングル検定5級程度の基本単語

活用に注意したい単語

発音に注意したい単語

を示しています。

1 動詞の活用表の例

動詞では、それぞれ16の活用形を示しています。

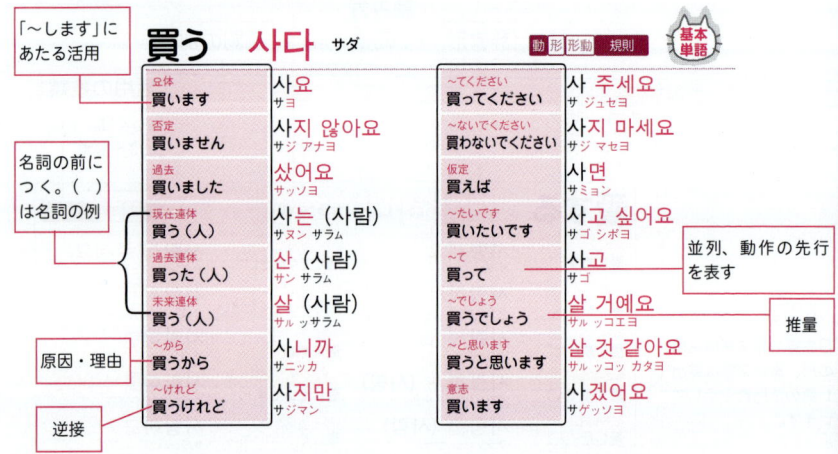

	買う 사다 サダ		動 形動 規則 基本単語
丁寧体 買います	사요 サヨ	~てください 買ってください	사 주세요 サ ジュセヨ
否定 買いません	사지 않아요 サジ アナヨ	~ないでください 買わないでください	사지 마세요 サジ マセヨ
過去 買いました	샀어요 サッソヨ	仮定 買えば	사면 サミョン
現在連体 買う(人)	사는 (사람) サヌン サラム	~たいです 買いたいです	사고 싶어요 サゴ シポヨ
過去連体 買った(人)	산 (사람) サン サラム	~て 買って	사고 サゴ
未来連体 買う(人)	살 (사람) サル ッサラム	~でしょう 買うでしょう	살 거예요 サル ッコエヨ
~から 買うから	사니까 サニッカ	~と思います 買うと思います	살 것 같아요 サル ッコッ カタヨ
~けれど 買うけれど	사지만 サジマン	意志 買います	사겠어요 サゲッソヨ

「~します」にあたる活用
名詞の前につく。( )は名詞の例
原因・理由
逆接
並列、動作の先行を表す
推量

比べてみよう

下は同じ規則動詞「輝く」の活用表です。上の「買う」の表と1つひとつの活用形を見比べると、韓国語の赤い部分がほぼ同じであることがわかります。

	輝く 빛나다 ピンナダ		動 形動 規則
丁寧体 輝きます	빛나요 ピンナヨ	~てください 輝いてください	빛나 주세요 ピンナ ジュセヨ
否定 輝きません	빛나지 않아요 ピンナジ アナヨ	~ないでください 輝かないでください	빛나지 마세요 ピンナジ マセヨ
過去 輝きました	빛났어요 ピンナッソヨ	仮定 輝けば	빛나면 ピンナミョン
現在連体 輝く(太陽)	빛나는 (태양) ピンナヌン テヤン	~たいです 輝きたいです	빛나고 싶어요 ピンナゴ シポヨ
過去連体 輝いた(太陽)	빛난 (태양) ピンナン テヤン	~て 輝いて	빛나고 ピンナゴ
未来連体 輝く(太陽)	빛날 (태양) ピンナル テヤン	~でしょう 輝くでしょう	빛날 거예요 ピンナル ッコエヨ
~から 輝くから	빛나니까 ピンナニッカ	~と思います 輝くと思います	빛날 것 같아요 ピンナル ッコッ カタヨ
~けれど 輝くけれど	빛나지만 ピンナジマン	意志 輝きます	빛나겠어요 ピンナゲッソヨ

2 形容詞・形容動詞の活用表の例

ここでも、それぞれ16の活用形を示しています。

(形容詞)

(形容動詞)

動詞の場合と同様、同じ活用の種類の形容詞、形容動詞を比べると、活用の形がほぼ同じであることがわかります。p.50以降で確かめてください。

3 存在詞の活用表の例

있다（イッタ、ある／いる）と 없다（オプタ、ない／いない）、そして 맛있다（マシッタ、おいしい）、맛없다（マドプタ、まずい）のように -있다、-없다で終わる用言が存在詞です。存在詞は、連体形以外では形容詞とほぼ同じ活用をするので、形容詞の活用表と同じものを使っています。

ある／いる 있다 イッタ 存在詞　規則 活用に注意！ 基本単語

요体 あります	있어요 イッソヨ	～のに あるのに	있는데 インヌンデ
否定 ありません	없어요 オプソヨ	～くても あっても	있어도 イッソド
過去 ありました	있었어요 イッソッソヨ	仮定 あれば	있으면 イッスミョン
過去否定 ありませんでした	없었어요 オプソッソヨ	～けれど あるけれど	있지만 イッチマン
現在連体 ある（もの）	있는（물건） インヌン ムルゴン	～でしょう あるでしょう	있을 거예요 イッスル ッコエヨ
過去連体 あった（もの）	있던（물건） イットン ムルゴン	～ようです あるようです	있는 것 같아요 インヌン ゴッ カタヨ
～くて あって	있고 イッコ	～くないようです ないようです	없는 것 같아요 オムヌン ゴッ カタヨ
～から あるから	있으니까 イッスニッカ	～く	————

4 指定詞の活用表の例

의외이다（ウィウェイダ、意外だ）のような名詞（ここでは의외「意外」）に -이다（〜である）がついた語が指定詞です。指定詞は形容動詞とほぼ同じ活用をするので、形容動詞の活用表を使っています。

意外だ 의외이다 ウィウェイダ 指定詞　規則

요体 意外です	의외예요 ウィウェエヨ	～なのに 意外なのに	의외인데 ウィウェインデ
否定 意外ではないです	의외가 아니에요 ウィウェガ アニエヨ	～でも 意外でも	의외라도 ウィウェラド
過去 意外でした	의외였어요 ウィウェヨッソヨ	仮定 意外であれば	의외라면 ウィウェラミョン
過去否定 意外ではなかったです	의외가 아니었어요 ウィウェガ アニオッソヨ	～だけれど 意外だけれど	의외지만 ウィウェジマン
現在連体 意外な（質問）	의외의（질문） ウィウェエ ジルムン	～でしょう 意外でしょう	의외일 거예요 ウィウェイル ッコエヨ
過去連体 意外だった（質問）	의외이던（질문） ウィウェイドン ジルムン	～そうです 意外そうです	의외인 것 같아요 ウィウェイン ゴッ カタヨ
～で 意外で	의외이고 ウィウェイゴ	～ではないようです 意外ではないようです	의외가 아닌 것 같아요 ウィウェガ アニン ゴッ カタヨ
～だから 意外だから	의외이니까 ウィウェイニッカ	～に 意外に	의외로 ウィウェロ

この部分の活用が形容動詞と異なる

> 注
> ①本書では、요体（ヨ体）の活用形を扱っています。
> ②各語によく使う16の活用形を示していますが、これ以外にも活用形はあります。
> ③形容動詞は韓国語にはない分類ですが、日本語に合わせて形容動詞と表記しています。
> ④韓国語の活用形がないところには、表中に線を入れています。

活用辞典を読むための基本知識

1 韓国語の文字・ハングル ……… 10
2 音声変化 …………………… 20
3 用言の活用パターン ………… 33

本書を活用するために必要な基本事項の確認をしましょう。

1 韓国語の母音、子音、複合母音のほか、韓国語の特徴であるパッチムを扱います。
2 単語や文の中で、文字本来の読み方が変化する「音声変化」について確認します。
3 用言の活用パターンを押さえます。

こうした知識をまず確認して、本書を有効に活用しましょう。

韓国語の文字・ハングル

ハングルは子音パーツと母音パーツを組み合わせてできる、ローマ字に似た作りになっています。本書の活用表をスムーズに読めるよう、ハングルの子音や母音をおさらいしましょう。

パターン1　子音＋母音

パターン1には、母音が子音の右に来る形と下に来る形の、2種類あります。

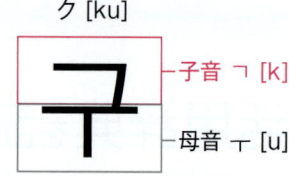

パターン2　子音＋母音＋子音（パッチム）

パターン1の下に、もう1つ子音がつくパターンの文字です。下につくこの子音を「パッチム」と呼びます。

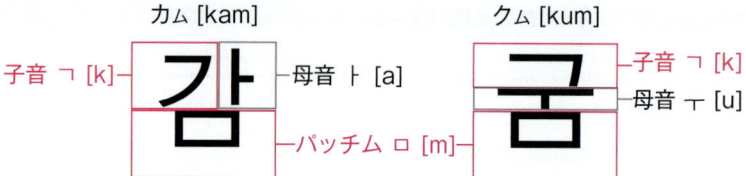

パターン3　子音＋母音＋子音（パッチム）2つ

数は少ないですが、パターン1の下にパッチムが2つつく文字もあります。（この文字の発音のしかたはp.32参照）

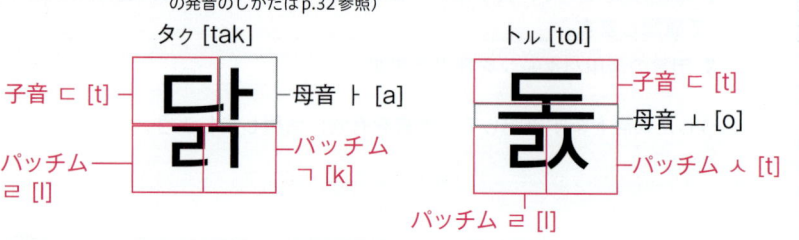

1 基本母音と発音

韓国語には、母音が全部で21個あります。その中で「基本母音」と呼ばれる10個が、下の表の赤い文字です。

① 右段にあるように、日本語の「ヤ、ユ、ヨ」に似ている音も母音となる
② 左段の「オ」「ウ」、右段の「ヨ」には2つずつ文字がある
③ ハングルは「子音＋母音」の組み合わせなので、実際に母音を書くときには、無音の子音「ㅇ」をつけて아、야…のように書く

といった特徴があります。

基本母音	発音	子音ㅇとの組み合わせ	基本母音	発音	子音ㅇとの組み合わせ
ㅏ	日本語のアとほぼ同じ	ア 아	ㅑ	日本語のヤとほぼ同じ	ヤ 야
ㅓ	口を半開きの状態でオ	オ 어	ㅕ	口を半開きの状態でヨ	ヨ 여
ㅗ	唇を突き出すようにすぼめてオ	オ 오	ㅛ	唇を突き出すようにすぼめてヨ	ヨ 요
ㅜ	唇を突き出すように丸めてウ	ウ 우	ㅠ	唇を突き出すように丸めてユ	ユ 유
ㅡ	口を横に引いてウ	ウ 으	ㅣ	日本語のイとほぼ同じ	イ 이

＊子音と母音の並び方は
　①左右に並ぶ……아／야／어／여／이
　②上下に並ぶ……오／요／우／유／으
「ㅇ」以外の子音と組み合わせるときも、母音は同じ並び方になります。

活用辞典を読むための基本知識

2 基本子音と発音

韓国語の子音は全部で19個あります。その中の「基本子音」と呼ばれる10個が、下の表の赤い文字です。

① 注意したいのは*のついた「ㄱ」「ㄷ」「ㅂ」「ㅈ」の発音です。これらの子音は、
- ・語頭（単語の始め）ではそれぞれ、「ク」「トゥ」「プ」「チュ」
- ・語中では濁って、「グ」「ドゥ」「ブ」「ジュ」になります。

  例 바다「海」 바は語頭なので「パ」、다は語中なので「タ」ではなく「ダ」。この単語は「パダ」と読みます。

② 左段の「ㅅ」(ス)は、語中では「ズ」になりそうに思えますが、この文字は語中にあっても「ス」と読みます。

基本子音	発音	母音ㅏとの組み合わせ	基本子音	発音	母音ㅏとの組み合わせ
*ㄱ	語頭では[k]、語中では[g]	カ 가	ㄴ	[n]	ナ 나
*ㄷ	語頭では[t]、語中では[d]	タ 다	ㄹ	[r/l]	ラ 라
ㅁ	[m]	マ 마	*ㅂ	語頭では[p]、語中では[b]	パ 바
ㅅ	[s]	サ 사	ㅇ	発音しない。パッチムの場合は[ŋ]	ア 아
*ㅈ	語頭では[tʃ]、語中では[dʒ]	チャ 자	ㅎ	[h]。日本語のハと同じ	ハ 하

3 激音・濃音と発音

残る9個の子音は「激音」(左段)、「濃音」(右段)と呼ばれます。基本子音と形が似ているので、前ページの表と比べてみましょう。

① 激音は、息をお腹から強く吐き出して発音します。
② 濃音は、反対に息を吐き出さないようにして発音します。この文字は、基本子音を2つ組み合わせた形をしています。
③ 激音と濃音は語中でも濁らないことがポイントです。

　例　커피(コピ)「コーヒー」、오빠(オッパ)(妹にとっての)「兄」

激音	発音	母音ㅏとの組み合わせ	濃音	発音	母音ㅏとの組み合わせ
ㅋ	息を強く吐きながら [k]	カ 카	ㄲ	まっかの「っか」	ッカ 까
ㅌ	息を強く吐きながら [t]	タ 타	ㄸ	やったの「った」	ッタ 따
ㅍ	息を強く吐きながら [p]	パ 파	ㅃ	かっぱの「っぱ」	ッパ 빠
ㅊ	息を強く吐きながら [tʃ]	チャ 차	ㅆ	きっさの「っさ」	ッサ 싸
			ㅉ	まっちゃの「っちゃ」	ッチャ 짜

活用辞典を読むための基本知識

4 複合母音と発音

韓国語には、基本母音のほかに11個の「複合母音」があります。基本母音に比べて複雑に見えますが、下のようなグループに分けると覚えやすくなります。

	複合母音	発音	子音○との組み合わせ	複合母音	発音	子音○との組み合わせ
ㅐ・ㅔのグループ	ㅐ	日本語のエとほぼ同じ	エ 애	ㅒ	日本語のイェとほぼ同じ	イェ 얘
	ㅔ	日本語のエとほぼ同じ	エ 에	ㅖ	日本語のイェとほぼ同じ	イェ 예
ㅗのグループ	ㅘ	日本語のワとほぼ同じ	ワ 와	ㅙ	日本語のウェとほぼ同じ	ウェ 왜
	ㅚ	日本語のウェとほぼ同じ	ウェ 외			
ㅜのグループ	ㅝ	日本語のウォとほぼ同じ	ウォ 워	ㅞ	日本語のウェとほぼ同じ	ウェ 웨
	ㅟ	口をやや突き出してウィ	ウィ 위			
ㅡのグループ	ㅢ	口を横に引いてウィ	ウィ 의			

의は、語中では「イ」、助詞「の」の意味で使うときは「エ」と発音します。

5 パッチムと発音

　p.10のパターン2のように、ハングルには「子音+母音」の下にさらに子音がつく文字がたくさんあります（表右の単語例参照）。このとき下につく子音を「パッチム」と言います。

① 21個ある子音のほとんどがパッチムになります。
② しかし、発音は7通りしかありません。文字が違っても同じ発音をするパッチムがあるからです。下の表で確認しましょう。韓国語を読むためには、パッチムの発音を理解しておくことがとても大切です。

発音	パッチム	発音のポイント	単語例
[m]	ㅁ	さんまと言うときの「ん」の音。唇を閉じ鼻から音を出す	キムチ 김치（キムチ）
[n]	ㄴ	みんなと言うときの「ん」の音。舌の先を前歯の裏側にしっかりつける	ラミョン 라면（ラーメン）
[ŋ]	ㅇ	りんごと言うときの「ん」の音。唇を閉じず、舌の先を下に下げる	サンチュ 상추（サンチュ）
[l]	ㄹ	舌の先を上あごにつけて発音する	カルビ 갈비（カルビ）
[p]	ㅂ ㅍ	コップの「コッ」で止めた「ッ」の音。唇は早く閉じ、息を漏らさない	ピビムパプ 비빔밥（ビビンバ）
[k]	ㄱ ㅋ ㄲ	サッカーの「サッ」で止めたときの「ッ」の音。口は開けたままで息を外に漏らさない	ククッ 국（スープ）
[t]	ㄷ ㅅ ㅈ ㅊ ㅌ ㅆ ㅎ	バッタの「バッ」で止めたときの「ッ」の音。舌の先を上の歯ぐきにつけて息を外に漏らさない	ハットグ 핫도그 （ホットドッグ）

＊　一番上の[m]から[k]までは、基本子音や激音・濃音のときの読み方から、発音が類推できます。最後の[t]のグループをしっかり覚えておくことがポイントです。

＊＊　パッチムの読み仮名は「ヶ」「ム」「ル」「プ」「ッ」のように小さい文字で表記しますが、ㅇとㄴの場合は、普通の文字の「ン」で表記します。

活用辞典を読むための基本知識

反切表(ハングル表)
はんせつ

　ハングルのすべての文字を一覧表にしたものを反切表と言います。表上のグレーの部分には、p.16は基本母音、p.17は複合母音が並んでいます。

子音字＼母音字	ト [a]	ㅑ [ja]	ㅓ [ɔ]	ㅕ [jɔ]	ㅗ [o]	ㅛ [jo]	ㅜ [u]	ㅠ [ju]	ㅡ [ɯ]	ㅣ [i]
ㄱ [k/g]	가 カ	갸 キャ	거 コ	겨 キョ	고 コ	교 キョ	구 ク	규 キュ	그 ク	기 キ
ㄴ [n]	나 ナ	냐 ニャ	너 ノ	녀 ニョ	노 ノ	뇨 ニョ	누 ヌ	뉴 ニュ	느 ヌ	니 ニ
ㄷ [t/d]	다 タ	댜 ティャ	더 ト	뎌 ティヨ	도 ト	됴 ティヨ	두 トゥ	듀 トュ	드 トゥ	디 ティ
ㄹ [r/l]	라 ラ	랴 リャ	러 ロ	려 リョ	로 ロ	료 リョ	루 ル	류 リュ	르 ル	리 リ
ㅁ [m]	마 マ	먀 ミャ	머 モ	며 ミョ	모 モ	묘 ミョ	무 ム	뮤 ミュ	므 ム	미 ミ
ㅂ [p/b]	바 パ	뱌 ピャ	버 ポ	벼 ピョ	보 ポ	뵤 ピョ	부 プ	뷰 ピュ	브 プ	비 ピ
ㅅ [s]	사 サ	샤 シャ	서 ソ	셔 ショ	소 ソ	쇼 ショ	수 ス	슈 シュ	스 ス	시 シ
ㅇ [無音/ŋ]	아 ア	야 ヤ	어 オ	여 ヨ	오 オ	요 ヨ	우 ウ	유 ユ	으 ウ	이 イ
ㅈ [tʃ/dʒ]	자 チャ	쟈 チャ	저 チョ	져 チョ	조 チョ	죠 チョ	주 チュ	쥬 チュ	즈 チュ	지 チ

p.18、19も同じです。表左の赤い部分には、p.16は基本子音、p.18は激音・濃音が並んでおり、各子音と各母音を組み合わせた文字が表の中にあります。表内の－は、その子音と母音を組み合わせた文字は実際には使わないことを示しています。

ㅐ [ɛ]	ㅒ [jɛ]	ㅔ [e]	ㅖ [je]	ㅘ [wa]	ㅙ [wɛ]	ㅚ [we]	ㅝ [wɔ]	ㅞ [we]	ㅟ [wi]	ㅢ [ɯi]
개 ケ	걔 キェ	게 ケ	계 キェ	과 クァ	괘 クェ	괴 クェ	궈 クォ	궤 クェ	귀 クィ	긔 クィ
내 ネ	－	네 ネ	녜 ニェ	놔 ヌァ	－	뇌 ヌェ	눠 ヌォ	눼 ヌェ	뉘 ヌィ	늬 ヌィ
대 テ	－	데 テ	뎨 ティェ	돠 トゥァ	돼 トェ	되 トェ	둬 トゥォ	뒈 トゥェ	뒤 トゥィ	－
래 レ	－	레 レ	례 リェ	롸 ルァ	－	뢰 ルェ	뤄 ルォ	뤠 ルェ	뤼 ルィ	－
매 メ	－	메 メ	－	뫄 ムァ	－	뫼 ムェ	뭐 ムォ	뭬 ムェ	뮈 ムィ	－
배 ペ	－	베 ペ	볘 ピェ	봐 プァ	봬 プェ	뵈 プェ	붜 プォ	붸 プェ	뷔 プィ	－
새 セ	－	세 セ	－	솨 スァ	쇄 スェ	쇠 スェ	쉬 スォ	쉐 スェ	쉬 シュィ	－
애 エ	얘 イェ	에 エ	예 イェ	와 ワ	왜 ウェ	외 ウェ	워 ウォ	웨 ウェ	위 ウィ	의 ウィ
재 チェ	쟤 チェ	제 チェ	－	좌 チュア	좨 チュエ	죄 チュエ	줘 チュォ	줴 チュエ	쥐 チュィ	－

活用辞典を読むための基本知識

（反切表の続き）

子音字 \ 母音字	ㅏ [a]	ㅑ [ja]	ㅓ [ɔ]	ㅕ [jɔ]	ㅗ [o]	ㅛ [jo]	ㅜ [u]	ㅠ [ju]	ㅡ [ɯ]	ㅣ [i]
ㅊ [tʃʰ]	차 チャ	챠 チャ	처 チョ	쳐 チョ	초 チョ	쵸 チョ	추 チュ	츄 チュ	츠 チュ	치 チ
ㅋ [kʰ]	카 カ	캬 キャ	커 コ	켜 キョ	코 コ	쿄 キョ	쿠 ク	큐 キュ	크 ク	키 キ
ㅌ [tʰ]	타 タ	탸 ティャ	터 ト	텨 ティョ	토 ト	툐 ティョ	투 トゥ	튜 トュ	트 トゥ	티 ティ
ㅍ [pʰ]	파 パ	퍄 ピャ	퍼 ポ	펴 ピョ	포 ポ	표 ピョ	푸 プ	퓨 ピュ	프 プ	피 ピ
ㅎ [h]	하 ハ	햐 ヒャ	허 ホ	혀 ヒョ	호 ホ	효 ヒョ	후 フ	휴 ヒュ	흐 フ	히 ヒ
ㄲ [ʔk]	까 ッカ	꺄 ッキャ	꺼 ッコ	껴 ッキョ	꼬 ッコ	꾜 ッキョ	꾸 ック	뀨 ッキュ	끄 ック	끼 ッキ
ㄸ [ʔt]	따 ッタ	—	떠 ット	뗘 ッティョ	또 ット	—	뚜 ットゥ	—	뜨 ットゥ	띠 ッティ
ㅃ [ʔp]	빠 ッパ	뺘 ッピャ	뻐 ッポ	뼈 ッピョ	뽀 ッポ	뾰 ッピョ	뿌 ップ	쀼 ッピュ	쁘 ップ	삐 ッピ
ㅆ [ʔs]	싸 ッサ	—	써 ッソ	—	쏘 ッソ	쑈 ッショ	쑤 ッス	—	쓰 ッス	씨 ッシ
ㅉ [ʔtʃ]	짜 ッチャ	쨔 ッチャ	쩌 ッチョ	쪄 ッチョ	쪼 ッチョ	—	쭈 ッチュ	쮸 ッチュ	쯔 ッチュ	찌 ッチ

ㅐ [ɛ]	ㅒ [jɛ]	ㅔ [e]	ㅖ [je]	ㅘ [wa]	ㅙ [wɛ]	ㅚ [we]	ㅝ [wɔ]	ㅞ [we]	ㅟ [wi]	ㅢ [ɰi]
채 チェ	—	체 チェ	쳬 チェ	촤 チュア	—	최 チュエ	춰 チュォ	췌 チュエ	취 チュィ	—
캐 ケ	—	케 ケ	켸 キェ	콰 クァ	쾌 クェ	쾨 クェ	쿼 クォ	퀘 クェ	퀴 クィ	—
태 テ	—	테 テ	톄 ティェ	톼 トゥア	퇘 トゥエ	퇴 トゥエ	퉈 トゥォ	퉤 トゥエ	튀 トゥィ	틔 トゥィ
패 ペ	—	페 ペ	폐 ピェ	퐈 プァ	—	푀 プェ	풔 プォ	—	퓌 プィ	—
해 ヘ	—	헤 ヘ	혜 ヒェ	화 ファ	홰 フェ	회 フェ	훠 フォ	훼 フェ	휘 フィ	희 フィ
깨 ッケ	—	께 ッケ	꼐 ッキェ	꽈 ックァ	꽤 ックェ	꾀 ックェ	꿔 ックォ	꿰 ックェ	뀌 ックィ	—
때 ッテ	—	떼 ッテ	—	똬 ットゥア	뙈 ットゥエ	뙤 ットゥエ	—	뛔 ットゥエ	뛰 ットゥィ	띄 ットゥィ
빼 ッペ	—	뻬 ッペ	—	—	—	—	—	—	—	—
쌔 ッセ	—	쎄 ッセ	—	쏴 ッスァ	쐐 ッスェ	쐬 ッスェ	쒀 ッスォ	쒜 ッスェ	쒸 ッシュィ	씌 ッシュィ
째 ッチェ	—	쩨 ッチェ	쪠 ッチェ	짜 ッチュア	쫴 ッチュエ	쬐 ッチュエ	쭤 ッチュォ	—	쮜 ッチュィ	—

2 音声変化

　日本語で「反応（はんのう）」の「応」は、単体では「おう」ですが、この単語の中では「のう」と読みます。このように、文字本来の音が単語の中で変化することを音声変化と言います。韓国語では主に、パッチムがさまざまな音声変化を引き起こします。それぞれの項にあるQuestionをまず自分で考えてから解説を読んでください。

1 連音化

> Q：단어はどのように発音するでしょう。

　これは「単語」という意味の言葉です。ひと文字ずつ読むと단（タン）어（オ）ですが、実際はタノと発音します。その理由は、[n]の音のパッチムㄴが、続く母音の어とつながって「ノ」になるからです。

$$\boxed{\text{パッチム}\ \ ㄴ} + \boxed{\text{母音}\ \ 어} \Rightarrow 너\ (ノ)$$

　このように、パッチムと次の母音がつながることを「連音化」と言います。パッチムのㅁ（m）のあとに母音아（ア）が続く場合は「マ」になります。

●下の例のように2つ以上の単語が続く場合や、文の中でも区切らずに発音されると連音化します。

マン　ウォン　（←ひと文字ずつの読み方。以下同）
만 원 ⇒ マ ヌォン
（通貨の1万ウォン）

パッチムㄴと複合母音の워が連音化

イ ホ テル オ ディ エ ヨ
이 호텔 어디예요? ⇒ イ ホ テ ㅁディエヨ
（このホテルはどこですか）

> パッチム ㄹ と母音の 어 が連音化

[注] 이＝この、호텔＝ホテル、어디예요？＝どこですか

● パッチムとして使われている

　　ㄲ ㅋ [k]　　　　ㅌ ㅅ ㅆ ㅈ ㅊ ㅎ [t]　　　ㅍ [p]

はそれぞれ上のように発音しますが、次に来る母音と連音化すると、元の音（パッチムではないときの音）で発音されます。

オッ ウン
옷은 ⇒ オスン
（服は）

> ㅅは基本子音の[s]になり、母音 으 と連音化して「ス」

[注] 옷＝服、은＝助詞「は」

アㇷ゚ エ
앞에 ⇒ アペ

> ㅍは激音の[p]になり、複合母音 에 と連音化して「ペ」

[注] 앞＝前、에＝助詞「〜に、〜へ」

活用辞典を読むための基本知識　21

2 有声音化

> Q:고기はどのように発音するでしょう。

　これは「肉」という意味の言葉です。p.12「基本子音と発音」で説明したように、基本子音の「ㄱ」「ㄷ」「ㅂ」「ㅈ」は、語頭以外では濁って「グ」「ドゥ」「ブ」「ジュ」と発音します。これを「有声音化」と言います。

ㄱ ㄷ ㅂ ㅈ { 語頭（単語の始め）　　⇒ 濁らず発音（無声音)
　　　　　　 語中（単語の始め以外）⇒ 濁って発音（有声音）

例

ㄷ	ㅂ	ㅈ
다도 (タド) 茶道	바보 (パボ) 愚か者	자주 (チャジュ) 頻繁に

● パッチムのㄱ、ㄷ、ㅂ、ㅈは、連音化すると濁ります（有声音化）。

국어 ⇒ クゴ
(国語)

　パッチムㄱが母音어と連音化し、有声音の「ゴ」になる

● 語頭でも、文の中で区切らずに発音されると、有声音化します。

안녕히 계세요. ⇒ アンニョンヒ ゲセヨ
(さようなら)

　계は本来「ケ」だが、有声音化し「ゲ」

3 濃音化（のうおんか）

> Q：식당はどのように発音するでしょう。

　これは「食堂」という意味の言葉です。パッチム ㄱ [k] のあとに ㄷ [t] が続くと、당（タン）は濃音の 땅（ッタン）で発音されます。パッチム ㄱ [k] の発音（口を開けたまま、息を外に漏らさない）ができていれば、口の動きから自然に、당（タン）が濃音の 땅（ッタン）になります。

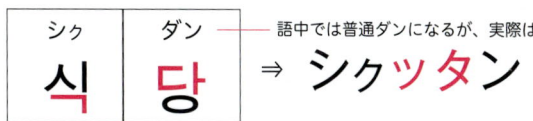

シク	ダン
식	당

⇒ シクッタン

語中では普通ダンになるが、実際は

濃音化は下のような場合にも起こります。

パッチム ─┬─ ㄱ [k]　　　　　　　　　　　　　
　　　　　├─ ㄷ [t]　＋　ㄱ、ㄷ、ㅂ、ㅈ、ㅅ
　　　　　└─ ㅂ [p]

語中でも濁らずに、ㄲ, ㄸ, ㅃ, ㅉ, ㅆ のように濃音として発音

例

ひと文字ずつの発音	濃音化した実際の発音
スッ カ ラㇰ **숟**가**락**（スプーン）	スッッカラㇰ 숟**까**락　と発音
テㇰ シ **택**시（タクシー）	テㇰッシ 택**씨**　と発音
クㇰ パㇷ゚ **국**밥（クッパ）	クㇰッパㇷ゚ 국**빱**　と発音
イㇷ゚ チ **입**지（立地）	イプッチ 입**찌**　と発音

活用辞典を読むための基本知識

4 激音化

> Q：급행はどのように発音するでしょう。

これは「急行」という意味の言葉です。パッチム ㅂ [p] のあとに ㅎ [h] が続くと、ㅂ は激音の ㅍ の発音になります。

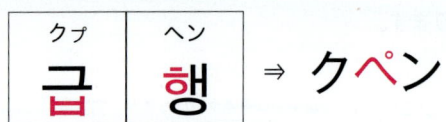

激音化は次のような場合にも起こります。

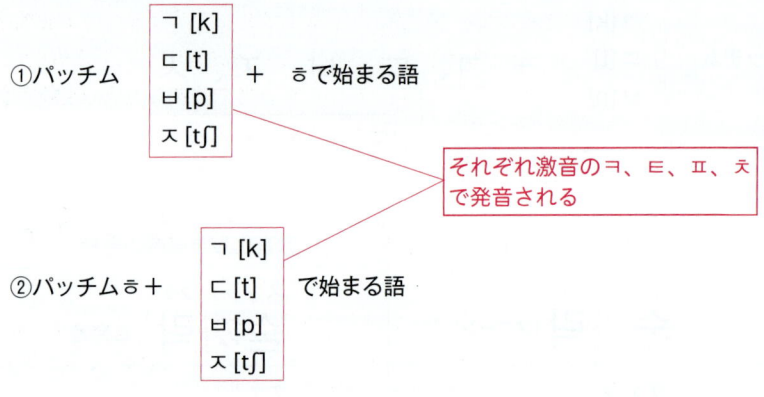

①と②をまとめて、「ㄱㄷㅂㅈの前後に ㅎ が来ると激音になる」と覚えるとよいでしょう。激音 ㅋㅌㅍㅊ は、基本子音の ㄱㄷㅂㅈ に ㅎ [h] が加わった音なので、ㄱㄷㅂㅈ の前後に ㅎ が来ると合体します。

例

ひと文字ずつの発音	激音化した実際の発音
ペㇰ ファ ジョㇺ 백화점（百貨店）	ペクァジョㇺ 배콰점　と発音
ッケックッ ハ　ダ 깨끗하다（清潔だ）	ッケックタダ 깨끄타다　と発音

5 鼻音化①

> Q：한국말은 어떻게 발음하는가요.

これは「韓国語」という意味の言葉です。3つの文字を単体で読むと「ハン・グㇰ・マル」ですが、真ん中にある국のパッチムㄱ [k] に子音のㅁ [m] が続いている場合、パッチムㄱ [k] は ㅇ [ŋ] の音になり、「ハングンマル」と読みます。これを鼻音化と言い、パッチムㄱ [k] が次のㅁ [m] の発音につながりやすくするための現象です。

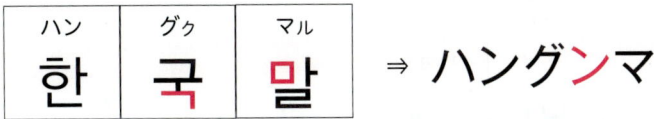

この鼻音化は、ㅁ [m] のほかㄴ [n] がパッチムに続くときにも起こります。どのパッチムがどのように鼻音化するのかをまとめると、以下のようになります。

> ㅁ [m] とㄴ [n] の前で鼻音化されるパッチムの発音
>
> ㄱ、ㄲ、ㅋ [k]　　　　　　　⇒ ㅇ [ŋ]
> ㄷ、ㅌ、ㅅ、ㅆ、ㅈ、ㅊ、ㅎ [t] ⇒ ㄴ [n]
> ㅂ、ㅍ [p]　　　　　　　　⇒ ㅁ [m]

活用辞典を読むための基本知識

例

ひと文字ずつの発音	鼻音化した実際の発音
パク ムル グァン 박물관 (博物館)	パンムルグァン 방물관 と発音
イェッナル 옛날 (昔)	イェンナル 옌날 と発音
イプ ニ ダ 입니다 (〜です)	イムニダ 임니다 と発音

6 鼻音化②

Q：입력はどのように発音するでしょう。

これは「入力」という意味の言葉です。パッチムのㅂ[p]は、次にㄹ[r]で始まる語が続くとㅁ[m]の音になり、続くㄹはㄴ[n]で発音されます。

イプ　リョク
입 력 ⇒ イムニョク

ㄹ[r]の前のパッチムは、鼻音化①と同じように変化して発音されます。

```
ㄱ、ㄲ、ㅋ [k]              ⇒  ㅇ [ŋ]
ㄷ、ㅌ、ㅅ、ㅆ、ㅈ、ㅊ、ㅎ [t]  ⇒  ㄴ [n]
ㅂ、ㅍ [p]                  ⇒  ㅁ [m]
```

例

ひと文字ずつの発音	鼻音化した実際の発音
クㇰ リプ **국립** (国立)	クン ニプ **궁닙** と発音
ヒョプ リョㇰ **협력** (協力)	ヒョム ニョㇰ **혐녁** と発音

　鼻音のパッチムㅁやㅇのあとに続くㄹも、ㄴの発音になります。パッチムの発音は変わりません。

例

シム リ **심리** (心理)	シム ニ **심니** と発音
ウム リョ ス **음료수** (飲料水)	ウム ニョス **음뇨수** と発音
カン リョㇰ **강력** (強力)	カン ニョㇰ **강녁** と発音
チョン ロ **종로** (鐘路(地名))	チョン ノ **종노** と発音

活用辞典を読むための基本知識

7 ㅎ(ヒウッ)の弱化

Q:안녕하세요?はどのように発音するでしょう。

これは「こんにちは」という意味の文で、アン/ニョン/ア/セ/ヨと発音します。3つめの文字の하は「ハ」ですが、実際には「ア」と発音します。このように、基本子音のㅎは、語中では弱くなって、ほとんど発音されません。

語頭のㅎの例	하나(1つ)	ハナと発音
語中のㅎの例	안녕하세요?(こんにちは)	アンニョンアセヨと発音

●ㅎの前にパッチムがある場合は、連音化が起こります。

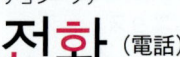

チョン ファ
전화(電話) ⇒ チョヌァ

●パッチムのㅎのあとに母音が続く場合も発音されません。

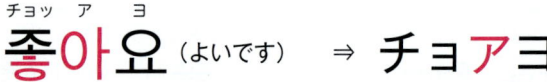

チョッ ア ヨ
좋아요(よいです) ⇒ チョアヨ

ただし、p.24にあったように、パッチムㄱ[k]、ㄷ[t]、ㅂ[p]、ㅈ[tʃ]のあとでは、ㅎは激音化してㅋ、ㅌ、ㅍ、ㅊになるので注意しましょう。급행(急行)は「クㇷ゚ヘン」ではなく「クペン」と発音します。

8 口蓋音化

> Q：같이はどのように発音するでしょう。

　これは「一緒に」という意味の言葉です。パッチムㅌ[t]のあとに이が続くと、ㅌは[t]ではなく激音のㅊ[tʃ]の音になり、이と連音化してㅊ|「チ」と発音されます。

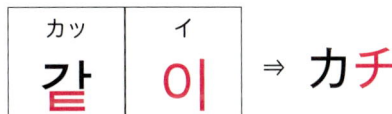

　この口蓋音化はパッチムㄷに이が続いたときにも起こりますが、この場合はㄷは基本子音のㅈの音になります。

| パッチム ㅌ | + | 母音 이 | ⇒ 치 |

| パッチム ㄷ | + | 母音 이 | ⇒ 지 |

例

ひと文字ずつの発音	口蓋音化した実際の発音
パッ イ 밭이（畑が）	パチ 바치　と発音
クッ イ 굳이（強いて）	クジ 구지　と発音

活用辞典を読むための基本知識

9 舌側音化

> Q：설날はどのように発音するでしょう。

これは「お正月」という意味の言葉です。文字通りに読むと「ソルナル」ですが、パッチムㄹ [r] のあとにㄴ [n] が続くと、ㄴはㄹ [r] の音に変わります。

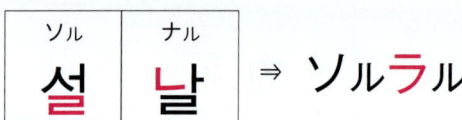

舌側音化は、パッチムㄴのあとにㄹが続いたときにも起こります。この場合はパッチムㄴがㄹ [r] の音になります。例えば、「便利」という意味の편리は、「ピョンリ」ではなく「ピョルリ」となります。

ピョン	リ
편	리	⇒ ピョルリ

要するに、ㄹ [r] とつながる子音のㄴはㄹ [r] の音になるということです。

ひと文字ずつの発音	舌側音化した実際の発音
カル ナル 칼날 (刃)	カルラル 칼랄　と発音
チョン ラ ド 전라도 (全羅道(地名))	チョルラド 절라도　と発音

10 ㄴ 添加

> Q：담요はどのように発音するでしょう。

　これは「毛布」という意味の言葉です。文字通り読むと「タムヨ」ですが、パッチムㅁに限らず、パッチムのあとに요「ヨ」が続くと前にㄴ［n］の音が加わって「ニョ」となります。

　요だけでなく、パッチムのあとに야、여、유、이、예、얘のような音が続くと、ㄴの音が加わります。

パッチム＋
- 야 → 냐「ニャ」
- 여 → 녀「ニョ」
- 요 → 뇨「ニョ」
- 유 → 뉴「ニュ」
- 이 → 니「ニ」
- 예 → 녜「ニェ」
- 얘 → 냬「ニェ」

例

ひと文字ずつの発音	ㄴ添加した実際の発音
トゥ トン ヤク 두통약（頭痛薬）	トゥトンニャク 두통냑　と発音
ク リム ヨプ ソ 그림엽서（絵葉書）	クリムニョプソ 그림녑서　と発音
ク ロム ヨ 그럼요（もちろんです）	クロムニョ 그럼뇨　と発音

11 2文字のパッチムの発音

> Q：값はどのように発音するでしょう。

　これは「値段」という意味の言葉です。p.10のパターン3で紹介したように、ハングルにはパッチムが2つつく文字があります。その文字をひと文字だけで発音する場合は、2つあるうちのどちらか1つしか発音しません。

●ほとんどの場合、左のほうのパッチムで発音します。

　　　값 ⇒ カプ（=갑）
　　　(値段)

●右が発音されるのはㄹㄱ、ㄹㅁの場合です。

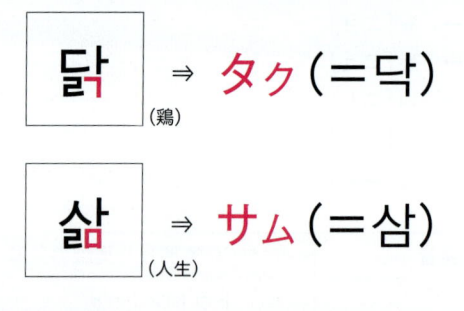

　　　닭 ⇒ タク（=닥）
　　　(鶏)

　　　삶 ⇒ サム（=삼）
　　　(人生)

●パッチムを2つ持つ文字のあとに母音が続くときは、原則として、左のパッチムを読み、続けて右のパッチムを次の母音と連音化させます。

값이 (値段が) ⇒ カプシ　　と発音
닭이 (鶏が) ⇒ タルギ　　と発音

3 用言の活用パターン

本書では、それぞれの用言につき、使用頻度の高い16の活用形を示しています。表を見ると一見複雑そうに見えますが、16の活用形はいくつかのパターンに分けられ、それを理解しておくと、活用表がより使いやすくなります。

A 用言の語幹と語尾

p.4で触れたように、用言の辞書形はみな-다で終わっています。そして、この다を除いた部分が語幹です。

	辞書形	語幹
①動詞「学ぶ」	배우다 ペウダ	배우
②動詞「励ます」	격려하다 キョンニョハダ	격려하
③形容詞「新しい」	새롭다 セロプタ	새롭
④形容動詞「きれいだ」	예쁘다 イェップダ	예쁘
⑤存在詞「ある・いる」	있다 イッタ	있
⑥指定詞「熱心だ」	열심이다 ヨルシミダ	열심이

次に、これらの語を「〜けれど」という活用形にすると、次のようになります。赤い部分が辞書形から変化するところです。

①「学ぶけれど」	배우지만	ペウジマン
②「励ますけれど」	격려하지만	キョンニョハジマン
③「新しいけれど」	새롭지만	セロプチマン
④「きれいだけれど」	예쁘지만	イェップジマン

⑤「ある(いる)けれど」	있지만	イッチマン
⑥「熱心だけれど」	열심이지만	ヨルシミジマン

品詞が違っても、語幹にみな-지만をつければできあがりです。

今度は、過去形を作ってみましょう。

①「学びました」	배웠어요	ペウォッソヨ
②「励ましました」	격려했어요	キョンニョヘッソヨ
③「新しかったです」	새로웠어요	セロウォッソヨ
④「きれいでした」	예뻤어요	イェッポッソヨ
⑤「ありました(いました)」	있었어요	イッソッソヨ
⑥「熱心でした」	열심이었어요	ヨルシミオッソヨ

過去形の「〜でした」は語幹にㅆ어요 [ッソヨ]をつけますが、先ほどの「〜けれど」とは少し様子が違います。それぞれ語幹と過去形を比べてみましょう。

語幹	過去形
① 배우	배웠어요
② 격려하	격려했어요
③ 새롭	새로웠어요
④ 예쁘	예뻤어요
⑤ 있	있었어요
⑥ 열심이	열심이었어요

⑤、⑥は「語幹＋었어요」になっていますが、ほかは違います。

① 語幹の우が웠になっている
② 語尾が했어요になっている
③ 語幹の롭が로になり、語尾が①同様、웠어요になっている
④ 語幹の쁘が뻤になっている

こうした変化が起きる理由、つまり活用のルールを知っておかないと、活用表を十分に活用できません。

用言には、一定のルールで活用する「規則用言」と、一部の活用形が変則的な「不規則用言」があります。まずは規則用言で活用の基本パターンを押さえ（p.35〜45）、そのあと不規則用言（p.46〜49）の活用の特徴を学びましょう。

B 活用の基本パターンは３つだけ

用言の活用パターンは以下の３つに分けられます。

① 固定系（こていけい）
② 母音子音系（ぼいんしいんけい）
③ 陰陽系（いんようけい）

まずは基本単語「行く」の活用表を例に、①の固定系がどれを指すかを見ていきましょう。

1 固定系とは

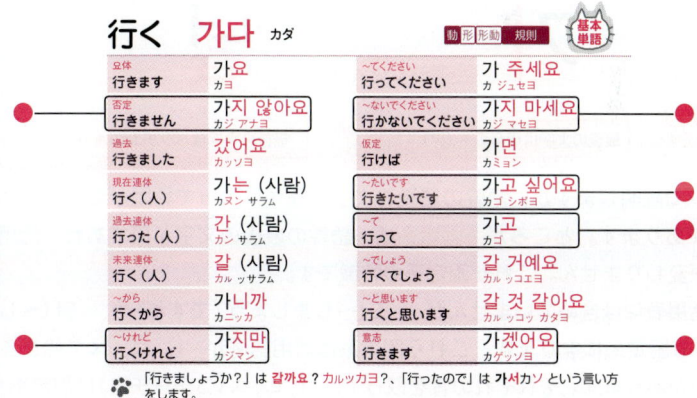

●のついた活用形のように、語幹がどのような文字であっても、活用の形が固定されているものを固定系と呼びます。

基本単語「入れる」の活用表にある固定系と比べてみましょう。

넣다の語幹は넣ですが、単語が変わっても、赤い活用語尾の部分は「行く」のときとまったく同じです。

ここで、先ほどの가다の語幹가と넣다の語幹넣の最後の文字を比べてみましょう。

次ページで説明しますが、語幹の最後の文字の種類によって語尾が変わる活用パターンがあります。ところが①固定系は、語幹の最後の文字が何であれ、活用語尾の形が変わりません。これが固定系の特徴です。

本書の活用表には含めていませんが、-죠（〜しましょう/ですね）や、-던（〜し(てい)た）も固定系になります。これら固定系は活用語尾が ㄱ、ㄷ、ㅈ で始まるという特徴があります。それぞれの音を取って、「ㄱ, ㄷ, ㅈ（コテーチェ）は固定系」と覚えておくとよいでしょう。

2 母音子音系とは

　語幹が母音で終わるか、パッチムで終わるかによって活用語尾の形が少し変わる活用形を母音子音系と呼びます。先ほどの「行く」と「入れる」の活用表をもう一度見てみましょう。■が母音子音系です。

語幹가は母音で終わっている

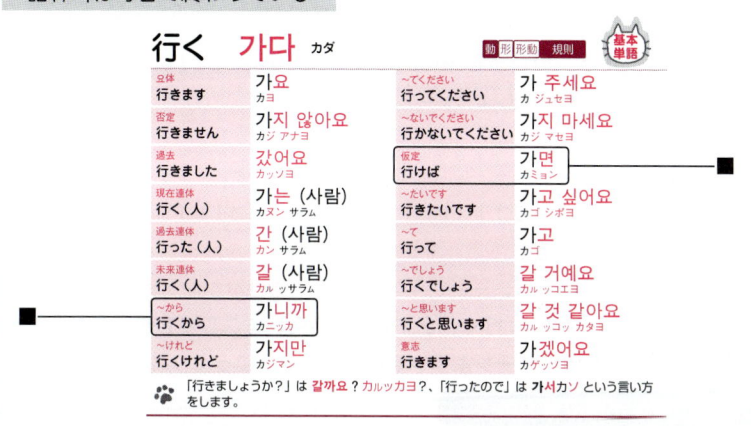

行く　가다 カダ　[動][形][形動][規則][基本単語]

요体 行きます	가요 カヨ	〜てください 行ってください	가 주세요 カ ジュセヨ
否定 行きません	가지 않아요 カジ アナヨ	〜ないでください 行かないでください	가지 마세요 カジ マセヨ
過去 行きました	갔어요 カッソヨ	**仮定** **行けば**	**가면** **カミョン** ■
現在連体 行く(人)	가는 (사람) カヌン サラム	〜たいです 行きたいです	가고 싶어요 カゴ シポヨ
過去連体 行った(人)	간 (사람) カン サラム	〜て 行って	가고 カゴ
未来連体 行く(人)	갈 (사람) カル ッサラム	〜でしょう 行くでしょう	갈 거예요 カル ッコエヨ
■ **〜から** **行くから**	**가니까** **カニッカ**	〜と思います 行くと思います	갈 것 같아요 カル ッコッ カタヨ
〜けれど 行くけれど	가지만 カジマン	意志 行きます	가겠어요 カゲッソヨ

🐾 「行きましょうか?」は **갈까요?** カルッカヨ?、「行ったので」は **가서** カソ という言い方をします。

語幹넣はパッチムで終わっている

入れる　넣다 ノタ　[動][形][形動][規則][基本単語]

요体 入れます	넣어요 ノオヨ	〜てください 入れてください	넣어 주세요 ノオ ジュセヨ
否定 入れません	넣지 않아요 ノチ アナヨ	〜ないでください 入れないでください	넣지 마세요 ノチ マセヨ
過去 入れました	넣었어요 ノオッソヨ	**仮定** **入れれば**	**넣으면** **ノウミョン** ■
現在連体 入れる(ポケット)	넣는 (주머니) ノンヌン ジュモニ	〜たいです 入れたいです	넣고 싶어요 ノコ シポヨ
過去連体 入れた(ポケット)	넣은 (주머니) ノウン ジュモニ	〜て 入れて	넣고 ノコ
未来連体 入れる(ポケット)	넣을 (주머니) ノウル ッチュモニ	〜でしょう 入れるでしょう	넣을 거예요 ノウル ッコエヨ
■ **〜から** **入れるから**	**넣으니까** **ノウニッカ**	〜と思います 入れると思います	넣을 것 같아요 ノウル ッコッ カタヨ
〜けれど 入れるけれど	넣지만 ノチマン	意志 入れます	넣겠어요 ノケッソヨ

🐾 「(風を) 入れる」には **(바람을) 들이다** (パラムル) トゥリダ という表現を使います。

活用辞典を読むための基本知識

2つの語の「〜から」と「仮定」の活用を比べてみましょう。

	〜から	仮定
가다 (母音で終わる語幹)	가니까	가면
넣다 (パッチムで終わる語幹)	넣으니까	넣으면

活用語尾が似ていますが、パッチムで終わる語幹の場合には、それぞれ으が加わります。本書の活用表では取り上げていませんが、-(으)세요(〜られます)も母音子音系にあたります。母音子音系の語尾を覚える際は-(으)니까、-(으)면のように으を入れた形で覚えましょう。

3　陰陽系とは

韓国語の基本母音にはㅏ(ア)ㅑ(ヤ)ㅓ(オ)ㅕ(ヨ)ㅗ(オ)ㅛ(ヨ)ㅜ(ウ)ㅠ(ユ)ㅡ(ウ)ㅣ(イ)がありますが、ㅏとㅗを**陽母音**、それ以外を**陰母音**と言います。

活用パターン③の陰陽系は、語幹の最後の母音が陽母音か陰母音かによって語尾の形が変わる活用形です。「行く」「入れる」の活用表をここでも使って説明しますが、ほかの2つの活用パターンよりやや複雑なので、ゆっくり読んでください。

① 語幹の最後が陽母音の場合

行く　가다 カダ　　　　　　　動形 形動 規則　基本単語

요体 行きます	가요 カヨ	〜てください 行ってください	가 주세요 カ ジュセヨ
否定 行きません	가지 않아요 カジ アナヨ	〜ないでください 行かないでください	가지 마세요 カジ マセヨ
過去 行きました	갔어요 カッソヨ	仮定 行けば	가면 カミョン
現在連体 行く(人)	가는 (사람) カヌン サラム	〜たいです 行きたいです	가고 싶어요 カゴ シポヨ
過去連体 行った(人)	간 (사람) カン サラム	〜て 行って	가고 カゴ
未来連体 行く(人)	갈 (사람) カル ッサラム	〜でしょう 行くでしょう	갈 거예요 カル ッコエヨ
〜から 行くから	가니까 カニッカ	〜と思います 行くと思います	갈 것 같아요 カル ッコッ カタヨ
〜けれど 行くけれど	가지만 カジマン	意志 行きます	가겠어요 カゲッソヨ

「行きましょうか?」は**갈까요**? カルッカヨ、「行ったので」は**가서** カソ という言い方をします。

「行く」の表では3つの▲が陰陽系にあたります。次ページで活用のしかたを詳しく説明します。

まず、語幹の最後が陽母音の場合、「〜します（요体）」にあたる語尾に - 아요 [アヨ]、「〜しました（過去）」にあたる語尾に - 았어요 [アッソヨ] を使います。しかし、表を見ると

　　「行きます」　　가요　　　カヨ
　　「行きました」　갔어요　　カッソヨ

となっていて、どこにも아요や았어요が見当たりません。なぜでしょう。それは「가と아요」も「가と았어요」も同じ「ア」の音が続くため、「ア」が1つに縮約されるからです。表にまとめて比べてみましょう。

	語幹＋語尾	縮約形
行きます	가＋아요　＝ 가아요	가요
行きました	가＋았어요 ＝ 가았어요	갔어요

　ローマ字で表すとわかりやすくなります。「行きます」はka-ayoがkayo、「行きました」はka-assoyoがkassoyoと、どちらも2つ続くaが1つ省略された形になっています。前ページの表の右側にある「〜てください」も、- 아 주세요 [ア ジュセヨ] という活用語尾がつくので、同じ縮約の形になっています。

	語幹＋語尾	縮約形
行ってください	가＋아 주세요 ＝ 가아 주세요	가 주세요

補足　縮約は、上のように同じ母音が続くときだけでなく、異なる母音が続く場合にも起こります。

	語幹＋語尾（〜します）	縮約形
보다「見る／ポダ」	보＋아요＝보아요 ［ポアヨ］	봐요 ［プァヨ］

活用辞典を読むための基本知識

語幹がパッチムで終わっている場合の陰陽系

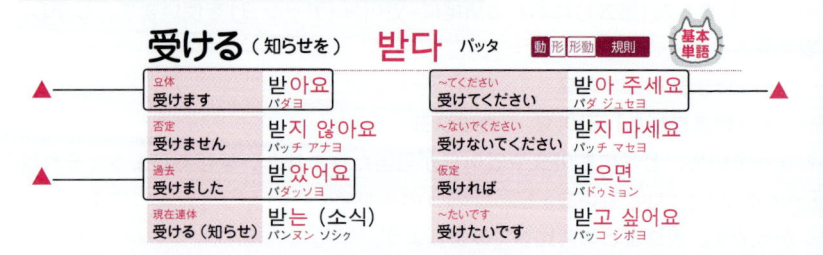

受ける（知らせを） **받다** パッタ [動][形][形動][規則] 基本単語

丁体 受けます	받아요 パダヨ	～てください 受けてください	받아 주세요 パダ ジュセヨ
否定 受けません	받지 않아요 パッチ アナヨ	～ないでください 受けないでください	받지 마세요 パッチ マセヨ
過去 受けました	받았어요 パダッソヨ	仮定 受ければ	받으면 パドゥミョン
現在連体 受ける（知らせ）	받는 (소식) パンヌン ソシク	～たいです 受けたいです	받고 싶어요 パッコ シポヨ

この動詞の語幹받はパッチムㄷで終わっています。語幹のパッチムに注目する母音子音系に対し、陰陽系では語幹の「最後の母音」に注目します。つまり、パッチムがあっても、この語幹받は陽母音のㅏで終わる語幹になるため、活用形が‐아요、‐았어요、‐아 주세요になっています。

‐하다で終わる用言の場合の陰陽系

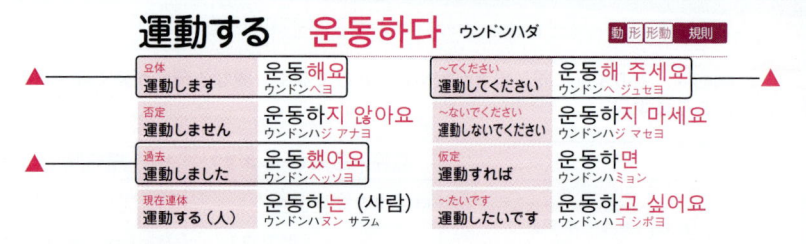

韓国語の用言には、「運動する」운동하다（ウンドンハダ）、「遠慮する」사양하다（サヤンハダ）のように‐하다の形で終わるものがあります。하다は「する」という動詞で、名詞に続けて動詞化する働きをします。上の例では、「運動＝운동」「遠慮＝사양」という名詞についています。この動詞の場合の陰陽系に注意しましょう。

運動する 운동하다 ウンドンハダ [動][形][形動][規則]

丁体 運動します	운동해요 ウンドンヘヨ	～てください 運動してください	운동해 주세요 ウンドンヘ ジュセヨ
否定 運動しません	운동하지 않아요 ウンドンハジ アナヨ	～ないでください 運動しないでください	운동하지 마세요 ウンドンハジ マセヨ
過去 運動しました	운동했어요 ウンドンヘッソヨ	仮定 運動すれば	운동하면 ウンドンハミョン
現在連体 運動する（人）	운동하는 (사람) ウンドンハヌン サラム	～たいです 運動したいです	운동하고 싶어요 ウンドンハゴ シポヨ

‐하다の場合は
 ＊「～します」の語尾には여요［ヨヨ］をつけて운동하여요
 ＊「～しました」には였어요［ヨッソヨ］をつけて운동하였어요
 ＊「～てください」には여 주세요［ヨ ジュセヨ］をつけて운동하여 주세요
となりますが、書き言葉以外では上の表のように운동해요、운동했어요、운동해 주세요となります。

② 語幹の最後が陰母音の場合

入れる　넣다 ノタ

動 形 形動 規則　基本単語

요체 入れます	넣어요 ノオヨ	~てください 入れてください	넣어 주세요 ノオ ジュセヨ
否定 入れません	넣지 않아요 ノチ アナヨ	~ないでください 入れないでください	넣지 마세요 ノチ マセヨ
過去 入れました	넣었어요 ノオッソヨ	仮定 入れれば	넣으면 ノウミョン
現在連体 入れる(ポケット)	넣는 (주머니) ノンヌン ジュモニ	~たいです 入れたいです	넣고 싶어요 ノコ シポヨ
過去連体 入れた(ポケット)	넣은 (주머니) ノウン ジュモニ	~て 入れて	넣고 ノコ
未来連体 入れる(ポケット)	넣을 (주머니) ノウル ッチュモニ	~でしょう 入れるでしょう	넣을 거예요 ノウル ッコエヨ
~から 入れるから	넣으니까 ノウニッカ	~と思います 入れると思います	넣을 것 같아요 ノウル ッコッ カタヨ
~けれど 入れるけれど	넣지만 ノチマン	意志 入れます	넣겠어요 ノケッソヨ

🐾 「(風を)入れる」には (바람을) 들이다 (パラムル) トゥリダ という表現を使います。

넣다の語幹넣の最後の母音 ㅓ は陰母音です。この場合は

* 「~します」には어요 [オヨ]
* 「~しました」には었어요 [オッソヨ]
* 「~てください」には어 주세요 [オ ジュセヨ]

をつけます。

補足 陰母音の場合の縮約形には次のようなものがあります。

	語幹+語尾(~します)	縮約形
바꾸다「変える/パックダ」	바꾸 + 어요 = 바꾸어요 [パックオヨ]	바꿔요 [パックォヨ]
마시다「飲む/マシダ」	마시 + 어요 = 마시어요 [マシオヨ]	마셔요 [マショヨ]

縮約の例外パターンには以下のような、어を省いてしまう語があります。

펴다「広げる/ピョダ」　→　「広げます」は펴어요ではなく 펴요 [ピョヨ]

보내다「送る/ポネダ」　→　「送ります」보내어요ではなく 보내요 [ポネヨ]

세다「数える/セダ」　→　「数えます」세어요ではなく 세요 [セヨ]

次のページからは、ここまでで扱わなかった「連体形」について、まとめて説明します。

4 連体形の活用

連体形は「動詞・存在詞있다（ある）/없다（ない）」と「形容詞・形容動詞・指定詞 -이다（名詞＋である／ではない）」によって、現在、過去、未来時制の活用形が異なります。

① 動詞・存在詞の連体形

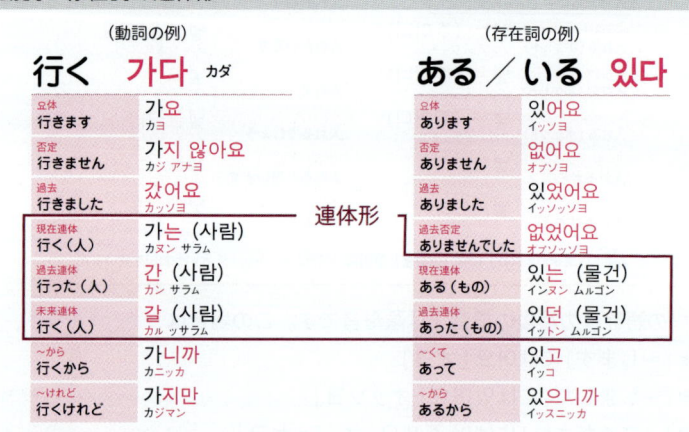

（動詞の例）

行く 가다 カダ

요体 行きます	가요 カヨ
否定 行きません	가지 않아요 カジ アナヨ
過去 行きました	갔어요 カッソヨ
現在連体 行く(人)	가는 (사람) カヌン サラム
過去連体 行った(人)	간 (사람) カン サラム
未来連体 行く(人)	갈 (사람) カル ッサラム
～から 行くから	가니까 カニッカ
～けれど 行くけれど	가지만 カジマン

（存在詞の例）

ある／いる 있다

요体 あります	있어요 イッソヨ
否定 ありません	없어요 オプソヨ
過去 ありました	있었어요 イッソッソヨ
過去否定 ありませんでした	없었어요 オプソッソヨ
現在連体 ある(もの)	있는 (물건) インヌン ムルゴン
過去連体 あった(もの)	있던 (물건) イットン ムルゴン
～くて あって	있고 イッコ
～から あるから	있으니까 イッスニッカ

a 動詞や存在詞の現在連体形は、語幹に는 [ヌン] をつけます。

가다 → 가 + 는 → 가는

例 명동에 가는 버스　「明洞へ行くバス」
　　ミョンドンエ カヌン ポス

있다 → 있 + 는 → 있는

例 저기 있는 사람　「あそこ(に)いる人」
　　チョギ インヌン サラム

b 過去連体形は、語幹が母音で終わる場合は語幹にパッチムのㄴをつけます。

가다 → 가 + ㄴ → 간

例 명동에 간 사람　「明洞へ行った人」
　　ミョンドンエ カン サラム

パッチムで終わる場合は語幹に은をつけます。

입다 → 입 + 은 → 입은

例 어제 입은 옷　「昨日着た服」
　　オジェ イブノッ

c 未来連体形は、語幹が母音で終わる場合は語幹にパッチムのㄹをつけます。

가다 → 가 + ㄹ → 갈

> 例 부산에 갈 예정　「釜山に行く予定」
> プサネ カ レジョン

パッチムで終わる場合は語幹に을をつけます。

입다 → 입 + 을 → 입을 ［イブル］

> 例 내일 입을 옷　「明日着る服」
> ネイル イブ ロッ

未来連体形の形は、本書の活用表で取り上げている動詞の
・「〜でしょう」= -(으)ㄹ 거예요
・「〜と思います」= -(으)ㄹ 것 같아요
でも使います。

〜でしょう 行くでしょう	갈 거예요 カル ッコエヨ
〜と思います 行くと思います	갈 것 같아요 カル ッコッ カタヨ

補足 韓国語では、現在とは違う過去のことを振り返りながら述べるときに「回想連体形」が使われます。「〜し(てい)た…」と訳される回想連体形は、語幹に던をつけます。

가다 → 가 + 던 → 가던

> 例 자주 가던 가게　「よく行っていたお店」
> チャジュ カドン ガゲ

また、存在詞있다／없다の場合、過去連体形에있은／없은を使うことはほとんどなく、回想連体形をつけた있(었)던／없(었)던で過去のことを表します（p.42「ある／いる」の活用表を参照）。

② 形容詞・形容動詞・指定詞の連体形

(形容詞の例)

大きい／高い (背が)

요체 大きいです	커요	コヨ
否定 大きくないです	크지 않아요	クジ アナヨ
過去 大きかったです	컸어요	コッソヨ
過去否定 大きくなかったです	크지 않았어요	クジ アナッソヨ
現在連体 大きい (かばん)	큰 (가방)	クン ガバン
過去連体 大きかった (かばん)	크던 (가방)	クドン ガバン
～くて 大きくて	크고	クゴ
～から 大きいから	크니까	クニッカ

(指定詞の例)

積極的だ

요체 積極的です	적극적이에요	チョククチョギエヨ
否定 積極的ではないです	적극적이지 않아요	チョククチョギジ アナヨ
過去 積極的でした	적극적이었어요	チョククチョギオッソヨ
過去否定 積極的ではなかったです	적극적이지 않았어요	チョククチョギジ アナッソヨ
現在連体 積極的な (人)	적극적인 (사람)	チョククチョギン サラム
過去連体 積極的だった (人)	적극적이던 (사람)	チョククチョギドン サラム
～で 積極的で	적극적이고	チョククチョギゴ
～だから 積極的だから	적극적이니까	チョククチョギニッカ

連体形

a 形容詞・形容動詞や指定詞の現在連体形は、語幹が母音で終わるときには語幹にㄴをつけます。

크다 → 크 + ㄴ → 큰

例 키가 큰 사람　　「背が高い人」
キガ クン サラム

적극적이다 → 적극적이 + ㄴ → 적극적인

例 적극적인 사람　　「積極的な人」
チョククチョギン サラム

パッチムで終わる場合は語幹に은をつけます。

늦다 → 늦 + 은 → 늦은

例 늦은 시간　「遅い時間」
ヌジュン シガン

(注) 形容詞・形容動詞・指定詞の現在連体形の -ㄴや-은は、動詞・存在詞では過去連体形になります。まぎらわしいので注意しましょう。

b 過去連体形は、語幹の形にかかわらず던をつけます。

크다 → 크 + 던 → 크던

例 크던 가방　「大きかったかばん」
クドン カバン

적극적이다 → 적극적이 + 던 → 적극적이던

　　例 적극적이던 사람　　「積極的だった人」
　　　チョックチョギドン サラム

어리다 → 어리 + 던 → 어리던

　　例 어리던 아이　　　　「幼かった子供」
　　　オリドン ナイ

(注) 形容詞・形容動詞・指定詞の過去連体形は、話し言葉では、過去を表す았/었に던のついた -았던/었던をよく使います。

c 未来連体形は、動詞・存在詞と同様、語幹が母音で終わるときには語幹に ㄹ をつけ、パッチムで終わる場合は 을 をつけます。

(注) 本書では、未来連体形の形は「-(으)ㄹ 거예요～でしょう」という表現で扱っています。

◆ 活用の基本パターンのまとめ

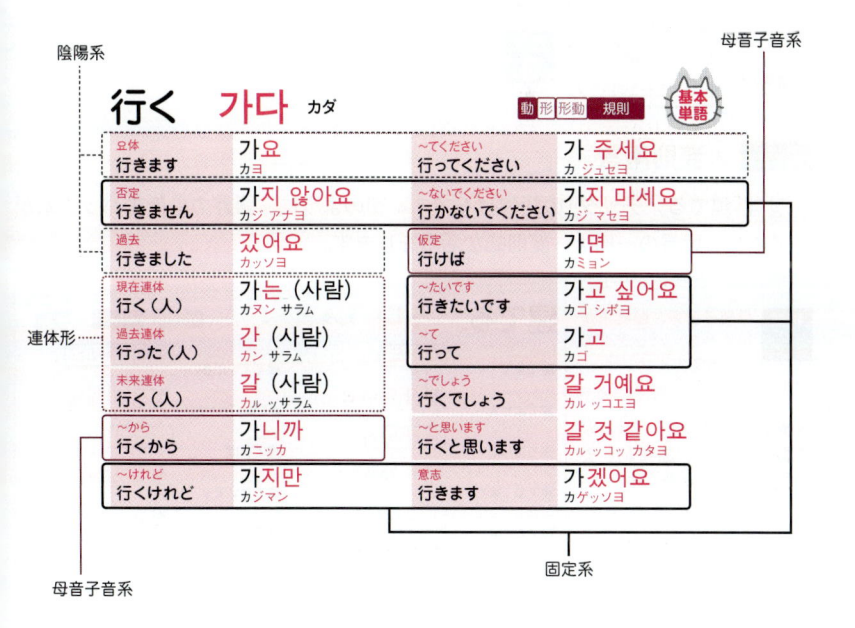

行く　가다　カダ　　　　　動　形　形動　規則　基本単語

陰陽系　　　　　　　　　　　　　　　　　　　　母音子音系

요体 行きます	가요 カヨ	～てください 行ってください	가 주세요 カ ジュセヨ
否定 行きません	가지 않아요 カジ アナヨ	～ないでください 行かないでください	가지 마세요 カジ マセヨ
過去 行きました	갔어요 カッソヨ	仮定 行けば	가면 カミョン
現在連体 行く(人)	가는 (사람) カヌン サラム	～たいです 行きたいです	가고 싶어요 カゴ シポヨ
過去連体 行った(人)	간 (사람) カン サラム	～て 行って	가고 カゴ
未来連体 行く(人)	갈 (사람) カル サラム	～でしょう 行くでしょう	갈 거예요 カル ッコエヨ
～から 行くから	가니까 カニッカ	～と思います 行くと思います	갈 것 같아요 カル ッコッ カタヨ
～けれど 行くけれど	가지만 カジマン	意志 行きます	가겠어요 カゲッソヨ

連体形

母音子音系　　　　　　　　　　　　　　　　固定系

活用辞典を読むための基本知識　45

C 不規則用言

ここからは、不規則な活用をする用言のパターンを説明します。

1 ㄹ語幹

살다「生きる/サルダ」の語幹は살です。살のような、**語幹の最後のパッチムがㄹで終わるすべての用言をㄹ語幹**と言い、そのほかのパッチムで終わる語幹とは異なる活用をします。

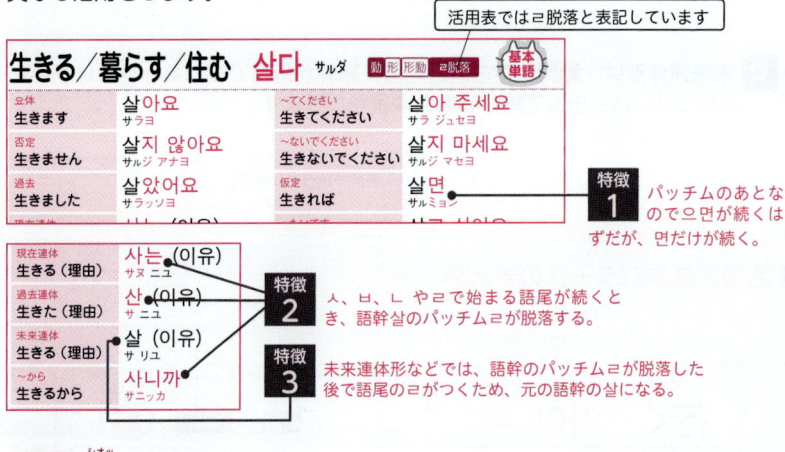

活用表ではㄹ脱落と表記しています

生きる/暮らす/住む 살다 サルダ 動/形/形動/ㄹ脱落 基本単語

요체 生きます	살아요 サラヨ	~てください 生きてください	살아 주세요 サラ ジュセヨ
否定 生きません	살지 않아요 サルジ アナヨ	~ないでください 生きないでください	살지 마세요 サルジ マセヨ
過去 生きました	살았어요 サラッソヨ	仮定 生きれば	살면 サルミョン

特徴1: パッチムのあとなので으면が続くはずだが、면だけが続く。

現在連体 生きる(理由)	사는 (이유) サヌ ニユ
過去連体 生きた(理由)	산 (이유) サ ニユ
未来連体 生きる(理由)	살 (이유) サ リユ
~から 生きるから	사니까 サニッカ

特徴2: ㅅ、ㅂ、ㄴ やㄹで始まる語尾が続くとき、語幹살のパッチムㄹが脱落する。

特徴3: 未来連体形などでは、語幹のパッチムㄹが脱落した後で語尾のㄹがつくため、元の語幹の살になる。

2 ㅅ変則用言

짓다「建てる/チッタ」の語幹は짓です。짓のように、語幹の最後のパッチムがㅅで終わる用言の一部は、変則的な活用をします。

特徴: 母音子音系、陰陽系が続くとき、パッチムのㅅが脱落する。

ほかに낫다(ましだ)、젓다(かき混ぜる)、붓다(腫れる)、잇다(つなぐ)などがあります。

建てる 짓다 チッタ 動/形/形動/不規則

活用に注意!

요체 建てます	지어요 チオヨ	~てください 建ててください	지어 주세요 チオ ジュセヨ
否定 建てません	짓지 않아요 チッチ アナヨ	~ないでください 建てないでください	짓지 마세요 チッチ マセヨ
過去 建てました	지었어요 チオッソヨ	仮定 建てれば	지으면 チウミョン
現在連体 建てる(家)	짓는 (집) チンヌン ジブ	~たいです 建てたいです	짓고 싶어요 チッコ シボヨ
過去連体 建てた(家)	지은 (집) チウン ジブ	~て 建てて	짓고 チッコ
未来連体 建てる(家)	지을 (집) チウル ッチブ	~でしょう 建てるでしょう	지을 거예요 チウル ッコエヨ
~から 建てるから	지으니까 チウニッカ	~と思います 建てると思います	지을 것 같아요 チウル ッコッ カタヨ
~けれど 建てるけれど	짓지만 チッチマン	意志 建てます	짓겠어요 チッケッソヨ

3　ㄷ変則用言 (ティグッ)

듣다（聞く／トゥッタ）の語幹は듣です。듣のように、語幹の最後のパッチムがㄷである用言の一部は変則的な活用をします。

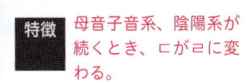

特徴　母音子音系、陰陽系が続くとき、ㄷがㄹに変わる。

ほかに、묻다（尋ねる／問う）、걷다（歩く）、싣다（載せる）なども同じ活用をします。

聞く／効く（薬が）　듣다　トゥッタ　[動][形動][ㄷ不規則]　基本単語

요体　聞きます	**들어요** トゥロヨ	~てください　聞いてください	**들어 주세요** トゥロ ジュセヨ
否定　聞きません	듣지 않아요 トゥッチ アナヨ	~ないでください　聞かないでください	듣지 마세요 トゥッチ マセヨ
過去　聞きました	**들었어요** トゥロッソヨ	仮定　聞けば	**들으면** トゥルミョン
現在連体　聞く（音楽）	듣 는 (음악) トゥンヌ ヌマク	~たいです　聞きたいです	듣고 싶어요 トゥッコ シポヨ
過去連体　聞いた（音楽）	**들은** (음악) トゥルン ヌマク	~て　聞いて	듣고 トゥッコ
未来連体　聞く（音楽）	**들을** (음악) トゥルル ルマク	~でしょう　聞くでしょう	**들을 거예요** トゥルル ッコエヨ
~から　聞くから	**들으니까** トゥルニッカ	~と思います　聞くと思います	**들을 것 같아요** トゥルル ッコッ カタヨ
~けれど　聞くけれど	듣지만 トゥッチマン	意志　聞きます	듣겠어요 トゥッケッソヨ

4　ㅂ変則用言 (ピウプ)

가깝다「近い／カッカプタ」の語幹は가깝です。깝のように、語幹の最後のパッチムがㅂである用言の多く（形容詞はほとんど）は変則的な活用をします。

近い　가깝다　カッカプタ　[動][形動][ㅂ不規則]　活用に注意!

요体　近いです	✗가까워요 カッカウォヨ	~のに　近いのに	○가까운데 カッカウンデ
否定　近くないです	가깝지 않아요 カッカプチ アナヨ	~くても　近くても	✗가까워도 カッカウォド
過去　近かったです	✗가까웠어요 カッカウォッソヨ	仮定　近ければ	○가까우면 カッカウミョン
過去否定　近くなかったです	가깝지 않았어요 カッカプチ アナッソヨ	~けれど　近いけれど	가깝지만 カッカプチマン
現在連体　近い（学校）	○가까운 (학교) カッカウン ナッキョ	~でしょう　近いでしょう	○가까울 거예요 カッカウル ッコエヨ
過去連体　近かった（学校）	가깝던 (학교) カッカプトン ナッキョ	~ようです　近いようです	○가까운 것 같아요 カッカウン ゴッ カタヨ
~くて　近くて	가깝고 カッカプコ	~くないようです　近くないようです	가깝지 않은 것 같아요 カッカプチ アヌン ゴッ カタヨ
~から　近いから	○가까우니까 カッカウニッカ	~く　近く	가깝게 カッカプケ

特徴1　으や은で始まる語尾が続くと、ㅂが우に変わり、으がなくなる（表内の○付き部分）。

特徴2　아や어で始まる語尾が続くと、ㅂが우に変わり、続く아や어との縮約形の워になる（表内の✗付き部分）。

語幹の最後の母音が陽母音（ㅏ、ㅗ）か陰母音（その他）かに関係なく、このように活用します。ただし、돕다（助ける）、곱다（美しい）などは도와、고와となります。

47

5 르変則用言

모르다「わからない／モルダ」の語幹は모르です。このように、語幹の最後が르である用言の大部分は르変則用言です。

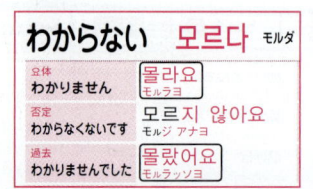

わからない 모르다 モルダ

요体 わかりません	몰라요 モルラヨ
否定 わからなくないです	모르지 않아요 モルジ アナヨ
過去 わかりませんでした	몰랐어요 モルラッソヨ

特徴 陰陽系の語尾に続くときだけ、르＋아／어の部分がㄹ라／ㄹ러に変わる。

「わからない」の語幹모르のように、르の前が陽母音（ㅏ、ㅗ）の場合はㄹ라になり、「呼ぶ」の語幹부르のように、르の前が陰母音（ㅏ、ㅗ以外の母音）の場合はㄹ러になる。

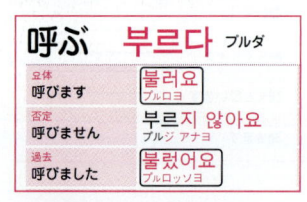

呼ぶ 부르다 プルダ

요体 呼びます	불러요 プルロヨ
否定 呼びません	부르지 않아요 プルジ アナヨ
過去 呼びました	불렀어요 プルロッソヨ

（注）語幹の最後が르である用言はすべて変則活用をし、その大部分は르変則用言です。ただし、따르다（従う）、치르다（払う）、들르다（寄る）は次の으変則活用になります。

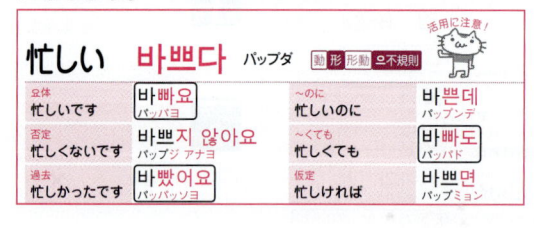

6 으変則用言

바쁘다「忙しい／パップダ」の語幹は바쁘です。쁘のように、語幹の最後の母音がㅡで終わる用言は、5の르変則用言と7の러変則用言を除き、すべてこの変則になります。

忙しい 바쁘다 パップダ [動][形][形動][으不規則]

요体 忙しいです	바빠요 パッパヨ	～のに 忙しいのに	바쁜데 パップンデ
否定 忙しくないです	바쁘지 않아요 パップジ アナヨ	～くても 忙しくても	바빠도 パッパド
過去 忙しかったです	바빴어요 パッパッソヨ	仮定 忙しければ	바쁘면 パップミョン

特徴 陰陽系の語尾に続くときだけ、語幹末の母音ㅡが脱落する。

「忙しい」の語幹바쁘のように、쁘の前が陽母音の場合は쁘が빠に、「きれいだ」のように陰母音の場合は쁘が뻐になる。

また、次ページの쓰다「書く／ッスダ」のように語幹が1文字の場合は、써になる。

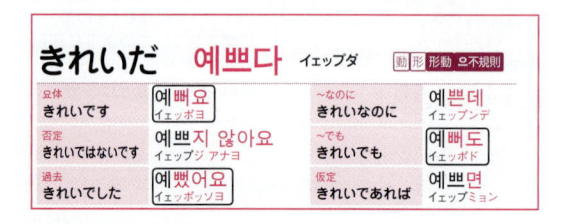

きれいだ 예쁘다 イェップダ [動][形][形動][으不規則]

요体 きれいです	예뻐요 イェッポヨ	～なのに きれいなのに	예쁜데 イェップンデ
否定 きれいではないです	예쁘지 않아요 イェップジ アナヨ	～でも きれいでも	예뻐도 イェッポド
過去 きれいでした	예뻤어요 イェッポッソヨ	仮定 きれいであれば	예쁘면 イェップミョン

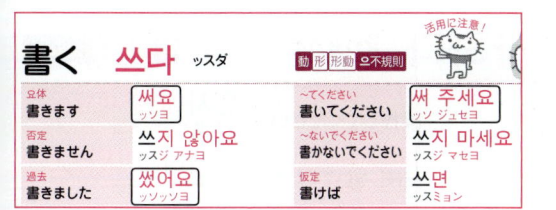

書く	쓰다 ッスダ	動 形 으不規則 活用に注意!
요체 書きます	써요 ッソヨ	~てください 書いてください	써 주세요 ッソ ジュセヨ
否定 書きません	쓰지 않아요 ッスジ アナヨ	~ないでください 書かないでください	쓰지 마세요 ッスジ マセヨ
過去 書きました	썼어요 ッソッソヨ	仮定 書けば	쓰면 ッスミョン

7 러変則用言

本書では扱っていませんが、푸르다（青い）、이르다（至る）、누르다（黄色い）、노르다（黄色い、黄金色だ）の4語とその合成語だけは、르変則、으変則と同様、陰陽系では르＋어→르러 になります。

8 ㅎ変則用言

これも本書では扱っていませんが、語幹の最後のパッチムがㅎである形容詞（좋다「よい」を除く）は、次のように変化します。

▷母音子音系では、ㅎと으が脱落する。
　例 까맣다「黒い／ッカマッタ」　→　까만「黒い～」

▷陰陽系では、ㅎおよびその直前の母音が脱落し、아/어はㅐとなる。
　例 그렇다「そうだ／クロッタ」　→　그래요「そうです」

あ

挨拶する　인사하다　インサハダ　[動][形][形動][規則]

요체 挨拶します	인사해요 インサヘヨ	~てください 挨拶してください	인사해 주세요 インサヘ ジュセヨ
否定 挨拶しません	인사하지 않아요 インサハジ アナヨ	~ないでください 挨拶しないでください	인사하지 마세요 インサハジ マセヨ
過去 挨拶しました	인사했어요 インサヘッソヨ	仮定 挨拶すれば	인사하면 インサハミョン
現在連体 挨拶する(人)	인사하는 (사람) インサハヌン サラム	~たいです 挨拶したいです	인사하고 싶어요 インサハゴ シポヨ
過去連体 挨拶した(人)	인사한 (사람) インサハン サラム	~て 挨拶して	인사하고 インサハゴ
未来連体 挨拶する(人)	인사할 (사람) インサハル ッサラム	~でしょう 挨拶するでしょう	인사할 거예요 インサハル ッコエヨ
~から 挨拶するから	인사하니까 インサハニッカ	~と思います 挨拶すると思います	인사할 것 같아요 インサハル ッコッ カタヨ
~けれど 挨拶するけれど	인사하지만 インサハジマン	意志 挨拶します	인사하겠어요 インサハゲッソヨ

「挨拶するでしょう？」という聞き手の同意を求める表現には **인사하죠？** インサハジョ？ を使います。

愛される　사랑받다　サランバッタ　[動][形][形動][規則]

요체 愛されます	사랑받아요 サランバダヨ	~てください 愛されてください	사랑받아 주세요 サランバダ ジュセヨ
否定 愛されません	사랑받지 않아요 サランバッチ アナヨ	~ないでください 愛されないでください	사랑받지 마세요 サランバッチ マセヨ
過去 愛されました	사랑받았어요 サランバダッソヨ	仮定 愛されれば	사랑받으면 サランバドゥミョン
現在連体 愛される(人)	사랑받는 (사람) サランバンヌン サラム	~たいです 愛されたいです	사랑받고 싶어요 サランバッコ シポヨ
過去連体 愛された(人)	사랑받은 (사람) サランバドゥン サラム	~て 愛されて	사랑받고 サランバッコ
未来連体 愛される(人)	사랑받을 (사람) サランバドゥル ッサラム	~でしょう 愛されるでしょう	사랑받을 거예요 サランバドゥル ッコエヨ
~から 愛されるから	사랑받으니까 サランバドゥニッカ	~と思います 愛されると思います	사랑받을 것 같아요 サランバドゥル ッコッ カタヨ
~けれど 愛されるけれど	사랑받지만 サランバッチマン	意志 愛されます	사랑받겠어요 サランバッケッソヨ

(意志)「愛されます」には **사랑받을래요** サランバドゥルレヨ という活用形もあります。

愛する　사랑하다　サランハダ
動 形 形動 規則

요체 愛します	사랑해요 サランヘヨ	~てください 愛してください	사랑해 주세요 サランヘ ジュセヨ
否定 愛しません	사랑하지 않아요 サランハジ アナヨ	~ないでください 愛さないでください	사랑하지 마세요 サランハジ マセヨ
過去 愛しました	사랑했어요 サランヘッソヨ	仮定 愛すれば	사랑하면 サランハミョン
現在連体 愛する（人）	사랑하는 (사람) サランハヌン サラム	~たいです 愛したいです	사랑하고 싶어요 サランハゴ シポヨ
過去連体 愛した（人）	사랑한 (사람) サランハン サラム	~て 愛して	사랑하고 サランハゴ
未来連体 愛する（人）	사랑할 (사람) サランハル ッサラム	~でしょう 愛するでしょう	사랑할 거예요 サランハル ッコエヨ
~から 愛するから	사랑하니까 サランハニッカ	~と思います 愛すると思います	사랑할 것 같아요 サランハル ッコッ カタヨ
~けれど 愛するけれど	사랑하지만 サランハジマン	意志 愛します	사랑하겠어요 サランハゲッソヨ

ひと言フレーズ ずっとあなたを愛します。
영원히 당신을 사랑하겠어요. ヨンウォニ タンシヌル サランハゲッソヨ

愛らしい　사랑스럽다　サランスロプタ
動 形 形動 ㅂ不規則

活用に注意!

요체 愛らしいです	사랑스러워요 サランスロウォヨ	~のに 愛らしいのに	사랑스러운데 サランスロウンデ
否定 愛らしくないです	사랑스럽지 않아요 サランスロプチ アナヨ	~くても 愛らしくても	사랑스러워도 サランスロウォド
過去 愛らしかったです	사랑스러웠어요 サランスロウォッソヨ	仮定 愛らしければ	사랑스러우면 サランスロウミョン
過去否定 愛らしくなかったです	사랑스럽지 않았어요 サランスロプチ アナッソヨ	~けれど 愛らしいけれど	사랑스럽지만 サランスロプチマン
現在連体 愛らしい（彼女）	사랑스러운 (그녀) サランスロウン グニョ	~でしょう 愛らしいでしょう	사랑스러울 거예요 サランスロウル ッコエヨ
過去連体 愛らしかった（彼女）	사랑스럽던 (그녀) サランスロプトン グニョ	~ようです 愛らしいようです	사랑스러운 것 같아요 サランスロウン ゴッ カタヨ
~くて 愛らしくて	사랑스럽고 サランスロプコ	~くないようです 愛らしくないようです	사랑스럽지 않은 것 같아요 サランスロプチ アヌン ゴッ カタヨ
~から 愛らしいから	사랑스러우니까 サランスロウニッカ	~く 愛らしく	사랑스럽게 サランスロプケ

「愛らしいから」には **사랑스러워서** サランスロウォソ、「愛らしいようです」には **사랑스럽겠죠** サランスロプケッチョ という活用形もあります。

あ 会う／出会う　만나다　マンナダ　[動][形動][規則] 基本単語

요体 会います	만나요 マンナヨ	～てください 会ってください	만나 주세요 マンナ ジュセヨ
否定 会いません	만나지 않아요 マンナジ アナヨ	～ないでください 会わないでください	만나지 마세요 マンナジ マセヨ
過去 会いました	만났어요 マンナッソヨ	仮定 会えば	만나면 マンナミョン
現在連体 会う(人)	만나는 (사람) マンナヌン サラム	～たいです 会いたいです	만나고 싶어요 マンナゴ シポヨ
過去連体 会った(人)	만난 (사람) マンナン サラム	～て 会って	만나고 マンナゴ
未来連体 会う(人)	만날 (사람) マンナル ッサラム	～でしょう 会うでしょう	만날 거예요 マンナル ッコエヨ
～から 会うから	만나니까 マンナニッカ	～と思います 会うと思います	만날 것 같아요 マンナル ッコッ カタヨ
～けれど 会うけれど	만나지만 マンナジマン	意志 会います	만나겠어요 マンナゲッソヨ

ひと言フレーズ　早く会いたいです。
빨리 만나고 싶어요. ッパルリ マンナゴ シポヨ

合う　맞다　マッタ　[動][形動][規則] 基本単語

요体 合います	맞아요 マジャヨ	～てください	―
否定 合いません	맞지 않아요 マッチ アナヨ	～ないでください	―
過去 合いました	맞았어요 マジャッソヨ	仮定 合えば	맞으면 マジュミョン
現在連体 合う(服)	맞는 (옷) マンヌ ノッ	～たいです	―
過去連体 合った(服)	맞은 (옷) マジュ ノッ	～て 合って	맞고 マッコ
未来連体 合う(服)	맞을 (옷) マジュ ロッ	～でしょう 合うでしょう	맞을 거예요 マジュル ッコエヨ
～から 合うから	맞으니까 マジュニッカ	～と思います 合うと思います	맞을 것 같아요 マジュル ッコッ カタヨ
～けれど 合うけれど	맞지만 マッチマン	意志 合います	맞겠어요 マッケッソヨ

連体形の欄にある 는 옷 や 을 옷 などは、パッチムと次の母音をつなげて発音します。

遭う / 당하다 タンハダ

動 形 形動 規則 / 基本単語

요体 / 遭います	당해요	タンヘヨ
否定 / 遭いません	당하지 않아요	タンハジ アナヨ
過去 / 遭いました	당했어요	タンヘッソヨ
現在連体 / 遭う(事故)	당하는 (사고)	タンハヌン サゴ
過去連体 / 遭った(事故)	당한 (사고)	タンハン サゴ
未来連体 / 遭う(事故)	당할 (사고)	タンハル ッサゴ
～から / 遭うから	당하니까	タンハニッカ
～けれど / 遭うけれど	당하지만	タンハジマン
～てください / 遭ってください	당해 주세요	タンヘ ジュセヨ
～ないでください / 遭わないでください	당하지 마세요	タンハジ マセヨ
仮定 / 遭えば	당하면	タンハミョン
～たいです / 遭いたいです	당하고 싶어요	タンハゴ シポヨ
～て / 遭って	당하고	タンハゴ
～でしょう / 遭うでしょう	당할 거예요	タンハル ッコエヨ
～と思います / 遭うと思います	당할 것 같아요	タンハル ッコッ カタヨ
意志 / 遭います	당하겠어요	タンハゲッソヨ

「遭ったので」は 당해서 タンヘソ という活用形を使います。

上がる / 오르다 オルダ

動 形 形動 ㄹ不規則 / 基本単語

요体 / 上がります	올라요	オルラヨ
否定 / 上がりません	오르지 않아요	オルジ アナヨ
過去 / 上がりました	올랐어요	オルラッソヨ
現在連体 / 上がる(値)	오르는 (값)	オルヌン ガプ
過去連体 / 上がった(値)	오른 (값)	オルン ガプ
未来連体 / 上がる(値)	오를 (값)	オルル ッカプ
～から / 上がるから	오르니까	オルニッカ
～けれど / 上がるけれど	오르지만	オルジマン
～てください	—	—
～ないでください	—	—
仮定 / 上がれば	오르면	オルミョン
～たいです	—	—
～て / 上がって	오르고	オルゴ
～でしょう / 上がるでしょう	오를 거예요	オルル ッコエヨ
～と思います / 上がると思います	오를 것 같아요	オルル ッコッ カタヨ
意志	—	—

「(雨が)上がる」には 그치다 クチダ を使います。

あ 明るい　밝다　パクタ　動 形 形動 規則

요체 明るいです	밝아요 パルガヨ	〜のに 明るいのに	밝은데 パルグンデ
否定 明るくないです	밝지 않아요 パクチ アナヨ	〜くても 明るくても	밝아도 パルガド
過去 明るかったです	밝았어요 パルガッソヨ	仮定 明るければ	밝으면 パルグミョン
過去否定 明るくなかったです	밝지 않았어요 パクチ アナッソヨ	〜けれど 明るいけれど	밝지만 パクチマン
現在連体 明るい（性格）	밝은 (성격) パルグン ソンッキョク	〜でしょう 明るいでしょう	밝을 거예요 パルグル ッコエヨ
過去連体 明るかった（性格）	밝던 (성격) パクトン ソンッキョク	〜ようです 明るいようです	밝을 것 같아요 パルグル ッコッ カタヨ
〜くて 明るくて	밝고 パルッコ	〜くないようです 明るくないようです	밝지 않은 것 같아요 パクチ アヌン ゴッ カタヨ
〜から 明るいから	밝으니까 パルグニッカ	〜く 明るく	밝게 パルッケ

🐾 「明るいから」には **밝아서** パルガソ という活用形もあります。

明らかだ　분명하다　プンミョンハダ　動 形 形動 規則

요체 明らかです	분명해요 プンミョンヘヨ	〜なのに 明らかなのに	분명한데 プンミョンハンデ
否定 明らかではないです	분명하지 않아요 プンミョンハジ アナヨ	〜でも 明らかでも	분명해도 プンミョンヘド
過去 明らかでした	분명했어요 プンミョンヘッソヨ	仮定 明らかであれば	분명하면 プンミョンハミョン
過去否定 明らかではなかったです	분명하지 않았어요 プンミョンハジ アナッソヨ	〜だけれど 明らかだけれど	분명하지만 プンミョンハジマン
現在連体 明らかな（事実）	분명한 (사실) プンミョンハン サシル	〜でしょう 明らかでしょう	분명할 거예요 プンミョンハル ッコエヨ
過去連体 明らかだった（事実）	분명하던 (사실) プンミョンハドン サシル	〜そうです 明らかそうです	분명할 것 같아요 プンミョンハル ッコッ カタヨ
〜で 明らかで	분명하고 プンミョンハゴ	〜ではないようです 明らかではないようです	분명하지 않은 것 같아요 プンミョンハジ アヌン ゴッ カタヨ
〜だから 明らかだから	분명하니까 プンミョンハニッカ	〜に 明らかに	분명하게 プンミョンハゲ

🐾 「明らかだから」には **분명해서** プンミョンヘソ という活用形もあります。

あきらめる　포기하다　ポギハダ　[動][規則]

요体 あきらめます	포기해요 ポギヘヨ	~てください あきらめてください	포기해 주세요 ポギヘ ジュセヨ
否定 あきらめません	포기하지 않아요 ポギハジ アナヨ	~ないでください あきらめないでください	포기하지 마세요 ポギハジ マセヨ
過去 あきらめました	포기했어요 ポギヘッソヨ	仮定 あきらめれば	포기하면 ポギハミョン
現在連体 あきらめる（人）	포기하는 (사람) ポギハヌン サラム	~たいです あきらめたいです	포기하고 싶어요 ポギハゴ シポヨ
過去連体 あきらめた（人）	포기한 (사람) ポギハン サラム	~て あきらめて	포기하고 ポギハゴ
未来連体 あきらめる（人）	포기할 (사람) ポギハル ッサラム	~でしょう あきらめるでしょう	포기할 거예요 ポギハル ッコエヨ
~から あきらめるから	포기하니까 ポギハニッカ	~と思います あきらめると思います	포기할 것 같아요 ポギハル ッコッ カタヨ
~けれど あきらめるけれど	포기하지만 ポギハジマン	意志 あきらめます	포기하겠어요 ポギハゲッソヨ

「あきらめる」には **단념하다** タンニョマダ、**체념하다** チェニョマダ という言い方もあります。

飽きる　싫증나다　シルッチュンナダ　[動][規則]

発音に注意!

요体 飽きます	싫증나요 シルッチュンナヨ	~てください	
否定 飽きません	싫증나지 않아요 シルッチュンナジ アナヨ	~ないでください	
過去 飽きました	싫증났어요 シルッチュンナッソヨ	仮定 飽きれば	싫증나면 シルッチュンナミョン
現在連体 飽きる（仕事）	싫증나는 (일) シルッチュンナヌン ニル	~たいです	
過去連体 飽きた（仕事）	싫증난 (일) シルッチュンナン ニル	~て 飽きて	싫증나고 シルッチュンナゴ
未来連体 飽きる（仕事）	싫증날 (일) シルッチュンナル リル	~でしょう 飽きるでしょう	싫증날 거예요 シルッチュンナル ッコエヨ
~から 飽きるから	싫증나니까 シルッチュンナニッカ	~と思います 飽きると思います	싫증날 것 같아요 シルッチュンナル ッコッ カタヨ
~けれど 飽きるけれど	싫증나지만 シルッチュンナジマン	意志	

「飽きる」には **질리다** チルリダ、**질력나다** チルリョンナダ という言い方もあります。

あ / あく

空く　비다 ピダ

[動][形][形動][規則] 基本単語

要体 空きます	비어요 ピオヨ	〜てください	
否定 空きません	비지 않아요 ピジ アナヨ	〜ないでください	
過去 空きました	비었어요 ピオッソヨ	仮定 空けば	비면 ピミョン
現在連体 空く（手）	비는 (손) ピヌン ソン	〜たいです	
過去連体 空いた（手）	빈 (손) ピン ソン	〜て 空いて	비고 ピゴ
未来連体 空く（手）	빌 (손) ピル ッソン	〜でしょう 空くでしょう	빌 거예요 ピル ッコエヨ
〜から 空くから	비니까 ピニッカ	〜と思います 空くと思います	빌 것 같아요 ピル ッコッ カタヨ
〜けれど 空くけれど	비지만 ピジマン	意志	

🐾 「(手が) 空く」は (손) 비다 (ソン) ピダ と言います。

開く（ドアが）　열리다 ヨルリダ

[動][形][形動][規則]

要体 開きます	열려요 ヨルリョヨ	〜てください	
否定 開きません	열리지 않아요 ヨルリジ アナヨ	〜ないでください	
過去 開きました	열렸어요 ヨルリョッソヨ	仮定 開けば	열리면 ヨルリミョン
現在連体 開く（ドア）	열리는 (문) ヨルリヌン ムン	〜たいです	
過去連体 開いた（ドア）	열린 (문) ヨルリン ムン	〜て 開いて	열리고 ヨルリゴ
未来連体 開く（ドア）	열릴 (문) ヨルリル ムン	〜でしょう 開くでしょう	열릴 거예요 ヨルリル ッコエヨ
〜から 開くから	열리니까 ヨルリニッカ	〜と思います 開くと思います	열릴 것 같아요 ヨルリル ッコッ カタヨ
〜けれど 開くけれど	열리지만 ヨルリジマン	意志	

ひと言フレーズ 部屋の窓が開きません。
방 창문이 열리지 않아요. パン チャンムニ ヨルリジ アナヨ

開ける／開く　열다 ヨルダ 動形 形動 ㄹ脱落 基本単語

丁体 開けます	열어요 ヨロヨ	〜てください 開けてください	열어 주세요 ヨロ ジュセヨ
否定 開けません	열지 않아요 ヨルジ アナヨ	〜ないでください 開けないでください	열지 마세요 ヨルジ マセヨ
過去 開けました	열었어요 ヨロッソヨ	仮定 開ければ	열면 ヨルミョン
現在連体 開ける（ドア）	여는 (문) ヨヌン ムン	〜たいです 開けたいです	열고 싶어요 ヨルゴ シポヨ
過去連体 開けた（ドア）	연 (문) ヨン ムン	〜て 開けて	열고 ヨルゴ
未来連体 開ける（ドア）	열 (문) ヨル ムン	〜でしょう 開けるでしょう	열 거예요 ヨル ッコエヨ
〜から 開けるから	여니까 ヨニッカ	〜と思います 開けると思います	열 것 같아요 ヨル ッコッ カタヨ
〜けれど 開けるけれど	열지만 ヨルジマン	意志 開けます	열겠어요 ヨルゲッソヨ

「開けるから」には 열어서 ヨロソ という活用形もあります。

上げる（荷物を）　올리다 オルリダ 動形 形動 規則

丁体 上げます	올려요 オルリョヨ	〜てください 上げてください	올려 주세요 オルリョ ジュセヨ
否定 上げません	올리지 않아요 オルリジ アナヨ	〜ないでください 上げないでください	올리지 마세요 オルリジ マセヨ
過去 上げました	올렸어요 オルリョッソヨ	仮定 上げれば	올리면 オルリミョン
現在連体 上げる（荷物）	올리는 (짐) オルリヌン チム	〜たいです 上げたいです	올리고 싶어요 オルリゴ シポヨ
過去連体 上げた（荷物）	올린 (짐) オルリン チム	〜て 上げて	올리고 オルリゴ
未来連体 上げる（荷物）	올릴 (짐) オルリル ッチム	〜でしょう 上げるでしょう	올릴 거예요 オルリル ッコエヨ
〜から 上げるから	올리니까 オルリニッカ	〜と思います 上げると思います	올릴 것 같아요 オルリル ッコッ カタヨ
〜けれど 上げるけど	올리지만 オルリジマン	意志 上げます	올리겠어요 オルリゲッソヨ

（意志）「上げます」には 올리죠 オルリジョ という言い方もあります。

あ

挙げる（手を） 들다 トゥルダ [動][形][形動] ㄹ脱落 【基本単語】

丁体 挙げます	들어요 トゥロヨ	〜てください 挙げてください	들어 주세요 トゥロ ジュセヨ
否定 挙げません	들지 않아요 トゥルジ アナヨ	〜ないでください 挙げないでください	들지 마세요 トゥルジ マセヨ
過去 挙げました	들었어요 トゥロッソヨ	仮定 挙げれば	들면 トゥルミョン
現在連体 挙げる（人）	드는 (사람) トゥヌン サラム	〜たいです 挙げたいです	들고 싶어요 トゥルゴ シポヨ
過去連体 挙げた（人）	든 (사람) トゥン サラム	〜て 挙げて	들고 トゥルゴ
未来連体 挙げる（人）	들 (사람) トゥル ッサラム	〜でしょう 挙げるでしょう	들 거예요 トゥル ッコエヨ
〜から 挙げるから	드니까 トゥニッカ	〜と思います 挙げると思います	들 것 같아요 トゥル ッコッ カタヨ
〜けれど 挙げるけれど	들지만 トゥルジマン	意志 挙げます	들겠어요 トゥルゲッソヨ

「挙げるでしょう？」と同意を求めるときには 들겠죠? トゥルゲッチョ? を使います。

あげる／くれる 주다 チュダ [動][形][形動] 規則 【基本単語】

丁体 あげます	줘요 チュオヨ	〜てください あげてください	주세요 チュセヨ
否定 あげません	주지 않아요 チュジ アナヨ	〜ないでください あげないでください	주지 마세요 チュジ マセヨ
過去 あげました	줬어요 チュオッソヨ	仮定 あげれば	주면 チュミョン
現在連体 あげる（人）	주는 (사람) チュヌン サラム	〜たいです あげたいです	주고 싶어요 チュゴ シポヨ
過去連体 あげた（人）	준 (사람) チュン サラム	〜て あげて	주고 チュゴ
未来連体 あげる（人）	줄 (사람) チュル ッサラム	〜でしょう あげるでしょう	줄 거예요 チュル ッコエヨ
〜から あげるから	주니까 チュニッカ	〜と思います あげると思います	줄 것 같아요 チュル ッコッ カタヨ
〜けれど あげるけれど	주지만 チュジマン	意志 あげるつもりです	주겠어요 チュゲッソヨ

「あげる」주다 の丁寧な表現は 드리다 トゥリダ です。

あこがれる　동경하다　トンギョンハダ　[動][形][形動][規則]

活用	日本語	韓国語	読み
요体	あこがれます	동경해요	トンギョンヘヨ
否定	あこがれません	동경하지 않아요	トンギョンハジ アナヨ
過去	あこがれました	동경했어요	トンギョンヘッソヨ
現在連体	あこがれる（人）	동경하는 (사람)	トンギョンハヌン サラム
過去連体	あこがれた（人）	동경한 (사람)	トンギョンハン サラム
未来連体	あこがれる（人）	동경할 (사람)	トンギョンハル ッサラム
～から	あこがれるから	동경하니까	トンギョンハニッカ
～けれど	あこがれるけれど	동경하지만	トンギョンハジマン
～てください	あこがれてください	동경해 주세요	トンギョンヘ ジュセヨ
～ないでください	あこがれないでください	동경하지 마세요	トンギョンハジ マセヨ
仮定	あこがれれば	동경하면	トンギョンハミョン
～たいです	あこがれたいです	동경하고 싶어요	トンギョンハゴ シポヨ
～て	あこがれて	동경하고	トンギョンハゴ
～でしょう	あこがれるでしょう	동경할 거예요	トンギョンハル ッコエヨ
～と思います	あこがれると思います	동경할 것 같아요	トンギョンハル ッコッ カタヨ
意志	あこがれます	동경하겠어요	トンギョンハゲッソヨ

ひと言フレーズ　若いころ、海外で暮らすことにあこがれました。
젊었을 때, 외국생활을 동경했어요. チョルモッスル ッテ ウェグクセンファルル トンギョンヘッソヨ

味わう　맛보다　マッポダ　[動][形][形動][規則]

요体	味わいます	맛봐요	マッパヨ
否定	味わいません	맛보지 않아요	マッポジ アナヨ
過去	味わいました	맛봤어요	マッパッソヨ
現在連体	味わう（料理）	맛보는 (요리)	マッポヌン ニョリ
過去連体	味わった（料理）	맛본 (요리)	マッポン ニョリ
未来連体	味わう（料理）	맛볼 (요리)	マッポル リョリ
～から	味わうから	맛보니까	マッポニッカ
～けれど	味わうけれど	맛보지만	マッポジマン
～てください	味わってください	맛봐 주세요	マッパ ジュセヨ
～ないでください	味わわないでください	맛보지 마세요	マッポジ マセヨ
仮定	味わえば	맛보면	マッポミョン
～たいです	味わいたいです	맛보고 싶어요	マッポゴ シポヨ
～て	味わって	맛보고	マッポゴ
～でしょう	味わうでしょう	맛볼 거예요	マッポル ッコエヨ
～と思います	味わうと思います	맛볼 것 같아요	マッポル ッコッ カタヨ
意志	味わいます	맛보겠어요	マッポゲッソヨ

「(苦しみを) 味わう」は (괴로움을) 겪다 (クェロウムル) キョクタ と言います。

預かる　맡다　マッタ

[動] [形] [形動] [規則]

요体			
預かります	맡아요 マタヨ	~てください 預かってください	맡아 주세요 マタ ジュセヨ
否定 預かりません	맡지 않아요 マッチ アナヨ	~ないでください 預からないでください	맡지 마세요 マッチ マセヨ
過去 預かりました	맡았어요 マタッソヨ	仮定 預かれば	맡으면 マトゥミョン
現在連体 預かる（荷物）	맡는 (짐) マンヌン ジム	~たいです 預かりたいです	맡고 싶어요 マッコ シボヨ
過去連体 預かった（荷物）	맡은 (짐) マトゥン ジム	~て 預かって	맡고 マッコ
未来連体 預かる（荷物）	맡을 (짐) マトゥル ッチム	~でしょう 預かるでしょう	맡을 거예요 マトゥル ッコエヨ
~から 預かるから	맡으니까 マトゥニッカ	~と思います 預かると思います	맡을 것 같아요 マトゥル ッコッ カタヨ
~けれど 預かるけれど	맡지만 マッチマン	意志 預かります	맡겠어요 マッケッソヨ

ひと言フレーズ この荷物を預かってください。
이 짐을 맡아 주세요. イ チムル マタ ジュセヨ

預ける　맡기다　マッキダ

[動] [形] [形動] [規則]

요体 預けます	맡겨요 マッキョヨ	~てください 預けてください	맡겨 주세요 マッキョ ジュセヨ
否定 預けません	맡기지 않아요 マッキジ アナヨ	~ないでください 預けないでください	맡기지 마세요 マッキジ マセヨ
過去 預けました	맡겼어요 マッキョッソヨ	仮定 預ければ	맡기면 マッキミョン
現在連体 預ける（場所）	맡기는 (장소) マッキヌン ジャンソ	~たいです 預けたいです	맡기고 싶어요 マッキゴ シボヨ
過去連体 預けた（場所）	맡긴 (장소) マッキン ジャンソ	~て 預けて	맡기고 マッキゴ
未来連体 預ける（場所）	맡길 (장소) マッキル ッチャンソ	~でしょう 預けるでしょう	맡길 거예요 マッキル ッコエヨ
~から 預けるから	맡기니까 マッキニッカ	~と思います 預けると思います	맡길 것 같아요 マッキル ッコッ カタヨ
~けれど 預けるけれど	맡기지만 マッキジマン	意志 預けます	맡기겠어요 マッキゲッソヨ

「預ける」は 보관시키다 ポグァンシキダ とも言います。

遊ぶ　놀다　ノルダ　　動 形 形動　ㄹ脱落　基本単語

요体 遊びます	놀아요 ノラヨ	～てください 遊んでください	놀아 주세요 ノラ ジュセヨ
否定 遊びません	놀지 않아요 ノルジ アナヨ	～ないでください 遊ばないでください	놀지 마세요 ノルジ マセヨ
過去 遊びました	놀았어요 ノラッソヨ	仮定 遊べば	놀면 ノルミョン
現在連体 遊ぶ（人）	노는 (사람) ノヌン サラム	～たいです 遊びたいです	놀고 싶어요 ノルゴ シポヨ
過去連体 遊んだ（人）	논 (사람) ノン サラム	～て 遊んで	놀고 ノルゴ
未来連体 遊ぶ（人）	놀 (사람) ノル サラム	～でしょう 遊ぶでしょう	놀 거예요 ノル ッコエヨ
～から 遊ぶから	노니까 ノニッカ	～と思います 遊ぶと思います	놀 것 같아요 ノル ッコッ カタヨ
～けれど 遊ぶけれど	놀지만 ノルジマン	意志 遊びます	놀겠어요 ノルゲッソヨ

🐾 놀다 には「(勤めを) 休む、失業する」の意味もあります。

暖かい　따뜻하다　ッタットゥタダ　　動 形 形動　規則　基本単語

요体 暖かいです	따뜻해요 ッタットゥテヨ	～のに 暖かいのに	따뜻한데 ッタットゥタンデ
否定 暖かくないです	따뜻하지 않아요 ッタットゥタジ アナヨ	～くても 暖かくても	따뜻해도 ッタットゥテド
過去 暖かかったです	따뜻했어요 ッタットゥテッソヨ	仮定 暖かければ	따뜻하면 ッタットゥタミョン
過去否定 暖かくなかったです	따뜻하지 않았어요 ッタットゥタジ アナッソヨ	～けれど 暖かいけれど	따뜻하지만 ッタットゥタジマン
現在連体 暖かい（日）	따뜻한 (날) ッタットゥタン ナル	～でしょう 暖かいでしょう	따뜻할 거예요 ッタットゥタル ッコエヨ
過去連体 暖かかった（日）	따뜻하던 (날) ッタットゥタドン ナル	～ようです 暖かいようです	따뜻한 것 같아요 ッタットゥタン ゴッ カタヨ
～くて 暖かくて	따뜻하고 ッタットゥタゴ	～くないようです 暖かくないようです	따뜻하지 않은 것 같아요 ッタットゥタジ アヌン ゴッ カタヨ
～から 暖かいから	따뜻하니까 ッタットゥタニッカ	～く 暖かく	따뜻하게 ッタットゥタゲ

🐾 「暖かい」は 따스하다 ッタスハダ とも言います。「暖かいから」には 따뜻해서 ッタットゥテソ という活用形もあります。

あ あたらしい

新しい　새롭다　セロプタ

動 形 形動 ㅂ不規則　**基本単語**

丁寧形		～のに	
新しいです	새로워요 セロウォヨ	新しいのに	새로운데 セロウンデ
否定 新しくないです	새롭지 않아요 セロプチ アナヨ	～くても 新しくても	새로워도 セロウォド
過去 新しかったです	새로웠어요 セロウォッソヨ	仮定 新しければ	새로우면 セロウミョン
過去否定 新しくなかったです	새롭지 않았어요 セロプチ アナッソヨ	～けれど 新しいけれど	새롭지만 セロプチマン
現在連体 新しい（服）	새로운 （옷） セロウン ノッ	～でしょう 新しいでしょう	새로울 거예요 セロウル ッコエヨ
過去連体 新しかった（服）	새롭던 （옷） セロプトン ノッ	～ようです 新しいようです	새로운 것 같아요 セロウン ゴッ カタヨ
～くて 新しくて	새롭고 セロプコ	～くないようです 新しくないようです	새롭지 않은 것 같아요 セロプチ アヌン ゴッ カタヨ
～から 新しいから	새로우니까 セロウニッカ	～く 新しく	새롭게 セロプケ

🐾 「新しいから」には **새로워서** セロウォソ という活用形もあります。

あつい

厚い　두껍다　トゥッコプタ

動 形 形動 ㅂ不規則

丁寧形		～のに	
厚いです	두꺼워요 トゥッコウォヨ	厚いのに	두꺼운데 トゥッコウンデ
否定 厚くないです	두껍지 않아요 トゥッコプチ アナヨ	～くても 厚くても	두꺼워도 トゥッコウォド
過去 厚かったです	두꺼웠어요 トゥッコウォッソヨ	仮定 厚ければ	두꺼우면 トゥッコウミョン
過去否定 厚くなかったです	두껍지 않았어요 トゥッコプチ アナッソヨ	～けれど 厚いけれど	두껍지만 トゥッコプチマン
現在連体 厚い（本）	두꺼운 （책） トゥッコウン チェク	～でしょう 厚いでしょう	두꺼울 거예요 トゥッコウル ッコエヨ
過去連体 厚かった（本）	두껍던 （책） トゥッコプトン チェク	～ようです 厚いようです	두꺼운 것 같아요 トゥッコウン ゴッ カタヨ
～くて 厚くて	두껍고 トゥッコプコ	～くないようです 厚くないようです	두껍지 않은 것 같아요 トゥッコプチ アヌン ゴッ カタヨ
～から 厚いから	두꺼우니까 トゥッコウニッカ	～く 厚く	두껍게 トゥッコプケ

🐾 「(情が) 情が厚い」は **두텁다** トゥトプタ と言います。

暑い　덥다　トプタ

動 形 形動 ㅂ不規則

活用に注意!

요체 暑いです	더워요 トウォヨ	~のに 暑いのに	더운데 トウンデ
否定 暑くないです	덥지 않아요 トプチ アナヨ	~くても 暑くても	더워도 トウォド
過去 暑かったです	더웠어요 トウォッソヨ	仮定 暑ければ	더우면 トウミョン
過去否定 暑くなかったです	덥지 않았어요 トプチ アナッソヨ	~けれど 暑いけれど	덥지만 トプチマン
現在連体 暑い（日）	더운（날） トウン ナル	~でしょう 暑いでしょう	더울 거예요 トウル ッコエヨ
過去連体 暑かった（日）	덥던（날） トプトン ナル	~ようです 暑いようです	더운 것 같아요 トウン ゴッ カタヨ
~くて 暑くて	덥고 トプコ	~くないようです 暑くないようです	덥지 않은 것 같아요 トプチ アヌン ゴッ カタヨ
~から 暑いから	더우니까 トウニッカ	~く 暑く	덥게 トプケ

会話でよく使う「暑いですね」は 덥네요 トムネヨ と言います。

熱い　뜨겁다　ットゥゴプタ

動 形 形動 ㅂ不規則

요체 熱いです	뜨거워요 ットゥゴウォヨ	~のに 熱いのに	뜨거운데 ットゥゴウンデ
否定 熱くないです	뜨겁지 않아요 ットゥゴプチ アナヨ	~くても 熱くても	뜨거워도 ットゥゴウォド
過去 熱かったです	뜨거웠어요 ットゥゴウォッソヨ	仮定 熱ければ	뜨거우면 ットゥゴウミョン
過去否定 熱くなかったです	뜨겁지 않았어요 ットゥゴプチ アナッソヨ	~けれど 熱いけれど	뜨겁지만 ットゥゴプチマン
現在連体 熱い（チゲ）	뜨거운（찌개） ットゥゴウン ッチゲ	~でしょう 熱いでしょう	뜨거울 거예요 ットゥゴウル ッコエヨ
過去連体 熱かった（チゲ）	뜨겁던（찌개） ットゥゴプトン ッチゲ	~ようです 熱いようです	뜨거운 것 같아요 ットゥゴウン ゴッ カタヨ
~くて 熱くて	뜨겁고 ットゥゴプコ	~くないようです 熱くないようです	뜨겁지 않은 것 같아요 ットゥゴプチ アヌン ゴッ カタヨ
~から 熱いから	뜨거우니까 ットゥゴウニッカ	~く 熱く	뜨겁게 ットゥゴプケ

「熱いですね」は 뜨겁네요 ットゥゴムネヨ と言います。

あ　あつい

扱う　다루다　タルダ

[動][形][形動][規則]

요体 扱います	다뤄요 タルォヨ	～てください 扱ってください	다뤄 주세요 タルォ ジュセヨ
否定 扱いません	다루지 않아요 タルジ アナヨ	～ないでください 扱わないでください	다루지 마세요 タルジ マセヨ
過去 扱いました	다뤘어요 タルォッソヨ	仮定 扱えば	다루면 タルミョン
現在連体 扱う（もの）	다루는 (물건) タルヌン ムルゴン	～たいです 扱いたいです	다루고 싶어요 タルゴ シポヨ
過去連体 扱った（もの）	다룬 (물건) タルン ムルゴン	～て 扱って	다루고 タルゴ
未来連体 扱う（もの）	다룰 (물건) タルル ムルゴン	～でしょう 扱うでしょう	다룰 거예요 タルル ッコエヨ
～から 扱うから	다루니까 タルニッカ	～と思います 扱うと思います	다룰 것 같아요 タルル ッコッ カタヨ
～けれど 扱うけれど	다루지만 タルジマン	意志 扱います	다루겠어요 タルゲッソヨ

「扱う」には **취급하다** チュィグパダ という言い方もあります。

集まる　모이다　モイダ

[動][形][形動][規則] 基本単語

요体 集まります	모여요 モヨヨ	～てください 集まってください	모여 주세요 モヨ ジュセヨ
否定 集まりません	모이지 않아요 モイジ アナヨ	～ないでください 集まらないでください	모이지 마세요 モイジ マセヨ
過去 集まりました	모였어요 モヨッソヨ	仮定 集まれば	모이면 モイミョン
現在連体 集まる（人）	모이는 (사람) モイヌン サラム	～たいです 集まりたいです	모이고 싶어요 モイゴ シポヨ
過去連体 集まった（人）	모인 (사람) モイン サラム	～て 集まって	모이고 モイゴ
未来連体 集まる（人）	모일 (사람) モイル ッサラム	～でしょう 集まるでしょう	모일 거예요 モイル ッコエヨ
～から 集まるから	모이니까 モイニッカ	～と思います 集まると思います	모일 것 같아요 モイル ッコッ カタヨ
～けれど 集まるけれど	모이지만 モイジマン	意志 集まります	모이겠어요 モイゲッソヨ

「集まる」には **집합하다** チパパダ、**모여들다** モヨドゥルダ という言い方もあります。

集める／貯める　모으다　モウダ　動 形 形動 으不規則　基本単語

活用	韓国語	活用	韓国語
요体 集めます	모아요 モアヨ	〜てください 集めてください	모아 주세요 モア ジュセヨ
否定 集めません	모으지 않아요 モウジ アナヨ	〜ないでください 集めないでください	모으지 마세요 モウジ マセヨ
過去 集めました	모았어요 モアッソヨ	仮定 集めれば	모으면 モウミョン
現在連体 集める（葉書）	모으는 (엽서) モウヌン ニョプソ	〜たいです 集めたいです	모으고 싶어요 モウゴ シポヨ
過去連体 集めた（葉書）	모은 (엽서) モウン ニョプソ	〜て 集めて	모으고 モウゴ
未来連体 集める（葉書）	모을 (엽서) モウル リョプソ	〜でしょう 集めるでしょう	모을 거예요 モウル ッコエヨ
〜から 集めるから	모으니까 モウニッカ	〜と思います 集めると思います	모을 것 같아요 モウル ッコッ カタヨ
〜けれど 集めるけれど	모으지만 モウジマン	意志 集めます	모으겠어요 モウゲッソヨ

「（切手を）集める」は（우표를）수집하다（ウピョルル）スジパダ という表現をします。

あどけない　순진하다　スンジナダ　動 形 形動 規則

活用	韓国語	活用	韓国語
요体 あどけないです	순진해요 スンジネヨ	〜のに あどけないのに	순진한데 スンジナンデ
否定 あどけなくないです	순진하지 않아요 スンジナジ アナヨ	〜くても あどけなくても	순진해도 スンジネド
過去 あどけなかったです	순진했어요 スンジネッソヨ	仮定 あどけなければ	순진하면 スンジナミョン
過去否定 あどけなくなかったです	순진하지 않았어요 スンジナジ アナッソヨ	〜けれど あどけないけれど	순진하지만 スンジナジマン
現在連体 あどけない（子供）	순진한 (아이) スンジナ ナイ	〜でしょう あどけないでしょう	순진할 거예요 スンジナル ッコエヨ
過去連体 あどけなかった（子供）	순진하던 (아이) スンジナド ナイ	〜ようです あどけないようです	순진한 것 같아요 スンジナン ゴッ カタヨ
〜くて あどけなくて	순진하고 スンジナゴ	〜くないようです あどけなくないようです	순진하지 않은 것 같아요 スンジナジ アヌン ゴッ カタヨ
〜から あどけないから	순진하니까 スンジナニッカ	〜く あどけなく	순진하게 スンジナゲ

「あどけない」には 천진난만하다 チョンジンナンマンハダ という言い方もあります。

危ない／危険だ　위험하다　ウィホマダ　[動][形][形動][規則]

요体 危ないです	위험해요 ウィホメヨ	~のに 危ないのに	위험한데 ウィホマンデ
否定 危なくないです	위험하지 않아요 ウィホマジ アナヨ	~くても 危なくても	위험해도 ウィホメド
過去 危なかったです	위험했어요 ウィホメッソヨ	仮定 危なければ	위험하면 ウィホマミョン
過去否定 危なくなかったです	위험하지 않았어요 ウィホマジ アナッソヨ	~けれど 危ないけれど	위험하지만 ウィホマジマン
現在連体 危ない（道）	위험한 (길) ウィホマン ギル	~でしょう 危ないでしょう	위험할 거예요 ウィホマル ッコエヨ
過去連体 危なかった（道）	위험하던 (길) ウィホマドン ギル	~ようです 危ないようです	위험한 것 같아요 ウィホマン ゴッ カタヨ
~くて 危なくて	위험하고 ウィホマゴ	~くないようです 危なくないようです	위험하지 않은 것 같아요 ウィホマジ アヌン ゴッ カタヨ
~から 危ないから	위험하니까 ウィホマニッカ	~く 危なく	위험하게 ウィホマゲ

「(命が) 危ない」には (목숨이) 위태롭다 (モクスミ) ウィテロプタ という言い方もあります。

甘い（食べ物が）　달다　タルダ　[動][形][形動][ㄹ脱落][基本単語]

요体 甘いです	달아요 タラヨ	~のに 甘いのに	단데 タンデ
否定 甘くないです	달지 않아요 タルジ アナヨ	~くても 甘くても	달아도 タラド
過去 甘かったです	달았어요 タラッソヨ	仮定 甘ければ	달면 タルミョン
過去否定 甘くなかったです	달지 않았어요 タルジ アナッソヨ	~けれど 甘いけれど	달지만 タルジマン
現在連体 甘い（ケーキ）	단 (케이크) タン ケイク	~でしょう 甘いでしょう	달 거예요 タル ッコエヨ
過去連体 甘かった（ケーキ）	달던 (케이크) タルドン ケイク	~ようです 甘いようです	단 것 같아요 タン ゴッ カタヨ
~くて 甘くて	달고 タルゴ	~くないようです 甘くないようです	달지 않은 것 같아요 タルジ アヌン ゴッ カタヨ
~から 甘いから	다니까 タニッカ	~く 甘く	달게 タルゲ

「甘いですね」は 다네요 タネヨ と言います。

甘い (態度が) 　무르다　ムルダ

`動` `形` `形動` `ㄹ不規則`

丁体 甘いです	물러요 ムルロヨ	〜のに 甘いのに	무른데 ムルンデ
否定 甘くないです	무르지 않아요 ムルジ アナヨ	〜くても 甘くても	물러도 ムルロド
過去 甘かったです	물렀어요 ムルロッソヨ	仮定 甘ければ	무르면 ムルミョン
過去否定 甘くなかったです	무르지 않았어요 ムルジ アナッソヨ	〜けれど 甘いけれど	무르지만 ムルジマン
現在連体 甘い (態度)	무른 (태도) ムルン センテド	〜でしょう 甘いでしょう	무를 거예요 ムルル ッコエヨ
過去連体 甘かった (態度)	무르던 (태도) ムルドン センテド	〜ようです 甘いようです	무른 것 같아요 ムルン ゴッ カタヨ
〜くて 甘くて	무르고 ムルゴ	〜くないようです 甘くないようです	무르지 않은 것 같아요 ムルジ アヌン ゴッ カタヨ
〜から 甘いから	무르니까 ムルニッカ	〜く 甘く	무르게 ムルゲ

ひと言フレーズ　子供に甘い父です。
아이에게 무른 아버지예요. アイエゲ ムルン アボジェヨ

甘える　 응석부리다　ウンソクプリダ

`動` `形` `形動` `規則`

丁体 甘えます	응석부려요 ウンソクプリョヨ	〜てください 甘えてください	응석부려 주세요 ウンソクプリョ ジュセヨ
否定 甘えません	응석부리지 않아요 ウンソクプリジ アナヨ	〜ないでください 甘えないでください	응석부리지 마세요 ウンソクプリジ マセヨ
過去 甘えました	응석부렸어요 ウンソクプリョッソヨ	仮定 甘えれば	응석부리면 ウンソクプリミョン
現在連体 甘える (子供)	응석부리는 (아이) ウンソクプリヌン ナイ	〜たいです 甘えたいです	응석부리고 싶어요 ウンソクプリゴ シポヨ
過去連体 甘えた (子供)	응석부린 (아이) ウンソクプリン ナイ	〜て 甘えて	응석부리고 ウンソクプリゴ
未来連体 甘える (子供)	응석부릴 (아이) ウンソクプリル ライ	〜でしょう 甘えるでしょう	응석부릴 거예요 ウンソクプリル ッコエヨ
〜から 甘えるから	응석부리니까 ウンソクプリニッカ	〜と思います 甘えると思います	응석부릴 것 같아요 ウンソクプリル ッコッ カタヨ
〜けれど 甘えるけれど	응석부리지만 ウンソクプリジマン	意志 甘えます	응석부리겠어요 ウンソクプリゲッソヨ

「お言葉に甘えまして」は 말씀을 고맙게 받아들여 사양치 않고 マルッスムル コマプケ パダドゥリョ サヤンチ アンコ と言います。

あ　あまい／あまえる

あ 余る／残る 남다 ナムッタ　動/形/形動 規則　基本単語

요体 余ります	남아요 ナマヨ	〜てください 余ってください	남아 주세요 ナマ ジュセヨ
否定 余りません	남지 않아요 ナムッチ アナヨ	〜ないでください 余らないでください	남지 마세요 ナムッチ マセヨ
過去 余りました	남았어요 ナマッソヨ	仮定 余れば	남으면 ナムミョン
現在連体 余る（人）	남는 (사람) ナムヌン サラム	〜たいです 余りたいです	남고 싶어요 ナムッコ シポヨ
過去連体 余った（人）	남은 (사람) ナムン サラム	〜て 余って	남고 ナムッコ
未来連体 余る（人）	남을 (사람) ナムル ッサラム	〜でしょう 余るでしょう	남을 거예요 ナムル ッコエヨ
〜から 余るから	남으니까 ナムニッカ	〜と思います 余ると思います	남을 것 같아요 ナムル ッコッ カタヨ
〜けれど 余るけれど	남지만 ナムッチマン	意志 余ります	남겠어요 ナムッケッソヨ

🐾 「余ったので」は **남아서 ナマソ** という活用形を使います。

怪しい 수상하다 スサンハダ　動/形/形動 規則　基本単語

요体 怪しいです	수상해요 スサンヘヨ	〜のに 怪しいのに	수상한데 スサンハンデ
否定 怪しくないです	수상하지 않아요 スサンハジ アナヨ	〜くても 怪しくても	수상해도 スサンヘド
過去 怪しかったです	수상했어요 スサンヘッソヨ	仮定 怪しければ	수상하면 スサンハミョン
過去否定 怪しくなかったです	수상하지 않았어요 スサンハジ アナッソヨ	〜けれど 怪しいけれど	수상하지만 スサンハジマン
現在連体 怪しい（人）	수상한 (사람) スサンハン サラム	〜でしょう 怪しいでしょう	수상할 거예요 スサンハル ッコエヨ
過去連体 怪しかった（人）	수상하던 (사람) スサンハドン サラム	〜ようです 怪しいようです	수상한 것 같아요 スサンハン ゴッ カタヨ
〜くて 怪しくて	수상하고 スサンハゴ	〜くないようです 怪しくないようです	수상하지 않은 것 같아요 スサンハジ アヌン ゴッ カタヨ
〜から 怪しいから	수상하니까 スサンハニッカ	〜く 怪しく	수상하게 スサンハゲ

🐾 「怪しい」には **수상쩍다 スサンッチョクタ、이상하다 イサンハダ** という言い方もあります。

謝る／詫びる　사과하다　サグァハダ　[動][形][動][規則]

あやまる／あらい

요体 謝ります	사과해요 サグァヘヨ	～てください 謝ってください	사과해 주세요 サグァヘ ジュセヨ
否定 謝りません	사과하지 않아요 サグァハジ アナヨ	～ないでください 謝らないでください	사과하지 마세요 サグァハジ マセヨ
過去 謝りました	사과했어요 サグァヘッソヨ	仮定 謝れば	사과하면 サグァハミョン
現在連体 謝る（人）	사과하는 (사람) サグァハヌン サラム	～たいです 謝りたいです	사과하고 싶어요 サグァハゴ シポヨ
過去連体 謝った（人）	사과한 (사람) サグァハン サラム	～て 謝って	사과하고 サグァハゴ
未来連体 謝る（人）	사과할 (사람) サグァハル ッサラム	～でしょう 謝るでしょう	사과할 거예요 サグァハル ッコエヨ
～から 謝るから	사과하니까 サグァハニッカ	～と思います 謝ると思います	사과할 것 같아요 サグァハル ッコッ カタヨ
～けれど 謝るけれど	사과하지만 サグァハジマン	意志 謝ります	사과하겠어요 サグァハゲッソヨ

🐾 「謝る」には **용서를 빌다** ヨンソルル ピルダ という言い方もあります。

荒い／粗い　거칠다　コチルダ　[動][形][動][ㄹ脱落]

요体 荒いです	거칠어요 コチロヨ	～のに 荒いのに	거친데 コチンデ
否定 荒くないです	거칠지 않아요 コチルジ アナヨ	～くても 荒くても	거칠어도 コチロド
過去 荒かったです	거칠었어요 コチロッソヨ	仮定 荒ければ	거칠면 コチルミョン
過去否定 荒くなかったです	거칠지 않았어요 コチルジ アナッソヨ	～けれど 荒いけれど	거칠지만 コチルジマン
現在連体 荒い（運転）	거친 (운전) コチ ヌンジョン	～でしょう 荒いでしょう	거칠 거예요 コチル ッコエヨ
過去連体 荒かった（運転）	거칠던 (운전) コチルド ヌンジョン	～ようです 荒いようです	거친 것 같아요 コチン ゴッ カタヨ
～くて 荒くて	거칠고 コチルゴ	～くないようです 荒くないようです	거칠지 않은 것 같아요 コチルジ アヌン ゴッ カタヨ
～から 荒いから	거치니까 コチニッカ	～く 荒く	거칠게 コチルゲ

🐾 「（波が）荒い」には（**파도가**）**거세다**（パドガ）コセダ という表現もあります。

あ あらう

洗う（髪を） 감다 カムッタ　動/形/形動 規則　基本単語

丁体 洗います	감아요 カマヨ	~てください 洗ってください	감아 주세요 カマ ジュセヨ
否定 洗いません	감지 않아요 カムチ アナヨ	~ないでください 洗わないでください	감지 마세요 カムチ マセヨ
過去 洗いました	감았어요 カマッソヨ	仮定 洗えば	감으면 カムミョン
現在連体 洗う（髪）	감는 (머리) カムヌン モリ	~たいです 洗いたいです	감고 싶어요 カムッコ シポヨ
過去連体 洗った（髪）	감은 (머리) カムン モリ	~て 洗って	감고 カムッコ
未来連体 洗う（髪）	감을 (머리) カムル モリ	~でしょう 洗うでしょう	감을 거예요 カムル ッコエヨ
~から 洗うから	감으니까 カムニッカ	~と思います 洗うと思います	감을 것 같아요 カムル ッコッ カタヨ
~けれど 洗うけれど	감지만 カムチマン	意志 洗います	감겠어요 カムッケッソヨ

（意志）「洗います」には **감을래요** カムルレヨ という活用形もあります。

洗う（食器を） 씻다 ッシッタ　動/形/形動 規則　基本単語

丁体 洗います	씻어요 ッシソヨ	~てください 洗ってください	씻어 주세요 ッシソ ジュセヨ
否定 洗いません	씻지 않아요 ッシッチ アナヨ	~ないでください 洗わないでください	씻지 마세요 ッシッチ マセヨ
過去 洗いました	씻었어요 ッシソッソヨ	仮定 洗えば	씻으면 ッシスミョン
現在連体 洗う（人）	씻는 (사람) ッシンヌン サラム	~たいです 洗いたいです	씻고 싶어요 ッシッコ シポヨ
過去連体 洗った（人）	씻은 (사람) ッシスン サラム	~て 洗って	씻고 ッシッコ
未来連体 洗う（人）	씻을 (사람) ッシスル ッサラム	~でしょう 洗うでしょう	씻을 거예요 ッシスル ッコエヨ
~から 洗うから	씻으니까 ッシスニッカ	~と思います 洗うと思います	씻을 것 같아요 ッシスル ッコッ カタヨ
~けれど 洗うけれど	씻지만 ッシッチマン	意志 洗います	씻겠어요 ッシッケッソヨ

「（洗濯物を）洗う」には **빨다** ッパルダ を使います。

争う　다투다　タトゥダ　[動][形][形動][規則]　基本単語

丁寧 争います	다퉈요 タトゥオヨ	~てください 争ってください	다퉈 주세요 タトゥオ ジュセヨ
否定 争いません	다투지 않아요 タトゥジ アナヨ	~ないでください 争わないでください	다투지 마세요 タトゥジ マセヨ
過去 争いました	다퉜어요 タトゥォッソヨ	仮定 争えば	다투면 タトゥミョン
現在連体 争う(人)	다투는 (사람) タトゥヌン サラム	~たいです 争いたいです	다투고 싶어요 タトゥゴ シポヨ
過去連体 争った(人)	다툰 (사람) タトゥン サラム	~て 争って	다투고 タトゥゴ
未来連体 争う(人)	다툴 (사람) タトゥル ッサラム	~でしょう 争うでしょう	다툴 거예요 タトゥル ッコエヨ
~から 争うから	다투니까 タトゥニッカ	~と思います 争うと思います	다툴 것 같아요 タトゥル ッコッ カタヨ
~けれど 争うけれど	다투지만 タトゥジマン	意志 争います	다투겠어요 タトゥゲッソヨ

🐾 「争う」には 겨루다 キョルダ、싸우다 ッサウダ という言い方もあります。

改める　고치다　コチダ　[動][形][形動][規則]

丁寧 改めます	고쳐요 コチョヨ	~てください 改めてください	고쳐 주세요 コチョ ジュセヨ
否定 改めません	고치지 않아요 コチジ アナヨ	~ないでください 改めないでください	고치지 마세요 コチジ マセヨ
過去 改めました	고쳤어요 コチョッソヨ	仮定 改めれば	고치면 コチミョン
現在連体 改める(規則)	고치는 (규칙) コチヌン ギュチク	~たいです 改めたいです	고치고 싶어요 コチゴ シポヨ
過去連体 改めた(規則)	고친 (규칙) コチン ギュチク	~て 改めて	고치고 コチゴ
未来連体 改める(規則)	고칠 (규칙) コチル ッキュチク	~でしょう 改めるでしょう	고칠 거예요 コチル ッコエヨ
~から 改めるから	고치니까 コチニッカ	~と思います 改めると思います	고칠 것 같아요 コチル ッコッ カタヨ
~けれど 改めるけれど	고치지만 コチジマン	意志 改めます	고치겠어요 コチゲッソヨ

🐾 「改める」には 바꾸다 パックダ という言い方もあります。

あ　あらそう／あらためる

表す／現す　나타내다　ナタネダ　動 形 形動 規則　基本単語

요体 表す	나타내요 ナタネヨ	~てください 表してください	나타내 주세요 ナタネ ジュセヨ
否定 表しません	나타내지 않아요 ナタネジ アナヨ	~ないでください 表さないでください	나타내지 마세요 ナタネジ マセヨ
過去 表しました	나타냈어요 ナタネッソヨ	仮定 表せば	나타내면 ナタネミョン
現在連体 表す（感情）	나타내는 (감정) ナタネヌン カムジョン	~たいです 表したいです	나타내고 싶어요 ナタネゴ シポヨ
過去連体 表した（感情）	나타낸 (감정) ナタネン カムジョン	~て 表して	나타내고 ナタネゴ
未来連体 表す（感情）	나타낼 (감정) ナタネル カムジョン	~でしょう 表すでしょう	나타낼 거예요 ナタネル ッコエヨ
~から 表すから	나타내니까 ナタネニッカ	~と思います 表すと思います	나타낼 것 같아요 ナタネル ッコッ カタヨ
~けれど 表すけれど	나타내지만 ナタネジマン	意志 表します	나타내겠어요 ナタネゲッソヨ

🐾 「表す」には **보이다** ポイダ という言い方もあります。

表れる／現れる　나타나다　ナタナダ　動 形 形動 規則　基本単語

요体 表れます	나타나요 ナタナヨ	~てください 表れてください	나타나 주세요 ナタナ ジュセヨ
否定 表れません	나타나지 않아요 ナタナジ アナヨ	~ないでください 表れないでください	나타나지 마세요 ナタナジ マセヨ
過去 表れました	나타났어요 ナタナッソヨ	仮定 表れれば	나타나면 ナタナミョン
現在連体 表れる（効果）	나타나는 (효과) ナタナヌ ニョグァ	~たいです 表れたいです	나타나고 싶어요 ナタナゴ シポヨ
過去連体 表れた（効果）	나타난 (효과) ナタナ ニョグァ	~て 表れて	나타나고 ナタナゴ
未来連体 表れる（効果）	나타날 (효과) ナタナ リョグァ	~でしょう 表れるでしょう	나타날 거예요 ナタナル ッコエヨ
~から 表れるから	나타나니까 ナタナニッカ	~と思います 表れると思います	나타날 것 같아요 ナタナル ッコッ カタヨ
~けれど 表れるけれど	나타나지만 ナタナジマン	意志 表れます	나타나겠어요 ナタナゲッソヨ

🐾 「現れる」には **드러나다** トゥロナダ という言い方もあります。

ありがたい　고맙다　コマプタ

[動] [形] [形動] [ㅂ不規則]

요体 ありがたいです	고마워요 コマウォヨ	~のに ありがたいのに	고마운데 コマウンデ
否定 ありがたくないです	고맙지 않아요 コマプチ アナヨ	~くても ありがたくても	고마워도 コマウォド
過去 ありがたかったです	고마웠어요 コマウォッソヨ	仮定 ありがたければ	고마우면 コマウミョン
過去否定 ありがたくなかったです	고맙지 않았어요 コマプチ アナッソヨ	~けれど ありがたいけれど	고맙지만 コマプチマン
現在連体 ありがたい (人)	고마운 (사람) コマウン サラム	~でしょう ありがたいでしょう	고마울 거예요 コマウル ッコエヨ
過去連体 ありがたかった (人)	고맙던 (사람) コマプトン サラム	~ようです ありがたいようです	고마운 것 같아요 コマウン ゴッ カタヨ
~くて ありがたくて	고맙고 コマプコ	~くないようです ありがたくないようです	고맙지 않은 것 같아요 コマプチ アヌン ゴッ カタヨ
~から ありがたいから	고마우니까 コマウニカ	~く ありがたく	고맙게 コマプケ

🐾 「ありがたい」には **감사하다** カムサハダ という言い方もあります。**감사** は「感謝」という意味です。

ある／いる　있다　イッタ

活用に注意！　[存在詞] [規則] [基本単語]

요体 あります	있어요 イッソヨ	~のに あるのに	있는데 インヌンデ
否定 ありません	없어요 オプソヨ	~くても あっても	있어도 イッソド
過去 ありました	있었어요 イッソッソヨ	仮定 あれば	있으면 イッスミョン
過去否定 ありませんでした	없었어요 オプソッソヨ	~けれど あるけれど	있지만 イッチマン
現在連体 ある (もの)	있는 (물건) インヌン ムルゴン	~でしょう あるでしょう	있을 거예요 イッスル ッコエヨ
過去連体 あった (もの)	있던 (물건) イットン ムルゴン	~ようです あるようです	있는 것 같아요 インヌン ゴッ カタヨ
~くて あって	있고 イッコ	~くないようです ないようです	없는 것 같아요 オムヌン ゴッ カタヨ
~から あるから	있으니까 イッスニカ	~く	

🐾 「ある／いる」の否定や「(い)ないようです」には、「ない・いない」という意味の **없다** オプタの活用形を使います。

あ 歩く　걷다 コッタ

活用に注意！　動 / 形 / 形動 / ㄷ不規則　基本単語

요체 歩きます	걸어요 コロヨ	～てください 歩いてください	걸어 주세요 コロ ジュセヨ
否定 歩きません	걷지 않아요 コッチ アナヨ	～ないでください 歩かないでください	걷지 마세요 コッチ マセヨ
過去 歩きました	걸었어요 コロッソヨ	仮定 歩けば	걸으면 コルミョン
現在連体 歩く（道）	걷는 (길) コンヌン ギル	～たいです 歩きたいです	걷고 싶어요 コッコ シポヨ
過去連体 歩いた（道）	걸은 (길) コルン ギル	～て 歩いて	걷고 コッコ
未来連体 歩く（道）	걸을 (길) コルル ッキル	～でしょう 歩くでしょう	걸을 거예요 コルル ッコエヨ
～から 歩くから	걸으니까 コルニッカ	～と思います 歩くと思います	걸을 것 같아요 コルル ッコッ カタヨ
～けれど 歩くけれど	걷지만 コッチマン	意志 歩きます	걷겠어요 コッケッソヨ

ひと言フレーズ　天気がいいので歩きたいです。
날씨가 좋아서 걷고 싶어요. ナルッシガ チョアソ コッコ シポヨ

合わせる　맞추다 マッチュダ

動 / 形 / 形動 / 規則　基本単語

요체 合わせます	맞춰요 マッチュオヨ	～てください 合わせてください	맞춰 주세요 マッチュオ ジュセヨ
否定 合わせません	맞추지 않아요 マッチュジ アナヨ	～ないでください 合わせないでください	맞추지 마세요 マッチュジ マセヨ
過去 合わせました	맞췄어요 マッチュオッソヨ	仮定 合わせれば	맞추면 マッチュミョン
現在連体 合わせる（人）	맞추는 (사람) マッチュヌン サラム	～たいです 合わせたいです	맞추고 싶어요 マッチュゴ シポヨ
過去連体 合わせた（人）	맞춘 (사람) マッチュン サラム	～て 合わせて	맞추고 マッチュゴ
未来連体 合わせる（人）	맞출 (사람) マッチュル ッサラム	～でしょう 合わせるでしょう	맞출 거예요 マッチュル ッコエヨ
～から 合わせるから	맞추니까 マッチュニッカ	～と思います 合わせると思います	맞출 것 같아요 マッチュル ッコッ カタヨ
～けれど 合わせるけれど	맞추지만 マッチュジマン	意志 合わせます	맞추겠어요 マッチュゲッソヨ

（数を）「合わせる」には 합치다 ハプチダ という言い方もあります。

慌てる　허둥대다　ホドゥンデダ

[動][形][形動] 規則　あ

丁寧体 慌てます	허둥대요	ホドゥンデヨ
否定 慌てません	허둥대지 않아요	ホドゥンデジ アナヨ
過去 慌てました	허둥댔어요	ホドゥンデッソヨ
現在連体 慌てる（人）	허둥대는 (사람)	ホドゥンデヌン サラム
過去連体 慌てた（人）	허둥댄 (사람)	ホドゥンデン サラム
未来連体 慌てる（人）	허둥댈 (사람)	ホドゥンデル ッサラム
～から 慌てるから	허둥대니까	ホドゥンデニッカ
～けれど 慌てるけれど	허둥대지만	ホドゥンデジマン
～てください		
～ないでください 慌てないでください	허둥대지 마세요	ホドゥンデジ マセヨ
仮定 慌てれば	허둥대면	ホドゥンデミョン
～たいです		
～て 慌てて	허둥대고	ホドゥンデゴ
～でしょう 慌てるでしょう	허둥댈 거예요	ホドゥンデル ッコエヨ
～と思います 慌てると思います	허둥댈 것 같아요	ホドゥンデル ッコッ カタヨ
意志 慌てます	허둥대겠어요	ホドゥンデゲッソヨ

「慌てる」は 당황하다 タンファンハダ とも言います。

安心だ　안심하다　アンシマダ

[動][形][形動] 規則

丁寧体 安心です	안심해요	アンシメヨ
否定 安心ではないです	안심하지 않아요	アンシマジ アナヨ
過去 安心でした	안심했어요	アンシメッソヨ
過去否定 安心ではなかったです	안심하지 않았어요	アンシマジ アナッソヨ
現在連体 安心な（社会）	안심한 (사회)	アンシマン サフェ
過去連体 安心だった（社会）	안심하던 (사회)	アンシマドン サフェ
～で 安心で	안심하고	アンシマゴ
～だから 安心だから	안심하니까	アンシマニッカ
～なのに 安心なのに	안심하는데	アンシマヌンデ
～でも 安心でも	안심해도	アンシメド
仮定 安心なら	안심하면	アンシマミョン
～だけれど 安心だけれど	안심하지만	アンシマジマン
～でしょう 安心でしょう	안심할 거예요	アンシマル ッコエヨ
～そうです 安心そうです	안심할 것 같아요	アンシマル ッコッ カタヨ
～ではないようです 安心ではないようです	안심하지 않을 것 같아요	アンシマジ アヌル ッコッ カタヨ
～に 安心に	안심하게	アンシマゲ

「安心してください」は 안심하세요 アンシマセヨ という表現をします。

安全だ　안전하다　アンジョナダ

[動] [形] [形動] [規則]

요体 安全です	안전해요 アンジョネヨ	~なのに 安全なのに	안전한데 アンジョナンデ
否定 安全ではないです	안전하지 않아요 アンジョナジ アナヨ	~でも 安全でも	안전해도 アンジョネド
過去 安全でした	안전했어요 アンジョネッソヨ	仮定 安全なら	안전하면 アンジョナミョン
過去否定 安全ではなかったです	안전하지 않았어요 アンジョナジ アナッソヨ	~だけれど 安全だけれど	안전하지만 アンジョナジマン
現在連体 安全な (国)	안전한 (나라) アンジョナン ナラ	~でしょう 安全でしょう	안전할 거예요 アンジョナル ッコエヨ
過去連体 安全だった (国)	안전하던 (나라) アンジョナドン ナラ	~そうです 安全そうです	안전할 것 같아요 アンジョナル ッコッ カタヨ
~で 安全で	안전하고 アンジョナゴ	~ではないようです 安全ではないようです	안전하지 않을 것 같아요 アンジョナジ アヌル ッコッ カタヨ
~だから 安全だから	안전하니까 アンジョナニッカ	~に 安全に	안전하게 アンジョナゲ

「安全でしょう？」と同意を求めるときには 안전하겠죠？ アンジョナゲッチョ？ を使います。

案内する　안내하다　アンネハダ

[動] [形] [形動] [規則]

요体 案内します	안내해요 アンネヘヨ	~てください 案内してください	안내해 주세요 アンネヘ ジュセヨ
否定 案内しません	안내하지 않아요 アンネハジ アナヨ	~ないでください 案内しないでください	안내하지 마세요 アンネハジ マセヨ
過去 案内しました	안내했어요 アンネヘッソヨ	仮定 案内すれば	안내하면 アンネハミョン
現在連体 案内する (人)	안내하는 (사람) アンネハヌン サラム	~たいです 案内したいです	안내하고 싶어요 アンネハゴ シポヨ
過去連体 案内した (人)	안내한 (사람) アンネハン サラム	~て 案内して	안내하고 アンネハゴ
未来連体 案内する (人)	안내할 (사람) アンネハル ッサラム	~でしょう 案内するでしょう	안내할 거예요 アンネハル ッコエヨ
~から 案内するから	안내하니까 アンネハニッカ	~と思います 案内すると思います	안내할 것 같아요 アンネハル ッコッ カタヨ
~けれど 案内するけれど	안내하지만 アンネハジマン	意志 案内します	안내하겠어요 アンネハゲッソヨ

ひと言フレーズ　ソウルの街を案内してください。
서울 거리를 안내해 주세요. ソウル コリルル アンネヘ ジュセヨ

言う　말하다　マラダ

動 / 形 / 形動　規則　基本単語

요体 言います	말해요	マレヨ
否定 言いません	말하지 않아요	マラジ アナヨ
過去 言いました	말했어요	マレッソヨ
現在連体 言う（人）	말하는 (사람)	マラヌン サラム
過去連体 言った（人）	말한 (사람)	マラン サラム
未来連体 言う（人）	말할 (사람)	マラル ッサラム
〜から 言うから	말하니까	マラニッカ
〜けれど 言うけれど	말하지만	マラジマン
〜てください 言ってください	말해 주세요	マレ ジュセヨ
〜ないでください 言わないでください	말하지 마세요	マラジ マセヨ
仮定 言えば	말하면	マラミョン
〜たいです 言いたいです	말하고 싶어요	マラゴ シポヨ
〜て 言って	말하고	マラゴ
〜でしょう 言うでしょう	말할 거예요	マラル ッコエヨ
〜と思います 言うと思います	말할 것 같아요	マラル ッコッ カタヨ
意志 言います	말하겠어요	マラゲッソヨ

ひと言フレーズ　愛していると言ってください。
사랑한다고 말해 주세요. サランハンダゴ マレ ジュセヨ

意外だ　의외이다　ウィウェイダ

指定詞　規則

요体 意外です	의외예요	ウィウェエヨ
否定 意外ではないです	의외가 아니에요	ウィウェガ アニエヨ
過去 意外でした	의외였어요	ウィウェヨッソヨ
過去否定 意外ではなかったです	의외가 아니었어요	ウィウェガ アニオッソヨ
現在連体 意外な（質問）	의외의 (질문)	ウィウェエ ジルムン
過去連体 意外だった（質問）	의외이던 (질문)	ウィウェイドン ジルムン
〜で 意外で	의외이고	ウィウェイゴ
〜だから 意外だから	의외이니까	ウィウェイニッカ
〜なのに 意外なのに	의외인데	ウィウェインデ
〜でも 意外でも	의외라도	ウィウェラド
仮定 意外であれば	의외라면	ウィウェラミョン
〜だけれど 意外だけれど	의외지만	ウィウェジマン
〜でしょう 意外でしょう	의외일 거예요	ウィウェイル ッコエヨ
〜そうです 意外そうです	의외인 것 같아요	ウィウェイン ゴッ カタヨ
〜ではないようです 意外ではないようです	의외가 아닌 것 같아요	ウィウェガ アニン ゴッ カタヨ
〜に 意外に	의외로	ウィウェロ

「意外だ」は **뜻밖이다** ットゥッパッキダ、**생각 밖이다** センガク パッキダ とも言います。

い

生きる／暮らす／住む　살다　サルダ　動形形動　ㄹ脱落　基本単語

요체 生きます	살아요 サラヨ	~てください 生きてください	살아 주세요 サラ ジュセヨ
否定 生きません	살지 않아요 サルジ アナヨ	~ないでください 生きないでください	살지 마세요 サルジ マセヨ
過去 生きました	살았어요 サラッソヨ	仮定 生きれば	살면 サルミョン
現在連体 生きる（理由）	사는 (이유) サヌン ニユ	~たいです 生きたいです	살고 싶어요 サルゴ シポヨ
過去連体 生きた（理由）	산 (이유) サン ニユ	~て 生きて	살고 サルゴ
未来連体 生きる（理由）	살 (이유) サル リユ	~でしょう 生きるでしょう	살 거예요 サル ッコエヨ
~から 生きるから	사니까 サニッカ	~と思います 生きると思います	살 것 같아요 サル ッコッ カタヨ
~けれど 生きるけれど	살지만 サルジマン	意志 生きます	살겠어요 サルゲッソヨ

ひと言フレーズ　できるだけ長く生きてください。
가능한 한 오래 살아 주세요. カヌンハ ナン オレ サラ ジュセヨ

行く　가다　カダ　動形形動　規則　基本単語

요체 行きます	가요 カヨ	~てください 行ってください	가 주세요 カ ジュセヨ
否定 行きません	가지 않아요 カジ アナヨ	~ないでください 行かないでください	가지 마세요 カジ マセヨ
過去 行きました	갔어요 カッソヨ	仮定 行けば	가면 カミョン
現在連体 行く（人）	가는 (사람) カヌン サラム	~たいです 行きたいです	가고 싶어요 カゴ シポヨ
過去連体 行った（人）	간 (사람) カン サラム	~て 行って	가고 カゴ
未来連体 行く（人）	갈 (사람) カル ッサラム	~でしょう 行くでしょう	갈 거예요 カル ッコエヨ
~から 行くから	가니까 カニッカ	~と思います 行くと思います	갈 것 같아요 カル ッコッ カタヨ
~けれど 行くけれど	가지만 カジマン	意志 行きます	가겠어요 カゲッソヨ

「行きましょうか？」は 갈까요？ カルッカヨ？、「行ったので」は 가서 カソ という言い方をします。

忙しい　바쁘다　パップダ　[動][形][形動][으不規則]　活用に注意！　基本単語

요体 忙しいです	바빠요 パッパヨ	〜のに 忙しいのに	바쁜데 パップンデ
否定 忙しくないです	바쁘지 않아요 パップジ アナヨ	〜くても 忙しくても	바빠도 パッパド
過去 忙しかったです	바빴어요 パッパッソヨ	仮定 忙しければ	바쁘면 パップミョン
過去否定 忙しくなかったです	바쁘지 않았어요 パップジ アナッソヨ	〜けれど 忙しいけれど	바쁘지만 パップジマン
現在連体 忙しい（人）	바쁜 (사람) パップン サラム	〜でしょう 忙しいでしょう	바쁠 거예요 パップル ッコエヨ
過去連体 忙しかった（人）	바쁘던 (사람) パップドン ッサラム	〜ようです 忙しいようです	바쁜 것 같아요 パップン ゴッ カタヨ
〜くて 忙しくて	바쁘고 パップゴ	〜くないようです 忙しくないようです	바쁘지 않은 것 같아요 パップジ アヌン ゴッ カタヨ
〜から 忙しいから	바쁘니까 パップニッカ	〜く 忙しく	바쁘게 パップゲ

ひと言フレーズ　今は忙しいからあとで電話します。
지금은 바쁘니까 나중에 전화할게요. チグムン パップニッカ ナジュンエ チョヌァハルッケヨ

急ぐ　서두르다　ソドゥルダ　[動][形][形動][르不規則]　活用に注意！

요体 急ぎます	서둘러요 ソドゥルロヨ	〜てください 急いでください	서둘러 주세요 ソドゥルロ ジュセヨ
否定 急ぎません	서두르지 않아요 ソドゥルジ アナヨ	〜ないでください 急がないでください	서두르지 마세요 ソドゥルジ マセヨ
過去 急ぎました	서둘렀어요 ソドゥルロッソヨ	仮定 急げば	서두르면 ソドゥルミョン
現在連体 急ぐ（人）	서두르는 (사람) ソドゥルヌン サラム	〜たいです 急ぎたいです	서두르고 싶어요 ソドゥルゴ シボヨ
過去連体 急いだ（人）	서두른 (사람) ソドゥルン サラム	〜て 急いで	서두르고 ソドゥルゴ
未来連体 急ぐ（人）	서두를 (사람) ソドゥルル ッサラム	〜でしょう 急ぐでしょう	서두를 거예요 ソドゥルル ッコエヨ
〜から 急ぐから	서두르니까 ソドゥルニッカ	〜と思います 急ぐと思います	서두를 것 같아요 ソドゥルル ッコッ カタヨ
〜けれど 急ぐけれど	서두르지만 ソドゥルジマン	意志 急ぎます	서두르겠어요 ソドゥルゲッソヨ

ひと言フレーズ　間に合わないので、急いでください。
시간에 늦으니까, 서둘러 주세요. シガネ ヌジュニッカ、ソドゥルロ ジュセヨ

痛む　아프다　アプダ

[動][形][形動][으不規則]

요体 痛みます	아파요 アパヨ	~てください	
否定 痛みません	아프지 않아요 アプジ アナヨ	~ないでください	
過去 痛みました	아팠어요 アパッソヨ	仮定 痛めば	아프면 アプミョン
現在連体 痛む（心）	아픈 (마음) アプン マウム	~たいです	
過去連体 痛んだ（心）	아프던 (마음) アプドン マウム	~て 痛んで	아프고 アプゴ
未来連体 痛む（心）	아플 마음 アプル マウム	~でしょう 痛むでしょう	아플 거예요 アプル ッコエヨ
~から 痛むから	아프니까 アプニッカ	~と思います 痛むと思います	아플 것 같아요 アプル ッコッ カタヨ
~けれど 痛むけれど	아프지만 アプジマン	意志	

「具合が悪いですか？」の「悪い」にも **아프다** を使います。**어디 아파요？** オディ アパヨ？（どこか悪いの？）

いっぱいだ（お腹が）　부르다　プルダ

[動][形][形動][르不規則]

요体 いっぱいです	불러요 プルロヨ	~なのに いっぱいなのに	부른데 プルンデ
否定 いっぱいではないです	부르지 않아요 プルジ アナヨ	~でも いっぱいでも	불러도 プルロド
過去 いっぱいでした	불렀어요 プルロッソヨ	仮定 いっぱいであれば	부르면 プルミョン
過去否定 いっぱいではなかったです	부르지 않았어요 プルジ アナッソヨ	~だけれど いっぱいだけれど	부르지만 プルジマン
現在連体 いっぱいな（お腹）	부른 (배) プルン ペ	~でしょう いっぱいでしょう	부를 거예요 プルル ッコエヨ
過去連体 いっぱいだった（お腹）	부르던 (배) プルドン ペ	~そうです いっぱいそうです	부를 것 같아요 プルル ッコッ カタヨ
~で いっぱいで	부르고 プルゴ	~ではないようです いっぱいではないようです	부르지 않을 것 같아요 プルジ アヌル ッコッ カタヨ
~だから いっぱいだから	부르니까 プルニッカ	~に いっぱいに	부르게 プルゲ

「(胸が) いっぱいだ」には **벅차다** ポッチャダ を使います。

いない／ない　없다　オプタ　[存在詞] [規則] [基本単語]

요体 いないです	없어요 オプソヨ	〜のに いないのに	없는데 オムヌンデ
否定	———	〜くても いなくても	없어도 オプソド
過去 いなかったです	없었어요 オプソッソヨ	仮定 いなければ	없으면 オプスミョン
過去否定	———	〜けれど いないけれど	없지만 オプチマン
現在連体 いない(人)	없는（사람） オムヌン サラム	〜でしょう いないでしょう	없을 거예요 オプスル ッコエヨ
過去連体 いなかった(人)	없던（사람） オプトン サラム	〜ようです いないようです	없는 것 같아요 オムヌン ゴッ カタヨ
〜くて いなくて	없고 オプコ	〜くないようです	———
〜から いないから	없으니까 オプスニッカ	〜く いなく	없게 オプケ

ひと言フレーズ　あなたがいないからさびしいです。
당신이 없으니까 외로워요．タンシニ オプスニッカ ウェロウォヨ

癒やされる　치유되다　チユトェダ　[動] [形] [形動] [規則]

요体 癒やされます	치유돼요 チユドェヨ	〜てください	———
否定 癒やされません	치유되지 않아요 チユドェジ アナヨ	〜ないでください	———
過去 癒やされました	치유됐어요 チユドェッソヨ	仮定 癒やされれば	치유되면 チユドェミョン
現在連体 癒やされる(心)	치유되는（마음） チユドェヌン マウム	〜たいです	———
過去連体 癒やされた(心)	치유된（마음） チユドェン マウム	〜て 癒やされて	치유되고 チユドェゴ
未来連体 癒やされる(心)	치유될（마음） チユドェル マウム	〜でしょう 癒やされるでしょう	치유될 거예요 チユドェル ッコエヨ
〜から 癒やされるから	치유되니까 チユドェニッカ	〜と思います 癒やされると思います	치유될 것 같아요 チユドェル ッコッ カタヨ
〜けれど 癒やされるけれど	치유되지만 チユドェジマン	意志	———

「癒やされる」は 위안받다 ウィアンバッタ とも言います。

嫌だ　싫다　シルタ

動形　形動　規則　|　基本単語

요体 嫌です	싫어요 シロヨ	~なのに 嫌なのに	싫은데 シルンデ
否定 嫌じゃないです	싫지 않아요 シルチ アナヨ	~でも 嫌でも	싫어도 シロド
過去 嫌でした	싫었어요 シロッソヨ	仮定 嫌なら	싫으면 シルミョン
過去否定 嫌じゃなかったです	싫지 않았어요 シルチ アナッソヨ	~だけれど 嫌だけれど	싫지만 シルチマン
現在連体 嫌な（人）	싫은 (사람) シルン サラム	~でしょう 嫌でしょう	싫을 거예요 シルル ッコエヨ
過去連体 嫌だった（人）	싫던 (사람) シルトン サラム	~そうです 嫌そうです	싫을 것 같아요 シルル ッコッ カタヨ
~で 嫌で	싫고 シルコ	~ではないようです 嫌ではないようです	싫지 않을 것 같아요 シルチ アヌル ッコッ カタヨ
~だから 嫌だから	싫으니까 シルニッカ	~に 嫌に	싫게 シルケ

「嫌だ」は **불쾌하다** プルクェハダ とも言います。

いる／ある　있다　イッタ

存在詞　規則　|　基本単語

요体 います	있어요 イッソヨ	~のに いるのに	있는데 インヌンデ
否定 いません	없어요 オプソヨ	~くても いても	있어도 イッソド
過去 いました	있었어요 イッソッソヨ	仮定 いれば	있으면 イッスミョン
過去否定 いませんでした	없었어요 オプソッソヨ	~けれど いるけれど	있지만 イッチマン
現在連体 いる（人）	있는 (사람) インヌン サラム	~でしょう いるでしょう	있을 거예요 イッスル ッコエヨ
過去連体 いた（人）	있던 (사람) イットン サラム	~ようです いるようです	있는 것 같아요 インヌン ゴッ カタヨ
~くて いて	있고 イッコ	~くないようです いないようです	없는 것 같아요 オムヌン ゴッ カタヨ
~から いるから	있으니까 イッスニッカ	~く	

ひと言フレーズ　私には彼氏がいます。
제겐 남자친구가 있어요. チェゲン ナムジャチングガ イッソヨ

要る／必要だ／欲しい　필요하다　ピリョハダ　[動][形][形動][規則]

丁体 要ります	필요해요	ピリョヘヨ
否定 要りません	필요하지 않아요	ピリョハジ アナヨ
過去 要りました	필요했어요	ピリョヘッソヨ
過去否定 要りませんでした	필요하지 않았어요	ピリョハジ アナッソヨ
現在連体 要る（道具）	필요한 （도구）	ピリョハン ドグ
過去連体 要った（道具）	필요하던 （도구）	ピリョハドン ドグ
～で 要って	필요하고	ピリョハゴ
～だから 要るから	필요하니까	ピリョハニッカ
～なのに 要るのに	필요한데	ピリョハンデ
～でも 要っても	필요해도	ピリョヘド
仮定 要れば	필요하면	ピリョハミョン
～だけれど 要るけれど	필요하지만	ピリョハジマン
～でしょう 要るでしょう	필요할 거예요	ピリョハル ッコエヨ
～そうです 要りそうです	필요할 것 같아요	ピリョハル ッコッ カタヨ
～ではないようです 要らないようです	필요하지 않을 것 같아요	ピリョハジ アヌル ッコッ カタヨ
～に 必要に	필요하게	ピリョハゲ

🐾 「要る」は 들다 トゥルダ という言い方もします。

入れる　넣다　ノタ　[動][形][形動][規則] 基本単語

丁体 入れます	넣어요	ノオヨ
否定 入れません	넣지 않아요	ノチ アナヨ
過去 入れました	넣었어요	ノオッソヨ
現在連体 入れる（ポケット）	넣는 （주머니）	ノンヌン ジュモニ
過去連体 入れた（ポケット）	넣은 （주머니）	ノウン ジュモニ
未来連体 入れる（ポケット）	넣을 （주머니）	ノウル ッチュモニ
～から 入れるから	넣으니까	ノウニッカ
～けれど 入れるけれど	넣지만	ノチマン
～てください 入れてください	넣어 주세요	ノオ ジュセヨ
～ないでください 入れないでください	넣지 마세요	ノチ マセヨ
仮定 入れれば	넣으면	ノウミョン
～たいです 入れたいです	넣고 싶어요	ノコ シポヨ
～て 入れて	넣고	ノコ
～でしょう 入れるでしょう	넣을 거예요	ノウル ッコエヨ
～と思います 入れると思います	넣을 것 같아요	ノウル ッコッ カタヨ
意志 入れます	넣겠어요	ノケッソヨ

🐾 「(風を) 入れる」には（바람을）들이다（パラムル）トゥリダ という表現を使います。

う 浮かぶ　떠오르다　ットオルダ　[動][形][形動][ㄹ不規則]　活用に注意！

요体 浮かびます	떠올라요 ットオルラヨ	~てください 浮かんでください	떠올라 주세요 ットオルラ ジュセヨ
否定 浮かびません	떠오르지 않아요 ットオルジ アナヨ	~ないでください 浮かばないでください	떠오르지 마세요 ットオルジ マセヨ
過去 浮かびました	떠올랐어요 ットオルラッソヨ	仮定 浮かべば	떠오르면 ットオルミョン
現在連体 浮かぶ（人）	떠오르는 (사람) ットオルヌン サラム	~たいです 浮かびたいです	떠오르고 싶어요 ットオルゴ シポヨ
過去連体 浮かんだ（人）	떠오른 (사람) ットオルン サラム	~て 浮かんで	떠오르고 ットオルゴ
未来連体 浮かぶ（人）	떠오를 (사람) ットオルル ッサラム	~でしょう 浮かぶでしょう	떠오를 거예요 ットオルル ッコエヨ
~から 浮かぶから	떠오르니까 ットオルニッカ	~と思います 浮かぶと思います	떠오를 것 같아요 ットオルル ッコッ カタヨ
~けれど 浮かぶけれど	떠오르지만 ットオルジマン	意志 浮かびます	떠오르겠어요 ットオルゲッソヨ

「(雲が) 浮かぶ」は **(구름이) 뜨다** (クルミ) ットゥダ という言い方をします。

受ける（試験を）　치다　チダ　[動][形][形動][規則]

요体 受けます	쳐요 チョヨ	~てください 受けてください	쳐 주세요 チョ ジュセヨ
否定 受けません	치지 않아요 チジ アナヨ	~ないでください 受けないでください	치지 마세요 チジ マセヨ
過去 受けました	쳤어요 チョッソヨ	仮定 受ければ	치면 チミョン
現在連体 受ける（人）	치는 (사람) チヌン サラム	~たいです 受けたいです	치고 싶어요 チゴ シポヨ
過去連体 受けた（人）	친 (사람) チン サラム	~て 受けて	치고 チゴ
未来連体 受ける（人）	칠 (사람) チル ッサラム	~でしょう 受けるでしょう	칠 거예요 チル ッコエヨ
~から 受けるから	치니까 チニッカ	~と思います 受けると思います	칠 것 같아요 チル ッコッ カタヨ
~けれど 受けるけれど	치지만 チジマン	意志 受けます	치겠어요 チゲッソヨ

「(試験を) 受ける」は **보다** ポダ とも言います。

受ける（知らせを） 받다 パッタ 動 形 形動 規則 基本単語

요体 受けます	받아요 パダヨ	~てください 受けてください	받아 주세요 パダ ジュセヨ
否定 受けません	받지 않아요 パッチ アナヨ	~ないでください 受けないでください	받지 마세요 パッチ マセヨ
過去 受けました	받았어요 パダッソヨ	仮定 受ければ	받으면 パドゥミョン
現在連体 受ける（知らせ）	받는 (소식) パンヌン ソシク	~たいです 受けたいです	받고 싶어요 パッコ シポヨ
過去連体 受けた（知らせ）	받은 (소식) パドゥン ソシク	~て 受けて	받고 パッコ
未来連体 受ける（知らせ）	받을 (소식) パドゥル ッソシク	~でしょう 受けるでしょう	받을 거예요 パドゥル ッコエヨ
~から 受けるから	받으니까 パドゥニッカ	~と思います 受けると思います	받을 것 같아요 パドゥル ッコッ カタヨ
~けれど 受けるけれど	받지만 パッチマン	意志 受けます	받겠어요 パッケッソヨ

「受け取る」も同じ 받다 を使います。

動く 움직이다 ウムジギダ 動 形 形動 規則

요体 動きます	움직여요 ウムジギョヨ	~てください 動いてください	움직여 주세요 ウムジギョ ジュセヨ
否定 動きません	움직이지 않아요 ウムジギジ アナヨ	~ないでください 動かないでください	움직이지 마세요 ウムジギジ マセヨ
過去 動きました	움직였어요 ウムジギョッソヨ	仮定 動けば	움직이면 ウムジギミョン
現在連体 動く（ロボット）	움직이는 (로봇) ウムジギヌン ロボッ	~たいです 動きたいです	움직이고 싶어요 ウムジギゴ シポヨ
過去連体 動いた（ロボット）	움직인 (로봇) ウムジギン ロボッ	~て 動いて	움직이고 ウムジギゴ
未来連体 動く（ロボット）	움직일 (로봇) ウムジギル ロボッ	~でしょう 動くでしょう	움직일 거예요 ウムジギル ッコエヨ
~から 動くから	움직이니까 ウムジギニッカ	~と思います 動くと思います	움직일 것 같아요 ウムジギル ッコッ カタヨ
~けれど 動くけれど	움직이지만 ウムジギジマン	意志 動きます	움직이겠어요 ウムジギゲッソヨ

「(歯が) 動く」は (이가) 흔들리다 (イガ) フンドゥルリダ と言います。

う

失う／なくす　잃다　イルタ　動 形 形動 規則　基本単語

うしなう／うすい

요体 失います	잃어요 イロヨ	~てください 失ってください	잃어 주세요 イロ ジュセヨ
否定 失いません	잃지 않아요 イルチ アナヨ	~ないでください 失わないでください	잃지 마세요 イルチ マセヨ
過去 失いました	잃었어요 イロッソヨ	仮定 失えば	잃으면 イルミョン
現在連体 失う (財布)	잃는 (지갑) イルルン ジガプ	~たいです 失いたいです	잃고 싶어요 イルコ シポヨ
過去連体 失った (財布)	잃은 (지갑) イルン ジガプ	~て 失って	잃고 イルコ
未来連体 失う (財布)	잃을 (지갑) イルル ッチガプ	~でしょう 失うでしょう	잃을 거예요 イルル ッコエヨ
~から 失うから	잃으니까 イルニッカ	~と思います 失うと思います	잃을 것 같아요 イルル ッコッ カタヨ
~けれど 失うけれど	잃지만 イルチマン	意志 失います	잃겠어요 イルケッソヨ

「失う」には 놓치다 ノッチダ、여의다 ヨイダ という言い方もあります。

薄い (味が)　싱겁다　シンゴプタ　動 形 形動 ㅂ不規則

活用に注意！

요体 薄いです	싱거워요 シンゴウォヨ	~のに 薄いのに	싱거운데 シンゴウンデ
否定 薄くないです	싱겁지 않아요 シンゴプチ アナヨ	~くても 薄くても	싱거워도 シンゴウォド
過去 薄かったです	싱거웠어요 シンゴウォッソヨ	仮定 薄ければ	싱거우면 シンゴウミョン
過去否定 薄くなかったです	싱겁지 않았어요 シンゴプチ アナッソヨ	~けれど 薄いけれど	싱겁지만 シンゴプチマン
現在連体 薄い (味)	싱거운 (맛) シンゴウン マッ	~でしょう 薄いでしょう	싱거울 거예요 シンゴウル ッコエヨ
過去連体 薄かった (味)	싱겁던 (맛) シンゴプトン マッ	~ようです 薄いようです	싱거운 것 같아요 シンゴウン ゴッ カタヨ
~くて 薄くて	싱겁고 シンゴプコ	~くないようです 薄くないようです	싱겁지 않은 것 같아요 シンゴプチ アヌン ゴッ カタヨ
~から 薄いから	싱거우니까 シンゴウニッカ	~く 薄く	싱겁게 シンゴプケ

「(色が) 薄い」は (색이) 연하다／흐리다 (セギ) ヨナダ／フリダ と言います。

薄い（生地が） 얇다 ヤルッタ

[動][形][形動][規則]

요体 薄いです	얇아요 ヤルバヨ	〜のに 薄いのに	얇은데 ヤルブンデ
否定 薄くないです	얇지 않아요 ヤルッチ アナヨ	〜くても 薄くても	얇아도 ヤルバド
過去 薄かったです	얇았어요 ヤルバッソヨ	仮定 薄ければ	얇으면 ヤルブミョン
過去否定 薄くなかったです	얇지 않았어요 ヤルッチ アナッソヨ	〜けれど 薄いけれど	얇지만 ヤルッチマン
現在連体 薄い（生地）	얇은 (옷감) ヤルブ ノッカム	〜でしょう 薄いでしょう	얇을 거예요 ヤルブル ッコエヨ
過去連体 薄かった（生地）	얇던 (옷감) ヤルット ノッカム	〜ようです 薄いようです	얇은 것 같아요 ヤルブン ゴッ カタヨ
〜くて 薄くて	얇고 ヤルッコ	〜くないようです 薄くないようです	얇지 않은 것 같아요 ヤルッチ アヌン ゴッ カタヨ
〜から 薄いから	얇으니까 ヤルブニッカ	〜く 薄く	얇게 ヤルッケ

「人情の薄い人」は 매정한 사람 メジョンハン サラム という言い方をします。

歌う 부르다 プルダ

活用に注意！ [動][形][形動][르不規則] 基本単語

요体 歌います	불러요 プルロヨ	〜てください 歌ってください	불러 주세요 プルロ ジュセヨ
否定 歌いません	부르지 않아요 プルジ アナヨ	〜ないでください 歌わないでください	부르지 마세요 プルジ マセヨ
過去 歌いました	불렀어요 プルロッソヨ	仮定 歌えば	부르면 プルミョン
現在連体 歌う（歌）	부르는 (노래) プルヌン ノレ	〜たいです 歌いたいです	부르고 싶어요 プルゴ シポヨ
過去連体 歌った（歌）	부른 (노래) プルン ノレ	〜て 歌って	부르고 プルゴ
未来連体 歌う（歌）	부를 (노래) プルル ノレ	〜でしょう 歌うでしょう	부를 거예요 プルル ッコエヨ
〜から 歌うから	부르니까 プルニッカ	〜と思います 歌うと思います	부를 것 같아요 プルル ッコッ カタヨ
〜けれど 歌うけれど	부르지만 プルジマン	意志 歌います	부르겠어요 プルゲッソヨ

「歌う」は 노래하다 ノレハダ とも言います。「(鳥が) 歌う」には (새가) 지저귀다 (セガ) チジョグィダ という表現も使います。

う 疑う　의심하다　ウィシマダ　[動][形動][規則]

うたがう／うつ

活用	韓国語	ヨミ	活用	韓国語	ヨミ
요体 疑います	의심해요	ウィシメヨ	～てください 疑ってください	의심해 주세요	ウィシメ ジュセヨ
否定 疑いません	의심하지 않아요	ウィシマジ アナヨ	～ないでください 疑わないでください	의심하지 마세요	ウィシマジ マセヨ
過去 疑いました	의심했어요	ウィシメッソヨ	仮定 疑えば	의심하면	ウィシマミョン
現在連体 疑う (人)	의심하는 (사람)	ウィシマヌン サラム	～たいです 疑いたいです	의심하고 싶어요	ウィシマゴ シポヨ
過去連体 疑った (人)	의심한 (사람)	ウィシマン サラム	～て 疑って	의심하고	ウィシマゴ
未来連体 疑う (人)	의심할 (사람)	ウィシマル ッサラム	～でしょう 疑うでしょう	의심할 거예요	ウィシマル ッコエヨ
～から 疑うから	의심하니까	ウィシマニッカ	～と思います 疑うと思います	의심할 것 같아요	ウィシマル ッコッ カタヨ
～けれど 疑うけれど	의심하지만	ウィシマジマン	意志 疑います	의심하겠어요	ウィシマゲッソヨ

🐾 「疑っていますか？」は 의심하는 거예요？ ウィシマヌン ゴエヨ？ と言います。

打つ／叩く／弾く (楽器を)　치다　チダ　[動][形動][規則] 基本単語

活用	韓国語	ヨミ	活用	韓国語	ヨミ
요体 打ちます	쳐요	チョヨ	～てください 打ってください	쳐 주세요	チョ ジュセヨ
否定 打ちません	치지 않아요	チジ アナヨ	～ないでください 打たないでください	치지 마세요	チジ マセヨ
過去 打ちました	쳤어요	チョッソヨ	仮定 打てば	치면	チミョン
現在連体 打つ (人)	치는 (사람)	チヌン サラム	～たいです 打ちたいです	치고 싶어요	チゴ シポヨ
過去連体 打った (人)	친 (사람)	チン サラム	～て 打って	치고	チゴ
未来連体 打つ (人)	칠 (사람)	チル ッサラム	～でしょう 打つでしょう	칠 거예요	チル ッコエヨ
～から 打つから	치니까	チニッカ	～と思います 打つと思います	칠 것 같아요	チル ッコッ カタヨ
～けれど 打つけれど	치지만	チジマン	意志 打ちます	치겠어요	チゲッソヨ

🐾 「打つ／叩く」には 때리다 ッテリダ という言い方もあります。「(バイオリンを)弾く」は (바이올린을) 켜다 (パイオルリヌル) キョダ と言います。

美しい　아름답다　アルムダプタ　動 形 形動 ㅂ不規則　基本単語

要体 美しいです	아름다워요 アルムダウォヨ	～のに 美しいのに	아름다운데 アルムダウンデ
否定 美しくないです	아름답지 않아요 アルムダプチ アナヨ	～くても 美しくても	아름다워도 アルムダウォド
過去 美しかったです	아름다웠어요 アルムダウォッソヨ	仮定 美しければ	아름다우면 アルムダウミョン
過去否定 美しくなかったです	아름답지 않았어요 アルムダプチ アナッソヨ	～けれど 美しいけれど	아름답지만 アルムダプチマン
現在連体 美しい（景色）	아름다운 (경치) アルムダウン ギョンチ	～でしょう 美しいでしょう	아름다울 거예요 アルムダウル ッコエヨ
過去連体 美しかった（景色）	아름답던 (경치) アルムダプトン ギョンチ	～ようです 美しいようです	아름다운 것 같아요 アルムダウン ゴッ カタヨ
～くて 美しくて	아름답고 アルムダプコ	～くないようです 美しくないようです	아름답지 않은 것 같아요 アルムダプチ アヌン ゴッ カタヨ
～から 美しいから	아름다우니까 アルムダウニッカ	～く 美しく	아름답게 アルムダプケ

🐾 「美しい」には **곱다** コプタ という言い方もあります。

移す　옮기다　オムギダ　動 形 形動 規則　発音に注意!

要体 移します	옮겨요 オムギョヨ	～てください 移してください	옮겨 주세요 オムギョ ジュセヨ
否定 移しません	옮기지 않아요 オムギジ アナヨ	～ないでください 移さないでください	옮기지 마세요 オムギジ マセヨ
過去 移しました	옮겼어요 オムギョッソヨ	仮定 移せば	옮기면 オムギミョン
現在連体 移す（人）	옮기는 (사람) オムギヌン サラム	～たいです 移したいです	옮기고 싶어요 オムギゴ シポヨ
過去連体 移した（人）	옮긴 (사람) オムギン サラム	～て 移して	옮기고 オムギゴ
未来連体 移す（人）	옮길 (사람) オムギル ッサラム	～でしょう 移すでしょう	옮길 거예요 オムギル ッコエヨ
～から 移すから	옮기니까 オムギニッカ	～と思います 移すと思います	옮길 것 같아요 オムギル ッコッ カタヨ
～けれど 移すけれど	옮기지만 オムギジマン	意志 移します	옮기겠어요 オムギゲッソヨ

🐾 「（視線を）移す」は（**시선을**）**돌리다**（シソヌル）トルリダ という表現をします。

う / うつす

写す (書き写す) 베끼다 ペッキダ [動][形][形動][規則]

요체 写します	베껴요 ペッキョヨ	~てください 写してください	베껴 주세요 ペッキョ ジュセヨ
否定 写しません	베끼지 않아요 ペッキジ アナヨ	~ないでください 写さないでください	베끼지 마세요 ペッキジ マセヨ
過去 写しました	베꼈어요 ペッキョッソヨ	仮定 写せば	베끼면 ペッキミョン
現在連体 写す (作文)	베끼는 (작문) ペッキヌン ジャンムン	~たいです 写したいです	베끼고 싶어요 ペッキゴ シポヨ
過去連体 写した (作文)	베낀 (작문) ペッキン ジャンムン	~て 写して	베끼고 ペッキゴ
未来連体 写す (作文)	베낄 (작문) ペッキル ッチャンムン	~でしょう 写すでしょう	베낄 거예요 ペッキル ッコエヨ
~から 写すから	베끼니까 ペッキニッカ	~と思います 写すと思います	베낄 것 같아요 ペッキル ッコッ カタヨ
~けれど 写すけれど	베끼지만 ペッキジマン	意志 写します	베끼겠어요 ペッキゲッソヨ

「写すから」には 베껴서 ペッキョソ という活用形もあります。

写す(写真を) / 押す / 撮る 찍다 ッチクタ [動][形][形動][規則] 基本単語

요체 写します	찍어요 ッチゴヨ	~てください 写してください	찍어 주세요 ッチゴ ジュセヨ
否定 写しません	찍지 않아요 ッチクチ アナヨ	~ないでください 写さないでください	찍지 마세요 ッチクチ マセヨ
過去 写しました	찍었어요 ッチゴッソヨ	仮定 写せば	찍으면 ッチグミョン
現在連体 写す (写真)	찍는 (사진) ッチンヌン サジン	~たいです 写したいです	찍고 싶어요 ッチッコ シポヨ
過去連体 写した (写真)	찍은 (사진) ッチグン サジン	~て 写して	찍고 ッチッコ
未来連体 写す (写真)	찍을 (사진) ッチグル ッサジン	~でしょう 写すでしょう	찍을 거예요 ッチグル ッコエヨ
~から 写すから	찍으니까 ッチグニッカ	~と思います 写すと思います	찍을 것 같아요 ッチグル ッコッ カタヨ
~けれど 写すけれど	찍지만 ッチクチマン	意志 写します	찍겠어요 ッチクケッソヨ

ひと言フレーズ 写真を写してください。
사진 찍어 주세요. サジン ッチゴ ジュセヨ

奪う　빼앗다　ッペアッタ　[動][形][形動][規則]

요체 奪います	빼앗아요 ッペアサヨ	~てください 奪ってください	빼앗아 주세요 ッペアサ ジュセヨ
否定 奪いません	빼앗지 않아요 ッペアッチ アナヨ	~しないでください 奪わないでください	빼앗지 마세요 ッペアッチ マセヨ
過去 奪いました	빼앗았어요 ッペアサッソヨ	仮定 奪えば	빼앗으면 ッペアスミョン
現在連体 奪う（もの）	빼앗는 (물건) ッペアンヌン ムルゴン	~たいです 奪いたいです	빼앗고 싶어요 ッペアッコ シポヨ
過去連体 奪った（もの）	빼앗은 (물건) ッペアスン ムルゴン	~て 奪って	빼앗고 ッペアッコ
未来連体 奪う（もの）	빼앗을 (물건) ッペアスル ムルゴン	~でしょう 奪うでしょう	빼앗을 거예요 ッペアスル ッコエヨ
~から 奪うから	빼앗으니까 ッペアスニッカ	~と思います 奪うと思います	빼앗을 것 같아요 ッペアスル ッコッ カタヨ
~けれど 奪うけれど	빼앗지만 ッペアッチマン	意志 奪います	빼앗겠어요 ッペアッケッソヨ

（心を）「奪う」には **사로잡다** サロジャプタ という言い方もあります。

うまい／上手だ　잘하다　チャラダ　[動][形][形動][規則]　基本単語

요체 うまいです	잘해요 チャレヨ	~のに うまいのに	잘하는데 チャラヌンデ
否定 うまくないです	잘하지 않아요 チャラジ アナヨ	~くても うまくても	잘해도 チャレド
過去 うまかったです	잘했어요 チャレッソヨ	仮定 うまければ	잘하면 チャラミョン
過去否定 うまくなかったです	잘하지 않았어요 チャラジ アナッソヨ	~けれど うまいけれど	잘하지만 チャラジマン
現在連体 うまい（人）	잘하는 (사람) チャラヌン サラム	~でしょう うまいでしょう	잘할 거예요 チャラル ッコエヨ
過去連体 うまかった（人）	잘하던 (사람) チャラドン サラム	~ようです うまいようです	잘하는 것 같아요 チャラヌン ゴッ カタヨ
~くて うまくて	잘하고 チャラゴ	~くないようです うまくないようです	잘하지 않은 것 같아요 チャラジ アヌン ゴッ カタヨ
~から うまいから	잘하니까 チャラニッカ	~く うまく	잘하게 チャラゲ

否定には、**못하다** モタダ「できない」の活用形 **못해요** モテヨ、過去否定には **못했어요** モテッソヨ も使います。

う 生まれる　태어나다　テオナダ

[動] [形] [形動] [規則]

요体 生まれます	태어나요 テオナヨ	~てください	―
否定 生まれません	태어나지 않아요 テオナジ アナヨ	~ないでください	―
過去 生まれました	태어났어요 テオナッソヨ	仮定 生まれれば	태어나면 テオナミョン
現在連体 生まれる（子供）	태어나는 (아이) テオナヌ ナイ	~たいです 生まれたいです	태어나고 싶어요 テオナゴ シポヨ
過去連体 生まれた（子供）	태어난 (아이) テオナ ナイ	~て 生まれて	태어나고 テオナゴ
未来連体 生まれる（子供）	태어날 (아이) テオナ ライ	~でしょう 生まれるでしょう	태어날 거예요 テオナル ッコエヨ
~から 生まれるから	태어나니까 テオナニッカ	~と思います 生まれると思います	태어날 것 같아요 テオナル ッコッ カタヨ
~けれど 生まれるけれど	태어나지만 テオナジマン	意志	―

ひと言フレーズ 先月娘が生まれました。
지난달에 딸이 태어났어요. チナンダレ ッタリ テオナッソヨ

裏返す　뒤집다　トゥィジプタ

[動] [形] [形動] [規則]

요体 裏返します	뒤집어요 トゥィジボヨ	~てください 裏返してください	뒤집어 주세요 トゥィジボ ジュセヨ
否定 裏返しません	뒤집지 않아요 トゥィジプチ アナヨ	~ないでください 裏返さないでください	뒤집지 마세요 トゥィジプチ マセヨ
過去 裏返しました	뒤집었어요 トゥィジボッソヨ	仮定 裏返せば	뒤집으면 トゥィジブミョン
現在連体 裏返す（紙）	뒤집는 (종이) トゥィジムヌン ジョンイ	~たいです 裏返したいです	뒤집고 싶어요 トゥィジプコ シポヨ
過去連体 裏返した（紙）	뒤집은 (종이) トゥィジブン ジョンイ	~て 裏返して	뒤집고 トゥィジプコ
未来連体 裏返す（紙）	뒤집을 (종이) トゥィジブル ッチョンイ	~でしょう 裏返すでしょう	뒤집을 거예요 トゥィジブル ッコエヨ
~から 裏返すから	뒤집으니까 トゥィジブニッカ	~と思います 裏返すと思います	뒤집을 것 같아요 トゥィジブル ッコッ カタヨ
~けれど 裏返すけれど	뒤집지만 トゥィジプチマン	意志 裏返します	뒤집겠어요 トゥィジプケッソヨ

（意志）「裏返します」には 뒤집을래요 トゥジブルレヨ という活用形もあります。

うらやましい　부럽다　プロプタ　[動][形][形動][ㅂ不規則]

丁体 うらやましいです	부러워요 プロウォヨ	~のに うらやましいのに	부러운데 プロウンデ
否定 うらやましくないです	부럽지 않아요 プロプチ アナヨ	~くても うらやましくても	부러워도 プロウォド
過去 うらやましかったです	부러웠어요 プロウォッソヨ	仮定 うらやましければ	부러우면 プロウミョン
過去否定 うらやましくなかったです	부럽지 않았어요 プロプチ アナッソヨ	~けれど うらやましいけれど	부럽지만 プロプチマン
現在連体 うらやましい (人)	부러운 (사람) プロウン サラム	~でしょう うらやましいでしょう	부러울 거예요 プロウル ッコエヨ
過去連体 うらやましかった (人)	부럽던 (사람) プロプトン サラム	~ようです うらやましいようです	부러운 것 같아요 プロウン ゴッ カタヨ
~くて うらやましくて	부럽고 プロプコ	~くないようです うらやましくないようです	부럽지 않은 것 같아요 プロプチ アヌン ゴッ カタヨ
~から うらやましいから	부러우니까 プロウニッカ	~く うらやましく	부럽게 プロプケ

「うらやましい」には 샘이 나다 セミ ナダ という言い方もあります。

うらやむ　부러워하다　プロウォハダ　[動][形][形動][規則]

丁体 うらやみます	부러워해요 プロウォヘヨ	~てください うらやんでください	부러워해 주세요 プロウォヘ ジュセヨ
否定 うらやみません	부러워하지 않아요 プロウォハジ アナヨ	~ないでください うらやまないでください	부러워하지 마세요 プロウォハジ マセヨ
過去 うらやみました	부러워했어요 プロウォヘッソヨ	仮定 うらやめば	부러워하면 プロウォハミョン
現在連体 うらやむ (人)	부러워하는 (사람) プロウォハヌン サラム	~たいです	―
過去連体 うらやんだ (人)	부러워한 (사람) プロウォハン サラム	~て うらやんで	부러워하고 プロウォハゴ
未来連体 うらやむ (人)	부러워할 (사람) プロウォハル ッサラム	~でしょう うらやむでしょう	부러워할 거예요 プロウォハル ッコエヨ
~から うらやむから	부러워하니까 プロウォハニッカ	~と思います うらやむと思います	부러워할 것 같아요 プロウォハル ッコッ カタヨ
~けれど うらやむけれど	부러워하지만 プロウォハジマン	意志 うらやみます	부러워하겠어요 プロウォハゲッソヨ

「うらやむ」は 선망하다 ソンマンハダ とも言います。

売る　팔다　パルダ

[動 形 形動　ㄹ脱落]　基本単語

요体 売ります	팔아요 パラヨ	~てください 売ってください	팔아 주세요 パラ ジュセヨ
否定 売りません	팔지 않아요 パルジ アナヨ	~ないでください 売らないでください	팔지 마세요 パルジ マセヨ
過去 売りました	팔았어요 パラッソヨ	仮定 売れば	팔면 パルミョン
現在連体 売る（品物）	파는 (물건) パヌン ムルゴン	~たいです 売りたいです	팔고 싶어요 パルゴ シポヨ
過去連体 売った（品物）	판 (물건) パン ムルゴン	~て 売って	팔고 パルゴ
未来連体 売る（品物）	팔 (물건) パル ムルゴン	~でしょう 売るでしょう	팔 거예요 パル ッコエヨ
~から 売るから	파니까 パニッカ	~と思います 売ると思います	팔 것 같아요 パル ッコッ カタヨ
~けれど 売るけれど	팔지만 パルジマン	意志 売ります	팔겠어요 パルゲッソヨ

「（名を）売る」は（이름을）날리다（イルムル）ナルリダ、「（顔を）売る」は（얼굴을）알리다（オルグルル）アルリダ という表現をします。

うるさい　시끄럽다　シックロプタ

[動 形 形動　ㅂ不規則]

요体 うるさいです	시끄러워요 シックロウォヨ	~のに うるさいのに	시끄러운데 シックロウンデ
否定 うるさくないです	시끄럽지 않아요 シックロプチ アナヨ	~くても うるさくても	시끄러워도 シックロウォド
過去 うるさかったです	시끄러웠어요 シックロウォッソヨ	仮定 うるさければ	시끄러우면 シックロウミョン
過去否定 うるさくなかったです	시끄럽지 않았어요 シックロプチ アナッソヨ	~けれど うるさいけれど	시끄럽지만 シックロプチマン
現在連体 うるさい（教室）	시끄러운 (교실) シックロウン ギョシル	~でしょう うるさいでしょう	시끄러울 거예요 シックロウル ッコエヨ
過去連体 うるさかった（教室）	시끄럽던 (교실) シックロプトン ギョシル	~ようです うるさいようです	시끄러운 것 같아요 シックロウン ゴッ カタヨ
~くて うるさくて	시끄럽고 シックロプコ	~くないようです うるさくないようです	시끄럽지 않은 것 같아요 シックロプチ アヌン ゴッ カタヨ
~から うるさいから	시끄러우니까 シックロウニッカ	~く うるさく	시끄럽게 シックロプケ

「うるさい」には 번거롭다 ポンゴロプタ という言い方もあります。

うれしい　기쁘다　キップダ　[動][形][形動][으不規則]　基本単語

요体 うれしいです	기뻐요 キッポヨ	~のに うれしいのに	기쁜데 キップンデ
否定 うれしくないです	기쁘지 않아요 キップジ アナヨ	~くても うれしくても	기뻐도 キッポド
過去 うれしかったです	기뻤어요 キッポッソヨ	仮定 うれしければ	기쁘면 キップミョン
過去否定 うれしくなかったです	기쁘지 않았어요 キップジ アナッソヨ	~けれど うれしいけれど	기쁘지만 キップジマン
現在連体 うれしい(日)	기쁜 (날) キップン ナル	~でしょう うれしいでしょう	기쁠 거예요 キップル ッコエヨ
過去連体 うれしかった(日)	기쁘던 (날) キップドン ナル	~ようです うれしいようです	기쁜 것 같아요 キップン ゴッ カタヨ
~くて うれしくて	기쁘고 キップゴ	~くないようです うれしくないようです	기쁘지 않은 것 같아요 キップジ アヌン ゴッ カタヨ
~から うれしいから	기쁘니까 キップニッカ	~く うれしく	기쁘게 キップゲ

ひと言フレーズ あなたの言葉がうれしかったです。
당신의 말에 기뻤어요. タンシネ マレ キッポッソヨ

うれしい(会えて)　반갑다　パンガプタ　[動][形][形動][ㅂ不規則]　基本単語

요体 うれしいです	반가워요 パンガウォヨ	~のに うれしいのに	반가운데 パンガウンデ
否定 うれしくないです	반갑지 않아요 パンガプチ アナヨ	~くても うれしくても	반가워도 パンガウォド
過去 うれしかったです	반가웠어요 パンガウォッソヨ	仮定 うれしければ	반가우면 パンガウミョン
過去否定 うれしくなかったです	반갑지 않았어요 パンガプチ アナッソヨ	~けれど うれしいけれど	반갑지만 パンガプチマン
現在連体 うれしい(挨拶)	반가운 (인사) パンガウン ニンサ	~でしょう うれしいでしょう	반가울 거예요 パンガウル ッコエヨ
過去連体 うれしかった(挨拶)	반갑던 (인사) パンガプトン ニンサ	~ようです うれしいようです	반가운 것 같아요 パンガウン ゴッ カタヨ
~くて うれしくて	반갑고 パンガプコ	~くないようです うれしくないようです	반갑지 않은 것 같아요 パンガプチ アヌン ゴッ カタヨ
~から うれしいから	반가우니까 パンガウニッカ	~く うれしく	반갑게 パンガプケ

「(思いやりが) うれしい」 は (배려해줘서) 고맙다 (ペリョヘジュォソ) コマプタ と言います。

運動する　운동하다　ウンドンハダ　[動][形][形動][規則]

요体 運動します	운동해요 ウンドンヘヨ	~てください 運動してください	운동해 주세요 ウンドンヘ ジュセヨ
否定 運動しません	운동하지 않아요 ウンドンハジ アナヨ	~ないでください 運動しないでください	운동하지 마세요 ウンドンハジ マセヨ
過去 運動しました	운동했어요 ウンドンヘッソヨ	仮定 運動すれば	운동하면 ウンドンハミョン
現在連体 運動する(人)	운동하는 (사람) ウンドンハヌン サラム	~たいです 運動したいです	운동하고 싶어요 ウンドンハゴ シポヨ
過去連体 運動した(人)	운동한 (사람) ウンドンハン サラム	~て 運動して	운동하고 ウンドンハゴ
未来連体 運動する(人)	운동할 (사람) ウンドンハル ッサラム	~でしょう 運動するでしょう	운동할 거예요 ウンドンハル ッコエヨ
~から 運動するから	운동하니까 ウンドンハニッカ	~と思います 運動すると思います	운동할 것 같아요 ウンドンハル ッコッ カタヨ
~けれど 運動するけれど	운동하지만 ウンドンハジマン	意志 運動します	운동하겠어요 ウンドンハゲッソヨ

「運動しましょう」は **운동합시다** ウンドンハプシダ、「運動したからです」は **운동해서요** ウンドンヘソヨ という表現をします。

描く(絵を)　그리다　クリダ　[動][形][形動][規則]　基本単語

요体 描きます	그려요 クリョヨ	~てください 描いてください	그려 주세요 クリョ ジュセヨ
否定 描きません	그리지 않아요 クリジ アナヨ	~ないでください 描かないでください	그리지 마세요 クリジ マセヨ
過去 描きました	그렸어요 クリョッソヨ	仮定 描けば	그리면 クリミョン
現在連体 描く(人)	그리는 (사람) クリヌン サラム	~たいです 描きたいです	그리고 싶어요 クリゴ シポヨ
過去連体 描いた(人)	그린 (사람) クリン サラム	~て 描いて	그리고 クリゴ
未来連体 描く(人)	그릴 (사람) クリル ッサラム	~でしょう 描くでしょう	그릴 거예요 クリル ッコエヨ
~から 描くから	그리니까 クリニッカ	~と思います 描くと思います	그릴 것 같아요 クリル ッコッ カタヨ
~けれど 描くけれど	그리지만 クリジマン	意志 描きます	그리겠어요 クリゲッソヨ

「(理想を)描く」には **(이상을) 떠올리다** (イサンウル) ットオルリダ という表現を使います。

えげつない　야비하다 ヤビハダ

[動形][形動][規則]

요体 えげつないです	야비해요 ヤビヘヨ	〜のに えげつないのに	야비한데 ヤビハンデ
否定 えげつなくないです	야비하지 않아요 ヤビハジ アナヨ	〜くても えげつなくても	야비해도 ヤビヘド
過去 えげつなかったです	야비했어요 ヤビヘッソヨ	仮定 えげつなければ	야비하면 ヤビハミョン
過去否定 えげつなくなかったです	야비하지 않았어요 ヤビハジ アナッソヨ	〜けれど えげつないけれど	야비하지만 ヤビハジマン
現在連体 えげつない (人)	야비한 (사람) ヤビハン サラム	〜でしょう えげつないでしょう	야비할 거예요 ヤビハル ッコエヨ
過去連体 えげつなかった (人)	야비하던 (사람) ヤビハドン サラム	〜ようです えげつないようです	야비한 것 같아요 ヤビハン ゴッ カタヨ
〜くて えげつなくて	야비하고 ヤビハゴ	〜くないようです えげつなくないようです	야비하지 않은 것 같아요 ヤビハジ アヌン ゴッ カタヨ
〜から えげつないから	야비하니까 ヤビハニッカ	〜く えげつなく	야비하게 ヤビハゲ

「えげつない」は **매정하다** メジョンハダ とも言います。

偉い　장하다 チャンハダ

[動形][形動][規則]

요体 偉いです	장해요 チャンヘヨ	〜のに 偉いのに	장한데 チャンハンデ
否定 偉くないです	장하지 않아요 チャンハジ アナヨ	〜くても 偉くても	장해도 チャンヘド
過去 偉かったです	장했어요 チャンヘッソヨ	仮定 偉ければ	장하면 チャンハミョン
過去否定 偉くなかったです	장하지 않았어요 チャンハジ アナッソヨ	〜けれど 偉いけれど	장하지만 チャンハジマン
現在連体 偉い (人)	장한 (사람) チャンハン サラム	〜でしょう 偉いでしょう	장할 거예요 チャンハル ッコエヨ
過去連体 偉かった (人)	장하던 (사람) チャンハドン サラム	〜ようです 偉いようです	장한 것 같아요 チャンハン ゴッ カタヨ
〜くて 偉くて	장하고 チャンハゴ	〜くないようです 偉くないようです	장하지 않은 것 같아요 チャンハジ アヌン ゴッ カタヨ
〜から 偉いから	장하니까 チャンハニッカ	〜く 偉く	장하게 チャンハゲ

「偉い」には **훌륭하다** フルリュンハダ という言い方もあります。

え 選ぶ　고르다　コルダ

えらぶ／える

動 形 形動　르不規則

丁体 選びます	골라요 コルラヨ	~てください 選んでください	골라 주세요 コルラ ジュセヨ
否定 選びません	고르지 않아요 コルジ アナヨ	~ないでください 選ばないでください	고르지 마세요 コルジ マセヨ
過去 選びました	골랐어요 コルラッソヨ	仮定 選べば	고르면 コルミョン
現在連体 選ぶ（服）	고르는 (옷) コルヌン ノッ	~たいです 選びたいです	고르고 싶어요 コルゴ シポヨ
過去連体 選んだ（服）	고른 (옷) コルン ノッ	~て 選んで	고르고 コルゴ
未来連体 選ぶ（服）	고를 (옷) コルル ロッ	~でしょう 選ぶでしょう	고를 거예요 コルル ッコエヨ
~から 選ぶから	고르니까 コルニッカ	~と思います 選ぶと思います	고를 것 같아요 コルル ッコッ カタヨ
~けれど 選ぶけれど	고르지만 コルジマン	意志 選びます	고르겠어요 コルゲッソヨ

🐾 「選ぶ」には **뽑다** ッポプタ という言い方もあります。

得る　얻다　オッタ

動 形 形動　規則　基本単語

丁体 得ます	얻어요 オドヨ	~てください 得てください	얻어 주세요 オド ジュセヨ
否定 得ません	얻지 않아요 オッチ アナヨ	~ないでください 得ないでください	얻지 마세요 オッチ マセヨ
過去 得ました	얻었어요 オドッソヨ	仮定 得れば	얻으면 オドゥミョン
現在連体 得る（利益）	얻는 (이익) オンヌン ニイク	~たいです 得たいです	얻고 싶어요 オッコ シポヨ
過去連体 得た（利益）	얻은 (이익) オドゥン ニイク	~て 得て	얻고 オッコ
未来連体 得る（利益）	얻을 (이익) オドゥル リイク	~でしょう 得るでしょう	얻을 거예요 オドゥル ッコエヨ
~から 得るから	얻으니까 オドゥニッカ	~と思います 得ると思います	얻을 것 같아요 オドゥル ッコッ カタヨ
~けれど 得るけれど	얻지만 オッチマン	意志 得ます	얻겠어요 オッケッソヨ

🐾 「あり得ない」は **있을 수 없다** イッスル ッス オプタ という表現をします。

遠慮する　사양하다　サヤンハダ

動 / 形 / 形動 / 規則

え・お　えんりょする／おいかける

요체 遠慮します	사양해요 サヤンヘヨ	~てください 遠慮してください	사양해 주세요 サヤンヘ ジュセヨ
否定 遠慮しません	사양하지 않아요 サヤンハジ アナヨ	~ないでください 遠慮しないでください	사양하지 마세요 サヤンハジ マセヨ
過去 遠慮しました	사양했어요 サヤンヘッソヨ	仮定 遠慮すれば	사양하면 サヤンハミョン
現在連体 遠慮する（人）	사양하는 (사람) サヤンハヌン サラム	~たいです 遠慮したいです	사양하고 싶어요 サヤンハゴ シポヨ
過去連体 遠慮した（人）	사양한 (사람) サヤンハン サラム	~て 遠慮して	사양하고 サヤンハゴ
未来連体 遠慮する（人）	사양할 (사람) サヤンハル ッサラム	~でしょう 遠慮するでしょう	사양할 거예요 サヤンハル ッコエヨ
~から 遠慮するから	사양하니까 サヤンハニッカ	~と思います 遠慮すると思います	사양할 것 같아요 サヤンハル ッコッ カタヨ
~けれど 遠慮するけれど	사양하지만 サヤンハジマン	意志 遠慮します	사양하겠어요 サヤンハゲッソヨ

「遠慮深い」は **조심성이 많다** チョシムソンイ マンタ という表現をします。

追いかける　뒤쫓다　トゥィッチョッタ

動 / 形 / 形動 / 規則

요체 追いかけます	뒤쫓아요 トゥィッチョチャヨ	~てください 追いかけてください	뒤쫓아 주세요 トゥィッチョチャ ジュセヨ
否定 追いかけません	뒤쫓지 않아요 トゥィッチョッチ アナヨ	~ないでください 追いかけないでください	뒤쫓지 마세요 トゥィッチョッチ マセヨ
過去 追いかけました	뒤쫓았어요 トゥィッチョチャッソヨ	仮定 追いかければ	뒤쫓으면 トゥィッチョチュミョン
現在連体 追いかける（人）	뒤쫓는 (사람) トゥィッチョンヌン サラム	~たいです 追いかけたいです	뒤쫓고 싶어요 トゥィッチョッコ シポヨ
過去連体 追いかけた（人）	뒤쫓은 (사람) トゥィッチョチュン サラム	~て 追いかけて	뒤쫓고 トゥィッチョッコ
未来連体 追いかける（人）	뒤쫓을 (사람) トゥィッチョチュル ッサラム	~でしょう 追いかけるでしょう	뒤쫓을 거예요 トゥィッチョチュル ッコエヨ
~から 追いかけるから	뒤쫓으니까 トゥィッチョチュニッカ	~と思います 追いかけると思います	뒤쫓을 것 같아요 トゥィッチョチュル ッコッ カタヨ
~けれど 追いかけるけれど	뒤쫓지만 トゥィッチョッチマン	意志 追いかけます	뒤쫓겠어요 トゥィッチョッケッソヨ

「追いかける」には **뒤쫓아가다** トゥィッチョチャガダ という言い方もあります。

お

追い越す　앞지르다　アプチルダ　動形 形動 르不規則

요체 追い越します	앞질러요 アプチルロヨ	~てください 追い越してください	앞질러 주세요 アプチルロ ジュセヨ
否定 追い越しません	앞지르지 않아요 アプチルジ アナヨ	~ないでください 追い越さないでください	앞지르지 마세요 アプチルジ マセヨ
過去 追い越しました	앞질렀어요 アプチルロッソヨ	仮定 追い越せば	앞지르면 アプチルミョン
現在連体 追い越す(人)	앞지르는 (사람) アプチルヌン サラム	~たいです 追い越したいです	앞지르고 싶어요 アプチルゴ シボヨ
過去連体 追い越した(人)	앞지른 (사람) アプチルン サラム	~て 追い越して	앞지르고 アプチルゴ
未来連体 追い越す(人)	앞지를 (사람) アプチルル ッサラム	~でしょう 追い越すでしょう	앞지를 거예요 アプチルル ッコエヨ
~から 追い越すから	앞지르니까 アプチルニッカ	~と思います 追い越すと思います	앞지를 것 같아요 アプチルル ッコッ カタヨ
~けれど 追い越すけれど	앞지르지만 アプチルジマン	意志 追い越します	앞지르겠어요 アプチルゲッソヨ

🐾 「(車を) 追い越す」の場合は **추월하다** チュウォラダ を使います。

おいしい　맛있다　マシッタ　存在詞 規則　基本単語

요체 おいしいです	맛있어요 マシッソヨ	~のに おいしいのに	맛있는데 マシンヌンデ
否定 おいしくないです	맛있지 않아요 マシッチ アナヨ	~くても おいしくても	맛있어도 マシッソド
過去 おいしかったです	맛있었어요 マシッソッソヨ	仮定 おいしければ	맛있으면 マシッスミョン
過去否定 おいしくなかったです	맛있지 않았어요 マシッチ アナッソヨ	~けれど おいしいけれど	맛있지만 マシッチマン
現在連体 おいしい(料理)	맛있는 (요리) マシンヌン ニョリ	~でしょう おいしいでしょう	맛있을 거예요 マシッスル ッコエヨ
過去連体 おいしかった(料理)	맛있던 (요리) マシットン ニョリ	~ようです おいしいようです	맛있는 것 같아요 マシンヌン ゴッ カタヨ
~くて おいしくて	맛있고 マシッコ	~くないようです おいしくないようです	맛있지 않은 것 같아요 マシッチ アヌン ゴッ カタヨ
~から おいしいから	맛있으니까 マシッスニッカ	~く おいしく	맛있게 マシッケ

🐾 「おいしい」の否定形には「まずい」**맛없다** マドプタ を使い、**맛없어요** マドプソヨ、(過去否定) **맛없었어요** マドプソッソヨ のように言うのが一般的です。

老いる 늙다 ヌクタ　　動 形 形動 規則

요体 老います	늙어요 ヌルゴヨ	~てください	―
否定 老いません	늙지 않아요 ヌクチ アナヨ	~ないでください 老いないでください	늙지 마세요 ヌクチ マセヨ
過去 老いました	늙었어요 ヌルゴッソヨ	仮定 老いれば	늙으면 ヌルグミョン
現在連体 老いる（人）	늙는 (사람) ヌンヌン サラム	~たいです 老いたいです	늙고 싶어요 ヌルッコ シポヨ
過去連体 老いた（人）	늙은 (사람) ヌルグン サラム	~て 老いて	늙고 ヌルッコ
未来連体 老いる（人）	늙을 (사람) ヌルグル ッサラム	~でしょう 老いるでしょう	늙을 거예요 ヌルグル ッコエヨ
~から 老いるから	늙으니까 ヌルグニッカ	~と思います 老いると思います	늙을 것 같아요 ヌルグル ッコッ カタヨ
~けれど 老いるけれど	늙지만 ヌクチマン	意志	―

🐾 「老いる」には **나이를 먹다** ナイルル モクタ、**약해지다** ヤケジダ という言い方もあります。

負う（傷を） 입다 イプタ　　動 形 形動 規則

요体 負います	입어요 イボヨ	~てください 負ってください	입어 주세요 イボ ジュセヨ
否定 負いません	입지 않아요 イプチ アナヨ	~ないでください 負わないでください	입지 마세요 イプチ マセヨ
過去 負いました	입었어요 イボッソヨ	仮定 負えば	입으면 イブミョン
現在連体 負う（傷）	입는 (상처) イムヌン サンチョ	~たいです 負いたいです	입고 싶어요 イプコ シポヨ
過去連体 負った（傷）	입은 (상처) イブン サンチョ	~て 負って	입고 イプコ
未来連体 負う（傷）	입을 (상처) イブル ッサンチョ	~でしょう 負うでしょう	입을 거예요 イブル ッコエヨ
~から 負うから	입으니까 イブニッカ	~と思います 負うと思います	입을 것 같아요 イブル ッコッ カタヨ
~けれど 負うけれど	입지만 イプチマン	意志 負います	입겠어요 イプケッソヨ

🐾 「(負債を) 負う」には（**빚을**）**지다**（ビジュル）チダ という表現を使います。

お

おう/おうえんする

追う　쫓다　ッチョッタ　[動][形][形動][規則]

活用	韓国語	~てください類	韓国語
요体 追います	쫓아요 ッチョチャヨ	~てください 追ってください	쫓아 주세요 ッチョチャ ジュセヨ
否定 追いません	쫓지 않아요 ッチョッチ アナヨ	~ないでください 追わないでください	쫓지 마세요 ッチョッチ マセヨ
過去 追いました	쫓았어요 ッチョチャッソヨ	仮定 追えば	쫓으면 ッチョチュミョン
現在連体 追う(幻)	쫓는 (환상) ッチョンヌ ヌァンサン	~たいです 追いたいです	쫓고 싶어요 ッチョッコ シポヨ
過去連体 追った(幻)	쫓은 (환상) ッチョチュ ヌァンサン	~て 追って	쫓고 ッチョッコ
未来連体 追う(幻)	쫓을 (환상) ッチョチュ ルァンサン	~でしょう 追うでしょう	쫓을 거예요 ッチョチュル ッコエヨ
~から 追うから	쫓으니까 ッチョチュニッカ	~と思います 追うと思います	쫓을 것 같아요 ッチョチュル ッコッ カタヨ
~けれど 追うけれど	쫓지만 ッチョッチマン	意志 追います	쫓겠어요 ッチョッケッソヨ

「(牛を)追う」は (소를) 몰다 (ソルル) モルダ と言います。

応援する　응원하다　ウンウォナダ　[動][形][形動][規則]

活用	韓国語	~てください類	韓国語
요体 応援します	응원해요 ウンウォネヨ	~てください 応援してください	응원해 주세요 ウンウォネ ジュセヨ
否定 応援しません	응원하지 않아요 ウンウォナジ アナヨ	~ないでください 応援しないでください	응원하지 마세요 ウンウォナジ マセヨ
過去 応援しました	응원했어요 ウンウォネッソヨ	仮定 応援すれば	응원하면 ウンウォナミョン
現在連体 応援する(チーム)	응원하는 (팀) ウンウォナヌン ティム	~たいです 応援したいです	응원하고 싶어요 ウンウォナゴ シポヨ
過去連体 応援した(チーム)	응원한 (팀) ウンウォナン ティム	~て 応援して	응원하고 ウンウォナゴ
未来連体 応援する(チーム)	응원할 (팀) ウンウォナル ティム	~でしょう 応援するでしょう	응원할 거예요 ウンウォナル ッコエヨ
~から 応援するから	응원하니까 ウンウォナニッカ	~と思います 応援すると思います	응원할 것 같아요 ウンウォナル ッコッ カタヨ
~けれど 応援するけれど	응원하지만 ウンウォナジマン	意志 応援します	응원하겠어요 ウンウォナゲッソヨ

「応援しましょう」は 응원합시다 ウンウォナプシダ という活用形を使います。

応じる　응하다　ウンハダ　[動][形][形動][規則]　お　おうじる／おえる

요体 応じます	응해요 ウンヘヨ	～てください 応じてください	응해 주세요 ウンヘ ジュセヨ
否定 応じません	응하지 않아요 ウンハジ アナヨ	～ないでください 応じないでください	응하지 마세요 ウンハジ マセヨ
過去 応じました	응했어요 ウンヘッソヨ	仮定 応じれば	응하면 ウンハミョン
現在連体 応じる（質問）	응하는 (질문) ウンハヌン ジルムン	～たいです 応じたいです	응하고 싶어요 ウンハゴ シポヨ
過去連体 応じた（質問）	응한 (질문) ウンハン ジルムン	～て 応じて	응하고 ウンハゴ
未来連体 応じる（質問）	응할 (질문) ウンハル ッチルムン	～でしょう 応じるでしょう	응할 거예요 ウンハル ッコエヨ
～から 応じるから	응하니까 ウンハニッカ	～と思います 応じると思います	응할 것 같아요 ウンハル ッコッ カタヨ
～けれど 応じるけれど	응하지만 ウンハジマン	意志 応じます	응하겠어요 ウンハゲッソヨ

🐾 「(希望に) 応じる」には (희망에) 따르다 (ヒマンエ) ッタルダ という言い方もあります。

終える　끝내다　ックンネダ　[動][形][形動][規則]　基本単語

요体 終えます	끝내요 ックンネヨ	～てください 終えてください	끝내 주세요 ックンネ ジュセヨ
否定 終えません	끝내지 않아요 ックンネジ アナヨ	～ないでください 終えないでください	끝내지 마세요 ックンネジ マセヨ
過去 終えました	끝냈어요 ックンネッソヨ	仮定 終えれば	끝내면 ックンネミョン
現在連体 終える（仕事）	끝내는 (일) ックンネヌン ニル	～たいです 終えたいです	끝내고 싶어요 ックンネゴ シポヨ
過去連体 終えた（仕事）	끝낸 (일) ックンネン ニル	～て 終えて	끝내고 ックンネゴ
未来連体 終える（仕事）	끝낼 (일) ックンネル リル	～でしょう 終えるでしょう	끝낼 거예요 ックンネル ッコエヨ
～から 終えるから	끝내니까 ックンネニッカ	～と思います 終えると思います	끝낼 것 같아요 ックンネル ッコッ カタヨ
～けれど 終えるけれど	끝내지만 ックンネジマン	意志 終えます	끝내겠어요 ックンネゲッソヨ

🐾 「終える」は 마치다 マチダ とも言います。

お

多い　많다　マンタ　[動][形][形動][規則]

요体 多いです	많아요 マナヨ	~のに 多いのに	많은데 マヌンデ
否定 多くないです	많지 않아요 マンチ アナヨ	~くても 多くても	많아도 マナド
過去 多かったです	많았어요 マナッソヨ	仮定 多ければ	많으면 マヌミョン
過去否定 多くなかったです	많지 않았어요 マンチ アナッソヨ	~けれど 多いけれど	많지만 マンチマン
現在連体 多い（車）	많은 (차) マヌン チャ	~でしょう 多いでしょう	많을 거예요 マヌル ッコエヨ
過去連体 多かった（車）	많던 (차) マントン チャ	~ようです 多いようです	많은 것 같아요 マヌン ゴッ カタヨ
~くて 多くて	많고 マンコ	~くないようです 多くないようです	많지 않은 것 같아요 マンチ アヌン ゴッ カタヨ
~から 多いから	많으니까 マヌニッカ	~く 多く	많게 マンケ

「多いから」には 많아서 マナソ という活用形もあります。

大きい／高い（背が）　크다　クダ　[動][形][形動][으不規則]

요体 大きいです	커요 コヨ	~のに 大きいのに	큰데 クンデ
否定 大きくないです	크지 않아요 クジ アナヨ	~くても 大きくても	커도 コド
過去 大きかったです	컸어요 コッソヨ	仮定 大きければ	크면 クミョン
過去否定 大きくなかったです	크지 않았어요 クジ アナッソヨ	~けれど 大きいけれど	크지만 クジマン
現在連体 大きい（かばん）	큰 (가방) クン ガバン	~でしょう 大きいでしょう	클 거예요 クル ッコエヨ
過去連体 大きかった（かばん）	크던 (가방) クドン ガバン	~ようです 大きいようです	큰 것 같아요 クン ゴッ カタヨ
~くて 大きくて	크고 クゴ	~くないようです 大きくないようです	크지 않은 것 같아요 クジ アヌン ゴッ カタヨ
~から 大きいから	크니까 クニッカ	~く 大きく	크게 クゲ

ひと言フレーズ　私の夫は体が大きい人です。
제 남편은 **큰** 체격의 사람이에요. チェ ナムピョヌン クン チェギョゲ サラミエヨ

おおげさだ　과장되다　クァジャンドェダ　[動][形]形動　規則

丁体 **おおげさです**	과장돼요 クァジャンドェヨ	～なのに **おおげさなのに**	과장되는데 クァジャンドェヌンデ
否定 **おおげさではないです**	과장되지 않아요 クァジャンドェジ アナヨ	～でも **おおげさでも**	과장돼도 クァジャンドェド
過去 **おおげさでした**	과장됐어요 クァジャンドェッソヨ	仮定 **おおげさなら**	과장되면 クァジャンドェミョン
過去否定 **おおげさではなかったです**	과장되지 않았어요 クァジャンドェジ アナッソヨ	～だけれど **おおげさだけれど**	과장되지만 クァジャンドェジマン
現在連体 **おおげさな（しぐさ）**	과장된（몸짓） クァジャンドェン モムッチッ	～でしょう **おおげさでしょう**	과장될 거예요 クァジャンドェル ッコエヨ
過去連体 **おおげさだった（しぐさ）**	과장되던（몸짓） クァジャンドェドン モムッチッ	～そうです **おおげさそうです**	과장될 것 같아요 クァジャンドェル ッコッ カタヨ
～で **おおげさで**	과장되고 クァジャンドェゴ	～ではないようです **おおげさではないようです**	과장되지 않을 것 같아요 クァジャンドェジ アヌル ッコッ カタヨ
～だから **おおげさだから**	과장되니까 クァジャンドェニッカ	～に **おおげさに**	과장되게 クァジャンドェゲ

「おおげさだ」には **야단스럽다** ヤダンスロプタ という言い方もあります。

おおまかだ　대략적이다　テリャクチョギダ　指定詞　規則

丁体 **おおまかです**	대략적이에요 テリャクチョギエヨ	～なのに **おおまかなのに**	대략적인데 テリャクチョギンデ
否定 **おおまかではないです**	대략적이지 않아요 テリャクチョギジ アナヨ	～でも **おおまかでも**	대략적이어도 テリャクチョギオド
過去 **おおまかでした**	대략적이었어요 テリャクチョギオッソヨ	仮定 **おおまかなら**	대략적이면 テリャクチョギミョン
過去否定 **おおまかではなかったです**	대략적이지 않았어요 テリャクチョギジ アナッソヨ	～だけれど **おおまかだけれど**	대략적이지만 テリャクチョギジマン
現在連体 **おおまかな（計算）**	대략적인（계산） テリャクチョギン ゲサン	～でしょう **おおまかでしょう**	대략적일 거예요 テリャクチョギル ッコエヨ
過去連体 **おおまかだった（計算）**	대략적이던（계산） テリャクチョギドン ゲサン	～そうです **おおまかそうです**	대략적인 것 같아요 テリャクチョギン ゴッ カタヨ
～で **おおまかで**	대략적이고 テリャクチョギゴ	～ではないようです **おおまかではないようです**	대략적이지 않은 것 같아요 テリャクチョギジ アヌン ゴッ カタヨ
～だから **おおまかだから**	대략적이니까 テリャクチョギニッカ	～に **おおまかに**	대략적으로 テリャクチョグロ

「おおまかだ」には **거칠다** コチルダ、**대충하다** テチュンハダ という表現もあります。

おおらかだ　느긋하다　ヌグタダ
動形　形動　規則

要体 おおらかです	느긋해요 ヌグテヨ	~なのに おおらかなのに	느긋한데 ヌグタンデ
否定 おおらかではないです	느긋하지 않아요 ヌグタジ アナヨ	~でも おおらかでも	느긋해도 ヌグテド
過去 おおらかでした	느긋했어요 ヌグテッソヨ	仮定 おおらかなら	느긋하면 ヌグタミョン
過去否定 おおらかではなかったです	느긋하지 않았어요 ヌグタジ アナッソヨ	~だけれど おおらかだけれど	느긋하지만 ヌグタジマン
現在連体 おおらかな(性格)	느긋한 (성격) ヌグタン ソンッキョク	~でしょう おおらかでしょう	느긋할 거예요 ヌグタル ッコエヨ
過去連体 おおらかだった(性格)	느긋하던 (성격) ヌグタドン ソンッキョク	~そうです おおらかそうです	느긋한 것 같아요 ヌグタン ゴッ カタヨ
~で おおらかで	느긋하고 ヌグタゴ	~ではないようです おおらかではないようです	느긋하지 않은 것 같아요 ヌグタジ アヌン ゴッ カタヨ
~だから おおらかだから	느긋하니까 ヌグタニッカ	~に おおらかに	느긋하게 ヌグタゲ

「おおらかだ」には **털털하다** トルトルハダ という語も使います。

おかしい　웃기다　ウッキダ
動形　形動　規則

要体 おかしいです	웃겨요 ウッキョヨ	~のに おかしいのに	웃기는데 ウッキヌンデ
否定 おかしくないです	웃기지 않아요 ウッキジ アナヨ	~くても おかしくても	웃겨도 ウッキョド
過去 おかしかったです	웃겼어요 ウッキョッソヨ	仮定 おかしければ	웃기면 ウッキミョン
過去否定 おかしくなかったです	웃기지 않았어요 ウッキジ アナッソヨ	~けれど おかしいけれど	웃기지만 ウッキジマン
現在連体 おかしい(人)	웃긴 (사람) ウッキン サラム	~でしょう おかしいでしょう	웃길 거예요 ウッキル ッコエヨ
過去連体 おかしかった(人)	웃기던 (사람) ウッキドン サラム	~ようです おかしいようです	웃기는 것 같아요 ウッキヌン ゴッ カタヨ
~くて おかしくて	웃기고 ウッキゴ	~くないようです おかしくないようです	웃기지 않은 것 같아요 ウッキジ アヌン ゴッ カタヨ
~から おかしいから	웃기니까 ウッキニッカ	~く おかしく	웃기게 ウッキゲ

「おかしい」は **우습다** ウスプタ とも言います。「変だ」という意味の「おかしい」には **이상하다** イサンハダ を使います。

拝む　　절하다　チョルハダ

`動` `形` `形動` `規則`

お　おがむ／おきる

丁体 拝みます	절해요 チョルヘヨ	~てください 拝んでください	절해 주세요 チョルヘ ジュセヨ
否定 拝みません	절하지 않아요 チョルハジ アナヨ	~ないでください 拝まないでください	절하지 마세요 チョルハジ マセヨ
過去 拝みました	절했어요 チョルヘッソヨ	仮定 拝めば	절하면 チョルハミョン
現在連体 拝む（人）	절하는 (사람) チョルハヌン サラム	~たいです 拝みたいです	절하고 싶어요 チョルハゴ シポヨ
過去連体 拝んだ（人）	절한 (사람) チョルハン サラム	~て 拝んで	절하고 チョルハゴ
未来連体 拝む（人）	절할 (사람) チョルハル ッサラム	~でしょう 拝むでしょう	절할 거예요 チョルハル ッコエヨ
~から 拝むから	절하니까 チョルハニッカ	~と思います 拝むと思います	절할 것 같아요 チョルハル ッコッ カタヨ
~けれど 拝むけれど	절하지만 チョルハジマン	意志 拝みます	절하겠어요 チョルハゲッソヨ

🐾 절하다 は「お辞儀をする」という意味でも使います。

起きる　　일어나다　イロナダ

`動` `形` `形動` `規則`

丁体 起きます	일어나요 イロナヨ	~てください 起きてください	일어나 주세요 イロナ ジュセヨ
否定 起きません	일어나지 않아요 イロナジ アナヨ	~ないでください 起きないでください	일어나지 마세요 イロナジ マセヨ
過去 起きました	일어났어요 イロナッソヨ	仮定 起きれば	일어나면 イロナミョン
現在連体 起きる（人）	일어나는 (사람) イロナヌン サラム	~たいです 起きたいです	일어나고 싶어요 イロナゴ シポヨ
過去連体 起きた（人）	일어난 (사람) イロナン サラム	~て 起きて	일어나고 イロナゴ
未来連体 起きる（人）	일어날 (사람) イロナル ッサラム	~でしょう 起きるでしょう	일어날 거예요 イロナル ッコエヨ
~から 起きるから	일어나니까 イロナニッカ	~と思います 起きると思います	일어날 것 같아요 イロナル ッコッ カタヨ
~けれど 起きるけれど	일어나지만 イロナジマン	意志 起きます	일어나겠어요 イロナゲッソヨ

🐾 「奮起する」「決起する」にも 일어나다 を使います。

お

おく／おくびょうだ

置く　놓다　ノタ

動 形 形動 規則　基本単語

요체 置きます	놓아요 ノアヨ	～てください 置いてください	놓아 주세요 ノア ジュセヨ
否定 置きません	놓지 않아요 ノチ アナヨ	～ないでください 置かないでください	놓지 마세요 ノチ マセヨ
過去 置きました	놓았어요 ノアッソヨ	仮定 置けば	놓으면 ノウミョン
現在連体 置く（所）	놓는 (곳) ノンヌン ゴッ	～たいです 置きたいです	놓고 싶어요 ノコ シポヨ
過去連体 置いた（所）	놓은 (곳) ノウン ゴッ	～て 置いて	놓고 ノコ
未来連体 置く（所）	놓을 (곳) ノウル ッコッ	～でしょう 置くでしょう	놓을 거예요 ノウル ッコエヨ
～から 置くから	놓으니까 ノウニッカ	～と思います 置くと思います	놓을 것 같아요 ノウル ッコッ カタヨ
～けれど 置くけれど	놓지만 ノチマン	意志 置きます	놓겠어요 ノケッソヨ

🐾 「置く」には 두다 トゥダ という言い方もあります。「置いておく」は 놓아두다 ノアドゥダ と言います。

臆病だ　겁이 많다　コビ マンタ

動 形 形動 規則

요체 臆病です	겁이 많아요 コビ マナヨ	～なのに 臆病なのに	겁이 많은데 コビ マヌンデ
否定 臆病ではないです	겁이 많지 않아요 コビ マンチ アナヨ	～でも 臆病でも	겁이 많아도 コビ マナド
過去 臆病でした	겁이 많았어요 コビ マナッソヨ	仮定 臆病であれば	겁이 많으면 コビ マヌミョン
過去否定 臆病ではなかったです	겁이 많지 않았어요 コビ マンチ アナッソヨ	～だけれど 臆病だけれど	겁이 많지만 コビ マンチマン
現在連体 臆病な（子供）	겁이 많은 (아이) コビ マヌ ナイ	～でしょう 臆病でしょう	겁이 많을 거예요 コビ マヌル ッコエヨ
過去連体 臆病だった（子供）	겁이 많던 (아이) コビ マントゥ ナイ	～そうです 臆病そうです	겁이 많은 것 같아요 コビ マヌン ゴッ カタヨ
～で 臆病で	겁이 많고 コビ マンコ	～ではないようです 臆病ではないようです	겁이 많지 않은 것 같아요 コビ マンチ アヌン ゴッ カタヨ
～だから 臆病だから	겁이 많으니까 コビ マヌニッカ	～に 臆病に	겁이 많게 コビ マンケ

🐾 「臆える」は 겁을 내다 コブル ネダ と言います。

奥深い　깊숙하다　キプスカダ　[動][形][形動][規則]

요체 奥深いです	깊숙해요 キプスケヨ	~のに 奥深いのに	깊숙한데 キプスカンデ
否定 奥深くないです	깊숙하지 않아요 キプスカジ アナヨ	~くても 奥深くても	깊숙해도 キプスケド
過去 奥深かったです	깊숙했어요 キプスケッソヨ	仮定 奥深ければ	깊숙하면 キプスカミョン
過去否定 奥深くなかったです	깊숙하지 않았어요 キプスカジ アナッソヨ	~けれど 奥深いけれど	깊숙하지만 キプスカジマン
現在連体 奥深い（森）	깊숙한（숲） キプスカン スプ	~でしょう 奥深いでしょう	깊숙할 거예요 キプスカル ッコエヨ
過去連体 奥深かった（森）	깊숙하던（숲） キプスカドン スプ	~ようです 奥深いようです	깊숙한 것 같아요 キプスカン ゴッ カタヨ
~くて 奥深くて	깊숙하고 キプスカゴ	~くないようです 奥深くないようです	깊숙하지않은 것 같아요 キプスカジ アヌン ゴッ カタヨ
~から 奥深いから	깊숙하니까 キプスカニッカ	~く 奥深く	깊숙하게 キプスカゲ

表現・内容が「奥深い」には **심오하다** シモハダ を使います。

送る／贈る　보내다　ポネダ　[動][形][形動][規則]　基本単語

요체 送ります	보내요 ポネヨ	~てください 送ってください	보내 주세요 ポネ ジュセヨ
否定 送りません	보내지 않아요 ポネジ アナヨ	~ないでください 送らないでください	보내지 마세요 ポネジ マセヨ
過去 送りました	보냈어요 ポネッソヨ	仮定 送れば	보내면 ポネミョン
現在連体 送る（品物）	보내는（물건） ポネヌン ムルゴン	~たいです 送りたいです	보내고 싶어요 ポネゴ シポヨ
過去連体 送った（品物）	보낸（물건） ポネン ムルゴン	~て 送って	보내고 ポネゴ
未来連体 送る（品物）	보낼（물건） ポネル ムルゴン	~でしょう 送るでしょう	보낼 거예요 ポネル ッコエヨ
~から 送るから	보내니까 ポネニッカ	~と思います 送ると思います	보낼 것 같아요 ポネル ッコッ カタヨ
~けれど 送るけれど	보내지만 ポネジマン	意志 送ります	보내겠어요 ポネゲッソヨ

「（物を）送る」には **부치다** プチダ も使います。

お

おくれる / おこす

遅れる　늦다　ヌッタ　[動][形][形動][規則][基本単語]

요体 遅れます	늦어요 ヌジョヨ	〜てください	
否定 遅れません	늦지 않아요 ヌッチ アナヨ	〜ないでください 遅れないでください	늦지 마세요 ヌッチ マセヨ
過去 遅れました	늦었어요 ヌジョッソヨ	仮定 遅れれば	늦으면 ヌジュミョン
現在連体 遅れる (人)	늦는 (사람) ヌンヌン サラム	〜たいです	
過去連体 遅れた (人)	늦은 (사람) ヌジュン サラム	〜て 遅れて	늦고 ヌッコ
未来連体 遅れる (人)	늦을 (사람) ヌジュル ッサラム	〜でしょう 遅れるでしょう	늦을 거예요 ヌジュル ッコエヨ
〜から 遅れるから	늦으니까 ヌジュニッカ	〜と思います 遅れると思います	늦을 것 같아요 ヌジュル ッコッ カタヨ
〜けれど 遅れるけれど	늦지만 ヌッチマン	意志 遅れます	늦겠어요 ヌッケッソヨ

🐾 「(流行に) 遅れる」は (유행에) 뒤지다 (ユヘンエ) トゥィジダ という言い方をします。

起こす (人を)　깨우다　ッケウダ　[動][形][形動][規則]

요体 起こします	깨워요 ッケウォヨ	〜てください 起こしてください	깨워 주세요 ッケウォ ジュセヨ
否定 起こしません	깨우지 않아요 ッケウジ アナヨ	〜ないでください 起こさないでください	깨우지 마세요 ッケウジ マセヨ
過去 起こしました	깨웠어요 ッケウォッソヨ	仮定 起こせば	깨우면 ッケウミョン
現在連体 起こす (人)	깨우는 (사람) ッケウヌン サラム	〜たいです 起こしたいです	깨우고 싶어요 ッケウゴ シポヨ
過去連体 起こした (人)	깨운 (사람) ッケウン サラム	〜て 起こして	깨우고 ッケウゴ
未来連体 起こす (人)	깨울 (사람) ッケウル ッサラム	〜でしょう 起こすでしょう	깨울 거예요 ッケウル ッコエヨ
〜から 起こすから	깨우니까 ッケウニッカ	〜と思います 起こすと思います	깨울 것 같아요 ッケウル ッコッ カタヨ
〜けれど 起こすけれど	깨우지만 ッケウジマン	意志 起こします	깨우겠어요 ッケウゲッソヨ

🐾 「(体を) 起こす」は (몸을) 일으키다 (モムル) イルキダ と言います。

行う　치르다　チルダ

動 形 形動 으不規則

요体 行います	치러요 チロヨ	~てください 行ってください	치러 주세요 チロ ジュセヨ
否定 行いません	치르지 않아요 チルジ アナヨ	~ないでください 行わないでください	치르지 마세요 チルジ マセヨ
過去 行いました	치렀어요 チロッソヨ	仮定 行えば	치르면 チルミョン
現在連体 行う (行事)	치르는 (행사) チルヌ ネンサ	~たいです 行いたいです	치르고 싶어요 チルゴ シポヨ
過去連体 行った (行事)	치른 (행사) チル ネンサ	~て 行って	치르고 チルゴ
未来連体 行う (行事)	치를 (행사) チル レンサ	~でしょう 行うでしょう	치를 거예요 チルル ッコエヨ
~から 行うから	치르니까 チルニッカ	~と思います 行うと思います	치를 것 같아요 チルル ッコッ カタヨ
~けれど 行うけれど	치르지만 チルジマン	意志 行います	치르겠어요 チルゲッソヨ

「行う」には **실시하다** シルシハダ という言い方もあります。

怒る　화내다　ファネダ

動 形 形動 規則

요体 怒ります	화내요 ファネヨ	~てください 怒ってください	화내 주세요 ファネ ジュセヨ
否定 怒りません	화내지 않아요 ファネジ アナヨ	~ないでください 怒らないでください	화내지 마세요 ファネジ マセヨ
過去 怒りました	화냈어요 ファネッソヨ	仮定 怒れば	화내면 ファネミョン
現在連体 怒る (人)	화내는 (사람) ファネヌン サラム	~たいです 怒りたいです	화내고 싶어요 ファネゴ シポヨ
過去連体 怒った (人)	화낸 (사람) ファネン サラム	~て 怒って	화내고 ファネゴ
未来連体 怒る (人)	화낼 (사람) ファネル ッサラム	~でしょう 怒るでしょう	화낼 거예요 ファネル ッコエヨ
~から 怒るから	화내니까 ファネニッカ	~と思います 怒ると思います	화낼 것 같아요 ファネル ッコッ カタヨ
~けれど 怒るけれど	화내지만 ファネジマン	意志 怒ります	화내겠어요 ファネゲッソヨ

「怒る」には **성내다** ソンネダ という言い方もあります。

お

起こる　일어나다　イロナダ　[動][形][形動][規則][基本単語]

要体 起こります	일어나요 イロナヨ	~てください	
否定 起こりません	일어나지 않아요 イロナジ アナヨ	~ないでください	
過去 起こりました	일어났어요 イロナッソヨ	仮定 起これば	일어나면 イロナミョン
現在連体 起こる (事故)	일어나는 (사고) イロナヌン サゴ	~たいです	
過去連体 起こった (事故)	일어난 (사고) イロナン サゴ	~て 起こって	일어나고 イロナゴ
未来連体 起こる (事故)	일어날 (사고) イロナル ッサゴ	~でしょう 起こるでしょう	일어날 거예요 イロナル ッコエヨ
~から 起こるから	일어나니까 イロナニッカ	~と思います 起こると思います	일어날 것 같아요 イロナル ッコッ カタヨ
~けれど 起こるけれど	일어나지만 イロナジマン	意志	

🐾 「起こる」には **생기다** センギダ、**나다** ナダ という単語も使います。

抑える　억누르다　オンヌルダ　[動][形][形動][르不規則]

要体 抑えます	억눌러요 オンヌルロヨ	~てください 抑えてください	억눌러 주세요 オンヌルロ ジュセヨ
否定 抑えません	억누르지 않아요 オンヌルジ アナヨ	~ないでください 抑えないでください	억누르지 마세요 オンヌルジ マセヨ
過去 抑えました	억눌렀어요 オンヌルロッソヨ	仮定 抑えれば	억누르면 オンヌルミョン
現在連体 抑える (感情)	억누르는 (감정) オンヌルヌン ガムジョン	~たいです 抑えたいです	억누르고 싶어요 オンヌルゴ シボヨ
過去連体 抑えた (感情)	억누른 (감정) オンヌルン ガムジョン	~て 抑えて	억누르고 オンヌルゴ
未来連体 抑える (感情)	억누를 (감정) オンヌルル ッカムジョン	~でしょう 抑えるでしょう	억누를 거예요 オンヌルル ッコエヨ
~から 抑えるから	억누르니까 オンヌルニッカ	~と思います 抑えると思います	억누를 것 같아요 オンヌルル ッコッ カタヨ
~けれど 抑えるけれど	억누르지만 オンヌルジマン	意志 抑えます	억누르겠어요 オンヌルゲッソヨ

🐾 「抑える」には **참다** チャムッタ という言い方もあります。

押さえる　누르다　ヌルダ　[動][르不規則]

丁寧形 押さえます	눌러요 ヌルロヨ	~てください 押さえてください	눌러 주세요 ヌルロ ジュセヨ
否定 押さえません	누르지 않아요 ヌルジ アナヨ	~ないでください 押さえないでください	누르지 마세요 ヌルジ マセヨ
過去 押さえました	눌렀어요 ヌルロッソヨ	仮定 押さえれば	누르면 ヌルミョン
現在連体 押さえる (人)	누르는 (사람) ヌルヌン サラム	~たいです 押さえたいです	누르고 싶어요 ヌルゴ シポヨ
過去連体 押さえた (人)	누른 (사람) ヌルン サラム	~て 押さえて	누르고 ヌルゴ
未来連体 押さえる (人)	누를 (사람) ヌルル サラム	~でしょう 押さえるでしょう	누를 거예요 ヌルル ッコエヨ
~から 押さえるから	누르니까 ヌルニッカ	~と思います 押さえると思います	누를 것 같아요 ヌルル ッコッ カタヨ
~けれど 押さえるけれど	누르지만 ヌルジマン	意志 押さえます	누르겠어요 ヌルゲッソヨ

🐾 「(鼻・耳を) 押さえる」には **막다** マクタ や **가리다** カリダ を使います。

幼い　어리다　オリダ　[形][規則]

丁寧形 幼いです	어려요 オリョヨ	~のに 幼いのに	어린데 オリンデ
否定 幼くないです	어리지 않아요 オリジ アナヨ	~くても 幼くても	어려도 オリョド
過去 幼かったです	어렸어요 オリョッソヨ	仮定 幼ければ	어리면 オリミョン
過去否定 幼くなかったです	어리지 않았어요 オリジ アナッソヨ	~けれど 幼いけれど	어리지만 オリジマン
現在連体 幼い (子供)	어린 (아이) オリン ナイ	~でしょう 幼いでしょう	어릴 거예요 オリル ッコエヨ
過去連体 幼かった (子供)	어리던 (아이) オリドン ナイ	~ようです 幼いようです	어린 것 같아요 オリン ゴッ カタヨ
~くて 幼くて	어리고 オリゴ	~くないようです 幼くないようです	어리지 않은 것 같아요 オリジ アヌン ゴッ カタヨ
~から 幼いから	어리니까 オリニッカ	~く 幼く	어리게 オリゲ

🐾 「幼い」には **유치하다** ユチハダ という言い方もあります。

お

治める　다스리다　タスリダ
動 形 形動 規則

요体 治めます	다스려요 タスリョヨ	～てください 治めてください	다스려 주세요 タスリョ ジュセヨ
否定 治めません	다스리지 않아요 タスリジ アナヨ	～ないでください 治めないでください	다스리지 마세요 タスリジ マセヨ
過去 治めました	다스렸어요 タスリョッソヨ	仮定 治めれば	다스리면 タスリミョン
現在連体 治める（国）	다스리는 (나라) タスリヌン ナラ	～たいです 治めたいです	다스리고 싶어요 タスリゴ シポヨ
過去連体 治めた（国）	다스린 (나라) タスリン ナラ	～て 治めて	다스리고 タスリゴ
未来連体 治める（国）	다스릴 (나라) タスリル ララ	～でしょう 治めるでしょう	다스릴 거예요 タスリル ッコエヨ
～から 治めるから	다스리니까 タスリニッカ	～と思います 治めると思います	다스릴 것 같아요 タスリル ッコッ カタヨ
～けれど 治めるけれど	다스리지만 タスリジマン	意志 治めます	다스리겠어요 タスリゲッソヨ

🐾 「治める」には **지배하다** チベハダ という単語も使います。

収める（成果を）　거두다　コドゥダ
動 形 形動 規則

요体 収めます	거두어요 コドゥオヨ	～てください 収めてください	거두어 주세요 コドゥオ ジュセヨ
否定 収めません	거두지 않아요 コドゥジ アナヨ	～ないでください 収めないでください	거두지 마세요 コドゥジ マセヨ
過去 収めました	거두었어요 コドゥオッソヨ	仮定 収めれば	거두면 コドゥミョン
現在連体 収める（成果）	거두는 (성과) コドゥヌン ソンックァ	～たいです 収めたいです	거두고 싶어요 コドゥゴ シポヨ
過去連体 収めた（成果）	거둔 (성과) コドゥン ソンックァ	～て 収めて	거두고 コドゥゴ
未来連体 収める（成果）	거둘 (성과) コドゥル ッソンックァ	～でしょう 収めるでしょう	거둘 거예요 コドゥル ッコエヨ
～から 収めるから	거두니까 コドゥニッカ	～と思います 収めると思います	거둘 것 같아요 コドゥル ッコッ カタヨ
～けれど 収めるけれど	거두지만 コドゥジマン	意志 収めます	거두겠어요 コドゥゲッソヨ

🐾 「（税金を）納める」は**（세금을）납부하다**（セグムル）ナップハダ と言います。

惜しい　아깝다　アッカプタ　[動][形][形動][ㅂ不規則]

活用に注意！

요体 惜しいです	아까워요 アッカウォヨ	～のに 惜しいのに	아까운데 アッカウンデ
否定 惜しくないです	아깝지 않아요 アッカプチ アナヨ	～くても 惜しくても	아까워도 アッカウォド
過去 惜しかったです	아까웠어요 アッカウォッソヨ	仮定 惜しければ	아까우면 アッカウミョン
過去否定 惜しくなかったです	아깝지 않았어요 アッカプチ アナッソヨ	～けれど 惜しいけれど	아깝지만 アッカプチマン
現在連体 惜しい（命）	아까운 (목숨) アッカウン モクスム	～でしょう 惜しいでしょう	아까울 거예요 アッカウル ッコエヨ
過去連体 惜しかった（命）	아깝던 (목숨) アッカプトン モクスム	～ようです 惜しいようです	아까운 것 같아요 アッカウン ゴッ カタヨ
～くて 惜しくて	아깝고 アッカプコ	～くないようです 惜しくないようです	아깝지 않은 것 같아요 アッカプチ アヌン ゴッ カタヨ
～から 惜しいから	아까우니까 アッカウニッカ	～く 惜しく	아깝게 アッカプケ

「名残惜しい」は **섭섭하다** ソプソパダ と言います。

教える　가르치다　カルチダ　[動][形][形動][規則]　基本単語

요体 教えます	가르쳐요 カルチョヨ	～てください 教えてください	가르쳐 주세요 カルチョ ジュセヨ
否定 教えません	가르치지 않아요 カルチジ アナヨ	～ないでください 教えないでください	가르치지 마세요 カルチジ マセヨ
過去 教えました	가르쳤어요 カルチョッソヨ	仮定 教えれば	가르치면 カルチミョン
現在連体 教える（先生）	가르치는 (선생님) カルチヌン ソンセンニム	～たいです 教えたいです	가르치고 싶어요 カルチゴ シポヨ
過去連体 教えた（先生）	가르친 (선생님) カルチン ソンセンニム	～て 教えて	가르치고 カルチゴ
未来連体 教える（先生）	가르칠 (선생님) カルチル ッソンセンニム	～でしょう 教えるでしょう	가르칠 거예요 カルチル ッコエヨ
～から 教えるから	가르치니까 カルチニッカ	～と思います 教えると思います	가르칠 것 같아요 カルチル ッコッ カタヨ
～けれど 教えるけれど	가르치지만 カルチジマン	意志 教えます	가르치겠어요 カルチゲッソヨ

「（道を）教える」には（길을）**일러주다**（キルル）イルロジュダ という表現を使います。

お

押す　밀다 ミルダ　動/形/形動　ㄹ脱落

요体 押します	밀어요 ミロヨ	~てください 押してください	밀어 주세요 ミロ ジュセヨ
否定 押しません	밀지 않아요 ミルジ アナヨ	~ないでください 押さないでください	밀지 마세요 ミルジ マセヨ
過去 押しました	밀었어요 ミロッソヨ	仮定 押せば	밀면 ミルミョン
現在連体 押す (人)	미는 (사람) ミヌン サラム	~たいです 押したいです	밀고 싶어요 ミルゴ シポヨ
過去連体 押した (人)	민 (사람) ミン サラム	~て 押して	밀고 ミルゴ
未来連体 押す (人)	밀 (사람) ミル ッサラム	~でしょう 押すでしょう	밀 거예요 ミル ッコエヨ
~から 押すから	미니까 ミニッカ	~と思います 押すと思います	밀 것 같아요 ミル ッコッ カタヨ
~けれど 押すけれど	밀지만 ミルジマン	意志 押します	밀겠어요 ミルゲッソヨ

「(上から) 押す」には (위에서) 누르다 (ウィエソ) ヌルダ という表現を使います。

押す／写す (写真を)／撮る　찍다 ッチクタ　動/形/形動　規則　基本単語

요体 押します	찍어요 ッチゴヨ	~てください 押してください	찍어 주세요 ッチゴ ジュセヨ
否定 押しません	찍지 않아요 ッチクチ アナヨ	~ないでください 押さないでください	찍지 마세요 ッチクチ マセヨ
過去 押しました	찍었어요 ッチゴッソヨ	仮定 押せば	찍으면 ッチグミョン
現在連体 押す (ハンコ)	찍는 (도장) ッチンヌン ドジャン	~たいです 押したいです	찍고 싶어요 ッチッコ シポヨ
過去連体 押した (ハンコ)	찍은 (도장) ッチグン ドジャン	~て 押して	찍고 ッチッコ
未来連体 押す (ハンコ)	찍을 (도장) ッチグル ットジャン	~でしょう 押すでしょう	찍을 거예요 ッチグル ッコエヨ
~から 押すから	찍으니까 ッチグニッカ	~と思います 押すと思います	찍을 것 같아요 ッチグル ッコッ カタヨ
~けれど 押すけれど	찍지만 ッチクチマン	意志 押します	찍겠어요 ッチッケッソヨ

「(念を) 押す」には 다짐을 하다 タジムル ハダ という表現を使います。

遅い 늦다 ヌッタ [動][形][形動][規則] 基本単語

요체 遅いです	늦어요 ヌジョヨ	~のに 遅いのに	늦은데 ヌジュンデ
否定 遅くないです	늦지 않아요 ヌッチ アナヨ	~くても 遅くても	늦어도 ヌジョド
過去 遅かったです	늦었어요 ヌジョッソヨ	仮定 遅ければ	늦으면 ヌジュミョン
過去否定 遅くなかったです	늦지 않았어요 ヌッチ アナッソヨ	~けれど 遅いけれど	늦지만 ヌッチマン
現在連体 遅い（時間）	늦은 (시간) ヌジュン シガン	~でしょう 遅いでしょう	늦을 거예요 ヌジュル ッコエヨ
過去連体 遅かった（時間）	늦던 (시간) ヌットン シガン	~ようです 遅いようです	늦은 것 같아요 ヌジュン ゴッ カタヨ
~くて 遅くて	늦고 ヌッコ	~くないようです 遅くないようです	늦지 않은 것 같아요 ヌッチ アヌン ゴッ カタヨ
~から 遅いから	늦으니까 ヌジュニッカ	~く 遅く	늦게 ヌッケ

「(仕事が) 遅い」は（일이）더디다（イリ）トディダ という言い方をします。

恐ろしい 두렵다 トゥリョプタ [動][形][形動][ㅂ不規則]

活用に注意!

요체 恐ろしいです	두려워요 トゥリョウォヨ	~のに 恐ろしいのに	두려운데 トゥリョウンデ
否定 恐ろしくないです	두렵지 않아요 トゥリョプチ アナヨ	~くても 恐ろしくても	두려워도 トゥリョウォド
過去 恐ろしかったです	두려웠어요 トゥリョウォッソヨ	仮定 恐ろしければ	두려우면 トゥリョウミョン
過去否定 恐ろしくなかったです	두렵지 않았어요 トゥリョプチ アナッソヨ	~けれど 恐ろしいけれど	두렵지만 トゥリョプチマン
現在連体 恐ろしい（事件）	두려운 (사건) トゥリョウン サッコン	~でしょう 恐ろしいでしょう	두려울 거예요 トゥリョウル ッコエヨ
過去連体 恐ろしかった（事件）	두렵던 (사건) トゥリョプトン サッコン	~ようです 恐ろしいようです	두려운 것 같아요 トゥリョウン ゴッ カタヨ
~くて 恐ろしくて	두렵고 トゥリョプコ	~くないようです 恐ろしくないようです	두렵지 않은 것 같아요 トゥリョプチ アヌン ゴッ カタヨ
~から 恐ろしいから	두려우니까 トゥリョウニッカ	~く 恐ろしく	두렵게 トゥリョプケ

「恐ろしい」には 무섭다 ムソプタ、겁나다 コムナダ という言い方もあります。

お / おそい／おそろしい

穏やかだ　온화하다　オンファハダ　[動][形][形動][規則]

丁体 穏やかです	온화해요 オンファヘヨ	～なのに 穏やかなのに	온화한데 オンファハンデ
否定 穏やかではないです	온화하지 않아요 オンファハジ アナヨ	～でも 穏やかでも	온화해도 オンファヘド
過去 穏やかでした	온화했어요 オンファヘッソヨ	仮定 穏やかなら	온화하면 オンファハミョン
過去否定 穏やかではなかったです	온화하지 않았어요 オンファハジ アナッソヨ	～だけれど 穏やかだけれど	온화하지만 オンファハジマン
現在連体 穏やかな（人）	온화한 (사람) オンファハン サラム	～でしょう 穏やかでしょう	온화할 거예요 オンファハル ッコエヨ
過去連体 穏やかだった（人）	온화하던 (사람) オンファハドン サラム	～そうです 穏やかそうです	온화한 것 같아요 オンファハン ゴッ カタヨ
～で 穏やかで	온화하고 オンファハゴ	～ではないようです 穏やかではないようです	온화하지 않은 것 같아요 オンファハジ アヌン ゴッ カタヨ
～だから 穏やかだから	온화하니까 オンファハニッカ	～に 穏やかに	온화하게 オンファハゲ

「（話し方が）穏やかだ」には **차분하다** チャブナダ、**조용하다** チョヨンハダ を使います。

落ち込む（気持ちが）　가라앉다　カラアンッタ　[動][形][形動][規則]

丁体 落ち込みます	가라앉아요 カラアンジャヨ	～てください	
否定 落ち込みません	가라앉지 않아요 カラアンッチ アナヨ	～ないでください 落ち込まないでください	가라앉지 마세요 カラアンッチ マセヨ
過去 落ち込みました	가라앉았어요 カラアンジャッソヨ	仮定 落ち込めば	가라앉으면 カラアンジュミョン
現在連体 落ち込む（気持ち）	가라앉는 (기분) カラアンヌン ギブン	～たいです	
過去連体 落ち込んだ（気持ち）	가라앉은 (기분) カラアンジュン ギブン	～て 落ち込んで	가라앉고 カラアンッコ
未来連体 落ち込む（気持ち）	가라앉을 (기분) カラアンジュル ッキブン	～でしょう 落ち込むでしょう	가라앉을 거예요 カラアンジュル ッコエヨ
～から 落ち込むから	가라앉으니까 カラアンジュニッカ	～と思います 落ち込むと思います	가라앉을 것 같아요 カラアンジュル ッコッ カタヨ
～けれど 落ち込むけれど	가라앉지만 カラアンッチマン	意志 落ち込みます	가라앉겠어요 カラアンッケッソヨ

「（気持ちが）落ち込む」は **침울해지다** チムレジダ も使います。

落ち着く　안정되다　アンジョンドェダ　動 形 形動 規則

요体 落ち着きます	안정돼요 アンジョンドェヨ	～てください 落ち着いてください	안정하세요 アンジョンハセヨ
否定 落ち着きません	안정되지 않아요 アンジョンドェジ アナヨ	～ないでください	
過去 落ち着きました	안정됐어요 アンジョンドェッソヨ	仮定 落ち着けば	안정되면 アンジョンドェミョン
現在連体 落ち着く（生活）	안정되는 (생활) アンジョンドェヌン センファル	～たいです	
過去連体 落ち着いた（生活）	안정된 (생활) アンジョンドェン センファル	～て 落ち着いて	안정되고 アンジョンドェゴ
未来連体 落ち着く（生活）	안정될 (생활) アンジョンドェル ッセンファル	～でしょう 落ち着くでしょう	안정될 거예요 アンジョンドェル ッコエヨ
～から 落ち着くから	안정되니까 アンジョンドェニッカ	～と思います 落ち着くと思います	안정될 것 같아요 アンジョンドェル ッコッ カタヨ
～けれど 落ち着くけれど	안정되지만 アンジョンドェジマン	意志 落ち着きます	안정되겠어요 アンジョンドェゲッソヨ

🐾 「落ち着いた（色）」は **차분한（색）** チャブナン（セヶ）という表現を使います。

落ちる／下がる　떨어지다　ットロジダ　動 形 形動 規則　基本単語

요体 落ちます	떨어져요 ットロジョヨ	～てください 落ちてください	떨어져 주세요 ットロジョ ジュセヨ
否定 落ちません	떨어지지 않아요 ットロジジ アナヨ	～ないでください 落ちないでください	떨어지지 마세요 ットロジジ マセヨ
過去 落ちました	떨어졌어요 ットロジョッソヨ	仮定 落ちれば	떨어지면 ットロジミョン
現在連体 落ちる（株価）	떨어지는 (주가) ットロジヌン ジュッカ	～たいです 落ちたいです	떨어지고 싶어요 ットロジゴ シポヨ
過去連体 落ちた（株価）	떨어진 (주가) ットロジン ジュッカ	～て 落ちて	떨어지고 ットロジゴ
未来連体 落ちる（株価）	떨어질 (주가) ットロジル ッチュッカ	～でしょう 落ちるでしょう	떨어질 거예요 ットロジル ッコエヨ
～から 落ちるから	떨어지니까 ットロジニッカ	～と思います 落ちると思います	떨어질 것 같아요 ットロジル ッコッ カタヨ
～けれど 落ちるけれど	떨어지지만 ットロジジマン	意志 落ちます	떨어지겠어요 ットロジゲッソヨ

🐾 「（花が）落ちる」には **지다** チダという単語を使います。

お

落とす　떨어뜨리다　ットロットゥリダ　[動][形][形動][規則]

活用	韓国語	活用	韓国語
요体 落とします	떨어뜨려요 ットロットゥリョヨ	~てください 落としてください	떨어뜨려 주세요 ットロットゥリョ ジュセヨ
否定 落としません	떨어뜨리지 않아요 ットロットゥリジ アナヨ	~ないでください 落とさないでください	떨어뜨리지 마세요 ットロットゥリジ マセヨ
過去 落としました	떨어뜨렸어요 ットロットゥリョッソヨ	仮定 落とせば	떨어뜨리면 ットロットゥリミョン
現在連体 落とす(財布)	떨어뜨리는 (지갑) ットロットゥリヌン ジガプ	~たいです 落としたいです	떨어뜨리고 싶어요 ットロットゥリゴ シポヨ
過去連体 落とした(財布)	떨어뜨린 (지갑) ットロットゥリン ジガプ	~て 落として	떨어뜨리고 ットロットゥリゴ
未来連体 落とす(財布)	떨어뜨릴 (지갑) ットロットゥリル ッチガプ	~でしょう 落とすでしょう	떨어뜨릴 거예요 ットロットゥリル ッコエヨ
~から 落とすから	떨어뜨리니까 ットロットゥリニッカ	~と思います 落とすと思います	떨어뜨릴 것 같아요 ットロットゥリル ッコッ カタヨ
~けれど 落とすけれど	떨어뜨리지만 ットロットゥリジマン	意志 落とします	떨어뜨리겠어요 ットロットゥリゲッソヨ

🐾 「(命を) 落とす」には (목숨을) 잃다 (モクスムル) イルタ という表現を使います。

おとなしい　얌전하다　ヤムジョナダ　[動][形][形動][規則]

活用	韓国語	活用	韓国語
요体 おとなしいです	얌전해요 ヤムジョネヨ	~のに おとなしいのに	얌전한데 ヤムジョナンデ
否定 おとなしくないです	얌전하지 않아요 ヤムジョナジ アナヨ	~くても おとなしくても	얌전해도 ヤムジョネド
過去 おとなしかったです	얌전했어요 ヤムジョネッソヨ	仮定 おとなしければ	얌전하면 ヤムジョナミョン
過去否定 おとなしくなかったです	얌전하지 않았어요 ヤムジョナジ アナッソヨ	~けれど おとなしいけれど	얌전하지만 ヤムジョナジマン
現在連体 おとなしい(子供)	얌전한 (아이) ヤムジョナ ナイ	~でしょう おとなしいでしょう	얌전할 거예요 ヤムジョナル ッコエヨ
過去連体 おとなしかった(子供)	얌전하던 (아이) ヤムジョナドン ナイ	~ようです おとなしいようです	얌전한 것 같아요 ヤムジョナン ゴッ カタヨ
~くて おとなしくて	얌전하고 ヤムジョナゴ	~くないようです おとなしくないようです	얌전하지 않은 것 같아요 ヤムジョナジ アヌン ゴッ カタヨ
~から おとなしいから	얌전하니까 ヤムジョナニッカ	~く おとなしく	얌전하게 ヤムジョナゲ

🐾 「おとなしい」は 조용하다 チョヨンハダ とも言います。

踊る　춤추다　チュムチュダ　動 形 形動 規則

요体 踊ります	춤 춰요 チュムチュォヨ	~てください 踊ってください	춤 춰 주세요 チュムチュォ ジュセヨ
否定 踊りません	춤추지 않아요 チュムチュジ アナヨ	~ないでください 踊らないでください	춤추지 마세요 チュムチュジ マセヨ
過去 踊りました	춤 췄어요 チュムチュォッソヨ	仮定 踊れば	춤추면 チュムチュミョン
現在連体 踊る（人）	춤추는 (사람) チュムチュヌン サラム	~たいです 踊りたいです	춤추고 싶어요 チュムチュゴ シポヨ
過去連体 踊った（人）	춤춘 (사람) チュムチュン サラム	~て 踊って	춤추고 チュムチュゴ
未来連体 踊る（人）	춤출 (사람) チュムチュル ッサラム	~でしょう 踊るでしょう	춤출 거예요 チュムチュル ッコエヨ
~から 踊るから	춤추니까 チュムチュニッカ	~と思います 踊ると思います	춤출 것 같아요 チュムチュル ッコッ カタヨ
~けれど 踊るけれど	춤추지만 チュムチュジマン	意志 踊ります	춤추겠어요 チュムチュゲッソヨ

🐾 「（心が）躍る」には（마음이）**설레다**（マウミ）ソルレダ という表現を使います。

驚く／びっくりする　놀라다　ノルラダ　動 形 形動 規則　基本単語

요体 驚きます	놀라요 ノルラヨ	~てください 驚いてください	놀라 주세요 ノルラ ジュセヨ
否定 驚きません	놀라지 않아요 ノルラジ アナヨ	~ないでください 驚かないでください	놀라지 마세요 ノルラジ マセヨ
過去 驚きました	놀랐어요 ノルラッソヨ	仮定 驚けば	놀라면 ノルラミョン
現在連体 驚く（音）	놀라는 (소리) ノルラヌン ソリ	~たいです 驚きたいです	놀라고 싶어요 ノルラゴ シポヨ
過去連体 驚いた（音）	놀란 (소리) ノルラン ソリ	~て 驚いて	놀라고 ノルラゴ
未来連体 驚く（音）	놀랄 (소리) ノルラル ッソリ	~でしょう 驚くでしょう	놀랄 거예요 ノルラル ッコエヨ
~から 驚くから	놀라니까 ノルラニッカ	~と思います 驚くと思います	놀랄 것 같아요 ノルラル ッコッ カタヨ
~けれど 驚くけれど	놀라지만 ノルラジマン	意志 驚きます	놀라겠어요 ノルラゲッソヨ

🐾 話し言葉では **놀래다** ノルレダ も使います。

同じだ　같다　カッタ
動/形/形動/規則

요체 同じです	같아요	カタヨ
否定 同じではないです	같지 않아요	カッチ アナヨ
過去 同じでした	같았어요	カタッソヨ
過去否定 同じではなかったです	같지 않았어요	カッチ アナッソヨ
現在連体 同じな（デザイン）	같은 (디자인)	カトゥン ディジャイン
過去連体 同じだった（デザイン）	같던 (디자인)	カットン ディジャイン
～で 同じで	같고	カッコ
～だから 同じだから	같으니까	カトゥニッカ
～なのに 同じなのに	같은데	カトゥンデ
～でも 同じでも	같아도	カタド
仮定 同じなら	같으면	カトゥミョン
～だけれど 同じだけれど	같지만	カッチマン
～でしょう 同じでしょう	같을 거예요	カトゥル ッコエヨ
～そうです 同じそうです	같은 것 같아요	カトゥン ゴッ カタヨ
～ではないようです 同じではないようです	같지 않은 것 같아요	カッチ アヌン ゴッ カタヨ
～に 同じに	같게	カッケ

🐾 「同じだ」は 똑같다 ットゥカッタ とも言います。

お願いする／頼む　부탁하다　プタカダ
動/形/形動/規則

요체 お願いします	부탁해요	プタケヨ
否定 お願いしません	부탁하지 않아요	プタカジ アナヨ
過去 お願いしました	부탁했어요	プタケッソヨ
現在連体 お願いする（人）	부탁하는 (사람)	プタカヌン サラム
過去連体 お願いした（人）	부탁한 (사람)	プタカン サラム
未来連体 お願いする（人）	부탁할 (사람)	プタカル ッサラム
～から お願いするから	부탁하니까	プタカニッカ
～けれど お願いするけれど	부탁하지만	プタカジマン
～てください お願いしてください	부탁해 주세요	プタケ ジュセヨ
～ないでください お願いしないでください	부탁하지 마세요	プタカジ マセヨ
仮定 お願いすれば	부탁하면	プタカミョン
～たいです お願いしたいです	부탁하고 싶어요	プタカゴ シポヨ
～て お願いして	부탁하고	プタカゴ
～でしょう お願いするでしょう	부탁할 거예요	プタカル ッコエヨ
～と思います お願いすると思います	부탁할 것 같아요	プタカル ッコッ カタヨ
意志 お願いします	부탁하겠어요	プタカゲッソヨ

ひと言フレーズ よろしくお願いします。
잘 부탁해요. チャル プタケヨ

覚える／習う　배우다　ペウダ　動 形 形動 規則

丁寧体 覚えます	배워요 ペウォヨ	〜てください 覚えてください	배워 주세요 ペウォジュセヨ
否定 覚えません	배우지 않아요 ペウジ アナヨ	〜ないでください 覚えないでください	배우지 마세요 ペウジ マセヨ
過去 覚えました	배웠어요 ペウォッソヨ	仮定 覚えれば	배우면 ペウミョン
現在連体 覚える（語学）	배우는 (어학) ペウヌ ノハク	〜たいです 覚えたいです	배우고 싶어요 ペウゴ シボヨ
過去連体 覚えた（語学）	배운 (어학) ペウン ノハク	〜て 覚えて	배우고 ペウゴ
未来連体 覚える（語学）	배울 (어학) ペウル ロハク	〜でしょう 覚えるでしょう	배울 거예요 ペウル ッコエヨ
〜から 覚えるから	배우니까 ペウニッカ	〜と思います 覚えると思います	배울 것 같아요 ペウル ッコッ カタヨ
〜けれど 覚えるけれど	배우지만 ペウジマン	意志 覚えます	배우겠어요 ペウゲッソヨ

🐾 「(疲れを) 覚える」には（피로를）느끼다（ピロルル）ヌッキダ という表現を使います。

覚える／記憶する　기억하다　キオカダ　動 形 形動 規則　基本単語

丁寧体 覚えます	기억해요 キオケヨ	〜てください 覚えてください	기억해 주세요 キオケ ジュセヨ
否定 覚えません	기억하지 않아요 キオカジ アナヨ	〜ないでください 覚えないでください	기억하지 마세요 キオカジ マセヨ
過去 覚えました	기억했어요 キオケッソヨ	仮定 覚えれば	기억하면 キオカミョン
現在連体 覚える（道）	기억하는 (길) キオカヌン ギル	〜たいです 覚えたいです	기억하고 싶어요 キオカゴ シボヨ
過去連体 覚えた（道）	기억한 (길) キオカン ギル	〜て 覚えて	기억하고 キオカゴ
未来連体 覚える（道）	기억할 (길) キオカル ッキル	〜でしょう 覚えるでしょう	기억할 거예요 キオカル ッコエヨ
〜から 覚えるから	기억하니까 キオカニッカ	〜と思います 覚えると思います	기억할 것 같아요 キオカル ッコッ カタヨ
〜けれど 覚えるけれど	기억하지만 キオカジマン	意志 覚えます	기억하겠어요 キオカゲッソヨ

🐾 単語を「覚える」「暗記する」には 외우다 ウェウダ を使います。

お

重い　무겁다　ムゴプタ
動 形 形動 ㅂ不規則 基本単語

요体 重いです	무거워요 ムゴウォヨ	〜のに 重いのに	무거운데 ムゴウンデ
否定 重くないです	무겁지 않아요 ムゴプチ アナヨ	〜くても 重くても	무거워도 ムゴウォド
過去 重かったです	무거웠어요 ムゴウォッソヨ	仮定 重ければ	무거우면 ムゴウミョン
過去否定 重くなかったです	무겁지 않았어요 ムゴプチ アナッソヨ	〜けれど 重いけれど	무겁지만 ムゴプチマン
現在連体 重い（荷物）	무거운 （짐） ムゴウン ジム	〜でしょう 重いでしょう	무거울 거예요 ムゴウル ッコエヨ
過去連体 重かった（荷物）	무겁던 （짐） ムゴプトン ジム	〜ようです 重いようです	무거운 것 같아요 ムゴウン ゴッ カタヨ
〜くて 重くて	무겁고 ムゴプコ	〜くないようです 重くないようです	무겁지 않은 것 같아요 ムゴプチ アヌン ゴッ カタヨ
〜から 重いから	무거우니까 ムゴウニッカ	〜く 重く	무겁게 ムゴプケ

「(病気が) 重い」は（병이）위중하다（ピョンイ）ウィジュンハダ と言います。

思い出す　생각나다　センガンナダ
動 形 形動 規則

요体 思い出します	생각나요 センガンナヨ	〜てください 思い出してください	생각나 주세요 センガンナ ジュセヨ
否定 思い出しません	생각나지 않아요 センガンナジ アナヨ	〜ないでください 思い出さないでください	생각나지 마세요 センガンナジ マセヨ
過去 思い出しました	생각났어요 センガンナッソヨ	仮定 思い出せば	생각나면 センガンナミョン
現在連体 思い出す（人）	생각나는 （사람） センガンナヌン サラム	〜たいです 思い出したいです	생각나고 싶어요 センガンナゴ シポヨ
過去連体 思い出した（人）	생각난 （사람） センガンナン サラム	〜て 思い出して	생각나고 センガンナゴ
未来連体 思い出す（人）	생각날 （사람） センガンナル ッサラム	〜でしょう 思い出すでしょう	생각날 거예요 センガンナル ッコエヨ
〜から 思い出すから	생각나니까 センガンナニッカ	〜と思います 思い出すと思います	생각날 것 같아요 センガンナル ッコッ カタヨ
〜けれど 思い出すけれど	생각나지만 センガンナジマン	意志 思い出します	생각나겠어요 センガンナゲッソヨ

「思い出す」は 생각해 내다 センガケ ネダ とも言います。

思いやる　배려하다　ペリョハダ　[動][形][形動][規則]

要体 思いやります	배려해요 ペリョヘヨ	~てください 思いやってください	배려해 주세요 ペリョヘ ジュセヨ
否定 思いやりません	배려하지 않아요 ペリョハジ アナヨ	~ないでください 思いやらないでください	배려하지 마세요 ペリョハジ マセヨ
過去 思いやりました	배려했어요 ペリョヘッソヨ	仮定 思いやれば	배려하면 ペリョハミョン
現在連体 思いやる（人）	배려하는 (사람) ペリョハヌン サラム	~たいです 思いやりたいです	배려하고 싶어요 ペリョハゴ シポヨ
過去連体 思いやった（人）	배려한 (사람) ペリョハン サラム	~て 思いやって	배려하고 ペリョハゴ
未来連体 思いやる（人）	배려할 (사람) ペリョハル ッサラム	~でしょう 思いやるでしょう	배려할 거예요 ペリョハル ッコエヨ
~から 思いやるから	배려하니까 ペリョハニッカ	~と思います 思いやると思います	배려할 것 같아요 ペリョハル ッコッ カタヨ
~けれど 思いやるけれど	배려하지만 ペリョハジマン	意志 思いやります	배려하겠어요 ペリョハゲッソヨ

「思いやる」には **염려하다** ヨムニョハダ という語も使います。

思う／考える　생각하다　センガカダ　[動][形][形動][規則]

要体 思います	생각해요 センガケヨ	~てください 思ってください	생각해 주세요 センガケ ジュセヨ
否定 思いません	생각하지 않아요 センガカジ アナヨ	~ないでください 思わないでください	생각하지 마세요 センガカジ マセヨ
過去 思いました	생각했어요 センガケッソヨ	仮定 思えば	생각하면 センガカミョン
現在連体 思う（人）	생각하는 (사람) センガカヌン サラム	~たいです 思いたいです	생각하고 싶어요 センガカゴ シポヨ
過去連体 思った（人）	생각한 (사람) センガカン サラム	~て 思って	생각하고 センガカゴ
未来連体 思う（人）	생각할 (사람) センガカル ッサラム	~でしょう 思うでしょう	생각할 거예요 センガカル ッコエヨ
~から 思うから	생각하니까 センガカニッカ	~と思います 思うと思います	생각할 것 같아요 センガカル ッコッ カタヨ
~けれど 思うけれど	생각하지만 センガカジマン	意志 思います	생각하겠어요 センガカゲッソヨ

「（寒いと）思う」は（**춥다고**）**느끼다**（チュプタゴ）ヌッキダ という表現を使います。

おもしろい　재미있다　チェミイッタ　[存在詞] [規則] [基本単語]

요체 おもしろいです	재미있어요 チェミイッソヨ	～のに おもしろいのに	재미있는데 チェミインヌンデ
否定 おもしろくないです	재미있지 않아요 チェミイッチ アナヨ	～くても おもしろくても	재미있어도 チェミイッソド
過去 おもしろかったです	재미있었어요 チェミイッソッソヨ	仮定 おもしろければ	재미있으면 チェミイッスミョン
過去否定 おもしろくなかったです	재미있지 않았어요 チェミイッチ アナッソヨ	～けれど おもしろいけれど	재미있지만 チェミイッチマン
現在連体 おもしろい（本）	재미있는（책） チェミインヌン チェク	～でしょう おもしろいでしょう	재미있을 거예요 チェミイッスル ッコエヨ
過去連体 おもしろかった（本）	재미있던（책） チェミイットン チェク	～ようです おもしろいようです	재미있는 것 같아요 チェミインヌン ゴッ カタヨ
～くて おもしろくて	재미있고 チェミイッコ	～くないようです おもしろくないようです	재미있지 않은 것 같아요 チェミイッチ アヌン ゴッ カタヨ
～から おもしろいから	재미있으니까 チェミイッスニッカ	～く おもしろく	재미있게 チェミイッケ

「否定」「過去否定」「～ないようです」には「つまらない」재미없다チェミオプタを使った 재미없어요 チェミオプソヨ、재미없었어요 チェミオプソッソヨ、재미없는 것 같아요 チェミオムヌン ゴッ カタヨ をよく使います。

降りる／降ろす／下ろす　내리다　ネリダ　[動] [形] [形動] [規則] [基本単語]

요체 降ります	내려요 ネリョ	～てください 降りてください	내려 주세요 ネリョ ジュセヨ
否定 降りません	내리지 않아요 ネリジ アナヨ	～ないでください 降りないでください	내리지 마세요 ネリジ マセヨ
過去 降りました	내렸어요 ネリョッソヨ	仮定 降りれば	내리면 ネリミョン
現在連体 降りる（人）	내리는（사람） ネリヌン サラム	～たいです 降りたいです	내리고 싶어요 ネリゴ シポヨ
過去連体 降りた（人）	내린（사람） ネリン サラム	～て 降りて	내리고 ネリゴ
未来連体 降りる（人）	내릴（사람） ネリル ッサラム	～でしょう 降りるでしょう	내릴 거예요 ネリル ッコエヨ
～から 降りるから	내리니까 ネリニッカ	～と思います 降りると思います	내릴 것 같아요 ネリル ッコッ カタヨ
～けれど 降りるけれど	내리지만 ネリジマン	意志 降ります	내리겠어요 ネリゲッソヨ

「（階段を）下りる」には（계단을）내려가다／내려오다（ケダヌル）ネリョガダ／ネリョオダ という表現を使います。

折る (紙を) 접다 チョプタ

動 形 形動 規則

요体 折ります	접어요 チョボヨ	~てください 折ってください	접어 주세요 チョボ ジュセヨ
否定 折りません	접지 않아요 チョプチ アナヨ	~ないでください 折らないでください	접지 마세요 チョプチ マセヨ
過去 折りました	접었어요 チョボッソヨ	仮定 折れば	접으면 チョブミョン
現在連体 折る (紙)	접는 (종이) チョムヌン ジョンイ	~たいです 折りたいです	접고 싶어요 チョプコ シポヨ
過去連体 折った (紙)	접은 (종이) チョブン ジョンイ	~て 折って	접고 チョプコ
未来連体 折る (紙)	접을 (종이) チョブル ッチョンイ	~でしょう 折るでしょう	접을 거예요 チョブル ッコエヨ
~から 折るから	접으니까 チョブニッカ	~と思います 折ると思います	접을 것 같아요 チョブル ッコッ カタヨ
~けれど 折るけれど	접지만 チョプチマン	意志 折ります	접겠어요 チョプケッソヨ

「(腰を) 折る・かがめる」は (허리를) 굽히다 (ホリルル) クピダ という言い方をします。

折れる (骨が) 부러지다 プロジダ

動 形 形動 規則

요体 折れます	부러져요 プロジョヨ	~てください	
否定 折れません	부러지지 않아요 プロジジ アナヨ	~ないでください 折れないでください	부러지지 마세요 プロジジ マセヨ
過去 折れました	부러졌어요 プロジョッソヨ	仮定 折れれば	부러지면 プロジミョン
現在連体 折れる (骨)	부러지는 (뼈) プロジヌン ッピョ	~たいです	
過去連体 折れた (骨)	부러진 (뼈) プロジン ッピョ	~て 折れて	부러지고 プロジゴ
未来連体 折れる (骨)	부러질 (뼈) プロジル ッピョ	~でしょう 折れるでしょう	부러질 거예요 プロジル ッコエヨ
~から 折れるから	부러지니까 プロジニッカ	~と思います 折れると思います	부러질 것 같아요 プロジル ッコッ カタヨ
~けれど 折れるけれど	부러지지만 プロジジマン	意志	

「(花が) 折れる」には (꽃이) 꺾이다 (ッコチ) ッコッキダ を使います。

お

愚かだ　어리석다　オリソクタ
動 | 形 | 形動 | 規則

丁寧形 愚かです	어리석어요	オリソゴヨ
否定 愚かではないです	어리석지 않아요	オリソクチ アナヨ
過去 愚かでした	어리석었어요	オリソゴッソヨ
過去否定 愚かではなかったです	어리석지 않았어요	オリソクチ アナッソヨ
現在連体 愚かな（行動）	어리석은 (행동)	オリソグン ネンドン
過去連体 愚かだった（行動）	어리석던 (행동)	オリソクトン ネンドン
～で 愚かで	어리석고	オリソクコ
～だから 愚かだから	어리석으니까	オリソグニッカ
～なのに 愚かなのに	어리석은데	オリソグンデ
～でも 愚かでも	어리석어도	オリソゴド
仮定 愚かなら	어리석으면	オリソグミョン
～だけれど 愚かだけれど	어리석지만	オリソクチマン
～でしょう 愚かでしょう	어리석을 거예요	オリソグル ッコエヨ
～そうです 愚かそうです	어리석은 것 같아요	オリソグン ゴッ カタヨ
～ではないようです 愚かではないようです	어리석지 않은 것 같아요	オリソクチ アヌン ゴッ カタヨ
～に 愚かに	어리석게	オリソクケ

🐾 「愚かだ」には **미련하다** ミリョナダ という言い方もあります。

終わる　끝나다　ックンナダ
動 | 形 | 形動 | 規則 | 基本単語

丁寧形 終わります	끝나요	ックンナヨ
否定 終わりません	끝나지 않아요	ックンナジ アナヨ
過去 終わりました	끝났어요	ックンナッソヨ
現在連体 終わる（時間）	끝나는 (시간)	ックンナヌン シガン
過去連体 終わった（時間）	끝난 (시간)	ックンナン シガン
未来連体 終わる（時間）	끝날 (시간)	ックンナル ッシガン
～から 終わるから	끝나니까	ックンナニッカ
～けれど 終わるけれど	끝나지만	ックンナジマン
～てください		
～ないでください 終わらないでください	끝나지 마세요	ックンナジ マセヨ
仮定 終われば	끝나면	ックンナミョン
～たいです		
～て 終わって	끝나고	ックンナゴ
～でしょう 終わるでしょう	끝날 거예요	ックンナル ッコエヨ
～と思います 終わると思います	끝날 것 같아요	ックンナル ッコッ カタヨ
意志		

🐾 「飲み終わる」は **다 마시다** タ マシダ と言います。

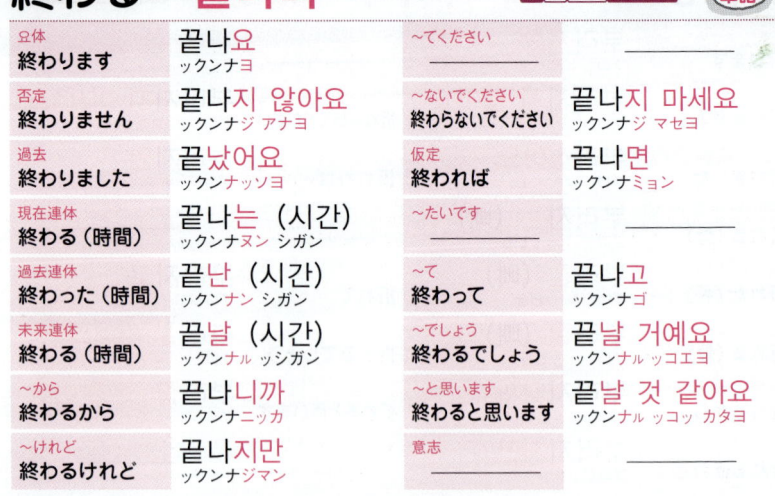

解決する　해결하다　ヘギョラダ　[動] 形 形動 規則

요体 解決します	해결해요 ヘギョレヨ	~てください 解決してください	해결해 주세요 ヘギョレ ジュセヨ
否定 解決しません	해결하지 않아요 ヘギョラジ アナヨ	~ないでください 解決しないでください	해결하지 마세요 ヘギョラジ マセヨ
過去 解決しました	해결했어요 ヘギョレッソヨ	仮定 解決すれば	해결하면 ヘギョラミョン
現在連体 解決する（問題）	해결하는 (문제) ヘギョラヌン ムンジェ	~たいです 解決したいです	해결하고 싶어요 ヘギョラゴ シポヨ
過去連体 解決した（問題）	해결한 (문제) ヘギョラン ムンジェ	~て 解決して	해결하고 ヘギョラゴ
未来連体 解決する（問題）	해결할 (문제) ヘギョラル ムンジェ	~でしょう 解決するでしょう	해결할 거예요 ヘギョラル ッコエヨ
~から 解決するから	해결하니까 ヘギョラニッカ	~と思います 解決すると思います	해결할 것 같아요 ヘギョラル ッコッ カタヨ
~けれど 解決するけれど	해결하지만 ヘギョラジマン	意志 解決します	해결하겠어요 ヘギョラゲッソヨ

（意志）「解決します」には 해결할래요 ヘギョラルレヨ、해결할게요 ヘギョラルッケヨ という活用形もあります。

快適だ　쾌적하다　クェジョカダ　動 [形] 形動 規則

요体 快適です	쾌적해요 クェジョケヨ	~なのに 快適なのに	쾌적한데 クェジョカンデ
否定 快適ではないです	쾌적하지 않아요 クェジョカジ アナヨ	~でも 快適でも	쾌적해도 クェジョケド
過去 快適でした	쾌적했어요 クェジョケッソヨ	仮定 快適であれば	쾌적하면 クェジョカミョン
過去否定 快適ではなかったです	쾌적하지 않았어요 クェジョカジ アナッソヨ	~だけれど 快適だけれど	쾌적하지만 クェジョカジマン
現在連体 快適な（部屋）	쾌적한 (방) クェジョカン バン	~でしょう 快適でしょう	쾌적할 거예요 クェジョカル ッコエヨ
過去連体 快適だった（部屋）	쾌적하던 (방) クェジョカドン バン	~そうです 快適そうです	쾌적한 것 같아요 クェジョカン ゴッ カタヨ
~で 快適で	쾌적하고 クェジョカゴ	~ではないようです 快適ではないようです	쾌적하지 않은 것 같아요 クェジョカジ アヌン ゴッ カタヨ
~だから 快適だから	쾌적하니까 クェジョカニッカ	~に 快適に	쾌적하게 クェジョカゲ

「快適でしょう？」と同意を求めるときは 쾌적하겠죠？ クェジョカゲッチョ？ を使います。

飼う　기르다　キルダ

動 形 形動　르不規則

요体 飼います	길러요 キロヨ	~てください 飼ってください	길러 주세요 キロ ジュセヨ
否定 飼いません	기르지 않아요 キルジ アナヨ	~ないでください 飼わないでください	기르지 마세요 キルジ マセヨ
過去 飼いました	길렀어요 キロッソヨ	仮定 飼えば	기르면 キルミョン
現在連体 飼う（ペット）	기르는 (애완동물) キルヌ ネワンドンムル	~たいです 飼いたいです	기르고 싶어요 キルゴ シポヨ
過去連体 飼った（ペット）	기른 (애완동물) キル ネワンドンムル	~て 飼って	기르고 キルゴ
未来連体 飼う（ペット）	기를 (애완동물) キル レワンドンムル	~でしょう 飼うでしょう	기를 거예요 キルル ッコエヨ
~から 飼うから	기르니까 キルニッカ	~と思います 飼うと思います	기를 것 같아요 キルル ッコッ カタヨ
~けれど 飼うけれど	기르지만 キルジマン	意志 飼います	기르겠어요 キルゲッソヨ

🐾 「飼う」は **키우다** キウダ とも言います。

買う　사다　サダ

動 形 形動　規則　**基本単語**

요体 買います	사요 サヨ	~てください 買ってください	사 주세요 サ ジュセヨ
否定 買いません	사지 않아요 サジ アナヨ	~ないでください 買わないでください	사지 마세요 サジ マセヨ
過去 買いました	샀어요 サッソヨ	仮定 買えば	사면 サミョン
現在連体 買う（人）	사는 (사람) サヌン サラム	~たいです 買いたいです	사고 싶어요 サゴ シポヨ
過去連体 買った（人）	산 (사람) サン サラム	~て 買って	사고 サゴ
未来連体 買う（人）	살 (사람) サル ッサラム	~でしょう 買うでしょう	살 거예요 サル ッコエヨ
~から 買うから	사니까 サニッカ	~と思います 買うと思います	살 것 같아요 サル ッコッ カタヨ
~けれど 買うけれど	사지만 サジマン	意志 買います	사겠어요 サゲッソヨ

ひと言フレーズ　めがねを買いたいです。
안경을 사고 싶어요. アンギョンウル サゴ シポヨ

返す(本を) 돌려주다 トルリョジュダ 動 形動 形動 規則 基本単語

요체 返します	돌려줘요 トルリョジュオヨ	~てください 返してください	돌려주세요 トルリョジュセヨ
否定 返しません	돌려주지 않아요 トルリョジュジ アナヨ	~ないでください 返さないでください	돌려주지 마세요 トルリョジュジ マセヨ
過去 返しました	돌려줬어요 トルリョジュオッソヨ	仮定 返せば	돌려주면 トルリョジュミョン
現在連体 返す(本)	돌려주는 (책) トルリョジュヌン チェク	~たいです 返したいです	돌려주고 싶어요 トルリョジュゴ シポヨ
過去連体 返した(本)	돌려준 (책) トルリョジュン チェク	~て 返して	돌려주고 トルリョジュゴ
未来連体 返す(本)	돌려줄 (책) トルリョジュル チェク	~でしょう 返すでしょう	돌려줄 거예요 トルリョジュル ッコエヨ
~から 返すから	돌려주니까 トルリョジュニッカ	~と思います 返すと思います	돌려줄 것 같아요 トルリョジュル ッコッ カタヨ
~けれど 返すけれど	돌려주지만 トルリョジュジマン	意志 返します	돌려주겠어요 トルリョジュゲッソヨ

「返す言葉もない」は 뭐라고 할 말이 없다 ムォラゴ ハル マリ オプタ と言います。

返す(お金を) / 戻す 갚다 カプタ 動 形動 形動 規則

요체 返します	갚아요 カパヨ	~てください 返してください	갚아 주세요 カパ ジュセヨ
否定 返しません	갚지 않아요 カプチ アナヨ	~ないでください 返さないでください	갚지 마세요 カプチ マセヨ
過去 返しました	갚았어요 カパッソヨ	仮定 返せば	갚으면 カプミョン
現在連体 返す(お金)	갚는 (돈) カムヌン ドン	~たいです 返したいです	갚고 싶어요 カプコ シポヨ
過去連体 返した(お金)	갚은 (돈) カプン ドン	~て 返して	갚고 カプコ
未来連体 返す(お金)	갚을 (돈) カプル ットン	~でしょう 返すでしょう	갚을 거예요 カプル ッコエヨ
~から 返すから	갚으니까 カプニッカ	~と思います 返すと思います	갚을 것 같아요 カプル ッコッ カタヨ
~けれど 返すけれど	갚으지만 カプジマン	意志 返します	갚겠어요 カプケッソヨ

ひと言フレーズ 今度会うときに返します。
다음에 만날 때 갚겠어요. タウメ マンナル ッテ カプケッソヨ

帰ってくる　돌아오다　トラオダ　[動][形][形動][規則]

요体 帰ってきます	돌아와요 トラワヨ	~てください 帰ってきてください	돌아와 주세요 トラワ ジュセヨ
否定 帰ってきません	돌아오지 않아요 トラオジ アナヨ	~ないでください 帰ってこないでください	돌아오지 마세요 トラオジ マセヨ
過去 帰ってきました	돌아왔어요 トラワッソヨ	仮定 帰ってくれば	돌아오면 トラオミョン
現在連体 帰ってくる(時間)	돌아오는 (시간) トラオヌン シガン	~たいです 帰ってきたいです	돌아오고 싶어요 トラオゴ シポヨ
過去連体 帰ってきた(時間)	돌아온 (시간) トラオン シガン	~て 帰ってきて	돌아오고 トラオゴ
未来連体 帰ってくる(時間)	돌아올 (시간) トラオル ッシガン	~でしょう 帰ってくるでしょう	돌아올 가예요 トラオル ッコエヨ
~から 帰ってくるから	돌아오니까 トラオニッカ	~と思います 帰ってくると思います	돌아올 것 같아요 トラオル ッコッ カタヨ
~けれど 帰ってくるけれど	돌아오지만 トラオジマン	意志 帰ってきます	돌아오겠어요 トラオゲッソヨ

🐾 (意志)「帰ってきます」には **돌아올게요** トラオルッケヨ という活用形もあります。

省みる／反省する　돌아보다　トラボダ　[動][形][形動][規則]

요体 省みます	돌아봐요 トラブァヨ	~てください 省みてください	돌아봐 주세요 トラブァ ジュセヨ
否定 省みません	돌아보지 않아요 トラボジ アナヨ	~ないでください 省みないでください	돌아보지 마세요 トラボジ マセヨ
過去 省みました	돌아봤어요 トラブァッソヨ	仮定 省みれば	돌아보면 トラボミョン
現在連体 省みる(過去)	돌아보는 (과거) トラボヌン グァゴ	~たいです 省みたいです	돌아보고 싶어요 トラボゴ シポヨ
過去連体 省みた(過去)	돌아본 (과거) トラボン グァゴ	~て 省みて	돌아보고 トラボゴ
未来連体 省みる(過去)	돌아볼 (과거) トラボル ッカゴ	~でしょう 省みるでしょう	돌아볼 거예요 トラボル ッコエヨ
~から 省みるから	돌아보니까 トラボニッカ	~と思います 省みると思います	돌아볼 것 같아요 トラボル ッコッ カタヨ
~けれど 省みるけれど	돌아보지만 トラボジマン	意志 省みます	돌아보겠어요 トラボゲッソヨ

🐾 「省みる」には **반성하다** パンソンハダ という言い方もあります。

帰る　돌아가다　トラガダ　[動][形][形動][規則]　基本単語

요체 帰ります	돌아가요 トラガヨ	~てください 帰ってください	돌아가 주세요 トラガ ジュセヨ
否定 帰りません	돌아가지 않아요 トラガジ アナヨ	~ないでください 帰らないでください	돌아가지 마세요 トラガジ マセヨ
過去 帰りました	돌아갔어요 トラガッソヨ	仮定 帰れば	돌아가면 トラガミョン
現在連体 帰る（時間）	돌아가는 (시간) トラガヌン シガン	~たいです 帰りたいです	돌아가고 싶어요 トラガゴ シポヨ
過去連体 帰った（時間）	돌아간 (시간) トラガン シガン	~て 帰って	돌아가고 トラガゴ
未来連体 帰る（時間）	돌아갈 (시간) トラガル ッシガン	~でしょう 帰るでしょう	돌아갈 거예요 トラガル ッコエヨ
~から 帰るから	돌아가니까 トラガニッカ	~と思います 帰ると思います	돌아갈 것 같아요 トラガル ッコッ カタヨ
~けれど 帰るけれど	돌아가지만 トラガジマン	意志 帰ります	돌아가겠어요 トラガゲッソヨ

「帰っていく」にも 돌아가다 を使います。

変える　바꾸다　パックダ　[動][形][形動][規則]　基本単語

요체 変えます	바꿔요 パックォヨ	~てください 変えてください	바꿔 주세요 パックォ ジュセヨ
否定 変えません	바꾸지 않아요 パックジ アナヨ	~ないでください 変えないでください	바꾸지 마세요 パックジ マセヨ
過去 変えました	바꿨어요 パックォッソヨ	仮定 変えれば	바꾸면 パックミョン
現在連体 変える（道順）	바꾸는 (코스) パックヌン コス	~たいです 変えたいです	바꾸고 싶어요 パックゴ シポヨ
過去連体 変えた（道順）	바꾼 (코스) パックン コス	~て 変えて	바꾸고 パックゴ
未来連体 変える（道順）	바꿀 (코스) パックル コス	~でしょう 変えるでしょう	바꿀 거예요 パックル ッコエヨ
~から 変えるから	바꾸니까 パックニッカ	~と思います 変えると思います	바꿀 것 같아요 パックル ッコッ カタヨ
~けれど 変えるけれど	바꾸지만 パックジマン	意志 変えます	바꾸겠어요 パックゲッソヨ

ひと言フレーズ 急に態度を変えないでください。
갑자기 태도를 바꾸지 마세요. カプチャギ テドルル パックジ マセヨ

換える／替える 교체하다 キョチェハダ [動][形][形動][規則]

か　かえる／かがやく

요体 換えます	교체해요 キョチェヘヨ	〜てください 換えてください	교체해 주세요 キョチェヘ ジュセヨ
否定 換えません	교체하지 않아요 キョチェハジ アナヨ	〜ないでください 換えないでください	교체하지 마세요 キョチェハジ マセヨ
過去 換えました	교체했어요 キョチェヘッソヨ	仮定 換えれば	교체하면 キョチェハミョン
現在連体 換える（もの）	교체하는 (물건) キョチェハヌン ムルゴン	〜たいです 換えたいです	교체하고 싶어요 キョチェハゴ シポヨ
過去連体 換えた（もの）	교체한 (물건) キョチェハン ムルゴン	〜て 換えて	교체하고 キョチェハゴ
未来連体 換える（もの）	교체할 (물건) キョチェハル ムルゴン	〜でしょう 換えるでしょう	교체할 거예요 キョチェハル ッコエヨ
〜から 換えるから	교체하니까 キョチェハニッカ	〜と思います 換えると思います	교체할 것 같아요 キョチェハル ッコッ カタヨ
〜けれど 換えるけれど	교체하지만 キョチェハジマン	意志 換えます	교체하겠어요 キョチェハゲッソヨ

ひと言フレーズ きれいなものと換えてください。
깨끗한 것으로 교체해 주세요. ッケックタン ゴスロ キョチェヘ ジュセヨ

輝く 빛나다 ピンナダ [動][形][形動][規則]

요体 輝きます	빛나요 ピンナヨ	〜てください 輝いてください	빛나 주세요 ピンナ ジュセヨ
否定 輝きません	빛나지 않아요 ピンナジ アナヨ	〜ないでください 輝かないでください	빛나지 마세요 ピンナジ マセヨ
過去 輝きました	빛났어요 ピンナッソヨ	仮定 輝けば	빛나면 ピンナミョン
現在連体 輝く（太陽）	빛나는 (태양) ピンナヌン テヤン	〜たいです 輝きたいです	빛나고 싶어요 ピンナゴ シポヨ
過去連体 輝いた（太陽）	빛난 (태양) ピンナン テヤン	〜て 輝いて	빛나고 ピンナゴ
未来連体 輝く（太陽）	빛날 (태양) ピンナル テヤン	〜でしょう 輝くでしょう	빛날 거예요 ピンナル ッコエヨ
〜から 輝くから	빛나니까 ピンナニッカ	〜と思います 輝くと思います	빛날 것 같아요 ピンナル ッコッ カタヨ
〜けれど 輝くけれど	빛나지만 ピンナジマン	意志 輝きます	빛나겠어요 ピンナゲッソヨ

「輝く」は 반짝이다 パンッチャギダ とも言います。

掛かる　걸리다　コルリダ　[動][形][形動][規則][基本単語]

요体 掛かります	걸려요 コルリョヨ	~てください	———
否定 掛かりません	걸리지 않아요 コルリジ アナヨ	~ないでください 掛からないでください	걸리지 마세요 コルリジ マセヨ
過去 掛かりました	걸렸어요 コルリョッソヨ	仮定 掛かれば	걸리면 コルリミョン
現在連体 掛かる（絵）	걸리는 (그림) コルリヌン グリム	~たいです 掛かりたいです	걸리고 싶어요 コルリゴ シポヨ
過去連体 掛かった（絵）	걸린 (그림) コルリン グリム	~て 掛かって	걸리고 コルリゴ
未来連体 掛かる（絵）	걸릴 (그림) コルリル ックリム	~でしょう 掛かるでしょう	걸릴 거예요 コルリル ッコエヨ
~から 掛かるから	걸리니까 コルリニッカ	~と思います 掛かると思います	걸릴 것 같아요 コルリル ッコッ カタヨ
~けれど 掛かるけれど	걸리지만 コルリジマン	意志 掛かります	걸리겠어요 コルリゲッソヨ

「(わなに) 掛かる」は (덫에) 빠지다 (トチェ) ッパジダ という言い方をします。

書く　쓰다　ッスダ　[動][形][形動][으不規則] 活用に注意！ [基本単語]

요体 書きます	써요 ッソヨ	~てください 書いてください	써 주세요 ッソ ジュセヨ
否定 書きません	쓰지 않아요 ッスジ アナヨ	~ないでください 書かないでください	쓰지 마세요 ッスジ マセヨ
過去 書きました	썼어요 ッソッソヨ	仮定 書けば	쓰면 ッスミョン
現在連体 書く（手紙）	쓰는 (편지) ッスヌン ピョンジ	~たいです 書きたいです	쓰고 싶어요 ッスゴ シポヨ
過去連体 書いた（手紙）	쓴 (편지) ッスン ピョンジ	~て 書いて	쓰고 ッスゴ
未来連体 書く（手紙）	쓸 (편지) ッスル ピョンジ	~でしょう 書くでしょう	쓸 거예요 ッスル ッコエヨ
~から 書くから	쓰니까 ッスニッカ	~と思います 書くと思います	쓸 것 같아요 ッスル ッコッ カタヨ
~けれど 書くけれど	쓰지만 ッスジマン	意志 書きます	쓰겠어요 ッスゲッソヨ

「(詩を) 書く」は (시를) 짓다 (シルル) チッタ と言います。

隠す　감추다　カムチュダ　[動][形][形動][規則]

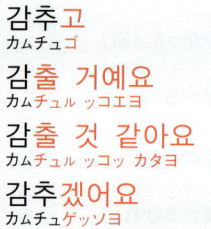

요체 隠します	감춰요 カムチュォヨ	~てください 隠してください	감춰 주세요 カムチュォ ジュセヨ
否定 隠しません	감추지 않아요 カムチュジ アナヨ	~ないでください 隠さないでください	감추지 마세요 カムチュジ マセヨ
過去 隠しました	감췄어요 カムチュオッソヨ	仮定 隠せば	감추면 カムチュミョン
現在連体 隠す（人）	감추는 (사람) カムチュヌン サラム	~たいです 隠したいです	감추고 싶어요 カムチュゴ シポヨ
過去連体 隠した（人）	감춘 (사람) カムチュン サラム	~て 隠して	감추고 カムチュゴ
未来連体 隠す（人）	감출 (사람) カムチュル ッサラム	~でしょう 隠すでしょう	감출 거예요 カムチュル ッコエヨ
~から 隠すから	감추니까 カムチュニッカ	~と思います 隠すと思います	감출 것 같아요 カムチュル ッコッ カタヨ
~けれど 隠すけれど	감추지만 カムチュジマン	意志 隠します	감추겠어요 カムチュゲッソヨ

🐾 「隠す」は 숨기다 スムギダ とも言います。

確認する　확인하다　ファギナダ　[動][形][形動][規則]

요체 確認します	확인해요 ファギネヨ	~てください 確認してください	확인해 주세요 ファギネ ジュセヨ
否定 確認しません	확인하지 않아요 ファギナジ アナヨ	~ないでください 確認しないでください	확인하지 마세요 ファギナジ マセヨ
過去 確認しました	확인했어요 ファギネッソヨ	仮定 確認すれば	확인하면 ファギナミョン
現在連体 確認する（人）	확인하는 (사람) ファギナヌン サラム	~たいです 確認したいです	확인하고 싶어요 ファギナゴ シポヨ
過去連体 確認した（人）	확인한 (사람) ファギナン サラム	~て 確認して	확인하고 ファギナゴ
未来連体 確認する（人）	확인할 (사람) ファギナル ッサラム	~でしょう 確認するでしょう	확인할 거예요 ファギナル ッコエヨ
~から 確認するから	확인하니까 ファギナニッカ	~と思います 確認すると思います	확인할 것 같아요 ファギナル ッコッ カタヨ
~けれど 確認するけれど	확인하지만 ファギナジマン	意志 確認します	확인하겠어요 ファギナゲッソヨ

🐾 「確認しましょうか？」は 확인할까요? ファギナルッカヨ? という言い方をします。

掛ける／賭ける 걸다 コルダ　動 形 形動 ㄹ脱落

活用に注意！

요체 掛けます	걸어요 コロヨ	～てください 掛けてください	걸어 주세요 コロ ジュセヨ
否定 掛けません	걸지 않아요 コルジ アナヨ	～ないでください 掛けないでください	걸지 마세요 コルジ マセヨ
過去 掛けました	걸었어요 コロッソヨ	仮定 掛ければ	걸면 コルミョン
現在連体 掛ける（絵）	거는（그림） コヌン グリム	～たいです 掛けたいです	걸고 싶어요 コルゴ シポヨ
過去連体 掛けた（絵）	건（그림） コン グリム	～て 掛けて	걸고 コルゴ
未来連体 掛ける（絵）	걸（그림） コル ックリム	～でしょう 掛けるでしょう	걸 거예요 コル ッコエヨ
～から 掛けるから	거니까 コニッカ	～と思います 掛けると思います	걸 것 같아요 コル ッコッ カタヨ
～けれど 掛けるけれど	걸지만 コルジマン	意志 掛けます	걸겠어요 コルゲッソヨ

🐾「(声を) 掛ける」には (말을) 건네다（マルル コンネダ という言い方もあります。

か かける／かこむ

囲む 둘러싸다 トゥルロッサダ　動 形 形動 規則

요체 囲みます	둘러싸요 トゥルロッサヨ	～てください 囲んでください	둘러싸 주세요 トゥルロッサ ジュセヨ
否定 囲みません	둘러싸지 않아요 トゥルロッサジ アナヨ	～ないでください 囲まないでください	둘러싸지 마세요 トゥルロッサジ マセヨ
過去 囲みました	둘러쌌어요 トゥルロッサッソヨ	仮定 囲めば	둘러싸면 トゥルロッサミョン
現在連体 囲む（山）	둘러싸는（산） トゥルロッサヌン サン	～たいです 囲みたいです	둘러싸고 싶어요 トゥルロッサゴ シポヨ
過去連体 囲んだ（山）	둘러싼（산） トゥルロッサン サン	～て 囲んで	둘러싸고 トゥルロッサゴ
未来連体 囲む（山）	둘러쌀（산） トゥルロッサル ッサン	～でしょう 囲むでしょう	둘러쌀 거예요 トゥルロッサル ッコエヨ
～から 囲むから	둘러싸니까 トゥルロッサニッカ	～と思います 囲むと思います	둘러쌀 것 같아요 トゥルロッサル ッコッ カタヨ
～けれど 囲むけれど	둘러싸지만 トゥルロッサジマン	意志 囲みます	둘러싸겠어요 トゥルロッサゲッソヨ

🐾「(城を) 囲む」は (성을) 포위하다（ソンウル ポウィハダ と言います。

飾る　꾸미다　ックミダ

[動] [形] [形動] [規則]

요체 飾ります	꾸며요 ックミョヨ	~てください 飾ってください	꾸며 주세요 ックミョ ジュセヨ
否定 飾りません	꾸미지 않아요 ックミジ アナヨ	~ないでください 飾らないでください	꾸미지 마세요 ックミジ マセヨ
過去 飾りました	꾸몄어요 ックミョッソヨ	仮定 飾れば	꾸미면 ックミミョン
現在連体 飾る(人)	꾸미는 (사람) ックミヌン サラム	~たいです 飾りたいです	꾸미고 싶어요 ックミゴ シポヨ
過去連体 飾った(人)	꾸민 (사람) ックミン サラム	~て 飾って	꾸미고 ックミゴ
未来連体 飾る(人)	꾸밀 (사람) ックミル ッサラム	~でしょう 飾るでしょう	꾸밀 거예요 ックミル ッコエヨ
~から 飾るから	꾸미니까 ックミニッカ	~と思います 飾ると思います	꾸밀 것 같아요 ックミル ッコッ カタヨ
~けれど 飾るけれど	꾸미지만 ックミジマン	意志 飾ります	꾸미겠어요 ックミゲッソヨ

「飾る」には **치장하다** チジャンハダ、**장식하다** チャンシカダ という表現もあります。

賢い　영리하다　ヨンニハダ

[動] [形] [形動] [規則]

요체 賢いです	영리해요 ヨンニヘヨ	~のに 賢いのに	영리한데 ヨンニハンデ
否定 賢くないです	영리하지 않아요 ヨンニハジ アナヨ	~くても 賢くても	영리해도 ヨンニヘド
過去 賢かったです	영리했어요 ヨンニヘッソヨ	仮定 賢ければ	영리하면 ヨンニハミョン
過去否定 賢くなかったです	영리하지 않았어요 ヨンニハジ アナッソヨ	~けれど 賢いけれど	영리하지만 ヨンニハジマン
現在連体 賢い(少年)	영리한 (소년) ヨンニハン ソニョン	~でしょう 賢いでしょう	영리할 거예요 ヨンニハル ッコエヨ
過去連体 賢かった(少年)	영리하던 (소년) ヨンニハドン ソニョン	~ようです 賢いようです	영리한 것 같아요 ヨンニハン ゴッ カタヨ
~くて 賢くて	영리하고 ヨンニハゴ	~くないようです 賢くないようです	영리하지 않은 것 같아요 ヨンニハジ アヌン ゴッ カタヨ
~から 賢いから	영리하니까 ヨンニハニッカ	~く 賢く	영리하게 ヨンニハゲ

「賢い」には **현명하다** ヒョンミョンハダ、**슬기롭다** スルギロプタ という表現もあります。

貸す　　빌려주다　ピルリョジュダ　　[動][形][形動][規則]

요体 貸します	빌려줘요 ピルリョジュォヨ	~てください 貸してください	빌려주세요 ピルリョジュセヨ
否定 貸しません	빌려주지 않아요 ピルリョジュジ アナヨ	~ないでください 貸さないでください	빌려주지 마세요 ピルリョジュジ マセヨ
過去 貸しました	빌려줬어요 ピルリョジュォッソヨ	仮定 貸せば	빌려주면 ピルリョジュミョン
現在連体 貸す (本)	빌려주는 (책) ピルリョジュヌン チェク	~たいです 貸したいです	빌려주고 싶어요 ピルリョジュゴ シポヨ
過去連体 貸した (本)	빌려준 (책) ピルリョジュン チェク	~て 貸して	빌려주고 ピルリョジュゴ
未来連体 貸す (本)	빌려줄 (책) ピルリョジュル チェク	~でしょう 貸すでしょう	빌려줄 거예요 ピルリョジュル ッコエヨ
~から 貸すから	빌려주니까 ピルリョジュニッカ	~と思います 貸すと思います	빌려줄 것 같아요 ピルリョジュル ッコッ カタヨ
~けれど 貸すけれど	빌려주지만 ピルリョジュジマン	意志 貸します	빌려주겠어요 ピルリョジュゲッソヨ

「(手を) 貸す」には 도와주다 トワジュダ を使います。

微かだ　　희미하다　ヒミハダ　　[動][形][形動][規則]

요体 微かです	희미해요 ヒミヘヨ	~なのに 微かなのに	희미한데 ヒミハンデ
否定 微かではないです	희미하지 않아요 ヒミハジ アナヨ	~ても 微かでも	희미해도 ヒミヘド
過去 微かでした	희미했어요 ヒミヘッソヨ	仮定 微かであれば	희미하면 ヒミハミョン
過去否定 微かではなかったです	희미하지 않았어요 ヒミハジ アナッソヨ	~だけれど 微かだけれど	희미하지만 ヒミハジマン
現在連体 微かな (光)	희미한 (빛) ヒミハン ピッ	~でしょう 微かでしょう	희미할 거예요 ヒミハル ッコエヨ
過去連体 微かだった (光)	희미하던 (빛) ヒミハドン ピッ	~そうです 微かそうです	희미한 것 같아요 ヒミハン ゴッ カタヨ
~で 微かで	희미하고 ヒミハゴ	~ではないようです 微かではないようです	희미하지 않은 것 같아요 ヒミハジ アヌン ゴッ カタヨ
~だから 微かだから	희미하니까 ヒミハニッカ	~に 微かに	희미하게 ヒミハゲ

「微かでしょう?」と同意を求めるときは 희미하겠죠? ヒミハゲッチョ? と言います。

数える　세다 セダ　[動][形][形動][規則][基本単語]

요体 数えます	세요 セヨ	~てください 数えてください	세 주세요 セ ジュセヨ
否定 数えません	세지 않아요 セジ アナヨ	~ないでください 数えないでください	세지 마세요 セジ マセヨ
過去 数えました	셌어요 セッソヨ	仮定 数えれば	세면 セミョン
現在連体 数える(人)	세는 (사람) セヌン サラム	~たいです 数えたいです	세고 싶어요 セゴ シボヨ
過去連体 数えた(人)	센 (사람) セン サラム	~て 数えて	세고 セゴ
未来連体 数える(人)	셀 (사람) セル ッサラム	~でしょう 数えるでしょう	셀 거예요 セル ッコエヨ
~から 数えるから	세니까 セニッカ	~と思います 数えると思います	셀 것 같아요 セル ッコッ カタヨ
~けれど 数えるけれど	세지만 セジマン	意志 数えます	세겠어요 セゲッソヨ

🐾 「数える」には **헤아리다** ヘアリダ という言い方もあります。

固い(ものが)　딱딱하다 ッタクッタカダ　[動][形][形動][規則]

요体 固いです	딱딱해요 ッタクッタケヨ	~のに 固いのに	딱딱한데 ッタクッタカンデ
否定 固くないです	딱딱하지 않아요 ッタクッタカジ アナヨ	~くても 固くても	딱딱해도 ッタクッタケド
過去 固かったです	딱딱했어요 ッタクッタケッソヨ	仮定 固ければ	딱딱하면 ッタクッタカミョン
過去否定 固くなかったです	딱딱하지 않았어요 ッタクッタカジ アナッソヨ	~けれど 固いけれど	딱딱하지만 ッタクッタカジマン
現在連体 固い(椅子)	딱딱한 (의자) ッタクッタカ ヌィジャ	~でしょう 固いでしょう	딱딱할 거예요 ッタクッタカル ッコエヨ
過去連体 固かった(椅子)	딱딱하던 (의자) ッタクッタカド ヌィジャ	~ようです 固いようです	딱딱한 것 같아요 ッタクッタカン ゴッ カタヨ
~くて 固くて	딱딱하고 ッタクッタカゴ	~くないようです 固くないようです	딱딱하지 않은 것 같아요 ッタクッタカジ アヌン ゴッ カタヨ
~から 固いから	딱딱하니까 ッタクッタカニッカ	~く 固く	딱딱하게 ッタクッタカゲ

🐾 「固いでしょう？」は **딱딱하겠죠?** ッタクッタカゲッチョ？ と言います。

固い（肉が） 질기다 チルギダ
[動][形][形動][規則]

かたい／かたくるしい

요체 固いです	질겨요 チルギョヨ	～のに 固いのに	질긴데 チルギンデ
否定 固くないです	질기지 않아요 チルギジ アナヨ	～くても 固くても	질겨도 チルギョド
過去 固かったです	질겼어요 チルギョッソヨ	仮定 固ければ	질기면 チルギミョン
過去否定 固くなかったです	질기지 않았어요 チルギジ アナッソヨ	～けれど 固いけれど	질기지만 チルギジマン
現在連体 固い（肉）	질긴 （고기） チルギン ゴギ	～でしょう 固いでしょう	질길 거예요 チルギル ッコエヨ
過去連体 固かった（肉）	질기던 （고기） チルギドン ゴギ	～ようです 固いようです	질긴 것 같아요 チルギン ゴッ カタヨ
～くて 固くて	질기고 チルギゴ	～くないようです 固くないようです	질기지 않은 것 같아요 チルギジ アヌン ゴッ カタヨ
～から 固いから	질기니까 チルギニッカ	～く 固く	질기게 チルギゲ

🐾 「固い（信念）」は 굳은 (신념) クドゥン (シンニョム) という言い方をします。

堅苦しい 거북스럽다 コブクスロプタ
[動][形][形動][ㅂ不規則] 活用に注意！

요체 堅苦しいです	거북스러워요 コブクスロウォヨ	～のに 堅苦しいのに	거북스러운데 コブクスロウンデ
否定 堅苦くないです	거북스럽지 않아요 コブクスロプチ アナヨ	～くても 堅苦しくても	거북스러워도 コブクスロウォド
過去 堅苦しかったです	거북스러웠어요 コブクスロウォッソヨ	仮定 堅苦しければ	거북스러우면 コブクスロウミョン
過去否定 堅苦しくなかったです	거북스럽지 않았어요 コブクスロプチ アナッソヨ	～けれど 堅苦しいけれど	거북스럽지만 コブクスロプチマン
現在連体 堅苦しい（話）	거북스러운 （이야기） コブクスロウン ニヤギ	～でしょう 堅苦しいでしょう	거북스러울 거예요 コブクスロウル ッコエヨ
過去連体 堅苦しかった（話）	거북스럽던 （이야기） コブクスロプトン ニヤギ	～ようです 堅苦しいようです	거북스러운 것 같아요 コブクスロウン ゴッ カタヨ
～くて 堅苦しくて	거북스럽고 コブクスロプコ	～くないようです 堅苦しくないようです	거북스럽지 않은 것 같아요 コブクスロプチ アヌン ゴッ カタヨ
～から 堅苦しいから	거북스러우니까 コブクスロウニッカ	～く 堅苦しく	거북스럽게 コブクスロプケ

🐾 「堅苦しい」には 딱딱하다 ッタクッタカダ という語も使います。

片付ける　치우다　チウダ
[動][形][形動][規則]

요体 片付けます	치워요 チウォヨ	~てください 片付けてください	치워 주세요 チウォ ジュセヨ
否定 片付けません	치우지 않아요 チウジ アナヨ	~ないでください 片付けないでください	치우지 마세요 チウジ マセヨ
過去 片付けました	치웠어요 チウォッソヨ	仮定 片付ければ	치우면 チウミョン
現在連体 片付ける（部屋）	치우는 (방) チウヌン バン	~たいです 片付けたいです	치우고 싶어요 チウゴ シポヨ
過去連体 片付けた（部屋）	치운 (방) チウン バン	~て 片付けて	치우고 チウゴ
未来連体 片付ける（部屋）	치울 (방) チウル ッパン	~でしょう 片付けるでしょう	치울 거예요 チウル ッコエヨ
~から 片付けるから	치우니까 チウニッカ	~と思います 片付けると思います	치울 것 같아요 チウル ッコッ カタヨ
~けれど 片付けるけれど	치우지만 チウジマン	意志 片付けます	치우겠어요 チウゲッソヨ

🐾 「片付ける」は **정돈하다** チョンドナダ、**정리하다** チョンニハダ とも言います。

固まる　굳어지다　クドジダ
[動][形][形動][規則]

요体 固まります	굳어져요 クドジョヨ	~てください	_____
否定 固まりません	굳어지지 않아요 クドジジ アナヨ	~ないでください	_____
過去 固まりました	굳어졌어요 クドジョッソヨ	仮定 固まれば	굳어지면 クドジミョン
現在連体 固まる（決意）	굳어지는 (결의) クドジヌン ギョリ	~たいです	_____
過去連体 固まった（決意）	굳어진 (결의) クドジン ギョリ	~て 固まって	굳어지고 クドジゴ
未来連体 固まる（決意）	굳어질 (결의) クドジル ッキョリ	~でしょう 固まるでしょう	굳어질 거예요 クドジル ッコエヨ
~から 固まるから	굳어지니까 クドジニッカ	~と思います 固まると思います	굳어질 것 같아요 クドジル ッコッ カタヨ
~けれど 固まるけれど	굳어지지만 クドジジマン	意志	_____

🐾 「固まる」は **단단해지다** タンダネジダ とも言います。

傾く　기울다　キウルダ

動 形 形動 ㄹ脱落 活用に注意！

요체 傾きます	기울어요 キウロヨ	~てください	
否定 傾きません	기울지 않아요 キウルジ アナヨ	~ないでください 傾かないでください	기울지 마세요 キウルジ マセヨ
過去 傾きました	기울었어요 キウロッソヨ	仮定 傾けば	기울면 キウルミョン
現在連体 傾く（陽）	기우는 (해) キウヌ ネ	~たいです	
過去連体 傾いた（陽）	기운 (해) キウ ネ	~て 傾いて	기울고 キウルゴ
未来連体 傾く（陽）	기울 (해) キウ レ	~でしょう 傾くでしょう	기울 거예요 キウル ッコエヨ
~から 傾くから	기우니까 キウニッカ	~と思います 傾くと思います	기울 것 같아요 キウル ッコッ カタヨ
~けれど 傾くけれど	기울지만 キウルジマン	意志 傾きます	기울겠어요 キウルゲッソヨ

「傾く」には **비스듬해지다** ピスドゥメジダ という言い方もあります。

傾ける　기울이다　キウリダ

動 形 形動 規則

요체 傾けます	기울여요 キウリョヨ	~てください 傾けてください	기울여 주세요 キウリョ ジュセヨ
否定 傾けません	기울이지 않아요 キウリジ アナヨ	~ないでください 傾けないでください	기울이지 마세요 キウリジ マセヨ
過去 傾けました	기울였어요 キウリョッソヨ	仮定 傾ければ	기울이면 キウリミョン
現在連体 傾ける（人）	기울이는 (사람) キウリヌン サラム	~たいです 傾けたいです	기울이고 싶어요 キウリゴ シポヨ
過去連体 傾けた（人）	기울인 (사람) キウリン サラム	~て 傾けて	기울이고 キウリゴ
未来連体 傾ける（人）	기울일 (사람) キウリル ッサラム	~でしょう 傾けるでしょう	기울일 거예요 キウリル ッコエヨ
~から 傾けるから	기울이니까 キウリニッカ	~と思います 傾けると思います	기울일 것 같아요 キウリル ッコッ カタヨ
~けれど 傾けるけれど	기울이지만 キウリジマン	意志 傾けます	기울이겠어요 キウリゲッソヨ

「傾ける」は **기울게 하다** キウルゲ ハダ とも言います。

か　かたむく／かたむける

偏る　치우치다　チウチダ　[動][形][形動][規則]

かたよる／かつ

立体 偏ります	치우쳐요 チウチョヨ	~てください 偏ってください	치우쳐 주세요 チウチョ ジュセヨ
否定 偏りません	치우치지 않아요 チウチジ アナヨ	~ないでください 偏らないでください	치우치지 마세요 チウチジ マセヨ
過去 偏りました	치우쳤어요 チウチョッソヨ	仮定 偏れば	치우치면 チウチミョン
現在連体 偏る（考え）	치우치는 (생각) チウチヌン センガク	~たいです 偏りたいです	치우치고 싶어요 チウチゴ シポヨ
過去連体 偏った（考え）	치우친 (생각) チウチヌン センガク	~て 偏って	치우치고 チウチゴ
未来連体 偏る（考え）	치우칠 (생각) チウチル ッセンガク	~でしょう 偏るでしょう	치우칠 거예요 チウチル ッコエヨ
~から 偏るから	치우치니까 チウチニッカ	~と思います 偏ると思います	치우칠 것 같아요 チウチル ッコッ カタヨ
~けれど 偏るけれど	치우치지만 チウチジマン	意志 偏ります	치우치겠어요 チウチゲッソヨ

🐾 「偏る」には **기울다** キウルダ、**쏠리다** ッソルリダ なども使います。

勝つ　이기다　イギダ　[動][形][形動][規則]　基本単語

立体 勝ちます	이겨요 イギョヨ	~てください 勝ってください	이겨 주세요 イギョ ジュセヨ
否定 勝ちません	이기지 않아요 イギジ アナヨ	~ないでください 勝たないでください	이기지 마세요 イギジ マセヨ
過去 勝ちました	이겼어요 イギョッソヨ	仮定 勝てば	이기면 イギミョン
現在連体 勝つ（試合）	이기는 (시합) イギヌン シハプ	~たいです 勝ちたいです	이기고 싶어요 イギゴ シポヨ
過去連体 勝った（試合）	이긴 (시합) イギン シハプ	~て 勝って	이기고 イギゴ
未来連体 勝つ（試合）	이길 (시합) イギル ッシハプ	~でしょう 勝つでしょう	이길 거예요 イギル ッコエヨ
~から 勝つから	이기니까 イギニッカ	~と思います 勝つと思います	이길 것 같아요 イギル ッコッ カタヨ
~けれど 勝つけれど	이기지만 イギジマン	意志 勝ちます	이기겠어요 イギゲッソヨ

🐾 「勝つ」には **앞서다** アプソダ という言い方もあります。

かっこいい　멋있다　モシッタ

存在詞　規則

요체 かっこいいです	멋있어요 モシッソヨ	〜のに かっこいいのに	멋있는데 モシンヌンデ
否定 かっこよくないです	멋있지 않아요 モシッチ アナヨ	〜くても かっこよくても	멋있어도 モシッソド
過去 かっこよかったです	멋있었어요 モシッソッソヨ	仮定 かっこよければ	멋있으면 モシッスミョン
過去否定 かっこよくなかったです	멋있지 않았어요 モシッチ アナッソヨ	〜けれど かっこいいけれど	멋있지만 モシッチマン
現在連体 かっこいい (彼氏)	멋있는 (남자친구) モシンヌン ナムジャチング	〜でしょう かっこいいでしょう	멋있을 거예요 モシッスル ッコエヨ
過去連体 かっこよかった (彼氏)	멋있던 (남자친구) モシットン ナムジャチング	〜ようです かっこいいようです	멋있는 것 같아요 モシンヌン ゴッ カタヨ
〜くて かっこよくて	멋있고 モシッコ	〜くないようです かっこよくないようです	멋있지 않은 것 같아요 モシッチ アヌン ゴッ カタヨ
〜から かっこいいから	멋있으니까 モシッスニッカ	〜く かっこよく	멋있게 モシッケ

ひと言フレーズ　かっこいいけれど、私のタイプではありません。
멋있지만, 제 타입은 아니에요. モシッチマン チェ タイブン アニエヨ

活動する　활동하다　ファルットンハダ

動　形　形動　規則

요체 活動します	활동해요 ファルットンヘヨ	〜てください 活動してください	활동해 주세요 ファルットンヘ ジュセヨ
否定 活動しません	활동하지 않아요 ファルットンハジ アナヨ	〜ないでください 活動しないでください	활동하지 마세요 ファルットンハジ マセヨ
過去 活動しました	활동했어요 ファルットンヘッソヨ	仮定 活動すれば	활동하면 ファルットンハミョン
現在連体 活動する (歌手)	활동하는 (가수) ファルットンハヌン ガス	〜たいです 活動したいです	활동하고 싶어요 ファルットンハゴ シポヨ
過去連体 活動した (歌手)	활동한 (가수) ファルットンハン ガス	〜て 活動して	활동하고 ファルットンハゴ
未来連体 活動する (歌手)	활동할 (가수) ファルットンハル ッカス	〜でしょう 活動するでしょう	활동할 거예요 ファルットンハル ッコエヨ
〜から 活動するから	활동하니까 ファルットンハニッカ	〜と思います 活動すると思います	활동할 것 같아요 ファルットンハル ッコッ カタヨ
〜けれど 活動するけれど	활동하지만 ファルットンハジマン	意志 活動します	활동하겠어요 ファルットンハゲッソヨ

「活動しましょうか？」は 활동할까요？ ファルットンハルッカヨ？ と言います。

活躍する　활약하다　ファリャカダ　[動][形][形動][規則]

요体 活躍します	활약해요 ファリャケヨ	~てください 活躍してください	활약해 주세요 ファリャケ ジュセヨ
否定 活躍しません	활약하지 않아요 ファリャカジ アナヨ	~ないでください 活躍しないでください	활약하지 마세요 ファリャカジ マセヨ
過去 活躍しました	활약했어요 ファリャケッソヨ	仮定 活躍すれば	활약하면 ファリャカミョン
現在連体 活躍する（俳優）	활약하는 (배우) ファリャカヌン ベウ	~たいです 活躍したいです	활약하고 싶어요 ファリャカゴ シボヨ
過去連体 活躍した（俳優）	활약한 (배우) ファリャカン ベウ	~て 活躍して	활약하고 ファリャカゴ
未来連体 活躍する（俳優）	활약할 (배우) ファリャカル ッベウ	~でしょう 活躍するでしょう	활약할 거예요 ファリャカル ッコエヨ
~から 活躍するから	활약하니까 ファリャカニッカ	~と思います 活躍すると思います	활약할 것 같아요 ファリャカル ッコッ カタヨ
~けれど 活躍するけれど	활약하지만 ファリャカジマン	意志 活躍します	활약하겠어요 ファリャカゲッソヨ

（意志）「活躍します」には **활약할래요** ファリャカルレヨ という活用形もあります。

悲しい　슬프다　スルプダ　[動][形][形動][으不規則]　活用に注意！　基本単語

요体 悲しいです	슬퍼요 スルポヨ	~のに 悲しいのに	슬픈데 スルプンデ
否定 悲しくないです	슬프지 않아요 スルプジ アナヨ	~くても 悲しくても	슬퍼도 スルポド
過去 悲しかったです	슬펐어요 スルポッソヨ	仮定 悲しければ	슬프면 スルプミョン
過去否定 悲しくなかったです	슬프지 않았어요 スルプジ アナッソヨ	~けれど 悲しいけれど	슬프지만 スルプジマン
現在連体 悲しい（映画）	슬픈 (영화) スルプン ニョンファ	~でしょう 悲しいでしょう	슬플 거예요 スルプル ッコエヨ
過去連体 悲しかった（映画）	슬프던 (영화) スルプドン ニョンファ	~ようです 悲しいようです	슬픈 것 같아요 スルプン ゴッ カタヨ
~くて 悲しくて	슬프고 スルプゴ	~くないようです 悲しくないようです	슬프지 않은 것 같아요 スルプジ アヌン ゴッ カタヨ
~から 悲しいから	슬프니까 スルプニッカ	~く 悲しく	슬프게 スルプゲ

「悲しいでしょう？」は **슬프겠죠**？ スルプゲッチョ？ と言います。

可能だ　가능하다　カヌンハダ　　動 形 形動 規則

요체 可能です	가능해요 カヌンヘヨ	~なのに 可能なのに	가능한데 カヌンハンデ
否定 可能ではないです	가능하지 않아요 カヌンハジ アナヨ	~でも 可能でも	가능해도 カヌンヘド
過去 可能でした	가능했어요 カヌンヘッソヨ	仮定 可能であれば	가능하면 カヌンハミョン
過去否定 可能ではなかったです	가능하지 않았어요 カヌンハジ アナッソヨ	~だけれど 可能だけれど	가능하지만 カヌンハジマン
現在連体 可能な（時間）	가능한 (시간) カヌンハン シガン	~でしょう 可能でしょう	가능할 거예요 カヌンハル ッコエヨ
過去連体 可能だった（時間）	가능하던 (시간) カヌンハドン シガン	~そうです 可能そうです	가능한 것 같아요 カヌンハン ゴッ カタヨ
~で 可能で	가능하고 カヌンハゴ	~ではないようです 可能ではないようです	가능하지 않은 것 같아요 カヌンハジ アヌン ゴッ カタヨ
~だから 可能だから	가능하니까 カヌンハニッカ	~に 可能に	가능하게 カヌンハゲ

🐾 「可能でしょう？」と同意を求めるときには **가능하죠**？ カヌンハジョ？ と言います。

我慢する　참다　チャムッタ　　動 形 形動 規則

요체 我慢します	참아요 チャマヨ	~てください 我慢してください	참아 주세요 チャマ ジュセヨ
否定 我慢しません	참지 않아요 チャムッチ アナヨ	~ないでください 我慢しないでください	참지 마세요 チャムッチ マセヨ
過去 我慢しました	참았어요 チャマッソヨ	仮定 我慢すれば	참으면 チャムミョン
現在連体 我慢する（痛さ）	참는 (아픔) チャムヌ ナプム	~たいです 我慢したいです	참고 싶어요 チャムッコ シポヨ
過去連体 我慢した（痛さ）	참은 (아픔) チャム ナプム	~て 我慢して	참고 チャムッコ
未来連体 我慢する（痛さ）	참을 (아픔) チャム ラプム	~でしょう 我慢するでしょう	참을 거예요 チャムル ッコエヨ
~から 我慢するから	참으니까 チャムニッカ	~と思います 我慢すると思います	참을 것 같아요 チャムル ッコッ カタヨ
~けれど 我慢するけれど	참지만 チャムッチマン	意志 我慢します	참겠어요 チャムッケッソヨ

🐾 「我慢する」には **견디다** キョンディダ という表現もあります。

噛む（ガムを） 씹다 ッシプタ

動 形 形動 規則

요체 噛みます	씹어요 ッシボヨ	~てください 噛んでください	씹어 주세요 ッシボ ジュセヨ
否定 噛みません	씹지 않아요 ッシプチ アナヨ	~ないでください 噛まないでください	씹지 마세요 ッシプチ マセヨ
過去 噛みました	씹었어요 ッシボッソヨ	仮定 噛めば	씹으면 ッシブミョン
現在連体 噛む（ガム）	씹는 (껌) ッシムヌン ッコム	~たいです 噛みたいです	씹고 싶어요 ッシプコ シポヨ
過去連体 噛んだ（ガム）	씹은 (껌) ッシブン ッコム	~て 噛んで	씹고 ッシプコ
未来連体 噛む（ガム）	씹을 (껌) ッシブル ッコム	~でしょう 噛むでしょう	씹을 거예요 ッシブル ッコエヨ
~から 噛むから	씹으니까 ッシブニッカ	~と思います 噛むと思います	씹을 것 같아요 ッシブル ッコッ カタヨ
~けれど 噛むけれど	씹지만 ッシプチマン	意志 噛みます	씹겠어요 ッシプケッソヨ

🐾 씹다 は「そしゃくする」という意味で使います。「噛んだので」は 씹어서 ッシボソ という活用形を使います。

噛む（唇を） 깨물다 ッケムルダ

活用に注意！ 動 形 形動 ㄹ脱落

요체 噛みます	깨물어요 ッケムロヨ	~てください 噛んでください	깨물어 주세요 ッケムロ ジュセヨ
否定 噛みません	깨물지 않아요 ッケムルジ アナヨ	~ないでください 噛まないでください	깨물지 마세요 ッケムルジ マセヨ
過去 噛みました	깨물었어요 ッケムロッソヨ	仮定 噛めば	깨물면 ッケムルミョン
現在連体 噛む（唇）	깨무는 (입술) ッケムヌン ニプスル	~たいです 噛みたいです	깨물고 싶어요 ッケムルゴ シポヨ
過去連体 噛んだ（唇）	깨문 (입술) ッケムン ニプスル	~て 噛んで	깨물고 ッケムルゴ
未来連体 噛む（唇）	깨물 (입술) ッケムル リプスル	~でしょう 噛むでしょう	깨물 거예요 ッケムル ッコエヨ
~から 噛むから	깨무니까 ッケムニッカ	~と思います 噛むと思います	깨물 것 같아요 ッケムル ッコッ カタヨ
~けれど 噛むけれど	깨물지만 ッケムルジマン	意志 噛みます	깨물겠어요 ッケムルゲッソヨ

🐾 깨물다 は「食いしばる」という意味で使います。「(犬が人を) 咬 (か) む」は (개가 사람을) 물다（ケガ サラムル）ムルダ と言います。

かゆい　가렵다　カリョプタ　動 形 形動 ㅂ不規則

活用に注意!

丁寧			
요体 かゆいです	가려워요 カリョウォヨ	~のに かゆいのに	가려운데 カリョウンデ
否定 かゆくないです	가렵지 않아요 カリョプチ アナヨ	~くても かゆくても	가려워도 カリョウォド
過去 かゆかったです	가려웠어요 カリョウォッソヨ	仮定 かゆければ	가려우면 カリョウミョン
過去否定 かゆくなかったです	가렵지 않았어요 カリョプチ アナッソヨ	~けれど かゆいけれど	가렵지만 カリョプチマン
現在連体 かゆい(肌)	가려운 (피부) カリョウン ピブ	~でしょう かゆいでしょう	가려울 거예요 カリョウル ッコエヨ
過去連体 かゆかった(肌)	가렵던 (피부) カリョプトン ピブ	~ようです かゆいようです	가려운 것 같아요 カリョウン ゴッ カタヨ
~くて かゆくて	가렵고 カリョプコ	~くないようです かゆくないようです	가렵지 않은 것 같아요 カリョプチ アヌン ゴッ カタヨ
~から かゆいから	가려우니까 カリョウニッカ	~く かゆく	가렵게 カリョプケ

「かゆいでしょうか?」は **가려울까요**? カリョウルッカヨ? という言い方をします。

通う　다니다　タニダ　動 形 形動 規則

基本単語

요体 通います	다녀요 タニョヨ	~てください 通ってください	다녀 주세요 タニョ ジュセヨ
否定 通いません	다니지 않아요 タニジ アナヨ	~ないでください 通わないでください	다니지 마세요 タニジ マセヨ
過去 通いました	다녔어요 タニョッソヨ	仮定 通えば	다니면 タニミョン
現在連体 通う(学校)	다니는 (학교) タニヌン ナクキョ	~たいです 通いたいです	다니고 싶어요 タニゴ シポヨ
過去連体 通った(学校)	다닌 (학교) タニン ナクキョ	~て 通って	다니고 タニゴ
未来連体 通う(学校)	다닐 (학교) タニル ラクキョ	~でしょう 通うでしょう	다닐 거예요 タニル ッコエヨ
~から 通うから	다니니까 タニニッカ	~と思います 通うと思います	다닐 것 같아요 タニル ッコッ カタヨ
~けれど 通うけれど	다니지만 タニジマン	意志 通います	다니겠어요 タニゲッソヨ

「(心が)通う」は **(마음이) 통하다** (マウミ) トンハダ という言い方をします。

辛い　맵다 メプタ

動 形 形動 ㅂ不規則　基本単語

요체 辛いです	매워요 メウォヨ	～のに 辛いのに	매운데 メウンデ
否定 辛くないです	맵지 않아요 メプチ アナヨ	～くても 辛くても	매워도 メウォド
過去 辛かったです	매웠어요 メウォッソヨ	仮定 辛ければ	매우면 メウミョン
過去否定 辛くなかったです	맵지 않았어요 メプチ アナッソヨ	～けれど 辛いけれど	맵지만 メプチマン
現在連体 辛い（キムチ）	매운 (김치) メウン ギムチ	～でしょう 辛いでしょう	매울 거예요 メウル ッコエヨ
過去連体 辛かった（キムチ）	맵던 (김치) メプトン ギムチ	～ようです 辛いようです	매운 것 같아요 メウン ゴッ カタヨ
～くて 辛くて	맵고 メプコ	～くないようです 辛くないようです	맵지 않은 것 같아요 メプチ アヌン ゴッ カタヨ
～から 辛いから	매우니까 メウニッカ	～く 辛く	맵게 メプケ

「辛いでしょう?」と同意を求めるときは 맵겠죠? メプケッチョ? と言います。

借りる　빌리다 ピルリダ

動 形 形動 規則　基本単語

요체 借ります	빌려요 ピルリョヨ	～てください 借りてください	빌리세요 ピルリセヨ
否定 借りません	빌리지 않아요 ピルリジ アナヨ	～ないでください 借りないでください	빌리지 마세요 ピルリジ マセヨ
過去 借りました	빌렸어요 ピルリョッソヨ	仮定 借りれば	빌리면 ピルリミョン
現在連体 借りる（ペン）	빌리는 (펜) ピルリヌン ペン	～たいです 借りたいです	빌리고 싶어요 ピルリゴ シポヨ
過去連体 借りた（ペン）	빌린 (펜) ピルリン ペン	～て 借りて	빌리고 ピルリゴ
未来連体 借りる（ペン）	빌릴 (펜) ピルリル ペン	～でしょう 借りるでしょう	빌릴 거예요 ピルリル ッコエヨ
～から 借りるから	빌리니까 ピルリニッカ	～と思います 借りると思います	빌릴 것 같아요 ピルリル ッコッ カタヨ
～けれど 借りるけれど	빌리지만 ピルリジマン	意志 借ります	빌리겠어요 ピルリゲッソヨ

「(力を) 借りる」は (도움을) 받다 (トウムル) パッタ とも言います。

軽い　가볍다　カビョプタ

動 形 形動 ㅂ不規則

活用に注意！

요体 軽いです	가벼워요 カビョウォヨ	〜のに 軽いのに	가벼운데 カビョウンデ
否定 軽くないです	가볍지 않아요 カビョプチ アナヨ	〜くても 軽くても	가벼워도 カビョウォド
過去 軽かったです	가벼웠어요 カビョウォッソヨ	仮定 軽ければ	가벼우면 カビョウミョン
過去否定 軽くなかったです	가볍지 않았어요 カビョプチ アナッソヨ	〜けれど 軽いけれど	가볍지만 カビョプチマン
現在連体 軽い（かばん）	가벼운 (가방) カビョウン ガバン	〜でしょう 軽いでしょう	가벼울 거예요 カビョウル ッコエヨ
過去連体 軽かった（かばん）	가볍던 (가방) カビョプトン ガバン	〜ようです 軽いようです	가벼운 것 같아요 カビョウン ゴッ カタヨ
〜くて 軽くて	가볍고 カビョプコ	〜くないようです 軽くないようです	가볍지 않은 것 같아요 カビョプチ アヌン ゴッ カタヨ
〜から 軽いから	가벼우니까 カビョウニッカ	〜く 軽く	가볍게 カビョプケ

「軽いでしょう？」と同意を求めるときは **가볍죠？** カビョプケッチョ？ と言います。

かわいい　귀엽다　クィヨプタ

動 形 形動 ㅂ不規則

活用に注意！

요体 かわいいです	귀여워요 クィヨウォヨ	〜のに かわいいのに	귀여운데 クィヨウンデ
否定 かわいくないです	귀엽지 않아요 クィヨプチ アナヨ	〜くても かわいくても	귀여워도 クィヨウォド
過去 かわいかったです	귀여웠어요 クィヨウォッソヨ	仮定 かわいければ	귀여우면 クィヨウミョン
過去否定 かわいくなかったです	귀엽지 않았어요 クィヨプチ アナッソヨ	〜けれど かわいいけれど	귀엽지만 クィヨプチマン
現在連体 かわいい（子犬）	귀여운 (강아지) クィヨウン ガンアジ	〜でしょう かわいいでしょう	귀여울 거예요 クィヨウル ッコエヨ
過去連体 かわいかった（子犬）	귀엽던 (강아지) クィヨプトン ガンアジ	〜ようです かわいいようです	귀여운 것 같아요 クィヨウン ゴッ カタヨ
〜くて かわいくて	귀엽고 クィヨプコ	〜くないようです かわいくないようです	귀엽지 않은 것 같아요 クィヨプチ アヌン ゴッ カタヨ
〜から かわいいから	귀여우니까 クィヨウニッカ	〜く かわいく	귀엽게 クィヨプケ

ひと言フレーズ　かわいい服を着てますね。
귀여운 옷을 입고있네요. クィヨウ ノスル イプコインネヨ

かわいそうだ 불쌍하다 プルッサンハダ 〔動〕〔形〕〔形動〕〔規則〕

요体 かわいそうです	불쌍해요 プルッサンヘヨ	~なのに かわいそうなのに	불쌍한데 プルッサンハンデ
否定 かわいそうではないです	불쌍하지 않아요 プルッサンハジ アナヨ	~でも かわいそうでも	불쌍해도 プルッサンヘド
過去 かわいそうでした	불쌍했어요 プルッサンヘッソヨ	仮定 かわいそうであれば	불쌍하면 プルッサンハミョン
過去否定 かわいそうではなかったです	불쌍하지 않았어요 プルッサンハジ アナッソヨ	~だけれど かわいそうだけれど	불쌍하지만 プルッサンハジマン
現在連体 かわいそうな (人)	불쌍한 (사람) プルッサンハン サラム	~でしょう かわいそうでしょう	불쌍할 거예요 プルッサンハル ッコエヨ
過去連体 かわいそうだった (人)	불쌍하던 (사람) プルッサンハドン サラム	~そうです かわいそうなようです	불쌍한 것 같아요 プルッサンハン ゴッ カタヨ
~で かわいそうで	불쌍하고 プルッサンハゴ	~ではないようです かわいそうではないようです	불쌍하지 않은 것 같아요 プルッサンハジ アヌン ゴッ カタヨ
~だから かわいそうだから	불쌍하니까 プルッサンハニッカ	~に かわいそうに	불쌍하게 プルッサンハゲ

🐾 「かわいそうでしょう？」は 불쌍하겠죠? プルッサンハゲッチョ？ と言います。

変わる 바뀌다 パックィダ 〔動〕〔形〕〔形動〕〔規則〕

요体 変わります	바뀌어요 パックィオヨ	~てください	
否定 変わりません	바뀌지 않아요 パックィジ アナヨ	~ないでください 変わらないでください	바뀌지 마세요 パックィジ マセヨ
過去 変わりました	바뀌었어요 パックィオッソヨ	仮定 変われば	바뀌면 パックィミョン
現在連体 変わる (考え)	바뀌는 (생각) パックィヌン センガク	~たいです 変わりたいです	바뀌고 싶어요 パックィゴ シポヨ
過去連体 変わった (考え)	바뀐 (생각) パックィン センガク	~て 変わって	바뀌고 パックィゴ
未来連体 変わる (考え)	바뀔 (생각) パックィル ッセンガク	~でしょう 変わるでしょう	바뀔 거예요 パックィル ッコエヨ
~から 変わるから	바뀌니까 パックィニッカ	~と思います 変わると思います	바뀔 것 같아요 パックィル ッコッ カタヨ
~けれど 変わるけれど	바뀌지만 パックィジマン	意志 変わります	바뀌겠어요 パックィゲッソヨ

🐾 「変わる」には 달라지다 タルラジダ、변하다 ピョナダ という言い方もあります。

考える／思う　생각하다　センガカダ　[動][形][形動][規則]　基本単語

活用	韓国語	ヨミ	活用	韓国語	ヨミ
요体 考えます	생각해요	センガケヨ	〜てください 考えてください	생각해 주세요	センガケ ジュセヨ
否定 考えません	생각하지 않아요	センガカジ アナヨ	〜ないでください 考えないでください	생각하지 마세요	センガカジ マセヨ
過去 考えました	생각했어요	センガケッソヨ	仮定 考えれば	생각하면	センガカミョン
現在連体 考える（方法）	생각하는 (방법)	センガカヌン パンボプ	〜たいです 考えたいです	생각하고 싶어요	センガカゴ シポヨ
過去連体 考えた（方法）	생각한 (방법)	センガカン パンボプ	〜て 考えて	생각하고	センガカゴ
未来連体 考える（方法）	생각할 (방법)	センガカル ッパンボプ	〜でしょう 考えるでしょう	생각할 거예요	センガカル ッコエヨ
〜から 考えるから	생각하니까	センガカニッカ	〜と思います 考えると思います	생각할 것 같아요	センガカル ッコッ カタヨ
〜けれど 考えるけれど	생각하지만	センガカジマン	意志 考えます	생각하겠어요	センガカゲッソヨ

ひと言フレーズ　その件はあとで考えます。
그 건은 나중에 생각하겠어요. ク コヌン ナジュンエ センガカゲッソヨ

感激する　감격하다　カムギョカダ　[動][形][形動][規則]

活用	韓国語	ヨミ	活用	韓国語	ヨミ
요体 感激します	감격해요	カムギョケヨ	〜てください 感激してください	감격해 주세요	カムギョケ ジュセヨ
否定 感激しません	감격하지 않아요	カムギョカジ アナヨ	〜ないでください 感激しないでください	감격하지 마세요	カムギョカジ マセヨ
過去 感激しました	감격했어요	カムギョケッソヨ	仮定 感激すれば	감격하면	カムギョカミョン
現在連体 感激する（瞬間）	감격하는 (순간)	カムギョカヌン スンガン	〜たいです 感激したいです	감격하고 싶어요	カムギョカゴ シポヨ
過去連体 感激した（瞬間）	감격한 (순간)	カムギョカン スンガン	〜て 感激して	감격하고	カムギョカゴ
未来連体 感激する（瞬間）	감격할 (순간)	カムギョカル ッスンガン	〜でしょう 感激するでしょう	감격할 거예요	カムギョカル ッコエヨ
〜から 感激するから	감격하니까	カムギョカニッカ	〜と思います 感激すると思います	감격할 것 같아요	カムギョカル ッコッ カタヨ
〜けれど 感激するけれど	감격하지만	カムギョカジマン	意志 感激します	감격하겠어요	カムギョカゲッソヨ

「感激するでしょうか？」は 감격할까요? カムギョカルッカヨ? という言い方をします。

か　かんがえる／かんげきする

感謝する　감사하다　カムサハダ　[動][形動][規則][基本単語]

요体 感謝します	감사해요 カムサヘヨ	～てください 感謝してください	감사해 주세요 カムサヘ ジュセヨ
否定 感謝しません	감사하지 않아요 カムサハジ アナヨ	～ないでください 感謝しないでください	감사하지 마세요 カムサハジ マセヨ
過去 感謝しました	감사했어요 カムサヘッソヨ	仮定 感謝すれば	감사하면 カムサハミョン
現在連体 感謝する（人）	감사하는 (사람) カムサハヌン サラム	～たいです 感謝したいです	감사하고 싶어요 カムサハゴ シポヨ
過去連体 感謝した（人）	감사한 (사람) カムサハン サラム	～て 感謝して	감사하고 カムサハゴ
未来連体 感謝する（人）	감사할 (사람) カムサハル ッサラム	～でしょう 感謝するでしょう	감사할 거예요 カムサハル ッコエヨ
～から 感謝するから	감사하니까 カムサハニッカ	～と思います 感謝すると思います	감사할 것 같아요 カムサハル ッコッ カタヨ
～けれど 感謝するけれど	감사하지만 カムサハジマン	意志 感謝します	감사하겠어요 カムサハゲッソヨ

감사하다 より丁寧な語は、감사드립니다 カムサドゥリムニダ と言います。

感じる　느끼다　ヌッキダ　[動][形動][規則][基本単語]

요体 感じます	느껴요 ヌッキョヨ	～てください 感じてください	느껴 주세요 ヌッキョ ジュセヨ
否定 感じません	느끼지 않아요 ヌッキジ アナヨ	～ないでください 感じないでください	느끼지 마세요 ヌッキジ マセヨ
過去 感じました	느꼈어요 ヌッキョッソヨ	仮定 感じれば	느끼면 ヌッキミョン
現在連体 感じる（苦痛）	느끼는 (고통) ヌッキヌン ゴトン	～たいです 感じたいです	느끼고 싶어요 ヌッキゴ シポヨ
過去連体 感じた（苦痛）	느낀 (고통) ヌッキン ゴトン	～て 感じて	느끼고 ヌッキゴ
未来連体 感じる（苦痛）	느낄 (고통) ヌッキル ッコトン	～でしょう 感じるでしょう	느낄 거예요 ヌッキル ッコエヨ
～から 感じるから	느끼니까 ヌッキニッカ	～と思います 感じると思います	느낄 것 같아요 ヌッキル ッコッ カタヨ
～けれど 感じるけれど	느끼지만 ヌッキジマン	意志 感じます	느끼겠어요 ヌッキゲッソヨ

「感じる」には 감동하다 カムドンハダ、생각하다 センガカダ という言い方もあります。

完成される／でき上がる　완성되다　ワンソンドェダ　動 形 形動 規則

丁寧 完成されます	완성돼요 ワンソンドェヨ	～てください	
否定 完成されません	완성되지 않아요 ワンソンドェジ アナヨ	～ないでください	
過去 完成されました	완성됐어요 ワンソンドェッソヨ	仮定 完成されれば	완성되면 ワンソンドェミョン
現在連体 完成される（作品）	완성되는 (작품) ワンソンドェヌン ジャクプム	～たいです	
過去連体 完成された（作品）	완성된 (작품) ワンソンドェン ジャクプム	～て 完成されて	완성되고 ワンソンドェゴ
未来連体 完成される（作品）	완성될 (작품) ワンソンドェル ッチャクプム	～でしょう 完成されるでしょう	완성될 거예요 ワンソンドェル ッコエヨ
～から 完成されるから	완성되니까 ワンソンドェニッカ	～と思います 完成されると思います	완성될 것 같아요 ワンソンドェル ッコッ カタヨ
～けれど 完成されるけれど	완성되지만 ワンソンドェジマン	意志	

「でき上がる」は **다 되다** タ ドェダ とも言います。

簡単だ　간단하다　カンダナダ　動 形 形動 規則

丁寧 簡単です	간단해요 カンダネヨ	～なのに 簡単なのに	간단한데 カンダナンデ
否定 簡単ではないです	간단하지 않아요 カンダナジ アナヨ	～でも 簡単でも	간단해도 カンダネド
過去 簡単でした	간단했어요 カンダネッソヨ	仮定 簡単であれば	간단하면 カンダナミョン
過去否定 簡単ではなかったです	간단하지 않았어요 カンダナジ アナッソヨ	～だけれど 簡単だけれど	간단하지만 カンダナジマン
現在連体 簡単な（問題）	간단한 (문제) カンダナン ムンジェ	～でしょう 簡単でしょう	간단할 거예요 カンダナル ッコエヨ
過去連体 簡単だった（問題）	간단하던 (문제) カンダナドン ムンジェ	～そうです 簡単そうです	간단한 것 같아요 カンダナン ゴッ カタヨ
～で 簡単で	간단하고 カンダナゴ	～ではないようです 簡単ではないようです	간단하지 않은 것 같아요 カンダナジ アヌン ゴッ カタヨ
～だから 簡単だから	간단하니까 カンダナニッカ	～に 簡単に	간단하게 カンダナゲ

「簡単でしょう？」と同意を求めるときは **간단하죠?** カンダナゲッチョ？ と言います。

感動する　감동하다　カムドンハダ

`動` `形` `形動` `規則`

요체 感動します	감동해요 カムドンヘヨ	~てください 感動してください	감동해 주세요 カムドンヘ ジュセヨ
否定 感動しません	감동하지 않아요 カムドンハジ アナヨ	~ないでください 感動しないでください	감동하지 마세요 カムドンハジ マセヨ
過去 感動しました	감동했어요 カムドンヘッソヨ	仮定 感動すれば	감동하면 カムドンハミョン
現在連体 感動する（映画）	감동하는 (영화) カムドンハヌン ニョンファ	~たいです 感動したいです	감동하고 싶어요 カムドンハゴ シポヨ
過去連体 感動した（映画）	감동한 (영화) カムドンハン ニョンファ	~て 感動して	감동하고 カムドンハゴ
未来連体 感動する（映画）	감동할 (영화) カムドンハル リョンファ	~でしょう 感動するでしょう	감동할 거예요 カムドンハル ッコエヨ
~から 感動するから	감동하니까 カムドンハニッカ	~と思います 感動すると思います	감동할 것 같아요 カムドンハル ッコッ カタヨ
~けれど 感動するけれど	감동하지만 カムドンハジマン	意志 感動します	감동하겠어요 カムドンハゲッソヨ

「感動を受ける」は **감동을 받다** カムドンウル パッタ と言います。

頑張る　분발하다　プンバラダ

`動` `形` `形動` `規則`

요체 頑張ります	분발해요 プンバレヨ	~てください 頑張ってください	분발해 주세요 プンバレ ジュセヨ
否定 頑張りません	분발하지 않아요 プンバラジ アナヨ	~ないでください 頑張らないでください	분발하지 마세요 プンバラジ マセヨ
過去 頑張りました	분발했어요 プンバレッソヨ	仮定 頑張れば	분발하면 プンバラミョン
現在連体 頑張る（学生）	분발하는 (학생) プンバラヌン ハクセン	~たいです 頑張りたいです	분발하고 싶어요 プンバラゴ シポヨ
過去連体 頑張った（学生）	분발한 (학생) プンバラン ハクセン	~て 頑張って	분발하고 プンバラゴ
未来連体 頑張る（学生）	분발할 (학생) プンバラル ハクセン	~でしょう 頑張るでしょう	분발할 거예요 プンバラル ッコエヨ
~から 頑張るから	분발하니까 プンバラニッカ	~と思います 頑張ると思います	분발할 것 같아요 プンバラル ッコッ カタヨ
~けれど 頑張るけれど	분발하지만 プンバラジマン	意志 頑張ります	분발하겠어요 プンバラゲッソヨ

「頑張る」は **힘내다** ヒムネダ、**노력하다** ノリョカダ とも言います。

完璧だ　완벽하다　ワンビョカダ　[動 形 形動 規則]

요체 完璧です	완벽해요 ワンビョケヨ	~なのに 完璧なのに	완벽한데 ワンビョカンデ
否定 完璧ではないです	완벽하지 않아요 ワンビョカジ アナヨ	~でも 完璧でも	완벽해도 ワンビョケド
過去 完璧でした	완벽했어요 ワンビョケッソヨ	仮定 完璧であれば	완벽하면 ワンビョカミョン
過去否定 完璧ではなかったです	완벽하지 않았어요 ワンビョカジ アナッソヨ	~だけれど 完璧だけれど	완벽하지만 ワンビョカジマン
現在連体 完璧な (演技)	완벽한 (연기) ワンビョカン ニョンギ	~でしょう 完璧でしょう	완벽할 거예요 ワンビョカル ッコエヨ
過去連体 完璧だった (演技)	완벽하던 (연기) ワンビョカドン ニョンギ	~そうです 完璧そうです	완벽한 것 같아요 ワンビョカン ゴッ カタヨ
~で 完璧で	완벽하고 ワンビョカゴ	~ではないようです 完璧ではないようです	완벽하지 않은 것 같아요 ワンビョカジ アヌン ゴッ カタヨ
~だから 完璧だから	완벽하니까 ワンビョカニッカ	~に 完璧に	완벽하게 ワンビョカゲ

「完璧でしょう？」と同意を求めるときは 완벽하죠？ ワンビョカジョ？ と言います。

かんぺきだ／きえる

消える (火が)　꺼지다　ッコジダ　[動 形 形動 規則]

요체 消えます	꺼져요 ッコジョヨ	~てください	
否定 消えません	꺼지지 않아요 ッコジジ アナヨ	~ないでください	
過去 消えました	꺼졌어요 ッコジョッソヨ	仮定 消えれば	꺼지면 ッコジミョン
現在連体 消える (火)	꺼지는 (불) ッコジヌン プル	~たいです	
過去連体 消えた (火)	꺼진 (불) ッコジン プル	~て 消えて	꺼지고 ッコジゴ
未来連体 消える (火)	꺼질 (불) ッコジル ップル	~でしょう 消えるでしょう	꺼질 거예요 ッコジル ッコエヨ
~から 消えるから	꺼지니까 ッコジニッカ	~と思います 消えると思います	꺼질 것 같아요 ッコジル ッコッ カタヨ
~けれど 消えるけれど	꺼지지만 ッコジジマン	意志	

「(姿が) 消える」は (모습이) 사라지다 (モスビ) サラジダ と言います。

記憶する／覚える　기억하다　キオカダ　[動][形][形動][規則]　基本単語

丁体 記憶します	기억해요 キオケヨ	～てください 記憶してください	기억해 주세요 キオケ ジュセヨ
否定 記憶しません	기억하지 않아요 キオカジ アナヨ	～ないでください 記憶しないでください	기억하지 마세요 キオカジ マセヨ
過去 記憶しました	기억했어요 キオケッソヨ	仮定 記憶すれば	기억하면 キオカミョン
現在連体 記憶する（道）	기억하는 (길) キオカヌン ギル	～たいです 記憶したいです	기억하고 싶어요 キオカゴ シポヨ
過去連体 記憶した（道）	기억한 (길) キオカン ギル	～て 記憶して	기억하고 キオカゴ
未来連体 記憶する（道）	기억할 (길) キオカル ッキル	～でしょう 記憶するでしょう	기억할 거예요 キオカル ッコエヨ
～から 記憶するから	기억하니까 キオカニッカ	～と思います 記憶すると思います	기억할 것 같아요 キオカル ッコッ カタヨ
～けれど 記憶するけれど	기억하지만 キオカジマン	意志 記憶します	기억하겠어요 キオカゲッソヨ

ひと言フレーズ 電話番号は記憶してください。
전화번호는 기억해 주세요. チョヌァボノヌン キオケ ジュセヨ

聞く／効く（薬が）　듣다　トゥッタ　[動][形][形動][ㄷ不規則]　基本単語

丁体 聞きます	들어요 トゥロヨ	～てください 聞いてください	들어 주세요 トゥロ ジュセヨ
否定 聞きません	듣지 않아요 トゥッチ アナヨ	～ないでください 聞かないでください	듣지 마세요 トゥッチ マセヨ
過去 聞きました	들었어요 トゥロッソヨ	仮定 聞けば	들으면 トゥルミョン
現在連体 聞く（音楽）	듣는 (음악) トゥンヌ ヌマク	～たいです 聞きたいです	듣고 싶어요 トゥッコ シポヨ
過去連体 聞いた（音楽）	들은 (음악) トゥル ヌマク	～て 聞いて	듣고 トゥッコ
未来連体 聞く（音楽）	들을 (음악) トゥル ルマク	～でしょう 聞くでしょう	들을 거예요 トゥルル ッコエヨ
～から 聞くから	들으니까 トゥルニッカ	～と思います 聞くと思います	들을 것 같아요 トゥルル ッコッ カタヨ
～けれど 聞くけれど	듣지만 トゥッチマン	意志 聞きます	듣겠어요 トゥッケッソヨ

「（気が）利く」は（눈치가）빠르다（ヌンチガ）ッパルダ という表現を使います。

聞く（内容を） 묻다 ムッタ 動形 形動 ㄷ不規則 基本単語

活用に注意！

요体 聞きます	물어요 ムロヨ	~てください 聞いてください	물어 주세요 ムロ ジュセヨ
否定 聞きません	묻지 않아요 ムッチ アナヨ	~ないでください 聞かないでください	묻지 마세요 ムッチ マセヨ
過去 聞きました	물었어요 ムロッソヨ	仮定 聞けば	물으면 ムルミョン
現在連体 聞く（人）	묻는 (사람) ムンヌン サラム	~たいです 聞きたいです	묻고 싶어요 ムッコ シボヨ
過去連体 聞いた（人）	물은 (사람) ムルン サラム	~て 聞いて	묻고 ムッコ
未来連体 聞く（人）	물을 (사람) ムルル ッサラム	~でしょう 聞くでしょう	물을 거예요 ムルル ッコエヨ
~から 聞くから	물으니까 ムルニッカ	~と思います 聞くと思います	물을 것 같아요 ムルル ッコッ カタヨ
~けれど 聞くけれど	묻지만 ムッチマン	意志 聞きます	묻겠어요 ムッケッソヨ

🐾「聞いてみましょうか？」は 물어 볼까요？ ムロ ボルッカヨ？ と言います。

危険だ／危ない 위험하다 ウィホマダ 動形 形動 規則

요体 危険です	위험해요 ウィホメヨ	~なのに 危険なのに	위험한데 ウィホマンデ
否定 危険ではないです	위험하지 않아요 ウィホマジ アナヨ	~でも 危険でも	위험해도 ウィホメド
過去 危険でした	위험했어요 ウィホメッソヨ	仮定 危険であれば	위험하면 ウィホマミョン
過去否定 危険ではなかったです	위험하지 않았어요 ウィホマジ アナッソヨ	~だけれど 危険だけれど	위험하지만 ウィホマジマン
現在連体 危険な（道）	위험한 (길) ウィホマン ギル	~でしょう 危険でしょう	위험할 거예요 ウィホマル ッコエヨ
過去連体 危険だった（道）	위험하던 (길) ウィホマドン ギル	~そうです 危険そうです	위험한 것 같아요 ウィホマン ゴッ カタヨ
~て 危険で	위험하고 ウィホマゴ	~ではないようです 危険ではないようです	위험하지 않은 것 같아요 ウィホマジ アヌン ゴッ カタヨ
~だから 危険だから	위험하니까 ウィホマニッカ	~に 危険に	위험하게 ウィホマゲ

ひと言フレーズ その区域は危険ではないです。
그 구역은 위험하지 않아요. ク クヨグン ウィホマジ アナヨ

聞こえる 들리다 トゥルリダ
動 形 形動 規則 / 基本単語

요体 聞こえます	들려요 トゥルリョヨ	～てください	
否定 聞こえません	들리지 않아요 トゥルリジ アナヨ	～ないでください	
過去 聞こえました	들렸어요 トゥルリョッソヨ	仮定 聞こえれば	들리면 トゥルリミョン
現在連体 聞こえる(音)	들리는 (소리) トゥルリヌン ソリ	～たいです	
過去連体 聞こえた(音)	들린 (소리) トゥルリン ソリ	～て 聞こえて	들리고 トゥルリゴ
未来連体 聞こえる(音)	들릴 (소리) トゥルリル ッソリ	～でしょう 聞こえるでしょう	들릴 거예요 トゥルリル ッコエヨ
～から 聞こえるから	들리니까 トゥルリニッカ	～と思います 聞こえると思います	들릴 것 같아요 トゥルリル ッコッ カタヨ
～けれど 聞こえるけれど	들리지만 トゥルリジマン	意志	

🐾 「(～のように) 聞こえる、思われる」には 여겨지다 ヨギョジダ を使います。

傷つく 다치다 タチダ
動 形 形動 規則

요体 傷つきます	다쳐요 タチョヨ	～てください 傷ついてください	다쳐 주세요 タチョ ジュセヨ
否定 傷つきません	다치지 않아요 タチジ アナヨ	～ないでください 傷つかないでください	다치지 마세요 タチジ マセヨ
過去 傷つきました	다쳤어요 タチョッソヨ	仮定 傷つけば	다치면 タチミョン
現在連体 傷つく(肩)	다치는 (어깨) タチヌン オッケ	～たいです 傷つきたいです	다치고 싶어요 タチゴ シポヨ
過去連体 傷ついた(肩)	다친 (어깨) タチン オッケ	～て 傷ついて	다치고 タチゴ
未来連体 傷つく(肩)	다칠 (어깨) タチル ロッケ	～でしょう 傷つくでしょう	다칠 거예요 タチル ッコエヨ
～から 傷つくから	다치니까 タチニッカ	～と思います 傷つくと思います	다칠 것 같아요 タチル ッコッ カタヨ
～けれど 傷つくけれど	다치지만 タチジマン	意志 傷つきます	다치겠어요 タチゲッソヨ

🐾 「傷つく」は 상처 입다 サンチョ イプタ とも言います。

汚い　더럽다　トロプタ

`動` `形` `形動` `ㅂ不規則`

活用に注意！

요체 汚いです	더러워요 トロウォヨ	〜のに 汚いのに	더러운데 トロウンデ
否定 汚くないです	더럽지 않아요 トロプチ アナヨ	〜くても 汚くても	더러워도 トロウォド
過去 汚かったです	더러웠어요 トロウォッソヨ	仮定 汚ければ	더러우면 トロウミョン
過去否定 汚くなかったです	더럽지 않았어요 トロプチ アナッソヨ	〜けれど 汚いけれど	더럽지만 トロプチマン
現在連体 汚い（部屋）	더러운 (방) トロウン バン	〜でしょう 汚いでしょう	더러울 거예요 トロウル ッコエヨ
過去連体 汚かった（部屋）	더럽던 (방) トロプトン バン	〜ようです 汚いようです	더러운 것 같아요 トロウン ゴッ カタヨ
〜くて 汚くて	더럽고 トロプコ	〜くないようです 汚くないようです	더럽지 않은 것 같아요 トロプチ アヌン ゴッ カタヨ
〜から 汚いから	더러우니까 トロウニッカ	〜く 汚く	더럽게 トロプケ

ひと言フレーズ　汚い部屋ですみません。
더러운 방이라서 미안해요. トロウン バンイラソ ミアネヨ

汚い（やり方が）　비열하다　ピヨラダ

`動` `形` `形動` `規則`

요체 汚いです	비열해요 ピヨレヨ	〜のに 汚いのに	비열한데 ピヨランデ
否定 汚くないです	비열하지 않아요 ピヨラジ アナヨ	〜くても 汚くても	비열해도 ピヨレド
過去 汚かったです	비열했어요 ピヨレッソヨ	仮定 汚ければ	비열하면 ピヨラミョン
過去否定 汚くなかったです	비열하지 않았어요 ピヨラジ アナッソヨ	〜けれど 汚いけれど	비열하지만 ピヨラジマン
現在連体 汚い（方法）	비열한 (방법) ピヨラン バンボプ	〜でしょう 汚いでしょう	비열할 거예요 ピヨラル ッコエヨ
過去連体 汚かった（方法）	비열하던 (방법) ピヨラドン バンボプ	〜ようです 汚いようです	비열한 것 같아요 ピヨラン ゴッ カタヨ
〜くて 汚くて	비열하고 ピヨラゴ	〜くないようです 汚くないようです	비열하지 않은 것 같아요 ピヨラジ アヌン ゴッ カタヨ
〜から 汚いから	비열하니까 ピヨラニッカ	〜く 汚く	비열하게 ピヨラゲ

「汚いでしょう？」と同意を求めるときは 비열하죠? ピヨラゲッチョ? と言います。

貴重だ　귀중하다　クィジュンハダ

`動` `形` `形動` `規則`

要体 貴重です	귀중해요 クィジュンヘヨ
否定 貴重ではないです	귀중하지 않아요 クィジュンハジ アナヨ
過去 貴重でした	귀중했어요 クィジュンヘッソヨ
過去否定 貴重ではなかったです	귀중하지 않았어요 クィジュンハジ アナッソヨ
現在連体 貴重な (資料)	귀중한 (자료) クィジュンハン ジャリョ
過去連体 貴重だった (資料)	귀중하던 (자료) クィジュンハドン ジャリョ
〜で 貴重で	귀중하고 クィジュンハゴ
〜だから 貴重だから	귀중하니까 クィジュンハニッカ

〜なのに 貴重なのに	귀중한데 クィジュンハンデ
〜でも 貴重でも	귀중해도 クィジュンヘド
仮定 貴重であれば	귀중하면 クィジュンハミョン
〜だけれど 貴重だけれど	귀중하지만 クィジュンハジマン
〜でしょう 貴重でしょう	귀중할 거예요 クィジュンハル ッコエヨ
〜そうです 貴重そうです	귀중한 것 같아요 クィジュンハン ゴッ カタヨ
〜ではないようです 貴重ではないようです	귀중하지 않은 것 같아요 クィジュンハジ アヌン ゴッ カタヨ
〜に 貴重に	귀중하게 クィジュンハゲ

🐾 「貴重だ」は 값지다 カプチダ とも言います。

きつい（仕事が）　고되다　コドェダ

`動` `形` `形動` `規則`

要体 きついです	고돼요 コドェヨ
否定 きつくないです	고되지 않아요 コドェジ アナヨ
過去 きつかったです	고됐어요 コドェッソヨ
過去否定 きつくなかったです	고되지 않았어요 コドェジ アナッソヨ
現在連体 きつい (仕事)	고된 (일) コドェン ニル
過去連体 きつかった (仕事)	고되던 (일) コドェドン ニル
〜くて きつくて	고되고 コドェゴ
〜から きついから	고되니까 コドェニッカ

〜のに きついのに	고된데 コドェンデ
〜くても きつくても	고돼도 コドェド
仮定 きつければ	고되면 コドェミョン
〜けれど きついけれど	고되지만 コドェジマン
〜でしょう きついでしょう	고될 거예요 コドェル ッコエヨ
〜ようです きついようです	고된 것 같아요 コドェン ゴッ カタヨ
〜くないようです きつくないようです	고되지 않은 것 같아요 コドェジ アヌン ゴッ カタヨ
〜く きつく	고되게 コドェゲ

🐾 「きつい」には 힘들다 ヒムドゥルダ という語も使います。

気づく　알아차리다　アラチャリダ　[動][形][形動][規則]

요체 気づきます	알아차려요 アラチャリョヨ	～てください 気づいてください	알아차려 주세요 アラチャリョ ジュセヨ
否定 気づきません	알아차리지 않아요 アラチャリジ アナヨ	～ないでください 気づかないでください	알아차리지 마세요 アラチャリジ マセヨ
過去 気づきました	알아차렸어요 アラチャリョッソヨ	仮定 気づけば	알아차리면 アラチャリミョン
現在連体 気づく(人)	알아차리는 (사람) アラチャリヌン サラム	～たいです 気づきたいです	알아차리고 싶어요 アラチャリゴ シポヨ
過去連体 気づいた(人)	알아차린 (사람) アラチャリン サラム	～て 気づいて	알아차리고 アラチャリゴ
未来連体 気づく(人)	알아차릴 (사람) アラチャリル ッサラム	～でしょう 気づくでしょう	알아차릴 거예요 アラチャリル ッコエヨ
～から 気づくから	알아차리니까 アラチャリニッカ	～と思います 気づくと思います	알아차릴 것 같아요 アラチャリル ッコッ カタヨ
～けれど 気づくけれど	알아차리지만 アラチャリジマン	意志 気づきます	알아차리겠어요 アラチャリゲッソヨ

「気づく」には 눈치채다 ヌンチチェダ、깨닫다 ッケダッタ も使います。

厳しい(訓練が)　혹독하다　ホクトカダ　[動][形][形動][規則]

요체 厳しいです	혹독해요 ホクトケヨ	～のに 厳しいのに	혹독한데 ホクトカンデ
否定 厳しくないです	혹독하지 않아요 ホクトカジ アナヨ	～くても 厳しくても	혹독해도 ホクトケド
過去 厳しかったです	혹독했어요 ホクトケッソヨ	仮定 厳しければ	혹독하면 ホクトカミョン
過去否定 厳しくなかったです	혹독하지 않았어요 ホクトカジ アナッソヨ	～けれど 厳しいけれど	혹독하지만 ホクトカジマン
現在連体 厳しい(訓練)	혹독한 (훈련) ホクトカン フルリョン	～でしょう 厳しいでしょう	혹독할 거예요 ホクトカル ッコエヨ
過去連体 厳しかった(訓練)	혹독하던 (훈련) ホクトカドン フルリョン	～ようです 厳しいようです	혹독한 것 같아요 ホクトカン ゴッ カタヨ
～くて 厳しくて	혹독하고 ホクトカゴ	～くないようです 厳しくないようです	혹독하지 않은 것 같아요 ホクトカジ アヌン ゴッ カタヨ
～から 厳しいから	혹독하니까 ホクトカニッカ	～く 厳しく	혹독하게 ホクトカゲ

ひと言フレーズ　訓練はとても厳しかったです。
훈련은 매우 혹독했어요. フルリョヌン メウ ホクトケッソヨ

気まずい　서먹하다　ソモカダ

[動][形][形動][規則]

요体 気まずいです	서먹해요 ソモケヨ	～のに 気まずいのに	서먹한데 ソモカンデ
否定 気まずくないです	서먹하지 않아요 ソモカジ アナヨ	～くても 気まずくても	서먹해도 ソモケド
過去 気まずかったです	서먹했어요 ソモケッソヨ	仮定 気まずければ	서먹하면 ソモカミョン
過去否定 気まずくなかったです	서먹하지 않았어요 ソモカジ アナッソヨ	～けれど 気まずいけれど	서먹하지만 ソモカジマン
現在連体 気まずい（関係）	서먹한（관계） ソモカン グァンゲ	～でしょう 気まずいでしょう	서먹할 거예요 ソモカル ッコエヨ
過去連体 気まずかった（関係）	서먹하던（관계） ソモカドン グァンゲ	～ようです 気まずいようです	서먹한 것 같아요 ソモカン ゴッ カタヨ
～くて 気まずくて	서먹하고 ソモカゴ	～くないようです 気まずくないようです	서먹하지 않은 것 같아요 ソモカジ アヌン ゴッ カタヨ
～から 気まずいから	서먹하니까 ソモカニッカ	～く 気まずく	서먹하게 ソモカゲ

「気まずい」は 어색하다 オセカダ、거북하다 コブカダ とも言います。

決める　정하다　チョンハダ

[動][形][形動][規則]

요体 決めます	정해요 チョンヘヨ	～てください 決めてください	정해 주세요 チョンヘ ジュセヨ
否定 決めません	정하지 않아요 チョンハジ アナヨ	～ないでください 決めないでください	정하지 마세요 チョンハジ マセヨ
過去 決めました	정했어요 チョンヘッソヨ	仮定 決めれば	정하면 チョンハミョン
現在連体 決める（順番）	정하는（순서） チョンハヌン スンソ	～たいです 決めたいです	정하고 싶어요 チョンハゴ シポヨ
過去連体 決めた（順番）	정한（순서） チョンハン スンソ	～て 決めて	정하고 チョンハゴ
未来連体 決める（順番）	정할（순서） チョンハル ッスンソ	～でしょう 決めるでしょう	정할 거예요 チョンハル ッコエヨ
～から 決めるから	정하니까 チョンハニッカ	～と思います 決めると思います	정할 것 같아요 チョンハル ッコッ カタヨ
～けれど 決めるけれど	정하지만 チョンハジマン	意志 決めます	정하겠어요 チョンハゲッソヨ

「決めましょうか？」は 정할까요？ チョンハルッカヨ？ と言います。

窮屈だ　갑갑하다　カプカパダ　[動][形][形動][規則]

きゅうくつだ／きゅうだ

요체 窮屈です	갑갑해요	カプカペヨ
否定 窮屈ではないです	갑갑하지 않아요	カプカパジ アナヨ
過去 窮屈でした	갑갑했어요	カプカペッソヨ
過去否定 窮屈ではなかったです	갑갑하지 않았어요	カプカパジ アナッソヨ
現在連体 窮屈な（人生）	갑갑한 (인생)	カプカパン ニンセン
過去連体 窮屈だった（人生）	갑갑하던 (인생)	カプカパドン ニンセン
～で 窮屈で	갑갑하고	カプカパゴ
～だから 窮屈だから	갑갑하니까	カプカパニッカ
～なのに 窮屈なのに	갑갑한데	カプカパンデ
～でも 窮屈でも	갑갑해도	カプカペド
仮定 窮屈であれば	갑갑하면	カプカパミョン
～だけれど 窮屈だけれど	갑갑하지만	カプカパジマン
～でしょう 窮屈でしょう	갑갑할 것 같아요	カプカパル ッコッ カタヨ
～そうです 窮屈そうです	갑갑한 것 같아요	カプカパン ゴッ カタヨ
～ではないようです 窮屈ではないようです	갑갑하지 않은 것 같아요	カプカパジ アヌン ゴッ カタヨ
～に 窮屈に	갑갑하게	カプカパゲ

「窮屈だ」は **거북하다** コブカダ とも言います。

急だ (話が)　갑작스럽다　カプチャクスロプタ　[動][形][形動][ㅂ不規則]

요체 急です	갑작스러워요	カプチャクスロウォヨ
否定 急ではないです	갑작스럽지 않아요	カプチャクスロプチ アナヨ
過去 急でした	갑작스러웠어요	カプチャクスロウォッソヨ
過去否定 急ではなかったです	갑작스럽지 않았어요	カプチャクスロプチ アナッソヨ
現在連体 急な（話）	갑작스러운 (이야기)	カプチャクスロウン ニヤギ
過去連体 急だった（話）	갑작스럽던 (이야기)	カプチャクスロプトン ニヤギ
～で 急で	갑작스럽고	カプチャクスロプコ
～だから 急だから	갑작스러우니까	カプチャクスロウニッカ
～なのに 急なのに	갑작스러운데	カプチャクスロウンデ
～でも 急でも	갑작스러워도	カプチャクスロウォド
仮定 急であれば	갑작스러우면	カプチャクスロウミョン
～だけれど 急だけれど	갑작스럽지만	カプチャクスロプチマン
～でしょう 急でしょう	갑작스러울 거예요	カプチャクスロウル ッコエヨ
～そうです 急そうです	갑작스러운 것 같아요	カプチャクスロウン ゴッ カタヨ
～ではないようです 急ではないようです	갑작스럽지 않은 것 같아요	カプチャクスロプチ アヌン ゴッ カタヨ
～に 急に	갑작스럽게	カプチャクスロプケ

「(坂が) 急だ」には **가파르다** カパルダ を使います。

嫌う　싫어하다　シロハダ　[動][形][形動][規則][基本単語]

きらう／きらくだ

요체 嫌います	싫어해요 シロヘヨ	～てください 嫌ってください	싫어해 주세요 シロヘ ジュセヨ
否定 嫌いません	싫어하지 않아요 シロハジ アナヨ	～ないでください 嫌わないでください	싫어하지 마세요 シロハジ マセヨ
過去 嫌いました	싫어했어요 シロヘッソヨ	仮定 嫌えば	싫어하면 シロハミョン
現在連体 嫌う（科目）	싫어하는 （과목） シロハヌン グァモク	～たいです 嫌いたいです	싫어하고 싶어요 シロハゴ シポヨ
過去連体 嫌った（科目）	싫어한 （과목） シロハン グァモク	～て 嫌って	싫어하고 シロハゴ
未来連体 嫌う（科目）	싫어할 （과목） シロハル ックァモク	～でしょう 嫌うでしょう	싫어할 거예요 シロハル ッコエヨ
～から 嫌うから	싫어하니까 シロハニッカ	～と思います 嫌うと思います	싫어할 것 같아요 シロハル ッコッ カタヨ
～けれど 嫌うけれど	싫어하지만 シロハジマン	意志 嫌います	싫어하겠어요 シロハゲッソヨ

ひと言フレーズ みんな嫌うけれど、私はあの人が好きです。
모두 싫어하지만 난 그 사람을 좋아해요. モドゥ シロハジマン ナン グ サラムル チョアヘヨ

気楽だ　편하다　ピョナダ　[動][形][形動][規則]

요체 気楽です	편해요 ピョネヨ	～なのに 気楽なのに	편한데 ピョナンデ
否定 気楽ではないです	편하지 않아요 ピョナジ アナヨ	～でも 気楽でも	편해도 ピョネド
過去 気楽でした	편했어요 ピョネッソヨ	仮定 気楽であれば	편하면 ピョナミョン
過去否定 気楽ではなかったです	편하지 않았어요 ピョナジ アナッソヨ	～だけれど 気楽だけれど	편하지만 ピョナジマン
現在連体 気楽な（仕事）	편한 （일） ピョナン ニル	～でしょう 気楽でしょう	편할 거예요 ピョナル ッコエヨ
過去連体 気楽だった（仕事）	편하던 （일） ピョナドン ニル	～そうです 気楽そうです	편한 것 같아요 ピョナン ゴッ カタヨ
～で 気楽で	편하고 ピョナゴ	～ではないようです 気楽ではないようです	편하지 않은 것 같아요 ピョナジ アヌン ゴッ カタヨ
～だから 気楽だから	편하니까 ピョナニッカ	～に 気楽に	편하게 ピョナゲ

「気楽だ」には 편안하다 ピョナナダ という言い方もあります。

切る（ものを） 자르다 チャルダ 動 形 形動 르不規則

요체 切ります	잘라요 チャルラヨ	~てください 切ってください	잘라 주세요 チャルラ ジュセヨ
否定 切りません	자르지 않아요 チャルジ アナヨ	~ないでください 切らないでください	자르지 마세요 チャルジ マセヨ
過去 切りました	잘랐어요 チャルラッソヨ	仮定 切れば	자르면 チャルミョン
現在連体 切る（大根）	자르는 (무) チャルヌン ム	~たいです 切りたいです	자르고 싶어요 チャルゴ シポヨ
過去連体 切った（大根）	자른 (무) チャルン ム	~て 切って	자르고 チャルゴ
未来連体 切る（大根）	자를 (무) チャルル ム	~でしょう 切るでしょう	자를 거예요 チャルル ッコエヨ
~から 切るから	자르니까 チャルニッカ	~と思います 切ると思います	자를 것 같아요 チャルル ッコッ カタヨ
~けれど 切るけれど	자르지만 チャルジマン	意志 切ります	자르겠어요 チャルゲッソヨ

🐾 「(ものを) 切る」には 베다 ペダ という言い方もあります。

切る（縁・電話を） 끊다 ックンタ 動 形 形動 規則

요체 切ります	끊어요 ックノヨ	~てください 切ってください	끊어 주세요 ックノ ジュセヨ
否定 切りません	끊지 않아요 ックンチ アナヨ	~ないでください 切らないでください	끊지 마세요 ックンチ マセヨ
過去 切りました	끊었어요 ックノッソヨ	仮定 切れば	끊으면 ックヌミョン
現在連体 切る（電話）	끊는 (전화) ックンヌン ジョヌァ	~たいです 切りたいです	끊고 싶어요 ックンコ シポヨ
過去連体 切った（電話）	끊은 (전화) ックヌン ジョヌァ	~て 切って	끊고 ックンコ
未来連体 切る（電話）	끊을 (전화) ックヌル ッチョヌァ	~でしょう 切るでしょう	끊을 거예요 ックヌル ッコエヨ
~から 切るから	끊으니까 ックヌニッカ	~と思います 切ると思います	끊을 것 같아요 ックヌル ッコッ カタヨ
~けれど 切るけれど	끊지만 ックンチマン	意志 切ります	끊겠어요 ックンケッソヨ

🐾 「(スイッチを) 切る」には 끄다 ックダ を使います。

着る　입다　イプタ

動 / 形動 / 規則 / 基本単語

丁体 着ます	입어요 イボヨ	～てください 着てください	입어 주세요 イボ ジュセヨ
否定 着ません	입지 않아요 イプチ アナヨ	～ないでください 着ないでください	입지 마세요 イプチ マセヨ
過去 着ました	입었어요 イボッソヨ	仮定 着れば	입으면 イブミョン
現在連体 着る（服）	입는 (옷) イムヌ ノッ	～たいです 着たいです	입고 싶어요 イプコ シポヨ
過去連体 着た（服）	입은 (옷) イブ ノッ	～て 着て	입고 イプコ
未来連体 着る（服）	입을 (옷) イブ ロッ	～でしょう 着るでしょう	입을 거예요 イブル ッコエヨ
～から 着るから	입으니까 イブニッカ	～と思います 着ると思います	입을 것 같아요 イブル ッコッ カタヨ
～けれど 着るけれど	입지만 イプチマン	意志 着ます	입겠어요 イプケッソヨ

「(恩に) 着る」は (은혜로) 여기다 (ウネロ) ヨギダ という表現を使います。

きれいだ　예쁘다　イェップダ

動 / 形動 / ○不規則 / 基本単語

丁体 きれいです	예뻐요 イェッポヨ	～なのに きれいなのに	예쁜데 イェップンデ
否定 きれいではないです	예쁘지 않아요 イェップジ アナヨ	～でも きれいでも	예뻐도 イェッポド
過去 きれいでした	예뻤어요 イェッポッソヨ	仮定 きれいであれば	예쁘면 イェップミョン
過去否定 きれいではなかったです	예쁘지 않았어요 イェップジ アナッソヨ	～だけれど きれいだけれど	예쁘지만 イェップジマン
現在連体 きれいな（目）	예쁜 (눈) イェップン ヌン	～でしょう きれいでしょう	예쁠 거예요 イェップル ッコエヨ
過去連体 きれいだった（目）	예쁘던 (눈) イェップドン ヌン	～そうです きれいそうです	예쁜 것 같아요 イェップン ゴッ カタヨ
～で きれいで	예쁘고 イェップゴ	～ではないようです きれいではないようです	예쁘지 않은 것 같아요 イェップジ アヌン ゴッ カタヨ
～だから きれいだから	예쁘니까 イェップニッカ	～に きれいに	예쁘게 イェップゲ

ひと言フレーズ　きれいな声ですね。
예쁜 목소리네요. イェップン モクソリネヨ

気をつける／注意する　조심하다　チョシマダ　[動][形][形動][規則]

요체 気をつけます	조심해요 チョシメヨ	〜てください 気をつけてください	조심해 주세요 チョシメ ジュセヨ
否定 気をつけません	조심하지 않아요 チョシマジ アナヨ	〜ないでください 気をつけないでください	조심하지 마세요 チョシマジ マセヨ
過去 気をつけました	조심했어요 チョシメッソヨ	仮定 気をつければ	조심하면 チョシマミョン
現在連体 気をつける（人）	조심하는 (사람) チョシマヌン サラム	〜たいです 気をつけたいです	조심하고 싶어요 チョシマゴ シポヨ
過去連体 気をつけた（人）	조심한 (사람) チョシマン サラム	〜て 気をつけて	조심하고 チョシマゴ
未来連体 気をつける（人）	조심할 (사람) チョシマル ッサラム	〜でしょう 気をつけるでしょう	조심할 거예요 チョシマル ッコエヨ
〜から 気をつけるから	조심하니까 チョシマニッカ	〜と思います 気をつけると思います	조심할 것 같아요 チョシマル ッコッ カタヨ
〜けれど 気をつけるけれど	조심하지만 チョシマジマン	意志 気をつけます	조심하겠어요 チョシマゲッソヨ

🐾 「気をつける」には 정신 차리다 チョンシン チャリダ という言い方もあります。

禁止する　금지하다　クムジハダ　[動][形][形動][規則]

요체 禁止します	금지해요 クムジヘヨ	〜てください 禁止してください	금지해 주세요 クムジヘ ジュセヨ
否定 禁止しません	금지하지 않아요 クムジハジ アナヨ	〜ないでください 禁止しないでください	금지하지 마세요 クムジハジ マセヨ
過去 禁止しました	금지했어요 クムジヘッソヨ	仮定 禁止すれば	금지하면 クムジハミョン
現在連体 禁止する（会場）	금지하는 (회장) クムジハヌン ヌェジャン	〜たいです 禁止したいです	금지하고 싶어요 クムジハゴ シポヨ
過去連体 禁止した（会場）	금지한 (회장) クムジハン ヌェジャン	〜て 禁止して	금지하고 クムジハゴ
未来連体 禁止する（会場）	금지할 (회장) クムジハ ルェジャン	〜でしょう 禁止するでしょう	금지할 거예요 クムジハル ッコエヨ
〜から 禁止するから	금지하니까 クムジハニッカ	〜と思います 禁止すると思います	금지할 것 같아요 クムジハル ッコッ カタヨ
〜けれど 禁止するけれど	금지하지만 クムジハジマン	意志 禁止します	금지하겠어요 クムジハゲッソヨ

ひと言フレーズ 立ち入りを禁止します。
들어가는 것을 금지하겠어요. トゥロガヌン ゴスル クムジハゲッソヨ

緊張する　긴장하다　キンジャンハダ　[動][形][形動][規則]

要体 緊張します	긴장해요 キンジャンヘヨ	~てください 緊張してください	긴장해 주세요 キンジャンヘ ジュセヨ
否定 緊張しません	긴장하지 않아요 キンジャンハジ アナヨ	~ないでください 緊張しないでください	긴장하지 마세요 キンジャンハジ マセヨ
過去 緊張しました	긴장했어요 キンジャンヘッソヨ	仮定 緊張すれば	긴장하면 キンジャンハミョン
現在連体 緊張する（人）	긴장하는 (사람) キンジャンハヌン サラム	~たいです 緊張したいです	긴장하고 싶어요 キンジャンハゴ シポヨ
過去連体 緊張した（人）	긴장한 (사람) キンジャンハン サラム	~て 緊張して	긴장하고 キンジャンハゴ
未来連体 緊張する（人）	긴장할 (사람) キンジャンハル ッサラム	~でしょう 緊張するでしょう	긴장할 거예요 キンジャンハル ッコエヨ
~から 緊張するから	긴장하니까 キンジャンハニッカ	~と思います 緊張すると思います	긴장할 것 같아요 キンジャンハル ッコッ カタヨ
~けれど 緊張するけれど	긴장하지만 キンジャンハジマン	意志 緊張します	긴장하겠어요 キンジャンハゲッソヨ

「緊張を解く」は 긴장을 풀다 キンジャンウル プルダ という言い方をします。

勤勉だ　근면하다　クンミョナダ　[動][形][形動][規則]

要体 勤勉です	근면해요 クンミョネヨ	~なのに 勤勉なのに	근면한데 クンミョナンデ
否定 勤勉ではないです	근면하지 않아요 クンミョナジ アナヨ	~でも 勤勉でも	근면해도 クンミョネド
過去 勤勉でした	근면했어요 クンミョネッソヨ	仮定 勤勉であれば	근면하면 クンミョナミョン
過去否定 勤勉ではなかったです	근면하지 않았어요 クンミョナジ アナッソヨ	~だけれど 勤勉だけれど	근면하지만 クンミョナジマン
現在連体 勤勉な（人）	근면한 (사람) クンミョナン サラム	~でしょう 勤勉でしょう	근면할 거예요 クンミョナル ッコエヨ
過去連体 勤勉だった（人）	근면하던 (사람) クンミョナドン サラム	~そうです 勤勉そうです	근면한 것 같아요 クンミョナン ゴッ カタヨ
~で 勤勉で	근면하고 クンミョナゴ	~ではないようです 勤勉ではないようです	근면하지 않은 것 같아요 クンミョナジ アヌン ゴッ カタヨ
~だから 勤勉だから	근면하니까 クンミョナニッカ	~に 勤勉に	근면하게 クンミョナゲ

「勤勉だ」は 부지런하다 プジロナダ、바지런하다 パジロナダ とも言います。

くさい　구리다　クリダ　[動][形][形動][規則]

丁体 くさいです	구려요 クリョヨ	~のに くさいのに	구린데 クリンデ
否定 くさくないです	구리지 않아요 クリジ アナヨ	~くても くさくても	구려도 クリョド
過去 くさかったです	구렸어요 クリョッソヨ	仮定 くさければ	구리면 クリミョン
過去否定 くさくなかったです	구리지 않았어요 クリジ アナッソヨ	~けれど くさいけれど	구리지만 クリジマン
現在連体 くさい（匂い）	구린（냄새） クリン ネムセ	~でしょう くさいでしょう	구릴 거예요 クリル ッコエヨ
過去連体 くさかった（匂い）	구리던（냄새） クリドン ネムセ	~ようです くさいようです	구린 것 같아요 クリン ゴッ カタヨ
~くて くさくて	구리고 クリゴ	~くないようです くさくないようです	구리지 않은 것 같아요 クリジ アヌン ゴッ カタヨ
~から くさいから	구리니까 クリニッカ	~く くさく	구리게 クリゲ

「くさい」には **고약하다** コヤカダ、**역하다** ヨカダ も使います。

くすぐったい　간지럽다　カンジロプタ　[動][形][形動][ㅂ不規則]　活用に注意！

丁体 くすぐったいです	간지러워요 カンジロウォヨ	~のに くすぐったいのに	간지러운데 カンジロウンデ
否定 くすぐったくないです	간지럽지 않아요 カンジロプチ アナヨ	~くても くすぐったくても	간지러워도 カンジロウォド
過去 くすぐったかったです	간지러웠어요 カンジロウォッソヨ	仮定 くすぐったければ	간지러우면 カンジロウミョン
過去否定 くすぐったくなかったです	간지럽지 않았어요 カンジロプチ アナッソヨ	~けれど くすぐったいけれど	간지럽지만 カンジロプチマン
現在連体 くすぐったい（背中）	간지러운（등） カンジロウン ドゥン	~でしょう くすぐったいでしょう	간지러울 거예요 カンジロウル ッコエヨ
過去連体 くすぐったかった（背中）	간지럽던（등） カンジロプトン ドゥン	~ようです くすぐったいようです	간지러운 것 같아요 カンジロウン ゴッ カタヨ
~くて くすぐったくて	간지럽고 カンジロプコ	~くないようです くすぐったくないようです	간지럽지 않은 것 같아요 カンジロプチ アヌン ゴッ カタヨ
~から くすぐったいから	간지러우니까 カンジロウニッカ	~く くすぐったく	간지럽게 カンジロプケ

人前で褒められて「くすぐったい（照れくさい）」には **낯간지럽다** ナッカンジロプタ を使います。

くどい　장황하다　チャンファンハダ　[動][形][形動][規則]

要体 くどいです	장황해요 チャンファンヘヨ	〜のに くどいのに	장황한데 チャンファンハンデ
否定 くどくないです	장황하지 않아요 チャンファンハジ アナヨ	〜くても くどくても	장황해도 チャンファンヘド
過去 くどかったです	장황했어요 チャンファンヘッソヨ	仮定 くどければ	장황하면 チャンファンハミョン
過去否定 くどくなかったです	장황하지 않았어요 チャンファンハジ アナッソヨ	〜けれど くどいけれど	장황하지만 チャンファンハジマン
現在連体 くどい（話）	장황한 (이야기) チャンファンハン ニヤギ	〜でしょう くどいでしょう	장황할 거예요 チャンファンハル ッコエヨ
過去連体 くどかった（話）	장황하던 (이야기) チャンファンハドン ニヤギ	〜ようです くどいようです	장황한 것 같아요 チャンファンハン ゴッ カタヨ
〜くて くどくて	장황하고 チャンファンハゴ	〜くないようです くどくないようです	장황하지 않은 것 같아요 チャンファンハジ アヌン ゴッ カタヨ
〜から くどいから	장황하니까 チャンファンハニッカ	〜く くどく	장황하게 チャンファンハゲ

ひと言フレーズ　くどい話は嫌いです。
장황한 이야기는 싫어요. チャンファンハン ニヤギヌン シロヨ

配る　배부하다　ペブハダ　[動][形][形動][規則]

要体 配ります	배부해요 ペブヘヨ	〜てください 配ってください	배부해 주세요 ペブヘ ジュセヨ
否定 配りません	배부하지 않아요 ペブハジ アナヨ	〜ないでください 配らないでください	배부하지 마세요 ペブハジ マセヨ
過去 配りました	배부했어요 ペブヘッソヨ	仮定 配れば	배부하면 ペブハミョン
現在連体 配る（人）	배부하는 (사람) ペブハヌン サラム	〜たいです 配りたいです	배부하고 싶어요 ペブハゴ シポヨ
過去連体 配った（人）	배부한 (사람) ペブハン サラム	〜て 配って	배부하고 ペブハゴ
未来連体 配る（人）	배부할 (사람) ペブハル ッサラム	〜でしょう 配るでしょう	배부할 거예요 ペブハル ッコエヨ
〜から 配るから	배부하니까 ペブハニッカ	〜と思います 配ると思います	배부할 것 같아요 ペブハル ッコッ カタヨ
〜けれど 配るけれど	배부하지만 ペブハジマン	意志 配ります	배부하겠어요 ペブハゲッソヨ

「配る」は 나눠주다 ナヌォジュダ とも言います。

悔しい　분하다　プナダ　　[動][形][形動][規則]

요体 悔しいです	분해요 プネヨ	〜のに 悔しいのに	분한데 プナンデ
否定 悔しくないです	분하지 않아요 プナジ アナヨ	〜くても 悔しくても	분해도 プネド
過去 悔しかったです	분했어요 プネッソヨ	仮定 悔しければ	분하면 プナミョン
過去否定 悔しくなかったです	분하지 않았어요 プナジ アナッソヨ	〜けれど 悔しいけれど	분하지만 プナジマン
現在連体 悔しい（こと）	분한 (일) プナン ニル	〜でしょう 悔しいでしょう	분할 거예요 プナル ッコエヨ
過去連体 悔しかった（こと）	분하던 (일) プナドン ニル	〜ようです 悔しいようです	분한 것 같아요 プナン ゴッ カタヨ
〜くて 悔しくて	분하고 プナゴ	〜くないようです 悔しくないようです	분하지 않은 것 같아요 プナジ アヌン ゴッ カタヨ
〜から 悔しいから	분하니까 プナニッカ	〜く 悔しく	분하게 プナゲ

🐾 「悔しい」は 억울하다 オグラダ とも言います。

暗い　어둡다　オドゥプタ　　[動][形][形動][ㅂ不規則]　活用に注意！　基本単語

요体 暗いです	어두워요 オドゥウォヨ	〜のに 暗いのに	어두운데 オドゥウンデ
否定 暗くないです	어둡지 않아요 オドゥプチ アナヨ	〜くても 暗くても	어두워도 オドゥウォド
過去 暗かったです	어두웠어요 オドゥウォッソヨ	仮定 暗ければ	어두우면 オドゥウミョン
過去否定 暗くなかったです	어둡지 않았어요 オドゥプチ アナッソヨ	〜けれど 暗いけれど	어둡지만 オドゥプチマン
現在連体 暗い（部屋）	어두운 (방) オドゥウン バン	〜でしょう 暗いでしょう	어두울 거예요 オドゥウル ッコエヨ
過去連体 暗かった（部屋）	어둡던 (방) オドゥプトン バン	〜ようです 暗いようです	어두운 것 같아요 オドゥウン ゴッ カタヨ
〜くて 暗くて	어둡고 オドゥプコ	〜くないようです 暗くないようです	어둡지 않은 것 같아요 オドゥプチ アヌン ゴッ カタヨ
〜から 暗いから	어두우니까 オドゥウニッカ	〜く 暗く	어둡게 オドゥプケ

🐾 「暗いでしょう？」と同意を求めるときは 어둡죠? オドゥプケッチョ? と言います。

暮らす／生きる／住む　살다　サルダ　[動][形][形動]　ㄹ脱落　**基本単語**

요体	暮らします	살아요 サラヨ	~てください 暮らしてください	살아 주세요 サラ ジュセヨ
否定	暮らしません	살지 않아요 サルジ アナヨ	~ないでください 暮らさないでください	살지 마세요 サルジ マセヨ
過去	暮らしました	살았어요 サラッソヨ	仮定 暮らせば	살면 サルミョン
現在連体	暮らす（人）	사는 (사람) サヌン サラム	~たいです 暮らしたいです	살고 싶어요 サルゴ シポヨ
過去連体	暮らした（人）	산 (사람) サン サラム	~て 暮らして	살고 サルゴ
未来連体	暮らす（人）	살 (사람) サル ッサラム	~でしょう 暮らすでしょう	살 거예요 サル ッコエヨ
~から 暮らすから		사니까 サニッカ	~と思います 暮らすと思います	살 것 같아요 サル ッコッ カタヨ
~けれど 暮らすけれど		살지만 サルジマン	意志 暮らします	살겠어요 サルゲッソヨ

ひと言フレーズ もっと楽しく暮らしたいです。
더 즐겁게 살고 싶어요. ト チュルゴプケ サルゴ シポヨ

繰り返す　반복하다　パンボカダ　[動][形][形動]　規則

요体	繰り返します	반복해요 パンボケヨ	~てください 繰り返してください	반복해 주세요 パンボケ ジュセヨ
否定	繰り返しません	반복하지 않아요 パンボカジ アナヨ	~ないでください 繰り返さないでください	반복하지 마세요 パンボカジ マセヨ
過去	繰り返しました	반복했어요 パンボケッソヨ	仮定 繰り返せば	반복하면 パンボカミョン
現在連体	繰り返す（返事）	반복하는 (답변) パンボカヌン ダプピョン	~たいです 繰り返したいです	반복하고 싶어요 パンボカゴ シポヨ
過去連体	繰り返した（返事）	반복한 (답변) パンボカン ダプピョン	~て 繰り返して	반복하고 パンボカゴ
未来連体	繰り返す（返事）	반복할 (답변) パンボカル ッタプピョン	~でしょう 繰り返すでしょう	반복할 거예요 パンボカル ッコエヨ
~から 繰り返すから		반복하니까 パンボカニッカ	~と思います 繰り返すと思います	반복할 것 같아요 パンボカル ッコッ カタヨ
~けれど 繰り返すけれど		반복하지만 パンボカジマン	意志 繰り返します	반복하겠어요 パンボカゲッソヨ

「繰り返す」には 되풀이하다 トェプリハダ という言い方もあります。

来る　오다 オダ

動 / 形 / 形動 / 規則 / 基本単語

丁体 来ます	와요 ワヨ		~てください 来てください	와 주세요 ワ ジュセヨ
否定 来ません	오지 않아요 オジ アナヨ		~ないでください 来ないでください	오지 마세요 オジ マセヨ
過去 来ました	왔어요 ワッソヨ		仮定 来れば	오면 オミョン
現在連体 来る(手紙)	오는 (편지) オヌン ピョンジ		~たいです 来たいです	오고 싶어요 オゴ シボヨ
過去連体 来た(手紙)	온 (편지) オン ピョンジ		~て 来て	오고 オゴ
未来連体 来る(手紙)	올 (편지) オル ピョンジ		~でしょう 来るでしょう	올 거예요 オル ッコエヨ
~から 来るから	오니까 オニッカ		~と思います 来ると思います	올 것 같아요 オル ッコッ カタヨ
~けれど 来るけれど	오지만 オジマン		意志 来ます	오겠어요 オゲッソヨ

「(雨が) 降る」も (비가) 오다 (ピガ) オダ と言います。

苦しい　괴롭다 クェロプタ

動 / 形 / 形動 / ㅂ不規則　活用に注意!

丁体 苦しいです	괴로워요 クェロウォヨ		~のに 苦しいのに	괴로운데 クェロウンデ
否定 苦しくないです	괴롭지 않아요 クェロプチ アナヨ		~くても 苦しくても	괴로워도 クェロウォド
過去 苦しかったです	괴로웠어요 クェロウォッソヨ		仮定 苦しければ	괴로우면 クェロウミョン
過去否定 苦しくなかったです	괴롭지 않았어요 クェロプチ アナッソヨ		~けれど 苦しいけれど	괴롭지만 クェロプチマン
現在連体 苦しい (こと)	괴로운 (일) クェロウン ニル		~でしょう 苦しいでしょう	괴로울 거예요 クェロウル ッコエヨ
過去連体 苦しかった (こと)	괴롭던 (일) クェロプトン ニル		~ようです 苦しいようです	괴로운 것 같아요 クェロウン ゴッ カタヨ
~くて 苦しくて	괴롭고 クェロプコ		~くないようです 苦しくないようです	괴롭지 않은 것 같아요 クェロプチ アヌン ゴッ カタヨ
~から 苦しいから	괴로우니까 クェロウニッカ		~く 苦しく	괴롭게 クェロプケ

「苦しい」は 고통스럽다 コトンスロプタ、답답하다 タプタパダ とも言います。

暮れる　저물다　チョムルダ　[動][形][形動][ㄹ脱落]　活用に注意！

요체 暮れます	저물어요 チョムロヨ	~てください	
否定 暮れません	저물지 않아요 チョムルジ アナヨ	~ないでください	
過去 暮れました	저물었어요 チョムロッソヨ	仮定 暮れれば	저물면 チョムルミョン
現在連体 暮れる（日）	저무는 (해) チョムヌ ネ	~たいです	
過去連体 暮れた（日）	저문 (해) チョム ネ	~て 暮れて	저물고 チョムルゴ
未来連体 暮れる（日）	저물 (해) チョム レ	~でしょう 暮れるでしょう	저물 거예요 チョムル ッコエヨ
~から 暮れるから	저무니까 チョムニッカ	~と思います 暮れると思います	저물 것 같아요 チョムル ッコッ カタヨ
~けれど 暮れるけれど	저물지만 チョムルジマン	意志	

🐾 「(日が) 暮れる」には (해가) 지다 (ヘガ) チダという言い方もあります。

くれる／あげる　주다　チュダ　[動][形][形動][規則]　基本単語

요체 くれます	줘요 チュォヨ	~てください ください	주세요 チュセヨ
否定 くれません	주지 않아요 チュジ アナヨ	~ないでください くれないでください	주지 마세요 チュジ マセヨ
過去 くれました	줬어요 チュオッソヨ	仮定 くれれば	주면 チュミョン
現在連体 くれる（人）	주는 (사람) チュヌン サラム	~たいです	
過去連体 くれた（人）	준 (사람) チュン サラム	~て くれて	주고 チュゴ
未来連体 くれる（人）	줄 (사람) チュル ッサラム	~でしょう くれるでしょう	줄 거예요 チュル ッコエヨ
~から くれるから	주니까 チュニッカ	~と思います くれると思います	줄 것 같아요 チュル ッコッ カタヨ
~けれど くれるけれど	주지만 チュジマン	意志	

ひと言フレーズ　これは友だちが私にくれた本です。
이건 친구가 내게 준 책이에요. イゴン チングガ ネゲ チュン チェギエヨ

加える　보태다　ポテダ　[動][形][形動][規則]

丁体 加えます	보태요 ポテヨ	~てください 加えてください	보태 주세요 ポテ ジュセヨ
否定 加えません	보태지 않아요 ポテジ アナヨ	~ないでください 加えないでください	보태지 마세요 ポテジ マセヨ
過去 加えました	보탰어요 ポテッソヨ	仮定 加えれば	보태면 ポテミョン
現在連体 加える（生活費）	보태는 (생활비) ポテヌン センファルビ	~たいです 加えたいです	보태고 싶어요 ポテゴ シポヨ
過去連体 加えた（生活費）	보탠 (생활비) ポテン センファルビ	~て 加えて	보태고 ポテゴ
未来連体 加える（生活費）	보탤 (생활비) ポテル ッセンファルビ	~でしょう 加えるでしょう	보탤 거예요 ポテル ッコエヨ
~から 加えるから	보태니까 ポテニッカ	~と思います 加えると思います	보탤 것 같아요 ポテル ッコッ カタヨ
~けれど 加えるけれど	보태지만 ポテジマン	意志 加えます	보태겠어요 ポテゲッソヨ

🐾「加える」は 더하다 トハダ とも言います。

詳しい／細かい　자세하다　チャセハダ　[動][形][形動][規則]

丁体 詳しいです	자세해요 チャセヘヨ	~のに 詳しいのに	자세한데 チャセハンデ
否定 詳しくないです	자세하지 않아요 チャセハジ アナヨ	~くても 詳しくても	자세해도 チャセヘド
過去 詳しかったです	자세했어요 チャセヘッソヨ	仮定 詳しければ	자세하면 チャセハミョン
過去否定 詳しくなかったです	자세하지 않았어요 チャセハジ アナッソヨ	~けれど 詳しいけれど	자세하지만 チャセハジマン
現在連体 詳しい（話）	자세한 (얘기) チャセハン ニェギ	~でしょう 詳しいでしょう	자세할 거예요 チャセハル ッコエヨ
過去連体 詳しかった（話）	자세하던 (얘기) チャセハドン ニェギ	~ようです 詳しいようです	자세한 것 같아요 チャセハン ゴッ カタヨ
~くて 詳しくて	자세하고 チャセハゴ	~くないようです 詳しくないようです	자세하지 않은 것 같아요 チャセハジ アヌン ゴッ カタヨ
~から 詳しいから	자세하니까 チャセハニッカ	~く 詳しく	자세하게 チャセハゲ

ひと言フレーズ　詳しい話を聞かせてください。
자세한 얘기를 들려 주세요. チャセハン ニェギルル トゥルリョ ジュセヨ

消す（火を） 끄다 ックダ

活用に注意！ 基本単語 動 形 形動 ㄹ不規則

け

けす／けっこんする

요体 消します	꺼요 ッコヨ	〜てください 消してください	꺼 주세요 ッコ ジュセヨ
否定 消しません	끄지 않아요 ックジ アナヨ	〜ないでください 消さないでください	끄지 마세요 ックジ マセヨ
過去 消しました	껐어요 ッコッソヨ	仮定 消せば	끄면 ックミョン
現在連体 消す（電気）	끄는 (전기) ックヌン ジョンギ	〜たいです 消したいです	끄고 싶어요 ックゴ シポヨ
過去連体 消した（電気）	끈 (전기) ックン ジョンギ	〜て 消して	끄고 ックゴ
未来連体 消す（電気）	끌 (전기) ックル ッチョンギ	〜でしょう 消すでしょう	끌 거예요 ックル ッコエヨ
〜から 消すから	끄니까 ックニッカ	〜と思います 消すと思います	끌 것 같아요 ックル ッコッ カタヨ
〜けれど 消すけれど	끄지만 ックジマン	意志 消します	끄겠어요 ックゲッソヨ

🐾 「(字を) 消す」は (글자를) 지우다 (クルッチャルル) チウダ という表現を使います。

結婚する 결혼하다 キョロナダ

動 形 形動 規則

요体 結婚します	결혼해요 キョロネヨ	〜てください 結婚してください	결혼해 주세요 キョロネ ジュセヨ
否定 結婚しません	결혼하지 않아요 キョロナジ アナヨ	〜ないでください 結婚しないでください	결혼하지 마세요 キョロナジ マセヨ
過去 結婚しました	결혼했어요 キョロネッソヨ	仮定 結婚すれば	결혼하면 キョロナミョン
現在連体 結婚する（二人）	결혼하는 (두 사람) キョロナヌン ドゥ サラム	〜たいです 結婚したいです	결혼하고 싶어요 キョロナゴ シポヨ
過去連体 結婚した（二人）	결혼한 (두 사람) キョロナン ドゥ サラム	〜て 結婚して	결혼하고 キョロナゴ
未来連体 結婚する（二人）	결혼할 (두 사람) キョロナル ットゥ サラム	〜でしょう 結婚するでしょう	결혼할 거예요 キョロナル ッコエヨ
〜から 結婚するから	결혼하니까 キョロナニッカ	〜と思います 結婚すると思います	결혼할 것 같아요 キョロナル ッコッ カタヨ
〜けれど 結婚するけれど	결혼하지만 キョロナジマン	意志 結婚します	결혼하겠어요 キョロナゲッソヨ

🐾 「結婚する」は 혼례를 치르다 ホルレルル チルダ という言い方もします。

けんかする　다투다　タトゥダ　[動][形][形動][規則]

요체 けんかします	다퉈요 タトゥォヨ	～てください けんかしてください	다퉈 주세요 タトゥォ ジュセヨ
否定 けんかしません	다투지 않아요 タトゥジ アナヨ	～ないでください けんかしないでください	다투지 마세요 タトゥジ マセヨ
過去 けんかしました	다퉜어요 タトゥォッソヨ	仮定 けんかすれば	다투면 タトゥミョン
現在連体 けんかする（人）	다투는 (사람) タトゥヌン サラム	～たいです けんかしたいです	다투고 싶어요 タトゥゴ シポヨ
過去連体 けんかした（人）	다툰 (사람) タトゥン サラム	～て けんかして	다투고 タトゥゴ
未来連体 けんかする（人）	다툴 (사람) タトゥル ッサラム	～でしょう けんかするでしょう	다툴 거예요 タトゥル ッコエヨ
～から けんかするから	다투니까 タトゥニッカ	～と思います けんかすると思います	다툴 것 같아요 タトゥル ッコッ カタヨ
～けれど けんかするけれど	다투지만 タトゥジマン	意志 けんかします	다투겠어요 タトゥゲッソヨ

「けんかする」は 싸우다 ッサウダ とも言います。

元気だ　건강하다　コンガンハダ　[動][形][形動][規則]

요체 元気です	건강해요 コンガンヘヨ	～なのに 元気なのに	건강한데 コンガンハンデ
否定 元気ではないです	건강하지 않아요 コンガンハジ アナヨ	～でも 元気でも	건강해도 コンガンヘド
過去 元気でした	건강했어요 コンガンヘッソヨ	仮定 元気であれば	건강하면 コンガンハミョン
過去否定 元気ではなかったです	건강하지 않았어요 コンガンハジ アナッソヨ	～だけれど 元気だけれど	건강하지만 コンガンハジマン
現在連体 元気な（子供）	건강한 (아이) コンガンハ ナイ	～でしょう 元気でしょう	건강할 거예요 コンガンハル ッコエヨ
過去連体 元気だった（子供）	건강하던 (아이) コンガンハドナイ	～そうです 元気そうです	건강한 것 같아요 コンガンハン ゴッ カタヨ
～で 元気で	건강하고 コンガンハゴ	～ではないようです 元気ではないようです	건강하지 않은 것 같아요 コンガンハジ アヌン ゴッ カタヨ
～だから 元気だから	건강하니까 コンガンハニッカ	～に 元気に	건강하게 コンガンハゲ

「元気を出す」は 기운을 내다 キウヌル ネダ と言います。

濃い (血・味が) 　진하다　チナダ　[動][形][形動][規則]

こ　こい

요体 濃いです	진해요 チネヨ	～のに 濃いのに	진한데 チナンデ
否定 濃くないです	진하지 않아요 チナジ アナヨ	～くても 濃くても	진해도 チネド
過去 濃かったです	진했어요 チネッソヨ	仮定 濃ければ	진하면 チナミョン
過去否定 濃くなかったです	진하지 않았어요 チナジ アナッソヨ	～けれど 濃いけれど	진하지만 チナジマン
現在連体 濃い (味)	진한 (맛) チナン マッ	～でしょう 濃いでしょう	진할 거예요 チナル ッコエヨ
過去連体 濃かった (味)	진하던 (맛) チナドン マッ	～ようです 濃いようです	진한 것 같아요 チナン ゴッ カタヨ
～くて 濃くて	진하고 チナゴ	～くないようです 濃くないようです	진하지 않은 것 같아요 チナジ アヌン ゴッ カタヨ
～から 濃いから	진하니까 チナニッカ	～く 濃く	진하게 チナゲ

「(可能性が) 濃い」は (가능성이) 높다 (カヌンソンイ) ノプタ と言います。

濃い (色が) 　짙다　チッタ　[動][形][形動][規則]

요体 濃いです	짙어요 チトヨ	～のに 濃いのに	짙은데 チトゥンデ
否定 濃くないです	짙지 않아요 チッチ アナヨ	～くても 濃くても	짙어도 チトド
過去 濃かったです	짙었어요 チトッソヨ	仮定 濃ければ	짙으면 チトゥミョン
過去否定 濃くなかったです	짙지 않았어요 チッチ アナッソヨ	～けれど 濃いけれど	짙지만 チッチマン
現在連体 濃い (霧)	짙은 (안개) チトゥ ナンゲ	～でしょう 濃いでしょう	짙을 거예요 チトゥル ッコエヨ
過去連体 濃かった (霧)	짙던 (안개) チット ナンゲ	～ようです 濃いようです	짙은 것 같아요 チトゥン ゴッ カタヨ
～くて 濃くて	짙고 チッコ	～くないようです 濃くないようです	짙지 않은 것 같아요 チッチ アヌン ゴッ カタヨ
～から 濃いから	짙으니까 チトゥニッカ	～く 濃く	짙게 チッケ

「(ひげが) 濃い」は (수염이) 많다 (スヨミ) マンタ とも言います。

恋しい／懐かしい　그립다　クリプタ　[動][形][形動][ㅂ不規則]

丁体 恋しいです	그리워요 クリウォヨ	~のに 恋しいのに	그리운데 クリウンデ
否定 恋しくないです	그립지 않아요 クリプチ アナヨ	~くても 恋しくても	그리워도 クリウォド
過去 恋しかったです	그리웠어요 クリウォッソヨ	仮定 恋しければ	그리우면 クリウミョン
過去否定 恋しくなかったです	그립지 않았어요 クリプチ アナッソヨ	~けれど 恋しいけれど	그립지만 クリプチマン
現在連体 恋しい（故郷）	그리운 (고향) クリウン ゴヒャン	~でしょう 恋しいでしょう	그리울 거예요 クリウル ッコエヨ
過去連体 恋しかった（故郷）	그립던 (고향) クリプトン ゴヒャン	~ようです 恋しいようです	그리운 것 같아요 クリウン ゴッ カタヨ
~くて 恋しくて	그립고 クリプコ	~くないようです 恋しくないようです	그립지 않은 것 같아요 クリプチ アヌン ゴッ カタヨ
~から 恋しいから	그리우니까 クリウニッカ	~く 恋しく	그립게 クリプケ

ひと言フレーズ 故郷が恋しいです。
고향이 그리워요. コヒャンイ クリウォヨ

公演する　공연하다　コンヨナダ　[動][形][形動][規則]

丁体 公演します	공연해요 コンヨネヨ	~てください 公演してください	공연해 주세요 コンヨネ ジュセヨ
否定 公演しません	공연하지 않아요 コンヨナジ アナヨ	~ないでください 公演しないでください	공연하지 마세요 コンヨナジ マセヨ
過去 公演しました	공연했어요 コンヨネッソヨ	仮定 公演すれば	공연하면 コンヨナミョン
現在連体 公演する（場所）	공연하는 (장소) コンヨナヌン ジャンソ	~たいです 公演したいです	공연하고 싶어요 コンヨナゴ シポヨ
過去連体 公演した（場所）	공연한 (장소) コンヨナン ジャンソ	~て 公演して	공연하고 コンヨナゴ
未来連体 公演する（場所）	공연할 (장소) コンヨナル ッチャンソ	~でしょう 公演するでしょう	공연할 거예요 コンヨナル ッコエヨ
~から 公演するから	공연하니까 コンヨナニッカ	~と思います 公演すると思います	공연할 것 같아요 コンヨナル ッコッ カタヨ
~けれど 公演するけれど	공연하지만 コンヨナジマン	意志 公演します	공연하겠어요 コンヨナゲッソヨ

「公演するでしょうか？」は 공연할까요？ コンヨナルッカヨ？ と言います。

後悔する　후회하다　フフェハダ　[動][形][形動][規則]

丁体 後悔します	후회해요 フフェヘヨ	~てください 後悔してください	후회해 주세요 フフェヘ ジュセヨ
否定 後悔しません	후회하지 않아요 フフェハジ アナヨ	~ないでください 後悔しないでください	후회하지 마세요 フフェハジ マセヨ
過去 後悔しました	후회했어요 フフェヘッソヨ	仮定 後悔すれば	후회하면 フフェハミョン
現在連体 後悔する（こと）	후회하는 (일) フフェハヌン ニル	~たいです 後悔したいです	후회하고 싶어요 フフェハゴ シポヨ
過去連体 後悔した（こと）	후회한 (일) フフェハン ニル	~て 後悔して	후회하고 フフェハゴ
未来連体 後悔する（こと）	후회할 (일) フフェハル リル	~でしょう 後悔するでしょう	후회할 거예요 フフェハル ッコエヨ
~から 後悔するから	후회하니까 フフェハニッカ	~と思います 後悔すると思います	후회할 것 같아요 フフェハル ッコッ カタヨ
~けれど 後悔するけれど	후회하지만 フフェハジマン	意志 後悔します	후회하겠어요 フフェハゲッソヨ

「後悔する」は 뉘우치다 ヌィウチダ とも言います。

香ばしい　고소하다　コソハダ　[動][形][形動][規則]

丁体 香ばしいです	고소해요 コソヘヨ	~のに 香ばしいのに	고소한데 コソハンデ
否定 香ばしくないです	고소하지 않아요 コソハジ アナヨ	~くても 香ばしくても	고소해도 コソヘド
過去 香ばしかったです	고소했어요 コソヘッソヨ	仮定 香ばしければ	고소하면 コソハミョン
過去否定 香ばしくなかったです	고소하지 않았어요 コソハジ アナッソヨ	~けれど 香ばしいけれど	고소하지만 コソハジマン
現在連体 香ばしい（味）	고소한 (맛) コソハン マッ	~でしょう 香ばしいでしょう	고소할 거예요 コソハル ッコエヨ
過去連体 香ばしかった（味）	고소하던 (맛) コソハドン マッ	~ようです 香ばしいようです	고소한 것 같아요 コソハン ゴッ カタヨ
~くて 香ばしくて	고소하고 コソハゴ	~くないようです 香ばしくないようです	고소하지 않은 것 같아요 コソハジ アヌン ゴッ カタヨ
~から 香ばしいから	고소하니까 コソハニッカ	~く 香ばしく	고소하게 コソハゲ

「香ばしい」は 구수하다 クスハダ とも言います。

傲慢だ　　오만하다　オマナダ

[動] [形] [形動] [規則]

요체 傲慢です	오만해요 オマネヨ	～なのに 傲慢なのに	오만한데 オマンデ
否定 傲慢ではないです	오만하지 않아요 オマナジ アナヨ	～でも 傲慢でも	오만해도 オマネド
過去 傲慢でした	오만했어요 オマネッソヨ	仮定 傲慢であれば	오만하면 オマナミョン
過去否定 傲慢ではなかったです	오만하지 않았어요 オマナジ アナッソヨ	～だけれど 傲慢だけれど	오만하지만 オマナジマン
現在連体 傲慢な（人）	오만한 (사람) オマナン サラム	～でしょう 傲慢でしょう	오만할 거예요 オマナル ッコエヨ
過去連体 傲慢だった（人）	오만하던 (사람) オマナドン サラム	～そうです 傲慢そうです	오만한 것 같아요 オマナン ゴッ カタヨ
～で 傲慢で	오만하고 オマナゴ	～ではないようです 傲慢ではないようです	오만하지 않은 것 같아요 オマナジ アヌン ゴッ カタヨ
～だから 傲慢だから	오만하니까 オマナニッカ	～に 傲慢に	오만하게 オマナゲ

🐾 「傲慢だ」には **거만하다 コマナダ** も使います。

告白する　　고백하다　コベカダ

[動] [形] [形動] [規則]

요체 告白します	고백해요 コベケヨ	～てください 告白してください	고백해 주세요 コベケ ジュセヨ
否定 告白しません	고백하지 않아요 コベカジ アナヨ	～ないでください 告白しないでください	고백하지 마세요 コベカジ マセヨ
過去 告白しました	고백했어요 コベケッソヨ	仮定 告白すれば	고백하면 コベカミョン
現在連体 告白する（日）	고백하는 (날) コベカヌン ナル	～たいです 告白したいです	고백하고 싶어요 コベカゴ シポヨ
過去連体 告白した（日）	고백한 (날) コベカン ナル	～て 告白して	고백하고 コベカゴ
未来連体 告白する（日）	고백할 (날) コベカル ラル	～でしょう 告白するでしょう	고백할 거예요 コベカル ッコエヨ
～から 告白するから	고백하니까 コベカニッカ	～と思います 告白すると思います	고백할 것 같아요 コベカル ッコッ カタヨ
～けれど 告白するけれど	고백하지만 コベカジマン	意志 告白します	고백하겠어요 コベカゲッソヨ

🐾 「告白するでしょうか？」は **고백할까요？ コベカルッカヨ？** と言います。

183

心地よい　상쾌하다　サンクェハダ　[動][形][形動][規則]

요체 / 心地よいです	상쾌해요 サンクェヘヨ	〜のに / 心地よいのに	상쾌한데 サンクェハンデ
부정 / 心地よくないです	상쾌하지 않아요 サンクェハジ アナヨ	〜くても / 心地よくても	상쾌해도 サンクェヘド
과거 / 心地よかったです	상쾌했어요 サンクェヘッソヨ	仮定 / 心地よければ	상쾌하면 サンクェハミョン
과거부정 / 心地よくなかったです	상쾌하지 않았어요 サンクェハジ アナッソヨ	〜けれど / 心地よいけれど	상쾌하지만 サンクェハジマン
현재연체 / 心地よい(風)	상쾌한 (바람) サンクェハン バラム	〜でしょう / 心地よいでしょう	상쾌할 거예요 サンクェハル ッコエヨ
과거연체 / 心地よかった(風)	상쾌하던 (바람) サンクェハドン バラム	〜ようです / 心地よいようです	상쾌한 것 같아요 サンクェハン ゴッ カタヨ
〜くて / 心地よくて	상쾌하고 サンクェハゴ	〜くないようです / 心地よくないようです	상쾌하지 않은 것 같아요 サンクェハジ アヌン ゴッ カタヨ
〜から / 心地よいから	상쾌하니까 サンクェハニッカ	〜く / 心地よく	상쾌하게 サンクェハゲ

🐾 「心地よい」は 기분 좋다 キブン ジョッタ、편안하다 ピョナナダ とも言います。

答える　대답하다　テダパダ　[動][形][形動][規則]

요체 / 答えます	대답해요 テダペヨ	〜てください / 答えてください	대답해 주세요 テダペ ジュセヨ
부정 / 答えません	대답하지 않아요 テダパジ アナヨ	〜ないでください / 答えないでください	대답하지 마세요 テダパジ マセヨ
과거 / 答えました	대답했어요 テダペッソヨ	仮定 / 答えれば	대답하면 テダパミョン
현재연체 / 答える(人)	대답하는 (사람) テダパヌン サラム	〜たいです / 答えたいです	대답하고 싶어요 テダパゴ シポヨ
과거연체 / 答えた(人)	대답한 (사람) テダパン サラム	〜て / 答えて	대답하고 テダパゴ
미래연체 / 答える(人)	대답할 (사람) テダパル ッサラム	〜でしょう / 答えるでしょう	대답할 거예요 テダパル ッコエヨ
〜から / 答えるから	대답하니까 テダパニッカ	〜と思います / 答えると思います	대답할 것 같아요 テダパル ッコッ カタヨ
〜けれど / 答えるけれど	대답하지만 テダパジマン	意志 / 答えます	대답하겠어요 テダパゲッソヨ

🐾 「答える」は 답하다 タパダ とも言います。

異なる／違う 다르다 タルダ 動 形 形動 르不規則 活用に注意！ 基本単語

丁寧 異なります	달라요 タルラヨ	～のに 異なるのに	다른데 タルンデ
否定 異なりません	다르지 않아요 タルジ アナヨ	～くても 異なっても	달라도 タルラド
過去 異なりました	달랐어요 タルラッソヨ	仮定 異なれば	다르면 タルミョン
過去否定 異なりませんでした	다르지 않았어요 タルジ アナッソヨ	～けれど 異なるけれど	다르지만 タルジマン
現在連体 異なる（学校）	다른 (학교) タルン ナッキョ	～でしょう 異なるでしょう	다를 거예요 タルル ッコエヨ
過去連体 異なった（学校）	다르던 (학교) タルドン ナッキョ	～ようです 異なるようです	다른 것 같아요 タルン ゴッ カタヨ
～くて 異なって	다르고 タルゴ	～くないようです 異ならないようです	다르지 않은 것 같아요 タルジ アヌン ゴッ カタヨ
～から 異なるから	다르니까 タルニッカ	～	_____

「異なる」は 틀리다 トゥルリダ という言い方もします。

断る 거절하다 コジョラダ 動 形 形動 規則

丁寧 断ります	거절해요 コジョレヨ	～てください 断ってください	거절해 주세요 コジョレ ジュセヨ
否定 断りません	거절하지 않아요 コジョラジ アナヨ	～ないでください 断らないでください	거절하지 마세요 コジョラジ マセヨ
過去 断りました	거절했어요 コジョレッソヨ	仮定 断れば	거절하면 コジョラミョン
現在連体 断る（理由）	거절하는 (이유) コジョラヌン ニユ	～たいです 断りたいです	거절하고 싶어요 コジョラゴ シポヨ
過去連体 断った（理由）	거절한 (이유) コジョラン ニユ	～て 断って	거절하고 コジョラゴ
未来連体 断る（理由）	거절할 (이유) コジョラル リユ	～でしょう 断るでしょう	거절할 거예요 コジョラル ッコエヨ
～から 断るから	거절하니까 コジョラニッカ	～と思います 断ると思います	거절할 것 같아요 コジョラル ッコッ カタヨ
～けれど 断るけれど	거절하지만 コジョラジマン	意志 断ります	거절하겠어요 コジョラゲッソヨ

「断る」には 사절하다 サジョラダ も使います。

好ましい バ람직하다 パラムジカダ [動][形][形動][規則]

요체 好ましいです	바람직해요	パラムジケヨ
否定 好ましくないです	바람직하지 않아요	パラムジカジ アナヨ
過去 好ましかったです	바람직했어요	パラムジケッソヨ
過去否定 好ましくなかったです	바람직하지 않았어요	パラムジカジ アナッソヨ
現在連体 好ましい(状況)	바람직한 (상황)	パラムジカン サンファン
過去連体 好ましかった(状況)	바람직하던 (상황)	パラムジカドン サンファン
～くて 好ましくて	바람직하고	パラムジカゴ
～から 好ましいから	바람직하니까	パラムジカニッカ
～のに 好ましいのに	바람직한데	パラムジカンデ
～くても 好ましくても	바람직해도	パラムジケド
仮定 好ましければ	바람직하면	パラムジカミョン
～けれど 好ましいけれど	바람직하지만	パラムジカジマン
～でしょう 好ましいでしょう	바람직할 거예요	パラムジカル ッコエヨ
～ようです 好ましいようです	바람직한 것 같아요	パラムジカン ゴッ カタヨ
～くないようです 好ましくないようです	바람직하지 않은 것 같아요	パラムジカジ アヌン ゴッ カタヨ
～く 好ましく	바람직하게	パラムジカゲ

「好ましい人」は 호감 가는 사람 ホガム ガヌン サラム と言います。

好む／親しむ／楽しむ 즐기다 チュルギダ [動][形][形動][規則]

요체 好みます	즐겨요	チュルギョヨ
否定 好みません	즐기지 않아요	チュルギジ アナヨ
過去 好みました	즐겼어요	チュルギョッソヨ
現在連体 好む(趣味)	즐기는 (취미)	チュルギヌン チュイミ
過去連体 好んだ(趣味)	즐긴 (취미)	チュルギン チュイミ
未来連体 好む(趣味)	즐길 (취미)	チュルギル チュイミ
～から 好むから	즐기니까	チュルギニッカ
～けれど 好むけれど	즐기지만	チュルギジマン
～てください 好んでください	즐겨 주세요	チュルギョ ジュセヨ
～ないでください 好まないでください	즐기지 마세요	チュルギジ マセヨ
仮定 好めば	즐기면	チュルギミョン
～たいです 好みたいです	즐기고 싶어요	チュルギゴ シポヨ
～て 好んで	즐기고	チュルギゴ
～でしょう 好むでしょう	즐길 거예요	チュルギル ッコエヨ
～と思います 好むと思います	즐길 것 같아요	チュルギル ッコッ カタヨ
意志 好みます	즐기겠어요	チュルギゲッソヨ

「好む」には 좋아하다 チョアハダ という表現もあります。

細かい／詳しい　자세하다　チャセハダ　[動][形][形動]　規則

丁体 細かいです	자세해요 チャセヘヨ	〜のに 細かいのに	자세한데 チャセハンデ
否定 細かくないです	자세하지 않아요 チャセハジ アナヨ	〜くても 細かくても	자세해도 チャセヘド
過去 細かかったです	자세했어요 チャセヘッソヨ	仮定 細かければ	자세하면 チャセハミョン
過去否定 細かくなかったです	자세하지 않았어요 チャセハジ アナッソヨ	〜けれど 細かいけれど	자세하지만 チャセハジマン
現在連体 細かい (説明)	자세한 (설명) チャセハン ソルミョン	〜でしょう 細かいでしょう	자세할 거예요 チャセハル ッコエヨ
過去連体 細かかった (説明)	자세하던 (설명) チャセハドン ソルミョン	〜ようです 細かいようです	자세한 것 같아요 チャセハン ゴッ カタヨ
〜くて 細かくて	자세하고 チャセハゴ	〜くないようです 細かくないようです	자세하지 않은 것 같아요 チャセハジ アヌン ゴッ カタヨ
〜から 細かいから	자세하니까 チャセハニッカ	〜く 細かく	자세하게 チャセハゲ

「細かい」には **상세하다** サンセハダ、**세세하다** セセハダ なども使います。

こまかい／こみあげる

込み上げる　복받치다　ポクパッチダ　[動][形][形動]　規則

丁体 込み上げます	복받쳐요 ポクパッチョヨ	〜てください	
否定 込み上げません	복받치지 않아요 ポクパッチジ アナヨ	〜ないでください	
過去 込み上げました	복받쳤어요 ポクパッチョッソヨ	仮定 込み上げれば	복받치면 ポクパッチミョン
現在連体 込み上げる (喜び)	복받치는 (기쁨) ポクパッチヌン ギップム	〜たいです	
過去連体 込み上げた (喜び)	복받치던 (기쁨) ポクパッチドン ギップム	〜て 込み上げて	복받치고 ポクパッチゴ
未来連体 込み上げる (喜び)	복받칠 (기쁨) ポクパッチル ッキップム	〜でしょう 込み上げるでしょう	복받칠 거예요 ポクパッチル ッコエヨ
〜から 込み上げるから	복받치니까 ポクパッチニッカ	〜と思います 込み上げると思います	복받칠 것 같아요 ポクパッチル ッコッ カタヨ
〜けれど 込み上げるけれど	복받치지만 ポクパッチジマン	意志	

「込み上げる」には **솟아오르다** ソサオルダ、**치밀다** チミルダ という表現もあります。

混む　붐비다　プムビダ

[動][形][形動][規則]

요体 混みます	붐벼요 プムビョヨ	~てください	———
否定 混みません	붐비지 않아요 プムビジ アナヨ	~ないでください	———
過去 混みました	붐볐어요 プムビョッソヨ	仮定 混めば	붐비면 プムビミョン
現在連体 混む（電車）	붐비는 (전철) プムビヌン ジョンチョル	~たいです	———
過去連体 混んだ（電車）	붐빈 (전철) プムビン ジョンチョル	~て 混んで	붐비고 プムビゴ
未来連体 混む（電車）	붐빌 (전철) プムビル ッチョンチョル	~でしょう 混むでしょう	붐빌 거예요 プムビル ッコエヨ
~から 混むから	붐비니까 プムビニッカ	~と思います 混むと思います	붐빌 것 같아요 プムビル ッコッ カタヨ
~けれど 混むけれど	붐비지만 プムビジマン	意志	———

「混む」は 혼잡하다 ホンジャパダ とも言います。

込める（気持ちを）　담다　タムッタ

[動][形][形動][規則]

요体 込めます	담아요 タマヨ	~てください 込めてください	담아 주세요 タマ ジュセヨ
否定 込めません	담지 않아요 タムッチ アナヨ	~ないでください 込めないでください	담지 마세요 タムッチ マセヨ
過去 込めました	담았어요 タマッソヨ	仮定 込めれば	담으면 タムミョン
現在連体 込める（気持ち）	담는 (마음) タムヌン マウム	~たいです 込めたいです	담고 싶어요 タムッコ シポヨ
過去連体 込めた（気持ち）	담은 (마음) タムン マウム	~て 込めて	담고 タムッコ
未来連体 込める（気持ち）	담을 (마음) タムル マウム	~でしょう 込めるでしょう	담을 거예요 タムル ッコエヨ
~から 込めるから	담으니까 タムニッカ	~と思います 込めると思います	담을 것 같아요 タムル ッコッ カタヨ
~けれど 込めるけれど	담지만 タムッチマン	意志 込めます	담겠어요 タムッケッソヨ

「(心を)込める」は (정성을) 기울이다 (チョンソンウル) キウリダ という言い方をします。

凝る (趣味に) 열중하다 ヨルッチュンハダ 動 形 形動 規則

요体 凝ります	열중해요 ヨルッチュンヘヨ	〜てください 凝ってください	열중해 주세요 ヨルッチュンヘ ジュセヨ
否定 凝りません	열중하지 않아요 ヨルッチュンハジ アナヨ	〜ないでください 凝らないでください	열중하지 마세요 ヨルッチュンハジ マセヨ
過去 凝りました	열중했어요 ヨルッチュンヘッソヨ	仮定 凝れば	열중하면 ヨルッチュンハミョン
現在連体 凝る (釣り)	열중하는 (낚시) ヨルッチュンハヌン ナクシ	〜たいです 凝りたいです	열중하고 싶어요 ヨルッチュンハゴ シポヨ
過去連体 凝った (釣り)	열중한 (낚시) ヨルッチュンハン ナクシ	〜て 凝って	열중하고 ヨルッチュンハゴ
未来連体 凝る (釣り)	열중할 (낚시) ヨルッチュンハル ラクシ	〜でしょう 凝るでしょう	열중할 거예요 ヨルッチュンハル ッコエヨ
〜から 凝るから	열중하니까 ヨルッチュンハニッカ	〜と思います 凝ると思います	열중할 것 같아요 ヨルッチュンハル ッコッ カタヨ
〜けれど 凝るけれど	열중하지만 ヨルッチュンハジマン	意志 凝ります	열중하겠어요 ヨルッチュンハゲッソヨ

「(ギャンブルに) 凝っている」は (도박에) 미쳐 있다 (トバゲ) ミチョ イッタ と言います。

凝る (肩が) 결리다 キョルリダ 動 形 形動 規則

요体 凝ります	결려요 キョルリョヨ	〜てください	
否定 凝りません	결리지 않아요 キョルリジ アナヨ	〜ないでください 凝らないでください	결리지 마세요 キョルリジ マセヨ
過去 凝りました	결렸어요 キョルリョッソヨ	仮定 凝れば	결리면 キョルリミョン
現在連体 凝る (肩)	결리는 (어깨) キョルリヌン ノッケ	〜たいです	
過去連体 凝った (肩)	결린 (어깨) キョルリ ノッケ	〜て 凝って	결리고 キョルリゴ
未来連体 凝る (肩)	결릴 (어깨) キョルリ ロッケ	〜でしょう 凝るでしょう	결릴 거예요 キョルリル ッコエヨ
〜から 凝るから	결리니까 キョルリニッカ	〜と思います 凝ると思います	결릴 것 같아요 キョルリル ッコッ カタヨ
〜けれど 凝るけれど	결리지만 キョルリジマン	意志	

「(肩が) 凝る」は 뻐근하다 ッポグナダ とも言います。

転がる　구르다　クルダ　[動][形][形動][르不規則]

丁寧形			
転がります	굴러요 クルロヨ	~てください 転がってください	굴러 주세요 クルロ ジュセヨ
否定 転がらないでください	구르지 않아요 クルジ アナヨ	~ないでください 転がらないでください	구르지 마세요 クルジ マセヨ
過去 転がりました	굴렀어요 クルロッソヨ	仮定 転がれば	구르면 クルミョン
現在連体 転がる（ボール）	구르는 (공) クルヌン ゴン	~たいです 転がりたいです	구르고 싶어요 クルゴ シポヨ
過去連体 転がった（ボール）	구른 (공) クルン ゴン	~て 転がって	구르고 クルゴ
未来連体 転がる（ボール）	구를 (공) クルル ッコン	~でしょう 転がるでしょう	구를 거예요 クルル ッコエヨ
~から 転がるから	구르니까 クルニッカ	~と思います 転がると思います	구를 것 같아요 クルル ッコッ カタヨ
~けれど 転がるけれど	구르지만 クルジマン	意志 転がります	구르겠어요 クルゲッソヨ

🐾 「(芝生に) 転がる」は (잔디밭에) 눕다 (チャンディバテ) ヌプタ と言います。

転ぶ　넘어지다　ノモジダ　[動][形][形動][規則]

丁寧形			
転びます	넘어져요 ノモジョヨ	~てください 転んでください	넘어져 주세요 ノモジョ ジュセヨ
否定 転びません	넘어지지 않아요 ノモジジ アナヨ	~ないでください 転ばないでください	넘어지지 마세요 ノモジジ マセヨ
過去 転びました	넘어졌어요 ノモジョッソヨ	仮定 転べば	넘어지면 ノモジミョン
現在連体 転ぶ（人）	넘어지는 (사람) ノモジヌン サラム	~たいです 転びたいです	넘어지고 싶어요 ノモジゴ シポヨ
過去連体 転んだ（人）	넘어진 (사람) ノモジン サラム	~て 転んで	넘어지고 ノモジゴ
未来連体 転ぶ（人）	넘어질 (사람) ノモジル ッサラム	~でしょう 転ぶでしょう	넘어질 거예요 ノモジル ッコエヨ
~から 転ぶから	넘어지니까 ノモジニッカ	~と思います 転ぶと思います	넘어질 것 같아요 ノモジル ッコッ カタヨ
~けれど 転ぶけれど	넘어지지만 ノモジジマン	意志 転びます	넘어지겠어요 ノモジゲッソヨ

🐾 「転ぶ」は 쓰러지다 ッスロジダ とも言います。

怖い　무섭다　ムソプタ

動 形 形動 ㅂ不規則

活用に注意！

요体 怖いです	무서워요 ムソウォヨ	~のに 怖いのに	무서운데 ムソウンデ
否定 怖くないです	무섭지 않아요 ムソプチ アナヨ	~くても 怖くても	무서워도 ムソウォド
過去 怖かったです	무서웠어요 ムソウォッソヨ	仮定 怖ければ	무서우면 ムソウミョン
過去否定 怖くなかったです	무섭지 않았어요 ムソプチ アナッソヨ	~けれど 怖いけれど	무섭지만 ムソプチマン
現在連体 怖い（映画）	무서운 (영화) ムソウン ニョンファ	~でしょう 怖いでしょう	무서울 거예요 ムソウル ッコエヨ
過去連体 怖かった（映画）	무섭던 (영화) ムソプトン ニョンファ	~ようです 怖いようです	무서운 것 같아요 ムソウン ゴッ カタヨ
~くて 怖くて	무섭고 ムソプコ	~くないようです 怖くないようです	무섭지 않은 것 같아요 ムソプチ アヌン ゴッ カタヨ
~から 怖いから	무서우니까 ムソウニッカ	~く 怖く	무섭게 ムソプケ

「怖い」には **두렵다** トゥリョプタ、**겁나다** コムナダ という言い方もあります。

こ
こわい／こわがる

怖がる　무서워하다　ムソウォハダ

動 形 形動 規則

요体 怖がります	무서워해요 ムソウォヘヨ	~てください 怖がってください	무서워해 주세요 ムソウォヘ ジュセヨ
否定 怖がりません	무서워하지 않아요 ムソウォハジ アナヨ	~ないでください 怖がらないでください	무서워하지 마세요 ムソウォハジ マセヨ
過去 怖がりました	무서워했어요 ムソウォヘッソヨ	仮定 怖がれば	무서워하면 ムソウォハミョン
現在連体 怖がる（犬）	무서워하는 (개) ムソウォハヌン ゲ	~たいです 怖がりたいです	무서워하고 싶어요 ムソウォハゴ シポヨ
過去連体 怖がった（犬）	무서워한 (개) ムソウォハン ゲ	~て 怖がって	무서워하고 ムソウォハゴ
未来連体 怖がる（犬）	무서워할 (개) ムソウォハル ッケ	~でしょう 怖がるでしょう	무서워할 거예요 ムソウォハル ッコエヨ
~から 怖がるから	무서워하니까 ムソウォハニッカ	~と思います 怖がると思います	무서워할 것 같아요 ムソウォハル ッコッ カタヨ
~けれど 怖がるけれど	무서워하지만 ムソウォハジマン	意志 怖がります	무서워하겠어요 ムソウォハゲッソヨ

「怖がる」には **두려워하다** トゥリョウォハダ という言い方もあります。

壊す（ものを） 부수다 プスダ　[動][形][形動][規則]

日本語	韓国語	カナ	日本語	韓国語	カナ
요体 壊します	부숴요	プスォヨ	~てください 壊してください	부숴 주세요	プスォ ジュセヨ
否定 壊しません	부수지 않아요	プスジ アナヨ	~ないでください 壊さないでください	부수지 마세요	プスジ マセヨ
過去 壊しました	부쉈어요	プスォッソヨ	仮定 壊せば	부수면	プスミョン
現在連体 壊す（人）	부수는 (사람)	プスヌン サラム	~たいです 壊したいです	부수고 싶어요	プスゴ シポヨ
過去連体 壊した（人）	부순 (사람)	プスン サラム	~て 壊して	부수고	プスゴ
未来連体 壊す（人）	부술 (사람)	プスル ッサラム	~でしょう 壊すでしょう	부술 거예요	プスル ッコエヨ
~から 壊すから	부수니까	プスニッカ	~と思います 壊すと思います	부술 것 같아요	プスル ッコッ カタヨ
~けれど 壊すけれど	부수지만	プスジマン	意志 壊します	부수겠어요	プスゲッソヨ

🐾「(雰囲気を) 壊す」には (분위기를) 깨다 (プヌィギルル ッケダ) を使います。

壊れる（建物などが） 부서지다 プソジダ　[動][形][形動][規則]

요体 壊れます	부서져요	プソジョヨ	~てください	―	―
否定 壊れません	부서지지 않아요	プソジジ アナヨ	~ないでください	―	―
過去 壊れました	부서졌어요	プソジョッソヨ	仮定 壊れれば	부서지면	プソジミョン
現在連体 壊れる（おもちゃ）	부서지는 (장난감)	プソジヌン ジャンナンッカム	~たいです	―	―
過去連体 壊れた（おもちゃ）	부서진 (장난감)	プソジン ジャンナンッカム	~て 壊れて	부서지고	プソジゴ
未来連体 壊れる（おもちゃ）	부서질 (장난감)	プソジル ッチャンナンッカム	~でしょう 壊れるでしょう	부서질 거예요	プソジル ッコエヨ
~から 壊れるから	부서지니까	プソジニッカ	~と思います 壊れると思います	부서질 것 같아요	プソジル ッコッ カタヨ
~けれど 壊れるけれど	부서지지만	プソジジマン	意志	―	―

🐾「(テレビが) 壊れる」は (텔레비전이) 고장나다 (テルレビジョニ) コジャンナダ、「(人の関係が) 壊れる」は (사이가) 깨지다 (サイガ) ッケジダ を使います。

最高だ　최고이다　チェゴイダ　[指定詞] [規則]

요체 最高です	최고예요 チェゴエヨ	~なのに 最高なのに	최고인데 チェゴインデ
否定 最高ではないです	최고가 아니에요 チェゴガ アニエヨ	~でも 最高でも	최고라도 チェゴラド
過去 最高でした	최고였어요 チェゴヨッソヨ	仮定 最高ならば	최고라면 チェゴラミョン
過去否定 最高ではなかったです	최고가 아니었어요 チェゴガ アニオッソヨ	~だけれど 最高だけれど	최고지만 チェゴジマン
現在連体 最高な（時間）	최고의（시간） チェゴエ シガン	~でしょう 最高でしょう	최고일 거예요 チェゴイル ッコエヨ
過去連体 最高だった（時間）	최고였던（시간） チェゴヨットン シガン	~そうです 最高そうです	최고인 것 같아요 チェゴイン ゴッ カタヨ
~で 最高で	최고이고 チェゴイゴ	~ではないようです 最高ではないようです	최고가 아닌 것 같아요 チェゴガ アニン ゴッ カタヨ
~だから 最高だから	최고이니까 チェゴイニッカ	~に 最高に	최고로 チェゴロ

「最高でしょうか？」は **최고일까요？** チェゴイルッカヨ？ と言います。

サインする　사인하다　サイナダ　[動] [形動] [規則]

요체 サインします	사인해요 サイネヨ	~てください サインしてください	사인해 주세요 サイネ ジュセヨ
否定 サインしません	사인하지 않아요 サイナジ アナヨ	~ないでください サインしないでください	사인하지 마세요 サイナジ マセヨ
過去 サインしました	사인했어요 サイネッソヨ	仮定 サインすれば	사인하면 サイナミョン
現在連体 サインする（人）	사인하는（사람） サイナヌン サラム	~たいです サインしたいです	사인하고 싶어요 サイナゴ シポヨ
過去連体 サインした（人）	사인한（사람） サイナン サラム	~て サインして	사인하고 サイナゴ
未来連体 サインする（人）	사인할（사람） サイナル ッサラム	~でしょう サインするでしょう	사인할 거예요 サイナル ッコエヨ
~から サインするから	사인하니까 サイナニッカ	~と思います サインすると思います	사인할 것 같아요 サイナル ッコッ カタヨ
~けれど サインするけれど	사인하지만 サイナジマン	意志 サインします	사인하겠어요 サイナゲッソヨ

「サインする」は **서명하다** ソミョンハダ とも言います。

探す／捜す　찾다　チャッタ　[動][形][形動][規則]　基本単語

丁体 探します	찾아요 チャジャヨ	~てください 探してください	찾아 주세요 チャジャ ジュセヨ
否定 探しません	찾지 않아요 チャッチ アナヨ	~ないでください 探さないでください	찾지 마세요 チャッチ マセヨ
過去 探しました	찾았어요 チャジャッソヨ	仮定 探せば	찾으면 チャジュミョン
現在連体 探す(職)	찾는 (직업) チャンヌン ジゴプ	~たいです 探したいです	찾고 싶어요 チャッコ シポヨ
過去連体 探した(職)	찾은 (직업) チャジュン ジゴプ	~て 探して	찾고 チャッコ
未来連体 探す(職)	찾을 (직업) チャジュル ッチゴプ	~でしょう 探すでしょう	찾을 거예요 チャジュル ッコエヨ
~から 探すから	찾으니까 チャジュニッカ	~と思います 探すと思います	찾을 것 같아요 チャジュル ッコッ カタヨ
~けれど 探すけれど	찾지만 チャッチマン	意志 探します	찾겠어요 チャッケッソヨ

「探したので」は 찾아서 チャジャソ という活用形を使います。

逆らう　거스르다　コスルダ　[動][形][形動][르規則]　活用に注意！

丁体 逆らいます	거슬러요 コスルロヨ	~てください 逆らってください	거슬러 주세요 コスルロ ジュセヨ
否定 逆らいません	거스르지 않아요 コスルジ アナヨ	~ないでください 逆らわないでください	거스르지 마세요 コスルジ マセヨ
過去 逆らいました	거슬렀어요 コスルロッソヨ	仮定 逆らえば	거스르면 コスルミョン
現在連体 逆らう(子供)	거스르는 (아이) コスルヌ ナイ	~たいです 逆らいたいです	거스르고 싶어요 コスルゴ シポヨ
過去連体 逆らった(子供)	거스른 (아이) コスル ナイ	~て 逆らって	거스르고 コスルゴ
未来連体 逆らう(子供)	거스를 (아이) コスル ライ	~でしょう 逆らうでしょう	거스를 거예요 コスルル ッコエヨ
~から 逆らうから	거스르니까 コスルニッカ	~と思います 逆らうと思います	거스를 것 같아요 コスルル ッコッ カタヨ
~けれど 逆らうけれど	거스르지만 コスルジマン	意志 逆らいます	거스르겠어요 コスルゲッソヨ

「逆らう」には 거역하다 コヨカダ、반항하다 パナンハダ という単語も使います。

下がる／落ちる 떨어지다 ットロジダ [動] [形] [形動] 規則

요体 下がります	떨어져요 ットロジョヨ	~てください 下がってください	떨어져 주세요 ットロジョ ジュセヨ
否定 下がりません	떨어지지 않아요 ットロジジ アナヨ	~ないでください 下がらないでください	떨어지지 마세요 ットロジジ マセヨ
過去 下がりました	떨어졌어요 ットロジョッソヨ	仮定 下がれば	떨어지면 ットロジミョン
現在連体 下がる（品位）	떨어지는 （품위） ットロジヌン プムィ	~たいです 下がりたいです	떨어지고 싶어요 ットロジゴ シポヨ
過去連体 下がった（品位）	떨어진 （품위） ットロジン プムィ	~て 下がって	떨어지고 ットロジゴ
未来連体 下がる（品位）	떨어질 （품위） ットロジル プムィ	~でしょう 下がるでしょう	떨어질 거예요 ットロジル ッコエヨ
~から 下がるから	떨어지니까 ットロジニッカ	~と思います 下がると思います	떨어질 것 같아요 ットロジル ッコッ カタヨ
~けれど 下がるけれど	떨어지지만 ットロジジマン	意志 下がります	떨어지겠어요 ットロジゲッソヨ

🐾 「(熱が) 下がる」は (열이) 내리다 (ヨリ) ネリダ、「(頭が) 下がる」は (머리가) 수그러지다 (モリガ) スグロジダ と言います。

盛んだ 번창하다 ポンチャンハダ [動] [形] 形動 規則

요体 盛んです	번창해요 ポンチャンヘヨ	~なのに 盛んなのに	번창하는데 ポンチャンハヌンデ
否定 盛んではないです	번창하지 않아요 ポンチャンハジ アナヨ	~でも 盛んでも	번창해도 ポンチャンヘド
過去 盛んでした	번창했어요 ポンチャンヘッソヨ	仮定 盛んならば	번창하면 ポンチャンハミョン
過去否定 盛んではなかったです	번창하지 않았어요 ポンチャンハジ アナッソヨ	~だけれど 盛んだけれど	번창하지만 ポンチャンハジマン
現在連体 盛んな（事業）	번창하는 （사업） ポンチャンハヌン サオプ	~でしょう 盛んでしょう	번창할 거예요 ポンチャンハル ッコエヨ
過去連体 盛んだった（事業）	번창하던 （사업） ポンチャンハドン サオプ	~そうです 盛んそうです	번창한 것 같아요 ポンチャンハン ゴッカタヨ
~で 盛んで	번창하고 ポンチャンハゴ	~ではないようです 盛んではないようです	번창하지 않은 것 같아요 ポンチャンハジ アヌン ゴッ カタヨ
~だから 盛んだから	번창하니까 ポンチャンハニッカ	~に 盛んに	번창하게 ポンチャンハゲ

🐾 「盛んだ」は 번성하다 ポンソンハダ、왕성하다 ワンソンハダ とも言います。

咲く　피다　ピダ　　動 形 形動 規則　基本単語

요체 咲きます	피어요 ピオヨ	～てください	
否定 咲きません	피지 않아요 ピジ アナヨ	～ないでください	
過去 咲きました	피었어요 ピオッソヨ	仮定 咲けば	피면 ピミョン
現在連体 咲く(花)	피는 (꽃) ピヌン ッコッ	～たいです	
過去連体 咲いた(花)	핀 (꽃) ピン ッコッ	～て 咲いて	피고 ピゴ
未来連体 咲く(花)	필 (꽃) ピル ッコッ	～でしょう 咲くでしょう	필 거예요 ピル ッコエヨ
～から 咲くから	피니까 ピニッカ	～と思います 咲くと思います	필 것 같아요 ピル ッコッ カタヨ
～けれど 咲くけれど	피지만 ピジマン	意志	

「顔色がよくなる」はこの **피다** を使い、**얼굴이 피다** オルグリ ピダ と言います。

避ける／よける　피하다　ピハダ　　動 形 形動 規則

요체 避けます	피해요 ピヘヨ	～てください 避けてください	피해 주세요 ピヘ ジュセヨ
否定 避けません	피하지 않아요 ピハジ アナヨ	～ないでください 避けないでください	피하지 마세요 ピハジ マセヨ
過去 避けました	피했어요 ピヘッソヨ	仮定 避ければ	피하면 ピハミョン
現在連体 避ける(人)	피하는 (사람) ピハヌン サラム	～たいです 避けたいです	피하고 싶어요 ピハゴ シボヨ
過去連体 避けた(人)	피한 (사람) ピハン サラム	～て 避けて	피하고 ピハゴ
未来連体 避ける(人)	피할 (사람) ピハル ッサラム	～でしょう 避けるでしょう	피할 거예요 ピハル ッコエヨ
～から 避けるから	피하니까 ピハニッカ	～と思います 避けると思います	피할 것 같아요 ピハル ッコッ カタヨ
～けれど 避けるけれど	피하지만 ピハジマン	意志 避けます	피하겠어요 ピハゲッソヨ

「避ける」は **비키다** ピキダ とも言います。

下げる（価値を） 낮추다 ナッチュダ

動形 形動 規則

요체 下げます	낮춰요 ナッチュォヨ	〜てください 下げてください	낮춰 주세요 ナッチュォ ジュセヨ
否定 下げません	낮추지 않아요 ナッチュジ アナヨ	〜ないでください 下げないでください	낮추지 마세요 ナッチュジ マセヨ
過去 下げました	낮췄어요 ナッチュォッソヨ	仮定 下げれば	낮추면 ナッチュミョン
現在連体 下げる（価格）	낮추는 （가격） ナッチュヌン ガギョク	〜たいです 下げたいです	낮추고 싶어요 ナッチュゴ シポヨ
過去連体 下げた（価格）	낮춘 （가격） ナッチュン ガギョク	〜て 下げて	낮추고 ナッチュゴ
未来連体 下げる（価格）	낮출 （가격） ナッチュル ッカギョク	〜でしょう 下げるでしょう	낮출 거예요 ナッチュル ッコエヨ
〜から 下げるから	낮추니까 ナッチュニッカ	〜と思います 下げると思います	낮출 것 같아요 ナッチュル ッコッ カタヨ
〜けれど 下げるけれど	낮추지만 ナッチュジマン	意志 下げます	낮추겠어요 ナッチュゲッソヨ

「（価格を）下げる」は 내리다 ネリダ とも言います。

支える 지지하다 チジハダ

動形 形動 規則

요체 支えます	지지해요 チジヘヨ	〜てください 支えてください	지지해 주세요 チジヘ ジュセヨ
否定 支えません	지지하지 않아요 チジハジ アナヨ	〜ないでください 支えないでください	지지하지 마세요 チジハジ マセヨ
過去 支えました	지지했어요 チジヘッソヨ	仮定 支えれば	지지하면 チジハミョン
現在連体 支える（人）	지지하는 （사람） チジハヌン サラム	〜たいです 支えたいです	지지하고 싶어요 チジハゴ シポヨ
過去連体 支えた（人）	지지한 （사람） チジハン サラム	〜て 支えて	지지하고 チジハゴ
未来連体 支える（人）	지지할 （사람） チジハル ッサラム	〜でしょう 支えるでしょう	지지할 거예요 チジハル ッコエヨ
〜から 支えるから	지지하니까 チジハニッカ	〜と思います 支えると思います	지지할 것 같아요 チジハル ッコッ カタヨ
〜けれど 支えるけれど	지지하지만 チジハジマン	意志 支えます	지지하겠어요 チジハゲッソヨ

「支える」には 받치다 パッチダ、버티다 ポティダ も使います。

捧げる　바치다　パチダ

[動][規則]

요体 捧げます	바쳐요 パチョヨ	~てください 捧げてください	바쳐 주세요 パチョ ジュセヨ
否定 捧げません	바치지 않아요 パチジ アナヨ	~ないでください 捧げないでください	바치지 마세요 パチジ マセヨ
過去 捧げました	바쳤어요 パチョッソヨ	仮定 捧げれば	바치면 パチミョン
現在連体 捧げる（供物）	바치는 (제물) パチヌン ジェムル	~たいです 捧げたいです	바치고 싶어요 パチゴ シポヨ
過去連体 捧げた（供物）	바친 (제물) パチン ジェムル	~て 捧げて	바치고 パチゴ
未来連体 捧げる（供物）	바칠 (제물) パチル ッチェムル	~でしょう 捧げるでしょう	바칠 거예요 パチル ッコエヨ
~から 捧げるから	바치니까 パチニッカ	~と思います 捧げると思います	바칠 것 같아요 パチル ッコッ カタヨ
~けれど 捧げるけれど	바치지만 パチジマン	意志 捧げます	바치겠어요 パチゲッソヨ

🐾「捧げる」には 높이 받들다 ノピ パットゥルダ、올리다 オルリダ という言い方もあります。

刺される（蜂に）　쏘이다　ッソイダ

[動][規則]

요体 刺されます	쏘여요 ッソヨヨ	~てください	————
否定 刺されません	쏘이지 않아요 ッソイジ アナヨ	~ないでください 刺されないでください	쏘이지 마세요 ッソイジ マセヨ
過去 刺されました	쏘였어요 ッソヨッソヨ	仮定 刺されれば	쏘이면 ッソイミョン
現在連体 刺される（部位）	쏘이는 (부위) ッソイヌン プウィ	~たいです 刺されたいです	쏘이고 싶어요 ッソイゴ シポヨ
過去連体 刺された（部位）	쏘인 (부위) ッソイン プウィ	~て 刺されて	쏘이고 ッソイゴ
未来連体 刺される（部位）	쏘일 (부위) ッソイル ップウィ	~でしょう 刺されるでしょう	쏘일 거예요 ッソイル ッコエヨ
~から 刺されるから	쏘이니까 ッソイニッカ	~と思います 刺されると思います	쏘일 것 같아요 ッソイル ッコッ カタヨ
~けれど 刺されるけれど	쏘이지만 ッソイジマン	意志	————

🐾「（蚊に）刺される」には 물리다 ムルリダ を使います。

差し上げる　드리다　トゥリダ　動 形 形動 規則　基本単語

요체 差し上げます	드려요 トゥリョヨ	〜てください 差し上げてください	드리세요 トゥリセヨ
否定 差し上げません	드리지 않아요 トゥリジ アナヨ	〜ないでください 差し上げないでください	드리지 마세요 トゥリジ マセヨ
過去 差し上げました	드렸어요 トゥリョッソヨ	仮定 差し上げれば	드리면 トゥリミョン
現在連体 差し上げる(人)	드리는 (사람) トゥリヌン サラム	〜たいです 差し上げたいです	드리고 싶어요 トゥリゴ シポヨ
過去連体 差し上げた(人)	드린 (사람) トゥリン サラム	〜て 差し上げて	드리고 トゥリゴ
未来連体 差し上げる(人)	드릴 (사람) トゥリル ッサラム	〜でしょう 差し上げるでしょう	드릴 거예요 トゥリル ッコエヨ
〜から 差し上げるから	드리니까 トゥリニッカ	〜と思います 差し上げると思います	드릴 것 같아요 トゥリル ッコッ カタヨ
〜けれど 差し上げるけれど	드리지만 トゥリジマン	意志 差し上げます	드리겠어요 トゥリゲッソヨ

「差し上げる」は 올리다 オルリダ とも言います。

刺す　찌르다　ッチルダ　動 形 形動 르不規則

요체 刺します	찔러요 ッチルロヨ	〜てください 刺してください	찔러 주세요 ッチルロ ジュセヨ
否定 刺しません	찌르지 않아요 ッチルジ アナヨ	〜ないでください 刺さないでください	찌르지 마세요 ッチルジ マセヨ
過去 刺しました	찔렀어요 ッチルロッソヨ	仮定 刺せば	찌르면 ッチルミョン
現在連体 刺す(人)	찌르는 (사람) ッチルヌン サラム	〜たいです 刺したいです	찌르고 싶어요 ッチルゴ シポヨ
過去連体 刺した(人)	찌른 (사람) ッチルン サラム	〜て 刺して	찌르고 ッチルゴ
未来連体 刺す(人)	찌를 (사람) ッチルル ッサラム	〜でしょう 刺すでしょう	찌를 거예요 ッチルル ッコエヨ
〜から 刺すから	찌르니까 ッチルニッカ	〜と思います 刺すと思います	찌를 것 같아요 ッチルル ッコッ カタヨ
〜けれど 刺すけれど	찌르지만 ッチルジマン	意志 刺します	찌르겠어요 ッチルゲッソヨ

「(串に) 刺す」には 꿰다 ックェダ を使います。

指す　가리키다　カリキダ
動 形 形動 規則

요体 指します	가리켜요 カリキョヨ	~てください 指してください	가리켜 주세요 カリキョ ジュセヨ
否定 指しません	가리키지 않아요 カリキジ アナヨ	~ないでください 指さないでください	가리키지 마세요 カリキジ マセヨ
過去 指しました	가리켰어요 カリキョッソヨ	仮定 指せば	가리키면 カリキミョン
現在連体 指す(方向)	가리키는 (방향) カリキヌン バンヒャン	~たいです 指したいです	가리키고 싶어요 カリキゴ シボヨ
過去連体 指した(方向)	가리킨 (방향) カリキン バンヒャン	~て 指して	가리키고 カリキゴ
未来連体 指す(方向)	가리킬 (방향) カリキル ッパンヒャン	~でしょう 指すでしょう	가리킬 거예요 カリキル ッコエヨ
~から 指すから	가리키니까 カリキニッカ	~と思います 指すと思います	가리킬 것 같아요 カリキル ッコッ カタヨ
~けれど 指すけれど	가리키지만 カリキジマン	意志 指します	가리키겠어요 カリキゲッソヨ

「指す」は 지적하다 チジョカダ とも言います。

誘う　권유하다　クォニュハダ
動 形 形動 規則

요体 誘います	권유해요 クォニュヘヨ	~てください 誘ってください	권유해 주세요 クォニュヘ ジュセヨ
否定 誘いません	권유하지 않아요 クォニュハジ アナヨ	~ないでください 誘わないでください	권유하지 마세요 クォニュハジ マセヨ
過去 誘いました	권유했어요 クォニュヘッソヨ	仮定 誘えば	권유하면 クォニュハミョン
現在連体 誘う(人)	권유하는 (사람) クォニュハヌン サラム	~たいです 誘いたいです	권유하고 싶어요 クォニュハゴ シボヨ
過去連体 誘った(人)	권유한 (사람) クォニュハン サラム	~て 誘って	권유하고 クォニュハゴ
未来連体 誘う(人)	권유할 (사람) クォニュハル ッサラム	~でしょう 誘うでしょう	권유할 거예요 クォニュハル ッコエヨ
~から 誘うから	권유하니까 クォニュハニッカ	~と思います 誘うと思います	권유할 것 같아요 クォニュハル ッコッ カタヨ
~けれど 誘うけれど	권유하지만 クォニュハジマン	意志 誘います	권유하겠어요 クォニュハゲッソヨ

「誘う」は 권하다 クォナダ とも言います。「(笑い)を誘う」は (웃음을) 자아내다 (ウスムル) チャアネダ と言います。

察する　헤아리다　ヘアリダ　[動][規則]

요体 察します	헤아려요	ヘアリョヨ
否定 察しません	헤아리지 않아요	ヘアリジ アナヨ
過去 察しました	헤아렸어요	ヘアリョッソヨ
現在連体 察する(人)	헤아리는 (사람)	ヘアリヌン サラム
過去連体 察した(人)	헤아린 (사람)	ヘアリン サラム
未来連体 察する(人)	헤아릴 (사람)	ヘアリル ッサラム
～から 察するから	헤아리니까	ヘアリニッカ
～けれど 察するけれど	헤아리지만	ヘアリジマン
～てください 察してください	헤아려 주세요	ヘアリョ ジュセヨ
～ないでください 察しないでください	헤아리지 마세요	ヘアリジ マセヨ
仮定 察すれば	헤아리면	ヘアリミョン
～たいです 察したいです	헤아리고 싶어요	ヘアリゴ シポヨ
～て 察して	헤아리고	ヘアリゴ
～でしょう 察するでしょう	헤아릴 거예요	ヘアリル ッコエヨ
～と思います 察すると思います	헤아릴 것 같아요	ヘアリル ッコッ カタヨ
意志 察します	헤아리겠어요	ヘアリゲッソヨ

「察する」は **살피다** サルピダ、**짐작하다** チムジャカダ とも言います。

さびしい　외롭다　ウェロプタ　[形][ㅂ不規則]

活用に注意！

요体 さびしいです	외로워요	ウェロウォヨ
否定 さびしくないです	외롭지 않아요	ウェロプチ アナヨ
過去 さびしかったです	외로웠어요	ウェロウォッソヨ
過去否定 さびしくなかったです	외롭지 않았어요	ウェロプチ アナッソヨ
現在連体 さびしい(季節)	외로운 (계절)	ウェロウン ゲジョル
過去連体 さびしかった(季節)	외롭던 (계절)	ウェロプトン ゲジョル
～くて さびしくて	외롭고	ウェロプコ
～から さびしいから	외로우니까	ウェロウニッカ
～のに さびしいのに	외로운데	ウェロウンデ
～くても さびしくても	외로워도	ウェロウォド
仮定 さびしければ	외로우면	ウェロウミョン
～けれど さびしいけれど	외롭지만	ウェロプチマン
～でしょう さびしいでしょう	외로울 거예요	ウェロウル ッコエヨ
～ようです さびしいようです	외로운 것 같아요	ウェロウン ゴッ カタヨ
～くないようです さびしくないようです	외롭지 않은 것 같아요	ウェロプチ アヌン ゴッ カタヨ
～く さびしく	외롭게	ウェロプケ

「さびしい」には **쓸쓸하다** ッスルッスラダ、**적적하다** チョクチョカダ という言い方もあります。

さまざまだ　여러 가지이다　ヨロ ガジイダ　[指定詞] [規則]

요体 さまざまです	여러 가지예요 ヨロ ガジエヨ	~なのに さまざまなのに	여러 가지인데 ヨロ ガジインデ
否定 さまざまではないです	여러 가지가 아니에요 ヨロ ガジガ アニエヨ	~でも さまざまでも	여러 가지라도 ヨロ ガジラド
過去 さまざまでした	여러 가지였어요 ヨロ ガジヨッソヨ	仮定 さまざまならば	여러 가지(이)면 ヨロ ガジ(イ)ミョン
過去否定 さまざまではなかったです	여러 가지가 아니었어요 ヨロ ガジガ アニオッソヨ	~だけれど さまざまだけれど	여러 가지(이)지만 ヨロ ガジ(イ)ジマン
現在連体 さまざまな(色)	여러 가지(인) (빛깔) ヨロ ガジ (イン) ピッカル	~でしょう さまざまでしょう	여러 가지일 거예요 ヨロ ガジイル ッコエヨ
過去連体 さまざまだった(色)	여러 가지(이)던 (빛깔) ヨロ ガジ(イ)ドン ピッカル	~そうです さまざまそうです	여러 가지인 것 같아요 ヨロ ガジイン ゴッ カタヨ
~で さまざまで	여러 가지(이)고 ヨロ ガジ(イ)ゴ	~ではないようです さまざまではないようです	여러 가지가 아닌 것 같아요 ヨロ ガジガ アニン ゴッ カタヨ
~だから さまざまだから	여러 가지니까 ヨロ ガジニッカ	~に さまざまに	여러 가지로 ヨロ ガジロ

🐾 (인) や (이) はふつう省略されます。

寒い　춥다　チュプタ　[動] [形] [形動] [不規則]　活用に注意！ 基本単語

요体 寒いです	추워요 チュウォヨ	~のに 寒いのに	추운데 チュウンデ
否定 寒くないです	춥지 않아요 チュプチ アナヨ	~くても 寒くても	추워도 チュウォド
過去 寒かったです	추웠어요 チュウォッソヨ	仮定 寒ければ	추우면 チュウミョン
過去否定 寒くなかったです	춥지 않았어요 チュプチ アナッソヨ	~けれど 寒いけれど	춥지만 チュプチマン
現在連体 寒い(日)	추운 (날) チュウン ナル	~でしょう 寒いでしょう	추울 거예요 チュウル ッコエヨ
過去連体 寒かった(日)	춥던 (날) チュプトン ナル	~ようです 寒いようです	추운 것 같아요 チュウン ゴッ カタヨ
~くて 寒くて	춥고 チュプコ	~くないようです 寒くないようです	춥지 않은 것 같아요 チュプチ アヌン ゴッ カタヨ
~から 寒いから	추우니까 チュウニッカ	~く 寒く	춥게 チュプケ

🐾 「寒い」には오싹하다 オッサカダ、써늘하다 ッソヌラダ という言い方もあります。

さりげない　태연하다　テヨナダ　　動 形 形動 規則

요체 さりげないです	태연해요 テヨネヨ	～のに さりげないのに	태연한데 テヨナンデ
否定 さりげなくないです	태연하지 않아요 テヨナジ アナヨ	～くても さりげなくても	태연해도 テヨネド
過去 さりげなかったです	태연했어요 テヨネッソヨ	仮定 さりげなければ	태연하면 テヨナミョン
過去否定 さりげなくなかったです	태연하지 않았어요 テヨナジ アナッソヨ	～けれど さりげないけれど	태연하지만 テヨナジマン
現在連体 さりげない (態度)	태연한 (태도) テヨナン テド	～でしょう さりげないでしょう	태연할 거예요 テヨナル ッコエヨ
過去連体 さりげなかった (態度)	태연하던 (태도) テヨナドン テド	～ようです さりげないようです	태연한 것 같아요 テヨナン ゴッ カタヨ
～くて さりげなくて	태연하고 テヨナゴ	～くないようです さりげなくないようです	태연하지 않은 것 같아요 テヨナジ アヌン ゴッ カタヨ
～から さりげないから	태연하니까 テヨナニッカ	～く さりげなく	태연하게 テヨナゲ

🐾 「さりげない」は **태연스럽다** テヨンスロプタ とも言います。

去る　떠나다　ットナダ　　動 形 形動 規則　基本単語

요체 去ります	떠나요 ットナヨ	～てください 去ってください	떠나 주세요 ットナ ジュセヨ
否定 去りません	떠나지 않아요 ットナジ アナヨ	～ないでください 去らないでください	떠나지 마세요 ットナジ マセヨ
過去 去りました	떠났어요 ットナッソヨ	仮定 去れば	떠나면 ットナミョン
現在連体 去る (人)	떠나는 (사람) ットナヌン サラム	～たいです 去りたいです	떠나고 싶어요 ットナゴ シポヨ
過去連体 去った (人)	떠난 (사람) ットナン サラム	～て 去って	떠나고 ットナゴ
未来連体 去る (人)	떠날 (사람) ットナル ッサラム	～でしょう 去るでしょう	떠날 거예요 ットナル ッコエヨ
～から 去るから	떠나니까 ットナニッカ	～と思います 去ると思います	떠날 것 같아요 ットナル ッコッ カタヨ
～けれど 去るけれど	떠나지만 ットナジマン	意志 去ります	떠나겠어요 ットナゲッソヨ

🐾 「(夏が) 去る」は **(여름이) 지나가다 / 끝나다** (ヨルミ) チナガダ / ックンナダ と言います。

騒ぐ（人が） 떠들다 ッtドゥルダ 動 形 形動 ㄹ脱落

요체 騒ぎます	떠들어요 ットドゥロヨ	〜てください 騒いでください	떠들어 주세요 ットドゥロ ジュセヨ
否定 騒ぎません	떠들지 않아요 ットドゥルジ アナヨ	〜ないでください 騒がないでください	떠들지 마세요 ットドゥルジ マセヨ
過去 騒ぎません	떠들었어요 ットドゥロッソヨ	仮定 騒げば	떠들면 ットドゥルミョン
現在連体 騒ぐ(人)	떠드는 (사람) ットドゥヌン サラム	〜たいです 騒ぎたいです	떠들고 싶어요 ットドゥルゴ シポヨ
過去連体 騒いだ(人)	떠든 (사람) ットドゥン サラム	〜て 騒いで	떠들고 ットドゥルゴ
未来連体 騒ぐ(人)	떠들 (사람) ットドゥル ッサラム	〜でしょう 騒ぐでしょう	떠들 거예요 ットドゥル ッコエヨ
〜から 騒ぐから	떠드니까 ットドゥニッカ	〜と思います 騒ぐと思います	떠들 것 같아요 ットドゥル ッコッ カタヨ
〜けれど 騒ぐけれど	떠들지만 ットドゥルジマン	意志 騒ぎます	떠들겠어요 ットドゥルゲッソヨ

「(胸が) 騒ぐ」には 설레다 ソルレダ を使います。

さわやかだ（印象が） 산뜻하다 サンットゥタダ 動 形 形動 規則

요체 さわやかです	산뜻해요 サンットゥテヨ	〜なのに さわやかなのに	산뜻한데 サンットゥタンデ
否定 さわやかではないです	산뜻하지 않아요 サンットゥタジ アナヨ	〜でも さわやかでも	산뜻해도 サンットゥテド
過去 さわやかでした	산뜻했어요 サンットゥテッソヨ	仮定 さわやかならば	산뜻하면 サンットゥタミョン
過去否定 さわやかではなかったです	산뜻하지 않았어요 サンットゥタジ アナッソヨ	〜だけれど さわやかだけれど	산뜻하지만 サンットゥタジマン
現在連体 さわやかな(印象)	산뜻한 (인상) サンットゥタン ニンサン	〜でしょう さわやかでしょう	산뜻할 거예요 サンットゥタル ッコエヨ
過去連体 さわやかだった(印象)	산뜻하던 (인상) サンットゥタドン ニンサン	〜そうです さわやかそうです	산뜻한 것 같아요 サンットゥタン ゴッ カタヨ
〜で さわやかで	산뜻하고 サンットゥタゴ	〜ではないようです さわやかではないようです	산뜻하지 않은 것 같아요 サンットゥタジ アヌン ゴッ カタヨ
〜だから さわやかだから	산뜻하니까 サンットゥタニッカ	〜に さわやかに	산뜻하게 サンットゥタゲ

「(話し方が) さわやかだ」には **시원하다** シウォナダ を使います。

さわやかだ (天気が) 상쾌하다 サンクェハダ 動 形 形動 規則

요体 さわやかです	상쾌해요 サンクェヘヨ	~なのに さわやかなのに	상쾌한데 サンクェハンデ
否定 さわやかではないです	상쾌하지 않아요 サンクェハジ アナヨ	~でも さわやかでも	상쾌해도 サンクェヘド
過去 さわやかでした	상쾌했어요 サンクェヘッソヨ	仮定 さわやかならば	상쾌하면 サンクェハミョン
過去否定 さわやかではなかったです	상쾌하지 않았어요 サンクェハジ アナッソヨ	~だけれど さわやかだけれど	상쾌하지만 サンクェハジマン
現在連体 さわやかな (天気)	상쾌한 (날씨) サンクェハン ナルッシ	~でしょう さわやかでしょう	상쾌할 거예요 サンクェハル ッコエヨ
過去連体 さわやかだった (天気)	상쾌하던 (날씨) サンクェハドン ナルッシ	~そうです さわやかそうです	상쾌한 것 같아요 サンクェハン ゴッ カタヨ
~で さわやかで	상쾌하고 サンクェハゴ	~ではないようです さわやかではないようです	상쾌하지 않은 것 같아요 サンクェハジ アヌン ゴッ カタヨ
~だから さわやかだから	상쾌하니까 サンクェハニッカ	~に さわやかに	상쾌하게 サンクェハゲ

「(気分が) さわやかだ」には **개운하다** ケウナダ という言い方もあります。

触る 만지다 マンジダ 動 形 形動 規則

요体 触ります	만져요 マンジョヨ	~てください 触ってください	만져 주세요 マンジョ ジュセヨ
否定 触りません	만지지 않아요 マンジジ アナヨ	~ないでください 触らないでください	만지지 마세요 マンジジ マセヨ
過去 触りました	만졌어요 マンジョッソヨ	仮定 触れば	만지면 マンジミョン
現在連体 触る (手)	만지는 (손) マンジヌン ソン	~たいです 触りたいです	만지고 싶어요 マンジゴ シポヨ
過去連体 触った (手)	만진 (손) マンジン ソン	~て 触って	만지고 マンジゴ
未来連体 触る (手)	만질 (손) マンジル ッソン	~でしょう 触るでしょう	만질 거예요 マンジル ッコエヨ
~から 触るから	만지니까 マンジニッカ	~と思います 触ると思います	만질 것 같아요 マンジル ッコッ カタヨ
~けれど 触るけれど	만지지만 マンジジマン	意志 触ります	만지겠어요 マンジゲッソヨ

「触る」は **건드리다** コンドゥリダ、**손을 대다** ソヌル デダ とも言います。

参加する　참가하다　チャムガハダ　[動形/形動] [規則]

요体 参加します	참가해요 チャムガヘヨ	~てください 参加してください	참가해 주세요 チャムガヘ ジュセヨ
否定 参加しません	참가하지 않아요 チャムガハジ アナヨ	~ないでください 参加しないでください	참가하지 마세요 チャムガハジ マセヨ
過去 参加しました	참가했어요 チャムガヘッソヨ	仮定 参加すれば	참가하면 チャムガハミョン
現在連体 参加する(団体)	참가하는 (단체) チャムガハヌン ダンチェ	~たいです 参加したいです	참가하고 싶어요 チャムガハゴ シポヨ
過去連体 参加した(団体)	참가한 (단체) チャムガハン ダンチェ	~て 参加して	참가하고 チャムガハゴ
未来連体 参加する(団体)	참가할 (단체) チャムガハル ッタンチェ	~でしょう 参加するでしょう	참가할 거예요 チャムガハル ッコエヨ
~から 参加するから	참가하니까 チャムガハニッカ	~と思います 参加すると思います	참가할 것 같아요 チャムガハル ッコッ カタヨ
~けれど 参加するけれど	참가하지만 チャムガハジマン	意志 参加します	참가하겠어요 チャムガハゲッソヨ

「参加しましょうか？」は 참가할까요？ チャムガハルッカヨ？ と言います。

残業する　잔업하다　チャノパダ　[動形/形動] [規則]

요体 残業します	잔업해요 チャノペヨ	~てください 残業してください	잔업해 주세요 チャノペ ジュセヨ
否定 残業しません	잔업하지 않아요 チャノパジ アナヨ	~ないでください 残業しないでください	잔업하지 마세요 チャノパジ マセヨ
過去 残業しました	잔업했어요 チャノペッソヨ	仮定 残業すれば	잔업하면 チャノパミョン
現在連体 残業する(人)	잔업하는 (사람) チャノパヌン サラム	~たいです 残業したいです	잔업하고 싶어요 チャノパゴ シポヨ
過去連体 残業した(人)	잔업한 (사람) チャノパン サラム	~て 残業して	잔업하고 チャノパゴ
未来連体 残業する(人)	잔업할 (사람) チャノパル ッサラム	~でしょう 残業するでしょう	잔업할 거예요 チャノパル ッコエヨ
~から 残業するから	잔업하니까 チャノパニッカ	~と思います 残業すると思います	잔업할 것 같아요 チャノパル ッコッ カタヨ
~けれど 残業するけれど	잔업하지만 チャノパジマン	意志 残業します	잔업하겠어요 チャノパゲッソヨ

名詞の「残業」(잔업 チャノプ)には、야근 ヤグン (夜勤) という言葉をよく使います。

残念だ（会えなくて） 아쉽다 アシュィプタ 動 形 形動 ㅂ不規則

活用に注意！

요体 残念です	아쉬워요 アシュィウォヨ	〜なのに 残念なのに	아쉬운데 アシュィウンデ
否定 残念ではないです	아쉽지 않아요 アシュィプチ アナヨ	〜でも 残念でも	아쉬워도 アシュィウォド
過去 残念でした	아쉬웠어요 アシュィウォッソヨ	仮定 残念ならば	아쉬우면 アシュィウミョン
過去否定 残念ではなかったです	아쉽지 않았어요 アシュィプチ アナッソヨ	〜だけれど 残念だけれど	아쉽지만 アシュィプチマン
現在連体 残念な（気持ち）	아쉬운 （기분） アシュィウン ギブン	〜でしょう 残念でしょう	아쉬울 거예요 アシュィウル ッコエヨ
過去連体 残念だった（気持ち）	아쉽던 （기분） アシュィプトン ギブン	〜そうです 残念そうです	아쉬운 것 같아요 アシュィウン ゴッ カタヨ
〜で 残念で	아쉽고 アシュィプコ	〜ではないようです 残念ではないようです	아쉽지 않은 것 같아요 アシュィプチ アヌン ゴッ カタヨ
〜だから 残念だから	아쉬우니까 アシュィウニッカ	〜に 残念に	아쉽게 アシュィプケ

ひと言フレーズ 時間がなくて残念です。
시간이 없어서 아쉬워요. シガニ オプソソ アシュィウォヨ

散歩する 산책하다 サンチェカダ 動 形 形動 規則

요体 散歩します	산책해요 サンチェケヨ	〜てください 散歩してください	산책해 주세요 サンチェケ ジュセヨ
否定 散歩しません	산책하지 않아요 サンチェカジ アナヨ	〜ないでください 散歩しないでください	산책하지 마세요 サンチェカジ マセヨ
過去 散歩しました	산책했어요 サンチェケッソヨ	仮定 散歩すれば	산책하면 サンチェカミョン
現在連体 散歩する（道）	산책하는 （길） サンチェカヌン ギル	〜たいです 散歩したいです	산책하고 싶어요 サンチェカゴ シボヨ
過去連体 散歩した（道）	산책한 （길） サンチェカン ギル	〜て 散歩して	산책하고 サンチェカゴ
未来連体 散歩する（道）	산책할 （길） サンチェカル ッキル	〜でしょう 散歩するでしょう	산책할 거예요 サンチェカル ッコエヨ
〜から 散歩するから	산책하니까 サンチェカニッカ	〜と思います 散歩すると思います	산책할 것 같아요 サンチェカル ッコッ カタヨ
〜けれど 散歩するけれど	산책하지만 サンチェカジマン	意志 散歩します	산책하겠어요 サンチェカゲッソヨ

「散歩しましょうか？」は 산책할까요？ サンチェカルッカヨ？ と言います。

幸せだ　행복하다　ヘンボカダ

[動][形][形動][規則]

요체 幸せです	행복해요 ヘンボケヨ	~なのに 幸せなのに	행복한데 ヘンボカンデ
否定 幸せではないです	행복하지 않아요 ヘンボカジ アナヨ	~でも 幸せでも	행복해도 ヘンボケド
過去 幸せでした	행복했어요 ヘンボケッソヨ	仮定 幸せならば	행복하면 ヘンボカミョン
過去否定 幸せではなかったです	행복하지 않았어요 ヘンボカジ アナッソヨ	~だけれど 幸せだけれど	행복하지만 ヘンボカジマン
現在連体 幸せな(時間)	행복한 (시간) ヘンボカン シガン	~でしょう 幸せでしょう	행복할 거예요 ヘンボカル ッコエヨ
過去連体 幸せだった(時間)	행복하던 (시간) ヘンボカドン シガン	~そうです 幸せそうです	행복한 것 같아요 ヘンボカン ゴッ カタヨ
~で 幸せで	행복하고 ヘンボカゴ	~ではないようです 幸せではないようです	행복하지 않은 것 같아요 ヘンボカジ アヌン ゴッ カタヨ
~だから 幸せだから	행복하니까 ヘンボカニッカ	~に 幸せに	행복하게 ヘンボカゲ

🐾 「お幸せに」は 행복하세요 ヘンボカセヨ と言います。

塩辛い／しょっぱい　짜다　ッチャダ

[動][形][形動][規則] 基本単語

요체 塩辛いです	짜요 ッチャヨ	~のに 塩辛いのに	짠데 ッチャンデ
否定 塩辛くないです	짜지 않아요 ッチャジ アナヨ	~くても 塩辛くても	짜도 ッチャド
過去 塩辛かったです	짰어요 ッチャッソヨ	仮定 塩辛ければ	짜면 ッチャミョン
過去否定 塩辛くなかったです	짜지 않았어요 ッチャジ アナッソヨ	~けれど 塩辛いけれど	짜지만 ッチャジマン
現在連体 塩辛い(料理)	짠 (요리) ッチャン ニョリ	~でしょう 塩辛いでしょう	짤 거예요 ッチャル ッコエヨ
過去連体 塩辛かった(料理)	짜던 (요리) ッチャドン ニョリ	~ようです 塩辛いようです	짠 것 같아요 ッチャン ゴッ カタヨ
~くて 塩辛くて	짜고 ッチャゴ	~くないようです 塩辛くないようです	짜지 않은 것 같아요 ッチャジ アヌン ゴッ カタヨ
~から 塩辛いから	짜니까 ッチャニッカ	~く 塩辛く	짜게 ッチャゲ

🐾 「しょっぱい顔をする」は 얼굴을 찡그리다 オルグルル ッチングリダ という表現をします。

叱る　꾸짖다　ックジッタ

[動][形][形動][規則]

요体 叱ります	꾸짖어요	ックジョジョ
否定 叱りません	꾸짖지 않아요	ックジッチ アナヨ
過去 叱りました	꾸짖었어요	ックジジョッソヨ
現在連体 叱る(先生)	꾸짖는 (선생님)	ックジンヌン ソンセンニム
過去連体 叱った(先生)	꾸짖은 (선생님)	ックジジュン ソンセンニム
未来連体 叱る(先生)	꾸짖을 (선생님)	ックジジュル ソンセンニム
～から 叱るから	꾸짖으니까	ックジジュニッカ
～けれど 叱るけれど	꾸짖지만	ックジッチマン
～てください 叱ってください	꾸짖어 주세요	ックジョジョ ジュセヨ
～ないでください 叱らないでください	꾸짖지 마세요	ックジッチ マセヨ
仮定 叱れば	꾸짖으면	ックジジュミョン
～たいです 叱りたいです	꾸짖고 싶어요	ックジッコ シポヨ
～て 叱って	꾸짖고	ックジッコ
～でしょう 叱るでしょう	꾸짖을 거예요	ックジジュル ッコエヨ
～と思います 叱ると思います	꾸짖을 것 같아요	ックジジュル ッコッ カタヨ
意志 叱ります	꾸짖겠어요	ックジッケッソヨ

🐾 「叱る」は 야단치다 ヤダンチダ、나무라다 ナムラダ とも言います。

静かだ　조용하다　チョヨンハダ

[動][形][形動][規則]

요体 静かです	조용해요	チョヨンヘヨ
否定 静かではないです	조용하지 않아요	チョヨンハジ アナヨ
過去 静かでした	조용했어요	チョヨンヘッソヨ
過去否定 静かではなかったです	조용하지 않았어요	チョヨンハジ アナッソヨ
現在連体 静かな(教室)	조용한 (교실)	チョヨンハン ギョシル
過去連体 静かだった(教室)	조용하던 (교실)	チョヨンハドン ギョシル
～で 静かで	조용하고	チョヨンハゴ
～だから 静かだから	조용하니까	チョヨンハニッカ
～なのに 静かなのに	조용한데	チョヨンハンデ
～でも 静かでも	조용해도	チョヨンヘド
仮定 静かならば	조용하면	チョヨンハミョン
～だけれど 静かだけれど	조용하지만	チョヨンハジマン
～でしょう 静かでしょう	조용할 거예요	チョヨンハル ッコエヨ
～そうです 静かそうです	조용한 것 같아요	チョヨンハン ゴッ カタヨ
～ではないようです 静かではないようです	조용하지 않은 것 같아요	チョヨンハジ アヌン ゴッ カタヨ
～に 静かに	조용하게	チョヨンハゲ

ひと言フレーズ 静かなカフェに行きたいです。
조용한 카페에 가고 싶어요. チョヨンハン カペエ カゴ シポヨ

自然だ　자연스럽다　チャヨンスロプタ　[動][形][形動][規則]

요체 / 自然です	자연스러워요 チャヨンスロウォヨ	～なのに / 自然なのに	자연스러운데 チャヨンスロウンデ
부정 / 自然ではないです	자연스럽지 않아요 チャヨンスロプチ アナヨ	～でも / 自然でも	자연스러워도 チャヨンスロウォド
과거 / 自然でした	자연스러웠어요 チャヨンスロウォッソヨ	가정 / 自然ならば	자연스러우면 チャヨンスロウミョン
과거부정 / 自然ではなかったです	자연스럽지 않았어요 チャヨンスロプチ アナッソヨ	～だけれど / 自然だけれど	자연스럽지만 チャヨンスロプチマン
현재연체 / 自然な(話し方)	자연스러운 (말투) チャヨンスロウン マルトゥ	～でしょう / 自然でしょう	자연스러울 거예요 チャヨンスロウル ッコエヨ
과거연체 / 自然だった(話し方)	자연스럽던 (말투) チャヨンスロプトン マルトゥ	～そうです / 自然そうです	자연스러운 것 같아요 チャヨンスロウン ゴッ カタヨ
～で / 自然で	자연스럽고 チャヨンスロプコ	～ではないようです / 自然ではないようです	자연스럽지 않은 것 같아요 チャヨンスロプチ アヌン ゴッ カタヨ
～だから / 自然だから	자연스러우니까 チャヨンスロウニッカ	～に / 自然に	자연스럽게 チャヨンスロプケ

ひと言フレーズ　そう考えるのは自然です。
그렇게 생각하는 건 자연스러워요. クロケ センガカヌン ゴン チャヨンスロウォヨ

慕う　그리워하다　クリウォハダ　[動][形][形動][規則]

요체 / 慕います	그리워해요 クリウォヘヨ	～てください / 慕ってください	그리워해 주세요 クリウォヘ ジュセヨ
부정 / 慕いません	그리워하지 않아요 クリウォハジ アナヨ	～ないでください / 慕わないでください	그리워하지 마세요 クリウォハジ マセヨ
과거 / 慕いました	그리워했어요 クリウォヘッソヨ	가정 / 慕えば	그리워하면 クリウォハミョン
현재연체 / 慕う(人)	그리워하는 (사람) クリウォハヌン サラム	～たいです / 慕いたいです	그리워하고 싶어요 クリウォハゴ シポヨ
과거연체 / 慕った(人)	그리워한 (사람) クリウォハン サラム	～て / 慕って	그리워하고 クリウォハゴ
미래연체 / 慕う(人)	그리워할 (사람) クリウォハル ッサラム	～でしょう / 慕うでしょう	그리워할 거예요 クリウォハル ッコエヨ
～から / 慕うから	그리워하니까 クリウォハニッカ	～と思います / 慕うと思います	그리워할 것 같아요 クリウォハル ッコッ カタヨ
～けれど / 慕うけれど	그리워하지만 クリウォハジマン	의지 / 慕います	그리워하겠어요 クリウォハゲッソヨ

「慕う」には**따르다** ッタルダ という動詞も使います。

従う　따르다　ッタルダ

動 形 形動 ㅇ不規則

要体 従います	따라요 ッタラヨ	〜てください 従ってください	따라 주세요 ッタラ ジュセヨ
否定 従いません	따르지 않아요 ッタルジ アナヨ	〜ないでください 従わないでください	따르지 마세요 ッタルジ マセヨ
過去 従いました	따랐어요 ッタラッソヨ	仮定 従えば	따르면 ッタルミョン
現在連体 従う(子供)	따르는 (아이) ッタルヌン ナイ	〜たいです 従いたいです	따르고 싶어요 ッタルゴ シポヨ
過去連体 従った(子供)	따른 (아이) ッタルン ナイ	〜て 従って	따르고 ッタルゴ
未来連体 従う(子供)	따를 (아이) ッタルル ライ	〜でしょう 従うでしょう	따를 거예요 ッタルル ッコエヨ
〜から 従うから	따르니까 ッタルニッカ	〜と思います 従うと思います	따를 것 같아요 ッタルル ッコッ カタヨ
〜けれど 従うけれど	따르지만 ッタルジマン	意志 従います	따르겠어요 ッタルゲッソヨ

ひと言フレーズ ルールに従ってください。
룰에 따라 주세요. ルレ ッタラ ジュセヨ

親しい　친하다　チナダ

動 形 形動 規則

要体 親しいです	친해요 チネヨ	〜のに 親しいのに	친한데 チナンデ
否定 親しくないです	친하지 않아요 チナジ アナヨ	〜くても 親しくても	친해도 チネド
過去 親しかったです	친했어요 チネッソヨ	仮定 親しければ	친하면 チナミョン
過去否定 親しくなかったです	친하지 않았어요 チナジ アナッソヨ	〜けれど 親しいけれど	친하지만 チナジマン
現在連体 親しい(友だち)	친한 (친구) チナン チング	〜でしょう 親しいでしょう	친할 거예요 チナル ッコエヨ
過去連体 親しかった(友だち)	친하던 (친구) チナドン チング	〜ようです 親しいようです	친한 것 같아요 チナン ゴッ カタヨ
〜くて 親しくて	친하고 チナゴ	〜くないようです 親しくないようです	친하지 않은 것 같아요 チナジ アヌン ゴッ カタヨ
〜から 親しいから	친하니까 チナニッカ	〜く 親しく	친하게 チナゲ

ひと言フレーズ 彼とはあまり親しくないです。
그와는 별로 친하지 않아요. クワヌン ピョルロ チナジ アナヨ

親しむ／好む／楽しむ　즐기다　チュルギダ　動形形動　規則

活用	韓国語	カナ
요체 / 親しみます	즐겨요	チュルギョヨ
否定 / 親しみません	즐기지 않아요	チュルギジ アナヨ
過去 / 親しみました	즐겼어요	チュルギョッソヨ
現在連体 / 親しむ (趣味)	즐기는 (취미)	チュルギヌン チュイミ
過去連体 / 親しんだ (趣味)	즐긴 (취미)	チュルギン チュイミ
未来連体 / 親しむ (趣味)	즐길 (취미)	チュルギル チュイミ
～から / 親しむから	즐기니까	チュルギニッカ
～けれど / 親しむけれど	즐기지만	チュルギジマン
～てください / 親しんでください	즐겨 주세요	チュルギョ ジュセヨ
～ないでください / 親しまないでください	즐기지 마세요	チュルギジ マセヨ
仮定 / 親しめば	즐기면	チュルギミョン
～たいです / 親しみたいです	즐기고 싶어요	チュルギゴ シポヨ
～て / 親しんで	즐기고	チュルギゴ
～でしょう / 親しむでしょう	즐길 거예요	チュルギル ッコエヨ
～と思います / 親しむと思います	즐길 것 같아요	チュルギル ッコッ カタヨ
意志 / 親しみます	즐기겠어요	チュルギゲッソヨ

ひと言フレーズ　若い頃、音楽に親しみました。
젊었을 때 음악을 즐겼어요. チョルモッスル ッテ ウマグル チュルギョッソヨ

試着する　입어 보다　イボ ボダ　動形形動　規則

活用	韓国語	カナ
요체 / 試着します	입어 봐요	イボ ブァヨ
否定 / 試着しません	입어 보지 않아요	イボ ボジ アナヨ
過去 / 試着しました	입어 봤어요	イボ ブァッソヨ
現在連体 / 試着する (人)	입어 보는 (사람)	イボ ボヌン サラム
過去連体 / 試着した (人)	입어 본 (사람)	イボ ボン サラム
未来連体 / 試着する (人)	입어 볼 (사람)	イボ ボル ッサラム
～から / 試着するから	입어 보니까	イボ ボニッカ
～けれど / 試着するけれど	입어 보지만	イボ ボジマン
～てください / 試着してください	입어 보세요	イボ ボセヨ
～ないでください / 試着しないでください	입어 보지 마세요	イボ ボジ マセヨ
仮定 / 試着すれば	입어 보면	イボ ボミョン
～たいです / 試着したいです	입어 보고 싶어요	イボ ボゴ シポヨ
～て / 試着して	입어 보고	イボ ボゴ
～でしょう / 試着するでしょう	입어 볼 거예요	イボ ボル ッコエヨ
～と思います / 試着すると思います	입어 볼 것 같아요	イボ ボル ッコッ カタヨ
意志 / 試着します	입어 보겠어요	イボ ボゲッソヨ

ひと言フレーズ　あのコートを試着したいです。
저 코트를 입어 보고 싶어요. チョ コトゥルル イボ ボゴ シポヨ

しつこい　끈질기다　ックンジルギダ　[動][形][形動][規則]

요体 しつこいです	끈질겨요 ックンジルギョヨ	〜のに しつこいのに	끈질긴데 ックンジルギンデ
否定 しつこくないです	끈질기지 않아요 ックンジルギジ アナヨ	〜くても しつこくても	끈질겨도 ックンジルギョド
過去 しつこかったです	끈질겼어요 ックンジルギョッソヨ	仮定 しつこければ	끈질기면 ックンジルギミョン
過去否定 しつこくなかったです	끈질기지 않았어요 ックンジルギジ アナッソヨ	〜けれど しつこいけれど	끈질기지만 ックンジルギジマン
現在連体 しつこい(質問)	끈질긴 (질문) ックンジルギン ジルムン	〜でしょう しつこいでしょう	끈질길 거예요 ックンジルギル ッコエヨ
過去連体 しつこかった(質問)	끈질기던 (질문) ックンジルギドン ジルムン	〜ようです しつこいようです	끈질긴 것 같아요 ックンジルギン ゴッ カタヨ
〜くて しつこくて	끈질기고 ックンジルギゴ	〜くないようです しつこくないようです	끈질기지 않은 것 같아요 ックンジルギジ アヌン ゴッ カタヨ
〜から しつこいから	끈질기니까 ックンジルギニッカ	〜く しつこく	끈질기게 ックンジルギゲ

「しつこい」は 집요하다 チビョハダ、끈덕지다 ックンドッチダ とも言います。

嫉妬する／妬む　질투하다　チルトゥハダ　[動][形][形動][規則]

요体 嫉妬します	질투해요 チルトゥヘヨ	〜てください 嫉妬してください	질투해 주세요 チルトゥヘ ジュセヨ
否定 嫉妬しません	질투하지 않아요 チルトゥハジ アナヨ	〜ないでください 嫉妬しないでください	질투하지 마세요 チルトゥハジ マセヨ
過去 嫉妬しました	질투했어요 チルトゥヘッソヨ	仮定 嫉妬すれば	질투하면 チルトゥハミョン
現在連体 嫉妬する(人)	질투하는 (사람) チルトゥハヌン サラム	〜たいです 嫉妬したいです	질투하고 싶어요 チルトゥハゴ シポヨ
過去連体 嫉妬した(人)	질투한 (사람) チルトゥハン サラム	〜て 嫉妬して	질투하고 チルトゥハゴ
未来連体 嫉妬する(人)	질투할 (사람) チルトゥハル ッサラム	〜でしょう 嫉妬するでしょう	질투할 거예요 チルトゥハル ッコエヨ
〜から 嫉妬するから	질투하니까 チルトゥハニッカ	〜と思います 嫉妬すると思います	질투할 것 같아요 チルトゥハル ッコッ カタヨ
〜けれど 嫉妬するけれど	질투하지만 チルトゥハジマン	意志 嫉妬します	질투하겠어요 チルトゥハゲッソヨ

「嫉妬する」は 시기하다 シギハダ とも言います。

失敗する 실패하다 シルペハダ [動][形][形動][規則]

요체 失敗します	실패해요 シルペヘヨ	~てください 失敗してください	실패해 주세요 シルペヘ ジュセヨ
否定 失敗しません	실패하지 않아요 シルペハジ アナヨ	~ないでください 失敗しないでください	실패하지 마세요 シルペハジ マセヨ
過去 失敗しました	실패했어요 シルペヘッソヨ	仮定 失敗すれば	실패하면 シルペハミョン
現在連体 失敗する(人)	실패하는 (사람) シルペハヌン サラム	~たいです 失敗したいです	실패하고 싶어요 シルペハゴ シポヨ
過去連体 失敗した(人)	실패한 (사람) シルペハン サラム	~て 失敗して	실패하고 シルペハゴ
未来連体 失敗する(人)	실패할 (사람) シルペハル ッサラム	~でしょう 失敗するでしょう	실패할 거예요 シルペハル ッコエヨ
~から 失敗するから	실패하니까 シルペハニッカ	~と思います 失敗すると思います	실패할 것 같아요 シルペハル ッコッ カタヨ
~けれど 失敗するけれど	실패하지만 シルペハジマン	意志 失敗します	실패하겠어요 シルペハゲッソヨ

「ミスをする」というときには **실수하다** シルッスハダ と言います。

質問する 질문하다 チルムナダ [動][形][形動][規則]

요체 質問します	질문해요 チルムネヨ	~てください 質問してください	질문해 주세요 チルムネ ジュセヨ
否定 質問しません	질문하지 않아요 チルムナジ アナヨ	~ないでください 質問しないでください	질문하지 마세요 チルムナジ マセヨ
過去 質問しました	질문했어요 チルムネッソヨ	仮定 質問すれば	질문하면 チルムナミョン
現在連体 質問する(人)	질문하는 (사람) チルムナヌン サラム	~たいです 質問したいです	질문하고 싶어요 チルムナゴ シポヨ
過去連体 質問した(人)	질문한 (사람) チルムナン サラム	~て 質問して	질문하고 チルムナゴ
未来連体 質問する(人)	질문할 (사람) チルムナル ッサラム	~でしょう 質問するでしょう	질문할 거예요 チルムナル ッコエヨ
~から 質問するから	질문하니까 チルムナニッカ	~と思います 質問すると思います	질문할 것 같아요 チルムナル ッコッ カタヨ
~けれど 質問するけれど	질문하지만 チルムナジマン	意志 質問します	질문하겠어요 チルムナゲッソヨ

ひと言フレーズ 何でも質問してください。
뭐든지 질문해 주세요. ムォドゥンジ チルムネ ジュセヨ

死ぬ 죽다 チュクタ

動 形 形動 規則 | 基本単語

要体 死にます	죽어요 チュゴヨ	～てください 死んでください	죽어 주세요 チュゴ ジュセヨ
否定 死にません	죽지 않아요 チュクチ アナヨ	～ないでください 死なないでください	죽지 마세요 チュクチ マセヨ
過去 死にました	죽었어요 チュゴッソヨ	仮定 死ねば	죽으면 チュグミョン
現在連体 死ぬ(人)	죽는 (사람) チュンヌン サラム	～たいです 死にたいです	죽고 싶어요 チュクコ シポヨ
過去連体 死んだ(人)	죽은 (사람) チュグン サラム	～て 死んで	죽고 チュクコ
未来連体 死ぬ(人)	죽을 (사람) チュグル ッサラム	～でしょう 死ぬでしょう	죽을 거예요 チュグル ッコエヨ
～から 死ぬから	죽으니까 チュグニッカ	～と思います 死ぬと思います	죽을 것 같아요 チュグル ッコッ カタヨ
～けれど 死ぬけれど	죽지만 チュクチマン	意志 死にます	죽겠어요 チュッケッソヨ

「死ぬ」は 숨지다 スムジダ とも言います。

支払う 지불하다 チブラダ

動 形 形動 規則

要体 支払います	지불해요 チブレヨ	～てください 支払ってください	지불해 주세요 チブレ ジュセヨ
否定 支払いません	지불하지 않아요 チブラジ アナヨ	～ないでください 支払わないでください	지불하지 마세요 チブラジ マセヨ
過去 支払いました	지불했어요 チブレッソヨ	仮定 支払えば	지불하면 チブラミョン
現在連体 支払う(ところ)	지불하는 (곳) チブラヌン ゴッ	～たいです 支払いたいです	지불하고 싶어요 チブラゴ シポヨ
過去連体 支払った(ところ)	지불한 (곳) チブラン ゴッ	～て 支払って	지불하고 チブラゴ
未来連体 支払う(ところ)	지불할 (곳) チブラル ッコッ	～でしょう 支払うでしょう	지불할 거예요 チブラル ッコエヨ
～から 支払うから	지불하니까 チブラニッカ	～と思います 支払うと思います	지불할 것 같아요 チブラル ッコッ カタヨ
～けれど 支払うけれど	지불하지만 チブラジマン	意志 支払います	지불하겠어요 チブラゲッソヨ

ひと言フレーズ 今日は私が支払います。
오늘은 제가 지불하겠어요. オヌルン チェガ チブラゲッソヨ

渋い　떫다 ットルタ

動 形 形動 規則

요체 渋いです	떫어요 ットルボヨ	~のに 渋いのに	떫은데 ットルブンデ
否定 渋くないです	떫지 않아요 ットルッチ アナヨ	~くても 渋くても	떫어도 ットルボド
過去 渋かったです	떫었어요 ットルボッソヨ	仮定 渋ければ	떫으면 ットルブミョン
過去否定 渋くなかったです	떫지 않았어요 ットルッチ アナッソヨ	~けれど 渋いけれど	떫지만 ットルッチマン
現在連体 渋い(味)	떫은 (맛) ットルブン マッ	~でしょう 渋いでしょう	떫을 거예요 ットルブル ッコエヨ
過去連体 渋かった(味)	떫던 (맛) ットルットン マッ	~ようです 渋いようです	떫은 것 같아요 ットルブン ゴッ カタヨ
~くて 渋くて	떫고 ットルッコ	~くないようです 渋くないようです	떫지 않은 것 같아요 ットルッチ アヌン ゴッ カタヨ
~から 渋いから	떫으니까 ットルブニッカ	~く 渋く	떫게 ットルッケ

ひと言フレーズ このお茶は渋くないです。
이 차는 떫지 않아요. イ チャヌン ットルッチ アナヨ

閉まる　닫히다 タチダ

動 形 形動 規則

요체 閉まります	닫혀요 タチョヨ	~てください	
否定 閉まりません	닫히지 않아요 タチジ アナヨ	~ないでください	
過去 閉まりました	닫혔어요 タチョッソヨ	仮定 閉まれば	닫히면 タチミョン
現在連体 閉まる(ドア)	닫히는 (문) タチヌン ムン	~たいです	
過去連体 閉まった(ドア)	닫힌 (문) タチン ムン	~て 閉まって	닫히고 タチゴ
未来連体 閉まる(ドア)	닫힐 (문) タチル ムン	~でしょう 閉まるでしょう	닫힐 거예요 タチル ッコエヨ
~から 閉まるから	닫히니까 タチニッカ	~と思います 閉まると思います	닫힐 것 같아요 タチル ッコッ カタヨ
~けれど 閉まるけれど	닫히지만 タチジマン	意志	

ひと言フレーズ そのお店は9時に閉まります。
그 가게는 9시에 닫혀요. ク カゲヌン アホプ シエ タチョヨ

地味だ　수수하다　ススハダ

動 形 **形動** 規則

요体 地味です	수수해요 ススヘヨ	～なのに 地味なのに	수수한데 ススハンデ
否定 地味ではないです	수수하지 않아요 ススハジ アナヨ	～でも 地味でも	수수해도 ススヘド
過去 地味でした	수수했어요 ススヘッソヨ	仮定 地味ならば	수수하면 ススハミョン
過去否定 地味ではなかったです	수수하지 않았어요 ススハジ アナッソヨ	～だけれど 地味だけれど	수수하지만 ススハジマン
現在連体 地味な（服装）	수수한 (복장) ススハン ボクチャン	～でしょう 地味でしょう	수수할 거예요 ススハル ッコエヨ
過去連体 地味だった（服装）	수수하던 (복장) ススハドン ボクチャン	～そうです 地味そうです	수수한 것 같아요 ススハン ゴッ カタヨ
～で 地味で	수수하고 ススハゴ	～ではないようです 地味ではないようです	수수하지 않은 것 같아요 ススハジ アヌン ゴッ カタヨ
～だから 地味だから	수수하니까 ススハニッカ	～に 地味に	수수하게 ススハゲ

ひと言フレーズ　もっと地味な色はありますか？
더 수수한 색 있어요？ ト ススハン セギッソヨ？

閉める　닫다　タッタ

動 **形** 形動 規則　基本単語

요体 閉めます	닫아요 タダヨ	～てください 閉めてください	닫아 주세요 タダ ジュセヨ
否定 閉めません	닫지 않아요 タッチ アナヨ	～ないでください 閉めないでください	닫지 마세요 タッチ マセヨ
過去 閉めました	닫았어요 タダッソヨ	仮定 閉めれば	닫으면 タドゥミョン
現在連体 閉める（ドア）	닫는 (문) タンヌン ムン	～たいです 閉めたいです	닫고 싶어요 タッコ シポヨ
過去連体 閉めた（ドア）	닫은 (문) タドゥン ムン	～て 閉めて	닫고 タッコ
未来連体 閉める（ドア）	닫을 (문) タドゥル ムン	～でしょう 閉めるでしょう	닫을 거예요 タドゥル ッコエヨ
～から 閉めるから	닫으니까 タドゥニッカ	～と思います 閉めると思います	닫을 것 같아요 タドゥル ッコッ カタヨ
～けれど 閉めるけれど	닫지만 タッチマン	意志 閉めます	닫겠어요 タッケッソヨ

「(不景気で) 閉店する」も 닫다 を使って 문을 닫다 ムヌル タッタ と言います。

占める（場所を） 차지하다 チャジハダ [動] [形] [形動] [規則]

요체 占めます	차지해요 チャジヘヨ	〜てください 占めてください	차지해 주세요 チャジヘ ジュセヨ
否定 占めません	차지하지 않아요 チャジハジ アナヨ	〜ないでください 占めないでください	차지하지 마세요 チャジハジ マセヨ
過去 占めました	차지했어요 チャジヘッソヨ	仮定 占めれば	차지하면 チャジハミョン
現在連体 占める（割合）	차지하는 (비율) チャジハヌン ビユル	〜たいです 占めたいです	차지하고 싶어요 チャジハゴ シボヨ
過去連体 占めた（割合）	차지한 (비율) チャジハン ビユル	〜て 占めて	차지하고 チャジハゴ
未来連体 占める（割合）	차지할 (비율) チャジハル ッピユル	〜でしょう 占めるでしょう	차지할 거예요 チャジハル ッコエヨ
〜から 占めるから	차지하니까 チャジハニッカ	〜と思います 占めると思います	차지할 것 같아요 チャジハル ッコッ カタヨ
〜けれど 占めるけれど	차지하지만 チャジハジマン	意志 占めます	차지하겠어요 チャジハゲッソヨ

「（場所を）占める」は **자리를) 잡다**（チャリルル）チャプタ とも言います。

自由だ 자유롭다 チャユロプタ [動] [形] [形動] [ㅂ不規則] 活用に注意！

요체 自由です	자유로워요 チャユロウォヨ	〜なのに 自由なのに	자유로운데 チャユロウンデ
否定 自由ではないです	자유롭지 않아요 チャユロプチ アナヨ	〜でも 自由でも	자유로워도 チャユロウォド
過去 自由でした	자유로웠어요 チャユロウォッソヨ	仮定 自由ならば	자유로우면 チャユロウミョン
過去否定 自由ではなかったです	자유롭지 않았어요 チャユロプチ アナッソヨ	〜だけれど 自由だけれど	자유롭지만 チャユロプチマン
現在連体 自由な（思想）	자유로운 (사상) チャユロウン ササン	〜でしょう 自由でしょう	자유로울 거예요 チャユロウル ッコエヨ
過去連体 自由だった（思想）	자유로웠던 (사상) チャユロウォットン ササン	〜そうです 自由そうです	자유로운 것 같아요 チャユロウン ゴッ カタヨ
〜で 自由で	자유롭고 チャユロプコ	〜ではないようです 自由ではないようです	자유롭지 않은 것 같아요 チャユロプチ アヌン ゴッ カタヨ
〜だから 自由だから	자유로우니까 チャユロウニッカ	〜に 自由に	자유롭게 チャユロプケ

「自由だ」は **자유스럽다** チャユスロプタ とも言います。

集中する　집중하다　チブチュンハダ　[動][形][形動][規則]

요体 集中します	집중해요 チブチュンヘヨ	~てください 集中してください	집중해 주세요 チブチュンヘ ジュセヨ
否定 集中しません	집중하지 않아요 チブチュンハジ アナヨ	~ないでください 集中しないでください	집중하지 마세요 チブチュンハジ マセヨ
過去 集中しました	집중했어요 チブチュンヘッソヨ	仮定 集中すれば	집중하면 チブチュンハミョン
現在連体 集中する（時間）	집중하는 (시간) チブチュンハヌン シガン	~たいです 集中したいです	집중하고 싶어요 チブチュンハゴ シポヨ
過去連体 集中した（時間）	집중한 (시간) チブチュンハン シガン	~て 集中して	집중하고 チブチュンハゴ
未来連体 集中する（時間）	집중할 (시간) チブチュンハル ッシガン	~でしょう 集中するでしょう	집중할 거예요 チブチュンハル ッコエヨ
~から 集中するから	집중하니까 チブチュンハニッカ	~と思います 集中すると思います	집중할 것 같아요 チブチュンハル ッコッ カタヨ
~けれど 集中するけれど	집중하지만 チブチュンハジマン	意志 集中します	집중하겠어요 チブチュンハゲッソヨ

「集中して」には **집중해서** チブチュンヘソ という活用形もあります。

十分だ　충분하다　チュンブナタ　[動][形][形動][規則]

요体 十分です	충분해요 チュンブネヨ	~なのに 十分なのに	충분한데 チュンブナンデ
否定 十分ではないです	충분하지 않아요 チュンブナジ アナヨ	~でも 十分でも	충분해도 チュンブネド
過去 十分でした	충분했어요 チュンブネッソヨ	仮定 十分ならば	충분하면 チュンブナミョン
過去否定 十分ではなかったです	충분하지 않았어요 チュンブナジ アナッソヨ	~だけれど 十分だけれど	충분하지만 チュンブナジマン
現在連体 十分な（条件）	충분한 (조건) チュンブナン ジョッコン	~でしょう 十分でしょう	충분할 거예요 チュンブナル ッコエヨ
過去連体 十分だった（条件）	충분하던 (조건) チュンブナドン ジョッコン	~そうです 十分そうです	충분한 것 같아요 チュンブナン ゴッ カタヨ
~で 十分で	충분하고 チュンブナゴ	~ではないようです 十分ではないようです	충분하지 않은 것 같아요 チュンブナジ アヌン ゴッ カタヨ
~だから 十分だから	충분하니까 チュンブナニッカ	~に 十分に	충분하게 チュンブナゲ

「十分でしょう？」と同意を求めるときには **충분하죠?** チュンブナジョ? と言います。

重要だ 　중요하다　チュンヨハダ　　動/形/形動　規則

요体 重要です	중요해요 チュンヨヘヨ	~なのに 重要なのに	중요한데 チュンヨハンデ
否定 重要ではないです	중요하지 않아요 チュンヨハジ アナヨ	~でも 重要でも	중요해도 チュンヨヘド
過去 重要でした	중요했어요 チュンヨヘッソヨ	仮定 重要ならば	중요하면 チュンヨハミョン
過去否定 重要ではなかったです	중요하지 않았어요 チュンヨハジ アナッソヨ	~だけれど 重要だけれど	중요하지만 チュンヨハジマン
現在連体 重要な（お知らせ）	중요한 (소식) チュンヨハン ソシク	~でしょう 重要でしょう	중요할 거예요 チュンヨハル ッコエヨ
過去連体 重要だった（お知らせ）	중요하던 (소식) チュンヨハドン ソシク	~そうです 重要そうです	중요한 것 같아요 チュンヨハン ゴッ カタヨ
~で 重要で	중요하고 チュンヨハゴ	~ではないようです 重要ではないようです	중요하지 않은 것 같아요 チュンヨハジ アヌン ゴッ カタヨ
~だから 重要だから	중요하니까 チュンヨハニッカ	~に 重要に	중요하게 チュンヨハゲ

🐾 「重要だから」には **중요해서** チュンヨヘソ という活用形もあります。

準備する 　준비하다　チュンビハダ　　動/形/形動　規則

요体 準備します	준비해요 チュンビヘヨ	~てください 準備してください	준비해 주세요 チュンビヘ ジュセヨ
否定 準備しません	준비하지 않아요 チュンビハジ アナヨ	~ないでください 準備しないでください	준비하지 마세요 チュンビハジ マセヨ
過去 準備しました	준비했어요 チュンビヘッソヨ	仮定 準備すれば	준비하면 チュンビハミョン
現在連体 準備する（人）	준비하는 (사람) チュンビハヌン サラム	~たいです 準備したいです	준비하고 싶어요 チュンビハゴ シポヨ
過去連体 準備した（人）	준비한 (사람) チュンビハン サラム	~て 準備して	준비하고 チュンビハゴ
未来連体 準備する（人）	준비할 (사람) チュンビハル ッサラム	~でしょう 準備するでしょう	준비할 거예요 チュンビハル ッコエヨ
~から 準備するから	준비하니까 チュンビハニッカ	~と思います 準備すると思います	준비할 것 같아요 チュンビハル ッコッ カタヨ
~けれど 準備するけれど	준비하지만 チュンビハジマン	意志 準備します	준비하겠어요 チュンビハゲッソヨ

🐾 「支度する」「用意する」にも **준비하다** を使います。

上映する　상영하다　サンヨンハダ　[動][形][形動][規則]

日本語	韓国語	カナ	日本語	韓国語	カナ
丁寧体 上映します	상영해요	サンヨンヘヨ	~てください 上映してください	상영해 주세요	サンヨンヘ ジュセヨ
否定 上映しません	상영하지 않아요	サンヨンハジ アナヨ	~ないでください 上映しないでください	상영하지 마세요	サンヨンハジ マセヨ
過去 上映しました	상영했어요	サンヨンヘッソヨ	仮定 上映すれば	상영하면	サンヨンハミョン
現在連体 上映する（映画）	상영하는 (영화)	サンヨンハヌン ニンファ	~たいです 上映したいです	상영하고 싶어요	サンヨンハゴ シポヨ
過去連体 上映した（映画）	상영한 (영화)	サンヨンハン ニンファ	~て 上映して	상영하고	サンヨンハゴ
未来連体 上映する（映画）	상영할 (영화)	サンヨンハル リンファ	~でしょう 上映するでしょう	상영할 거예요	サンヨンハル ッコエヨ
~から 上映するから	상영하니까	サンヨンハニッカ	~と思います 上映すると思います	상영할 것 같아요	サンヨンハル ッコッ カタヨ
~けれど 上映するけれど	상영하지만	サンヨンハジマン	意志 上映します	상영하겠어요	サンヨンハゲッソヨ

「上映しても」は 상영해도 サンヨンヘド と言います。

紹介する　소개하다　ソゲハダ　[動][形][形動][規則]

日本語	韓国語	カナ	日本語	韓国語	カナ
丁寧体 紹介します	소개해요	ソゲヘヨ	~てください 紹介してください	소개해 주세요	ソゲヘ ジュセヨ
否定 紹介しません	소개하지 않아요	ソゲハジ アナヨ	~ないでください 紹介しないでください	소개하지 마세요	ソゲハジ マセヨ
過去 紹介しました	소개했어요	ソゲヘッソヨ	仮定 紹介すれば	소개하면	ソゲハミョン
現在連体 紹介する（商品）	소개하는 (상품)	ソゲハヌン サンプム	~たいです 紹介したいです	소개하고 싶어요	ソゲハゴ シポヨ
過去連体 紹介した（商品）	소개한 (상품)	ソゲハン サンプム	~て 紹介して	소개하고	ソゲハゴ
未来連体 紹介する（商品）	소개할 (상품)	ソゲハル ッサンプム	~でしょう 紹介するでしょう	소개할 거예요	ソゲハル ッコエヨ
~から 紹介するから	소개하니까	ソゲハニッカ	~と思います 紹介すると思います	소개할 것 같아요	ソゲハル ッコッ カタヨ
~けれど 紹介するけれど	소개하지만	ソゲハジマン	意志 紹介します	소개하겠어요	ソゲハゲッソヨ

「紹介しましょうか？」は 소개할까요? ソゲハルッカヨ? と言います。

正直だ　정직하다　チョンジカダ　[動][形][形動][規則]

要体 正直です	정직해요	チョンジケヨ
否定 正直ではないです	정직하지 않아요	チョンジカジ アナヨ
過去 正直でした	정직했어요	チョンジケッソヨ
過去否定 正直ではなかったです	정직하지 않았어요	チョンジカジ アナッソヨ
現在連体 正直な（人）	정직한 (사람)	チョンジカン サラム
過去連体 正直だった（人）	정직하던 (사람)	チョンジカドン サラム
〜で 正直で	정직하고	チョンジカゴ
〜だから 正直だから	정직하니까	チョンジカニッカ
〜なのに 正直なのに	정직한데	チョンジカンデ
〜でも 正直でも	정직해도	チョンジケド
仮定 正直ならば	정직하면	チョンジカミョン
〜だけれど 正直だけれど	정직하지만	チョンジカジマン
〜でしょう 正直でしょう	정직할 거예요	チョンジカル ッコエヨ
〜そうです 正直そうです	정직한 것 같아요	チョンジカン ゴッ カタヨ
〜ではないようです 正直ではないようです	정직하지 않은 것 같아요	チョンジカジ アヌン ゴッ カタヨ
〜に 正直に	정직하게	チョンジカゲ

「正直だ」は 솔직하다 ソルッチカダ とも言います。

上手だ／うまい　잘하다　チャラダ　[動][形][形動][規則][基本単語]

要体 上手です	잘해요	チャレヨ
否定 上手ではないです	잘하지 않아요	チャラジ アナヨ
過去 上手でした	잘했어요	チャレッソヨ
過去否定 上手ではなかったです	잘하지 않았어요	チャラジ アナッソヨ
現在連体 上手な（人）	잘하는 (사람)	チャラヌン サラム
過去連体 上手だった（人）	잘하던 (사람)	チャラドン サラム
〜で 上手で	잘하고	チャラゴ
〜だから 上手だから	잘하니까	チャラニッカ
〜なのに 上手なのに	잘하는데	チャラヌンデ
〜でも 上手でも	잘해도	チャレド
仮定 上手ならば	잘하면	チャラミョン
〜だけれど 上手だけれど	잘하지만	チャラジマン
〜でしょう 上手でしょう	잘할 거예요	チャラル ッコエヨ
〜そうです 上手そうです	잘한 것 같아요	チャラン ゴッ カタヨ
〜ではないようです 上手ではないようです	잘하지 않은 것 같아요	チャラジ アヌン ゴッ カタヨ
〜に 上手に	잘하게	チャラゲ

否定には 못하다 「できない」の活用形 못해요 モテヨ、過去否定には 못했어요 モテッソヨ も使います。

上品だ　고상하다　コサンハダ

[動 形 形動 規則]

요체 上品です	고상해요 コサンヘヨ	~なのに 上品なのに	고상한데 コサンハンデ
否定 上品ではないです	고상하지 않아요 コサンハジ アナヨ	~でも 上品でも	고상해도 コサンヘド
過去 上品でした	고상했어요 コサンヘッソヨ	仮定 上品ならば	고상하면 コサンハミョン
過去否定 上品ではなかったです	고상하지 않았어요 コサンハジ アナッソヨ	~だけれど 上品だけれど	고상하지만 コサンハジマン
現在連体 上品な（言葉）	고상한 (말) コサンハン マル	~でしょう 上品でしょう	고상할 거예요 コサンハル ッコエヨ
過去連体 上品だった（言葉）	고상하던 (말) コサンハドン マル	~そうです 上品そうです	고상한 것 같아요 コサンハン ゴッ カタヨ
~で 上品で	고상하고 コサンハゴ	~ではないようです 上品ではないようです	고상하지 않은 것 같아요 コサンハジ アヌン ゴッ カタヨ
~だから 上品だから	고상하니까 コサンハニッカ	~に 上品に	고상하게 コサンハゲ

「上品だ」は 품위 있다 プムィ イッタ とも言います。

じょうひんだ／じょうぶだ

丈夫だ　튼튼하다　トゥントゥナダ

[動 形 形動 規則]

요체 丈夫です	튼튼해요 トゥントゥネヨ	~なのに 丈夫なのに	튼튼한데 トゥントゥナンデ
否定 丈夫ではないです	튼튼하지 않아요 トゥントゥナジ アナヨ	~でも 丈夫でも	튼튼해도 トゥントゥネド
過去 丈夫でした	튼튼했어요 トゥントゥネッソヨ	仮定 丈夫ならば	튼튼하면 トゥントゥナミョン
過去否定 丈夫ではなかったです	튼튼하지 않았어요 トゥントゥナジ アナッソヨ	~だけれど 丈夫だけれど	튼튼하지만 トゥントゥナジマン
現在連体 丈夫な（体）	튼튼한 (몸) トゥントゥナン モム	~でしょう 丈夫でしょう	튼튼할 거예요 トゥントゥナル ッコエヨ
過去連体 丈夫だった（体）	튼튼하던 (몸) トゥントゥナドン モム	~そうです 丈夫そうです	튼튼한 것 같아요 トゥントゥナン ゴッ カタヨ
~で 丈夫で	튼튼하고 トゥントゥナゴ	~ではないようです 丈夫ではないようです	튼튼하지 않은 것 같아요 トゥントゥナジ アヌン ゴッ カタヨ
~だから 丈夫だから	튼튼하니까 トゥントゥナニッカ	~に 丈夫に	튼튼하게 トゥントゥナゲ

「丈夫だ」は 건강하다 コンガンハダ とも言います。

知らせる　알리다　アルリダ　[動][形][形動][規則][基本単語]

요체 知らせます	알려요 アルリョヨ	~てください 知らせてください	알려 주세요 アルリョ ジュセヨ
否定 知らせません	알리지 않아요 アルリジ アナヨ	~ないでください 知らせないでください	알리지 마세요 アルリジ マセヨ
過去 知らせました	알렸어요 アルリョッソヨ	仮定 知らせれば	알리면 アルリミョン
現在連体 知らせる (合図)	알리는 (신호) アルリヌン シノ	~たいです 知らせたいです	알리고 싶어요 アルリゴ シポヨ
過去連体 知らせた (合図)	알린 (신호) アルリン シノ	~て 知らせて	알리고 アルリゴ
未来連体 知らせる (合図)	알릴 (신호) アルリル シノ	~でしょう 知らせるでしょう	알릴 거예요 アルリル ッコエヨ
~から 知らせるから	알리니까 アルリニッカ	~と思います 知らせると思います	알릴 것 같아요 アルリル ッコッ カタヨ
~けれど 知らせるけれど	알리지만 アルリジマン	意志 知らせます	알리겠어요 アルリゲッソヨ

ひと言フレーズ: メールで知らせてください。
메일로 알려 주세요. メイルロ アルリョ ジュセヨ

知らない　모르다　モルダ　[動][形][形動][ㄹ不規則][活用に注意!][基本単語]

요체 知らないです	몰라요 モルラヨ	~てください	
否定 知らなくないです	모르지 않아요 モルジ アナヨ	~ないでください	
過去 知らなかったです	몰랐어요 モルラッソヨ	仮定 知らなければ	모르면 モルミョン
現在連体 知らない (話)	모르는 (이야기) モルヌン ニヤギ	~たいです 知りたくないです	모르고 싶어요 モルゴ シポヨ
過去連体 知らなかった (話)	모른 (이야기) モルン ニヤギ	~て 知らなくて	모르고 モルゴ
未来連体 知らない (話)	모를 (이야기) モルル リヤギ	~でしょう 知らないでしょう	모를 거예요 モルル ッコエヨ
~から 知らないから	모르니까 モルニッカ	~と思います 知らないと思います	모를 것 같아요 モルル ッコッ カタヨ
~けれど 知らないけれど	모르지만 モルジマン	意思 知らないです	모르겠어요 モルゲッソヨ

「知らないから」には 몰라서 モルラソ という活用形もあります。

調べる 조사하다 チョサハダ 動 形 形動 規則

요体 調べます	조사해요 チョサヘヨ	〜てください 調べてください	조사해 주세요 チョサヘ ジュセヨ
否定 調べません	조사하지 않아요 チョサハジ アナヨ	〜ないでください 調べないでください	조사하지 마세요 チョサハジ マセヨ
過去 調べました	조사했어요 チョサヘッソヨ	仮定 調べれば	조사하면 チョサハミョン
現在連体 調べる（手段）	조사하는 (방법) チョサハヌン バンボプ	〜たいです 調べたいです	조사하고 싶어요 チョサハゴ シポヨ
過去連体 調べた（手段）	조사한 (방법) チョサハン バンボプ	〜て 調べて	조사하고 チョサハゴ
未来連体 調べる（手段）	조사할 (방법) チョサハル ッバンボプ	〜でしょう 調べるでしょう	조사할 거예요 チョサハル ッコエヨ
〜から 調べるから	조사하니까 チョサハニッカ	〜と思います 調べると思います	조사할 것 같아요 チョサハル ッコッ カタヨ
〜けれど 調べるけれど	조사하지만 チョサハジマン	意志 調べます	조사하겠어요 チョサハゲッソヨ

「調べる」は **찾다** チャッタ とも言います。

知る／わかる 알다 アルダ 動 形 形動 ㄹ脱落 活用に注意！ 基本単語

요体 知ります	알아요 アラヨ	〜てください 知ってください	알아 주세요 アラ ジュセヨ
否定 知りません	몰라요 モルラヨ	〜ないでください	———
過去 知りました	알았어요 アラッソヨ	仮定 知れば	알면 アルミョン
現在連体 知る（人）	아는 (사람) アヌン サラム	〜たいです 知りたいです	알고 싶어요 アルゴ シポヨ
過去連体 知った（人）	안 (사람) アン サラム	〜て 知って	알고 アルゴ
未来連体 知る（人）	알 (사람) アル ッサラム	〜でしょう 知るでしょう	알 거예요 アル ッコエヨ
〜から 知るから	아니까 アニッカ	〜と思います 知ると思います	알 것 같아요 アル ッコッ カタヨ
〜けれど 知るけれど	알지만 アルジマン	意志 知るつもりです	알겠어요 アルゲッソヨ

否定の「知りません」には **알다** の活用形ではなく、「知らない」という動詞 **모르다** モルダの活用形 **몰라요** モルラヨ を使います。

じれったい　답답하다　タプタパダ　[動][形][形動][規則]

요体 じれったいです	답답해요 タプタペヨ	〜のに じれったいのに	답답한데 タプタパンデ
否定 じれったくないです	답답하지 않아요 タプタパジ アナヨ	〜くても じれったくても	답답해도 タプタペド
過去 じれったかったです	답답했어요 タプタペッソヨ	仮定 じれったければ	답답하면 タプタパミョン
過去否定 じれったくなかったです	답답하지 않았어요 タプタパジ アナッソヨ	〜けれど じれったいけれど	답답하지만 タプタパジマン
現在連体 じれったい(気持ち)	답답한 (기분) タプタパン ギブン	〜でしょう じれったいでしょう	답답할 거예요 タプタパル ッコエヨ
過去連体 じれったかった(気持ち)	답답하던 (기분) タプタパドン ギブン	〜ようです じれったいようです	답답한 것 같아요 タプタパン ゴッ カタヨ
〜くて じれったくて	답답하고 タプタパゴ	〜くないようです じれったくないようです	답답하지 않은 것 같아요 タプタパジ アヌン ゴッ カタヨ
〜から じれったいから	답답하니까 タプタパニッカ	〜く じれったく	답답하게 タプタパゲ

「もどかしい」にも 답답하다 を使います。

真剣だ　진지하다　チンジハダ　[動][形][形動][規則]

요体 真剣です	진지해요 チンジヘヨ	〜なのに 真剣なのに	진지한데 チンジハンデ
否定 真剣ではないです	진지하지 않아요 チンジハジ アナヨ	〜でも 真剣でも	진지해도 チンジヘド
過去 真剣でした	진지했어요 チンジヘッソヨ	仮定 真剣ならば	진지하면 チンジハミョン
過去否定 真剣ではなかったです	진지하지 않았어요 チンジハジ アナッソヨ	〜だけれど 真剣だけれど	진지하지만 チンジハジマン
現在連体 真剣な(人)	진지한 (사람) チンジハン サラム	〜でしょう 真剣でしょう	진지할 거예요 チンジハル ッコエヨ
過去連体 真剣だった(人)	진지하던 (사람) チンジハドン サラム	〜そうです 真剣そうです	진지한 것 같아요 チンジハン ゴッ カタヨ
〜で 真剣で	진지하고 チンジハゴ	〜ではないようです 真剣ではないようです	진지하지 않은 것 같아요 チンジハジ アヌン ゴッ カタヨ
〜だから 真剣だから	진지하니까 チンジハニッカ	〜に 真剣に	진지하게 チンジハゲ

「真剣に」は 진정으로 チンジョンウロ とも言います。

信じる 믿다 ミッタ

動 / 形 / 形動 / **規則** / 基本単語

요体 信じます	믿어요 ミドヨ	〜てください 信じてください	믿어 주세요 ミド ジュセヨ
否定 信じません	믿지 않아요 ミッチ アナヨ	〜ないでください 信じないでください	믿지 마세요 ミッチ マセヨ
過去 信じました	믿었어요 ミドッソヨ	仮定 信じれば	믿으면 ミドゥミョン
現在連体 信じる（理由）	믿는 (이유) ミンヌン ニユ	〜たいです 信じたいです	믿고 싶어요 ミッコ シポヨ
過去連体 信じた（理由）	믿은 (이유) ミドゥン ニユ	〜て 信じて	믿고 ミッコ
未来連体 信じる（理由）	믿을 (이유) ミドゥル リユ	〜でしょう 信じるでしょう	믿을 거예요 ミドゥル ッコエヨ
〜から 信じるから	믿으니까 ミドゥニッカ	〜と思います 信じると思います	믿을 것 같아요 ミドゥル ッコッ カタヨ
〜けれど 信じるけれど	믿지만 ミッチマン	意志 信じます	믿겠어요 ミッケッソヨ

🐾 「信じる」には **신뢰하다** シルレハダ、**확신하다** ファクシナダ という言い方もあります。

親切だ 친절하다 チンジョラダ

動 / 形 / **形動** / 規則

요体 親切です	친절해요 チンジョレヨ	〜なのに 親切なのに	친절한데 チンジョランデ
否定 親切ではないです	친절하지 않아요 チンジョラジ アナヨ	〜でも 親切でも	친절해도 チンジョレド
過去 親切でした	친절했어요 チンジョレッソヨ	仮定 親切ならば	친절하면 チンジョラミョン
過去否定 親切ではなかったです	친절하지 않았어요 チンジョラジ アナッソヨ	〜だけれど 親切だけれど	친절하지만 チンジョラジマン
現在連体 親切な（人）	친절한 (사람) チンジョラン サラム	〜でしょう 親切でしょう	친절할 거예요 チンジョラル ッコエヨ
過去連体 親切だった（人）	친절하던 (사람) チンジョラドン サラム	〜そうです 親切そうです	친절한 것 같아요 チンジョラン ゴッ カタヨ
〜で 親切で	친절하고 チンジョラゴ	〜ではないようです 親切ではないようです	친절하지 않은 것 같아요 チンジョラジ アヌン ゴッ カタヨ
〜だから 親切だから	친절하니까 チンジョラニッカ	〜に 親切に	친절하게 チンジョラゲ

ひと言フレーズ 親切に教えてくれてありがとう。
친절하게 가르쳐 줘서 고마워요 . チンジョラゲ カルチョ ジュォソ コマウォヨ

新鮮だ　신선하다　シンソナダ

動形　形動　規則

日本語	韓国語	カナ	日本語	韓国語	カナ
요체 新鮮です	신선해요	シンソネヨ	~なのに 新鮮なのに	신선한데	シンソナンデ
否定 新鮮ではないです	신선하지 않아요	シンソナジ アナヨ	~でも 新鮮でも	신선해도	シンソネド
過去 新鮮でした	신선했어요	シンソネッソヨ	仮定 新鮮ならば	신선하면	シンソナミョン
過去否定 新鮮ではなかったです	신선하지 않았어요	シンソナジ アナッソヨ	~だけれど 新鮮だけれど	신선하지만	シンソナジマン
現在連体 新鮮な（果物）	신선한 (과일)	シンソナン グァイル	~でしょう 新鮮でしょう	신선할 거예요	シンソナル ッコエヨ
過去連体 新鮮だった（果物）	신선하던 (과일)	シンソナドン グァイル	~そうです 新鮮そうです	신선한 것 같아요	シンソナン ゴッ カタヨ
~で 新鮮で	신선하고	シンソナゴ	~ではないようです 新鮮ではないようです	신선하지 않은 것 같아요	シンソナジ アヌン ゴッ カタヨ
~だから 新鮮だから	신선하니까	シンソナニッカ	~に 新鮮に	신선하게	シンソナゲ

「新鮮だ」は 싱싱하다 シンシンハダ とも言います。

心配する　걱정하다　コクチョンハダ

動形　形動　規則

日本語	韓国語	カナ	日本語	韓国語	カナ
요체 心配します	걱정해요	コクチョンヘヨ	~てください 心配してください	걱정해 주세요	コクチョンヘ ジュセヨ
否定 心配しません	걱정하지 않아요	コクチョンハジ アナヨ	~ないでください 心配しないでください	걱정하지 마세요	コクチョンハジ マセヨ
過去 心配しました	걱정했어요	コクチョンヘッソヨ	仮定 心配すれば	걱정하면	コクチョンハミョン
現在連体 心配する（人）	걱정하는 (사람)	コクチョンハヌン サラム	~たいです 心配したいです	걱정하고 싶어요	コクチョンハゴ シポヨ
過去連体 心配した（人）	걱정한 (사람)	コクチョンハン サラム	~て 心配して	걱정하고	コクチョンハゴ
未来連体 心配する（人）	걱정할 (사람)	コクチョンハル ッサラム	~でしょう 心配するでしょう	걱정할 거예요	コクチョンハル ッコエヨ
~から 心配するから	걱정하니까	コクチョンハニッカ	~と思います 心配すると思います	걱정할 것 같아요	コクチョンハル ッコッ カタヨ
~けれど 心配するけれど	걱정하지만	コクチョンハジマン	意志		

ひと言フレーズ　そんなに心配しないでください。
그렇게 걱정하지 마세요. クロケ コクチョンハジ マセヨ

信頼する　신뢰하다　シルルェハダ　[動][規則]

요체 信頼します	신뢰해요	シルルェヘヨ
否定 信頼しません	신뢰하지 않아요	シルルェハジ アナヨ
過去 信頼しました	신뢰했어요	シルルェヘッソヨ
現在連体 信頼する（会社）	신뢰하는 (회사)	シルルェハヌ ヌェサ
過去連体 信頼した（会社）	신뢰한 (회사)	シルルェハ ヌェサ
未来連体 信頼する（会社）	신뢰할 (회사)	シルルェハ ルェサ
～から 信頼するから	신뢰하니까	シルルェハニッカ
～けれど 信頼するけれど	신뢰하지만	シルルェハジマン
～てください 信頼してください	신뢰해 주세요	シルルェヘ ジュセヨ
～ないでください 信頼しないでください	신뢰하지 마세요	シルルェハジ マセヨ
仮定 信頼すれば	신뢰하면	シルルェハミョン
～たいです 信頼したいです	신뢰하고 싶어요	シルルェハゴ シポヨ
～て 信頼して	신뢰하고	シルルェハゴ
～でしょう 信頼するでしょう	신뢰할 거예요	シルルェハル ッコエヨ
～と思います 信頼すると思います	신뢰할 것 같아요	シルルェハル ッコッ カタヨ
意志 信頼します	신뢰하겠어요	シルルェハゲッソヨ

「信頼したけれど」は **신뢰했지만** シルルェヘッチマン と言います。

吸う　빨다　ッパルダ　[動][ㄹ脱落]

活用に注意！

요체 吸います	빨아요	ッパラヨ
否定 吸いません	빨지 않아요	ッパルジ アナヨ
過去 吸いました	빨았어요	ッパラッソヨ
現在連体 吸う（人）	빠는 (사람)	ッパヌン サラム
過去連体 吸った（人）	빤 (사람)	ッパン サラム
未来連体 吸う（人）	빨 (사람)	ッパル ッサラム
～から 吸うから	빠니까	ッパニッカ
～けれど 吸うけれど	빨지만	ッパルジマン
～てください 吸ってください	빨아 주세요	ッパラ ジュセヨ
～ないでください 吸わないでください	빨지 마세요	ッパルジ マセヨ
仮定 吸えば	빨면	ッパルミョン
～たいです 吸いたいです	빨고 싶어요	ッパルゴ シポヨ
～て 吸って	빨고	ッパルゴ
～でしょう 吸うでしょう	빨 거예요	ッパル ッコエヨ
～と思います 吸うと思います	빨 것 같아요	ッパル ッコッ カタヨ
意志 吸います	빨겠어요	ッパルゲッソヨ

「吸う」には **들이마시다** トゥリマシダ も使います。

図々しい　뻔뻔스럽다　ッポンッポンスロプタ　[動][形][形動][ㅂ不規則]

요体 図々しいです	뻔뻔스러워요 ッポンッポンスロウォヨ	〜のに 図々しいのに	뻔뻔스러운데 ッポンッポンスロウンデ
否定 図々しくないです	뻔뻔스럽지 않아요 ッポンッポンスロプチ アナヨ	〜くても 図々しくても	뻔뻔스러워도 ッポンッポンスロウォド
過去 図々しかったです	뻔뻔스러웠어요 ッポンッポンスロウォッソヨ	仮定 図々しければ	뻔뻔스러우면 ッポンッポンスロウミョン
過去否定 図々しくなかったです	뻔뻔스럽지 않았어요 ッポンッポンスロプチ アナッソヨ	〜けれど 図々しいけれど	뻔뻔스럽지만 ッポンッポンスロプチマン
現在連体 図々しい (態度)	뻔뻔스러운 (태도) ッポンッポンスロウン テド	〜でしょう 図々しいでしょう	뻔뻔스러울 거예요 ッポンッポンスロウル ッコエヨ
過去連体 図々しかった (態度)	뻔뻔스럽던 (태도) ッポンッポンスロプトン テド	〜ようです 図々しいようです	뻔뻔스러운 것 같아요 ッポンッポンスロウン ゴッ カタヨ
〜くて 図々しくて	뻔뻔스럽고 ッポンッポンスロプコ	〜くないようです 図々しくないようです	뻔뻔스럽지 않은 것 같아요 ッポンッポンスロプチ アヌン ゴッ カタヨ
〜から 図々しいから	뻔뻔스러우니까 ッポンッポンスロウニッカ	〜く 図々しく	뻔뻔스럽게 ッポンッポンスロプケ

「図々しい」には 낯두껍다 ナットゥッコプタ、넉살 좋다 ノクサル ジョタ という言い方もあります。

好きだ　좋아하다　チョアハダ　[動][形][形動][規則]　基本単語

요体 好きです	좋아해요 チョアヘヨ	〜なのに 好きなのに	좋아하는데 チョアハヌンデ
否定 好きではないです	좋아하지 않아요 チョアハジ アナヨ	〜でも 好きでも	좋아해도 チョアヘド
過去 好きでした	좋아했어요 チョアヘッソヨ	仮定 好きならば	좋아하면 チョアハミョン
過去否定 好きではなかったです	좋아하지 않았어요 チョアハジ アナッソヨ	〜だけれど 好きだけれど	좋아하지만 チョアハジマン
現在連体 好きな (科目)	좋아하는 (과목) チョアハヌン グァモク	〜でしょう 好きでしょう	좋아할 거예요 チョアハル ッコエヨ
過去連体 好きだった (科目)	좋아하던 (과목) チョアハドン グァモク	〜そうです 好きそうです	좋아하는 것 같아요 チョアハヌン ゴッ カタヨ
〜で 好きで	좋아하고 チョアハゴ	〜ではないようです 好きではないようです	좋아하지 않는 것 같아요 チョアハジ アンヌン ゴッ カタヨ
〜だから 好きだから	좋아하니까 チョアハニッカ	〜に 好きに	좋아하게 チョアハゲ

ひと言フレーズ　好きなのになぜあきらめるのですか？
좋아하는데 왜 포기해요？ チョアハヌンデ ウェ ポギヘヨ？

過ぎる (電車が) 지나가다 チナガダ [動 形 形動 規則]

丁体 過ぎます	지나가요 チナガヨ	~てください 過ぎてください	지나가 주세요 チナガ ジュセヨ
否定 過ぎません	지나가지 않아요 チナガジ アナヨ	~ないでください 過ぎないでください	지나가지 마세요 チナガジ マセヨ
過去 過ぎました	지나갔어요 チナガッソヨ	仮定 過ぎれば	지나가면 チナガミョン
現在連体 過ぎる (電車)	지나가는 (전철) チナガヌン ジョンチョル	~たいです	
過去連体 過ぎた (電車)	지나간 (전철) チナガン ジョンチョル	~て 過ぎて	지나가고 チナガゴ
未来連体 過ぎる (電車)	지나갈 (전철) チナガル ッチョンチョル	~でしょう 過ぎるでしょう	지나갈 거예요 チナガル ッコエヨ
~から 過ぎるから	지나가니까 チナガニッカ	~と思います 過ぎると思います	지나갈 것 같아요 チナガル ッコッ カタヨ
~けれど 過ぎるけれど	지나가지만 チナガジマン	意志	

🐾 「過ぎる」には **통과하다** トングァハダ という言い方もあります。

過ぎる (時が) 지나다 チナダ [動 形 形動 規則]

丁体 過ぎます	지나요 チナヨ	~てください	
否定 過ぎません	지나지 않아요 チナジ アナヨ	~ないでください	
過去 過ぎました	지났어요 チナッソヨ	仮定 過ぎれば	지나면 チナミョン
現在連体 過ぎる (時間)	지나는 (시간) チナヌン シガン	~たいです	
過去連体 過ぎた (時間)	지난 (시간) チナン シガン	~て 過ぎて	지나고 チナゴ
未来連体 過ぎる (時間)	지날 (시간) チナル シガン	~でしょう 過ぎるでしょう	지날 거예요 チナル ッコエヨ
~から 過ぎるから	지나니까 チナニッカ	~と思います 過ぎると思います	지날 것 같아요 チナル ッコッ カタヨ
~けれど 過ぎるけれど	지나지만 チナジマン	意志	

🐾 「過ぎるから」には **지나서** チナソ という活用形もあります。

空く (お腹が) 배고프다 ペゴプダ　動 形 形動 ㅡ不規則

活用に注意!

丁寧体			
空きます	배고파요 ペゴパヨ	～のに 空くのに	배고픈데 ペゴプンデ
否定 空きません	배고프지 않아요 ペゴプジ アナヨ	～くても 空いても	배고파도 ペゴパド
過去 空きました	배고팠어요 ペゴパッソヨ	仮定 空けば	배고프면 ペゴプミョン
過去否定 空かなかったです	배고프지 않았어요 ペゴプジ アナッソヨ	～けれど 空くけれど	배고프지만 ペゴプジマン
現在連体 空く (時間)	배고픈 (시간) ペゴプン シガン	～でしょう 空くでしょう	배고플 거예요 ペゴプル ッコエヨ
過去連体 空いた (時間)	배고프던 (시간) ペゴプドン シガン	～ようです 空くようです	배고픈 것 같아요 ペゴプン ゴッ カタヨ
～くて 空いて	배고프고 ペゴプゴ	～くないようです 空かないようです	배고프지 않은 것 같아요 ペゴプジ アヌン ゴッ カタヨ
～から 空くから	배고프니까 ペゴプニッカ	～く	

「(お腹が) 空くから」には 배고파서 ペゴパソ という活用形もあります。

少ない 적다 チョクタ　動 形 形動 規則　基本単語

丁寧体 少ないです	적어요 チョゴヨ	～のに 少ないのに	적은데 チョグンデ
否定 少なくないです	적지 않아요 チョクチ アナヨ	～くても 少なくても	적어도 チョゴド
過去 少なかったです	적었어요 チョゴッソヨ	仮定 少なければ	적으면 チョグミョン
過去否定 少なくなかったです	적지 않았어요 チョクチ アナッソヨ	～けれど 少ないけれど	적지만 チョクチマン
現在連体 少ない (数)	적은 (수) チョグン ス	～でしょう 少ないでしょう	적을 거예요 チョグル ッコエヨ
過去連体 少なかった (数)	적던 (수) チョクトン ス	～ようです 少ないようです	적은 것 같아요 チョグン ゴッ カタヨ
～くて 少なくて	적고 チョクコ	～くないようです 少なくないようです	적지 않은 것 같아요 チョクチ アヌン ゴッ カタヨ
～から 少ないから	적으니까 チョグニッカ	～く 少なく	적게 チョクケ

「少ないだろうから」は 적을 테니까 チョグル テニッカ と言います。

優れる　뛰어나다　ットゥィオナダ　動 形 形動 規則

요体 **優れます**	뛰어나요 ットゥィオナヨ	~てください **優れてください**	뛰어나 주세요 ットゥィオナ ジュセヨ
否定 **優れません**	뛰어나지 않아요 ットゥィオナジ アナヨ	~ないでください **優れないでください**	뛰어나지 마세요 ットゥィオナジ マセヨ
過去 **優れました**	뛰어났어요 ットゥィオナッソヨ	仮定 **優れれば**	뛰어나면 ットゥィオナミョン
現在連体 **優れる（技術）**	뛰어난 (기술) ットゥィオナン ギスル	~たいです **優れたいです**	뛰어나고 싶어요 ットゥィオナゴ シポヨ
過去連体 **優れた（技術）**	뛰어나던 (기술) ットゥィオナドン ギスル	~て **優れて**	뛰어나고 ットゥィオナゴ
未来連体 **優れる（技術）**	뛰어날 (기술) ットゥィオナル ッキスル	~でしょう **優れるでしょう**	뛰어날 거예요 ットゥィオナル ッコエヨ
~から **優れるから**	뛰어나니까 ットゥィオナニッカ	~と思います **優れると思います**	뛰어날 것 같아요 ットゥィオナル ッコッ カタヨ
~けれど **優れるけれど**	뛰어나지만 ットゥィオナジマン	意志 **優れます**	뛰어나겠어요 ットゥィオナゲッソヨ

「優れる」には 출중하다 チュルッチュンハダ、우수하다 ウスハダ、훌륭하다 フルリュンハダ という言い方もあります。

すごい／大変だ　대단하다　テダナダ　動 形 形動 規則

요体 **すごいです**	대단해요 テダネヨ	~のに **すごいのに**	대단한데 テダナンデ
否定 **すごくないです**	대단하지 않아요 テダナジ アナヨ	~くても **すごくても**	대단해도 テダネド
過去 **すごかったです**	대단했어요 テダネッソヨ	仮定 **すごければ**	대단하면 テダナミョン
過去否定 **すごくなかったです**	대단하지 않았어요 テダナジ アナッソヨ	~けれど **すごいけれど**	대단하지만 テダナジマン
現在連体 **すごい（業績）**	대단한 (업적) テダナン ノプチョク	~でしょう **すごいでしょう**	대단할 거예요 テダナル ッコエヨ
過去連体 **すごかった（業績）**	대단하던 (업적) テダナド ノプチョク	~ようです **すごいようです**	대단한 것 같아요 テダナン ゴッ カタヨ
~くて **すごくて**	대단하고 テダナゴ	~くないようです **すごくないようです**	대단하지 않은 것 같아요 テダナジ アヌン ゴッ カタヨ
~から **すごいから**	대단하니까 テダナニッカ	~く **すごく**	대단하게 テダナゲ

ひと言フレーズ　明洞で、すごいイケメンを見かけました。
명동에서 대단한 미남을 만났어요. ミョンドンエソ テダナン ミナムル マンナッソヨ

涼しい　시원하다　シウォナダ　[動][形][形動][規則]

요体 涼しいです	시원해요 シウォネヨ	〜のに 涼しいのに	시원한데 シウォナンデ
否定 涼しくないです	시원하지 않아요 シウォナジ アナヨ	〜くても 涼しくても	시원해도 シウォネド
過去 涼しかったです	시원했어요 シウォネッソヨ	仮定 涼しければ	시원하면 シウォナミョン
過去否定 涼しくなかったです	시원하지 않았어요 シウォナジ アナッソヨ	〜けれど 涼しいけれど	시원하지만 シウォナジマン
現在連体 涼しい（天気）	시원한 (날씨) シウォナン ナルッシ	〜でしょう 涼しいでしょう	시원할 거예요 シウォナル ッコエヨ
過去連体 涼しかった（天気）	시원하던 (날씨) シウォナドン ナルッシ	〜ようです 涼しいようです	시원한 것 같아요 シウォナン ゴッ カタヨ
〜くて 涼しくて	시원하고 シウォナゴ	〜くないようです 涼しくないようです	시원하지 않은 것 같아요 シウォナジ アヌン ゴッ カタヨ
〜から 涼しいから	시원하니까 シウォナニッカ	〜く 涼しく	시원하게 シウォナゲ

「涼しい」は **선선하다** ソンソナダ とも言います。

進む（車が）　나아가다　ナアガダ　[動][形][形動][規則]

요体 進みます	나아가요 ナアガヨ	〜てください 進んでください	나아가 주세요 ナアガ ジュセヨ
否定 進みません	나아가지 않아요 ナアガジ アナヨ	〜ないでください 進まないでください	나아가지 마세요 ナアガジ マセヨ
過去 進みました	나아갔어요 ナアガッソヨ	仮定 進めば	나아가면 ナアガミョン
現在連体 進む（車）	나아가는 (차) ナアガヌン チャ	〜たいです 進みたいです	나아가고 싶어요 ナアガゴ シポヨ
過去連体 進んだ（車）	나아간 (차) ナアガン チャ	〜て 進んで	나아가고 ナアガゴ
未来連体 進む（車）	나아갈 (차) ナアガル チャ	〜でしょう 進むでしょう	나아갈 거예요 ナアガル ッコエヨ
〜から 進むから	나아가니까 ナアガニッカ	〜と思います 進むと思います	나아갈 것 같아요 ナアガル ッコッ カタヨ
〜けれど 進むけれど	나아가지만 ナアガジマン	意志 進みます	나아가겠어요 ナアガゲッソヨ

「進むから」には **나아가서** ナアガソ という活用形もあります。

進む (物事が) 　　진행하다　チネンハダ　[動][形][形動][規則]

요체 進みます	진행해요 チネンヘヨ	~てください 進んでください	진행해 주세요 チネンヘ ジュセヨ
否定 進みません	진행하지 않아요 チネンハジ アナヨ	~ないでください 進まないでください	진행하지 마세요 チネンハジ マセヨ
過去 進みました	진행했어요 チネンヘッソヨ	仮定 進めば	진행하면 チネンハミョン
現在連体 進む (仕事)	진행하는 (일) チネンハヌン ニル	~たいです 進みたいです	진행하고 싶어요 チネンハゴ シポヨ
過去連体 進んだ (仕事)	진행한 (일) チネンハン ニル	~て 進んで	진행하고 チネンハゴ
未来連体 進む (仕事)	진행할 (일) チネンハル リル	~でしょう 進むでしょう	진행할 거예요 チネンハル ッコエヨ
~から 進むから	진행하니까 チネンハニッカ	~と思います 進むと思います	진행할 것 같아요 チネンハル ッコッ カタヨ
~けれど 進むけれど	진행하지만 チネンハジマン	意志 進みます	진행하겠어요 チネンハゲッソヨ

「(決勝戦に) 進む」は (결승전에) 진출하다 (キョルッスンジョネ) チンチュラダ という表現を使います。

勧める／薦める　　권하다　クォナダ　[動][形][形動][規則]

요체 勧めます	권해요 クォネヨ	~てください 勧めてください	권해 주세요 クォネ ジュセヨ
否定 勧めません	권하지 않아요 クォナジ アナヨ	~ないでください 勧めないでください	권하지 마세요 クォナジ マセヨ
過去 勧めました	권했어요 クォネッソヨ	仮定 勧めれば	권하면 クォナミョン
現在連体 勧める (本)	권하는 (책) クォナヌン チェク	~たいです 勧めたいです	권하고 싶어요 クォナゴ シポヨ
過去連体 勧めた (本)	권한 (책) クォナン チェク	~て 勧めて	권하고 クォナゴ
未来連体 勧める (本)	권할 (책) クォナル チェク	~でしょう 勧めるでしょう	권할 거예요 クォナル ッコエヨ
~から 勧めるから	권하니까 クォナニッカ	~と思います 勧めると思います	권할 것 같아요 クォナル ッコッ カタヨ
~けれど 勧めるけれど	권하지만 クォナジマン	意志 勧めます	권하겠어요 クォナゲッソヨ

「勧めるのでしょうか？」は 권할까요？ クォナルッカヨ？ と言います。

すっきりする　후련하다 フリョナダ　[動][形][形動][規則]

요체 すっきりします	후련해요 フリョネヨ	~のに すっきりするのに	후련한데 フリョナンデ
否定 すっきりしません	후련하지 않아요 フリョナジ アナヨ	~くても すっきりしても	후련해도 フリョネド
過去 すっきりしました	후련했어요 フリョネッソヨ	仮定 すっきりすれば	후련하면 フリョナミョン
過去否定 すっきりしなかったです	후련하지 않았어요 フリョナジ アナッソヨ	~けれど すっきりするけれど	후련하지만 フリョナジマン
現在連体 すっきりする(飲み物)	후련한 (음료) フリョナ ヌムニョ	~でしょう すっきりするでしょう	후련할 거예요 フリョナル ッコエヨ
過去連体 すっきりした(飲み物)	후련하던 (음료) フリョナド ヌムニョ	~ようです すっきりするようです	후련한 것 같아요 フリョナン ゴッ カタヨ
~くて すっきりして	후련하고 フリョナゴ	~くないようです すっきりしないようです	후련하지 않은 것 같아요 フリョナジ アヌン ゴッ カタヨ
~から すっきりするから	후련하니까 フリョナニッカ	~く	

🐾 「すっきりするけれど」には **후련해도** フリョネド という活用形もあります。

酸っぱい　시다 シダ　[動][形][形動][規則]

요체 酸っぱいです	시어요 シオヨ	~のに 酸っぱいのに	신데 シンデ
否定 酸っぱくないです	시지 않아요 シジ アナヨ	~くても 酸っぱくても	시어도 シオド
過去 酸っぱかったです	시었어요 シオッソヨ	仮定 酸っぱければ	시면 シミョン
過去否定 酸っぱくなかったです	시지 않았어요 シジ アナッソヨ	~けれど 酸っぱいけれど	시지만 シジマン
現在連体 酸っぱい(りんご)	신 (사과) シン サグァ	~でしょう 酸っぱいでしょう	실 거예요 シル ッコエヨ
過去連体 酸っぱかった(りんご)	시던 (사과) シドン サグァ	~ようです 酸っぱいようです	신 것 같아요 シン ゴッ カタヨ
~くて 酸っぱくて	시고 シゴ	~くないようです 酸っぱくないようです	시지 않은 것 같아요 シジ アヌン ゴッ カタヨ
~から 酸っぱいから	시니까 シニッカ	~く 酸っぱく	시게 シゲ

🐾 「酸っぱいから」には **시어서** シオソ という活用形もあります。

素敵だ　근사하다　クンサハダ

動 形 形動 規則

요体 素敵です	근사해요 クンサヘヨ	~なのに 素敵なのに	근사한데 クンサハンデ
否定 素敵ではないです	근사하지 않아요 クンサハジ アナヨ	~でも 素敵でも	근사해도 クンサヘド
過去 素敵でした	근사했어요 クンサヘッソヨ	仮定 素敵ならば	근사하면 クンサハミョン
過去否定 素敵ではなかったです	근사하지 않았어요 クンサハジ アナッソヨ	~だけれど 素敵だけれど	근사하지만 クンサハジマン
現在連体 素敵な（人）	근사한（사람） クンサハン サラム	~でしょう 素敵でしょう	근사할 거예요 クンサハル ッコエヨ
過去連体 素敵だった（人）	근사하던（사람） クンサハドン サラム	~そうです 素敵そうです	근사한 것 같아요 クンサハン ゴッ カタヨ
~で 素敵で	근사하고 クンサハゴ	~ではないようです 素敵ではないようです	근사하지 않은 것 같아요 クンサハジ アヌン ゴッ カタヨ
~だから 素敵だから	근사하니까 クンサハニッカ	~に 素敵に	근사하게 クンサハゲ

ひと言フレーズ　素敵な髪型ですね。
근사한 헤어스타일이네요. クンサハン ヘオスタイリネヨ

捨てる　버리다　ポリダ

動 形 形動 規則　基本単語

요体 捨てます	버려요 ポリョヨ	~てください 捨ててください	버려 주세요 ポリョ ジュセヨ
否定 捨てません	버리지 않아요 ポリジ アナヨ	~ないでください 捨てないでください	버리지 마세요 ポリジ マセヨ
過去 捨てました	버렸어요 ポリョッソヨ	仮定 捨てれば	버리면 ポリミョン
現在連体 捨てる（人）	버리는（사람） ポリヌン サラム	~たいです 捨てたいです	버리고 싶어요 ポリゴ シポヨ
過去連体 捨てた（人）	버린（사람） ポリン サラム	~て 捨てて	버리고 ポリゴ
未来連体 捨てる（人）	버릴（사람） ポリル ッサラム	~でしょう 捨てるでしょう	버릴 거예요 ポリル ッコエヨ
~から 捨てるから	버리니까 ポリニッカ	~と思います 捨てると思います	버릴 것 같아요 ポリル ッコッ カタヨ
~けれど 捨てるけれど	버리지만 ポリジマン	意志 捨てます	버리겠어요 ポリゲッソヨ

「捨てる」には 포기하다 ポギハダ という言い方もあります。

素直だ　순수하다　スンスハダ　[動] [形] [形動] [規則]

要体 素直です	순수해요	スンスヘヨ
否定 素直ではないです	순수하지 않아요	スンスハジ アナヨ
過去 素直でした	순수했어요	スンスヘッソヨ
過去否定 素直ではなかったです	순수하지 않았어요	スンスハジ アナッソヨ
現在連体 素直な（心）	순수한 (마음)	スンスハン マウム
過去連体 素直だった（心）	순수하던 (마음)	スンスハドン マウム
〜で 素直で	순수하고	スンスハゴ
〜だから 素直だから	순수하니까	スンスハニッカ
〜なのに 素直なのに	순수한데	スンスハンデ
〜でも 素直でも	순수해도	スンスヘド
仮定 素直ならば	순수하면	スンスハミョン
〜だけれど 素直だけれど	순수하지만	スンスハジマン
〜でしょう 素直でしょう	순수할 거예요	スンスハル ッコエヨ
〜そうです 素直そうです	순수한 것 같아요	スンスハン ゴッ カタヨ
〜ではないようです 素直ではないようです	순수하지 않은 것 같아요	スンスハジ アヌン ゴッ カタヨ
〜に 素直に	순수하게	スンスハゲ

🐾 「素直だ」には **순진하다** スンジナダ という言い方もあります。

素早い　날쌔다　ナルッセダ　[動] [形] [形動] [規則]

要体 素早いです	날쌔요	ナルッセヨ
否定 素早くないです	날쌔지 않아요	ナルッセジ アナヨ
過去 素早かったです	날쌨어요	ナルッセッソヨ
過去否定 素早くなかったです	날쌔지 않았어요	ナルッセジ アナッソヨ
現在連体 素早い（動き）	날쌘 (움직임)	ナルッセン ヌムジギム
過去連体 素早かった（動き）	날쌔던 (움직임)	ナルッセドン ヌムジギム
〜くて 素早くて	날쌔고	ナルッセゴ
〜から 素早いから	날쌔니까	ナルッセニッカ
〜のに 素早いのに	날쌘데	ナルッセンデ
〜くても 素早くても	날쌔도	ナルッセド
仮定 素早ければ	날쌔면	ナルッセミョン
〜けれど 素早いけれど	날쌔지만	ナルッセジマン
〜でしょう 素早いでしょう	날쌜 거예요	ナルッセル ッコエヨ
〜ようです 素早いようです	날쌘 것 같아요	ナルッセン ゴッ カタヨ
〜くないようです 素早くないようです	날쌔지 않은 것 같아요	ナルッセジ アヌン ゴッ カタヨ
〜く 素早く	날쌔게	ナルッセゲ

🐾 「素早い」には **재빠르다** チェッパルダ、**잽싸다** チェプッサダ という言い方もあります。

素晴らしい 훌륭하다 フルリュンハダ [動] [形] [形動] [規則]

요体 素晴らしいです	훌륭해요	フルリュンヘヨ
否定 素晴らしくないです	훌륭하지 않아요	フルリュンハジ アナヨ
過去 素晴らしかったです	훌륭했어요	フルリュンヘッソヨ
過去否定 素晴らしくなかったです	훌륭하지 않았어요	フルリュンハジ アナッソヨ
現在連体 素晴らしい（演技）	훌륭한 (연기)	フルリュンハン ニョンギ
過去連体 素晴らしかった（演技）	훌륭하던 (연기)	フルリュンハドン ニョンギ
～くて 素晴らしくて	훌륭하고	フルリュンハゴ
～から 素晴らしいから	훌륭하니까	フルリュンハニッカ
～のに 素晴らしいのに	훌륭한데	フルリュンハンデ
～くても 素晴らしくても	훌륭해도	フルリュンヘド
仮定 素晴らしければ	훌륭하면	フルリュンハミョン
～けれど 素晴らしいけれど	훌륭하지만	フルリュンハジマン
～でしょう 素晴らしいでしょう	훌륭할 거예요	フルリュンハル ッコエヨ
～ようです 素晴らしいようです	훌륭한 것 같아요	フルリュンハン ゴッ カタヨ
～くないようです 素晴らしくないようです	훌륭하지 않은 것 같아요	フルリュンハジ アヌン ゴッ カタヨ
～く 素晴らしく	훌륭하게	フルリュンハゲ

ひと言フレーズ 頂上からの景色が素晴らしいようです。
정상에서 보는 경치가 훌륭한 것 같아요. チョンサンエソ ポヌン ギョンチガ フルリュンハン ゴッ カタヨ

滑る 미끄러지다 ミックロジダ [動] [形] [形動] [規則]

요体 滑ります	미끄러져요	ミックロジョヨ
否定 滑りません	미끄러지지 않아요	ミックロジジ アナヨ
過去 滑りました	미끄러졌어요	ミックロジョッソヨ
現在連体 滑る（足）	미끄러지는 (발)	ミックロジヌン バル
過去連体 滑った（足）	미끄러진 (발)	ミックロジン バル
未来連体 滑る（足）	미끄러질 (발)	ミックロジル ッパル
～から 滑るから	미끄러지니까	ミックロジニッカ
～けれど 滑るけれど	미끄러지지만	ミックロジジマン
～てください 滑ってください	미끄러져 주세요	ミックロジョ ジュセヨ
～ないでください 滑らないでください	미끄러지지 마세요	ミックロジジ マセヨ
仮定 滑れば	미끄러지면	ミックロジミョン
～たいです 滑りたいです	미끄러지고 싶어요	ミックロジゴ シポヨ
～て 滑って	미끄러지고	ミックロジゴ
～でしょう 滑るでしょう	미끄러질 거예요	ミックロジル ッコエヨ
～と思います 滑ると思います	미끄러질 것 같아요	ミックロジル ッコッ カタヨ
意志 滑ります	미끄러지겠어요	ミックロジゲッソヨ

「試験に落ちる」も 미끄러지다 と言います。

住む／生きる／暮らす　살다　サルダ　[動][形動][ㄹ脱落]　基本単語

요体 住みます	살아요 サラヨ	~てください 住んでください	살아 주세요 サラ ジュセヨ
否定 住みません	살지 않아요 サルジ アナヨ	~ないでください 住まないでください	살지 마세요 サルジ マセヨ
過去 住みました	살았어요 サラッソヨ	仮定 住めば	살면 サルミョン
現在連体 住む（家）	사는（집） サヌン ジプ	~たいです 住みたいです	살고 싶어요 サルゴ シポヨ
過去連体 住んだ（家）	산（집） サン ジプ	~て 住んで	살고 サルゴ
未来連体 住む（家）	살（집） サル ッチプ	~でしょう 住むでしょう	살 거예요 サル ッコエヨ
~から 住むから	사니까 サニッカ	~と思います 住むと思います	살 것 같아요 サル ッコッ カタヨ
~けれど 住むけれど	살지만 サルジマン	意志 住みます	살겠어요 サルゲッソヨ

ひと言フレーズ　ソウルに住みたいです。
서울에서 살고 싶어요. ソウレソ サルゴ シポヨ

する　하다　ハダ　[動][形動][規則]　基本単語

요体 します	해요 ヘヨ	~てください してください	해 주세요 ヘ ジュセヨ
否定 しません	하지 않아요 ハジ アナヨ	~ないでください しないでください	하지 마세요 ハジ マセヨ
過去 しました	했어요 ヘッソヨ	仮定 すれば	하면 ハミョン
現在連体 する（仕事）	하는（일） ハヌン ニル	~たいです したいです	하고 싶어요 ハゴ シポヨ
過去連体 した（仕事）	한（일） ハン ニル	~て して	하고 ハゴ
未来連体 する（仕事）	할（일） ハル リル	~でしょう するでしょう	할 거예요 ハル ッコエヨ
~から するから	하니까 ハニッカ	~と思います すると思います	할 것 같아요 ハル ッコッ カタヨ
~けれど するけれど	하지만 ハジマン	意志 します	하겠어요 ハゲッソヨ

「しましょう」は 합시다 ハプシダ、「しましょうか？」は 할까요？ ハルッカヨ？ と言います。

ずるい　교활하다　キョファラダ　[動][形][形動][規則]

요체 ずるいです	교활해요 キョファレヨ	〜のに ずるいのに	교활한데 キョファランデ
否定 ずるくないです	교활하지 않아요 キョファラジ アナヨ	〜くても ずるくても	교활해도 キョファレド
過去 ずるかったです	교활했어요 キョファレッソヨ	仮定 ずるければ	교활하면 キョファラミョン
過去否定 ずるくなかったです	교활하지 않았어요 キョファラジ アナッソヨ	〜けれど ずるいけれど	교활하지만 キョファラジマン
現在連体 ずるい（人）	교활한 (사람) キョファラン サラム	〜でしょう ずるいでしょう	교활할 거예요 キョファラル ッコエヨ
過去連体 ずるかった（人）	교활하던 (사람) キョファラドン サラム	〜ようです ずるいようです	교활한 것 같아요 キョファラン ゴッ カタヨ
〜くて ずるくて	교활하고 キョファラゴ	〜くないようです ずるくないようです	교활하지 않은 것 같아요 キョファラジ アヌン ゴッ カタヨ
〜から ずるいから	교활하니까 キョファラニッカ	〜く ずるく	교활하게 キョファラゲ

「ずるい」には 간사하다 カンサハダ、약삭빠르다 ヤクサクッパルダ という言い方もあります。

鋭い（ナイフが）　날카롭다　ナルカロプタ　[動][形][形動][ㅂ不規則]

活用に注意！

요체 鋭いです	날카로워요 ナルカロウォヨ	〜のに 鋭いのに	날카로운데 ナルカロウンデ
否定 鋭くないです	날카롭지 않아요 ナルカロプチ アナヨ	〜くても 鋭くても	날카로워도 ナルカロウォド
過去 鋭かったです	날카로웠어요 ナルカロウォッソヨ	仮定 鋭ければ	날카로우면 ナルカロウミョン
過去否定 鋭くなかったです	날카롭지 않았어요 ナルカロプチ アナッソヨ	〜けれど 鋭いけれど	날카롭지만 ナルカロプチマン
現在連体 鋭い（ナイフ）	날카로운 (칼) ナルカロウン カル	〜でしょう 鋭いでしょう	날카로울 거예요 ナルカロウル ッコエヨ
過去連体 鋭かった（ナイフ）	날카롭던 (칼) ナルカロプトン カル	〜ようです 鋭いようです	날카로운 것 같아요 ナルカロウン ゴッ カタヨ
〜くて 鋭くて	날카롭고 ナルカロプコ	〜くないようです 鋭くないようです	날카롭지 않은 것 같아요 ナルカロプチ アヌン ゴッ カタヨ
〜から 鋭いから	날카로우니까 ナルカロウニッカ	〜く 鋭く	날카롭게 ナルカロプケ

「（頭の働きが）鋭い」には 예리하다 イェリハダ を使います。

すれ違う　엇갈리다　オッカルリダ　[動] [形] [形動] [規則]

요체 すれ違います	엇갈려요 オッカルリョヨ	~てください	———
否定 すれ違いません	엇갈리지 않아요 オッカルリジ アナヨ	~ないでください すれ違わないでください	엇갈리지 마세요 オッカルリジ マセヨ
過去 すれ違いました	엇갈렸어요 オッカルリョッソヨ	仮定 すれ違えば	엇갈리면 オッカルリミョン
現在連体 すれ違う（道）	엇갈리는 (길) オッカルリヌン ギル	~たいです	———
過去連体 すれ違った（道）	엇갈린 (길) オッカルリン ギル	~て すれ違って	엇갈리고 オッカルリゴ
未来連体 すれ違う（道）	엇갈릴 (길) オッカルリル ッキル	~でしょう すれ違うでしょう	엇갈릴 거예요 オッカルリル ッコエヨ
~から すれ違うから	엇갈리니까 オッカルリニッカ	~と思います すれ違うと思います	엇갈릴 것 같아요 オッカルリル ッコッ カタヨ
~けれど すれ違うけれど	엇갈리지만 オッカルリジマン	意志 すれ違います	엇갈리겠어요 オッカルリゲッソヨ

「（電車が）すれ違う」には（전철이）마주쳐 지나가다（チョンチョリ）マジュチョ ジナガダ という表現を使います。

座る　앉다　アンッタ　[動] [形] [形動] [規則]　基本単語

요체 座ります	앉아요 アンジャヨ	~てください 座ってください	앉아 주세요 アンジャ ジュセヨ
否定 座りません	앉지 않아요 アンッチ アナヨ	~ないでください 座らないでください	앉지 마세요 アンッチ マセヨ
過去 座りました	앉았어요 アンジャッソヨ	仮定 座れば	앉으면 アンジュミョン
現在連体 座る（席）	앉는 (자리) アンヌン ジャリ	~たいです 座りたいです	앉고 싶어요 アンッコ シポヨ
過去連体 座った（席）	앉은 (자리) アンジュン ジャリ	~て 座って	앉고 アンッコ
未来連体 座る（席）	앉을 (자리) アンジュル ッチャリ	~でしょう 座るでしょう	앉을 거예요 アンジュル ッコエヨ
~から 座るから	앉으니까 アンジュニッカ	~と思います 座ると思います	앉을 것 같아요 アンジュル ッコッ カタヨ
~けれど 座るけれど	앉지만 アンッチマン	意志 座ります	앉겠어요 アンッケッソヨ

「座ってください」には 앉으세요 アンジュセヨ という言い方もあります。

成功する　성공하다　ソンゴンハダ　[動] [形] [形動] [規則]

요체 成功します	성공해요 ソンゴンヘヨ	~てください 成功してください	성공해 주세요 ソンゴンヘ ジュセヨ
否定 成功しません	성공하지 않아요 ソンゴンハジ アナヨ	~ないでください 成功しないでください	성공하지 마세요 ソンゴンハジ マセヨ
過去 成功しました	성공했어요 ソンゴンヘッソヨ	仮定 成功すれば	성공하면 ソンゴンハミョン
現在連体 成功する（人）	성공하는 （사람） ソンゴンハヌン サラム	~たいです 成功したいです	성공하고 싶어요 ソンゴンハゴ シポヨ
過去連体 成功した（人）	성공한 （사람） ソンゴンハン サラム	~て 成功して	성공하고 ソンゴンハゴ
未来連体 成功する（人）	성공할 （사람） ソンゴンハル ッサラム	~でしょう 成功するでしょう	성공할 거예요 ソンゴンハル ッコエヨ
~から 成功するから	성공하니까 ソンゴンハニッカ	~と思います 成功すると思います	성공할 것 같아요 ソンゴンハル ッコッ カタヨ
~けれど 成功するけれど	성공하지만 ソンゴンハジマン	意志 成功します	성공하겠어요 ソンゴンハゲッソヨ

「成功するから」には **성공할 테니까** ソンゴンハル テニッカ という活用形もあります。

ぜいたくだ　사치스럽다　サチスロプタ　[動] [形] [形動] [ㅂ不規則]

活用に注意！

요체 ぜいたくです	사치스러워요 サチスロウォヨ	~なのに ぜいたくなのに	사치스러운데 サチスロウンデ
否定 ぜいたくではないです	사치스럽지 않아요 サチスロプチ アナヨ	~でも ぜいたくでも	사치스러워도 サチスロウォド
過去 ぜいたくでした	사치스러웠어요 サチスロウォッソヨ	仮定 ぜいたくならば	사치스러우면 サチスロウミョン
過去否定 ぜいたくではなかったです	사치스럽지 않았어요 サチスロプチ アナッソヨ	~だけれど ぜいたくだけれど	사치스럽지만 サチスロプチマン
現在連体 ぜいたくな（生活）	사치스러운 （생활） サチスロウン センファル	~でしょう ぜいたくでしょう	사치스러울 거예요 サチスロウル ッコエヨ
過去連体 ぜいたくだった（生活）	사치스럽던 （생활） サチスロプトン センファル	~そうです ぜいたくそうです	사치스러운 것 같아요 サチスロウン ゴッ カタヨ
~で ぜいたくで	사치스럽고 サチスロプコ	~ではないようです ぜいたくではないようです	사치스럽지 않은 것 같아요 サチスロプチ アヌン ゴッ カタヨ
~だから ぜいたくだから	사치스러우니까 サチスロウニッカ	~に ぜいたくに	사치스럽게 サチスロプケ

「ぜいたくだ」は **호화스럽다** ホファスロプタ、**호강하다** ホガンハダ とも言います。

成長する　성장하다　ソンジャンハダ　[動][形][形動][規則]

요체 成長します	성장해요 ソンジャンヘヨ	～てください 成長してください	성장해 주세요 ソンジャンヘ ジュセヨ	
否定 成長しません	성장하지 않아요 ソンジャンハジ アナヨ	～ないでください 成長しないでください	성장하지 마세요 ソンジャンハジ マセヨ	
過去 成長しました	성장했어요 ソンジャンヘッソヨ	仮定 成長すれば	성장하면 ソンジャンハミョン	
現在連体 成長する（会社）	성장하는 (회사) ソンジャンハヌ ヌェサ	～たいです 成長したいです	성장하고 싶어요 ソンジャンハゴ シポヨ	
過去連体 成長した（会社）	성장한 (회사) ソンジャンハ ヌェサ	～て 成長して	성장하고 ソンジャンハゴ	
未来連体 成長する（会社）	성장할 (회사) ソンジャンハ ルェサ	～でしょう 成長するでしょう	성장할 거예요 ソンジャンハル ッコエヨ	
～から 成長するから	성장하니까 ソンジャンハニッカ	～と思います 成長すると思います	성장할 것 같아요 ソンジャンハル ッコッ カタヨ	
～けれど 成長するけれど	성장하지만 ソンジャンハジマン	意志 成長します	성장하겠어요 ソンジャンハゲッソヨ	

「（物事が）成長する」には **발전하다** パルッチョナダ という言い方もあります。

せっかちだ　성급하다　ソングパダ　[動][形][形動][規則]

요체 せっかちです	성급해요 ソングペヨ	～なのに せっかちなのに	성급한데 ソングパンデ
否定 せっかちではないです	성급하지 않아요 ソングパジ アナヨ	～でも せっかちでも	성급해도 ソングペド
過去 せっかちでした	성급했어요 ソングペッソヨ	仮定 せっかちならば	성급하면 ソングパミョン
過去否定 せっかちではなかったです	성급하지 않았어요 ソングパジ アナッソヨ	～だけれど せっかちだけれど	성급하지만 ソングパジマン
現在連体 せっかちな（性格）	성급한 (성격) ソングパン ソンッキョク	～でしょう せっかちでしょう	성급할 거예요 ソングパル ッコエヨ
過去連体 せっかちだった（性格）	성급하던 (성격) ソングパドン ソンッキョク	～そうです せっかちそうです	성급한 것 같아요 ソングパン ゴッ カタヨ
～で せっかちで	성급하고 ソングパゴ	～ではないようです せっかちではないようです	성급하지 않은 것 같아요 ソングパジ アヌン ゴッ カタヨ
～だから せっかちだから	성급하니까 ソングパニッカ	～に せっかちに	성급하게 ソングパゲ

「せっかちだ」には **조급하다** チョグパダ という言い方もあります。

積極的だ　적극적이다　チョックゥチョギダ　[指定詞] [規則]

요체 積極的です	적극적이에요 チョックゥチョギエヨ	~なのに 積極的なのに	적극적인데 チョックゥチョギンデ
否定 積極的ではないです	적극적이지 않아요 チョックゥチョギジ アナヨ	~でも 積極的でも	적극적이어도 チョックゥチョギオド
過去 積極的でした	적극적이었어요 チョックゥチョギオッソヨ	仮定 積極的ならば	적극적이면 チョックゥチョギミョン
過去否定 積極的ではなかったです	적극적이지 않았어요 チョックゥチョギジ アナッソヨ	~だけれど 積極的だけれど	적극적이지만 チョックゥチョギジマン
現在連体 積極的な(人)	적극적인 (사람) チョックゥチョギン サラム	~でしょう 積極的でしょう	적극적일 거예요 チョックゥチョギル ッコエヨ
過去連体 積極的だった(人)	적극적이던 (사람) チョックゥチョギドン サラム	~そうです 積極的そうです	적극적인 것 같아요 チョックゥチョギン ゴッ カタヨ
~で 積極的で	적극적이고 チョックゥチョギゴ	~ではないようです 積極的ではないようです	적극적이지 않은 것 같아요 チョックゥチョギジ アヌン ゴッ カタヨ
~だから 積極的だから	적극적이니까 チョックゥチョギニッカ	~に 積極的に	적극적으로 チョックゥチョグロ

「積極的だから」には **적극적이라서** チョックゥチョギラソ という活用形もあります。

接する (ものが)　맞닿다　マッタタ　[動][形][形動] [規則]

요체 接します	맞닿아요 マッタアヨ	~てください	
否定 接しません	맞닿지 않아요 マッタチ アナヨ	~ないでください	
過去 接しました	맞닿았어요 マッタアッソヨ	仮定 接すれば	맞닿으면 マッタウミョン
現在連体 接する(国境)	맞닿는 (국경) マッタンヌン ククキョン	~たいです	
過去連体 接した(国境)	맞닿은 (국경) マッタウン ククキョン	~て 接して	맞닿고 マッタコ
未来連体 接する(国境)	맞닿을 (국경) マッタウル ククキョン	~でしょう 接するでしょう	맞닿을 거예요 マッタウル ッコエヨ
~から 接するから	맞닿으니까 マッタウニッカ	~と思います 接すると思います	맞닿을 것 같아요 マッタウル ッコッ カタヨ
~けれど 接するけれど	맞닿지만 マッタチマン	意志	

「接する」は **접하다** チョパダ とも言います。

切ない　애절하다　エジョラダ　[動/形/形動/規則]

요体 切ないです	애절해요 エジョレヨ	〜のに 切ないのに	애절한데 エジョランデ
否定 切なくないです	애절하지 않아요 エジョラジ アナヨ	〜くても 切なくても	애절해도 エジョレド
過去 切なかったです	애절했어요 エジョレッソヨ	仮定 切なければ	애절하면 エジョラミョン
過去否定 切なくなかったです	애절하지 않았어요 エジョラジ アナッソヨ	〜けれど 切ないけれど	애절하지만 エジョラジマン
現在連体 切ない（声）	애절한 (목소리) エジョラン モクソリ	〜でしょう 切ないでしょう	애절할 거예요 エジョラル ッコエヨ
過去連体 切なかった（声）	애절하던 (목소리) エジョラドン モクソリ	〜ようです 切ないようです	애절한 것 같아요 エジョラン ゴッ カタヨ
〜くて 切なくて	애절하고 エジョラゴ	〜くないようです 切なくないようです	애절하지 않은 것 같아요 エジョラジ アヌン ゴッ カタヨ
〜から 切ないから	애절하니까 エジョラニッカ	〜く 切なく	애절하게 エジョラゲ

「切ない」は **애달프다** エダルプダ、**안타깝다** アンタッカプタ とも言います。

説明する　설명하다　ソルミョンハダ　[動/形/形動/規則]

요体 説明します	설명해요 ソルミョンヘヨ	〜てください 説明してください	설명해 주세요 ソルミョンヘ ジュセヨ
否定 説明しません	설명하지 않아요 ソルミョンハジ アナヨ	〜ないでください 説明しないでください	설명하지 마세요 ソルミョンハジ マセヨ
過去 説明しました	설명했어요 ソルミョンヘッソヨ	仮定 説明すれば	설명하면 ソルミョンハミョン
現在連体 説明する（人）	설명하는 (사람) ソルミョンハヌン サラム	〜たいです 説明したいです	설명하고 싶어요 ソルミョンハゴ シポヨ
過去連体 説明した（人）	설명한 (사람) ソルミョンハン サラム	〜て 説明して	설명하고 ソルミョンハゴ
未来連体 説明する（人）	설명할 (사람) ソルミョンハル ッサラム	〜でしょう 説明するでしょう	설명할 거예요 ソルミョンハル ッコエヨ
〜から 説明するから	설명하니까 ソルミョンハニッカ	〜と思います 説明すると思います	설명할 것 같아요 ソルミョンハル ッコッ カタヨ
〜けれど 説明するけれど	설명하지만 ソルミョンハジマン	意志 説明します	설명하겠어요 ソルミョンハゲッソヨ

「説明しましょうか？」は **설명할까요?** ソルミョンハルッカヨ? と言います。

狭い　좁다　チョプタ

動 / 形 / **形動** / 規則 / 基本単語

요体 狭いです	좁아요 チョバヨ	〜のに 狭いのに	좁은데 チョブンデ
否定 狭くないです	좁지 않아요 チョプチ アナヨ	〜くても 狭くても	좁아도 チョバド
過去 狭かったです	좁았어요 チョバッソヨ	仮定 狭ければ	좁으면 チョブミョン
過去否定 狭くなかったです	좁지 않았어요 チョプチ アナッソヨ	〜けれど 狭いけれど	좁지만 チョプチマン
現在連体 狭い（部屋）	좁은 (방) チョブン バン	〜でしょう 狭いでしょう	좁을 거예요 チョブル ッコエヨ
過去連体 狭かった（部屋）	좁던 (방) チョプトン バン	〜ようです 狭いようです	좁은 것 같아요 チョブン ゴッ カタヨ
〜くて 狭くて	좁고 チョプコ	〜くないようです 狭くないようです	좁지 않은 것 같아요 チョプチ アヌン ゴッ カタヨ
〜から 狭いから	좁으니까 チョブニッカ	〜く 狭く	좁게 チョプケ

🐾 「肩身が狭い」には 주눅이 들다 チュヌギ トゥルダ という表現を使います。

迫る（ものが）　다가오다　タガオダ

動 / 形 / 形動 / **規則**

요体 迫ります	다가와요 タガワヨ	〜てください 迫ってください	다가와 주세요 タガワ ジュセヨ
否定 迫りません	다가오지 않아요 タガオジ アナヨ	〜ないでください 迫らないでください	다가오지 마세요 タガオジ マセヨ
過去 迫りました	다가왔어요 タガワッソヨ	仮定 迫れば	다가오면 タガオミョン
現在連体 迫る（敵）	다가오는 (적) タガオヌン ジョク	〜たいです	
過去連体 迫った（敵）	다가온 (적) タガオン ジョク	〜て 迫って	다가오고 タガオゴ
未来連体 迫る（敵）	다가올 (적) タガオル ッチョク	〜でしょう 迫るでしょう	다가올 거예요 タガオル ッコエヨ
〜から 迫るから	다가오니까 タガオニッカ	〜と思います 迫ると思います	다가올 것 같아요 タガオル ッコッ カタヨ
〜けれど 迫るけれど	다가오지만 タガオジマン	意志	

🐾 「(危機が) 迫る」には 닥쳐오다 タクチョオダ を使います。

責める　꾸짖다　ックジッタ

`動` `形` `形動` `規則`

요体 責めます	꾸짖어요 ックジジョヨ	~てください 責めてください	꾸짖어 주세요 ックジジョ ジュセヨ
否定 責めません	꾸짖지 않아요 ックジッチ アナヨ	~ないでください 責めないでください	꾸짖지 마세요 ックジッチ マセヨ
過去 責めました	꾸짖었어요 ックジジョッソヨ	仮定 責めれば	꾸짖으면 ックジジュミョン
現在連体 責める (父)	꾸짖는 (아버지) ックジンヌ ナボジ	~たいです 責めたいです	꾸짖고 싶어요 ックジッコ シボヨ
過去連体 責めた (父)	꾸짖은 (아버지) ックジジュ ナボジ	~て 責めて	꾸짖고 ックジッコ
未来連体 責める (父)	꾸짖을 (아버지) ックジジュ ラボジ	~でしょう 責めるでしょう	꾸짖을 거예요 ックジジュル ッコエヨ
~から 責めるから	꾸짖으니까 ックジジュニッカ	~と思います 責めると思います	꾸짖을 것 같아요 ックジジュル ッコッ カタヨ
~けれど 責めるけれど	꾸짖지만 ックジッチマン	意志 責めます	꾸짖겠어요 ックジッケッソヨ

🐾 「責める」は 나무라다 ナムラダ、비난하다 ピナナダ とも言います。

攻める　공격하다　コンギョカダ

`動` `形` `形動` `規則`

요体 攻めます	공격해요 コンギョケヨ	~てください 攻めてください	공격해 주세요 コンギョケ ジュセヨ
否定 攻めません	공격하지 않아요 コンギョカジ アナヨ	~ないでください 攻めないでください	공격하지 마세요 コンギョカジ マセヨ
過去 攻めました	공격했어요 コンギョケッソヨ	仮定 攻めれば	공격하면 コンギョカミョン
現在連体 攻める (人)	공격하는 (사람) コンギョカヌン サラム	~たいです 攻めたいです	공격하고 싶어요 コンギョカゴ シボヨ
過去連体 攻めた (人)	공격한 (사람) コンギョカン サラム	~て 攻めて	공격하고 コンギョカゴ
未来連体 攻める (人)	공격할 (사람) コンギョカル ッサラム	~でしょう 攻めるでしょう	공격할 거예요 コンギョカル ッコエヨ
~から 攻めるから	공격하니까 コンギョカニッカ	~と思います 攻めると思います	공격할 것 같아요 コンギョカル ッコッ カタヨ
~けれど 攻めるけれど	공격하지만 コンギョカジマン	意志 攻めます	공격하겠어요 コンギョカゲッソヨ

🐾 「攻める」は 치다 チダ とも言います。

世話をする　돌보다　トルボダ　[動][形][形動][規則]

丁寧体 世話をします	돌봐요 トルバヨ	~てください 世話をしてください	돌봐 주세요 トルバ ジュセヨ
否定 世話をしません	돌보지 않아요 トルボジ アナヨ	~ないでください 世話をしないでください	돌보지 마세요 トルボジ マセヨ
過去 世話をしました	돌봤어요 トルバッソヨ	仮定 世話をすれば	돌보면 トルボミョン
現在連体 世話をする (母)	돌보는 (어머니) トルボヌ ノモニ	~たいです 世話をしたいです	돌보고 싶어요 トルボゴ シボヨ
過去連体 世話をした (母)	돌본 (어머니) トルボ ノモニ	~て 世話をして	돌보고 トルボゴ
未来連体 世話をする (母)	돌볼 (어머니) トルボ ロモニ	~でしょう 世話をするでしょう	돌볼 거예요 トルボル ッコエヨ
~から 世話をするから	돌보니까 トルボニッカ	~と思います 世話をすると思います	돌볼 것 같아요 トルボル ッコッ カタヨ
~けれど 世話をするけれど	돌보지만 トルボジマン	意志 世話をします	돌보겠어요 トルボゲッソヨ

「世話をする」は 보살피다 ポサルピダ とも言います。

想像する　상상하다　サンサンハダ　[動][形][形動][規則]

丁寧体 想像します	상상해요 サンサンヘヨ	~てください 想像してください	상상해 주세요 サンサンヘ ジュセヨ
否定 想像しません	상상하지 않아요 サンサンハジ アナヨ	~ないでください 想像しないでください	상상하지 마세요 サンサンハジ マセヨ
過去 想像しました	상상했어요 サンサンヘッソヨ	仮定 想像すれば	상상하면 サンサンハミョン
現在連体 想像する (人)	상상하는 (사람) サンサンハヌン サラム	~たいです 想像したいです	상상하고 싶어요 サンサンハゴ シボヨ
過去連体 想像した (人)	상상한 (사람) サンサンハン サラム	~て 想像して	상상하고 サンサンハゴ
未来連体 想像する (人)	상상할 (사람) サンサンハル ッサラム	~でしょう 想像するでしょう	상상할 거예요 サンサンハル ッコエヨ
~から 想像するから	상상하니까 サンサンハニッカ	~と思います 想像すると思います	상상할 것 같아요 サンサンハル ッコッ カタヨ
~けれど 想像するけれど	상상하지만 サンサンハジマン	意志 想像します	상상하겠어요 サンサンハゲッソヨ

「創造する」は 창조하다 チャンジョハダ と言います。

相談する　의논하다　ウィノナダ

[動][形][形動][規則]

요체 相談します	의논해요 ウィノネヨ	〜てください 相談してください	의논해 주세요 ウィノネ ジュセヨ
否定 相談しません	의논하지 않아요 ウィノナジ アナヨ	〜ないでください 相談しないでください	의논하지 마세요 ウィノナジ マセヨ
過去 相談しました	의논했어요 ウィノネッソヨ	仮定 相談すれば	의논하면 ウィノナミョン
現在連体 相談する（仲間）	의논하는 (친구) ウィノナヌン チング	〜たいです 相談したいです	의논하고 싶어요 ウィノナゴ シポヨ
過去連体 相談した（仲間）	의논한 (친구) ウィノナン チング	〜て 相談して	의논하고 ウィノナゴ
未来連体 相談する（仲間）	의논할 (친구) ウィノナル チング	〜でしょう 相談するでしょう	의논할 거예요 ウィノナル ッコエヨ
〜から 相談するから	의논하니까 ウィノナニッカ	〜と思います 相談すると思います	의논할 것 같아요 ウィノナル ッコッ カタヨ
〜けれど 相談するけれど	의논하지만 ウィノナジマン	意志 相談します	의논하겠어요 ウィノナゲッソヨ

「相談してください」は 의논하세요 ウィノナセヨ とも言います。

添える　첨부하다　チョムブハダ

[動][形][形動][規則]

요체 添えます	첨부해요 チョムブヘヨ	〜てください 添えてください	첨부해 주세요 チョムブヘ ジュセヨ
否定 添えません	첨부하지 않아요 チョムブハジ アナヨ	〜ないでください 添えないでください	첨부하지 마세요 チョムブハジ マセヨ
過去 添えました	첨부했어요 チョムブヘッソヨ	仮定 添えれば	첨부하면 チョムブハミョン
現在連体 添える（メモ）	첨부하는 (메모) チョムブハヌン メモ	〜たいです 添えたいです	첨부하고 싶어요 チョムブハゴ シポヨ
過去連体 添えた（メモ）	첨부한 (메모) チョムブハン メモ	〜て 添えて	첨부하고 チョムブハゴ
未来連体 添える（メモ）	첨부할 (메모) チョムブハル メモ	〜でしょう 添えるでしょう	첨부할 거예요 チョムブハル ッコエヨ
〜から 添えるから	첨부하니까 チョムブハニッカ	〜と思います 添えると思います	첨부할 것 같아요 チョムブハル ッコッ カタヨ
〜けれど 添えるけれど	첨부하지만 チョムブハジマン	意志 添えます	첨부하겠어요 チョムブハゲッソヨ

「添える」には 곁들이다 キョットゥリダ という言い方もあります。

注ぐ（お酒を） 따르다 ッタルダ [動][形][形動][ㅇ不規則]

요체 注ぎます	따라요 ッタラヨ	～てください 注いでください	따라 주세요 ッタラ ジュセヨ
否定 注ぎません	따르지 않아요 ッタルジ アナヨ	～ないでください 注がないでください	따르지 마세요 ッタルジ マセヨ
過去 注ぎました	따랐어요 ッタラッソヨ	仮定 注げば	따르면 ッタルミョン
現在連体 注ぐ（酒）	따르는 (술) ッタルヌン スル	～たいです 注ぎたいです	따르고 싶어요 ッタルゴ シポヨ
過去連体 注いだ（酒）	따른 (술) ッタルン スル	～て 注いで	따르고 ッタルゴ
未来連体 注ぐ（酒）	따를 (술) ッタルル ッスル	～でしょう 注ぐでしょう	따를 거예요 ッタルル ッコエヨ
～から 注ぐから	따르니까 ッタルニッカ	～と思います 注ぐと思います	따를 것 같아요 ッタルル ッコッ カタヨ
～けれど 注ぐけれど	따르지만 ッタルジマン	意志 注ぎます	따르겠어요 ッタルゲッソヨ

「(湯を) 注ぐ」は (더운물을) 붓다（トウンムルル）プッタ、「(注意を) 注ぐ」は (주의를) 집중하다（チュウィルル）チプチュンハダ という表現を使います。

そそっかしい 덜렁대다 トルロンデダ [動][形][形動][規則]

요체 そそっかしいです	덜렁대요 トルロンデヨ	～のに そそっかしいのに	덜렁대는데 トルロンデヌンデ
否定 そそっかしくないです	덜렁대지 않아요 トルロンデジ アナヨ	～くても そそっかしくても	덜렁대도 トルロンデド
過去 そそっかしかったです	덜렁댔어요 トルロンデッソヨ	仮定 そそっかしければ	덜렁대면 トルロンデミョン
過去否定 そそっかしくなかったです	덜렁대지 않았어요 トルロンデジ アナッソヨ	～けれど そそっかしいけれど	덜렁대지만 トルロンデジマン
現在連体 そそっかしい（行動）	덜렁대는 (행동) トルロンデヌ ネンドン	～でしょう そそっかしいでしょう	덜렁댈 거예요 トルロンデル ッコエヨ
過去連体 そそっかしかった（行動）	덜렁대던 (행동) トルロンデド ネンドン	～ようです そそっかしいようです	덜렁대는 것 같아요 トルロンデヌン ゴッ カタヨ
～くて そそっかしくて	덜렁대고 トルロンデゴ	～くないようです そそっかしくないようです	덜렁대지 않은 것 같아요 トルロンデジ アヌン ゴッ カタヨ
～から そそっかしいから	덜렁대니까 トルロンデニッカ	～く そそっかしく	덜렁대게 トルロンデゲ

ひと言フレーズ そそっかしい人ですね。
덜렁대는 사람이네요. トルロンデヌン サラミネヨ

育つ　자라다　チャラダ

動 形 形動 規則 / 基本単語

요体 育ちます	자라요 チャラヨ	~てください 育ってください	자라 주세요 チャラ ジュセヨ
否定 育ちません	자라지 않아요 チャラジ アナヨ	~ないでください 育たないでください	자라지 마세요 チャラジ マセヨ
過去 育ちました	자랐어요 チャラッソヨ	仮定 育てば	자라면 チャラミョン
現在連体 育つ（苗）	자라는 (모) チャラヌン モ	~たいです 育ちたいです	자라고 싶어요 チャラゴ シポヨ
過去連体 育った（苗）	자란 (모) チャラン モ	~て 育って	자라고 チャラゴ
未来連体 育つ（苗）	자랄 (모) チャラル モ	~でしょう 育つでしょう	자랄 거예요 チャラル ッコエヨ
~から 育つから	자라니까 チャラニッカ	~と思います 育つと思います	자랄 것 같아요 チャラル ッコッ カタヨ
~けれど 育つけれど	자라지만 チャラジマン	意志 育ちます	자라겠어요 チャラゲッソヨ

「(爪が) 伸びる」も 자라다 を使い、(손톱이) 자라다 （ソントビ）チャラダ と言います。

育てる　키우다　キウダ

動 形 形動 規則

요体 育てます	키워요 キウォヨ	~てください 育ててください	키워 주세요 キウォ ジュセヨ
否定 育てません	키우지 않아요 キウジ アナヨ	~ないでください 育てないでください	키우지 마세요 キウジ マセヨ
過去 育てました	키웠어요 キウォッソヨ	仮定 育てれば	키우면 キウミョン
現在連体 育てる（苗）	키우는 (모) キウヌン モ	~たいです 育てたいです	키우고 싶어요 キウゴ シポヨ
過去連体 育てた（苗）	키운 (모) キウン モ	~て 育てて	키우고 キウゴ
未来連体 育てる（苗）	키울 (모) キウル モ	~でしょう 育てるでしょう	키울 거예요 キウル ッコエヨ
~から 育てるから	키우니까 キウニッカ	~と思います 育てると思います	키울 것 같아요 キウル ッコッ カタヨ
~けれど 育てるけれど	키우지만 キウジマン	意志 育てます	키우겠어요 キウゲッソヨ

「育てる」は 기르다 キルダ とも言います。

素っ気ない　무뚝뚝하다　ムットゥクットゥカダ　[動][形][形動][規則]

요체 素っ気ないです	무뚝뚝해요 ムットゥクットゥケヨ	~のに 素っ気ないのに	무뚝뚝한데 ムットゥクットゥカンデ
부정 素っ気なくないです	무뚝뚝하지 않아요 ムットゥクットゥカジ アナヨ	~くても 素っ気なくても	무뚝뚝해도 ムットゥクットゥケド
과거 素っ気なかったです	무뚝뚝했어요 ムットゥクットゥケッソヨ	가정 素っ気なければ	무뚝뚝하면 ムットゥクットゥカミョン
과거부정 素っ気なくなかったです	무뚝뚝하지 않았어요 ムットゥクットゥカジ アナッソヨ	~けれど 素っ気ないけれど	무뚝뚝하지만 ムットゥクットゥカジマン
현재연체 素っ気ない（態度）	무뚝뚝한（태도） ムットゥクットゥカン テド	~でしょう 素っ気ないでしょう	무뚝뚝할 거예요 ムットゥクットゥカル ッコエヨ
과거연체 素っ気なかった（態度）	무뚝뚝하던（태도） ムットゥクットゥカドン テド	~ようです 素っ気ないようです	무뚝뚝한 것 같아요 ムットゥクットゥカン ゴッ カタヨ
~くて 素っ気なくて	무뚝뚝하고 ムットゥクットゥカゴ	~くないようです 素っ気なくないようです	무뚝뚝하지 않은 것 같아요 ムットゥクットゥカジ アヌン ゴッ カタヨ
~から 素っ気ないから	무뚝뚝하니까 ムットゥクットゥカニッカ	~く 素っ気なく	무뚝뚝하게 ムットゥクットゥカゲ

🐾 「素っ気ない」は **퉁명스럽다** トゥンミョンスロプタ、**매정하다** メジョンハダ とも言います。

備える（老後に）　대비하다　テビハダ　[動][形][形動][規則]

요체 備えます	대비해요 テビヘヨ	~てください 備えてください	대비해 주세요 テビヘ ジュセヨ
부정 備えません	대비하지 않아요 テビハジ アナヨ	~ないでください 備えないでください	대비하지 마세요 テビハジ マセヨ
과거 備えました	대비했어요 テビヘッソヨ	가정 備えれば	대비하면 テビハミョン
현재연체 備える（年金）	대비하는（연금） テビハヌン ニョングム	~たいです 備えたいです	대비하고 싶어요 テビハゴ シポヨ
과거연체 備えた（年金）	대비한（연금） テビハン ニョングム	~て 備えて	대비하고 テビハゴ
미래연체 備える（年金）	대비할（연금） テビハル リョングム	~でしょう 備えるでしょう	대비할 거예요 テビハル ッコエヨ
~から 備えるから	대비하니까 テビハニッカ	~と思います 備えると思います	대비할 것 같아요 テビハル ッコッ カタヨ
~けれど 備えるけれど	대비하지만 テビハジマン	의지 備えます	대비하겠어요 テビハゲッソヨ

🐾 「(資料を)備える」には（**자료를**）**갖추다**（チャリョルル）カッチュダ という表現を使います。

備わる　갖추어지다　カッチュオジダ　[動][規則]

요체 備わります	갖추어져요 カッチュオジョヨ	~てください	
否定 備わりません	갖추어지지 않아요 カッチュオジジ アナヨ	~ないでください	
過去 備わりました	갖추어졌어요 カッチュオジョッソヨ	仮定 備われば	갖추어지면 カッチュオジミョン
現在連体 備わる（システム）	갖추어지는 (시스템) カッチュオジヌン システム	~たいです	
過去連体 備わった（システム）	갖추어진 (시스템) カッチュオジン システム	~て 備わって	갖추어지고 カッチュオジゴ
未来連体 備わる（システム）	갖추어질 (시스템) カッチュオジル システム	~でしょう 備わるでしょう	갖추어질 거예요 カッチュオジル ッコエヨ
~から 備わるから	갖추어지니까 カッチュオジニッカ	~と思います 備わると思います	갖추어질 것 같아요 カッチュオジル ッコッ カタヨ
~けれど 備わるけれど	갖추어지지만 カッチュオジジマン	意志	

「備わる」は **구비되다** クビドェダ とも言います。

染める　물들이다　ムルドゥリダ　[動][規則]

요체 染めます	물들여요 ムルドゥリョヨ	~てください 染めてください	물들여 주세요 ムルドゥリョ ジュセヨ
否定 染めません	물들이지 않아요 ムルドゥリジ アナヨ	~ないでください 染めないでください	물들이지 마세요 ムルドゥリジ マセヨ
過去 染めました	물들였어요 ムルドゥリョッソヨ	仮定 染めれば	물들이면 ムルドゥリミョン
現在連体 染める（布）	물들이는 (천) ムルドゥリヌン チョン	~たいです 染めたいです	물들이고 싶어요 ムルドゥリゴ シポヨ
過去連体 染めた（布）	물들인 (천) ムルドゥリン チョン	~て 染めて	물들이고 ムルドゥリゴ
未来連体 染める（布）	물들일 (천) ムルドゥリル チョン	~でしょう 染めるでしょう	물들일 거예요 ムルドゥリル ッコエヨ
~から 染めるから	물들이니까 ムルドゥリニッカ	~と思います 染めると思います	물들일 것 같아요 ムルドゥリル ッコッ カタヨ
~けれど 染めるけれど	물들이지만 ムルドゥリジマン	意志 染めます	물들이겠어요 ムルドゥリゲッソヨ

「染める」は **염색하다** ヨムセカダ とも言います。

そろう　모이다　モイダ　[動][形][形動][規則]

丁寧形 そろいます	모여요 モヨヨ	~てください そろってください	모여 주세요 モヨ ジュセヨ
否定 そろいません	모이지 않아요 モイジ アナヨ	~ないでください そろわないでください	모이지 마세요 モイジ マセヨ
過去 そろいました	모였어요 モヨッソヨ	仮定 そろえば	모이면 モイミョン
現在連体 そろう(メンバー)	모이는 (멤버) モイヌン メムボ	~たいです そろいたいです	모이고 싶어요 モイゴ シポヨ
過去連体 そろえた(メンバー)	모인 (멤버) モイン メムボ	~て そろって	모이고 モイゴ
未来連体 そろう(メンバー)	모일 (멤버) モイル メムボ	~でしょう そろうでしょう	모일 거예요 モイル ッコエヨ
~から そろうから	모이니까 モイニッカ	~と思います そろうと思います	모일 것 같아요 モイル ッコッ カタヨ
~けれど そろうけれど	모이지만 モイジマン	意志 そろいます	모이겠어요 モイゲッソヨ

「(条件が) そろう」には (조건이) 갖추어지다 (チョッコニ) カッチュオジダ を使います。

尊敬する　존경하다　チョンギョンハダ　[動][形][形動][規則]

丁寧形 尊敬します	존경해요 チョンギョンヘヨ	~てください 尊敬してください	존경해 주세요 チョンギョンヘ ジュセヨ
否定 尊敬しません	존경하지 않아요 チョンギョンハジ アナヨ	~ないでください 尊敬しないでください	존경하지 마세요 チョンギョンハジ マセヨ
過去 尊敬しました	존경했어요 チョンギョンヘッソヨ	仮定 尊敬すれば	존경하면 チョンギョンハミョン
現在連体 尊敬する(人物)	존경하는 (인물) チョンギョンハヌン ニンムル	~たいです 尊敬したいです	존경하고 싶어요 チョンギョンハゴ シポヨ
過去連体 尊敬した(人物)	존경한 (인물) チョンギョンハン ニンムル	~て 尊敬して	존경하고 チョンギョンハゴ
未来連体 尊敬する(人物)	존경할 (인물) チョンギョンハル リンムル	~でしょう 尊敬するでしょう	존경할 거예요 チョンギョンハル ッコエヨ
~から 尊敬するから	존경하니까 チョンギョンハニッカ	~と思います 尊敬すると思います	존경할 것 같아요 チョンギョンハル ッコッ カタヨ
~けれど 尊敬するけれど	존경하지만 チョンギョンハジマン	意志 尊敬します	존경하겠어요 チョンギョンハゲッソヨ

「尊敬するように」は 존경하도록 チョンギョンハドロク と言います。

損する　손해보다　ソネボダ　[動][形][形動][規則]

丁寧体 損します	손해봐요 ソネブァヨ	~てください 損してください	손해봐 주세요 ソネブァ ジュセヨ
否定 損しません	손해보지 않아요 ソネボジ アナヨ	~ないでください 損しないでください	손해보지 마세요 ソネボジ マセヨ
過去 損しました	손해봤어요 ソネブァッソヨ	仮定 損すれば	손해보면 ソネボミョン
現在連体 損する (商売)	손해보는 (장사) ソネボヌン ジャンサ	~たいです 損したいです	손해보고 싶어요 ソネボゴ シポヨ
過去連体 損した (商売)	손해본 (장사) ソネボン ジャンサ	~て 損して	손해보고 ソネボゴ
未来連体 損する (商売)	손해볼 (장사) ソネボル ッチャンサ	~でしょう 損するでしょう	손해볼 거예요 ソネボル ッコエヨ
~から 損するから	손해보니까 ソネボニッカ	~と思います 損すると思います	손해볼 것 같아요 ソネボル ッコッ カタヨ
~けれど 損するけれど	손해보지만 ソネボジマン	意志 損します	손해보겠어요 ソネボゲッソヨ

🐾 「損したので」は 손해봐서 ソネブァソ と言います。

尊重する　존중하다　チョンジュンハダ　[動][形][形動][規則]

丁寧体 尊重します	존중해요 チョンジュンヘヨ	~てください 尊重してください	존중해 주세요 チョンジュンヘ ジュセヨ
否定 尊重しません	존중하지 않아요 チョンジュンハジ アナヨ	~ないでください 尊重しないでください	존중하지 마세요 チョンジュンハジ マセヨ
過去 尊重しました	존중했어요 チョンジュンヘッソヨ	仮定 尊重すれば	존중하면 チョンジュンハミョン
現在連体 尊重する (人権)	존중하는 (인권) チョンジュンハヌン ニンックォン	~たいです 尊重したいです	존중하고 싶어요 チョンジュンハゴ シポヨ
過去連体 尊重した (人権)	존중한 (인권) チョンジュンハン ニンックォン	~て 尊重して	존중하고 チョンジュンハゴ
未来連体 尊重する (人権)	존중할 (인권) チョンジュンハル リンックォン	~でしょう 尊重するでしょう	존중할 거예요 チョンジュンハル ッコエヨ
~から 尊重するから	존중하니까 チョンジュンハニッカ	~と思います 尊重すると思います	존중할 것 같아요 チョンジュンハル ッコッ カタヨ
~けれど 尊重するけれど	존중하지만 チョンジュンハジマン	意志 尊重します	존중하겠어요 チョンジュンハゲッソヨ

🐾 「尊重するから」には 존중하므로 チョンジュンハムロ という活用形もあります。

退屈だ 지루하다 チルハダ

[動 形 形動 規則]

요体 退屈です	지루해요 チルヘヨ	~なのに 退屈なのに	지루한데 チルハンデ
否定 退屈ではないです	지루하지 않아요 チルハジ アナヨ	~でも 退屈でも	지루해도 チルヘド
過去 退屈でした	지루했어요 チルヘッソヨ	仮定 退屈であれば	지루하면 チルハミョン
過去否定 退屈ではなかったです	지루하지 않았어요 チルハジ アナッソヨ	~だけれど 退屈だけれど	지루하지만 チルハジマン
現在連体 退屈な(時間)	지루한 (시간) チルハン シガン	~でしょう 退屈でしょう	지루할 거예요 チルハル ッコエヨ
過去連体 退屈だった(時間)	즈루하던 (시간) チルハドン シガン	~そうです 退屈そうです	지루한 것 같아요 チルハン ゴッ カタヨ
~で 退屈で	지루하고 チルハゴ	~ではないようです 退屈ではないようです	지루하지 않은 것 같아요 チルハジ アヌン ゴッ カタヨ
~だから 退屈だから	지루하니까 チルハニッカ	~に 退屈に	지루하게 チルハゲ

「退屈だ」は **따분하다** ッタブナダ とも言います。

体験する 체험하다 チェホマダ

[動 形 形動 規則]

요体 体験します	체험해요 チェホメヨ	~てください 体験してください	체험해 주세요 チェホメ ジュセヨ
否定 体験しません	체험하지 않아요 チェホマジ アナヨ	~ないでください 体験しないでください	체험하지 마세요 チェホマジ マセヨ
過去 体験しました	체험했어요 チェホメッソヨ	仮定 体験すれば	체험하면 チェホマミョン
現在連体 体験する(学習)	체험하는 (학습) チェホマヌン ナクスプ	~たいです 体験したいです	체험하고 싶어요 チェホマゴ シポヨ
過去連体 体験した(学習)	체험한 (학습) チェホマン ナクスプ	~て 体験して	체험하고 チェホマゴ
未来連体 体験する(学習)	체험할 (학습) チェホマル ラクスプ	~でしょう 体験するでしょう	체험할 거예요 チェホマル ッコエヨ
~から 体験するから	체험하니까 チェホマニッカ	~と思います 体験すると思います	체험할 것 같아요 チェホマル ッコッ カタヨ
~けれど 体験するけれど	체험하지만 チェホマジマン	意志 体験します	체험하겠어요 チェホマゲッソヨ

「体験しましょうか？」は **체험할까요?** チェホマルッカヨ? という言い方をします。

大事だ　소중하다　ソジュンハダ　[動][形][形動][規則]

要体 大事です	소중해요	ソジュンヘヨ	~なのに 大事なのに	소중한데	ソジュンハンデ
否定 大事ではないです	소중하지 않아요	ソジュンハジ アナヨ	~でも 大事でも	소중해도	ソジュンヘド
過去 大事でした	소중했어요	ソジュンヘッソヨ	仮定 大事であれば	소중하면	ソジュンハミョン
過去否定 大事ではなかったです	소중하지 않았어요	ソジュンハジ アナッソヨ	~だけれど 大事だけれど	소중하지만	ソジュンハジマン
現在連体 大事な(時間)	소중한 (시간)	ソジュンハン シガン	~でしょう 大事でしょう	소중할 거예요	ソジュンハル ッコエヨ
過去連体 大事だった(時間)	소중하던 (시간)	ソジュンハドン シガン	~そうです 大事そうです	소중한 것 같아요	ソジュンハン ゴッ カタヨ
~で 大事で	소중하고	ソジュンハゴ	~ではないようです 大事ではないようです	소중하지 않은 것 같아요	ソジュンハジ アヌン ゴッ カタヨ
~だから 大事だから	소중하니까	ソジュンハニッカ	~に 大事に	소중하게	ソジュンハゲ

🐾 名詞の「大事」には **대사** テサ や **큰일** クニル を使います。

大丈夫だ　괜찮다　クェンチャンタ　[動][形][形動][規則]

要体 大丈夫です	괜찮아요	クェンチャナヨ	~なのに 大丈夫なのに	괜찮은데	クェンチャヌンデ
否定 大丈夫ではないです	괜찮지 않아요	クェンチャンチ アナヨ	~でも 大丈夫でも	괜찮아도	クェンチャナド
過去 大丈夫でした	괜찮았어요	クェンチャナッソヨ	仮定 大丈夫であれば	괜찮으면	クェンチャヌミョン
過去否定 大丈夫ではなかったです	괜찮지 않았어요	クェンチャンチ アナッソヨ	~だけれど 大丈夫だけれど	괜찮지만	クェンチャンチマン
現在連体 大丈夫な(天気)	괜찮은 (날씨)	クェンチャヌン ナルッシ	~でしょう 大丈夫でしょう	괜찮을 거예요	クェンチャヌル ッコエヨ
過去連体 大丈夫だった(天気)	괜찮던 (날씨)	クェンチャントン ナルッシ	~そうです 大丈夫そうです	괜찮은 것 같아요	クェンチャヌン ゴッ カタヨ
~で 大丈夫で	괜찮고	クェンチャンコ	~ではないようです 大丈夫ではないようです	괜찮지 않은 것 같아요	クェンチャンチ アヌン ゴッ カタヨ
~だから 大丈夫だから	괜찮으니까	クェンチャヌニッカ	~に 大丈夫に	괜찮게	クェンチャンケ

ひと言フレーズ　大丈夫だから、心配しないでください。
괜찮으니까 걱정하지 마세요. クェンチャヌニッカ コクチョンハジ マセヨ

大切だ 중요하다 チュンヨハダ [動][形][形動][規則]

요체 大切です	중요해요 チュンヨヘヨ	～なのに 大切なのに	중요한데 チュンヨハンデ
否定 大切ではないです	중요하지 않아요 チュンヨハジ アナヨ	～でも 大切でも	중요해도 チュンヨヘド
過去 大切でした	중요했어요 チュンヨヘッソヨ	仮定 大切であれば	중요하면 チュンヨハミョン
過去否定 大切ではなかったです	중요하지 않았어요 チュンヨハジ アナッソヨ	～だけれど 大切だけれど	중요하지만 チュンヨハジマン
現在連体 大切な (時間)	중요한 (시간) チュンヨハン シガン	～でしょう 大切でしょう	중요할 거예요 チュンヨハル ッコエヨ
過去連体 大切だった (時間)	중요하던 (시간) チュンヨハドン シガン	～そうです 大切そうです	중요한 것 같아요 チュンヨハン ゴッ カタヨ
～で 大切で	중요하고 チュンヨハゴ	～ではないようです 大切ではないようです	중요하지 않은 것 같아요 チュンヨハジ アヌン ゴッ カタヨ
～だから 大切だから	중요하니까 チュンヨハニッカ	～に 大切に	중요하게 チュンヨハゲ

ひと言フレーズ すみません、今日は大切な約束があります。
미안하지만, 오늘은 중요한 약속이 있어요. ミアナジマン オヌルン チュンヨハン ニャクソギ イッソヨ

大変だ (程度が)／すごい 대단하다 テダナダ [動][形][形動][規則]

요체 大変です	대단해요 テダネヨ	～なのに 大変なのに	대단한데 テダナンデ
否定 大変ではないです	대단하지 않아요 テダナジ アナヨ	～でも 大変でも	대단해도 テダネド
過去 大変でした	대단했어요 テダネッソヨ	仮定 大変であれば	대단하면 テダナミョン
過去否定 大変ではなかったです	대단하지 않았어요 テダナジ アナッソヨ	～だけれど 大変だけれど	대단하지만 テダナジマン
現在連体 大変な (力)	대단한 (힘) テダナ ニム	～でしょう 大変でしょう	대단할 거예요 テダナル ッコエヨ
過去連体 大変だった (力)	대단하던 (힘) テダナド ニム	～そうです 大変そうです	대단한 것 같아요 テダナン ゴッ カタヨ
～で 大変で	대단하고 テダナゴ	～ではないようです 大変ではないようです	대단하지 않은 것 같아요 テダナジ アヌン ゴッ カタヨ
～だから 大変だから	대단하니까 テダナニッカ	～に 大変に	대단하게 テダナゲ

대단하다には「ものすごい」という意味もあり、「すごい人気」は 대단한 인기 テダナン ニンキ と言います。

耐える 견디다 キョンディダ

動 形 形動 規則

요体 耐えます	견뎌요 キョンディョヨ	~てください 耐えてください	견뎌 주세요 キョンディョ ジュセヨ
否定 耐えません	견디지 않아요 キョンディジ アナヨ	~ないでください 耐えないでください	견디지 마세요 キョンディジ マセヨ
過去 耐えました	견뎠어요 キョンディョッソヨ	仮定 耐えれば	견디면 キョンディミョン
現在連体 耐える (試練)	견디는 (시련) キョンディヌン シリョン	~たいです 耐えたいです	견디고 싶어요 キョンディゴ シポヨ
過去連体 耐えた (試練)	견딘 (시련) キョンディン シリョン	~て 耐えて	견디고 キョンディゴ
未来連体 耐える (試練)	견딜 (시련) キョンディル ッシリョン	~でしょう 耐えるでしょう	견딜 거예요 キョンディル ッコエヨ
~から 耐えるから	견디니까 キョンディニッカ	~と思います 耐えると思います	견딜 것 같아요 キョンディル ッコッ カタヨ
~けれど 耐えるけれど	견디지만 キョンディジマン	意志 耐えます	견디겠어요 キョンディゲッソヨ

「耐える」には **참다** チャムッタ という言い方もあります。

倒す 쓰러뜨리다 ッスロットゥリダ

動 形 形動 規則

요体 倒します	쓰러뜨려요 ッスロットゥリョヨ	~てください 倒してください	쓰러뜨려 주세요 ッスロットゥリョ ジュセヨ
否定 倒しません	쓰러뜨리지 않아요 ッスロットゥリジ アナヨ	~ないでください 倒さないでください	쓰러뜨리지 마세요 ッスロットゥリジ マセヨ
過去 倒しました	쓰러뜨렸어요 ッスロットゥリョッソヨ	仮定 倒せば	쓰러뜨리면 ッスロットゥリミョン
現在連体 倒す (敵)	쓰러뜨리는 (적) ッスロットゥリヌン ジョク	~たいです 倒したいです	쓰러뜨리고 싶어요 ッスロットゥリゴ シポヨ
過去連体 倒した (敵)	쓰러뜨린 (적) ッスロットゥリン ジョク	~て 倒して	쓰러뜨리고 ッスロットゥリゴ
未来連体 倒す (敵)	쓰러뜨릴 (적) ッスロットゥリル ッチョク	~でしょう 倒すでしょう	쓰러뜨릴 거예요 ッスロットゥリル ッコエヨ
~から 倒すから	쓰러뜨리니까 ッスロットゥリニッカ	~と思います 倒すと思います	쓰러뜨릴 것 같아요 ッスロットゥリル ッコッ カタヨ
~けれど 倒すけれど	쓰러뜨리지만 ッスロットゥリジマン	意志 倒します	쓰러뜨리겠어요 ッスロットゥリゲッソヨ

「倒す」には **넘어뜨리다** ノモットゥリダ という言い方もあります。

倒れる　쓰러지다　ッスロジダ　[動][形][形動][規則]

요체 / 倒れます	쓰러져요	ッスロジョヨ
부정 / 倒れません	쓰러지지 않아요	ッスロジジ アナヨ
과거 / 倒れました	쓰러졌어요	ッスロジョッソヨ
현재연체 / 倒れる（敵）	쓰러지는 (적)	ッスロジヌン ジョク
과거연체 / 倒れた（敵）	쓰러진 (적)	ッスロジン ジョク
미래연체 / 倒れる（敵）	쓰러질 (적)	ッスロジル ッチョク
～から / 倒れるから	쓰러지니까	ッスロジニッカ
～けれど / 倒れるけれど	쓰러지지만	ッスロジジマン
～てください / 倒れてください	쓰러져 주세요	ッスロジョ ジュセヨ
～ないでください / 倒れないでください	쓰러지지 마세요	ッスロジジ マセヨ
가정 / 倒れれば	쓰러지면	ッスロジミョン
～たいです / 倒れたいです	쓰러지고 싶어요	ッスロジゴ シポヨ
～て / 倒れて	쓰러지고	ッスロジゴ
～でしょう / 倒れるでしょう	쓰러질 거예요	ッスロジル ッコエヨ
～と思います / 倒れると思います	쓰러질 것 같아요	ッスロジル ッコッ カタヨ
의지 / 倒れます	쓰러지겠어요	ッスロジゲッソヨ

🐾 「倒れる」は 넘어지다 ノモジダ という言い方もします。

高い（背が）／大きい　크다　クダ　[動][形][形動][으不規則]

活用に注意！ 基本単語

요체 / 高いです	커요	コヨ
부정 / 高くないです	크지 않아요	クジ アナヨ
과거 / 高かったです	컸어요	コッソヨ
과거부정 / 高くなかったです	크지 않았어요	クジ アナッソヨ
현재연체 / 高い（少年）	큰 (소년)	クン ソニョン
과거연체 / 高かった（少年）	크던 (소년)	クドン ソニョン
～くて / 高くて	크고	クゴ
～から / 高いから	크니까	クニッカ
～のに / 高いのに	큰데	クンデ
～くても / 高くても	커도	コド
가정 / 高ければ	크면	クミョン
～けれど / 高いけれど	크지만	クジマン
～でしょう / 高いでしょう	클 거예요	クル ッコエヨ
～ようです / 高いようです	큰 것 같아요	クン ゴッ カタヨ
～くないようです / 高くないようです	크지 않은 것 같아요	クジ アヌン ゴッ カタヨ
～く / 高く	크게	クゲ

🐾 「（山が）高い」は（산이）높다（サニ）ノプタ という表現を使います。

抱きしめる　포옹하다　ポオンハダ　[動][形][形動][規則]

요体 抱きしめます	포옹해요 ポオンヘヨ	~てください 抱きしめてください	포옹해 주세요 ポオンヘ ジュセヨ
否定 抱きしめません	포옹하지 않아요 ポオンハジ アナヨ	~ないでください 抱きしめないでください	포옹하지 마세요 ポオンハジ マセヨ
過去 抱きしめました	포옹했어요 ポオンヘッソヨ	仮定 抱きしめれば	포옹하면 ポオンハミョン
現在連体 抱きしめる (恋人)	포옹하는 (연인) ポオンハヌン ニョニン	~たいです 抱きしめたいです	포옹하고 싶어요 ポオンハゴ シポヨ
過去連体 抱きしめた (恋人)	포옹한 (연인) ポオンハン ニョニン	~て 抱きしめて	포옹하고 ポオンハゴ
未来連体 抱きしめる (恋人)	포옹할 (연인) ポオンハル リョニン	~でしょう 抱きしめるでしょう	포옹할 거예요 ポオンハル ッコエヨ
~から 抱きしめるから	포옹하니까 ポオンハニッカ	~と思います 抱きしめると思います	포옹할 것 같아요 ポオンハル ッコッ カタヨ
~けれど 抱きしめるけれど	포옹하지만 ポオンハジマン	意志 抱きしめます	포옹하겠어요 ポオンハゲッソヨ

「抱きしめる」には **꼭 끌어안다** ッコクックロアンッタ という表現もあります。

抱く　안다　アンッタ　[動][形][形動][規則]

요体 抱きます	안아요 アナヨ	~てください 抱いてください	안아 주세요 アナ ジュセヨ
否定 抱きません	안지 않아요 アンッチ アナヨ	~ないでください 抱かないでください	안지 마세요 アンッチ マセヨ
過去 抱きました	안았어요 アナッソヨ	仮定 抱けば	안으면 アヌミョン
現在連体 抱く (恋人)	안는 (연인) アンヌン ニョニン	~たいです 抱きたいです	안고 싶어요 アンコ シポヨ
過去連体 抱いた (恋人)	안은 (연인) アヌン ニョニン	~て 抱いて	안고 アンコ
未来連体 抱く (恋人)	안을 (연인) アヌル リョニン	~でしょう 抱くでしょう	안을 거예요 アヌル ッコエヨ
~から 抱くから	안으니까 アヌニッカ	~と思います 抱くと思います	안을 것 같아요 アヌル ッコッ カタヨ
~けれど 抱くけれど	안지만 アンッチマン	意志 抱きます	안겠어요 アンッケッソヨ

「(考えを)抱く」は (생각을) **품다** (センガグル) プムッタ と言います。

たくらむ　꾀하다　ックェハダ

動 / 形 / 形動 / 規則

요体 たくらみます	꾀해요 ックェヘヨ	～てください たくらんでください	꾀해 주세요 ックェヘ ジュセヨ
否定 たくらみません	꾀하지 않아요 ックェハジ アナヨ	～ないでください たくらまないでください	꾀하지 마세요 ックェハジ マセヨ
過去 たくらみました	꾀했어요 ックェヘッソヨ	仮定 たくらめば	꾀하면 ックェハミョン
現在連体 たくらむ（人）	꾀하는 (사람) ックェハヌン サラム	～たいです たくらみたいです	꾀하고 싶어요 ックェハゴ シポヨ
過去連体 たくらんだ（人）	꾀한 (사람) ックェハン サラム	～て たくらんで	꾀하고 ックェハゴ
未来連体 たくらむ（人）	꾀할 (사람) ックェハル ッサラム	～でしょう たくらむでしょう	꾀할 거예요 ックェハル ッコエヨ
～から たくらむから	꾀하니까 ックェハニッカ	～と思います たくらむと思います	꾀할 것 같아요 ックェハル ッコッ カタヨ
～けれど たくらむけれど	꾀하지만 ックェハジマン	意志 たくらみます	꾀하겠어요 ックェハゲッソヨ

「たくらむ」は **꾸미다** ックミダ とも言います。

確かだ　확실하다　ファクシラダ

動 / 形 / 形動 / 規則

요体 確かです	확실해요 ファクシレヨ	～なのに 確かなのに	확실한데 ファクシランデ
否定 確かではないです	확실하지 않아요 ファクシラジ アナヨ	～でも 確かでも	확실해도 ファクシレド
過去 確かでした	확실했어요 ファクシレッソヨ	仮定 確かであれば	확실하면 ファクシラミョン
過去否定 確かではなかったです	확실하지 않았어요 ファクシラジ アナッソヨ	～だけれど 確かだけれど	확실하지만 ファクシラジマン
現在連体 確かな（情報）	확실한 (정보) ファクシラン ジョンボ	～でしょう 確かでしょう	확실할 거예요 ファクシラル ッコエヨ
過去連体 確かだった（情報）	확실하던 (정보) ファクシラドン ジョンボ	～そうです 確かそうです	확실한 것 같아요 ファクシラン ゴッ カタヨ
～で 確かで	확실하고 ファクシラゴ	～ではないようです 確かではないようです	확실하지 않은 것 같아요 ファクシラジ アヌン ゴッ カタヨ
～だから 確かだから	확실하니까 ファクシラニッカ	～に 確かに	확실하게 ファクシラゲ

「確かだ」は **틀림없다** トゥルリモプタ とも言います。

確かめる　확인하다　ファギナダ

[動][形][形動][規則]

요体 確かめます	확인해요 ファギネヨ	~てください 確かめてください	확인해 주세요 ファギネ ジュセヨ
否定 確かめません	확인하지 않아요 ファギナジ アナヨ	~ないでください 確かめないでください	확인하지 마세요 ファギナジ マセヨ
過去 確かめました	확인했어요 ファギネッソヨ	仮定 確かめれば	확인하면 ファギナミョン
現在連体 確かめる（事実）	확인하는 (사실) ファギナヌン サシル	~たいです 確かめたいです	확인하고 싶어요 ファギナゴ シポヨ
過去連体 確かめた（事実）	확인한 (사실) ファギナン サシル	~て 確かめて	확인하고 ファギナゴ
未来連体 確かめる（事実）	확인할 (사실) ファギナル ッサシル	~でしょう 確かめるでしょう	확인할 거예요 ファギナル ッコエヨ
~から 確かめるから	확인하니까 ファギナニッカ	~と思います 確かめると思います	확인할 것 같아요 ファギナル ッコッ カタヨ
~けれど 確かめるけれど	확인하지만 ファギナジマン	意志 確かめます	확인하겠어요 ファギナゲッソヨ

🐾 「確かめる」は **분명히 하다** プンミョンヒ ハダ とも言います。

出す（お金を）　내다　ネダ

[動][形][形動][規則] 基本単語

요体 出します	내요 ネヨ	~てください 出してください	내 주세요 ネ ジュセヨ
否定 出しません	내지 않아요 ネジ アナヨ	~ないでください 出さないでください	내지 마세요 ネジ マセヨ
過去 出しました	냈어요 ネッソヨ	仮定 出せば	내면 ネミョン
現在連体 出す（会費）	내는 (회비) ネヌ ヌェビ	~たいです 出したいです	내고 싶어요 ネゴ シポヨ
過去連体 出した（会費）	낸 (회비) ネ ヌェビ	~て 出して	내고 ネゴ
未来連体 出す（会費）	낼 (회비) ネ ルェビ	~でしょう 出すでしょう	낼 거예요 ネル ッコエヨ
~から 出すから	내니까 ネニッカ	~と思います 出すと思います	낼 것 같아요 ネル ッコッ カタヨ
~けれど 出すけれど	내지만 ネジマン	意志 出します	내겠어요 ネゲッソヨ

🐾 「お金を出す」は **값을 치르다** カプスル チルダ とも言います。

出す（手紙を） 부치다 プチダ [動][形][形動][規則]

요体 出します	부쳐요 プチョヨ	～てください 出してください	부쳐 주세요 プチョ ジュセヨ
否定 出しません	부치지 않아요 プチジ アナヨ	～ないでください 出さないでください	부치지 마세요 プチジ マセヨ
過去 出しました	부쳤어요 プチョッソヨ	仮定 出せば	부치면 プチミョン
現在連体 出す（手紙）	부치는 (편지) プチヌン ピョンジ	～たいです 出したいです	부치고 싶어요 プチゴ シポヨ
過去連体 出した（手紙）	부친 (편지) プチン ピョンジ	～て 出して	부치고 プチゴ
未来連体 出す（手紙）	부칠 (편지) プチル ピョンジ	～でしょう 出すでしょう	부칠 거예요 プチル ッコエヨ
～から 出すから	부치니까 プチニッカ	～と思います 出すと思います	부칠 것 같아요 プチル ッコッ カタヨ
～けれど 出すけれど	부치지만 プチジマン	意志 出します	부치겠어요 プチゲッソヨ

「（手紙を）出す」は 보내다 ポネダ とも言います。

助ける／手伝う 돕다 トプタ [動][形][形動][ㅂ不規則]

活用に注意！

요体 助けます	도와요 トワヨ	～てください 助けてください	도와 주세요 トワ ジュセヨ
否定 助けません	돕지 않아요 トプチ アナヨ	～ないでください 助けないでください	돕지 마세요 トプチ マセヨ
過去 助けました	도왔어요 トワッソヨ	仮定 助ければ	도우면 トウミョン
現在連体 助ける（友達）	돕는 (친구) トムヌン チング	～たいです 助けたいです	돕고 싶어요 トプコ シポヨ
過去連体 助けた（友達）	도운 (친구) トウン チング	～て 助けて	돕고 トプコ
未来連体 助ける（友達）	도울 (친구) トウル チング	～でしょう 助けるでしょう	도울 거예요 トウル ッコエヨ
～から 助けるから	도우니까 トウニッカ	～と思います 助けると思います	도울 것 같아요 トウル ッコッ カタヨ
～けれど 助けるけれど	돕지만 トプチマン	意志 助けます	돕겠어요 トプケッソヨ

ひと言フレーズ 困っていたらいつでも助けます。
곤란하면 언제든지 돕겠어요. コルラナミョン オンジェドゥンジ トプケッソヨ

た／だす／たすける

尋ねる／問う　묻다　ムッタ　[動][形][形動][ㄷ不規則] [基本単語]

活用に注意！

요体 尋ねます	물어요 ムロヨ	〜てください 尋ねてください	물어 주세요 ムロ ジュセヨ
否定 尋ねません	묻지 않아요 ムッチ アナヨ	〜ないでください 尋ねないでください	묻지 마세요 ムッチ マセヨ
過去 尋ねました	물었어요 ムロッソヨ	仮定 尋ねれば	물으면 ムルミョン
現在連体 尋ねる(相手)	묻는 (상대) ムンヌン サンデ	〜たいです 尋ねたいです	묻고 싶어요 ムッコ シポヨ
過去連体 尋ねた(相手)	물은 (상대) ムルン サンデ	〜て 尋ねて	묻고 ムッコ
未来連体 尋ねる(相手)	물을 (상대) ムルル ッサンデ	〜でしょう 尋ねるでしょう	물을 거예요 ムルル ッコエヨ
〜から 尋ねるから	물으니까 ムルニッカ	〜と思います 尋ねると思います	물을 것 같아요 ムルル ッコッ カタヨ
〜けれど 尋ねるけれど	묻지만 ムッチマン	意志 尋ねます	묻겠어요 ムッケッソヨ

ひと言フレーズ わからなかったら尋ねてください。
모르면 물어 주세요. モルミョン ムロ ジュセヨ

訪ねる　방문하다　パンムナダ　[動][形][形動][規則]

요体 訪ねます	방문해요 パンムネヨ	〜てください 訪ねてください	방문해 주세요 パンムネ ジュセヨ
否定 訪ねません	방문하지 않아요 パンムナジ アナヨ	〜ないでください 訪ねないでください	방문하지 마세요 パンムナジ マセヨ
過去 訪ねました	방문했어요 パンムネッソヨ	仮定 訪ねれば	방문하면 パンムナミョン
現在連体 訪ねる(家)	방문하는 (집) パンムナヌン ジプ	〜たいです 訪ねたいです	방문하고 싶어요 パンムナゴ シポヨ
過去連体 訪ねた(家)	방문한 (집) パンムナン ジプ	〜て 訪ねて	방문하고 パンムナゴ
未来連体 訪ねる(家)	방문할 (집) パンムナル ッチプ	〜でしょう 訪ねるでしょう	방문할 거예요 パンムナル ッコエヨ
〜から 訪ねるから	방문하니까 パンムナニッカ	〜と思います 訪ねると思います	방문할 것 같아요 パンムナル ッコッ カタヨ
〜けれど 訪ねるけれど	방문하지만 パンムナジマン	意志 訪ねます	방문하겠어요 パンムナゲッソヨ

ひと言フレーズ 自宅を訪ねたいです。
자택을 방문하고 싶어요. チャテグル パンムナゴ シポヨ

叩く／打つ／弾く（楽器を） 치다 チダ 動 [形] [形動] 規則 基本単語

丁体 叩きます	쳐요 チョヨ	～てください 叩いてください	쳐 주세요 チョ ジュセヨ
否定 叩きません	치지 않아요 チジ アナヨ	～ないでください 叩かないでください	치지 마세요 チジ マセヨ
過去 叩きました	쳤어요 チョッソヨ	仮定 叩けば	치면 チミョン
現在連体 叩く（人）	치는 (사람) チヌン サラム	～たいです 叩きたいです	치고 싶어요 チゴ シポヨ
過去連体 叩いた（人）	친 (사람) チン サラム	～て 叩いて	치고 チゴ
未来連体 叩く（人）	칠 (사람) チル ッサラム	～でしょう 叩くでしょう	칠 거예요 チル ッコエヨ
～から 叩くから	치니까 チニッカ	～と思います 叩くと思います	칠 것 같아요 チル ッコッ カタヨ
～けれど 叩くけれど	치지만 チジマン	意志 叩きます	치겠어요 チゲッソヨ

ひと言フレーズ 強く叩いてください。
세게 쳐 주세요. セゲ チョ ジュセヨ

正しい 옳다 オルタ 動 [形] [形動] 規則 基本単語

丁体 正しいです	옳아요 オラヨ	～のに 正しいのに	옳은데 オルンデ
否定 正しくないです	옳지 않아요 オルチ アナヨ	～くても 正しくても	옳아도 オラド
過去 正しかったです	옳았어요 オラッソヨ	仮定 正しければ	옳으면 オルミョン
過去否定 正しくなかったです	옳지 않았어요 オルチ アナッソヨ	～けれど 正しいけれど	옳지만 オルチマン
現在連体 正しい（答え）	옳은 (답) オルン ダブ	～でしょう 正しいでしょう	옳을 거예요 オルル ッコエヨ
過去連体 正しかった（答え）	옳던 (답) オルトン ダブ	～ようです 正しいようです	옳은 것 같아요 オルン ゴッ カタヨ
～くて 正しくて	옳고 オルコ	～くないようです 正しくないようです	옳지 않은 것 같아요 オルチ アヌン ゴッ カタヨ
～から 正しいから	옳으니까 オルニッカ	～く 正しく	옳게 オルケ

「正しい」は 바르다 パルダ とも言います。

立つ／建つ　서다　ソダ　[動][形][形動][規則][基本単語]

요体 立ちます	서요 ソヨ	～てください 立ってください	서 주세요 ソ ジュセヨ
否定 立ちません	서지 않아요 ソジ アナヨ	～ないでください 立たないでください	서지 마세요 ソジ マセヨ
過去 立ちました	섰어요 ソッソヨ	仮定 立てば	서면 ソミョン
現在連体 立つ（場所）	서는 （곳） ソヌン ゴッ	～たいです 立ちたいです	서고 싶어요 ソゴ シポヨ
過去連体 立った（場所）	선 （곳） ソン ゴッ	～て 立って	서고 ソゴ
未来連体 立つ（場所）	설 （곳） ソル ッコッ	～でしょう 立つでしょう	설 거예요 ソル ッコエヨ
～から 立つから	서니까 ソニッカ	～と思います 立つと思います	설 것 같아요 ソル ッコッ カタヨ
～けれど 立つけれど	서지만 ソジマン	意志 立ちます	서겠어요 ソゲッソヨ

「(ほこりが) 立つ」は (먼지가) 일다 (モンジガ) イルダ と言います。

経つ　지나다　チナダ　[動][形][形動][規則]

요体 経ちます	지나요 チナヨ	～てください	
否定 経ちません	지나지 않아요 チナジ アナヨ	～ないでください	
過去 経ちました	지났어요 チナッソヨ	仮定 経てば	지나면 チナミョン
現在連体 経つ（時間）	지나는 （시간） チナヌン シガン	～たいです	
過去連体 経った（時間）	지난 （시간） チナン シガン	～て 経って	지나고 チナゴ
未来連体 経つ（時間）	지날 （시간） チナル ッシガン	～でしょう 経つでしょう	지날 거예요 チナル ッコエヨ
～から 経つから	지나니까 チナニッカ	～と思います 経つと思います	지날 것 같아요 チナル ッコッ カタヨ
～けれど 経つけれど	지나지만 チナジマン	意志	

「経つ」は 흐르다 フルダ とも言います。

建てる 짓다 チッタ [動][形動][ㅅ不規則] 活用に注意！

요체 建てます	지어요 チオヨ	～てください 建ててください	지어 주세요 チオ ジュセヨ
否定 建てません	짓지 않아요 チッチ アナヨ	～ないでください 建てないでください	짓지 마세요 チッチ マセヨ
過去 建てました	지었어요 チオッソヨ	仮定 建てれば	지으면 チウミョン
現在連体 建てる（家）	짓는 (집) チンヌン ジプ	～たいです 建てたいです	짓고 싶어요 チッコ シポヨ
過去連体 建てた（家）	지은 (집) チウン ジプ	～て 建てて	짓고 チッコ
未来連体 建てる（家）	지을 (집) チウル ッチプ	～でしょう 建てるでしょう	지을 거예요 チウル ッコエヨ
～から 建てるから	지으니까 チウニッカ	～と思います 建てると思います	지을 것 같아요 チウル ッコッ カタヨ
～けれど 建てるけれど	짓지만 チッチマン	意志 建てます	짓겠어요 チッケッソヨ

🐾 「建てましょうか？」は **지을까요**? チウルッカヨ? と言います。

たどたどしい 어설프다 オソルプダ [動][形動][으不規則] 活用に注意！

요체 たどたどしいです	어설퍼요 オソルポヨ	～のに たどたどしいのに	어설픈데 オソルプンデ
否定 たどたどしくないです	어설프지 않아요 オソルプジ アナヨ	～くても たどたどしくても	어설퍼도 オソルポド
過去 たどたどしかったです	어설펐어요 オソルポッソヨ	仮定 たどたどしければ	어설프면 オソルプミョン
過去否定 たどたどしくなかったです	어설프지 않았어요 オソルプジ アナッソヨ	～けれど たどたどしいけれど	어설프지만 オソルプジマン
現在連体 たどたどしい（行動）	어설픈 (행동) オソルプン ヘンドン	～でしょう たどたどしいでしょう	어설플 거예요 オソルプル ッコエヨ
過去連体 たどたどしかった（行動）	어설프던 (행동) オソルプド ヘンドン	～ようです たどたどしいようです	어설픈 것 같아요 オソルプン ゴッ カタヨ
～くて たどたどしくて	어설프고 オソルプゴ	～くないようです たどたどしくないようです	어설프지 않은 것 같아요 オソルプジ アヌン ゴッ カタヨ
～から たどたどしいから	어설프니까 オソルプニッカ	～く たどたどしく	어설프게 オソルプゲ

🐾 「たどたどしい」には **불안하다** プラナダ、**더듬거리다** トドゥムゴリダ という言い方もあります。

楽しい　즐겁다　チュルゴプタ　動 形 形動 ㅂ不規則

活用に注意！

요체 楽しいです	즐거워요 チュルゴウォヨ	~のに 楽しいのに	즐거운데 チュルゴウンデ
否定 楽しくないです	즐겁지 않아요 チュルゴプチ アナヨ	~くても 楽しくても	즐거워도 チュルゴウォド
過去 楽しかったです	즐거웠어요 チュルゴウォッソヨ	仮定 楽しければ	즐거우면 チュルゴウミョン
過去否定 楽しくなかったです	즐겁지 않았어요 チュルゴプチ アナッソヨ	~けれど 楽しいけれど	즐겁지만 チュルゴプチマン
現在連体 楽しい（時間）	즐거운 (시간) チュルゴウン シガン	~でしょう 楽しいでしょう	즐거울 거예요 チュルゴウル ッコエヨ
過去連体 楽しかった（時間）	즐겁던 (시간) チュルゴプトン シガン	~ようです 楽しいようです	즐거운 것 같아요 チュルゴウン ゴッ カタヨ
~くて 楽しくて	즐겁고 チュルゴプコ	~くないようです 楽しくないようです	즐겁지 않은 것 같아요 チュルゴプチ アヌン ゴッ カタヨ
~から 楽しいから	즐거우니까 チュルゴウニッカ	~く 楽しく	즐겁게 チュルゴプケ

ひと言フレーズ　とても楽しいパーティーでした。
아주 즐거운 파티였어요. アジュ チュルゴウン パティヨッソヨ

楽しむ／好む／親しむ　즐기다　チュルギダ　動 形 形動 規則

요체 楽しみます	즐겨요 チュルギョヨ	~てください 楽しんでください	즐겨 주세요 チュルギョ ジュセヨ
否定 楽しみません	즐기지 않아요 チュルギジ アナヨ	~ないでください 楽しまないでください	즐기지 마세요 チュルギジ マセヨ
過去 楽しみました	즐겼어요 チュルギョッソヨ	仮定 楽しめば	즐기면 チュルギミョン
現在連体 楽しむ（趣味）	즐기는 (취미) チュルギヌン チュイミ	~たいです 楽しみたいです	즐기고 싶어요 チュルギゴ シポヨ
過去連体 楽しんだ（趣味）	즐긴 (취미) チュルギン チュイミ	~て 楽しんで	즐기고 チュルギゴ
未来連体 楽しむ（趣味）	즐길 (취미) チュルギル チュイミ	~でしょう 楽しむでしょう	즐길 거예요 チュルギル ッコエヨ
~から 楽しむから	즐기니까 チュルギニッカ	~と思います 楽しむと思います	즐길 것 같아요 チュルギル ッコッ カタヨ
~けれど 楽しむけれど	즐기지만 チュルギジマン	意志 楽しみます	즐기겠어요 チュルギゲッソヨ

ひと言フレーズ　休みにはゴルフを楽しみます。
쉬는 날에는 골프를 즐겨요. シュィヌン ナレヌン コルプルル チュルギョヨ

頼む／お願いする　부탁하다　プタカダ　動 形 形動 規則

丁体 頼みます	부탁해요 プタケヨ	～てください 頼んでください	부탁해 주세요 プタケ ジュセヨ
否定 頼みません	부탁하지 않아요 プタカジ アナヨ	～ないでください 頼まないでください	부탁하지 마세요 プタカジ マセヨ
過去 頼みました	부탁했어요 プタケッソヨ	仮定 頼めば	부탁하면 プタカミョン
現在連体 頼む（仕事）	부탁하는 (일) プタカヌン ニル	～たいです 頼みたいです	부탁하고 싶어요 プタカゴ シポヨ
過去連体 頼んだ（仕事）	부탁한 (일) プタカン ニル	～て 頼んで	부탁하고 プタカゴ
未来連体 頼む（仕事）	부탁할 (일) プタカル リル	～でしょう 頼むでしょう	부탁할 거예요 プタカル ッコエヨ
～から 頼むから	부탁하니까 プタカニッカ	～と思います 頼むと思います	부탁할 것 같아요 プタカル ッコッ カタヨ
～けれど 頼むけれど	부탁하지만 プタカジマン	意志 頼みます	부탁하겠어요 プタカゲッソヨ

🐾 「(お料理を) 頼む」は (요리를) 주문하다 (ヨリルル) チュムナダ と言います。

頼もしい　믿음직하다　ミドゥムジカダ　動 形 形動 規則

丁体 頼もしいです	믿음직해요 ミドゥムジケヨ	～のに 頼もしいのに	믿음직한데 ミドゥムジカンデ
否定 頼もしくないです	믿음직하지 않아요 ミドゥムジカジ アナヨ	～くても 頼もしくても	믿음직해도 ミドゥムジケド
過去 頼もしかったです	믿음직했어요 ミドゥムジケッソヨ	仮定 頼もしければ	믿음직하면 ミドゥムジカミョン
過去否定 頼もしくなかったです	믿음직하지 않았어요 ミドゥムジカジ アナッソヨ	～けれど 頼もしいけれど	믿음직하지만 ミドゥムジカジマン
現在連体 頼もしい（友達）	믿음직한 (친구) ミドゥムジカン チング	～でしょう 頼もしいでしょう	믿음직할 거예요 ミドゥムジカル ッコエヨ
過去連体 頼もしかった（友達）	믿음직하던 (친구) ミドゥムジカドン チング	～ようです 頼もしいようです	믿음직한 것 같아요 ミドゥムジカン ゴッ カタヨ
～くて 頼もしくて	믿음직하고 ミドゥムジカゴ	～くないようです 頼もしくないようです	믿음직하지 않은 것 같아요 ミドゥムジカジ アヌン ゴッ カタヨ
～から 頼もしいから	믿음직하니까 ミドゥムジカニッカ	～く 頼もしく	믿음직하게 ミドゥムジカゲ

ひと言フレーズ 頼もしい男性が好きです。
믿음직한 남자가 좋아요. ミドゥムジカン ナムジャガ チョアヨ

食べる　먹다 モㇰタ

[動][形][形動][規則][基本単語]

요체 食べます	먹어요 モゴヨ	~てください 食べてください	먹어 주세요 モゴ ジュセヨ
否定 食べません	먹지 않아요 モㇰチ アナヨ	~ないでください 食べないでください	먹지 마세요 モㇰチ マセヨ
過去 食べました	먹었어요 モゴッソヨ	仮定 食べれば	먹으면 モグミョン
現在連体 食べる（時間）	먹는 (시간) モンヌン シガン	~たいです 食べたいです	먹고 싶어요 モㇰコ シポヨ
過去連体 食べた（時間）	먹은 (시간) モグン シガン	~て 食べて	먹고 モㇰコ
未来連体 食べる（時間）	먹을 (시간) モグル ッシガン	~でしょう 食べるでしょう	먹을 거예요 モグル ッコエヨ
~から 食べるから	먹으니까 モグニッカ	~と思います 食べると思います	먹을 것 같아요 モグル ッコッ カタヨ
~けれど 食べるけれど	먹지만 モㇰチマン	意志 食べます	먹겠어요 モㇰケッソヨ

ひと言フレーズ 地元の料理を食べたいです。
향토요리가 먹고 싶어요. ヒャントヨリガ モㇰコ シポヨ

だます　속이다 ソギダ

[動][形][形動][規則]

요체 だまします	속여요 ソギョヨ	~てください だましてください	속여 주세요 ソギョ ジュセヨ
否定 だましません	속이지 않아요 ソギジ アナヨ	~ないでください だまさないでください	속이지 마세요 ソギジ マセヨ
過去 だましました	속였어요 ソギョッソヨ	仮定 だませば	속이면 ソギミョン
現在連体 だます（相手）	속이는 (상대) ソギヌン サンデ	~たいです だましたいです	속이고 싶어요 ソギゴ シポヨ
過去連体 だました（相手）	속인 (상대) ソギン サンデ	~て だまして	속이고 ソギゴ
未来連体 だます（相手）	속일 (상대) ソギル ッサンデ	~でしょう だますでしょう	속일 거예요 ソギル ッコエヨ
~から だますから	속이니까 ソギニッカ	~と思います だますと思います	속일 것 같아요 ソギル ッコッ カタヨ
~けれど だますけれど	속이지만 ソギジマン	意志 だまします	속이겠어요 ソギゲッソヨ

「だますから」には **속일 테니까** ソギル テニッカ という活用形もあります。

貯まる　모이다 モイダ

動 形 形動 規則 基本単語

요体 貯まります	모여요 モヨヨ	~てください	
否定 貯まりません	모이지 않아요 モイジ アナヨ	~ないでください	
過去 貯まりました	모였어요 モヨッソヨ	仮定 貯まれば	모이면 モイミョン
現在連体 貯まる（お金）	모이는 (돈) モイヌン ドン	~たいです	
過去連体 貯まった（お金）	모인 (돈) モイン ドン	~て 貯まって	모이고 モイゴ
未来連体 貯まる（お金）	모일 (돈) モイル ットン	~でしょう 貯まるでしょう	모일 거예요 モイル ッコエヨ
~から 貯まるから	모이니까 モイニッカ	~と思います 貯まると思います	모일 것 같아요 モイル ッコッ カタヨ
~けれど 貯まるけれど	모이지만 モイジマン	意志	

「貯まるでしょうか？」は **모일까요？** モイルッカヨ？ と言います。

試す　해보다 ヘボダ

動 形 形動 規則

요体 試します	해봐요 ヘブァヨ	~てください 試してください	해봐 주세요 ヘブァ ジュセヨ
否定 試しません	해보지 않아요 ヘボジ アナヨ	~ないでください 試さないでください	해보지 마세요 ヘボジ マセヨ
過去 試しました	해봤어요 ヘブァッソヨ	仮定 試せば	해보면 ヘボミョン
現在連体 試す（人）	해보는 (사람) ヘボヌン サラム	~たいです 試したいです	해보고 싶어요 ヘボゴ シボヨ
過去連体 試した（人）	해본 (사람) ヘボン サラム	~て 試して	해보고 ヘボゴ
未来連体 試す（人）	해볼 (사람) ヘボル ッサラム	~でしょう 試すでしょう	해볼 거예요 ヘボル ッコエヨ
~から 試すから	해보니까 ヘボニッカ	~と思います 試すと思います	해볼 것 같아요 ヘボル ッコッ カタヨ
~けれど 試すけれど	해보지만 ヘボジマン	意志 試します	해보겠어요 ヘボゲッソヨ

「試す」には **시험하다** シホマダ という言い方もあります。

た

たまる／ためす

273

だめだ　안되다　アンドェダ　[動][形動][規則]

要体 だめです	안돼요 アンドェヨ	~てください	
否定 だめではありません	안되지 않아요 アンドェジ アナヨ	~ないでください	
過去 だめでした	안됐어요 アンドェッソヨ	仮定 だめであれば	안되면 アンドェミョン
現在連体 だめな（こと）	안되는 （것） アンドェヌン ゴッ	~たいです	
過去連体 だめだった（こと）	안된 （것） アンドェン ゴッ	~て だめで	안되고 アンドェゴ
未来連体 だめな（こと）	안될 （것） アンドェル ッコッ	~でしょう だめでしょう	안될 거예요 アンドェル ッコエヨ
~から だめだから	안되니까 アンドェニッカ	~と思います だめだと思います	안될 것 같아요 アンドェル ッコッ カタヨ
~けれど だめだけれど	안되지만 アンドェジマン	意志	

> 안되다は「うまくいかない」という意味の動詞です。否定には、「うまくいく」という意味の되다 トェダ の活用形、돼요 トェヨ も使います。

ためらう　주저하다　チュジョハダ　[動][形動][規則]

要体 ためらいます	주저해요 チュジョヘヨ	~てください ためらってください	주저해 주세요 チュジョヘ ジュセヨ
否定 ためらいません	주저하지 않아요 チュジョハジ アナヨ	~ないでください ためらわないでください	주저하지 마세요 チュジョハジ マセヨ
過去 ためらいました	주저했어요 チュジョヘッソヨ	仮定 ためらえば	주저하면 チュジョハミョン
現在連体 ためらう（仕事）	주저하는 （일） チュジョハヌン ニル	~たいです ためらいたいです	주저하고 싶어요 チュジョハゴ シボヨ
過去連体 ためらった（仕事）	주저한 （일） チュジョハン ニル	~て ためらって	주저하고 チュジョハゴ
未来連体 ためらう（仕事）	주저할 （일） チュジョハル リル	~でしょう ためらうでしょう	주저할 거예요 チュジョハル ッコエヨ
~から ためらうから	주저하니까 チュジョハニッカ	~と思います ためらうと思います	주저할 것 같아요 チュジョハル ッコッ カタヨ
~けれど ためらうけれど	주저하지만 チュジョハジマン	意志 ためらいます	주저하겠어요 チュジョハゲッソヨ

> 「ためらう」には 망설이다 マンソリダ という言い方もあります。

貯める／集める　모으다　モウダ　[動][形][形動][으不規則]

丁体 貯めます	모아요 モアヨ	～てください 貯めてください	모아 주세요 モア ジュセヨ
否定 貯めません	모으지 않아요 モウジ アナヨ	～ないでください 貯めないでください	모으지 마세요 モウジ マセヨ
過去 貯めました	모았어요 モアッソヨ	仮定 貯めれば	모으면 モウミョン
現在連体 貯める（お金）	모으는 (돈) モウヌン ドン	～たいです 貯めたいです	모으고 싶어요 モウゴ シボヨ
過去連体 貯めた（お金）	모은 (돈) モウン ドン	～て 貯めて	모으고 モウゴ
未来連体 貯める（お金）	모을 (돈) モウル ットン	～でしょう 貯めるでしょう	모을 거예요 モウル ッコエヨ
～から 貯めるから	모으니까 モウニッカ	～と思います 貯めると思います	모을 것 같아요 モウル ッコッ カタヨ
～けれど 貯めるけれど	모으지만 モウジマン	意志 貯めます	모으겠어요 モウゲッソヨ

ひと言フレーズ　貯めたお金で車を買うつもりです。
모은 돈으로 차를 살 거예요. モウン ドヌロ チャルル サル ッコエヨ

保つ（健康を）　유지하다　ユジハダ　[動][形][形動][規則]

丁体 保ちます	유지해요 ユジヘヨ	～てください 保ってください	유지해 주세요 ユジヘ ジュセヨ
否定 保ちません	유지하지 않아요 ユジハジ アナヨ	～ないでください 保たないでください	유지하지 마세요 ユジハジ マセヨ
過去 保ちました	유지했어요 ユジヘッソヨ	仮定 保てば	유지하면 ユジハミョン
現在連体 保つ（健康）	유지하는 (건강) ユジハヌン ゴンガン	～たいです 保ちたいです	유지하고 싶어요 ユジハゴ シボヨ
過去連体 保った（健康）	유지한 (건강) ユジハン ゴンガン	～て 保って	유지하고 ユジハゴ
未来連体 保つ（健康）	유지할 (건강) ユジハル ッコンガン	～でしょう 保つでしょう	유지할 거예요 ユジハル ッコエヨ
～から 保つから	유지하니까 ユジハニッカ	～と思います 保つと思います	유지할 것 같아요 ユジハル ッコッ カタヨ
～けれど 保つけれど	유지하지만 ユジハジマン	意志 保ちます	유지하겠어요 ユジハゲッソヨ

「（健康を）保つ」には 지키다 チキダ という語も使います。

頼る　의지하다　ウィジハダ

動 形 形動 規則

요체 頼ります	의지해요 ウィジヘヨ	～てください 頼ってください	의지해 주세요 ウィジヘ ジュセヨ
否定 頼りません	의지하지 않아요 ウィジハジ アナヨ	～ないでください 頼らないでください	의지하지 마세요 ウィジハジ マセヨ
過去 頼りました	의지했어요 ウィジヘッソヨ	仮定 頼れば	의지하면 ウィジハミョン
現在連体 頼る（人）	의지하는 (사람) ウィジハヌン サラム	～たいです 頼りたいです	의지하고 싶어요 ウィジハゴ シボヨ
過去連体 頼った（人）	의지한 (사람) ウィジハン サラム	～て 頼って	의지하고 ウィジハゴ
未来連体 頼る（人）	의지할 (사람) ウィジハル ッサラム	～でしょう 頼るでしょう	의지할 거예요 ウィジハル ッコエヨ
～から 頼るから	의지하니까 ウィジハニッカ	～と思います 頼ると思います	의지할 것 같아요 ウィジハル ッコッ カタヨ
～けれど 頼るけれど	의지하지만 ウィジハジマン	意志 頼ります	의지하겠어요 ウィジハゲッソヨ

「頼る」は 믿다 ミッタ という言い方もします。

足りない　모자라다　モジャラダ

動 形 形動 規則

요체 足りないです	모자라요 モジャラヨ	～てください	
否定 足りなくないです	모자라지 않아요 モジャラジ アナヨ	～ないでください	
過去 足りなかったです	모자랐어요 モジャラッソヨ	仮定 足りなければ	모자라면 モジャラミョン
現在連体 足りない（お金）	모자라는 (돈) モジャラヌン ドン	～たいです	
過去連体 足りなかった（お金）	모자란 (돈) モジャラン ドン	～て 足りなくて	모자라고 モジャラゴ
未来連体 足りない（お金）	모자랄 (돈) モジャラル ットン	～でしょう 足りないでしょう	모자랄 거예요 モジャラル ッコエヨ
～から 足りないから	모자라니까 モジャラニッカ	～と思います 足りないと思います	모자랄 것 같아요 モジャラル ッコッ カタヨ
～けれど 足りないけれど	모자라지만 モジャラジマン	意志	

「足りる」には、족하다 チョカダ や 충분하다 チュンブナダ を使います。

だるい　뻐근하다　ッポグンハダ

[動][形][形動][規則]

활용	한국어	활용	한국어
요体 だるいです	뻐근해요 ッポグンヘヨ	~のに だるいのに	뻐근한데 ッポグンハンデ
否定 だるくないです	뻐근하지 않아요 ッポグンハジ アナヨ	~くても だるくても	뻐근해도 ッポグンヘド
過去 だるかったです	뻐근했어요 ッポグンヘッソヨ	仮定 だるければ	뻐근하면 ッポグンハミョン
過去否定 だるくなかったです	뻐근하지 않았어요 ッポグンハジ アナッソヨ	~けれど だるいけれど	뻐근하지만 ッポグンハジマン
現在連体 だるい (体)	뻐근한 (몸) ッポグンハン モム	~でしょう だるいでしょう	뻐근할 거예요 ッポグンハル ッコエヨ
過去連体 だるかった (体)	뻐근하던 (몸) ッポグンハドン モム	~ようです だるいようです	뻐근한 것 같아요 ッポグンハン ゴッ カタヨ
~くて だるくて	뻐근하고 ッポグンハゴ	~くないようです だるくないようです	뻐근하지 않은 것 같아요 ッポグンハジ アヌン ゴッ カタヨ
~から だるいから	뻐근하니까 ッポグンハニッカ	~く だるく	뻐근하게 ッポグンハゲ

ひと言フレーズ 体がだるくて、熱があります。
몸이 뻐근하고, 열이 나요. モミ ッポグナゴ ヨリ ナヨ

小さい　작다　チャクタ

[動][形][形動][規則] 基本単語

활용	한국어	활용	한국어
요体 小さいです	작아요 チャガヨ	~のに 小さいのに	작은데 チャグンデ
否定 小さくないです	작지 않아요 チャクチ アナヨ	~くても 小さくても	작아도 チャガド
過去 小さかったです	작았어요 チャガッソヨ	仮定 小さければ	작으면 チャグミョン
過去否定 小さくなかったです	작지 않았어요 チャクチ アナッソヨ	~けれど 小さいけれど	작지만 チャクチマン
現在連体 小さい (身長)	작은 (키) チャグン キ	~でしょう 小さいでしょう	작을 거예요 チャグル ッコエヨ
過去連体 小さかった (身長)	작던 (키) チャクトン キ	~ようです 小さいようです	작은 것 같아요 チャグン ゴッ カタヨ
~くて 小さくて	작고 チャクコ	~くないようです 小さくないようです	작지 않은 것 같아요 チャクチ アヌン ゴッ カタヨ
~から 小さいから	작으니까 チャグニッカ	~く 小さく	작게 チャクケ

（幼い年齢の）「小さい」には **어리다** オリダ という言い方もあります。

近い　가깝다　カッカプタ

動 形 形動 ㅂ不規則　活用に注意!

요체 近いです	가까워요 カッカウォヨ	~のに 近いのに	가까운데 カッカウンデ
부정 近くないです	가깝지 않아요 カッカプチ アナヨ	~くても 近くても	가까워도 カッカウォド
과거 近かったです	가까웠어요 カッカウォッソヨ	가정 近ければ	가까우면 カッカウミョン
과거부정 近くなかったです	가깝지 않았어요 カッカプチ アナッソヨ	~けれど 近いけれど	가깝지만 カッカプチマン
현재연체 近い（学校）	가까운 （학교） カッカウン ナッキョ	~でしょう 近いでしょう	가까울 거예요 カッカウル ッコエヨ
과거연체 近かった（学校）	가깝던 （학교） カッカプトン ナッキョ	~ようです 近いようです	가까운 것 같아요 カッカウン ゴッ カタヨ
~くて 近くて	가깝고 カッカプコ	~くないようです 近くないようです	가깝지 않은 것 같아요 カッカプチ アヌン ゴッ カタヨ
~から 近いから	가까우니까 カッカウニッカ	~く 近く	가깝게 カッカプケ

🐾 「(人間関係が) 近い」は **친근하다** チングナダ という言い方をします。

誓う　맹세하다　メンセハダ

動 形 形動 規則

요체 誓います	맹세해요 メンセヘヨ	~てください 誓ってください	맹세해 주세요 メンセヘ ジュセヨ
부정 誓いません	맹세하지 않아요 メンセハジ アナヨ	~ないでください 誓わないでください	맹세하지 마세요 メンセハジ マセヨ
과거 誓いました	맹세했어요 メンセヘッソヨ	가정 誓えば	맹세하면 メンセハミョン
현재연체 誓う（約束）	맹세하는 （약속） メンセハヌン ニャクソク	~たいです 誓いたいです	맹세하고 싶어요 メンセハゴ シポヨ
과거연체 誓った（約束）	맹세한 （약속） メンセハン ニャクソク	~て 誓って	맹세하고 メンセハゴ
미래연체 誓う（約束）	맹세할 （약속） メンセハル リャクソク	~でしょう 誓うでしょう	맹세할 거예요 メンセハル ッコエヨ
~から 誓うから	맹세하니까 メンセハニッカ	~と思います 誓うと思います	맹세할 것 같아요 メンセハル ッコッ カタヨ
~けれど 誓うけれど	맹세하지만 メンセハジマン	意志 誓います	맹세하겠어요 メンセハゲッソヨ

🐾 「誓う」は **서약하다** ソヤカダ という言い方もします。

違う／異なる 다르다 タルダ 動 形 形動 ㄹ不規則 基本単語

活用に注意！

요体 違います	달라요 タルラヨ	〜のに 違うのに	다른데 タルンデ
否定 違いません	다르지 않아요 タルジ アナヨ	〜くても 違っても	달라도 タルラド
過去 違いました	달랐어요 タルラッソヨ	仮定 違えば	다르면 タルミョン
過去否定 違いませんでした	다르지 않았어요 タルジ アナッソヨ	〜けれど 違うけれど	다르지만 タルジマン
現在連体 違う（学校）	다른 (학교) タルン ナクキョ	〜でしょう 違うでしょう	다를 거예요 タルル ッコエヨ
過去連体 違った（学校）	다르던 (학교) タルドン ナクキョ	〜ようです 違うようです	다른 것 같아요 タルン ゴッ カタヨ
〜くて 違って	다르고 タルゴ	〜くないようです 違わないようです	다르지 않은 것 같아요 タルジ アヌン ゴッ カタヨ
〜から 違うから	다르니까 タルニッカ	〜 	

「違う」は **틀리다** トゥルリダ という言い方もします。

注意する／気をつける 조심하다 チョシマダ 動 形 形動 規則

요体 注意します	조심해요 チョシメヨ	〜てください 注意してください	조심해 주세요 チョシメ ジュセヨ
否定 注意しません	조심하지 않아요 チョシマジ アナヨ	〜ないでください 注意しないでください	조심하지 마세요 チョシマジ マセヨ
過去 注意しました	조심했어요 チョシメッソヨ	仮定 注意すれば	조심하면 チョシマミョン
現在連体 注意する（人）	조심하는 (사람) チョシマヌン サラム	〜たいです 注意したいです	조심하고 싶어요 チョシマゴ シポヨ
過去連体 注意した（人）	조심한 (사람) チョシマン サラム	〜て 注意して	조심하고 チョシマゴ
未来連体 注意する（人）	조심할 (사람) チョシマル ッサラム	〜でしょう 注意するでしょう	조심할 거에요 チョシマル ッコエヨ
〜から 注意するから	조심하니까 チョシマニッカ	〜と思います 注意すると思います	조심할 것 같아요 チョシマル ッコッ カタヨ
〜けれど 注意するけれど	조심하지만 チョシマジマン	意志 注意します	조심하겠어요 チョシマゲッソヨ

ひと言フレーズ 間違えないように注意します。
틀리지 않도록 조심하겠어요. トゥルリジ アントロㇰ チョシマゲッソヨ

注文する　주문하다　チュムナダ　[動][形][形動][規則]

요체 注文します	주문해요 チュムネヨ	～てください 注文してください	주문해 주세요 チュムネ ジュセヨ
否定 注文しません	주문하지 않아요 チュムナジ アナヨ	～ないでください 注文しないでください	주문하지 마세요 チュムナジ マセヨ
過去 注文しました	주문했어요 チュムネッソヨ	仮定 注文すれば	주문하면 チュムナミョン
現在連体 注文する（料理）	주문하는 (요리) チュムナヌン ニョリ	～たいです 注文したいです	주문하고 싶어요 チュムナゴ シポヨ
過去連体 注文した（料理）	주문한 (요리) チュムナン ニョリ	～て 注文して	주문하고 チュムナゴ
未来連体 注文する（料理）	주문할 (요리) チュムナル リョリ	～でしょう 注文するでしょう	주문할 거예요 チュムナル ッコエヨ
～から 注文するから	주문하니까 チュムナニッカ	～と思います 注文すると思います	주문할 것 같아요 チュムナル ッコッ カタヨ
～けれど 注文するけれど	주문하지만 チュムナジマン	意志 注文します	주문하겠어요 チュムナゲッソヨ

「（お料理を）注文する」は **시키다** シキダ という言い方もします。

挑戦する　도전하다　トジョナダ　[動][形][形動][規則]

요체 挑戦します	도전해요 トジョネヨ	～てください 挑戦してください	도전해 주세요 トジョネ ジュセヨ
否定 挑戦しません	도전하지 않아요 トジョナジ アナヨ	～ないでください 挑戦しないでください	도전하지 마세요 トジョナジ マセヨ
過去 挑戦しました	도전했어요 トジョネッソヨ	仮定 挑戦すれば	도전하면 トジョナミョン
現在連体 挑戦する（試験）	도전하는 (시험) トジョナヌン シホム	～たいです 挑戦したいです	도전하고 싶어요 トジョナゴ シポヨ
過去連体 挑戦した（試験）	도전한 (시험) トジョナン シホム	～て 挑戦して	도전하고 トジョナゴ
未来連体 挑戦する（試験）	도전할 (시험) トジョナル シホム	～でしょう 挑戦するでしょう	도전할 거예요 トジョナル ッコエヨ
～から 挑戦するから	도전하니까 トジョナニッカ	～と思います 挑戦すると思います	도전할 것 같아요 トジョナル ッコッ カタヨ
～けれど 挑戦するけれど	도전하지만 トジョナジマン	意志 挑戦します	도전하겠어요 トジョナゲッソヨ

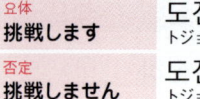

（意志）「挑戦します」には **도전할래요** トジョナルレヨ という活用形もあります。

ついていく　따라가다　ッタラガダ　[動][形][形動]　規則

요体 ついていきます	따라가요 ッタラガヨ	~てください ついていってください	따라가 주세요 ッタラガ ジュセヨ
否定 ついていきません	따라가지 않아요 ッタラガジ アナヨ	~ないでください ついていかないでください	따라가지 마세요 ッタラガジ マセヨ
過去 ついていきました	따라갔어요 ッタラガッソヨ	仮定 ついていけば	따라가면 ッタラガミョン
現在連体 ついていく（旅行）	따라가는 (여행) ッタラガヌン ニョヘン	~たいです ついていきたいです	따라가고 싶어요 ッタラガゴ シボヨ
過去連体 ついていった（旅行）	따라간 (여행) ッタラガン ニョヘン	~て ついていって	따라가고 ッタラガゴ
未来連体 ついていく（旅行）	따라갈 (여행) ッタラガル リョヘン	~でしょう ついていくでしょう	따라갈 거예요 ッタラガル ッコエヨ
~から ついていくから	따라가니까 ッタラガニッカ	~と思います ついていくと思います	따라갈 것 같아요 ッタラガル ッコッ カタヨ
~けれど ついていくけれど	따라가지만 ッタラガジマン	意志 ついていきます	따라가겠어요 ッタラガゲッソヨ

🐾 「ついていく」は **뒤따라가다** トゥィッタラガダ とも言います。

ついてくる　따라오다　ッタラオダ　[動][形][形動]　規則

요体 ついてきます	따라와요 ッタラワヨ	~てください ついてきてください	따라와 주세요 ッタラワ ジュセヨ
否定 ついてきません	따라오지 않아요 ッタラオジ アナヨ	~ないでください ついてこないでください	따라오지 마세요 ッタラオジ マセヨ
過去 ついてきました	따라왔어요 ッタラワッソヨ	仮定 ついてくれば	따라오면 ッタラオミョン
現在連体 ついてくる（犬）	따라오는 (개) ッタラオヌン ゲ	~たいです ついてきたいです	따라오고 싶어요 ッタラオゴ シボヨ
過去連体 ついてきた（犬）	따라온 (개) ッタラオン ゲ	~て ついてきて	따라오고 ッタラオゴ
未来連体 ついてくる（犬）	따라올 (개) ッタラオル ッケ	~でしょう ついてくるでしょう	따라올 거예요 ッタラオル ッコエヨ
~から ついてくるから	따라오니까 ッタラオニッカ	~と思います ついてくると思います	따라올 것 같아요 ッタラオル ッコッ カタヨ
~けれど ついてくるけれど	따라오지만 ッタラオジマン	意志 ついてきます	따라오겠어요 ッタラオゲッソヨ

🐾 「ついてきたので」は **따라와서** ッタラワソ と言います。

通じる（心・意思が） 통하다 トンハダ

[動][形][形動] 規則

요体 通じます	통해요 トンヘヨ	～てください	
否定 通じません	통하지 않아요 トンハジ アナヨ	～ないでください	
過去 通じました	통했어요 トンヘッソヨ	仮定 通じれば	통하면 トンハミョン
現在連体 通じる（願い）	통하는（소원） トンハヌン ソウォン	～たいです 通じたいです	통하고 싶어요 トンハゴ シポヨ
過去連体 通じた（願い）	통한（소원） トンハン ソウォン	～て 通じて	통하고 トンハゴ
未来連体 通じる（願い）	통할（소원） トンハル ッソウォン	～でしょう 通じるでしょう	통할 거예요 トンハル ッコエヨ
～から 通じるから	통하니까 トンハニッカ	～と思います 通じると思います	통할 것 같아요 トンハル ッコッ カタヨ
～けれど 通じるけれど	통하지만 トンハジマン	意志	

「通じるでしょうか？」は **통할까요**？トンハルッカヨ？と言います。

通訳する 통역하다 トンヨカダ

[動][形][形動] 規則

요体 通訳します	통역해요 トンヨケヨ	～てください 通訳してください	통역해 주세요 トンヨケ ジュセヨ
否定 通訳しません	통역하지 않아요 トンヨカジ アナヨ	～ないでください 通訳しないでください	통역하지 마세요 トンヨカジ マセヨ
過去 通訳しました	통역했어요 トンヨケッソヨ	仮定 通訳すれば	통역하면 トンヨカミョン
現在連体 通訳する（言葉）	통역하는（말） トンヨカヌン マル	～たいです 通訳したいです	통역하고 싶어요 トンヨカゴ シポヨ
過去連体 通訳した（言葉）	통역한（말） トンヨカン マル	～て 通訳して	통역하고 トンヨカゴ
未来連体 通訳する（言葉）	통역할（말） トンヨカル マル	～でしょう 通訳するでしょう	통역할 거예요 トンヨカル ッコエヨ
～から 通訳するから	통역하니까 トンヨカニッカ	～と思います 通訳すると思います	통역할 것 같아요 トンヨカル ッコッ カタヨ
～けれど 通訳するけれど	통역하지만 トンヨカジマン	意志 通訳します	통역하겠어요 トンヨカゲッソヨ

「通訳しましょうか？」は **통역할까요**？トンヨカルッカヨ？と言います。

使う／用いる　쓰다　ッスダ　動 形 形動 ㅇ不規則　基本単語

요体 使います	써요 ッソヨ	~てください 使ってください	써 주세요 ッソ ジュセヨ
否定 使いません	쓰지 않아요 ッスジ アナヨ	~ないでください 使わないでください	쓰지 마세요 ッスジ マセヨ
過去 使いました	썼어요 ッソッソヨ	仮定 使えば	쓰면 ッスミョン
現在連体 使う（辞書）	쓰는 （사전） ッスヌン サジョン	~たいです 使いたいです	쓰고 싶어요 ッスゴ シポヨ
過去連体 使った（辞書）	쓴 （사전） ッスン サジョン	~て 使って	쓰고 ッスゴ
未来連体 使う（辞書）	쓸 （사전） ッスル ッサジョン	~でしょう 使うでしょう	쓸 거예요 ッスル ッコエヨ
~から 使うから	쓰니까 ッスニッカ	~と思います 使うと思います	쓸 것 같아요 ッスル ッコッ カタヨ
~けれど 使うけれど	쓰지만 ッスジマン	意志 使います	쓰겠어요 ッスゲッソヨ

🐾 「横目を使う」には **결눈질하다** キョンヌンジラダ という表現を使います。

捕まえる／つかむ　잡다　チャプタ　動 形 形動 規則

요体 捕まえます	잡아요 チャバヨ	~てください 捕まえてください	잡아 주세요 チャバ ジュセヨ
否定 捕まえません	잡지 않아요 チャプチ アナヨ	~ないでください 捕まえないでください	잡지 마세요 チャプチ マセヨ
過去 捕まえました	잡았어요 チャバッソヨ	仮定 捕まえれば	잡으면 チャブミョン
現在連体 捕まえる（犯人）	잡는 （범인） チャムヌン ボミン	~たいです 捕まえたいです	잡고 싶어요 チャプコ シポヨ
過去連体 捕まえた（犯人）	잡은 （범인） チャブン ボミン	~て 捕まえて	잡고 チャプコ
未来連体 捕まえる（犯人）	잡을 （범인） チャブル ッポミン	~でしょう 捕まえるでしょう	잡을 거예요 チャブル ッコエヨ
~から 捕まえるから	잡으니까 チャブニッカ	~と思います 捕まえると思います	잡을 것 같아요 チャブル ッコッ カタヨ
~けれど 捕まえるけれど	잡지만 チャプチマン	意志 捕まえます	잡겠어요 チャプケッソヨ

🐾 「捕まえる」は **붙잡다** プッチャプタ とも言います。

捕まる　잡히다　チャピダ

[動][形][形動][規則]

要体 捕まります	잡혀요 チャピョヨ	~てください 捕まってください	잡혀 주세요 チャピョ ジュセヨ
否定 捕まりません	잡히지 않아요 チャピジ アナヨ	~ないでください 捕まらないでください	잡히지 마세요 チャピジ マセヨ
過去 捕まりました	잡혔어요 チャピョッソヨ	仮定 捕まれば	잡히면 チャピミョン
現在連体 捕まる (動物)	잡히는 (동물) チャピヌン ドンムル	~たいです 捕まりたいです	잡히고 싶어요 チャピゴ シポヨ
過去連体 捕まった (動物)	잡힌 (동물) チャピン ドンムル	~て 捕まって	잡히고 チャピゴ
未来連体 捕まる (動物)	잡힐 (동물) チャピル ットンムル	~でしょう 捕まるでしょう	잡힐 거예요 チャピル ッコエヨ
~から 捕まるから	잡히니까 チャピニッカ	~と思います 捕まると思います	잡힐 것 같아요 チャピル ッコッ カタヨ
~けれど 捕まるけれど	잡히지만 チャピジマン	意志 捕まります	잡히겠어요 チャピゲッソヨ

🐾 「捕まる」は붙잡히다 プッチャピダとも言います。

疲れる　피곤하다　ピゴナダ

[動][形][形動][規則]

要体 疲れます	피곤해요 ピゴネヨ	~のに 疲れるのに	피곤한데 ピゴナンデ
否定 疲れません	피곤하지 않아요 ピゴナジ アナヨ	~くても 疲れても	피곤해도 ピゴネド
過去 疲れました	피곤했어요 ピゴネッソヨ	仮定 疲れれば	피곤하면 ピゴナミョン
過去否定 疲れませんでした	피곤하지 않았어요 ピゴナジ アナッソヨ	~けれど 疲れるけれど	피곤하지만 ピゴナジマン
現在連体 疲れる (仕事)	피곤한 (일) ピゴナン ニル	~でしょう 疲れるでしょう	피곤할 거예요 ピゴナル ッコエヨ
過去連体 疲れた (仕事)	피곤하던 (일) ピゴナドン ニル	~ようです 疲れるようです	피곤한 것 같아요 ピゴナン ゴッ カタヨ
~くて 疲れて	피곤하고 ピゴナゴ	~くないようです 疲れないようです	피곤하지 않은 것 같아요 ピゴナジ アヌン ゴッ カタヨ
~から 疲れるから	피곤하니까 ピゴナニッカ	~く 疲れるように	피곤하게 ピゴナゲ

ひと言フレーズ　ハードスケジュールで疲れました。
빡빡한 일정으로 피곤했어요. ッパクッパカン ニルッチョンウロ ピゴネッソヨ

付き合う　사귀다　サグィダ　[動][形][形動][規則]

요体 付き合います	사귀어요 サグィオヨ	～てください 付き合ってください	사귀어 주세요 サグィオ ジュセヨ
否定 付き合いません	사귀지 않아요 サグィジ アナヨ	～ないでください 付き合わないでください	사귀지 마세요 サグィジ マセヨ
過去 付き合いました	사귀었어요 サグィオッソヨ	仮定 付き合えば	사귀면 サグィミョン
現在連体 付き合う（人）	사귀는 (사람) サグィヌン サラム	～たいです 付き合いたいです	사귀고 싶어요 サグィゴ シボヨ
過去連体 付き合った（人）	사귄 (사람) サグィン サラム	～て 付き合って	사귀고 サグィゴ
未来連体 付き合う（人）	사귈 (사람) サグィル ッサラム	～でしょう 付き合うでしょう	사귈 거예요 サグィル ッコエヨ
～から 付き合うから	사귀니까 サグィニッカ	～と思います 付き合うと思います	사귈 것 같아요 サグィル ッコッ カタヨ
～けれど 付き合うけれど	사귀지만 サグィジマン	意志 付き合います	사귀겠어요 サグィゲッソヨ

🐾 「（食事に）付き合う」は (식사를) 같이하다 (シクサルル) カチハダ という表現を使います。

着く／到着する　도착하다　トチャカダ　[動][形][形動][規則]

요体 着きます	도착해요 トチャケヨ	～てください 着いてください	도착해 주세요 トチャケ ジュセヨ
否定 着きません	도착하지 않아요 トチャカジ アナヨ	～ないでください 着かないでください	도착하지 마세요 トチャカジ マセヨ
過去 着きました	도착했어요 トチャケッソヨ	仮定 着けば	도착하면 トチャカミョン
現在連体 着く（場所）	도착하는 (장소) トチャカヌン ジャンソ	～たいです 着きたいです	도착하고 싶어요 トチャカゴ シボヨ
過去連体 着いた（場所）	도착한 (장소) トチャカン ジャンソ	～て 着いて	도착하고 トチャカゴ
未来連体 着く（場所）	도착할 (장소) トチャカル ッチャンソ	～でしょう 着くでしょう	도착할 거예요 トチャカル ッコエヨ
～から 着くから	도착하니까 トチャカニッカ	～と思います 着くと思います	도착할 것 같아요 トチャカル ッコッ カタヨ
～けれど 着くけれど	도착하지만 トチャカジマン	意志 着きます	도착하겠어요 トチャカゲッソヨ

🐾 「（席に）着く」は (자리에) 앉다 (チャリエ) アンッタ という表現を使います。

付く　붙다　プッタ

[動][形][形動][規則]　基本単語

요体 付きます	붙어요 プトヨ	~てください 付いてください	붙어 주세요 プト ジュセヨ
否定 付きません	붙지 않아요 プッチ アナヨ	~ないでください 付かないでください	붙지 마세요 プッチ マセヨ
過去 付きました	붙었어요 プトッソヨ	仮定 付けば	붙으면 プトゥミョン
現在連体 付く (実力)	붙는 (실력) プンヌン シルリョク	~たいです 付きたいです	붙고 싶어요 プッコ シポヨ
過去連体 付いた (実力)	붙은 (실력) プトゥン シルリョク	~て 付いて	붙고 プッコ
未来連体 付く (実力)	붙을 (실력) プトゥル ッシルリョク	~でしょう 付くでしょう	붙을 거예요 プトゥル ッコエヨ
~から 付くから	붙으니까 プトゥニッカ	~と思います 付くと思います	붙을 것 같아요 プトゥル ッコッ カタヨ
~けれど 付くけれど	붙지만 プッチマン	意志 付きます	붙겠어요 プッケッソヨ

ひと言フレーズ 実力がなかなか付きません。
실력이 잘 붙지 않아요. シルリョギ チャル プッチ アナヨ

継ぐ　물려받다　ムルリョバッタ

[動][形][形動][規則]

요体 継ぎます	물려받아요 ムルリョバダヨ	~てください 継いでください	물려받아 주세요 ムルリョバダ ジュセヨ
否定 継ぎません	물려받지 않아요 ムルリョバッチ アナヨ	~ないでください 継がないでください	물려받지 마세요 ムルリョバッチ マセヨ
過去 継ぎました	물려받았어요 ムルリョバダッソヨ	仮定 継げば	물려받으면 ムルリョバドゥミョン
現在連体 継ぐ (会社)	물려받는 (회사) ムルリョバンヌ ヌェサ	~たいです 継ぎたいです	물려받고 싶어요 ムルリョバッコ シポヨ
過去連体 継いだ (会社)	물려받은 (회사) ムルリョバドゥ ヌェサ	~て 継いで	물려받고 ムルリョバッコ
未来連体 継ぐ (会社)	물려받을 (회사) ムルリョバドゥ ルェサ	~でしょう 継ぐでしょう	물려받을 거예요 ムルリョバドゥル ッコエヨ
~から 継ぐから	물려받으니까 ムルリョバドゥニッカ	~と思います 継ぐと思います	물려받을 것 같아요 ムルリョバドゥル ッコッ カタヨ
~けれど 継ぐけれど	물려받지만 ムルリョバッチマン	意志 継ぎます	물려받겠어요 ムルリョバッケッソヨ

「継ぐ」は 잇다 イッタ、계승하다 ケスンハダ という言い方もします。

尽くす（力を） 진력하다 チルリョカダ 動 形 形動 規則

요체 尽くします	진력해요 チルリョケヨ	～てください 尽くしてください	진력해 주세요 チルリョケ ジュセヨ
否定 尽くしません	진력하지 않아요 チルリョカジ アナヨ	～ないでください 尽くさないでください	진력하지 마세요 チルリョカジ マセヨ
過去 尽くしました	진력했어요 チルリョケッソヨ	仮定 尽くせば	진력하면 チルリョカミョン
現在連体 尽くす（仕事）	진력하는 (일) チルリョカヌン ニル	～たいです 尽くしたいです	진력하고 싶어요 チルリョカゴ シポヨ
過去連体 尽くした（仕事）	진력한 (일) チルリョカン ニル	～て 尽くして	진력하고 チルリョカゴ
未来連体 尽くす（仕事）	진력할 (일) チルリョカル リル	～でしょう 尽くすでしょう	진력할 거예요 チルリョカル ッコエヨ
～から 尽くすから	진력하니까 チルリョカニッカ	～と思います 尽くすと思います	진력할 것 같아요 チルリョカル ッコッ カタヨ
～けれど 尽くすけれど	진력하지만 チルリョカジマン	意志 尽くします	진력하겠어요 チルリョカゲッソヨ

「(力を)尽くす」は (힘을) 다하다 (ヒムル) タハダ とも言います。

作る（料理などを） 만들다 マンドゥルダ 動 形 形動 ㄹ脱落

活用に注意！

요체 作ります	만들어요 マンドゥロヨ	～てください 作ってください	만들어 주세요 マンドゥロ ジュセヨ
否定 作りません	만들지 않아요 マンドゥルジ アナヨ	～ないでください 作らないでください	만들지 마세요 マンドゥルジ マセヨ
過去 作りました	만들었어요 マンドゥロッソヨ	仮定 作れば	만들면 マンドゥルミョン
現在連体 作る（料理）	만드는 (요리) マンドゥヌン ニョリ	～たいです 作りたいです	만들고 싶어요 マンドゥルゴ シポヨ
過去連体 作った（料理）	만든 (요리) マンドゥン ニョリ	～て 作って	만들고 マンドゥルゴ
未来連体 作る（料理）	만들 (요리) マンドゥル リョリ	～でしょう 作るでしょう	만들 거예요 マンドゥル ッコエヨ
～から 作るから	만드니까 マンドゥニッカ	～と思います 作ると思います	만들 것 같아요 マンドゥル ッコッ カタヨ
～けれど 作るけれど	만들지만 マンドゥルジマン	意志 作ります	만들겠어요 マンドゥルゲッソヨ

ひと言フレーズ あなたが作った料理はおいしかったです。
당신이 만든 요리는 맛있었어요. タンシニ マンドゥン ニョリヌン マシッソッソヨ

作る (列を) 짓다 チッタ [動][形][形動][ㅅ不規則]

요체 作ります	지어요 チオヨ	～てください 作ってください	지어 주세요 チオ ジュセヨ
否定 作りません	짓지 않아요 チッチ アナヨ	～ないでください 作らないでください	짓지 마세요 チッチ マセヨ
過去 作りました	지었어요 チオッソヨ	仮定 作れば	지으면 チウミョン
現在連体 作る (列)	짓는 (열) チンヌン ニョル	～たいです 作りたいです	짓고 싶어요 チッコ シポヨ
過去連体 作った (列)	지은 (열) チウン ニョル	～て 作って	짓고 チッコ
未来連体 作る (列)	지을 (열) チウル リョル	～でしょう 作るでしょう	지을 거예요 チウル ッコエヨ
～から 作るから	지으니까 チウニッカ	～と思います 作ると思います	지을 것 같아요 チウル ッコッ カタヨ
～けれど 作るけれど	짓지만 チッチマン	意志 作ります	짓겠어요 チッケッソヨ

🐾 짓다には「建てる」「炊く」「名づける」の意味もあります。

浸ける (水に) 잠그다 チャムグダ [動][形][形動][으不規則]

活用に注意！

요체 浸けます	잠가요 チャムガヨ	～てください 浸けてください	잠가 주세요 チャムガ ジュセヨ
否定 浸けません	잠그지 않아요 チャムグジ アナヨ	～ないでください 浸けないでください	잠그지 마세요 チャムグジ マセヨ
過去 浸けました	잠갔어요 チャムガッソヨ	仮定 浸ければ	잠그면 チャムグミョン
現在連体 浸ける (手)	잠그는 (손) チャムグヌン ソン	～たいです 浸けたいです	잠그고 싶어요 チャムグゴ シポヨ
過去連体 浸けた (手)	잠근 (손) チャムグン ソン	～て 浸けて	잠그고 チャムグゴ
未来連体 浸ける (手)	잠글 (손) チャムグル ッソン	～でしょう 浸けるでしょう	잠글 거예요 チャムグル ッコエヨ
～から 浸けるから	잠그니까 チャムグニッカ	～と思います 浸けると思います	잠글 것 같아요 チャムグル ッコッ カタヨ
～けれど 浸けるけれど	잠그지만 チャムグジマン	意志 浸けます	잠그겠어요 チャムグゲッソヨ

🐾 「(キムチを) 漬ける」には (김치를) 담그다 (キムチルル) タムグダ という表現を使います。

点ける（電気などを） 켜다 キョダ

[動][形][形動][規則]

요体 点けます	켜요 キョヨ	~てください 点けてください	켜 주세요 キョ ジュセヨ
否定 点けません	켜지 않아요 キョジ アナヨ	~ないでください 点けないでください	켜지 마세요 キョジ マセヨ
過去 点けました	켰어요 キョッソヨ	仮定 点ければ	켜면 キョミョン
現在連体 点ける（テレビ）	켜는 (텔레비전) キョヌン テルレビジョン	~たいです 点けたいです	켜고 싶어요 キョゴ シポヨ
過去連体 点けた（テレビ）	켠 (텔레비전) キョン テルレビジョン	~て 点けて	켜고 キョゴ
未来連体 点ける（テレビ）	켤 (텔레비전) キョル テルレビジョン	~でしょう 点けるでしょう	켤 거예요 キョル ッコエヨ
~から 点けるから	켜니까 キョニッカ	~と思います 点けると思います	켤 것 같아요 キョル ッコッ カタヨ
~けれど 点けるけれど	켜지만 キョジマン	意志 点けます	켜겠어요 キョゲッソヨ

ひと言フレーズ 暗いから電気をつけてください。
어두우니까 불을 켜 주세요. オドゥウニッカ プルル キョ ジュセヨ

つ / つける

付ける 붙이다 プチダ

[動][形][形動][規則] 基本単語

요体 付けます	붙여요 プチョヨ	~てください 付けてください	붙여 주세요 プチョ ジュセヨ
否定 付けません	붙이지 않아요 プチジ アナヨ	~ないでください 付けないでください	붙이지 마세요 プチジ マセヨ
過去 付けました	붙였어요 プチョッソヨ	仮定 付ければ	붙이면 プチミョン
現在連体 付ける（名札）	붙이는 (이름표) プチヌン ニルムピョ	~たいです 付けたいです	붙이고 싶어요 プチゴ シポヨ
過去連体 付けた（名札）	붙인 (이름표) プチン ニルムピョ	~て 付けて	붙이고 プチゴ
未来連体 付ける（名札）	붙일 (이름표) プチル リルムピョ	~でしょう 付けるでしょう	붙일 거예요 プチル ッコエヨ
~から 付けるから	붙이니까 プチニッカ	~と思います 付けると思います	붙일 것 같아요 プチル ッコッ カタヨ
~けれど 付けるけれど	붙이지만 プチジマン	意志 付けます	붙이겠어요 プチゲッソヨ

「（ボタンを）付ける」は（단추를）달다（タンチュルル）タルダ と言います。

伝える　전하다　チョナダ

[動][形][形動][規則]

요体 伝えます	전해요 チョネヨ	～てください 伝えてください	전해 주세요 チョネ ジュセヨ
否定 伝えません	전하지 않아요 チョナジ アナヨ	～ないでください 伝えないでください	전하지 마세요 チョナジ マセヨ
過去 伝えました	전했어요 チョネッソヨ	仮定 伝えれば	전하면 チョナミョン
現在連体 伝える（言葉）	전하는 (말) チョナヌン マル	～たいです 伝えたいです	전하고 싶어요 チョナゴ シポヨ
過去連体 伝えた（言葉）	전한 (말) チョナン マル	～て 伝えて	전하고 チョナゴ
未来連体 伝える（言葉）	전할 (말) チョナル マル	～でしょう 伝えるでしょう	전할 거예요 チョナル ッコエヨ
～から 伝えるから	전하니까 チョナニッカ	～と思います 伝えると思います	전할 것 같아요 チョナル ッコッ カタヨ
～けれど 伝えるけれど	전하지만 チョナジマン	意志 伝えます	전하겠어요 チョナゲッソヨ

ひと言フレーズ　本当の気持ちを伝えたいです。
진심을 전하고 싶어요. チンシムル チョナゴ シポヨ

拙い　서투르다　ソトゥルダ

[動][形][形動][르不規則]　活用に注意！

요体 拙いです	서툴러요 ソトゥルロヨ	～のに 拙いのに	서투른데 ソトゥルンデ
否定 拙くないです	서투르지 않아요 ソトゥルジ アナヨ	～くても 拙くても	서툴러도 ソトゥルロド
過去 拙かったです	서툴렀어요 ソトゥルロッソヨ	仮定 拙ければ	서투르면 ソトゥルミョン
過去否定 拙くなかったです	서투르지 않았어요 ソトゥルジ アナッソヨ	～けれど 拙いけれど	서투르지만 ソトゥルジマン
現在連体 拙い（仕事）	서투른 (일) ソトゥルン ニル	～でしょう 拙いでしょう	서투를 거예요 ソトゥルル ッコエヨ
過去連体 拙かった（仕事）	서투르던 (일) ソトゥルドン ニル	～ようです 拙いようです	서투른 것 같아요 ソトゥルン ゴッ カタヨ
～くて 拙くて	서투르고 ソトゥルゴ	～くないようです 拙くないようです	서투르지 않은 것 같아요 ソトゥルジ アヌン ゴッ カタヨ
～から 拙いから	서투르니까 ソトゥルニッカ	～く 拙く	서투르게 ソトゥルゲ

「拙い」には **변변치 못하다** ピョンビョンチ モタダ という言い方もあります。

続く　계속되다　ケソクトェダ

[動] [形] [形動] [規則]

丁寧形		~てください	
続きます	계속돼요 ケソクトェヨ		
否定 続きません	계속되지 않아요 ケソクトェジ アナヨ	~ないでください	
過去 続きました	계속됐어요 ケソクトェッソヨ	仮定 続けば	계속되면 ケソクトェミョン
現在連体 続く(仕事)	계속되는 (일) ケソクトェヌン ニル	~たいです	
過去連体 続いた(仕事)	계속된 (일) ケソクトェン ニル	~て 続いて	계속되고 ケソクトェゴ
未来連体 続く(仕事)	계속될 (일) ケソクトェル リル	~でしょう 続くでしょう	계속될 거예요 ケソクトェル ッコエヨ
~から 続くから	계속되니까 ケソクトェニッカ	~と思います 続くと思います	계속될 것 같아요 ケソクトェル ッコッ カタヨ
~けれど 続くけれど	계속되지만 ケソクトェジマン	意志 続きます	계속되겠어요 ケソクトェゲッソヨ

🐾 「(事故が) 続く」は (사고가) 잇따르다 (サゴガ) イッタルダ とも言います。

続ける　계속하다　ケソカダ

[動] [形] [形動] [規則]

丁寧形 続けます	계속해요 ケソケヨ	~てください 続けてください	계속해 주세요 ケソケ ジュセヨ
否定 続けません	계속하지 않아요 ケソカジ アナヨ	~ないでください 続けないでください	계속하지 마세요 ケソカジ マセヨ
過去 続けました	계속했어요 ケソケッソヨ	仮定 続ければ	계속하면 ケソカミョン
現在連体 続ける(仕事)	계속하는 (일) ケソカヌン ニル	~たいです 続けたいです	계속하고 싶어요 ケソカゴ シポヨ
過去連体 続けた(仕事)	계속한 (일) ケソカン ニル	~て 続けて	계속하고 ケソカゴ
未来連体 続ける(仕事)	계속할 (일) ケソカル リル	~でしょう 続けるでしょう	계속할 거예요 ケソカル ッコエヨ
~から 続けるから	계속하니까 ケソカニッカ	~と思います 続けると思います	계속할 것 같아요 ケソカル ッコッ カタヨ
~けれど 続けるけれど	계속하지만 ケソカジマン	意志 続けます	계속하겠어요 ケソカゲッソヨ

🐾 「続ける」は 잇다 イッタ という言い方もします。

包む　싸다　ッサダ

動 形 形動 規則

立体 包みます	싸요 ッサヨ	～てください 包んでください	싸 주세요 ッサ ジュセヨ
否定 包みません	싸지 않아요 ッサジ アナヨ	～ないでください 包まないでください	싸지 마세요 ッサジ マセヨ
過去 包みました	쌌어요 ッサッソヨ	仮定 包めば	싸면 ッサミョン
現在連体 包む（プレゼント）	싸는 (선물) ッサヌン ソンムル	～たいです 包みたいです	싸고 싶어요 ッサゴ シポヨ
過去連体 包んだ（プレゼント）	싼 (선물) ッサン ソンムル	～て 包んで	싸고 ッサゴ
未来連体 包む（プレゼント）	쌀 (선물) ッサル ッソンムル	～でしょう 包むでしょう	쌀 거예요 ッサル ッコエヨ
～から 包むから	싸니까 ッサニッカ	～と思います 包むと思います	쌀 것 같아요 ッサル ッコッ カタヨ
～けれど 包むけれど	싸지만 ッサジマン	意志 包みます	싸겠어요 ッサゲッソヨ

「（お祝いなどにお金を）包む」は **내다** ネダ を使います。

勤める　근무하다　クンムハダ

動 形 形動 規則

立体 勤めます	근무해요 クンムヘヨ	～てください 勤めてください	근무해 주세요 クンムヘ ジュセヨ
否定 勤めません	근무하지 않아요 クンムハジ アナヨ	～ないでください 勤めないでください	근무하지 마세요 クンムハジ マセヨ
過去 勤めました	근무했어요 クンムヘッソヨ	仮定 勤めれば	근무하면 クンムハミョン
現在連体 勤める（会社）	근무하는 (회사) クンムハヌ ヌェサ	～たいです 勤めたいです	근무하고 싶어요 クンムハゴ シポヨ
過去連体 勤めた（会社）	근무한 (회사) クンムハ ヌェサ	～て 勤めて	근무하고 クンムハゴ
未来連体 勤める（会社）	근무할 (회사) クンムハ ルェサ	～でしょう 勤めるでしょう	근무할 거예요 クンムハル ッコエヨ
～から 勤めるから	근무하니까 クンムハニッカ	～と思います 勤めると思います	근무할 것 같아요 クンムハル ッコッ カタヨ
～けれど 勤めるけれど	근무하지만 クンムハジマン	意志 勤めます	근무하겠어요 クンムハゲッソヨ

「勤める」には **종사하다** チョンサハダ という言い方もあります。

務める　맡다　マッタ　　動 形 形動 規則

요体 務めます	맡아요 マタヨ	~てください 務めてください	맡아 주세요 マタ ジュセヨ
否定 務めません	맡지 않아요 マッチ アナヨ	~ないでください 務めないでください	맡지 마세요 マッチ マセヨ
過去 務めました	맡았어요 マタッソヨ	仮定 務めれば	맡으면 マトゥミョン
現在連体 務める（委員）	맡는 (위원) マンヌ ヌィウォン	~たいです 務めたいです	맡고 싶어요 マッコ シポヨ
過去連体 務めた（委員）	맡은 (위원) マトゥ ヌィウォン	~て 務めて	맡고 マッコ
未来連体 務める（委員）	맡을 (위원) マトゥル ルィウォン	~でしょう 務めるでしょう	맡을 거예요 マトゥル ッコエヨ
~から 務めるから	맡으니까 マトゥニッカ	~と思います 務めると思います	맡을 것 같아요 マトゥル ッコッ カタヨ
~けれど 務めるけれど	맡지만 マッチマン	意志 務めます	맡겠어요 マッケッソヨ

ひと言フレーズ 1年間、社長を務めました。
1년간 사장직을 **맡**았어요. イルリョンガン サジャンジグル マタッソヨ

努める　힘쓰다　ヒムッスダ　　動 形 形動 으不規則

요体 努めます	힘써요 ヒムッソヨ	~てください 努めてください	힘써 주세요 ヒムッソ ジュセヨ
否定 努めません	힘쓰지 않아요 ヒムッスジ アナヨ	~ないでください 努めないでください	힘쓰지 마세요 ヒムッスジ マセヨ
過去 努めました	힘썼어요 ヒムッソッソヨ	仮定 努めれば	힘쓰면 ヒムッスミョン
現在連体 努める（人）	힘쓰는 (사람) ヒムッスヌン サラム	~たいです 努めたいです	힘쓰고 싶어요 ヒムッスゴ シポヨ
過去連体 努めた（人）	힘쓴 (사람) ヒムッスン サラム	~て 努めて	힘쓰고 ヒムッスゴ
未来連体 努める（人）	힘쓸 (사람) ヒムッスル ッサラム	~でしょう 努めるでしょう	힘쓸 거예요 ヒムッスル ッコエヨ
~から 努めるから	힘쓰니까 ヒムッスニッカ	~と思います 努めると思います	힘쓸 것 같아요 ヒムッスル ッコッ カタヨ
~けれど 努めるけれど	힘쓰지만 ヒムッスジマン	意志 努めます	힘쓰겠어요 ヒムッスゲッソヨ

「努める」には **애쓰다** エッスダ という言い方もあります。

つなぐ　연결하다　ヨンギョラダ　[動][形][形動][規則]

요체 つなぎます	연결해요 ヨンギョレヨ	~てください つないでください	연결해 주세요 ヨンギョレ ジュセヨ
否定 つなぎません	연결하지 않아요 ヨンギョラジ アナヨ	~ないでください つながないでください	연결하지 마세요 ヨンギョラジ マセヨ
過去 つなぎました	연결했어요 ヨンギョレッソヨ	仮定 つなげば	연결하면 ヨンギョラミョン
現在連体 つなぐ(手)	연결하는 (손) ヨンギョラヌン ソン	~たいです つなぎたいです	연결하고 싶어요 ヨンギョラゴ シポヨ
過去連体 つないだ(手)	연결한 (손) ヨンギョラン ソン	~て つないで	연결하고 ヨンギョラゴ
未来連体 つなぐ(手)	연결할 (손) ヨンギョラル ッソン	~でしょう つなぐでしょう	연결할 거예요 ヨンギョラル ッコエヨ
~から つなぐから	연결하니까 ヨンギョラニッカ	~と思います つなぐと思います	연결할 것 같아요 ヨンギョラル ッコッ カタヨ
~けれど つなぐけれど	연결하지만 ヨンギョラジマン	意志 つなぎます	연결하겠어요 ヨンギョラゲッソヨ

「(糸を)つなぐ」は (실을) 잇다 (シルル) イッタ とも言います。

つぶす　찌그러뜨리다　ッチグロットゥリダ　[動][形][形動][規則]

요체 つぶします	찌그러뜨려요 ッチグロットゥリョヨ	~てください つぶしてください	찌그러뜨려 주세요 ッチグロットゥリョ ジュセヨ
否定 つぶしません	찌그러뜨리지 않아요 ッチグロットゥリジ アナヨ	~ないでください つぶさないでください	찌그러뜨리지 마세요 ッチグロットゥリジ マセヨ
過去 つぶしました	찌그러뜨렸어요 ッチグロットゥリョッソヨ	仮定 つぶせば	찌그러뜨리면 ッチグロットゥリミョン
現在連体 つぶす(人)	찌그러뜨리는 (사람) ッチグロットゥリヌン サラム	~たいです つぶしたいです	찌그러뜨리고 싶어요 ッチグロットゥリゴ シポヨ
過去連体 つぶした(人)	찌그러뜨린 (사람) ッチグロットゥリン サラム	~て つぶして	찌그러뜨리고 ッチグロットゥリゴ
未来連体 つぶす(人)	찌그러뜨릴 (사람) ッチグロットゥリル ッサラム	~でしょう つぶすでしょう	찌그러뜨릴 거예요 ッチグロットゥリル ッコエヨ
~から つぶすから	찌그러뜨리니까 ッチグロットゥリニッカ	~と思います つぶすと思います	찌그러뜨릴 것 같아요 ッチグロットゥリル ッコッ カタヨ
~けれど つぶすけれど	찌그러뜨리지만 ッチグロットゥリジマン	意志 つぶします	찌그러뜨리겠어요 ッチグロットゥリゲッソヨ

「(時間を)つぶす」は (시간을) 보내다 (シガヌル) ポネダ という表現を使います。

つぶれる　찌그러지다　ッチグロジダ　[動][形][形動][規則]

요体 つぶれます	찌그러져요 ッチグロジョヨ	~てください	
否定 つぶれません	찌그러지지 않아요 ッチグロジジ アナヨ	~ないでください つぶれないでください	찌그러지지 마세요 ッチグロジジ マセヨ
過去 つぶれました	찌그러졌어요 ッチグロジョッソヨ	仮定 つぶれれば	찌그러지면 ッチグロジミョン
現在連体 つぶれる（箱）	찌그러지는 (상자) ッチグロジヌン サンジャ	~たいです	
過去連体 つぶれた（箱）	찌그러진 (상자) ッチグロジン サンジャ	~て つぶれて	찌그러지고 ッチグロジゴ
未来連体 つぶれる（箱）	찌그러질 (상자) ッチグロジル ッサンジャ	~でしょう つぶれるでしょう	찌그러질 거예요 ッチグロジル ッコエヨ
~から つぶれるから	찌그러지니까 ッチグロジニッカ	~と思います つぶれると思います	찌그러질 것 같아요 ッチグロジル ッコッ カタヨ
~けれど つぶれるけれど	찌그러지지만 ッチグロジジマン	意志 つぶれます	찌그러지겠어요 ッチグロジゲッソヨ

「(お店が) つぶれる」は (가게가) 망하다 (カゲガ) マンハダ と言います。

つまむ　집다　チプタ　[動][形][形動][規則]

요体 つまみます	집어요 チボヨ	~てください つまんでください	집어 주세요 チボ ジュセヨ
否定 つまみません	집지 않아요 チプチ アナヨ	~ないでください つままないでください	집지 마세요 チプチ マセヨ
過去 つまみました	집었어요 チボッソヨ	仮定 つまめば	집으면 チブミョン
現在連体 つまむ（塩）	집는 (소금) チムヌン ソグム	~たいです つまみたいです	집고 싶어요 チプコ シボヨ
過去連体 つまんだ（塩）	집은 (소금) チブン ソグム	~て つまんで	집고 チプコ
未来連体 つまむ（塩）	집을 (소금) チブル ッソグム	~でしょう つまむでしょう	집을 거예요 チブル ッコエヨ
~から つまむから	집으니까 チブニッカ	~と思います つまむと思います	집을 것 같아요 チブル ッコッ カタヨ
~けれど つまむけれど	집지만 チプチマン	意志 つまみます	집겠어요 チプケッソヨ

「つまむ」は 잡다 チャプタ という言い方もします。

つまらない 하찮다 ハチャンタ

動 形 形動 規則

요体 つまらないです	하찮아요 ハチャナヨ	～のに つまらないのに	하찮은데 ハチャヌンデ
否定 つまらなくないです	하찮지 않아요 ハチャンチ アナヨ	～くても つまらなくても	하찮아도 ハチャナド
過去 つまらなかったです	하찮았어요 ハチャナッソヨ	仮定 つまらなければ	하찮으면 ハチャヌミョン
過去否定 つまらなくなかったです	하찮지 않았어요 ハチャンチ アナッソヨ	～けれど つまらないけれど	하찮지만 ハチャンチマン
現在連体 つまらない(こと)	하찮은 (일) ハチャヌン ニル	～でしょう つまらないでしょう	하찮을 거예요 ハチャヌル ッコエヨ
過去連体 つまらなかった(こと)	하찮던 (일) ハチャントン ニル	～ようです つまらないようです	하찮은 것 같아요 ハチャヌン ゴッ カタヨ
～くて つまらなくて	하찮고 ハチャンコ	～くないようです つまらなくないようです	하찮지 않은 것 같아요 ハチャンチ アヌン ゴッ カタヨ
～から つまらないから	하찮으니까 ハチャヌニッカ	～く つまらなく	하찮게 ハチャンケ

하찮다は「取るに足らない」という意味で使います。

冷たい(温度が) 차갑다 チャガプタ

活用に注意!

動 形 形動 ㅂ不規則

요体 冷たいです	차가워요 チャガウォヨ	～のに 冷たいのに	차가운데 チャガウンデ
否定 冷たくないです	차갑지 않아요 チャガプチ アナヨ	～くても 冷たくても	차가워도 チャガウォド
過去 冷たかったです	차가웠어요 チャガウォッソヨ	仮定 冷たければ	차가우면 チャガウミョン
過去否定 冷たくなかったです	차갑지 않았어요 チャガプチ アナッソヨ	～けれど 冷たいけれど	차갑지만 チャガプチマン
現在連体 冷たい(水)	차가운 (물) チャガウン ムル	～でしょう 冷たいでしょう	차가울 거예요 チャガウル ッコエヨ
過去連体 冷たかった(水)	차갑던 (물) チャガプトン ムル	～ようです 冷たいようです	차가운 것 같아요 チャガウン ゴッ カタヨ
～くて 冷たくて	차갑고 チャガプコ	～くないようです 冷たくないようです	차갑지 않은 것 같아요 チャガプチ アヌン ゴッ カタヨ
～から 冷たいから	차가우니까 チャガウニッカ	～く 冷たく	차갑게 チャガプケ

「(態度が)冷たい」には 매정하다 メジョンハダ という語も使います。

詰める　채우다　チェウダ

[動] [規則]

요体 詰めます	채워요	チェウォヨ
否定 詰めません	채우지 않아요	チェウジ アナヨ
過去 詰めました	채웠어요	チェウォッソヨ
現在連体 詰める（荷物）	채우는 (짐)	チェウヌン ジム
過去連体 詰めた（荷物）	채운 (짐)	チェウン ジム
未来連体 詰める（荷物）	채울 (짐)	チェウル ッチム
～から 詰めるから	채우니까	チェウニッカ
～けれど 詰めるけれど	채우지만	チェウジマン
～てください 詰めてください	채워 주세요	チェウォ ジュセヨ
～ないでください 詰めないでください	채우지 마세요	チェウジ マセヨ
仮定 詰めれば	채우면	チェウミョン
～たいです 詰めたいです	채우고 싶어요	チェウゴ シポヨ
～て 詰めて	채우고	チェウゴ
～でしょう 詰めるでしょう	채울 거예요	チェウル ッコエヨ
～と思います 詰めると思います	채울 것 같아요	チェウル ッコッ カタヨ
意志 詰めます	채우겠어요	チェウゲッソヨ

「詰める」は 담다 タムッタ という言い方もします。

強い　강하다　カンハダ

[形] [規則]

요体 強いです	강해요	カンヘヨ
否定 強くないです	강하지 않아요	カンハジ アナヨ
過去 強かったです	강했어요	カンヘッソヨ
過去否定 強くなかったです	강하지 않았어요	カンハジ アナッソヨ
現在連体 強い（人）	강한 (사람)	カンハン サラム
過去連体 強かった（人）	강하던 (사람)	カンハドン サラム
～くて 強くて	강하고	カンハゴ
～から 強いから	강하니까	カンハニッカ
～のに 強いのに	강한데	カンハンデ
～くても 強くても	강해도	カンヘド
仮定 強ければ	강하면	カンハミョン
～けれど 強いけれど	강하지만	カンハジマン
～でしょう 強いでしょう	강할 거예요	カンハル ッコエヨ
～ようです 強いようです	강한 것 같아요	カンハン ッゴッ カタヨ
～くないようです 強くないようです	강하지 않은 것 같아요	カンハジ アヌン ゴッ カタヨ
～く 強く	강하게	カンハゲ

ひと言フレーズ　風は強くありません。
바람은 강하지 않아요. パラムン カンハジ アナヨ

つらい　괴롭다　クェロプタ　[動][形][形動][ㅂ不規則]　活用に注意!

요体 つらいです	괴로워요 クェロウォヨ	~のに つらいのに	괴로운데 クェロウンデ
否定 つらくないです	괴롭지 않아요 クェロプチ アナヨ	~くても つらくても	괴로워도 クェロウォド
過去 つらかったです	괴로웠어요 クェロウォッソヨ	仮定 つらければ	괴로우면 クェロウミョン
過去否定 つらくなかったです	괴롭지 않았어요 クェロプチ アナッソヨ	~けれど つらいけれど	괴롭지만 クェロプチマン
現在連体 つらい（治療）	괴로운 （치료） クェロウン チリョ	~でしょう つらいでしょう	괴로울 거예요 クェロウル ッコエヨ
過去連体 つらかった（治療）	괴롭던 （치료） クェロプトン チリョ	~ようです つらいようです	괴로운 것 같아요 クェロウン ゴッ カタヨ
~くて つらくて	괴롭고 クェロプコ	~くないようです つらくないようです	괴롭지 않은 것 같아요 クェロプチ アヌン ゴッ カタヨ
~から つらいから	괴로우니까 クェロウニッカ	~く つらく	괴롭게 クェロプケ

「つらい」は 고통스럽다 コトンスロプタ とも言います。

連れていく　데려가다　テリョガダ　[動][形][形動][規則]

요体 連れていきます	데려가요 テリョガヨ	~てください 連れていってください	데려가 주세요 テリョガ ジュセヨ
否定 連れていきません	데려가지 않아요 テリョガジ アナヨ	~ないでください 連れていかないでください	데려가지 마세요 テリョガジ マセヨ
過去 連れていきました	데려갔어요 テリョガッソヨ	仮定 連れていけば	데려가면 テリョガミョン
現在連体 連れていく（人）	데려가는 （사람） テリョガヌン サラム	~たいです 連れていきたいです	데려가고 싶어요 テリョガゴ シポヨ
過去連体 連れていった（人）	데려간 （사람） テリョガン サラム	~て 連れていって	데려가고 テリョガゴ
未来連体 連れていく（人）	데려갈 （사람） テリョガル ッサラム	~でしょう 連れていくでしょう	데려갈 거예요 テリョガル ッコエヨ
~から 連れていくから	데려가니까 テリョガニッカ	~と思います 連れていくと思います	데려갈 것 같아요 テリョガル ッコッ カタヨ
~けれど 連れていくけれど	데려가지만 テリョガジマン	意志 連れていきます	데려가겠어요 テリョガゲッソヨ

「連れてくる」は 데려오다 テリョオダ と言います。

出会う／会う　만나다　マンナダ　動 形 形動 規則　基本単語

요체 出会います	만나요 マンナヨ	〜てください 出会ってください	만나 주세요 マンナ ジュセヨ
否定 出会いません	만나지 않아요 マンナジ アナヨ	〜ないでください 出会わないでください	만나지 마세요 マンナジ マセヨ
過去 出会いました	만났어요 マンナッソヨ	仮定 出会えば	만나면 マンナミョン
現在連体 出会う（人）	만나는 (사람) マンナヌン サラム	〜たいです 出会いたいです	만나고 싶어요 マンナゴ シポヨ
過去連体 出会った（人）	만난 (사람) マンナン サラム	〜て 出会って	만나고 マンナゴ
未来連体 出会う（人）	만날 (사람) マンナル ッサラム	〜でしょう 出会うでしょう	만날 거예요 マンナル ッコエヨ
〜から 出会うから	만나니까 マンナニッカ	〜と思います 出会うと思います	만날 것 같아요 マンナル ッコッ カタヨ
〜けれど 出会うけれど	만나지만 マンナジマン	意志 出会います	만나겠어요 マンナゲッソヨ

🐾 「（偶然に）出会う」は（우연히）마주치다（ウヨニ）マジュチダ と言います。

丁寧だ　공손하다　コンソナダ　動 形 形動 規則

요체 丁寧です	공손해요 コンソネヨ	〜なのに 丁寧なのに	공손한데 コンソナンデ
否定 丁寧ではないです	공손하지 않아요 コンソナジ アナヨ	〜でも 丁寧でも	공손해도 コンソネド
過去 丁寧でした	공손했어요 コンソネッソヨ	仮定 丁寧であれば	공손하면 コンソナミョン
過去否定 丁寧ではなかったです	공손하지 않았어요 コンソナジ アナッソヨ	〜だけれど 丁寧だけれど	공손하지만 コンソナジマン
現在連体 丁寧な（人）	공손한 (사람) コンソナン サラム	〜でしょう 丁寧でしょう	공손할 거예요 コンソナル ッコエヨ
過去連体 丁寧だった（人）	공손하던 (사람) コンソナドン サラム	〜そうです 丁寧そうです	공손한 것 같아요 コンソナン ゴッ カタヨ
〜で 丁寧で	공손하고 コンソナゴ	〜ではないようです 丁寧ではないようです	공손하지 않은 것 같아요 コンソナジ アヌン ゴッ カタヨ
〜だから 丁寧だから	공손하니까 コンソナニッカ	〜に 丁寧に	공손하게 コンソナゲ

🐾 「丁寧だ」には **주의 깊다** チュウィ ギプタ という言い方もあります。

出かける　나가다　ナガダ　[動][形][形動][規則]　基本単語

요체 出かけます	나가요 ナガヨ	~てください 出かけてください	나가 주세요 ナガ ジュセヨ
否定 出かけません	나가지 않아요 ナガジ アナヨ	~ないでください 出かけないでください	나가지 마세요 ナガジ マセヨ
過去 出かけました	나갔어요 ナガッソヨ	仮定 出かければ	나가면 ナガミョン
現在連体 出かける(人)	나가는 (사람) ナガヌン サラム	~たいです 出かけたいです	나가고 싶어요 ナガゴ シポヨ
過去連体 出かけた(人)	나간 (사람) ナガン サラム	~て 出かけて	나가고 ナガゴ
未来連体 出かける(人)	나갈 (사람) ナガル ッサラム	~でしょう 出かけるでしょう	나갈 거예요 ナガル ッコエヨ
~から 出かけるから	나가니까 ナガニッカ	~と思います 出かけると思います	나갈 것 같아요 ナガル ッコッ カタヨ
~けれど 出かけるけれど	나가지만 ナガジマン	意志 出かけます	나가겠어요 ナガゲッソヨ

「出かけましょうか？」は **나갈까요?** ナガルッカヨ？ と言います。

手軽だ　손쉽다　ソンシュィプタ　[動][形][形動][ㅂ不規則]

요체 手軽です	손쉬워요 ソンシュィウォヨ	~なのに 手軽なのに	손쉬운데 ソンシュィウンデ
否定 手軽ではないです	손쉽지 않아요 ソンシュィプチ アナヨ	~でも 手軽でも	손쉬워도 ソンシュィウォド
過去 手軽でした	손쉬웠어요 ソンシュィウォッソヨ	仮定 手軽であれば	손쉬우면 ソンシュィウミョン
過去否定 手軽ではなかったです	손쉽지 않았어요 ソンシュィプチ アナッソヨ	~だけれど 手軽だけれど	손쉽지만 ソンシュィプチマン
現在連体 手軽な(方法)	손쉬운 (방법) ソンシュィウン バンボプ	~でしょう 手軽でしょう	손쉬울 거예요 ソンシュィウル ッコエヨ
過去連体 手軽だった(方法)	손쉽던 (방법) ソンシュィプトン バンボプ	~そうです 手軽そうです	손쉬운 것 같아요 ソンシュィウン ゴッ カタヨ
~で 手軽で	손쉽고 ソンシュィプコ	~ではないようです 手軽ではないようです	손쉽지 않은 것 같아요 ソンシュィプチ アヌン ゴッ カタヨ
~だから 手軽だから	손쉬우니까 ソンシュィウニッカ	~に 手軽に	손쉽게 ソンシュィプケ

ひとことフレーズ この料理は手軽でおいしいです。
이 요리는 손쉽고 맛있어요. イ ヨリヌン ソンシュィプコ マシッソヨ

でき上がる／完成される　완성되다　ワンソンドェダ　動 形 形動 規則

요体 でき上がります	완성돼요 ワンソンドェヨ	~てください	
否定 でき上がりません	완성되지 않아요 ワンソンドェジ アナヨ	~ないでください	
過去 でき上がりました	완성됐어요 ワンソンドェッソヨ	仮定 でき上がれば	완성되면 ワンソンドェミョン
現在連体 でき上がる（作品）	완성되는 (작품) ワンソンドェヌン ジャクプム	~たいです	
過去連体 でき上がった（作品）	완성된 (작품) ワンソンドェン ジャクプム	~て でき上がって	완성되고 ワンソンドェゴ
未来連体 でき上がる（作品）	완성될 (작품) ワンソンドェル ッチャクプム	~でしょう でき上がるでしょう	완성될 거예요 ワンソンドェル ッコエヨ
~から でき上がるから	완성되니까 ワンソンドェニッカ	~と思います でき上がると思います	완성될 것 같아요 ワンソンドェル ッコッ カタヨ
~けれど でき上がるけれど	완성되지만 ワンソンドェジマン	意志	

「でき上がる」は 다 되다 タ ドェダ とも言います。

適当だ　적합하다　チョカパダ　動 形 形動 規則

요体 適当です	적합해요 チョカペヨ	~なのに 適当なのに	적합한데 チョカパンデ
否定 適当ではないです	적합하지 않아요 チョカパジ アナヨ	~でも 適当でも	적합해도 チョカペド
過去 適当でした	적합했어요 チョカペッソヨ	仮定 適当であれば	적합하면 チョカパミョン
過去否定 適当ではなかったです	적합하지 않았어요 チョカパジ アナッソヨ	~だけれど 適当だけれど	적합하지만 チョカパジマン
現在連体 適当な（運動）	적합한 (운동) チョカパ ヌンドン	~でしょう 適当でしょう	적합할 거예요 チョカパル ッコエヨ
過去連体 適当だった（運動）	적합하던 (운동) チョカパド ヌンドン	~そうです 適当そうです	적합한 것 같아요 チョカパン ゴッ カタヨ
~で 適当で	적합하고 チョカパゴ	~ではないようです 適当ではないようです	적합하지 않은 것 같아요 チョカパジ アヌン ゴッ カタヨ
~だから 適当だから	적합하니까 チョカパニッカ	~に 適当に	적합하게 チョカパゲ

「適当だ」は 적당하다 チョッタンハダ とも言います。

できない　할 수 없다　ハル ッス オプタ　[存在詞][規則]

요체 できないです	할 수 없어요 ハル ッス オプソヨ	~のに できないのに	할 수 없는데 ハル ッス オムヌンデ
否定	―――――	~くても できなくても	할 수 없어도 ハル ッス オプソド
過去 できなかったです	할 수 없었어요 ハル ッス オプソッソヨ	仮定 できなければ	할 수 없으면 ハル ッス オプスミョン
過去否定	―――――	~けれど できないけれど	할 수 없지만 ハル ッス オプチマン
現在連体 できない（仕事）	할 수 없는 (일) ハル ッス オムヌン ニル	~でしょう できないでしょう	할 수 없을 거예요 ハル ッス オプスル ッコエヨ
過去連体 できなかった（仕事）	할 수 없던 (일) ハル ッス オプトン ニル	~ようです できないようです	할 수 없는 것 같아요 ハル ッス オムヌン ゴッ カタヨ
~くて できなくて	할 수 없고 ハル ッス オプコ	~くないようです	―――――
~から できないから	할 수 없으니까 ハル ッス オプスニッカ	~く できなく	할 수 없게 ハル ッス オプケ

「できない話」には 안 될 말 アン ドェル マル という表現を使います。

摘発する　적발하다　チョㇰパラダ　[動][形][形動][規則]

요체 摘発します	적발해요 チョㇰパレヨ	~てください 摘発してください	적발해 주세요 チョㇰパレ ジュセヨ
否定 摘発しません	적발하지 않아요 チョㇰパラジ アナヨ	~ないでください 摘発しないでください	적발하지 마세요 チョㇰパラジ マセヨ
過去 摘発しました	적발했어요 チョㇰパレッソヨ	仮定 摘発すれば	적발하면 チョㇰパラミョン
現在連体 摘発する（不正）	적발하는 (부정) チョㇰパラヌン ブジョン	~たいです 摘発したいです	적발하고 싶어요 チョㇰパラゴ シポヨ
過去連体 摘発した（不正）	적발한 (부정) チョㇰパラン ブジョン	~て 摘発して	적발하고 チョㇰパラゴ
未来連体 摘発する（不正）	적발할 (부정) チョㇰパラル ップジョン	~でしょう 摘発するでしょう	적발할 거예요 チョㇰパラル ッコエヨ
~から 摘発するから	적발하니까 チョㇰパラニッカ	~と思います 摘発すると思います	적발할 것 같아요 チョㇰパラル ッコッ カタヨ
~けれど 摘発するけれど	적발하지만 チョㇰパラジマン	意志 摘発します	적발하겠어요 チョㇰパラゲッソヨ

「摘発を受ける」という動詞は 적발되다 チョㇰパルドェダ と言います。

できる　할 수 있다　ハル ッス イッタ　存在詞　規則

요体 できます	할 수 있어요 ハル ッス イッソヨ	〜のに できるのに	할 수 있는데 ハル ッス インヌンデ
否定	———	〜くても できても	할 수 있어도 ハル ッス イッソド
過去 できました	할 수 있었어요 ハル ッス イッソッソヨ	仮定 できれば	할 수 있으면 ハル ッス イッスミョン
過去否定	———	〜けれど できるけれど	할 수 있지만 ハル ッス イッチマン
現在連体 できる (仕事)	할 수 있는 (일) ハル ッス インヌン ニル	〜でしょう できるでしょう	할 수 있을 거예요 ハル ッス イッスル ッコエヨ
過去連体 できた (仕事)	할 수 있던 (일) ハル ッス イットン ニル	〜ようです できるようです	할 수 있는 것 같아요 ハル ッス インヌン ゴッ カタヨ
〜くて できて	할 수 있고 ハル ッス イッコ	〜くないようです できないようです	할 수 있을 것 같아요 ハル ッス イッスル ッコッ カタヨ
〜から できるから	할 수 있으니까 ハル ッス イッスニッカ	〜く	———

🐾 （否定）「できません」は **할 수 없어요** ハル ッス オプソヨ となります。

手伝う／助ける　돕다　トプタ　動形 形動 ㅂ不規則

活用に注意！

요体 手伝います	도와요 トワヨ	〜てください 手伝ってください	도와 주세요 トワ ジュセヨ
否定 手伝いません	돕지 않아요 トプチ アナヨ	〜ないでください 手伝わないでください	돕지 마세요 トプチ マセヨ
過去 手伝いました	도왔어요 トワッソヨ	仮定 手伝えば	도우면 トウミョン
現在連体 手伝う (友達)	돕는 (친구) トムヌン チング	〜たいです 手伝いたいです	돕고 싶어요 トプコ シポヨ
過去連体 手伝った (友達)	도운 (친구) トウン チング	〜て 手伝って	돕고 トプコ
未来連体 手伝う (友達)	도울 (친구) トウル チング	〜でしょう 手伝うでしょう	도울 거예요 トウル ッコエヨ
〜から 手伝うから	도우니까 トウニッカ	〜と思います 手伝うと思います	도울 것 같아요 トウル ッコッ カタヨ
〜けれど 手伝うけれど	돕지만 トプチマン	意志 手伝います	돕겠어요 トプケッソヨ

🐾 「手伝う」は **거들다** コドゥルダ とも言います。「助ける」には **살리다** サルリダ という語も使います。

出てくる　나오다　ナオダ　　動 形 形動 規則

요체 出てきます	나와요 ナワヨ	~てください 出てきてください	나와 주세요 ナワ ジュセヨ
否定 出てきません	나오지 않아요 ナオジ アナヨ	~ないでください 出てこないでください	나오지 마세요 ナオジ マセヨ
過去 出てきました	나왔어요 ナワッソヨ	仮定 出てくれば	나오면 ナオミョン
現在連体 出てくる（部屋）	나오는 (방) ナオヌン バン	~たいです 出てきたいです	나오고 싶어요 ナオゴ シポヨ
過去連体 出てきた（部屋）	나온 (방) ナオン バン	~て 出てきて	나오고 ナオゴ
未来連体 出てくる（部屋）	나올 (방) ナオル ッパン	~でしょう 出てくるでしょう	나올 거예요 ナオル ッコエヨ
~から 出てくるから	나오니까 ナオニッカ	~と思います 出てくると思います	나올 것 같아요 ナオル ッコッ カタヨ
~けれど 出てくるけれど	나오지만 ナオジマン	意志 出てきます	나오겠어요 ナオゲッソヨ

🐾 「出ていく」は 나가다 ナガダ と言います。

出直す／始める　시작하다　シジャカダ　　動 形 形動 規則　基本単語

요체 出直します	시작해요 シジャケヨ	~てください 出直してください	시작해 주세요 シジャケ ジュセヨ
否定 出直しません	시작하지 않아요 シジャカジ アナヨ	~ないでください 出直さないでください	시작하지 마세요 シジャカジ マセヨ
過去 出直しました	시작했어요 シジャケッソヨ	仮定 出直せば	시작하면 シジャカミョン
現在連体 出直す（人）	시작하는 (사람) シジャカヌン サラム	~たいです 出直したいです	시작하고 싶어요 シジャカゴ シポヨ
過去連体 出直した（人）	시작한 (사람) シジャカン サラム	~て 出直して	시작하고 シジャカゴ
未来連体 出直す（人）	시작할 (사람) シジャカル ッサラム	~でしょう 出直すでしょう	시작할 거예요 シジャカル ッコエヨ
~から 出直すから	시작하니까 シジャカニッカ	~と思います 出直すと思います	시작할 것 같아요 シジャカル ッコッ カタヨ
~けれど 出直すけれど	시작하지만 シジャカジマン	意志 出直します	시작하겠어요 シジャカゲッソヨ

🐾 「出直しません」には 시작 안 해요 シジャ ガ ネヨ という言い方もあります。

出る　나가다　ナガダ

動 / 形 / 形動 / 規則 / 基本単語

요체 出ます	나가요 ナガヨ	～てください 出てください	나가 주세요 ナガ ジュセヨ
否定 出ません	나가지 않아요 ナガジ アナヨ	～ないでください 出ないでください	나가지 마세요 ナガジ マセヨ
過去 出ました	나갔어요 ナガッソヨ	仮定 出れば	나가면 ナガミョン
現在連体 出る（友達）	나가는 (친구) ナガヌン チング	～たいです 出たいです	나가고 싶어요 ナガゴ シポヨ
過去連体 出た（友達）	나간 (친구) ナガン チング	～て 出て	나가고 ナガゴ
未来連体 出る（友達）	나갈 (친구) ナガル チング	～でしょう 出るでしょう	나갈 거예요 ナガル ッコエヨ
～から 出るから	나가니까 ナガニッカ	～と思います 出ると思います	나갈 것 같아요 ナガル ッコッ カタヨ
～けれど 出るけれど	나가지만 ナガジマン	意志 出ます	나가겠어요 ナガゲッソヨ

🐾 「出て行く」も同じ **나가다** を使います。

でる／てれる

照れる　수줍어하다　スジュボハダ

動 / 形 / 形動 / 規則

요체 照れます	수줍어해요 スジュボヘヨ	～てください	———
否定 照れません	수줍어하지 않아요 スジュボハジ アナヨ	～ないでください 照れないでください	수줍어하지 마세요 スジュボハジ マセヨ
過去 照れました	수줍어했어요 スジュボヘッソヨ	仮定 照れれば	수줍어하면 スジュボハミョン
現在連体 照れる（友達）	수줍어하는 (친구) スジュボハヌン チング	～たいです	———
過去連体 照れた（友達）	수줍어한 (친구) スジュボハン チング	～て 照れて	수줍어하고 スジュボハゴ
未来連体 照れる（友達）	수줍어할 (친구) スジュボハル チング	～でしょう 照れるでしょう	수줍어할 거예요 スジュボハル ッコエヨ
～から 照れるから	수줍어하니까 スジュボハニッカ	～と思います 照れると思います	수줍어할 것 같아요 スジュボハル ッコッ カタヨ
～けれど 照れるけれど	수줍어하지만 スジュボハジマン	意志 照れます	수줍어하겠어요 スジュボハゲッソヨ

🐾 「照れる」は **쑥스러워하다** ッスクスロウォハダ という言い方もします。

電話する　전화하다　チョヌァハダ　[動][形][形動][規則]

요체 電話します	전화해요 チョヌァヘヨ	~てください 電話してください	전화해 주세요 チョヌァヘ ジュセヨ
否定 電話しません	전화하지 않아요 チョヌァハジ アナヨ	~ないでください 電話しないでください	전화하지 마세요 チョヌァハジ マセヨ
過去 電話しました	전화했어요 チョヌァヘッソヨ	仮定 電話すれば	전화하면 チョヌァハミョン
現在連体 電話する(部屋)	전화하는 (방) チョヌァハヌン バン	~たいです 電話したいです	전화하고 싶어요 チョヌァハゴ シポヨ
過去連体 電話した(部屋)	전화한 (방) チョヌァハン バン	~て 電話して	전화하고 チョヌァハゴ
未来連体 電話する(部屋)	전화할 (방) チョヌァハル ッパン	~でしょう 電話するでしょう	전화할 거예요 チョヌァハル ッコエヨ
~から 電話するから	전화하니까 チョヌァハニッカ	~と思います 電話すると思います	전화할 것 같아요 チョヌァハル ッコッ カタヨ
~けれど 電話するけれど	전화하지만 チョヌァハジマン	意志 電話します	전화하겠어요 チョヌァハゲッソヨ

ひと言フレーズ　今日の夕方、電話します。
오늘 저녁에 전화하겠어요. オヌル チョニョゲ チョヌァハゲッソヨ

問う／尋ねる　묻다　ムッタ　[動][形][形動][ㄷ不規則]　活用に注意！　基本単語

요체 問います	물어요 ムロヨ	~てください 問うてください	물어 주세요 ムロ ジュセヨ
否定 問いません	묻지 않아요 ムッチ アナヨ	~ないでください 問わないでください	묻지 마세요 ムッチ マセヨ
過去 問いました	물었어요 ムロッソヨ	仮定 問えば	물으면 ムルミョン
現在連体 問う(相手)	묻는 (상대) ムンヌン サンデ	~たいです 問いたいです	묻고 싶어요 ムッコ シポヨ
過去連体 問うた(相手)	물은 (상대) ムルン サンデ	~て 問うて	묻고 ムッコ
未来連体 問う(相手)	물을 (상대) ムルル サンデ	~でしょう 問うでしょう	물을 거예요 ムルル ッコエヨ
~から 問うから	물으니까 ムルニッカ	~と思います 問うと思います	물을 것 같아요 ムルル ッコッ カタヨ
~けれど 問うけれど	묻지만 ムッチマン	意志 問います	묻겠어요 ムッケッソヨ

「問う」には 따지다 ッタジダ という言い方もあります。

登場する　등장하다　トゥンジャンハダ　[動][形][形動]　規則

丁寧			
登場します	등장해요　トゥンジャンヘヨ	~てください 登場してください	등장해 주세요　トゥンジャンヘ ジュセヨ
否定 登場しません	등장하지 않아요　トゥンジャンハジ アナヨ	~ないでください 登場しないでください	등장하지 마세요　トゥンジャンハジ マセヨ
過去 登場しました	등장했어요　トゥンジャンヘッソヨ	仮定 登場すれば	등장하면　トゥンジャンハミョン
現在連体 登場する（場面）	등장하는 (장면)　トゥンジャンハヌン ジャンミョン	~たいです 登場したいです	등장하고 싶어요　トゥンジャンハゴ シポヨ
過去連体 登場した（場面）	등장한 (장면)　トゥンジャンハン ジャンミョン	~て 登場して	등장하고　トゥンジャンハゴ
未来連体 登場する（場面）	등장할 (장면)　トゥンジャンハル ッチャンミョン	~でしょう 登場するでしょう	등장할 거예요　トゥンジャンハル ッコエヨ
~から 登場するから	등장하니까　トゥンジャンハニッカ	~と思います 登場すると思います	등장할 것 같아요　トゥンジャンハル ッコッ カタヨ
~けれど 登場するけれど	등장하지만　トゥンジャンハジマン	意志 登場します	등장하겠어요　トゥンジャンハゲッソヨ

「登場してください」は 등장하세요 トゥンジャンハセヨ とも言います。

到着する／着く　도착하다　トチャカダ　[動][形][形動]　規則

丁寧 到着します	도착해요　トチャケヨ	~てください 到着してください	도착해 주세요　トチャケ ジュセヨ
否定 到着しません	도착하지 않아요　トチャカジ アナヨ	~ないでください 到着しないでください	도착하지 마세요　トチャカジ マセヨ
過去 到着しました	도착했어요　トチャケッソヨ	仮定 到着すれば	도착하면　トチャカミョン
現在連体 到着する（場所）	도착하는 (장소)　トチャカヌン ジャンソ	~たいです 到着したいです	도착하고 싶어요　トチャカゴ シポヨ
過去連体 到着した（場所）	도착한 (장소)　トチャカン ジャンソ	~て 到着して	도착하고　トチャカゴ
未来連体 到着する（場所）	도착할 (장소)　トチャカル ッチャンソ	~でしょう 到着するでしょう	도착할 거예요　トチャカル ッコエヨ
~から 到着するから	도착하니까　トチャカニッカ	~と思います 到着すると思います	도착할 것 같아요　トチャカル ッコッ カタヨ
~けれど 到着するけれど	도착하지만　トチャカジマン	意志 到着します	도착하겠어요　トチャカゲッソヨ

ひと言フレーズ　あと 30 分で到着するでしょう。
30 분 후에 도착할 거예요. サムシップ ヌエ トチャカル ッコエヨ

遠い　멀다　モルダ　動 形 形動 ㄹ脱落　基本単語

요体 遠いです	멀어요 モロヨ	~のに 遠いのに	먼데 モンデ
否定 遠くないです	멀지 않아요 モルジ アナヨ	~くても 遠くても	멀어도 モロド
過去 遠かったです	멀었어요 モロッソヨ	仮定 遠ければ	멀면 モルミョン
過去否定 遠くなかったです	멀지 않았어요 モルジ アナッソヨ	~けれど 遠いけれど	멀지만 モルジマン
現在連体 遠い(学校)	먼 (학교) モ ナクキョ	~でしょう 遠いでしょう	멀 거예요 モル ッコエヨ
過去連体 遠かった(学校)	멀던 (학교) モルドン ナクキョ	~ようです 遠いようです	먼 것 같아요 モン ゴッ カタヨ
~くて 遠くて	멀고 モルゴ	~くないようです 遠くないようです	멀지 않은 것 같아요 モルジ アヌン ゴッ カタヨ
~から 遠いから	머니까 モニッカ	~く 遠く	멀게 モルゲ

「気が遠くなる」には 정신이 아찔해지다 チョンシニ アッチレジダ という表現を使います。

通り過ぎる　지나가다　チナガダ　動 形 形動 規則

요体 通り過ぎます	지나가요 チナガヨ	~てください 通り過ぎてください	지나가 주세요 チナガ ジュセヨ
否定 通り過ぎません	지나가지 않아요 チナガジ アナヨ	~ないでください 通り過ぎないでください	지나가지 마세요 チナガジ マセヨ
過去 通り過ぎました	지나갔어요 チナガッソヨ	仮定 通り過ぎれば	지나가면 チナガミョン
現在連体 通り過ぎる(駅)	지나가는 (역) チナガヌン ニョク	~たいです 通り過ぎたいです	지나가고 싶어요 チナガゴ シポヨ
過去連体 通り過ぎた(駅)	지나간 (역) チナガン ニョク	~て 通り過ぎて	지나가고 チナガゴ
未来連体 通り過ぎる(駅)	지나갈 (역) チナガル リョク	~でしょう 通り過ぎるでしょう	지나갈 거예요 チナガル ッコエヨ
~から 通り過ぎるから	지나가니까 チナガニッカ	~と思います 通り過ぎると思います	지나갈 것 같아요 チナガル ッコッ カタヨ
~けれど 通り過ぎるけれど	지나가지만 チナガジマン	意志 通り過ぎます	지나가겠어요 チナガゲッソヨ

「通過する」にも 지나가다 を使います。

通る　통과하다　トングァハダ　　動 形 形動 規則

요체 通ります	통과해요 トングァヘヨ	~てください 通ってください	통과해 주세요 トングァヘ ジュセヨ
否定 通りません	통과하지 않아요 トングァハジ アナヨ	~ないでください 通らないでください	통과하지 마세요 トングァハジ マセヨ
過去 通りました	통과했어요 トングァヘッソヨ	仮定 通れば	통과하면 トングァハミョン
現在連体 通る(申請)	통과하는 (신청) トングァハヌン シンチョン	~たいです 通りたいです	통과하고 싶어요 トングァゴ シポヨ
過去連体 通った(申請)	통과한 (신청) トングァハン シンチョン	~て 通って	통과하고 トングァハゴ
未来連体 通る(申請)	통과할 (신청) トングァハル シンチョン	~でしょう 通るでしょう	통과할 거예요 トングァハル ッコエヨ
~から 通るから	통과하니까 トングァハニッカ	~と思います 通ると思います	통과할 것 같아요 トングァハル ッコッ カタヨ
~けれど 通るけれど	통과하지만 トングァハジマン	意志 通ります	통과하겠어요 トングァハゲッソヨ

🐾 「通る」には 지나다 チナダ という言い方もあります。

溶かす（氷などを）　녹이다　ノギダ　　動 形 形動 規則

요체 溶かします	녹여요 ノギョヨ	~てください 溶かしてください	녹여 주세요 ノギョ ジュセヨ
否定 溶かしません	녹이지 않아요 ノギジ アナヨ	~ないでください 溶かさないでください	녹이지 마세요 ノギジ マセヨ
過去 溶かしました	녹였어요 ノギョッソヨ	仮定 溶かせば	녹이면 ノギミョン
現在連体 溶かす(氷)	녹이는 (얼음) ノギヌ ノルム	~たいです 溶かしたいです	녹이고 싶어요 ノギゴ シポヨ
過去連体 溶かした(氷)	녹인 (얼음) ノギ ノルム	~て 溶かして	녹이고 ノギゴ
未来連体 溶かす(氷)	녹일 (얼음) ノギ ロルム	~でしょう 溶かすでしょう	녹일 거예요 ノギル ッコエヨ
~から 溶かすから	녹이니까 ノギニッカ	~と思います 溶かすと思います	녹일 것 같아요 ノギル ッコッ カタヨ
~けれど 溶かすけれど	녹이지만 ノギジマン	意志 溶かします	녹이겠어요 ノギゲッソヨ

🐾 「溶かしましょうか？」は 녹일까요? ノギルッカヨ? と言います。

ドキドキする　두근거리다　トゥグンゴリダ　[動][形][形動][規則]

요体 ドキドキします	두근거려요 トゥグンゴリョヨ	~てください	
否定 ドキドキしません	두근거리지 않아요 トゥグンゴリジ アナヨ	~ないでください ドキドキしないでください	두근거리지 마세요 トゥグンゴリジ マセヨ
過去 ドキドキしました	두근거렸어요 トゥグンゴリョッソヨ	仮定 ドキドキすれば	두근거리면 トゥグンゴリミョン
現在連体 ドキドキする(胸)	두근거리는 (가슴) トゥグンゴリヌン ガスム	~たいです ドキドキしたいです	두근거리고 싶어요 トゥグンゴリゴ シポヨ
過去連体 ドキドキした(胸)	두근거린 (가슴) トゥグンゴリン ガスム	~て ドキドキして	두근거리고 トゥグンゴリゴ
未来連体 ドキドキする(胸)	두근거릴 (가슴) トゥグンゴリル ッカスム	~でしょう ドキドキするでしょう	두근거릴 거예요 トゥグンゴリル ッコエヨ
~から ドキドキするから	두근거리니까 トゥグンゴリニッカ	~と思います ドキドキすると思います	두근거릴 것 같아요 トゥグンゴリル ッコッ カタヨ
~けれど ドキドキするけれど	두근거리지만 トゥグンゴリジマン	意志	

🐾 「わくわくする」も 두근거리다 と言います。

ときめく　설레다　ソルレダ　[動][形][形動][規則]

요体 ときめきます	설레요 ソルレヨ	~てください	
否定 ときめきません	설레지 않아요 ソルレジ アナヨ	~ないでください ときめかないでください	설레지 마세요 ソルレジ マセヨ
過去 ときめきました	설렜어요 ソルレッソヨ	仮定 ときめけば	설레면 ソルレミョン
現在連体 ときめく(胸)	설레는 (가슴) ソルレヌン ガスム	~たいです ときめきたいです	설레고 싶어요 ソルレゴ シポヨ
過去連体 ときめいた(胸)	설렌 (가슴) ソルレン ガスム	~て ときめいて	설레고 ソルレゴ
未来連体 ときめく(胸)	설렐 (가슴) ソルレル ッカスム	~でしょう ときめくでしょう	설렐 거예요 ソルレル ッコエヨ
~から ときめくから	설레니까 ソルレニッカ	~と思います ときめくと思います	설렐 것 같아요 ソルレル ッコッ カタヨ
~けれど ときめくけれど	설레지만 ソルレジマン	意志	

🐾 「そわそわする」も 설레다 と言います。

研ぐ／磨く　갈다　カルダ　動 形 形動 ㄹ脱落

丁寧形 研ぎます	갈아요 カラヨ	〜てください 研いでください	갈아 주세요 カラ ジュセヨ
否定 研ぎません	갈지 않아요 カルジ アナヨ	〜ないでください 研がないでください	갈지 마세요 カルジ マセヨ
過去 研ぎました	갈았어요 カラッソヨ	仮定 研げば	갈면 カルミョン
現在連体 研ぐ(刃物)	가는 (칼) カヌン カル	〜たいです 研ぎたいです	갈고 싶어요 カルゴ シポヨ
過去連体 研いだ(刃物)	간 (칼) カン カル	〜て 研いで	갈고 カルゴ
未来連体 研ぐ(刃物)	갈 (칼) カル カル	〜でしょう 研ぐでしょう	갈 거예요 カル ッコエヨ
〜から 研ぐから	가니까 カニッカ	〜と思います 研ぐと思います	갈 것 같아요 カル ッコッ カタヨ
〜けれど 研ぐけれど	갈지만 カルジマン	意志 研ぎます	갈겠어요 カルゲッソヨ

ひと言フレーズ　包丁が切れないので、研いでください。
칼이 잘 안 드니까 갈아 주세요. カリ チャ ラン ドゥニッカ カラ ジュセヨ

独学する　독학하다　トカカダ　動 形 形動 規則

丁寧形 独学します	독학해요 トカケヨ	〜てください 独学してください	독학해 주세요 トカケ ジュセヨ
否定 独学しません	독학하지 않아요 トカカジ アナヨ	〜ないでください 独学しないでください	독학하지 마세요 トカカジ マセヨ
過去 独学しました	독학했어요 トカケッソヨ	仮定 独学すれば	독학하면 トカカミョン
現在連体 独学する(韓国語)	독학하는 (한국어) トカカヌ ナングゴ	〜たいです 独学したいです	독학하고 싶어요 トカカゴ シポヨ
過去連体 独学した(韓国語)	독학한 (한국어) トカカ ナングゴ	〜て 独学して	독학하고 トカカゴ
未来連体 独学する(韓国語)	독학할 (한국어) トカカ ラングゴ	〜でしょう 独学するでしょう	독학할 거예요 トカカル ッコエヨ
〜から 独学するから	독학하니까 トカカニッカ	〜と思います 独学すると思います	독학할 것 같아요 トカカル ッコッ カタヨ
〜けれど 独学するけれど	독학하지만 トカカジマン	意志 独学します	독학하겠어요 トカカゲッソヨ

（意志）「独学します」には 독학할게요 トカカルッケヨ という活用形もあります。

特別だ　특별하다　トゥクピョラダ　動 形 形動 規則

요体 特別です	특별해요 トゥクピョレヨ	～なのに 特別なのに	특별한데 トゥクピョランデ
否定 特別ではないです	특별하지 않아요 トゥクピョラジ アナヨ	～でも 特別でも	특별해도 トゥクピョレド
過去 特別でした	특별했어요 トゥクピョレッソヨ	仮定 特別であれば	특별하면 トゥクピョラミョン
過去否定 特別ではなかったです	특별하지 않았어요 トゥクピョラジ アナッソヨ	～だけれど 特別だけれど	특별하지만 トゥクピョラジマン
現在連体 特別な（人）	특별한 (사람) トゥクピョラン サラム	～でしょう 特別でしょう	특별할 거예요 トゥクピョラル ッコエヨ
過去連体 特別だった（人）	특별하던 (사람) トゥクピョラドン サラム	～そうです 特別そうです	특별한 것 같아요 トゥクピョラン ゴッ カタヨ
～で 特別で	특별하고 トゥクピョラゴ	～ではないようです 特別ではないようです	특별하지 않은 것 같아요 トゥクピョラジ アヌン ゴッ カタヨ
～だから 特別だから	특별하니까 トゥクピョラニッカ	～に 特別に	특별하게 トゥクピョラゲ

「特別だからです」は **특별해서요** トゥクピョレソヨ と言います。

溶ける　녹다　ノクタ　動 形 形動 規則

요体 溶けます	녹아요 ノガヨ	～てください	
否定 溶けません	녹지 않아요 ノクチ アナヨ	～ないでください	
過去 溶けました	녹았어요 ノガッソヨ	仮定 溶ければ	녹으면 ノグミョン
現在連体 溶ける（砂糖）	녹는 (설탕) ノンヌン ソルタン	～たいです	
過去連体 溶けた（砂糖）	녹은 (설탕) ノグン ソルタン	～て 溶けて	녹고 ノクコ
未来連体 溶ける（砂糖）	녹을 (설탕) ノグル ッソルタン	～でしょう 溶けるでしょう	녹을 거예요 ノグル ッコエヨ
～から 溶けるから	녹으니까 ノグニッカ	～と思います 溶けると思います	녹을 것 같아요 ノグル ッコッ カタヨ
～けれど 溶けるけれど	녹지만 ノクチマン	意志	

「（凍えた体が）温まる」にも **녹다** が使われます。

遂げる　이루다　イルダ

[動][形][形動][規則]

요体 遂げます	이뤄요 イルォヨ	～てください 遂げてください	이뤄 주세요 イルォ ジュセヨ
否定 遂げません	이루지 않아요 イルジ アナヨ	～ないでください 遂げないでください	이루지 마세요 イルジ マセヨ
過去 遂げました	이뤘어요 イルォッソヨ	仮定 遂げれば	이루면 イルミョン
現在連体 遂げる(望み)	이루는 (소원) イルヌン ソウォン	～たいです 遂げたいです	이루고 싶어요 イルゴ シポヨ
過去連体 遂げた(望み)	이룬 (소원) イルン ソウォン	～て 遂げて	이루고 イルゴ
未来連体 遂げる(望み)	이룰 (소원) イルル ッソウォン	～でしょう 遂げるでしょう	이룰 거예요 イルル ッコエヨ
～から 遂げるから	이루니까 イルニッカ	～と思います 遂げると思います	이룰 것 같아요 イルル ッコッ カタヨ
～けれど 遂げるけれど	이루지만 イルジマン	意志 遂げます	이루겠어요 イルゲッソヨ

「遂げる」には 마치다 マチダ という言い方もあります。

閉じる(本を)　덮다　トプタ

[動][形][形動][規則]

요体 閉じます	덮어요 トポヨ	～てください 閉じてください	덮어 주세요 トポ ジュセヨ
否定 閉じません	덮지 않아요 トプチ アナヨ	～ないでください 閉じないでください	덮지 마세요 トプチ マセヨ
過去 閉じました	덮었어요 トポッソヨ	仮定 閉じれば	덮으면 トプミョン
現在連体 閉じる(本)	덮는 (책) トムヌン チェク	～たいです 閉じたいです	덮고 싶어요 トプコ シポヨ
過去連体 閉じた(本)	덮은 (책) トプン チェク	～て 閉じて	덮고 トプコ
未来連体 閉じる(本)	덮을 (책) トプル チェク	～でしょう 閉じるでしょう	덮을 거예요 トプル ッコエヨ
～から 閉じるから	덮으니까 トプニッカ	～と思います 閉じると思います	덮을 것 같아요 トプル ッコッ カタヨ
～けれど 閉じるけれど	덮지만 トプチマン	意志 閉じます	덮겠어요 トプケッソヨ

「蓋をする」も 덮다 と言います。

届く　닿다 タタ
[動][形][形動][規則]

요体 届きます	닿아요 タアヨ	~てください	
否定 届きません	닿지 않아요 タチ アナヨ	~ないでください	
過去 届きました	닿았어요 タアッソヨ	仮定 届けば	닿으면 タウミョン
現在連体 届く(小包)	닿는 (소포) タンヌン ソポ	~たいです	
過去連体 届いた(小包)	닿은 (소포) タウン ソポ	~て 届いて	닿고 タコ
未来連体 届く(小包)	닿을 (소포) タウル ッソポ	~でしょう 届くでしょう	닿을 거예요 タウル ッコエヨ
~から 届くから	닿으니까 タウニッカ	~と思います 届くと思います	닿을 것 같아요 タウル ッコッ カタヨ
~けれど 届くけれど	닿지만 タチマン	意志	

🐾 「届く」には **미치다** ミチダ、**이르다** イルダ という言い方もあります。

飛ばす（空中に）　날리다 ナルリダ
[動][形][形動][規則]

요体 飛ばします	날려요 ナルリョヨ	~てください 飛ばしてください	날려 주세요 ナルリョ ジュセヨ
否定 飛ばしません	날리지 않아요 ナルリジ アナヨ	~ないでください 飛ばさないでください	날리지 마세요 ナルリジ マセヨ
過去 飛ばしました	날렸어요 ナルリョッソヨ	仮定 飛ばせば	날리면 ナルリミョン
現在連体 飛ばす(凧)	날리는 (연) ナルリヌン ニョン	~たいです 飛ばしたいです	날리고 싶어요 ナルリゴ シポヨ
過去連体 飛ばした(凧)	날린 (연) ナルリン ニョン	~て 飛ばして	날리고 ナルリゴ
未来連体 飛ばす(凧)	날릴 (연) ナルリル リョン	~でしょう 飛ばすでしょう	날릴 거예요 ナルリル ッコエヨ
~から 飛ばすから	날리니까 ナルリニッカ	~と思います 飛ばすと思います	날릴 것 같아요 ナルリル ッコッ カタヨ
~けれど 飛ばすけれど	날리지만 ナルリジマン	意志 飛ばします	날리겠어요 ナルリゲッソヨ

🐾 「(車を) 飛ばす」には **빨리 몰다** ッパルリ モルダ という表現を使います。

飛ぶ 날다 ナルダ

動 形 形動 ㄹ脱落

요体 飛びます	날아요 ナラヨ	~てください 飛んでください	날아 주세요 ナラ ジュセヨ
否定 飛びません	날지 않아요 ナルジ アナヨ	~ないでください 飛ばないでください	날지 마세요 ナルジ マセヨ
過去 飛びました	날았어요 ナラッソヨ	仮定 飛べば	날면 ナルミョン
現在連体 飛ぶ(飛行機)	나는 (비행기) ナヌン ビヘンギ	~たいです 飛びたいです	날고 싶어요 ナルゴ シポヨ
過去連体 飛んだ(飛行機)	난 (비행기) ナン ビヘンギ	~て 飛んで	날고 ナルゴ
未来連体 飛ぶ(飛行機)	날 (비행기) ナル ッピヘンギ	~でしょう 飛ぶでしょう	날 거예요 ナル ッコエヨ
~から 飛ぶから	나니까 ナニッカ	~と思います 飛ぶと思います	날 것 같아요 ナル ッコッ カタヨ
~けれど 飛ぶけれど	날지만 ナルジマン	意志 飛びます	날겠어요 ナルゲッソヨ

「飛ぶ」には **날아가다** ナラガダ という言い方もあります。

乏しい 부족하다 プジョカダ

動 形 形動 規則

요体 乏しいです	부족해요 プジョケヨ	~のに 乏しいのに	부족한데 プジョカンデ
否定 乏しくないです	부족하지 않아요 プジョカジ アナヨ	~くても 乏しくても	부족해도 プジョケド
過去 乏しかったです	부족했어요 プジョケッソヨ	仮定 乏しければ	부족하면 プジョカミョン
過去否定 乏しくなかったです	부족하지 않았어요 プジョカジ アナッソヨ	~けれど 乏しいけれど	부족하지만 プジョカジマン
現在連体 乏しい(旅費)	부족한 (여비) プジョカン ニョビ	~でしょう 乏しいでしょう	부족할 거예요 プジョカル ッコエヨ
過去連体 乏しかった(旅費)	부족하던 (여비) プジョカドン ニョビ	~ようです 乏しいようです	부족한 것 같아요 プジョカン ゴッ カタヨ
~くて 乏しくて	부족하고 プジョカゴ	~くないようです 乏しくないようです	부족하지 않은 것 같아요 プジョカジ アヌン ゴッ カタヨ
~から 乏しいから	부족하니까 プジョカニッカ	~く 乏しく	부족하게 プジョカゲ

「乏しい」は **모자라다** モジャラダ とも言います。

戸惑う　당황해하다　タンファンヘハダ　[動][形][形動][規則]

요체 戸惑います	당황해해요 タンファンヘヨ	~てください	—
否定 戸惑いません	당황해하지 않아요 タンファンヘハジ アナヨ	~ないでください 戸惑わないでください	당황해하지 마세요 タンファンヘハジ マセヨ
過去 戸惑いました	당황해했어요 タンファンヘヘッソヨ	仮定 戸惑えば	당황해하면 タンファンヘハミョン
現在連体 戸惑う(質問)	당황해하는 (질문) タンファンヘハヌン ジルムン	~たいです	—
過去連体 戸惑った(質問)	당황해한 (질문) タンファンヘハン ジルムン	~て 戸惑って	당황해하고 タンファンヘハゴ
未来連体 戸惑う(質問)	당황해할 (질문) タンファンヘハル ッチルムン	~でしょう 戸惑うでしょう	당황해할 거예요 タンファンヘハル ッコエヨ
~から 戸惑うから	당황해하니까 タンファンヘハニッカ	~と思います 戸惑うと思います	당황해할 것 같아요 タンファンヘハル ッコッ カタヨ
~けれど 戸惑うけれど	당황해하지만 タンファンヘハジマン	意志	—

🐾 「戸惑う」には **망설이다** マンソリダ という言い方もあります。

泊まる　묵다　ムㇰタ　[動][形][形動][規則]

요체 泊まります	묵어요 ムゴヨ	~てください 泊まってください	묵어 주세요 ムゴ ジュセヨ
否定 泊まりません	묵지 않아요 ムㇰチ アナヨ	~ないでください 泊まらないでください	묵지 마세요 ムㇰチ マセヨ
過去 泊まりました	묵었어요 ムゴッソヨ	仮定 泊まれば	묵으면 ムグミョン
現在連体 泊まる(ホテル)	묵는 (호텔) ムンヌ ノテル	~たいです 泊まりたいです	묵고 싶어요 ムㇰコ シポヨ
過去連体 泊まった(ホテル)	묵은 (호텔) ムグ ノテル	~て 泊まって	묵고 ムㇰコ
未来連体 泊まる(ホテル)	묵을 (호텔) ムグ ロテル	~でしょう 泊まるでしょう	묵을 거예요 ムグル ッコエヨ
~から 泊まるから	묵으니까 ムグニッカ	~と思います 泊まると思います	묵을 것 같아요 ムグル ッコッ カタヨ
~けれど 泊まるけれど	묵지만 ムㇰチマン	意志 泊まります	묵겠어요 ムㇰケッソヨ

ひと言フレーズ 伝統家屋に泊まりたいです。
전통가옥에 묵고 싶어요. チョントンガオゲ ムㇰコ シポヨ

止まる　멈추다　モムチュダ　動 形 形動 規則

丁体 止まります	멈춰요	モムチュオヨ
否定 止まりません	멈추지 않아요	モムチュジ アナヨ
過去 止まりました	멈췄어요	モムチュオッソヨ
現在連体 止まる(車)	멈추는 (차)	モムチュヌン チャ
過去連体 止まった(車)	멈춘 (차)	モムチュン チャ
未来連体 止まる(車)	멈출 (차)	モムチュル チャ
〜から 止まるから	멈추니까	モムチュニッカ
〜けれど 止まるけれど	멈추지만	モムチュジマン
〜てください 止まってください	멈춰 주세요	モムチュオ ジュセヨ
〜ないでください 止まらないでください	멈추지 마세요	モムチュジ マセヨ
仮定 止まれば	멈추면	モムチュミョン
〜たいです 止まりたいです	멈추고 싶어요	モムチュゴ シポヨ
〜て 止まって	멈추고	モムチュゴ
〜でしょう 止まるでしょう	멈출 거예요	モムチュル ッコエヨ
〜と思います 止まると思います	멈출 것 같아요	モムチュル ッコッ カタヨ
意志 止まります	멈추겠어요	モムチュゲッソヨ

「止まる」には 서다 ソダ、그치다 クチダ も使います。

止める／止めさせる　말리다　マルリダ　動 形 形動 規則

丁体 止めます	말려요	マルリョヨ
否定 止めません	말리지 않아요	マルリジ アナヨ
過去 止めました	말렸어요	マルリョッソヨ
現在連体 止める(ケンカ)	말리는 (싸움)	マルリヌン ッサウム
過去連体 止めた(ケンカ)	말린 (싸움)	マルリン ッサウム
未来連体 止める(ケンカ)	말릴 (싸움)	マルリル ッサウム
〜から 止めるから	말리니까	マルリニッカ
〜けれど 止めるけれど	말리지만	マルリジマン
〜てください 止めてください	말려 주세요	マルリョ ジュセヨ
〜ないでください 止めないでください	말리지 마세요	マルリジ マセヨ
仮定 止めれば	말리면	マルリミョン
〜たいです 止めたいです	말리고 싶어요	マルリゴ シポヨ
〜て 止めて	말리고	マルリゴ
〜でしょう 止めるでしょう	말릴 거예요	マルリル ッコエヨ
〜と思います 止めると思います	말릴 것 같아요	マルリル ッコッ カタヨ
意志 止めます	말리겠어요	マルリゲッソヨ

「(車を) 止める」は (차를) 세우다 (チャルル) セウダ と言います。

伴う　따르다　ッタルダ

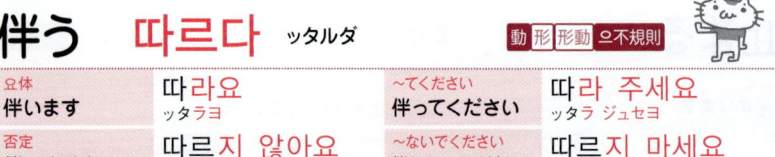

活用に注意！
動 形 形動 으不規則

요体 伴います	따라요 ッタラヨ	〜てください 伴ってください	따라 주세요 ッタラ ジュセヨ
否定 伴いません	따르지 않아요 ッタルジ アナヨ	〜ないでください 伴わないでください	따르지 마세요 ッタルジ マセヨ
過去 伴いました	따랐어요 ッタラッソヨ	仮定 伴えば	따르면 ッタルミョン
現在連体 伴う（危険）	따르는（위험） ッタルヌ ヌィホム	〜たいです 伴いたいです	따르고 싶어요 ッタルゴ シポヨ
過去連体 伴った（危険）	따른（위험） ッタル ヌィホム	〜て 伴って	따르고 ッタルゴ
未来連体 伴う（危険）	따를（위험） ッタル ルィホム	〜でしょう 伴うでしょう	따를 거예요 ッタルル ッコエヨ
〜から 伴うから	따르니까 ッタルニッカ	〜と思います 伴うと思います	따를 것 같아요 ッタルル ッコッ カタヨ
〜けれど 伴うけれど	따르지만 ッタルジマン	意志 伴います	따르겠어요 ッタルゲッソヨ

🐾 「伴う」には 따라가다 ッタラガダ という言い方もあります。

取り寄せる／持ち込む　들여오다　トゥリョオダ

動 形 形動 規則

요体 取り寄せます	들여와요 トゥリョワヨ	〜てください 取り寄せてください	들여와 주세요 トゥリョワ ジュセヨ
否定 取り寄せません	들여오지 않아요 トゥリョオジ アナヨ	〜ないでください 取り寄せないでください	들여오지 마세요 トゥリョオジ マセヨ
過去 取り寄せました	들여왔어요 トゥリョワッソヨ	仮定 取り寄せれば	들여오면 トゥリョオミョン
現在連体 取り寄せる（機械）	들여오는（기계） トゥリョオヌン ギゲ	〜たいです 取り寄せたいです	들여오고 싶어요 トゥリョオゴ シポヨ
過去連体 取り寄せた（機械）	들여온（기계） トゥリョオン ギゲ	〜て 取り寄せて	들여오고 トゥリョオゴ
未来連体 取り寄せる（機械）	들여올（기계） トゥリョオル ッキゲ	〜でしょう 取り寄せるでしょう	들여올 거예요 トゥリョオル ッコエヨ
〜から 取り寄せるから	들여오니까 トゥリョオニッカ	〜と思います 取り寄せると思います	들여올 것 같아요 トゥリョオル ッコッ カタヨ
〜けれど 取り寄せるけれど	들여오지만 トゥリョオジマン	意志 取り寄せます	들여오겠어요 トゥリョオゲッソヨ

🐾 「（外国の文化を）取り入れる」も 들여오다 と言います。

撮る / 写す (写真を) / 押す　찍다　ッチクタ　[動][形][形動] 規則　**基本単語**

요체 撮ります	찍어요 ッチゴヨ	~てください 撮ってください	찍어 주세요 ッチゴ ジュセヨ
否定 撮りません	찍지 않아요 ッチクチ アナヨ	~ないでください 撮らないでください	찍지 마세요 ッチクチ マセヨ
過去 撮りました	찍었어요 ッチゴッソヨ	仮定 撮れば	찍으면 ッチグミョン
現在連体 撮る(写真)	찍는 (사진) ッチンヌン サジン	~たいです 撮りたいです	찍고 싶어요 ッチクコ シポヨ
過去連体 撮った(写真)	찍은 (사진) ッチグン サジン	~て 撮って	찍고 ッチクコ
未来連体 撮る(写真)	찍을 (사진) ッチグル ッサジン	~でしょう 撮るでしょう	찍을 거예요 ッチグル ッコエヨ
~から 撮るから	찍으니까 ッチグニッカ	~と思います 撮ると思います	찍을 것 같아요 ッチグル ッコッ カタヨ
~けれど 撮るけれど	찍지만 ッチクチマン	意志 撮ります	찍겠어요 ッチクケッソヨ

「印刷する」にも 찍다 を使います。

取る (手に)　들다　トゥルダ　[動][形][形動] ㄹ脱落　**活用に注意!**　**基本単語**

요체 取ります	들어요 トゥロヨ	~てください 取ってください	들어 주세요 トゥロ ジュセヨ
否定 取りません	들지 않아요 トゥルジ アナヨ	~ないでください 取らないでください	들지 마세요 トゥルジ マセヨ
過去 取りました	들었어요 トゥロッソヨ	仮定 取れば	들면 トゥルミョン
現在連体 取る(本)	드는 (책) トゥヌン チェク	~たいです 取りたいです	들고 싶어요 トゥルゴ シポヨ
過去連体 取った(本)	든 (책) トゥン チェク	~て 取って	들고 トゥルゴ
未来連体 取る(本)	들 (책) トゥル チェク	~でしょう 取るでしょう	들 거예요 トゥル ッコエヨ
~から 取るから	드니까 トゥニッカ	~と思います 取ると思います	들 것 같아요 トゥル ッコッ カタヨ
~けれど 取るけれど	들지만 トゥルジマン	意志 取ります	들겠어요 トゥルゲッソヨ

「(手に) 取る」は (손에) 쥐다 (ソネ) チュィダ とも言います。

取れる　떨어지다　ットロジダ
[動 形 形動 規則]

要体 取れます	떨어져요 ットロジョヨ	~てください	
否定 取れません	떨어지지 않아요 ットロジジ アナヨ	~ないでください	
過去 取れました	떨어졌어요 ットロジョッソヨ	仮定 取れれば	떨어지면 ットロジミョン
現在連体 取れる(取っ手)	떨어지는 (손잡이) ットロジヌン ソンジャビ	~たいです	
過去連体 取れた(取っ手)	떨어진 (손잡이) ットロジン ソンジャビ	~て 取れて	떨어지고 ットロジゴ
未来連体 取れる(取っ手)	떨어질 (손잡이) ットロジル ッソンジャビ	~でしょう 取れるでしょう	떨어질 거예요 ットロジル ッコエヨ
~から 取れるから	떨어지니까 ットロジニッカ	~と思います 取れると思います	떨어질 것 같아요 ットロジル ッコッ カタヨ
~けれど 取れるけれど	떨어지지만 ットロジジマン	意志	

🐾 「(染みが) 取れる」には (얼룩이) 빠지다 (オルグギ) ッパジダ という表現を使います。

鈍感だ　둔감하다　トゥンガマダ
[動 形 形動 規則]

要体 鈍感です	둔감해요 トゥンガメヨ	~なのに 鈍感なのに	둔감한데 トゥンガマンデ
否定 鈍感ではないです	둔감하지 않아요 トゥンガマジ アナヨ	~でも 鈍感でも	둔감해도 トゥンガメド
過去 鈍感でした	둔감했어요 トゥンガメッソヨ	仮定 鈍感であれば	둔감하면 トゥンガマミョン
過去否定 鈍感ではなかったです	둔감하지 않았어요 トゥンガマジ アナッソヨ	~だけれど 鈍感だけれど	둔감하지만 トゥンガマジマン
現在連体 鈍感な(人)	둔감한 (사람) トゥンガマン サラム	~でしょう 鈍感でしょう	둔감할 거예요 トゥンガマル ッコエヨ
過去連体 鈍感だった(人)	둔감하던 (사람) トゥンガマドン サラム	~そうです 鈍感そうです	둔감한 것 같아요 トゥンガマン ゴッ カタヨ
~で 鈍感で	둔감하고 トゥンガマゴ	~ではないようです 鈍感ではないようです	둔감하지 않은 것 같아요 トゥンガマジ アヌン ゴッ カタヨ
~だから 鈍感だから	둔감하니까 トゥンガマニッカ	~に 鈍感に	둔감하게 トゥンガマゲ

🐾 「鈍感だからです」は 둔감하니까요 トゥンガマニッカヨ と言います。

ない／いない　없다　オプタ　　存在詞　規則　基本単語

요体 ないです	없어요 オプソヨ	～のに ないのに	없는데 オムヌンデ
否定	———	～くても なくても	없어도 オプソド
過去 なかったです	없었어요 オプソッソヨ	仮定 なければ	없으면 オプスミョン
過去否定	———	～けれど ないけれど	없지만 オプチマン
現在連体 ない(もの)	없는（물건） オムヌン ムルゴン	～でしょう ないでしょう	없을 거예요 オプスル ッコエヨ
過去連体 なかった(もの)	없던（물건） オプトン ムルゴン	～ようです ないようです	없는 것 같아요 オムヌン ゴッ カタヨ
～くて なくて	없고 オプコ	～くないようです	———
～から ないから	없으니까 オプスニッカ	～く なく	없게 オプケ

🐾 「ないから」には 없을 테니까 オプスル テニッカ という活用形もあります。

治す／直す　고치다　コチダ　　動　形　形動　規則

요体 治します	고쳐요 コチョヨ	～てください 治してください	고쳐 주세요 コチョ ジュセヨ
否定 治しません	고치지 않아요 コチジ アナヨ	～ないでください 治さないでください	고치지 마세요 コチジ マセヨ
過去 治しました	고쳤어요 コチョッソヨ	仮定 治せば	고치면 コチミョン
現在連体 治す(病)	고치는（병） コチヌン ビョン	～たいです 治したいです	고치고 싶어요 コチゴ シポヨ
過去連体 治した(病)	고친（병） コチン ビョン	～て 治して	고치고 コチゴ
未来連体 治す(病)	고칠（병） コチル ッピョン	～でしょう 治すでしょう	고칠 거예요 コチル ッコエヨ
～から 治すから	고치니까 コチニッカ	～と思います 治すと思います	고칠 것 같아요 コチル ッコッ カタヨ
～けれど 治すけれど	고치지만 コチジマン	意志 治します	고치겠어요 コチゲッソヨ

🐾 「(名前を) 変える」にも 고치다 を使い、(이름을) 고치다 (イルムル) コチダ と言います。

治る／直る　고쳐지다　コチョジダ　[動][形][形動][規則]

なおる／ながい

요体 治ります	고쳐져요 コチョジョヨ	〜てください	
否定 治りません	고쳐지지 않아요 コチョジジ アナヨ	〜ないでください	
過去 治りました	고쳐졌어요 コチョジョッソヨ	仮定 治れば	고쳐지면 コチョジミョン
現在連体 治る(病)	고쳐지는 (병) コチョジヌン ビョン	〜たいです 治りたいです	고쳐지고 싶어요 コチョジゴ シポヨ
過去連体 治った(病)	고쳐진 (병) コチョジン ビョン	〜て 治って	고쳐지고 コチョジゴ
未来連体 治る(病)	고쳐질 (병) コチョジル ッピョン	〜でしょう 治るでしょう	고쳐질 거예요 コチョジル ッコエヨ
〜から 治るから	고쳐지니까 コチョジニッカ	〜と思います 治ると思います	고쳐질 것 같아요 コチョジル ッコッ カタヨ
〜けれど 治るけれど	고쳐지지만 コチョジジマン	意志	

ひと言フレーズ 手術すれば、病気は治ると思います。
수술하면, 병이 고쳐질 것 같아요. ススラミョン ピョンイ コチョジル ッコッ カタヨ

長い　길다　キルダ　[動][形][形動][ㄹ脱落]　活用に注意！　基本単語

요体 長いです	길어요 キロヨ	〜のに 長いのに	긴데 キンデ
否定 長くないです	길지 않아요 キルジ アナヨ	〜くても 長くても	길어도 キロド
過去 長かったです	길었어요 キロッソヨ	仮定 長ければ	길면 キルミョン
過去否定 長くなかったです	길지 않았어요 キルジ アナッソヨ	〜けれど 長いけれど	길지만 キルジマン
現在連体 長い(髪)	긴 (머리) キン モリ	〜でしょう 長いでしょう	길 거예요 キル ッコエヨ
過去連体 長かった(髪)	길던 (머리) キルドン モリ	〜ようです 長いようです	긴 것 같아요 キン ゴッ カタヨ
〜くて 長くて	길고 キルゴ	〜くないようです 長くないようです	길지 않은 것 같아요 キルジ アヌン ゴッ カタヨ
〜から 長いから	기니까 キニッカ	〜く 長く	길게 キルゲ

「(道のりが)長い」は(길이)멀다(キリ)モルダ という表現を使います。

泣かす　울리다　ウルリダ

動 形 形動 規則

丁寧 泣かします	울려요	ウルリョヨ
否定 泣かしません	울리지 않아요	ウルリジ アナヨ
過去 泣かしました	울렸어요	ウルリョッソヨ
現在連体 泣かす(話)	울리는 (이야기)	ウルリヌン ニヤギ
過去連体 泣かした(話)	울린 (이야기)	ウルリン ニヤギ
未来連体 泣かす(話)	울릴 (이야기)	ウルリル リヤギ
～から 泣かすから	울리니까	ウルリニッカ
～けれど 泣かすけれど	울리지만	ウルリジマン
～てください 泣かしてください	울려 주세요	ウルリョ ジュセヨ
～ないでください 泣かさないでください	울리지 마세요	ウルリジ マセヨ
仮定 泣かせば	울리면	ウルリミョン
～たいです 泣かしたいです	울리고 싶어요	ウルリゴ シポヨ
～て 泣かして	울리고	ウルリゴ
～でしょう 泣かすでしょう	울릴 거예요	ウルリル ッコエヨ
～と思います 泣かすと思います	울릴 것 같아요	ウルリル ッコッ カタヨ
意志 泣かします	울리겠어요	ウルリゲッソヨ

🐾 「泣かす」には 애먹이다 エモギダ という言い方もあります。

流す　흘리다　フルリダ

動 形 形動 規則

丁寧 流します	흘려요	フルリョヨ
否定 流しません	흘리지 않아요	フルリジ アナヨ
過去 流しました	흘렸어요	フルリョッソヨ
現在連体 流す(涙)	흘리는 (눈물)	フルリヌン ヌンムル
過去連体 流した(涙)	흘린 (눈물)	フルリン ヌンムル
未来連体 流す(涙)	흘릴 (눈물)	フルリル ヌンムル
～から 流すから	흘리니까	フルリニッカ
～けれど 流すけれど	흘리지만	フルリジマン
～てください 流してください	흘려 주세요	フルリョ ジュセヨ
～ないでください 流さないでください	흘리지 마세요	フルリジ マセヨ
仮定 流せば	흘리면	フルリミョン
～たいです 流したいです	흘리고 싶어요	フルリゴ シポヨ
～て 流して	흘리고	フルリゴ
～でしょう 流すでしょう	흘릴 거예요	フルリル ッコエヨ
～と思います 流すと思います	흘릴 것 같아요	フルリル ッコッ カタヨ
意志 流します	흘리겠어요	フルリゲッソヨ

🐾 「(噂を) 流す」には (소문을) 퍼뜨리다 (ソムヌル) ポットゥリダ という表現を使います。

仲たがいする　등지다　トゥンジダ　[動][形][形動][規則]

요체 仲たがいします	등져요 トゥンジョヨ	～てください 仲たがいしてください	등져 주세요 トゥンジョ ジュセヨ
否定 仲たがいしません	등지지 않아요 トゥンジジ アナヨ	～ないでください 仲たがいしないでください	등지지 마세요 トゥンジジ マセヨ
過去 仲たがいしました	등졌어요 トゥンジョッソヨ	仮定 仲たがいすれば	등지면 トゥンジミョン
現在連体 仲たがいする(人)	등지는 (사람) トゥンジヌン サラム	～たいです 仲たがいしたいです	등지고 싶어요 トゥンジゴ シポヨ
過去連体 仲たがいした(人)	등진 (사람) トゥンジン サラム	～て 仲たがいして	등지고 トゥンジゴ
未来連体 仲たがいする(人)	등질 (사람) トゥンジル ッサラム	～でしょう 仲たがいするでしょう	등질 거예요 トゥンジル ッコエヨ
～から 仲たがいするから	등지니까 トゥンジニッカ	～と思います 仲たがいすると思います	등질 것 같아요 トゥンジル ッコッ カタヨ
～けれど 仲たがいするけれど	등지지만 トゥンジジマン	意志 仲たがいします	등지겠어요 トゥンジゲッソヨ

🐾 「仲たがいする」には 틀어지다 トゥロジダ という言い方もあります。

仲直りする　화해하다　ファヘハダ　[動][形][形動][規則]

요체 仲直りします	화해해요 ファヘヘヨ	～てください 仲直りしてください	화해해 주세요 ファヘヘ ジュセヨ
否定 仲直りしません	화해하지 않아요 ファヘハジ アナヨ	～ないでください 仲直りしないでください	화해하지 마세요 ファヘハジ マセヨ
過去 仲直りしました	화해했어요 ファヘヘッソヨ	仮定 仲直りすれば	화해하면 ファヘハミョン
現在連体 仲直りする(友達)	화해하는 (친구) ファヘハヌン チング	～たいです 仲直りしたいです	화해하고 싶어요 ファヘハゴ シポヨ
過去連体 仲直りした(友達)	화해한 (친구) ファヘハン チング	～て 仲直りして	화해하고 ファヘハゴ
未来連体 仲直りする(友達)	화해할 (친구) ファヘハル チング	～でしょう 仲直りするでしょう	화해할 거예요 ファヘハル ッコエヨ
～から 仲直りするから	화해하니까 ファヘハニッカ	～と思います 仲直りすると思います	화해할 것 같아요 ファヘハル ッコッ カタヨ
～けれど 仲直りするけれど	화해하지만 ファヘハジマン	意志 仲直りします	화해하겠어요 ファヘハゲッソヨ

ひと言フレーズ 親友と仲直りしたいです。
친구하고 화해하고 싶어요. チングハゴ ファヘハゴ シポヨ

長引く　길어지다　キロジダ　[動][規則]

丁寧形 長引きます	길어져요 キロジョヨ	~てください	
否定 長引きません	길어지지 않아요 キロジジ アナヨ	~ないでください 長引かないでください	길어지지 마세요 キロジジ マセヨ
過去 長引きました	길어졌어요 キロジョッソヨ	仮定 長引けば	길어지면 キロジミョン
現在連体 長引く(話)	길어지는 (얘기) キロジヌン ニェギ	~たいです	
過去連体 長引いた(話)	길어진 (얘기) キロジン ニェギ	~て 長引いて	길어지고 キロジゴ
未来連体 長引く(話)	길어질 (얘기) キロジル リェギ	~でしょう 長引くでしょう	길어질 거예요 キロジル ッコエヨ
~から 長引くから	길어지니까 キロジニッカ	~と思います 長引くと思います	길어질 것 같아요 キロジル ッコッ カタヨ
~けれど 長引くけれど	길어지지만 キロジジマン	意志	

「長引く」は **지연되다** チヨンドェダ とも言います。

眺める　바라보다　パラボダ　[動][規則]

丁寧形 眺めます	바라봐요 パラブァヨ	~てください 眺めてください	바라봐 주세요 パラブァ ジュセヨ
否定 眺めません	바라보지 않아요 パラボジ アナヨ	~ないでください 眺めないでください	바라보지 마세요 パラボジ マセヨ
過去 眺めました	바라봤어요 パラブァッソヨ	仮定 眺めれば	바라보면 パラボミョン
現在連体 眺める(星)	바라보는 (별) パラボヌン ビョル	~たいです 眺めたいです	바라보고 싶어요 パラボゴ シポヨ
過去連体 眺めた(星)	바라본 (별) パラボン ビョル	~て 眺めて	바라보고 パラボゴ
未来連体 眺める(星)	바라볼 (별) パラボル ッピョル	~でしょう 眺めるでしょう	바라볼 거예요 パラボル ッコエヨ
~から 眺めるから	바라보니까 パラボニッカ	~と思います 眺めると思います	바라볼 것 같아요 パラボル ッコッ カタヨ
~けれど 眺めるけれど	바라보지만 パラボジマン	意志 眺めます	바라보겠어요 パラボゲッソヨ

「眺める」には **쳐다보다** チョダボダ という言い方もあります。

流れる　흐르다　フルダ
動 / 形 / 形動 / ㄹ不規則

요体 流れます	흘러요 フルロヨ	~てください	
否定 流れません	흐르지 않아요 フルジ アナヨ	~ないでください 流れないでください	흐르지 마세요 フルジ マセヨ
過去 流れました	흘렀어요 フルロッソヨ	仮定 流れれば	흐르면 フルミョン
現在連体 流れる(水)	흐르는 (물) フルヌン ムル	~たいです	
過去連体 流れた(水)	흐른 (물) フルン ムル	~て 流れて	흐르고 フルゴ
未来連体 流れる(水)	흐를 (물) フルル ムル	~でしょう 流れるでしょう	흐를 거예요 フルル ッコエヨ
~から 流れるから	흐르니까 フルニッカ	~と思います 流れると思います	흐를 것 같아요 フルル ッコッ カタヨ
~けれど 流れるけれど	흐르지만 フルジマン	意志	

🐾 「(匂いや香りが) 流れる」には 풍기다 プンギダ を使います。

泣く／鳴く　울다　ウルダ
動 / 形 / 形動 / ㄹ脱落　**基本単語**

요体 泣きます	울어요 ウロヨ	~てください 泣いてください	울어 주세요 ウロ ジュセヨ
否定 泣きません	울지 않아요 ウルジ アナヨ	~ないでください 泣かないでください	울지 마세요 ウルジ マセヨ
過去 泣きました	울었어요 ウロッソヨ	仮定 泣けば	울면 ウルミョン
現在連体 泣く(子供)	우는 (아이) ウヌン ナイ	~たいです 泣きたいです	울고 싶어요 ウルゴ シポヨ
過去連体 泣いた(子供)	운 (아이) ウン ナイ	~て 泣いて	울고 ウルゴ
未来連体 泣く(子供)	울 (아이) ウル ライ	~でしょう 泣くでしょう	울 거예요 ウル ッコエヨ
~から 泣くから	우니까 ウニッカ	~と思います 泣くと思います	울 것 같아요 ウル ッコッ カタヨ
~けれど 泣くけれど	울지만 ウルジマン	意志 泣きます	울겠어요 ウルゲッソヨ

🐾 「泣きません」には 안 울어요 ア ヌロヨ という活用形もあります。

慰める　위로하다　ウィロハダ　[動形][形動][規則]

丁寧体 慰めます	위로해요 ウィロヘヨ	~てください 慰めてください	위로해 주세요 ウィロヘ ジュセヨ
否定 慰めません	위로하지 않아요 ウィロハジ アナヨ	~ないでください 慰めないでください	위로하지 마세요 ウィロハジ マセヨ
過去 慰めました	위로했어요 ウィロヘッソヨ	仮定 慰めれば	위로하면 ウィロハミョン
現在連体 慰める（人）	위로하는 (사람) ウィロハヌン サラム	~たいです 慰めたいです	위로하고 싶어요 ウィロハゴ シポヨ
過去連体 慰めた（人）	위로한 (사람) ウィロハン サラム	~て 慰めて	위로하고 ウィロハゴ
未来連体 慰める（人）	위로할 (사람) ウィロハル ッサラム	~でしょう 慰めるでしょう	위로할 거예요 ウィロハル ッコエヨ
~から 慰めるから	위로하니까 ウィロハニッカ	~と思います 慰めると思います	위로할 것 같아요 ウィロハル ッコッ カタヨ
~けれど 慰めるけれど	위로하지만 ウィロハジマン	意志 慰めます	위로하겠어요 ウィロハゲッソヨ

🐾 「慰める」には 달래다 タルレダ も使いますが、달래다 には「なだめる」の意味もあります。

なくす／失う　잃다　イルタ　[動形][形動][規則]　基本単語

丁寧体 なくします	잃어요 イロヨ	~てください なくしてください	잃어 주세요 イロ ジュセヨ
否定 なくしません	잃지 않아요 イルチ アナヨ	~ないでください なくさないでください	잃지 마세요 イルチ マセヨ
過去 なくしました	잃었어요 イロッソヨ	仮定 なくせば	잃으면 イルミョン
現在連体 なくす（信用）	잃는 (신용) イルルン シニョン	~たいです なくしたいです	잃고 싶어요 イルコ シポヨ
過去連体 なくした（信用）	잃은 (신용) イルン シニョン	~て なくして	잃고 イルコ
未来連体 なくす（信用）	잃을 (신용) イルル ッシニョン	~でしょう なくすでしょう	잃을 거예요 イルル ッコエヨ
~から なくすから	잃으니까 イルニッカ	~と思います なくすと思います	잃을 것 같아요 イルル ッコッ カタヨ
~けれど なくすけれど	잃지만 イルチマン	意志 なくします	잃겠어요 イルケッソヨ

ひと言フレーズ　お財布をなくしました。
지갑을 잃었어요. チガブル イロッソヨ

亡くなる　돌아가시다　トラガシダ

動 形 形動 規則

요체 亡くなります	돌아가세요 トラガセヨ	~てください	———
否定 亡くなりません	돌아가시지 않아요 トラガシジ アナヨ	~ないでください 亡くならないでください	돌아가시지 마세요 トラガシジ マセヨ
過去 亡くなりました	돌아가셨어요 トラガショッソヨ	仮定 亡くなれば	돌아가시면 トラガシミョン
現在連体 亡くなる(人)	돌아가시는 (사람) トラガシヌン サラム	~たいです	———
過去連体 亡くなった(人)	돌아가신 (사람) トラガシン サラム	~て 亡くなって	돌아가시고 トラガシゴ
未来連体 亡くなる(人)	돌아가실 (사람) トラガシル ッサラム	~でしょう 亡くなるでしょう	돌아가실 거예요 トラガシル ッコエヨ
~から 亡くなるから	돌아가시니까 トラガシニッカ	~と思います 亡くなると思います	돌아가실 것 같아요 トラガシル ッコッ カタヨ
~けれど 亡くなるけれど	돌아가시지만 トラガシジマン	意志	———

「お帰りになる」も **돌아가시다** と言います。

無くなる　없어지다　オプソジダ

動 形 形動 規則

요체 無くなります	없어져요 オプソジョヨ	~てください 無くなってください	없어져 주세요 オプソジョ ジュセヨ
否定 無くなりません	없어지지 않아요 オプソジジ アナヨ	~ないでください 無くならないでください	없어지지 마세요 オプソジジ マセヨ
過去 無くなりました	없어졌어요 オプソジョッソヨ	仮定 無くなれば	없어지면 オプソジミョン
現在連体 無くなる(痛み)	없어지는 (아픔) オプソジヌン ナプム	~たいです 無くなりたいです	없어지고 싶어요 オプソジゴ シポヨ
過去連体 無くなった(痛み)	없어진 (아픔) オプソジ ナプム	~て 無くなって	없어지고 オプソジゴ
未来連体 無くなる(痛み)	없어질 (아픔) オプソジ ラプム	~でしょう 無くなるでしょう	없어질 거예요 オプソジル ッコエヨ
~から 無くなるから	없어지니까 オプソジニッカ	~と思います 無くなると思います	없어질 것 같아요 オプソジル ッコッ カタヨ
~けれど 無くなるけれど	없어지지만 オプソジジマン	意志 無くなります	없어지겠어요 オプソジゲッソヨ

「無くなったので」は **없어져서** オプソジョソ と言います。

殴る　때리다　ッテリダ　動 形 形動 規則

요체 殴ります	때려요 ッテリョヨ	~てください 殴ってください	때려 주세요 ッテリョ ジュセヨ
否定 殴りません	때리지 않아요 ッテリジ アナヨ	~ないでください 殴らないでください	때리지 마세요 ッテリジ マセヨ
過去 殴りました	때렸어요 ッテリョッソヨ	仮定 殴れば	때리면 ッテリミョン
現在連体 殴る(相手)	때리는 (상대) ッテリヌン サンデ	~たいです 殴りたいです	때리고 싶어요 ッテリゴ シポヨ
過去連体 殴った(相手)	때린 (상대) ッテリン サンデ	~て 殴って	때리고 ッテリゴ
未来連体 殴る(相手)	때릴 (상대) ッテリル ッサンデ	~でしょう 殴るでしょう	때릴 거예요 ッテリル ッコエヨ
~から 殴るから	때리니까 ッテリニッカ	~と思います 殴ると思います	때릴 것 같아요 ッテリル ッコッ カタヨ
~けれど 殴るけれど	때리지만 ッテリジマン	意志 殴ります	때리겠어요 ッテリゲッソヨ

「殴る」には 치다 チダ という言い方もあります。

嘆かわしい／情けない　한심하다　ハンシマダ　動 形 形動 規則

요체 嘆かわしいです	한심해요 ハンシメヨ	~のに 嘆かわしいのに	한심한데 ハンシマンデ
否定 嘆かわしくないです	한심하지 않아요 ハンシマジ アナヨ	~くても 嘆かわしくても	한심해도 ハンシメド
過去 嘆かわしかったです	한심했어요 ハンシメッソヨ	仮定 嘆かわしければ	한심하면 ハンシマミョン
過去否定 嘆かわしくなかったです	한심하지 않았어요 ハンシマジ アナッソヨ	~けれど 嘆かわしいけれど	한심하지만 ハンシマジマン
現在連体 嘆かわしい(人)	한심한 (사람) ハンシマン サラム	~でしょう 嘆かわしいでしょう	한심할 거예요 ハンシマル ッコエヨ
過去連体 嘆かわしかった(人)	한심하던 (사람) ハンシマドン サラム	~ようです 嘆かわしいようです	한심한 것 같아요 ハンシマン ゴッ カタヨ
~くて 嘆かわしくて	한심하고 ハンシマゴ	~くないようです 嘆かわしくないようです	한심하지 않은 것 같아요 ハンシマジ アヌン ゴッ カタヨ
~から 嘆かわしいから	한심하니까 ハンシマニッカ	~く 嘆かわしく	한심하게 ハンシマゲ

ひと言フレーズ　嘆かわしい事件ですね。
한심한 사건이네요. ハンシマン サッコニネヨ

嘆く　한탄하다　ハンタナダ

動 形 形動 規則

丁寧 嘆きます	한탄해요 ハンタネヨ	～てください 嘆いてください	한탄해 주세요 ハンタネ ジュセヨ
否定 嘆きません	한탄하지 않아요 ハンタナジ アナヨ	～ないでください 嘆かないでください	한탄하지 마세요 ハンタナジ マセヨ
過去 嘆きました	한탄했어요 ハンタネッソヨ	仮定 嘆けば	한탄하면 ハンタナミョン
現在連体 嘆く(事柄)	한탄하는 (일) ハンタナヌン ニル	～たいです 嘆きたいです	한탄하고 싶어요 ハンタナゴ シポヨ
過去連体 嘆いた(事柄)	한탄한 (일) ハンタナン ニル	～て 嘆いて	한탄하고 ハンタナゴ
未来連体 嘆く(事柄)	한탄할 (일) ハンタナル リル	～でしょう 嘆くでしょう	한탄할 거예요 ハンタナル ッコエヨ
～から 嘆くから	한탄하니까 ハンタナニッカ	～と思います 嘆くと思います	한탄할 것 같아요 ハンタナル ッコッ カタヨ
～けれど 嘆くけれど	한탄하지만 ハンタナジマン	意志 嘆きます	한탄하겠어요 ハンタナゲッソヨ

「嘆く」には 분개하다 ブンゲハダ という言い方もあります。

投げる　던지다　トンジダ

動 形 形動 規則

丁寧 投げます	던져요 トンジョヨ	～てください 投げてください	던져 주세요 トンジョ ジュセヨ
否定 投げません	던지지 않아요 トンジジ アナヨ	～ないでください 投げないでください	던지지 마세요 トンジジ マセヨ
過去 投げました	던졌어요 トンジョッソヨ	仮定 投げれば	던지면 トンジミョン
現在連体 投げる(ボール)	던지는 (공) トンジヌン ゴン	～たいです 投げたいです	던지고 싶어요 トンジゴ シポヨ
過去連体 投げた(ボール)	던진 (공) トンジン ゴン	～て 投げて	던지고 トンジゴ
未来連体 投げる(ボール)	던질 (공) トンジル ッコン	～でしょう 投げるでしょう	던질 거예요 トンジル ッコエヨ
～から 投げるから	던지니까 トンジニッカ	～と思います 投げると思います	던질 것 같아요 トンジル ッコッ カタヨ
～けれど 投げるけれど	던지지만 トンジジマン	意志 投げます	던지겠어요 トンジゲッソヨ

「(試合を)投げる」には (시합을) 포기하다 (シハブル) ポギハダ という表現を使います。

和む　누그러지다　ヌグロジダ　[動形][形動][規則]

요체 和みます	누그러져요 ヌグロジョヨ	～てください 和んでください	누그러져 주세요 ヌグロジョ ジュセヨ
否定 和みません	누그러지지 않아요 ヌグロジジ アナヨ	～ないでください 和まないでください	누그러지지 마세요 ヌグロジジ マセヨ
過去 和みました	누그러졌어요 ヌグロジョッソヨ	仮定 和めば	누그러지면 ヌグロジミョン
現在連体 和む（雰囲気）	누그러지는 (분위기) ヌグロジヌン ブヌィギ	～たいです 和みたいです	누그러지고 싶어요 ヌグロジゴ シポヨ
過去連体 和んだ（雰囲気）	누그러진 (분위기) ヌグロジン ブヌィギ	～て 和んで	누그러지고 ヌグロジゴ
未来連体 和む（雰囲気）	누그러질 (분위기) ヌグロジル ップヌィギ	～でしょう 和むでしょう	누그러질 거예요 ヌグロジル ッコエヨ
～から 和むから	누그러지니까 ヌグロジニッカ	～と思います 和むと思います	누그러질 것 같아요 ヌグロジル ッコッ カタヨ
～けれど 和むけれど	누그러지지만 ヌグロジジマン	意志 和みます	누그러지겠어요 ヌグロジゲッソヨ

「（物価が）安くなる」にも 누그러지다 を使います。

情けない／嘆かわしい　한심하다　ハンシマダ　[動形][形動][規則]

요체 情けないです	한심해요 ハンシメヨ	～のに 情けないのに	한심한데 ハンシマンデ
否定 情けなくないです	한심하지 않아요 ハンシマジ アナヨ	～くても 情けなくても	한심해도 ハンシメド
過去 情けなかったです	한심했어요 ハンシメッソヨ	仮定 情けなければ	한심하면 ハンシマミョン
過去否定 情けなくなかったです	한심하지 않았어요 ハンシマジ アナッソヨ	～けれど 情けないけれど	한심하지만 ハンシマジマン
現在連体 情けない（人）	한심한 (사람) ハンシマン サラム	～でしょう 情けないでしょう	한심할 거예요 ハンシマル ッコエヨ
過去連体 情けなかった（人）	한심하던 (사람) ハンシマドン サラム	～ようです 情けないようです	한심한 것 같아요 ハンシマン ゴッ カタヨ
～くて 情けなくて	한심하고 ハンシマゴ	～くないようです 情けなくないようです	한심하지 않은 것 같아요 ハンシマジ アヌン ゴッ カタヨ
～から 情けないから	한심하니까 ハンシマニッカ	～く 情けなく	한심하게 ハンシマゲ

「情けない」には 비참하다 ピチャマダ という言い方もあります。

懐かしい／恋しい　그립다　クリプタ　動 形 形動 ㅂ不規則

活用に注意！

丁体 懐かしいです	그리워요 クリウォヨ	～のに 懐かしいのに	그리운데 クリウンデ
否定 懐かしくないです	그립지 않아요 クリプチ アナヨ	～くても 懐かしくても	그리워도 クリウォド
過去 懐かしかったです	그리웠어요 クリウォッソヨ	仮定 懐かしければ	그리우면 クリウミョン
過去否定 懐かしくなかったです	그립지 않았어요 クリプチ アナッソヨ	～けれど 懐かしいけれど	그립지만 クリプチマン
現在連体 懐かしい（話）	그리운 (얘기) クリウン ニェギ	～でしょう 懐かしいでしょう	그리울 거예요 クリウル ッコエヨ
過去連体 懐かしかった（話）	그리던 (얘기) クリドン ニェギ	～ようです 懐かしいようです	그리운 것 같아요 クリウン ゴッ カタヨ
～くて 懐かしくて	그립고 クリプコ	～くないようです 懐かしくないようです	그립지 않은 것 같아요 クリプチ アヌン ゴッ カタヨ
～から 懐かしいから	그리우니까 クリウニッカ	～く 懐かしく	그립게 クリプケ

「懐かしい」には 정답다 チョンダプタ という言い方もあります。

なでる　어루만지다　オルマンジダ　動 形 形動 規則

丁体 なでます	어루만져요 オルマンジョヨ	～てください なでてください	어루만져 주세요 オルマンジョ ジュセヨ
否定 なでません	어루만지지 않아요 オルマンジジ アナヨ	～ないでください なでないでください	어루만지지 마세요 オルマンジジ マセヨ
過去 なでました	어루만졌어요 オルマンジョッソヨ	仮定 なでれば	어루만지면 オルマンジミョン
現在連体 なでる（頭）	어루만지는 (머리) オルマンジヌン モリ	～たいです なでたいです	어루만지고 싶어요 オルマンジゴ シポヨ
過去連体 なでた（頭）	어루만진 (머리) オルマンジン モリ	～て なでて	어루만지고 オルマンジゴ
未来連体 なでる（頭）	어루만질 (머리) オルマンジル モリ	～でしょう なでるでしょう	어루만질 거예요 オルマンジル ッコエヨ
～から なでるから	어루만지니까 オルマンジニッカ	～と思います なでると思います	어루만질 것 같아요 オルマンジル ッコッ カタヨ
～けれど なでるけれど	어루만지지만 オルマンジジマン	意志 なでます	어루만지겠어요 オルマンジゲッソヨ

「（髪を）なでる／とかす」には 빗질하다 ピッチルハダ という言葉を使います。

生意気だ　건방지다　コンバンジダ　[動][形][形動][規則]

요체 生意気です	건방져요 コンバンジョヨ	〜なのに 生意気なのに	건방진데 コンバンジンデ
否定 生意気ではないです	건방지지 않아요 コンバンジジ アナヨ	〜でも 生意気でも	건방져도 コンバンジョド
過去 生意気でした	건방졌어요 コンバンジョッソヨ	仮定 生意気ならば	건방지면 コンバンジミョン
過去否定 生意気ではなかったです	건방지지 않았어요 コンバンジジ アナッソヨ	〜だけれど 生意気だけれど	건방지지만 コンバンジジマン
現在連体 生意気な(子供)	건방진 (아이) コンバンジ ナイ	〜でしょう 生意気でしょう	건방질 거예요 コンバンジル ッコエヨ
過去連体 生意気だった(子供)	건방지던 (아이) コンバンジドン ナイ	〜そうです 生意気そうです	건방진 것 같아요 コンバンジン ゴッ カタヨ
〜で 生意気で	건방지고 コンバンジゴ	〜ではないようです 生意気ではないようです	건방지지 않은 것 같아요 コンバンジジ アヌン ゴッ カタヨ
〜だから 生意気だから	건방지니까 コンバンジニッカ	〜に 生意気に	건방지게 コンバンジゲ

「生意気だ」は **주제넘다** チュジェノムッタ とも言います。

生ぬるい　미지근하다　ミジグナダ　[動][形][形動][規則]

요체 生ぬるいです	미지근해요 ミジグネヨ	〜のに 生ぬるいのに	미지근한데 ミジグナンデ
否定 生ぬるくないです	미지근하지 않아요 ミジグナジ アナヨ	〜くても 生ぬるくても	미지근해도 ミジグネド
過去 生ぬるかったです	미지근했어요 ミジグネッソヨ	仮定 生ぬるければ	미지근하면 ミジグナミョン
過去否定 生ぬるくなかったです	미지근하지 않았어요 ミジグナジ アナッソヨ	〜けれど 生ぬるいけれど	미지근하지만 ミジグナジマン
現在連体 生ぬるい(処罰)	미지근한 (처벌) ミジグナン チョボル	〜でしょう 生ぬるいでしょう	미지근할 거예요 ミジグナル ッコエヨ
過去連体 生ぬるかった(処罰)	미지근하던 (처벌) ミジグナドン チョボル	〜ようです 生ぬるいようです	미지근한 것 같아요 ミジグナン ゴッ カタヨ
〜くて 生ぬるくて	미지근하고 ミジグナゴ	〜くないようです 生ぬるくないようです	미지근하지 않은 것 같아요 ミジグナジ アヌン ゴッ カタヨ
〜から 生ぬるいから	미지근하니까 ミジグナニッカ	〜く 生ぬるく	미지근하게 ミジグナゲ

「生ぬるい(性格)」には **호리멍덩한 (성격)** フリモンドンハン (ソンッキョク) という表現を使います。

なめる　핥다　ハルッタ

動 / 形 / 形動 / 規則

요체 なめます	핥아요 ハルタヨ	~てください なめてください	핥아 주세요 ハルタ ジュセヨ
否定 なめません	핥지 않아요 ハルッチ アナヨ	~ないでください なめないでください	핥지 마세요 ハルッチ マセヨ
過去 なめました	핥았어요 ハルタッソヨ	仮定 なめれば	핥으면 ハルトゥミョン
現在連体 なめる(飴)	핥는 (사탕) ハルルン サタン	~たいです なめたいです	핥고 싶어요 ハルッコ シポヨ
過去連体 なめた(飴)	핥은 (사탕) ハルトゥン サタン	~て なめて	핥고 ハルッコ
未来連体 なめる(飴)	핥을 (사탕) ハルトゥル ッサタン	~でしょう なめるでしょう	핥을 거예요 ハルトゥル ッコエヨ
~から なめるから	핥으니까 ハルトゥニッカ	~と思います なめると思います	핥을 것 같아요 ハルトゥル ッコ カタヨ
~けれど なめるけれど	핥지만 ハルッチマン	意志 なめます	핥겠어요 ハルッケッソヨ

「なめる」には 맛보다 マッポダ という言い方もあります。

悩ます　괴롭히다　クェロピダ

動 / 形 / 形動 / 規則

요체 悩まします	괴롭혀요 クェロピョヨ	~てください 悩ましてください	괴롭혀 주세요 クェロピョ ジュセヨ
否定 悩ましません	괴롭히지 않아요 クェロピジ アナヨ	~ないでください 悩まさないでください	괴롭히지 마세요 クェロピジ マセヨ
過去 悩ましました	괴롭혔어요 クェロピョッソヨ	仮定 悩ませば	괴롭히면 クェロピミョン
現在連体 悩ます(頭)	괴롭히는 (머리) クェロピヌン モリ	~たいです 悩ましたいです	괴롭히고 싶어요 クェロピゴ シポヨ
過去連体 悩ました(頭)	괴롭힌 (머리) クェロピン モリ	~て 悩まして	괴롭히고 クェロピゴ
未来連体 悩ます(頭)	괴롭힐 (머리) クェロピル モリ	~でしょう 悩ますでしょう	괴롭힐 거예요 クェロピル ッコエヨ
~から 悩ますから	괴롭히니까 クェロピニッカ	~と思います 悩ますと思います	괴롭힐 것 같아요 クェロピル ッコッ カタヨ
~けれど 悩ますけれど	괴롭히지만 クェロピジマン	意志 悩まします	괴롭히겠어요 クェロピゲッソヨ

「悩ます」には 고통을 주다 コトンウル チュダ という表現もあります。

悩む　　고민하다　コミナダ　　動 形 形動 規則

요체 悩みます	고민해요 コミネヨ	～てください 悩んでください	고민해 주세요 コミネ ジュセヨ
否定 悩みません	고민하지 않아요 コミナジ アナヨ	～ないでください 悩まないでください	고민하지 마세요 コミナジ マセヨ
過去 悩みました	고민했어요 コミネッソヨ	仮定 悩めば	고민하면 コミナミョン
現在連体 悩む(姿)	고민하는 (모습) コミナヌン モスプ	～たいです 悩みたいです	고민하고 싶어요 コミナゴ シボヨ
過去連体 悩んだ(姿)	고민한 (모습) コミナン モスプ	～て 悩んで	고민하고 コミナゴ
未来連体 悩む(姿)	고민할 (모습) コミナル モスプ	～でしょう 悩むでしょう	고민할 거예요 コミナル ッコエヨ
～から 悩むから	고민하니까 コミナニッカ	～と思います 悩むと思います	고민할 것 같아요 コミナル ッコッ カタヨ
～けれど 悩むけれど	고민하지만 コミナジマン	意志 悩みます	고민하겠어요 コミナゲッソヨ

🐾 「悩む」には 번민하다 ポンミナダ という言い方もあります。

習う／覚える　　배우다　ペウダ　　動 形 形動 規則

요체 習います	배워요 ペウォヨ	～てください 習ってください	배워 주세요 ペウォ ジュセヨ
否定 習いません	배우지 않아요 ペウジ アナヨ	～ないでください 習わないでください	배우지 마세요 ペウジ マセヨ
過去 習いました	배웠어요 ペウォッソヨ	仮定 習えば	배우면 ペウミョン
現在連体 習う(韓国語)	배우는 (한국어) ペウヌン ナングゴ	～たいです 習いたいです	배우고 싶어요 ペウゴ シボヨ
過去連体 習った(韓国語)	배운 (한국어) ペウン ナングゴ	～て 習って	배우고 ペウゴ
未来連体 習う(韓国語)	배울 (한국어) ペウル ラングゴ	～でしょう 習うでしょう	배울 거예요 ペウル ッコエヨ
～から 習うから	배우니까 ペウニッカ	～と思います 習うと思います	배울 것 같아요 ペウル ッコッ カタヨ
～けれど 習うけれど	배우지만 ペウジマン	意志 習います	배우겠어요 ペウゲッソヨ

ひと言フレーズ　今年は何か楽器を習いたいです。
올해는 뭔가 악기를 배우고 싶어요. オレヌン ムォンガ アクキルル ペウゴ シボヨ

並ぶ　늘어서다　ヌロソダ
動 形 形動 規則

요体 並びます	늘어서요 ヌロソヨ	~てください 並んでください	늘어서 주세요 ヌロソ ジュセヨ
否定 並びません	늘어서지 않아요 ヌロソジ アナヨ	~ないでください 並ばないでください	늘어서지 마세요 ヌロソジ マセヨ
過去 並びました	늘어섰어요 ヌロソッソヨ	仮定 並べば	늘어서면 ヌロソミョン
現在連体 並ぶ(列)	늘어서는 (줄) ヌロソヌン ジュル	~たいです 並びたいです	늘어서고 싶어요 ヌロソゴ シポヨ
過去連体 並んだ(列)	늘어선 (줄) ヌロソン ジュル	~て 並んで	늘어서고 ヌロソゴ
未来連体 並ぶ(列)	늘어설 (줄) ヌロソル ッチュル	~でしょう 並ぶでしょう	늘어설 거예요 ヌロソル ッコエヨ
~から 並ぶから	늘어서니까 ヌロソニッカ	~と思います 並ぶと思います	늘어설 것 같아요 ヌロソル ッコッ カタヨ
~けれど 並ぶけれど	늘어서지만 ヌロソジマン	意志 並びます	늘어서겠어요 ヌロソゲッソヨ

🐾 「並ぶ」は 줄을 서다 チュルル ソダ とも言います。

鳴る　울리다　ウルリダ
動 形 形動 規則

요体 鳴ります	울려요 ウルリョヨ	~てください 鳴ってください	울려 주세요 ウルリョ ジュセヨ
否定 鳴りません	울리지 않아요 ウルリジ アナヨ	~ないでください 鳴らないでください	울리지 마세요 ウルリジ マセヨ
過去 鳴りました	울렸어요 ウルリョッソヨ	仮定 鳴れば	울리면 ウルリミョン
現在連体 鳴る(鐘)	울리는 (종) ウルリヌン ジョン	~たいです 鳴りたいです	울리고 싶어요 ウルリゴ シポヨ
過去連体 鳴った(鐘)	울린 (종) ウルリン ジョン	~て 鳴って	울리고 ウルリゴ
未来連体 鳴る(鐘)	울릴 (종) ウルリル ッチョン	~でしょう 鳴るでしょう	울릴 거예요 ウルリル ッコエヨ
~から 鳴るから	울리니까 ウルリニッカ	~と思います 鳴ると思います	울릴 것 같아요 ウルリル ッコッ カタヨ
~けれど 鳴るけれど	울리지만 ウルリジマン	意志 鳴ります	울리겠어요 ウルリゲッソヨ

🐾 （広く世間に知れわたる）「鳴る」には **알려지다** アルリョジダ という言い方もあります。

なる (ある数量に) 되다 トェダ [動][形][形動] 規則 基本単語

요体 なります	돼요 トェヨ	~てください	
否定 なりません	되지 않아요 トェジ アナヨ	~ないでください	
過去 なりました	됐어요 トェッソヨ	仮定 なれば	되면 トェミョン
現在連体 なる(量)	되는 (양) トェヌン ニャン	~たいです	
過去連体 なった(量)	된 (양) トェン ニャン	~て なって	되고 トェゴ
未来連体 なる(量)	될 (양) トェル リャン	~でしょう なるでしょう	될 거예요 トェル ッコエヨ
~から なるから	되니까 トェニッカ	~と思います なると思います	될 것 같아요 トェル ッコッ カタヨ
~けれど なるけれど	되지만 トェジマン	意志	

🐾 「なりません」は 안 돼요 アンドェヨ とも言います。

なれなれしい 버릇없다 ポルドプタ [存在詞] 規則

요体 なれなれしいです	버릇없어요 ポルドプソヨ	~のに なれなれしいのに	버릇없는데 ポルドムヌンデ
否定 なれなれしくないです	버릇없지 않아요 ポルドプチ アナヨ	~くても なれなれしくても	버릇없어도 ポルドプソド
過去 なれなれしかったです	버릇없었어요 ポルドプソッソヨ	仮定 なれなれしければ	버릇없으면 ポルドプスミョン
過去否定 なれなれしくなかったです	버릇없지 않았어요 ポルドプチ アナッソヨ	~けれど なれなれしいけれど	버릇없지만 ポルドプチマン
現在連体 なれなれしい(人)	버릇없는 (사람) ポルドムヌン サラム	~でしょう なれなれしいでしょう	버릇없을 거예요 ポルドプスル ッコエヨ
過去連体 なれなれしかった(人)	버릇없던 (사람) ポルドプトン サラム	~ようです なれなれしいようです	버릇없는 것 같아요 ポルドムヌン ゴッ カタヨ
~くて なれなれしくて	버릇없고 ポルドプコ	~くないようです なれなれしくないようです	버릇없지 않은 것 같아요 ポルドプチ アヌン ゴッ カタヨ
~から なれなれしいから	버릇없으니까 ポルドプスニッカ	~く なれなれしく	버릇없게 ポルドプケ

🐾 「なれなれしい」には 매우 친하다 メウ チナダ という表現もあります。

慣れる　익숙해지다　イクスケジダ　[動][形][形動][規則]

요体 慣れます	익숙해져요 イクスケジョヨ	～てください 慣れてください	익숙해져 주세요 イクスケジョ ジュセヨ
否定 慣れません	익숙해지지 않아요 イクスケジジ アナヨ	～ないでください 慣れないでください	익숙해지지 마세요 イクスケジジ マセヨ
過去 慣れました	익숙해졌어요 イクスケジョッソヨ	仮定 慣れれば	익숙해지면 イクスケジミョン
現在連体 慣れる（仕事）	익숙해지는（일） イクスケジヌン ニル	～たいです 慣れたいです	익숙해지고 싶어요 イクスケジゴ シポヨ
過去連体 慣れた（仕事）	익숙해진（일） イクスケジン ニル	～て 慣れて	익숙해지고 イクスケジゴ
未来連体 慣れる（仕事）	익숙해질（일） イクスケジル リル	～でしょう 慣れるでしょう	익숙해질 거예요 イクスケジル ッコエヨ
～から 慣れるから	익숙해지니까 イクスケジニッカ	～と思います 慣れると思います	익숙해질 것 같아요 イクスケジル ッコッ カタヨ
～けれど 慣れるけれど	익숙해지지만 イクスケジジマン	意志 慣れます	익숙해지겠어요 イクスケジゲッソヨ

「慣れる」は 길들다 キルドゥルダ とも言います。

似合う／ふさしい　어울리다　オウルリダ　[動][形][形動][規則]

요体 似合います	어울려요 オウルリョヨ	～てください	———
否定 似合いません	어울리지 않아요 オウルリジ アナヨ	～ないでください	———
過去 似合いました	어울렸어요 オウルリョッソヨ	仮定 似合えば	어울리면 オウルリミョン
現在連体 似合う（服）	어울리는（옷） オウルリヌ ノッ	～たいです 似合いたいです	어울리고 싶어요 オウルリゴ シポヨ
過去連体 似合った（服）	어울린（옷） オウルリ ノッ	～て 似合って	어울리고 オウルリゴ
未来連体 似合う（服）	어울릴（옷） オウルリ ロッ	～でしょう 似合うでしょう	어울릴 거예요 オウルリル ッコエヨ
～から 似合うから	어울리니까 オウルリニッカ	～と思います 似合うと思います	어울릴 것 같아요 オウルリル ッコッ カタヨ
～けれど 似合うけれど	어울리지만 オウルリジマン	意志	———

「似合う」には 걸맞다 コルマッタ という言い方もあります。

苦い　쓰다　ッスダ

動 形 形動　ㅇ不規則

요体 苦いです	써요 ッソヨ	～のに 苦いのに	쓴데 ッスンデ
否定 苦くないです	쓰지 않아요 ッスジ アナヨ	～くても 苦くても	써도 ッソド
過去 苦かったです	썼어요 ッソッソヨ	仮定 苦ければ	쓰면 ッスミョン
過去否定 苦くなかったです	쓰지 않았어요 ッスジ アナッソヨ	～けれど 苦いけれど	쓰지만 ッスジマン
現在連体 苦い(コーヒー)	쓴 (커피) ッスン コピ	～でしょう 苦いでしょう	쓸 거예요 ッスル ッコエヨ
過去連体 苦かった(コーヒー)	쓰던 (커피) ッスドン コピ	～ようです 苦いようです	쓴 것 같아요 ッスン ゴッ カタヨ
～くて 苦くて	쓰고 ッスゴ	～くないようです 苦くないようです	쓰지 않은 것 같아요 ッスジ アヌン ゴッ カタヨ
～から 苦いから	쓰니까 ッスニッカ	～く 苦く	쓰게 ッスゲ

🐾 「苦い(顔)」には 언짢은 (얼굴) オンッチャヌ (ノルグル) という表現を使います。

逃がす　놓아주다　ノアジュダ

動 形 形動　規則

요体 逃がします	놓아줘요 ノアジュォヨ	～てください 逃がしてください	놓아주세요 ノアジュセヨ
否定 逃がしません	놓아주지 않아요 ノアジュジ アナヨ	～ないでください 逃がさないでください	놓아주지 마세요 ノアジュジ マセヨ
過去 逃がしました	놓아줬어요 ノアジュォッソヨ	仮定 逃がせば	놓아주면 ノアジュミョン
現在連体 逃がす(魚)	놓아주는 (물고기) ノアジュヌン ムルッコギ	～たいです 逃がしたいです	놓아주고 싶어요 ノアジュゴ シポヨ
過去連体 逃がした(魚)	놓아준 (물고기) ノアジュン ムルッコギ	～て 逃がして	놓아주고 ノアジュゴ
未来連体 逃がす(魚)	놓아줄 (물고기) ノアジュル ムルッコギ	～でしょう 逃がすでしょう	놓아줄 거예요 ノアジュル ッコエヨ
～から 逃がすから	놓아주니까 ノアジュニッカ	～と思います 逃がすと思います	놓아줄 것 같아요 ノアジュル ッコッ カタヨ
～けれど 逃がすけれど	놓아주지만 ノアジュジマン	意志 逃がします	놓아주겠어요 ノアジュゲッソヨ

🐾 「逃がす」には 도피시키다 トピシキダ という言い方もあります。

苦手だ　　서투르다　ソトゥルダ　[動形][形動] 르不規則

活用に注意！

요体 苦手です	서툴러요 ソトゥロヨ	～なのに 苦手なのに	서투른데 ソトゥルンデ
否定 苦手ではないです	서투르지 않아요 ソトゥルジ アナヨ	～でも 苦手でも	서툴러도 ソトゥロド
過去 苦手でした	서툴렀어요 ソトゥルロッソヨ	仮定 苦手ならば	서투르면 ソトゥルミョン
過去否定 苦手ではなかったです	서투르지 않았어요 ソトゥルジ アナッソヨ	～だけれど 苦手だけれど	서투르지만 ソトゥルジマン
現在連体 苦手な(仕事)	서투른 (일) ソトゥルン ニル	～でしょう 苦手でしょう	서투를 거예요 ソトゥルル ッコエヨ
過去連体 苦手だった(仕事)	서투르던 (일) ソトゥルドン ニル	～そうです 苦手そうです	서투른 것 같아요 ソトゥルン ゴッ カタヨ
～で 苦手で	서투르고 ソトゥルゴ	～ではないようです 苦手ではないようです	서투르지 않은 것 같아요 ソトゥルジ アヌン ゴッ カタヨ
～だから 苦手だから	서투르니까 ソトゥルニッカ	～に 苦手に	서투르게 ソトゥルゲ

「苦手でしょうか?」は 서투를까요? ソトゥルルッカヨ? と言います。

にぎやかだ　　번화하다　ポヌァハダ　[動形][形動] 規則

요体 にぎやかです	번화해요 ポヌァヘヨ	～なのに にぎやかなのに	번화한데 ポヌァハンデ
否定 にぎやかではないです	번화하지 않아요 ポヌァハジ アナヨ	～でも にぎやかでも	번화해도 ポヌァヘド
過去 にぎやかでした	번화했어요 ポヌァヘッソヨ	仮定 にぎやかならば	번화하면 ポヌァハミョン
過去否定 にぎやかではなかったです	번화하지 않았어요 ポヌァハジ アナッソヨ	～だけれど にぎやかだけれど	번화하지만 ポヌァハジマン
現在連体 にぎやかな(街)	번화한 (거리) ポヌァハン ゴリ	～でしょう にぎやかでしょう	번화할 거예요 ポヌァハル ッコエヨ
過去連体 にぎやかだった(街)	번화하던 (거리) ポヌァハドン ゴリ	～そうです にぎやかそうです	번화한 것 같아요 ポヌァハン ゴッ カタヨ
～で にぎやかで	번화하고 ポヌァハゴ	～ではないようです にぎやかではないようです	번화하지 않은 것 같아요 ポヌァハジ アヌン ゴッ カタヨ
～だから にぎやかだから	번화하니까 ポヌァハニッカ	～に にぎやかに	번화하게 ポヌァハゲ

「にぎやかだ」には 떠들썩하다 ットゥドゥルッソカダ という言い方もあります。

握る　쥐다　チュィダ　　動 形 形動 規則

요체 握ります	쥐어요 チュィオヨ	~てください 握ってください	쥐어 주세요 チュィオ ジュセヨ
否定 握りません	쥐지 않아요 チュィジ アナヨ	~ないでください 握らないでください	쥐지 마세요 チュィジ マセヨ
過去 握りました	쥐었어요 チュィオッソヨ	仮定 握れば	쥐면 チュィミョン
現在連体 握る(手)	쥐는 (손) チュィヌン ソン	~たいです 握りたいです	쥐고 싶어요 チュィゴ シポヨ
過去連体 握った(手)	쥔 (손) チュィン ソン	~て 握って	쥐고 チュィゴ
未来連体 握る(手)	쥘 (손) チュィル ッソン	~でしょう 握るでしょう	쥘 거예요 チュィル ッコエヨ
~から 握るから	쥐니까 チュィニッカ	~と思います 握ると思います	쥘 것 같아요 チュィル ッコッ カタヨ
~けれど 握るけれど	쥐지만 チュィジマン	意志 握ります	쥐겠어요 チュィゲッソヨ

「握る」は 잡다 チャプタ とも言います。

にぎわう　북적거리다　プチョクコリダ　　動 形 形動 規則

요체 にぎわいます	북적거려요 プチョクコリョヨ	~てください にぎわってください	북적거려 주세요 プチョクコリョ ジュセヨ
否定 にぎわいません	북적거리지 않아요 プチョクコリジ アナヨ	~ないでください にぎわわないでください	북적거리지 마세요 プチョクコリジ マセヨ
過去 にぎわいました	북적거렸어요 プチョクコリョッソヨ	仮定 にぎわえば	북적거리면 プチョクコリミョン
現在連体 にぎわう(街)	북적거리는 (거리) プチョクコリヌン ゴリ	~たいです にぎわいたいです	북적거리고 싶어요 プチョクコリゴ シポヨ
過去連体 にぎわった(街)	북적거린 (거리) プチョクコリン ゴリ	~て にぎわって	북적거리고 プチョクコリゴ
未来連体 にぎわう(街)	북적거릴 (거리) プチョクコリル ッコリ	~でしょう にぎわうでしょう	북적거릴 거예요 プチョクコリル ッコエヨ
~から にぎわうから	북적거리니까 プチョクコリニッカ	~と思います にぎわうと思います	북적거릴 것 같아요 プチョクコリル ッコッ カタヨ
~けれど にぎわうけれど	북적거리지만 プチョクコリジマン	意志 にぎわいます	북적거리겠어요 プチョクコリゲッソヨ

ひと言フレーズ　大勢の観光客でにぎわいます。
많은 관광객들로 북적거려요. マヌン クァングァンゲクトゥルロ プチョクコリョヨ

憎い　밉다　ミプタ

動 形 形動 ㅂ不規則　活用に注意！

요체 憎いです	미워요 ミウォヨ	～のに 憎いのに	미운데 ミウンデ
否定 憎くないです	밉지 않아요 ミプチ アナヨ	～くても 憎くても	미워도 ミウォド
過去 憎かったです	미웠어요 ミウォッソヨ	仮定 憎ければ	미우면 ミウミョン
過去否定 憎くなかったです	밉지 않았어요 ミプチ アナッソヨ	～けれど 憎いけれど	밉지만 ミプチマン
現在連体 憎い(人)	미운 (사람) ミウン サラム	～でしょう 憎いでしょう	미울 거예요 ミウル ッコエヨ
過去連体 憎かった(人)	밉던 (사람) ミプトン サラム	～ようです 憎いようです	미운 것 같아요 ミウン ゴッ カタヨ
～くて 憎くて	밉고 ミプコ	～くないようです 憎くないようです	밉지 않은 것 같아요 ミプチ アヌン ゴッ カタヨ
～から 憎いから	미우니까 ミウニッカ	～く 憎く	밉게 ミプケ

🐾 「憎い」は **얄밉다** ヤルミプタ とも言います。

憎む　미워하다　ミウォハダ

動 形 形動 規則

요체 憎みます	미워해요 ミウォヘヨ	～てください 憎んでください	미워해 주세요 ミウォヘ ジュセヨ
否定 憎みません	미워하지 않아요 ミウォハジ アナヨ	～ないでください 憎まないでください	미워하지 마세요 ミウォハジ マセヨ
過去 憎みました	미워했어요 ミウォヘッソヨ	仮定 憎めば	미워하면 ミウォハミョン
現在連体 憎む(人)	미워하는 (사람) ミウォハヌン サラム	～たいです 憎みたいです	미워하고 싶어요 ミウォハゴ シポヨ
過去連体 憎んだ(人)	미워한 (사람) ミウォハン サラム	～て 憎んで	미워하고 ミウォハゴ
未来連体 憎む(人)	미워할 (사람) ミウォハル ッサラム	～でしょう 憎むでしょう	미워할 거예요 ミウォハル ッコエヨ
～から 憎むから	미워하니까 ミウォハニッカ	～と思います 憎むと思います	미워할 것 같아요 ミウォハル ッコッ カタヨ
～けれど 憎むけれど	미워하지만 ミウォハジマン	意志 憎みます	미워하겠어요 ミウォハゲッソヨ

🐾 「憎んでも」は **미워해도** ミウォヘド と言います。

逃げる　달아나다　タラナダ　[動][形][形動][規則]

요체 逃げます	달아나요 タラナヨ	~てください 逃げてください	달아나 주세요 タラナ ジュセヨ
否定 逃げません	달아나지 않아요 タラナジ アナヨ	~ないでください 逃げないでください	달아나지 마세요 タラナジ マセヨ
過去 逃げました	달아났어요 タラナッソヨ	仮定 逃げれば	달아나면 タラナミョン
現在連体 逃げる(泥棒)	달아나는 (도둑) タラナヌン ドドゥク	~たいです 逃げたいです	달아나고 싶어요 タラナゴ シポヨ
過去連体 逃げた(泥棒)	달아난 (도둑) タラナン ドドゥク	~て 逃げて	달아나고 タラナゴ
未来連体 逃げる(泥棒)	달아날 (도둑) タラナル ットドゥク	~でしょう 逃げるでしょう	달아날 거예요 タラナル ッコエヨ
~から 逃げるから	달아나니까 タラナニッカ	~と思います 逃げると思います	달아날 것 같아요 タラナル ッコッ カタヨ
~けれど 逃げるけれど	달아나지만 タラナジマン	意志 逃げます	달아나겠어요 タラナゲッソヨ

🐾 「逃げる」は 도망치다 トマンチダ とも言います。

にじむ (液体などが)　번지다　ポンジダ　[動][形][形動][規則]

요체 にじみます	번져요 ポンジョヨ	~てください	―
否定 にじみません	번지지 않아요 ポンジジ アナヨ	~ないでください	―
過去 にじみました	번졌어요 ポンジョッソヨ	仮定 にじめば	번지면 ポンジミョン
現在連体 にじむ(インク)	번지는 (잉크) ポンジヌン ニンク	~たいです	―
過去連体 にじんだ(インク)	번진 (잉크) ポンジン ニンク	~て にじんで	번지고 ポンジゴ
未来連体 にじむ(インク)	번질 (잉크) ポンジル リンク	~でしょう にじむでしょう	번질 거예요 ポンジル ッコエヨ
~から にじむから	번지니까 ポンジニッカ	~と思います にじむと思います	번질 것 같아요 ポンジル ッコッ カタヨ
~けれど にじむけれど	번지지만 ポンジジマン	意志	―

🐾 「(汗が) にじむ」は (땀이) 배다 (ッタミ) ペダ とも言います。

鈍い　둔하다　トゥナダ　　　動 形 形動 規則

요체 鈍いです	둔해요 トゥネヨ	~のに 鈍いのに	둔한데 トゥナンデ
否定 鈍くないです	둔하지 않아요 トゥナジ アナヨ	~くても 鈍くても	둔해도 トゥネド
過去 鈍かったです	둔했어요 トゥネッソヨ	仮定 鈍ければ	둔하면 トゥナミョン
過去否定 鈍くなかったです	둔하지 않았어요 トゥナジ アナッソヨ	~けれど 鈍いけれど	둔하지만 トゥナジマン
現在連体 鈍い(人)	둔한 (사람) トゥナン サラム	~でしょう 鈍いでしょう	둔할 거예요 トゥナル ッコエヨ
過去連体 鈍かった(人)	둔하던 (사람) トゥナドン サラム	~ようです 鈍いようです	둔한 것 같아요 トゥナン ゴッ カタヨ
~くて 鈍くて	둔하고 トゥナゴ	~くないようです 鈍くないようです	둔하지 않은 것 같아요 トゥナジ アヌン ゴッ カタヨ
~から 鈍いから	둔하니까 トゥナニッカ	~く 鈍く	둔하게 トゥナゲ

ひと言フレーズ　神経が鈍い男性は嫌いです。
신경이 둔한 남자는 싫어요. シンギョンイ トゥナン ナムジャヌン シロヨ

入隊する　입대하다　イプテハダ　　　動 形 形動 規則

요체 入隊します	입대해요 イプテヘヨ	~てください 入隊してください	입대해 주세요 イプテヘ ジュセヨ
否定 入隊しません	입대하지 않아요 イプテハジ アナヨ	~ないでください 入隊しないでください	입대하지 마세요 イプテハジ マセヨ
過去 入隊しました	입대했어요 イプテヘッソヨ	仮定 入隊すれば	입대하면 イプテハミョン
現在連体 入隊する(俳優)	입대하는 (배우) イプテハヌン ベウ	~たいです 入隊したいです	입대하고 싶어요 イプテハゴ シポヨ
過去連体 入隊した(俳優)	입대한 (배우) イプテハン ベウ	~て 入隊して	입대하고 イプテハゴ
未来連体 入隊する(俳優)	입대할 (배우) イプテハル ッペウ	~でしょう 入隊するでしょう	입대할 거예요 イプテハル ッコエヨ
~から 入隊するから	입대하니까 イプテハニッカ	~と思います 入隊すると思います	입대할 것 같아요 イプテハル ッコッ カタヨ
~けれど 入隊するけれど	입대하지만 イプテハジマン	意志 入隊します	입대하겠어요 イプテハゲッソヨ

「入隊しません」は 입대 안 해요 イプテ ア ネヨ とも言います。

にらむ 노려보다 ノリョボダ

[動] [形] [形動] **規則**

요体 にらみます	노려봐요 ノリョブァヨ	～てください にらんでください	노려봐 주세요 ノリョブァ ジュセヨ
否定 にらみません	노려보지 않아요 ノリョボジ アナヨ	～ないでください にらまないでください	노려보지 마세요 ノリョボジ マセヨ
過去 にらみました	노려봤어요 ノリョブァッソヨ	仮定 にらめば	노려보면 ノリョボミョン
現在連体 にらむ(敵)	노려보는 (적) ノリョボヌン ジョク	～たいです にらみたいです	노려보고 싶어요 ノリョボゴ シポヨ
過去連体 にらんだ(敵)	노려본 (적) ノリョボン ジョク	～て にらんで	노려보고 ノリョボゴ
未来連体 にらむ(敵)	노려볼 (적) ノリョボル ッチョク	～でしょう にらむでしょう	노려볼 거예요 ノリョボル ッコエヨ
～から にらむから	노려보니까 ノリョボニッカ	～と思います にらむと思います	노려볼 것 같아요 ノリョボル ッコッ カタヨ
～けれど にらむけれど	노려보지만 ノリョボジマン	意志 にらみます	노려보겠어요 ノリョボゲッソヨ

🐾 「にらむ」には **주시하다** チュシハダ という言い方もあります。

似る 닮다 タムッタ

[動] [形] [形動] **規則**

요体 似ます	닮아요 タルマヨ	～てください 似てください	닮아 주세요 タルマ ジュセヨ
否定 似ません	닮지 않아요 タムッチ アナヨ	～ないでください 似ないでください	닮지 마세요 タムッチ マセヨ
過去 似ました	닮았어요 タルマッソヨ	仮定 似れば	닮으면 タルムミョン
現在連体 似る(顔)	닮는 (얼굴) タムヌ ノルグル	～たいです 似たいです	닮고 싶어요 タムッコ シポヨ
過去連体 似た(顔)	닮은 (얼굴) タルム ノルグル	～て 似て	닮고 タムッコ
未来連体 似る(顔)	닮을 (얼굴) タルム ロルグル	～でしょう 似るでしょう	닮을 거예요 タルムル ッコエヨ
～から 似るから	닮으니까 タルムニッカ	～と思います 似ると思います	닮을 것 같아요 タルムル ッコッ カタヨ
～けれど 似るけれど	닮지만 タムッチマン	意志 似ます	닮겠어요 タムッケッソヨ

🐾 「似る」は **비슷하다** ピスッタダ とも言います。

煮る　끓이다　ックリダ

動 形 形動 規則

요体 煮ます	끓여요 ックリョヨ	~てください 煮てください	끓여 주세요 ックリョ ジュセヨ
否定 煮ません	끓이지 않아요 ックリジ アナヨ	~ないでください 煮ないでください	끓이지 마세요 ックリジ マセヨ
過去 煮ました	끓였어요 ックリョッソヨ	仮定 煮れば	끓이면 ックリミョン
現在連体 煮る(スープ)	끓이는 (수프) ックリヌン スプ	~たいです 煮たいです	끓이고 싶어요 ックリゴ シポヨ
過去連体 煮た(スープ)	끓인 (수프) ックリン スプ	~て 煮て	끓이고 ックリゴ
未来連体 煮る(スープ)	끓일 (수프) ックリル スプ	~でしょう 煮るでしょう	끓일 거예요 ックリル ッコエヨ
~から 煮るから	끓이니까 ックリニッカ	~と思います 煮ると思います	끓일 것 같아요 ックリル ッコッ カタヨ
~けれど 煮るけれど	끓이지만 ックリジマン	意志 煮ます	끓이겠어요 ックリゲッソヨ

「煮る」には 삶다 サムッタ、졸이다 チョリダ という言い方もあります。

縫う　꿰매다　ックェメダ

動 形 形動 規則

요体 縫います	꿰매요 ックェメヨ	~てください 縫ってください	꿰매 주세요 ックェメ ジュセヨ
否定 縫いません	꿰매지 않아요 ックェメジ アナヨ	~ないでください 縫わないでください	꿰매지 마세요 ックェメジ マセヨ
過去 縫いました	꿰맸어요 ックェメッソヨ	仮定 縫えば	꿰매면 ックェメミョン
現在連体 縫う(服)	꿰매는 (옷) ックェメヌン ノッ	~たいです 縫いたいです	꿰매고 싶어요 ックェメゴ シポヨ
過去連体 縫った(服)	꿰맨 (옷) ックェメン ノッ	~て 縫って	꿰매고 ックェメゴ
未来連体 縫う(服)	꿰맬 (옷) ックェメル ロッ	~でしょう 縫うでしょう	꿰맬 거예요 ックェメル ッコエヨ
~から 縫うから	꿰매니까 ックェメニッカ	~と思います 縫うと思います	꿰맬 것 같아요 ックェメル ッコッ カタヨ
~けれど 縫うけれど	꿰매지만 ックェメジマン	意志 縫います	꿰매겠어요 ックェメゲッソヨ

(修繕する、継ぎあてるの)「縫う」は 깁다 キプタ とも言います。

抜く（釘などを） 빼다 ッペダ

動形 形動 規則

立体 抜きます	빼요 ッペヨ	～てください 抜いてください	빼 주세요 ッペ ジュセヨ
否定 抜きません	빼지 않아요 ッペジ アナヨ	～ないでください 抜かないでください	빼지 마세요 ッペジ マセヨ
過去 抜きました	뺐어요 ッペッソヨ	仮定 抜けば	빼면 ッペミョン
現在連体 抜く（釘）	빼는 （못） ッペヌン モッ	～たいです 抜きたいです	빼고 싶어요 ッペゴ シポヨ
過去連体 抜いた（釘）	뺀 （못） ッペン モッ	～て 抜いて	빼고 ッペゴ
未来連体 抜く（釘）	뺄 （못） ッペル モッ	～でしょう 抜くでしょう	뺄 거예요 ッペル ッコエヨ
～から 抜くから	빼니까 ッペニッカ	～と思います 抜くと思います	뺄 것 같아요 ッペル ッコッ カタヨ
～けれど 抜くけれど	빼지만 ッペジマン	意志 抜きます	빼겠어요 ッペゲッソヨ

「抜く」には 뽑다 ッポプタ という言い方もあります。

脱ぐ 벗다 ポッタ

動形 形動 規則 基本単語

立体 脱ぎます	벗어요 ポソヨ	～てください 脱いでください	벗어 주세요 ポソ ジュセヨ
否定 脱ぎません	벗지 않아요 ポッチ アナヨ	～ないでください 脱がないでください	벗지 마세요 ポッチ マセヨ
過去 脱ぎました	벗었어요 ポソッソヨ	仮定 脱げば	벗으면 ポスミョン
現在連体 脱ぐ（服）	벗는 （옷） ポンヌ ノッ	～たいです 脱ぎたいです	벗고 싶어요 ポッコ シポヨ
過去連体 脱いだ（服）	벗은 （옷） ポス ノッ	～て 脱いで	벗고 ポッコ
未来連体 脱ぐ（服）	벗을 （옷） ポス ロッ	～でしょう 脱ぐでしょう	벗을 거예요 ポスル ッコエヨ
～から 脱ぐから	벗으니까 ポスニッカ	～と思います 脱ぐと思います	벗을 것 같아요 ポスル ッコッ カタヨ
～けれど 脱ぐけれど	벗지만 ポッチマン	意志 脱ぎます	벗겠어요 ポッケッソヨ

「脱いでも」は 벗어도 ポソド と言います。

ぬぐう（涙を） 닦다 タクタ 動/形/形動 規則

요体 ぬぐいます	닦아요 タッカヨ	〜てください ぬぐってください	닦아 주세요 タッカ ジュセヨ
否定 ぬぐいません	닦지 않아요 タクチ アナヨ	〜ないでください ぬぐわないでください	닦지 마세요 タクチ マセヨ
過去 ぬぐいました	닦았어요 タッカッソヨ	仮定 ぬぐえば	닦으면 タックミョン
現在連体 ぬぐう(涙)	닦는 (눈물) タンヌン ヌンムル	〜たいです ぬぐいたいです	닦고 싶어요 タッコ シポヨ
過去連体 ぬぐった(涙)	닦은 (눈물) タックン ヌンムル	〜て ぬぐって	닦고 タッコ
未来連体 ぬぐう(涙)	닦을 (눈물) タックル ルンムル	〜でしょう ぬぐうでしょう	닦을 거예요 タックル ッコエヨ
〜から ぬぐうから	닦으니까 タックニッカ	〜と思います ぬぐうと思います	닦을 것 같아요 タックル ッコッ カタヨ
〜けれど ぬぐうけれど	닦지만 タクチマン	意志 ぬぐいます	닦겠어요 タクケッソヨ

🐾「ぬぐう」は 훔치다 フムチダ とも言います。

抜ける（力・毛などが） 빠지다 ッパジダ 動/形/形動 規則

요体 抜けます	빠져요 ッパジョヨ	〜てください	―
否定 抜けません	빠지지 않아요 ッパジジ アナヨ	〜ないでください	―
過去 抜けました	빠졌어요 ッパジョッソヨ	仮定 抜けば	빠지면 ッパジミョン
現在連体 抜ける(力)	빠지는 (힘) ッパジヌ ニム	〜たいです	―
過去連体 抜けた(力)	빠진 (힘) ッパジ ニム	〜て 抜けて	빠지고 ッパジゴ
未来連体 抜ける(力)	빠질 (힘) ッパジル リム	〜でしょう 抜けるでしょう	빠질 거예요 ッパジル ッコエヨ
〜から 抜けるから	빠지니까 ッパジニッカ	〜と思います 抜けると思います	빠질 것 같아요 ッパジル ッコッ カタヨ
〜けれど 抜けるけれど	빠지지만 ッパジジマン	意志	―

🐾「間が抜ける」は 얼빠지다 オルッパジダ と言います。

盗む　훔치다　フムチダ

動 形 形動 規則

丁寧形 盗みます	훔쳐요	フムチョヨ
否定 盗みません	훔치지 않아요	フムチジ アナヨ
過去 盗みました	훔쳤어요	フムチョッソヨ
現在連体 盗む（お金）	훔치는 (돈)	フムチヌン ドン
過去連体 盗んだ（お金）	훔친 (돈)	フムチン ドン
未来連体 盗む（お金）	훔칠 (돈)	フムチル ットン
～から 盗むから	훔치니까	フムチニッカ
～けれど 盗むから	훔치지만	フムチジマン
～てください 盗んでください	훔쳐 주세요	フムチョ ジュセヨ
～ないでください 盗まないでください	훔치지 마세요	フムチジ マセヨ
仮定 盗めば	훔치면	フムチミョン
～たいです 盗みたいです	훔치고 싶어요	フムチゴ シポヨ
～て 盗んで	훔치고	フムチゴ
～でしょう 盗むでしょう	훔칠 거예요	フムチル ッコエヨ
～と思います 盗むと思います	훔칠 것 같아요	フムチル ッコッ カタヨ
意志 盗みます	훔치겠어요	フムチゲッソヨ

「(暇を) 盗んで」は (틈을) 타서 (トゥムル タソ) と言います。

濡れる　젖다　チョッタ

動 形 形動 規則

丁寧形 濡れます	젖어요	チョジョヨ
否定 濡れません	젖지 않아요	チョッチ アナヨ
過去 濡れました	젖었어요	チョジョッソヨ
現在連体 濡れる（髪）	젖는 (머리)	チョンヌン モリ
過去連体 濡れた（髪）	젖은 (머리)	チョジュン モリ
未来連体 濡れる（髪）	젖을 (머리)	チョジュル モリ
～から 濡れるから	젖으니까	チョジュニッカ
～けれど 濡れるけれど	젖지만	チョッチマン
～てください 濡れてください	젖어 주세요	チョジョ ジュセヨ
～ないでください 濡れないでください	젖지 마세요	チョッチ マセヨ
仮定 濡れれば	젖으면	チョジュミョン
～たいです 濡れたいです	젖고 싶어요	チョッコ シポヨ
～て 濡れて	젖고	チョッコ
～でしょう 濡れるでしょう	젖을 거예요	チョジュル ッコエヨ
～と思います 濡れると思います	젖을 것 같아요	チョジュル ッコッ カタヨ
意志 濡れます	젖겠어요	チョッケッソヨ

「濡れたので」は 젖어서 チョジョソ と言います。

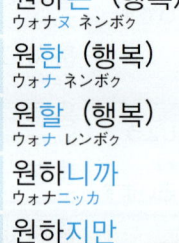

願う　원하다　ウォナダ　[動][形][形動][規則]

요체 願います	원해요 ウォネヨ	~てください 願ってください	원해 주세요 ウォネ ジュセヨ
否定 願いません	원하지 않아요 ウォナジ アナヨ	~ないでください 願わないでください	원하지 마세요 ウォナジ マセヨ
過去 願いました	원했어요 ウォネッソヨ	仮定 願えば	원하면 ウォナミョン
現在連体 願う(幸せ)	원하는 (행복) ウォナヌ ネンボク	~たいです 願いたいです	원하고 싶어요 ウォナゴ シボヨ
過去連体 願った(幸せ)	원한 (행복) ウォナ ネンボク	~て 願って	원하고 ウォナゴ
未来連体 願う(幸せ)	원할 (행복) ウォナ レンボク	~でしょう 願うでしょう	원할 거예요 ウォナル ッコエヨ
~から 願うから	원하니까 ウォナニッカ	~と思います 願うと思います	원할 것 같아요 ウォナル ッコッ カタヨ
~けれど 願うけれど	원하지만 ウォナジマン	意志 願います	원하겠어요 ウォナゲッソヨ

🐾 「願う」には 바라다 パラダ や 빌다 ピルダ という言い方もあります。

寝かす　재우다　チェウダ　[動][形][形動][規則]

요체 寝かします	재워요 チェウォヨ	~てください 寝かしてください	재워 주세요 チェウォ ジュセヨ
否定 寝かしません	재우지 않아요 チェウジ アナヨ	~ないでください 寝かさないでください	재우지 마세요 チェウジ マセヨ
過去 寝かしました	재웠어요 チェウォッソヨ	仮定 寝かせば	재우면 チェウミョン
現在連体 寝かす(赤ちゃん)	재우는 (아기) チェウヌ ナギ	~たいです 寝かしたいです	재우고 싶어요 チェウゴ シボヨ
過去連体 寝かした(赤ちゃん)	재운 (아기) チェウ ナギ	~て 寝かして	재우고 チェウゴ
未来連体 寝かす(赤ちゃん)	재울 (아기) チェウ ラギ	~でしょう 寝かすでしょう	재울 거예요 チェウル ッコエヨ
~から 寝かすから	재우니까 チェウニッカ	~と思います 寝かすと思います	재울 것 같아요 チェウル ッコッ カタヨ
~けれど 寝かすけれど	재우지만 チェウジマン	意志 寝かします	재우겠어요 チェウゲッソヨ

🐾 「(品物を)寝かす」には (물건을) 묵히다 (ムルゴヌル) ムキダ という表現を使います。

妬む／嫉妬する　질투하다　チルトゥハダ　[動][形][形動][規則]

요体 妬みます	질투해요 チルトゥヘヨ	~てください 妬んでください	질투해 주세요 チルトゥヘ ジュセヨ
否定 妬みません	질투하지 않아요 チルトゥハジ アナヨ	~ないでください 妬まないでください	질투하지 마세요 チルトゥハジ マセヨ
過去 妬みました	질투했어요 チルトゥヘッソヨ	仮定 妬めば	질투하면 チルトゥハミョン
現在連体 妬む（気持ち）	질투하는 (마음) チルトゥハヌン マウム	~たいです 妬みたいです	질투하고 싶어요 チルトゥハゴ シポヨ
過去連体 妬んだ（気持ち）	질투한 (마음) チルトゥハン マウム	~て 妬んで	질투하고 チルトゥハゴ
未来連体 妬む（気持ち）	질투할 (마음) チルトゥハル マウム	~でしょう 妬むでしょう	질투할 거예요 チルトゥハル ッコエヨ
~から 妬むから	질투하니까 チルトゥハニッカ	~と思います 妬むと思います	질투할 것 같아요 チルトゥハル ッコッ カタヨ
~けれど 妬むけれど	질투하지만 チルトゥハジマン	意志 妬みます	질투하겠어요 チルトゥハゲッソヨ

「妬む」は 샘하다 セマダ とも言います。

ねだる　조르다　チョルダ　[動][形][形動][ㄹ不規則]

活用に注意！

요体 ねだります	졸라요 チョルラヨ	~てください ねだってください	졸라 주세요 チョルラ ジュセヨ
否定 ねだりません	조르지 않아요 チョルジ アナヨ	~ないでください ねだらないでください	조르지 마세요 チョルジ マセヨ
過去 ねだりました	졸랐어요 チョルラッソヨ	仮定 ねだれば	조르면 チョルミョン
現在連体 ねだる（おもちゃ）	조르는 (장난감) チョルヌン ジャンナンッカム	~たいです ねだりたいです	조르고 싶어요 チョルゴ シポヨ
過去連体 ねだった（おもちゃ）	조른 (장난감) チョルン ジャンナンッカム	~て ねだって	조르고 チョルゴ
未来連体 ねだる（おもちゃ）	조를 (장난감) チョルル ッチャンナンッカム	~でしょう ねだるでしょう	조를 거예요 チョルル ッコエヨ
~から ねだるから	조르니까 チョルニッカ	~と思います ねだると思います	조를 것 같아요 チョルル ッコッ カタヨ
~けれど ねだるけれど	조르지만 チョルジマン	意志 ねだります	조르겠어요 チョルゲッソヨ

「ねだる」は 보채다 ポチェダ とも言います。

熱心だ 열심이다 ヨルッシミダ

[指定詞] [規則]

요체 熱心です	열심이에요 ヨルッシミエヨ	~なのに 熱心なのに	열심인데 ヨルッシミンデ
否定 熱心ではないです	열심이 아니에요 ヨルッシミ アニエヨ	~でも 熱心でも	열심이라도 ヨルッシミラド
過去 熱心でした	열심이었어요 ヨルッシミオッソヨ	仮定 熱心ならば	열심이면 ヨルッシミミョン
過去否定 熱心ではなかったです	열심이 아니었어요 ヨルッシミ アニオッソヨ	~だけれど 熱心だけれど	열심이지만 ヨルッシミジマン
現在連体 熱心な(ファン)	열심인 (팬) ヨルッシミン ペン	~でしょう 熱心でしょう	열심일 거예요 ヨルッシミル ッコエヨ
過去連体 熱心だった(ファン)	열심이던 (팬) ヨルッシミドン ペン	~そうです 熱心そうです	열심인 것 같아요 ヨルッシミン ゴッ カタヨ
~で 熱心で	열심이고 ヨルッシミゴ	~ではないようです 熱心ではないようです	열심이 아닌 것 같아요 ヨルッシミ アニン ゴッ カタヨ
~だから 熱心だから	열심이니까 ヨルッシミニッカ	~に	

ひと言フレーズ 最近は運動に熱心です。
요즘은 운동에 열심이에요. ヨジュムン ウンドンエ ヨルッシミエヨ

粘る 버티다 ポティダ

[動] [形] [形動] [規則]

요체 粘ります	버텨요 ポティョヨ	~てください 粘ってください	버텨 주세요 ポティョ ジュセヨ
否定 粘りません	버티지 않아요 ポティジ アナヨ	~ないでください 粘らないでください	버티지 마세요 ポティジ マセヨ
過去 粘りました	버텼어요 ポティョッソヨ	仮定 粘れば	버티면 ポティミョン
現在連体 粘る(試合)	버티는 (시합) ポティヌン シハプ	~たいです 粘りたいです	버티고 싶어요 ポティゴ シポヨ
過去連体 粘った(試合)	버틴 (시합) ポティン シハプ	~て 粘って	버티고 ポティゴ
未来連体 粘る(試合)	버틸 (시합) ポティル ッシハプ	~でしょう 粘るでしょう	버틸 거예요 ポティル ッコエヨ
~から 粘るから	버티니까 ポティニッカ	~と思います 粘ると思います	버틸 것 같아요 ポティル ッコッ カタヨ
~けれど 粘るけれど	버티지만 ポティジマン	意志 粘ります	버티겠어요 ポティゲッソヨ

「粘りましょうか?」は 버틸까요? ポティルッカヨ? と言います。

眠い　졸리다　チョルリダ

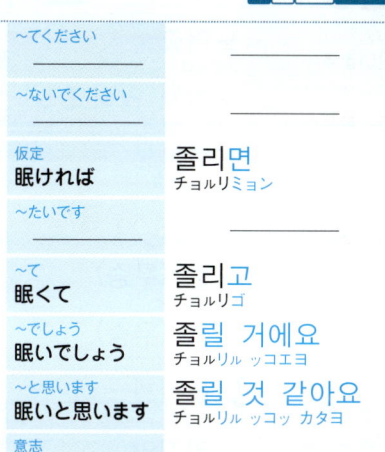

動 / 形 / 形動 / 規則

요体 眠いです	졸려요 チョルリョヨ	~てください	
否定 眠くありません	졸리지 않아요 チョルリジ アナヨ	~ないでください	
過去 眠かったです	졸렸어요 チョルリョッソヨ	仮定 眠ければ	졸리면 チョルリミョン
現在連体 眠い（授業）	졸리는 （수업） チョルリヌン スオプ	~たいです	
過去連体 眠かった（授業）	졸린 （수업） チョルリン スオプ	~て 眠くて	졸리고 チョルリゴ
未来連体 眠い（授業）	졸릴 （수업） チョルリル ッスオプ	~でしょう 眠いでしょう	졸릴 거에요 チョルリル ッコエヨ
~から 眠いから	졸리니까 チョルリニッカ	~と思います 眠いと思います	졸릴 것 같아요 チョルリル ッコッ カタヨ
~けれど 眠いけれど	졸리지만 チョルリジマン	意志	

韓国語では、졸리다 は動詞です。

眠る　잠들다　チャムドゥルダ

動 / 形 / 形動 / ㄹ脱落

活用に注意！

요体 眠ります	잠들어요 チャムドゥロヨ	~てください 眠ってください	잠들어 주세요 チャムドゥロ ジュセヨ
否定 眠りません	잠들지 않아요 チャムドゥルジ アナヨ	~ないでください 眠らないでください	잠들지 마세요 チャムドゥルジ マセヨ
過去 眠りました	잠들었어요 チャムドゥロッソヨ	仮定 眠れば	잠들면 チャムドゥルミョン
現在連体 眠る（時間）	잠드는 （시간） チャムドゥヌン シガン	~たいです 眠りたいです	잠들고 싶어요 チャムドゥルゴ シポヨ
過去連体 眠った（時間）	잠든 （시간） チャムドゥン シガン	~て 眠って	잠들고 チャムドゥルゴ
未来連体 眠る（時間）	잠들 （시간） チャムドゥル ッシガン	~でしょう 眠るでしょう	잠들 거예요 チャムドゥル ッコエヨ
~から 眠るから	잠드니까 チャムドゥニッカ	~と思います 眠ると思います	잠들 것 같아요 チャムドゥル ッコッ カタヨ
~けれど 眠るけれど	잠들지만 チャムドゥルジマン	意志 眠ります	잠들겠어요 チャムドゥルゲッソヨ

「（能力や価値などが）眠っている」には、사장되다 サジャンドェダ や 잠자고 있다 チャムジャゴ イッタ を使います。

狙う（目標・機会を） 노리다 ノリダ

[動 形 形動 規則]

日本語	韓国語	カナ	日本語	韓国語	カナ
要体 狙います	노려요	ノリョヨ	~てください 狙ってください	노려 주세요	ノリョ ジュセヨ
否定 狙いません	노리지 않아요	ノリジ アナヨ	~ないでください 狙わないでください	노리지 마세요	ノリジ マセヨ
過去 狙いました	노렸어요	ノリョッソヨ	仮定 狙えば	노리면	ノリミョン
現在連体 狙う（優勝）	노리는 (우승)	ノリヌ ヌスン	~たいです 狙いたいです	노리고 싶어요	ノリゴ シポヨ
過去連体 狙った（優勝）	노린 (우승)	ノリ ヌスン	~て 狙って	노리고	ノリゴ
未来連体 狙う（優勝）	노릴 (우승)	ノリル ルスン	~でしょう 狙うでしょう	노릴 거예요	ノリル ッコエヨ
~から 狙うから	노리니까	ノリニッカ	~と思います 狙うと思います	노릴 것 같아요	ノリル ッコッ カタヨ
~けれど 狙うけれど	노리지만	ノリジマン	意志 狙います	노리겠어요	ノリゲッソヨ

🐾 「狙う」には 겨누다 キョヌダ、엿보다 ヨッポダ という言い方もあります。

寝る 자다 チャダ

[動 形 形動 規則] 基本単語

日本語	韓国語	カナ	日本語	韓国語	カナ
要体 寝ます	자요	チャヨ	~てください 寝てください	자 주세요	チャ ジュセヨ
否定 寝ません	자지 않아요	チャジ アナヨ	~ないでください 寝ないでください	자지 마세요	チャジ マセヨ
過去 寝ました	잤어요	チャッソヨ	仮定 寝れば	자면	チャミョン
現在連体 寝る（時間）	자는 (시간)	チャヌン シガン	~たいです 寝たいです	자고 싶어요	チャゴ シポヨ
過去連体 寝た（時間）	잔 (시간)	チャン シガン	~て 寝て	자고	チャゴ
未来連体 寝る（時間）	잘 (시간)	チャル ッシガン	~でしょう 寝るでしょう	잘 거예요	チャル ッコエヨ
~から 寝るから	자니까	チャニッカ	~と思います 寝ると思います	잘 것 같아요	チャル ッコッ カタヨ
~けれど 寝るけれど	자지만	チャジマン	意志 寝ます	자겠어요	チャゲッソヨ

🐾 「お休みなさい」は 안녕히 주무세요 アンニョンヒ ジュムセヨ と言います。

逃す　놓치다　ノッチダ

動 形 形動 規則

요体 逃します	놓쳐요 ノッチョヨ	~てください 逃してください	놓쳐 주세요 ノッチョ ジュセヨ
否定 逃しません	놓치지 않아요 ノッチジ アナヨ	~ないでください 逃さないでください	놓치지 마세요 ノッチジ マセヨ
過去 逃しました	놓쳤어요 ノッチョッソヨ	仮定 逃せば	놓치면 ノッチミョン
現在連体 逃す(犯人)	놓치는 (범인) ノッチヌン ボミン	~たいです 逃したいです	놓치고 싶어요 ノッチゴ シポヨ
過去連体 逃した(犯人)	놓친 (범인) ノッチン ボミン	~て 逃して	놓치고 ノッチゴ
未来連体 逃す(犯人)	놓칠 (범인) ノッチル ッポミン	~でしょう 逃すでしょう	놓칠 거예요 ノッチル ッコエヨ
~から 逃すから	놓치니까 ノッチニッカ	~と思います 逃すと思います	놓칠 것 같아요 ノッチル ッコッ カタヨ
~けれど 逃すけれど	놓치지만 ノッチジマン	意志 逃します	놓치겠어요 ノッチゲッソヨ

「逃したので」は 놓쳐서 ノッチョソ と言います。

逃れる　벗어나다　ポソナダ

動 形 形動 規則

요体 逃れます	벗어나요 ポソナヨ	~てください 逃れてください	벗어나 주세요 ポソナ ジュセヨ
否定 逃れません	벗어나지 않아요 ポソナジ アナヨ	~ないでください 逃れないでください	벗어나지 마세요 ポソナジ マセヨ
過去 逃れました	벗어났어요 ポソナッソヨ	仮定 逃れれば	벗어나면 ポソナミョン
現在連体 逃れる(犯人)	벗어나는 (범인) ポソナヌン ボミン	~たいです 逃れたいです	벗어나고 싶어요 ポソナゴ シポヨ
過去連体 逃れた(犯人)	벗어난 (범인) ポソナン ボミン	~て 逃れて	벗어나고 ポソナゴ
未来連体 逃れる(犯人)	벗어날 (범인) ポソナル ッポミン	~でしょう 逃れるでしょう	벗어날 거예요 ポソナル ッコエヨ
~から 逃れるから	벗어나니까 ポソナニッカ	~と思います 逃れると思います	벗어날 것 같아요 ポソナル ッコッ カタヨ
~けれど 逃れるけれど	벗어나지만 ポソナジマン	意志 逃れます	벗어나겠어요 ポソナゲッソヨ

「逃れるから」には 벗어날 테니까 ポソナル テニッカ という言い方もあります。

の

のがす／のがれる

残す　남기다　ナムギダ
動 形 形動 規則

요体 残します	남겨요 ナムギョ	～てください 残してください	남겨 주세요 ナムギョ ジュセヨ
否定 残しません	남기지 않아요 ナムギジ アナヨ	～ないでください 残さないでください	남기지 마세요 ナムギジ マセヨ
過去 残しました	남겼어요 ナムギョッソヨ	仮定 残せば	남기면 ナムギミョン
現在連体 残す(食べ物)	남기는 (음식) ナムギヌ ヌムシク	～たいです 残したいです	남기고 싶어요 ナムギゴ シポヨ
過去連体 残した(食べ物)	남긴 (음식) ナムギ ヌムシク	～て 残して	남기고 ナムギゴ
未来連体 残す(食べ物)	남길 (음식) ナムギ ルムシク	～でしょう 残すでしょう	남길 거예요 ナムギル ッコエヨ
～から 残すから	남기니까 ナムギニッカ	～と思います 残すと思います	남길 것 같아요 ナムギル ッコッ カタヨ
～けれど 残すけれど	남기지만 ナムギジマン	意志 残します	남기겠어요 ナムギゲッソヨ

🐾 「残してもいいですか?」は 남겨도 돼요? ナムギョド ドェヨ? と言います。

残る／余る　남다　ナムッタ
動 形 形動 規則　基本単語

요体 残ります	남아요 ナマヨ	～てください 残ってください	남아 주세요 ナマ ジュセヨ
否定 残りません	남지 않아요 ナムッチ アナヨ	～ないでください 残らないでください	남지 마세요 ナムッチ マセヨ
過去 残りました	남았어요 ナマッソヨ	仮定 残れば	남으면 ナムミョン
現在連体 残る(食べ物)	남는 (음식) ナムヌ ヌムシク	～たいです 残りたいです	남고 싶어요 ナムッコ シポヨ
過去連体 残った(食べ物)	남은 (음식) ナム ヌムシク	～て 残って	남고 ナムッコ
未来連体 残る(食べ物)	남을 (음식) ナム ルムシク	～でしょう 残るでしょう	남을 거예요 ナムル ッコエヨ
～から 残るから	남으니까 ナムニッカ	～と思います 残ると思います	남을 것 같아요 ナムル ッコッ カタヨ
～けれど 残るけれど	남지만 ナムッチマン	意志 残ります	남겠어요 ナムッケッソヨ

ひと言フレーズ 彼に言わないと悔いが残るでしょう。
그에게 말하지 않으면 후회가 남을 거예요. クエゲ マラジ アヌミョン フフェガ ナムル ッコエヨ

載せる（記事を） 싣다 シッタ　動 形動 ㄷ不規則

요체 載せます	실어요 シロヨ	~てください 載せてください	실어 주세요 シロ ジュセヨ
否定 載せません	싣지 않아요 シッチ アナヨ	~ないでください 載せないでください	싣지 마세요 シッチ マセヨ
過去 載せました	실었어요 シロッソヨ	仮定 載せれば	실으면 シルミョン
現在連体 載せる(記事)	싣는 (기사) シンヌン ギサ	~たいです 載せたいです	싣고 싶어요 シッコ シポヨ
過去連体 載せた(記事)	실은 (기사) シルン ギサ	~て 載せて	싣고 シッコ
未来連体 載せる(記事)	실을 (기사) シルル ッキサ	~でしょう 載せるでしょう	실을 거예요 シルル ッコエヨ
~から 載せるから	실으니까 シルニッカ	~と思います 載せると思います	실을 것 같아요 シルル ッコッ カタヨ
~けれど 載せるけれど	싣지만 シッチマン	意志 載せます	싣겠어요 シッケッソヨ

「(物を何かに) 載せる」には 위에 놓다 ウィエ ノタ や 얹다 オンッタ を使います。

乗せる 태우다 テウダ　動 形動 規則

요체 乗せます	태워요 テウォヨ	~てください 乗せてください	태워 주세요 テウォ ジュセヨ
否定 乗せません	태우지 않아요 テウジ アナヨ	~ないでください 乗せないでください	태우지 마세요 テウジ マセヨ
過去 乗せました	태웠어요 テウォッソヨ	仮定 乗せれば	태우면 テウミョン
現在連体 乗せる(客)	태우는 (손님) テウヌン ソンニム	~たいです 乗せたいです	태우고 싶어요 テウゴ シポヨ
過去連体 乗せた(客)	태운 (손님) テウン ソンニム	~て 乗せて	태우고 テウゴ
未来連体 乗せる(客)	태울 (손님) テウル ッソンニム	~でしょう 乗せるでしょう	태울 거예요 テウル ッコエヨ
~から 乗せるから	태우니까 テウニッカ	~と思います 乗せると思います	태울 것 같아요 テウル ッコッ カタヨ
~けれど 乗せるけれど	태우지만 テウジマン	意志 乗せます	태우겠어요 テウゲッソヨ

「(リズムに) 乗せる」は (리듬에) 맞추다 (リドゥメ) マッチュダ という表現を使います。

除く　제외하다　チェウェハダ
動 / 形 / 形動 / 規則

요体 除きます	제외해요 チェウェヘヨ	~てください 除いてください	제외해 주세요 チェウェヘ ジュセヨ
否定 除きません	제외하지 않아요 チェウェハジ アナヨ	~ないでください 除かないでください	제외하지 마세요 チェウェハジ マセヨ
過去 除きました	제외했어요 チェウェヘッソヨ	仮定 除けば	제외하면 チェウェハミョン
現在連体 除く(人)	제외하는 (사람) チェウェハヌン サラム	~たいです 除きたいです	제외하고 싶어요 チェウェハゴ シポヨ
過去連体 除いた(人)	제외한 (사람) チェウェハン サラム	~て 除いて	제외하고 チェウェハゴ
未来連体 除く(人)	제외할 (사람) チェウェハル ッサラム	~でしょう 除くでしょう	제외할 거예요 チェウェハル ッコエヨ
~から 除くから	제외하니까 チェウェハニッカ	~と思います 除くと思います	제외할 것 같아요 チェウェハル ッコッ カタヨ
~けれど 除くけれど	제외하지만 チェウェハジマン	意志 除きます	제외하겠어요 チェウェハゲッソヨ

「除く」には 없애다 オプセダ, 치우다 チウダ という言い方もあります。

覗く　들여다보다　トゥリョダボダ
動 / 形 / 形動 / 規則

요体 覗きます	들여다봐요 トゥリョダブァヨ	~てください 覗いてください	들여다봐 주세요 トゥリョダブァ ジュセヨ
否定 覗きません	들여다보지 않아요 トゥリョダボジ アナヨ	~ないでください 覗かないでください	들여다보지 마세요 トゥリョダボジ マセヨ
過去 覗きました	들여다봤어요 トゥリョダブァッソヨ	仮定 覗けば	들여다보면 トゥリョダボミョン
現在連体 覗く(人)	들여다보는 (사람) トゥリョダボヌン サラム	~たいです 覗きたいです	들여다보고 싶어요 トゥリョダボゴ シポヨ
過去連体 覗いた(人)	들여다본 (사람) トゥリョダボン サラム	~て 覗いて	들여다보고 トゥリョダボゴ
未来連体 覗く(人)	들여다볼 (사람) トゥリョダボル ッサラム	~でしょう 覗くでしょう	들여다볼 거예요 トゥリョダボル ッコエヨ
~から 覗くから	들여다보니까 トゥリョダボニッカ	~と思います 覗くと思います	들여다볼 것 같아요 トゥリョダボル ッコッ カタヨ
~けれど 覗くけれど	들여다보지만 トゥリョダボジマン	意志 覗きます	들여다보겠어요 トゥリョダボゲッソヨ

「覗く」は 엿보다 ヨッポダ とも言います。

望ましい　바람직하다　パラムジカダ　[動][形][形動][規則]

요체 望ましいです	바람직해요 パラムジケヨ	～のに 望ましいのに	바람직한데 パラムジカンデ
否定 望ましくないです	바람직하지 않아요 パラムジカジ アナヨ	～くても 望ましくても	바람직해도 パラムジケド
過去 望ましかったです	바람직했어요 パラムジケッソヨ	仮定 望ましければ	바람직하면 パラムジカミョン
過去否定 望ましくなかったです	바람직하지 않았어요 パラムジカジ アナッソヨ	～けれど 望ましいけれど	바람직하지만 パラムジカジマン
現在連体 望ましい(行い)	바람직한 (행동) パラムジカ ネンドン	～でしょう 望ましいでしょう	바람직할 거예요 パラムジカル ッコエヨ
過去連体 望ましかった(行い)	바람직하던 (행동) パラムジカド ネンドン	～ようです 望ましいようです	바람직한 것 같아요 パラムジカン ゴッ カタヨ
～くて 望ましくて	바람직하고 パラムジカゴ	～くないようです 望ましくないようです	바람직하지 않은 것 같아요 パラムジカジ アヌン ゴッ カタヨ
～から 望ましいから	바람직하니까 パラムジカニッカ	～く 望ましく	바람직하게 パラムジカゲ

ひと言フレーズ 望ましい傾向ではありません。
바람직한 경향이 아니에요. パラムジカン キョンヒャンイ アニエヨ

望む　바라다　パラダ　[動][形][形動][規則]

요체 望みます	바래요 パレヨ	～てください 望んでください	바래 주세요 パレ ジュセヨ
否定 望みません	바라지 않아요 パラジ アナヨ	～ないでください 望まないでください	바라지 마세요 パラジ マセヨ
過去 望みました	바랬어요 パレッソヨ	仮定 望めば	바라면 パラミョン
現在連体 望む(成功)	바라는 (성공) パラヌン ソンゴン	～たいです 望みたいです	바라고 싶어요 パラゴ シポヨ
過去連体 望んだ(成功)	바란 (성공) パラン ソンゴン	～て 望んで	바라고 パラゴ
未来連体 望む(成功)	바랄 (성공) パラル ッソンゴン	～でしょう 望むでしょう	바랄 거예요 パラル ッコエヨ
～から 望むから	바라니까 パラニッカ	～と思います 望むと思います	바랄 것 같아요 パラル ッコッ カタヨ
～けれど 望むけれど	바라지만 パラジマン	意志 望みます	바라겠어요 パラゲッソヨ

「望む」は 원하다 ウォナダ とも言います。

のどかだ　화창하다　ファチャンハダ　[動][形][形動][規則]

丁体 のどかです	화창해요 ファチャンヘヨ	~なのに のどかなのに	화창한데 ファチャンハンデ
否定 のどかではないです	화창하지 않아요 ファチャンハジ アナヨ	~でも のどかでも	화창해도 ファチャンヘド
過去 のどかでした	화창했어요 ファチャンヘッソヨ	仮定 のどかならば	화창하면 ファチャンハミョン
過去否定 のどかではなかったです	화창하지 않았어요 ファチャンハジ アナッソヨ	~だけれど のどかだけれど	화창하지만 ファチャンハジマン
現在連体 のどかな(春の日)	화창한 (봄 날) ファチャンハン ボム ナル	~でしょう のどかでしょう	화창할 거예요 ファチャンハル ッコエヨ
過去連体 のどかだった(春の日)	화창하던 (봄 날) ファチャンハドン ボム ナル	~そうです のどかそうです	화창한 것 같아요 ファチャンハン ゴッ カタヨ
~で のどかで	화창하고 ファチャンハゴ	~ではないようです のどかではないようです	화창하지 않은 것 같아요 ファチャンハジ アヌン ゴッ カタヨ
~だから のどかだから	화창하니까 ファチャンハニッカ	~に のどかに	화창하게 ファチャンハゲ

🐾 「のどかに（暮らす）」は 한가롭게 (지내다) ハンガロプケ (チネダ) という表現を使います。

伸ばす（髪・ひげなどを）　기르다　キルダ　[動][形][形動][ㄹ不規則]

活用に注意！

丁体 伸ばします	길러요 キルロヨ	~てください 伸ばしてください	길러 주세요 キルロ ジュセヨ
否定 伸ばしません	기르지 않아요 キルジ アナヨ	~ないでください 伸ばさないでください	기르지 마세요 キルジ マセヨ
過去 伸ばしました	길렀어요 キルロッソヨ	仮定 伸ばせば	기르면 キルミョン
現在連体 伸ばす(髪)	기르는 (머리) キルヌン モリ	~たいです 伸ばしたいです	기르고 싶어요 キルゴ シポヨ
過去連体 伸ばした(髪)	기른 (머리) キルン モリ	~て 伸ばして	기르고 キルゴ
未来連体 伸ばす(髪)	기를 (머리) キルル モリ	~でしょう 伸ばすでしょう	기를 거예요 キルル ッコエヨ
~から 伸ばすから	기르니까 キルニッカ	~と思います 伸ばすと思います	기를 것 같아요 キルル ッコッ カタヨ
~けれど 伸ばすけれど	기르지만 キルジマン	意志 伸ばします	기르겠어요 キルゲッソヨ

🐾 「（背筋を）伸ばす」は (등허리를) 펴다 (トゥンホリルル) ピョダ という言い方をします。

延ばす 연기하다 ヨンギハダ

[動][形][形動][規則]

요体 延ばします	연기해요 ヨンギヘヨ	~てください 延ばしてください	연기해 주세요 ヨンギヘ ジュセヨ
否定 延ばしません	연기하지 않아요 ヨンギハジ アナヨ	~ないでください 延ばさないでください	연기하지 마세요 ヨンギハジ マセヨ
過去 延ばしました	연기했어요 ヨンギヘッソヨ	仮定 延ばせば	연기하면 ヨンギハミョン
現在連体 延ばす(期限)	연기하는 (기한) ヨンギハヌン ギハン	~たいです 延ばしたいです	연기하고 싶어요 ヨンギハゴ シポヨ
過去連体 延ばした(期限)	연기한 (기한) ヨンギハン ギハン	~て 延ばして	연기하고 ヨンギハゴ
未来連体 延ばす(期限)	연기할 (기한) ヨンギハル ッキハン	~でしょう 延ばすでしょう	연기할 거예요 ヨンギハル ッコエヨ
~から 延ばすから	연기하니까 ヨンギハニッカ	~と思います 延ばすと思います	연기할 것 같아요 ヨンギハル ッコッ カタヨ
~けれど 延ばすけれど	연기하지만 ヨンギハジマン	意志 延ばします	연기하겠어요 ヨンギハゲッソヨ

「延ばす」には 늘이다 ヌリダ という言い方もあります。

伸びる (背丈などが) 자라다 チャラダ

[動][形][形動][規則]

요体 伸びます	자라요 チャラヨ	~てください 伸びてください	자라 주세요 チャラ ジュセヨ
否定 伸びません	자라지 않아요 チャラジ アナヨ	~ないでください 伸びないでください	자라지 마세요 チャラジ マセヨ
過去 伸びました	자랐어요 チャラッソヨ	仮定 伸びれば	자라면 チャラミョン
現在連体 伸びる(身長)	자라는 (키) チャラヌン キ	~たいです 伸びたいです	자라고 싶어요 チャラゴ シポヨ
過去連体 伸びた(身長)	자란 (키) チャラン キ	~て 伸びて	자라고 チャラゴ
未来連体 伸びる(身長)	자랄 (키) チャラル キ	~でしょう 伸びるでしょう	자랄 거예요 チャラル ッコエヨ
~から 伸びるから	자라니까 チャラニッカ	~と思います 伸びると思います	자랄 것 같아요 チャラル ッコッ カタヨ
~けれど 伸びるけれど	자라지만 チャラジマン	意志 伸びます	자라겠어요 チャラゲッソヨ

「伸びる」は 늘다 ヌルダ とも言います。

伸びる（枝が） 뻗다 ッポッタ

動 形 形動 規則

요体 伸びます	뻗어요 ッポドヨ	~てください 伸びてください	뻗어 주세요 ッポド ジュセヨ
否定 伸びません	뻗지 않아요 ッポッチ アナヨ	~ないでください 伸びないでください	뻗지 마세요 ッポッチ マセヨ
過去 伸びました	뻗었어요 ッポドッソヨ	仮定 伸びれば	뻗으면 ッポドゥミョン
現在連体 伸びる(枝)	뻗는 (가지) ッポンヌン ガジ	~たいです 伸びたいです	뻗고 싶어요 ッポッコ シポヨ
過去連体 伸びた(枝)	뻗은 (가지) ッポドゥン ガジ	~て 伸びて	뻗고 ッポッコ
未来連体 伸びる(枝)	뻗을 (가지) ッポドゥル ッカジ	~でしょう 伸びるでしょう	뻗을 거예요 ッポドゥル ッコエヨ
~から 伸びるから	뻗으니까 ッポドゥニッカ	~と思います 伸びると思います	뻗을 것 같아요 ッポドゥル ッコッ カタヨ
~けれど 伸びるけれど	뻗지만 ッポッチマン	意志 伸びます	뻗겠어요 ッポッケッソヨ

「(しわが) 伸びる」は (주름이) 펴지다 (チュルミ) ピョジダ という言い方を使います。

延びる 연기되다 ヨンギドェダ

動 形 形動 規則

요体 延びます	연기돼요 ヨンギドェヨ	~てください	
否定 延びません	연기되지 않아요 ヨンギドェジ アナヨ	~ないでください 延びないでください	연기되지 마세요 ヨンギドェジ マセヨ
過去 延びました	연기됐어요 ヨンギドェッソヨ	仮定 延びれば	연기되면 ヨンギドェミョン
現在連体 延びる(締め切り)	연기되는 (마감) ヨンギドェヌン マガム	~たいです	
過去連体 延びた(締め切り)	연기된 (마감) ヨンギドェン マガム	~て 延びて	연기되고 ヨンギドェゴ
未来連体 延びる(締め切り)	연기될 (마감) ヨンギドェル マガム	~でしょう 延びるでしょう	연기될 거예요 ヨンギドェル ッコエヨ
~から 延びるから	연기되니까 ヨンギドェニッカ	~と思います 延びると思います	연기될 것 같아요 ヨンギドェル ッコッ カタヨ
~けれど 延びるけれど	연기되지만 ヨンギドェジマン	意志	

「延びる」は 미루어지다 ミルオジダ とも言います。

昇る（太陽が） 떠오르다 ットオルダ 動 形 形動 르不規則

丁寧 昇ります	떠올라요 ットオルラヨ	~てください	
否定 昇りません	떠오르지 않아요 ットオルジ アナヨ	~ないでください	
過去 昇りました	떠올랐어요 ットオルラッソヨ	仮定 昇れば	떠오르면 ットオルミョン
現在連体 昇る（太陽）	떠오르는 （해） ットオルヌ ネ	~たいです	
過去連体 昇った（太陽）	떠오른 （해） ットオル ネ	~て 昇って	떠오르고 ットオルゴ
未来連体 昇る（太陽）	떠오를 （해） ットオル レ	~でしょう 昇るでしょう	떠오를 거예요 ットオルル ッコエヨ
~から 昇るから	떠오르니까 ットオルニッカ	~と思います 昇ると思います	떠오를 것 같아요 ットオルル ッコッ カタヨ
~けれど 昇るけれど	떠오르지만 ットオルジマン	意志	

「（太陽が）昇る」は 뜨다 ットゥダ とも言います。

登る 오르다 オルダ 動 形 形動 르不規則 基本単語

丁寧 登ります	올라요 オルラヨ	~てください 登ってください	올라 주세요 オルラ ジュセヨ
否定 登りません	오르지 않아요 オルジ アナヨ	~ないでください 登らないでください	오르지 마세요 オルジ マセヨ
過去 登りました	올랐어요 オルラッソヨ	仮定 登れば	오르면 オルミョン
現在連体 登る（山）	오르는 （산） オルヌン サン	~たいです 登りたいです	오르고 싶어요 オルゴ シポヨ
過去連体 登った（山）	오른 （산） オルン サン	~て 登って	오르고 オルゴ
未来連体 登る（山）	오를 （산） オルル ッサン	~でしょう 登るでしょう	오를 거예요 オルル ッコエヨ
~から 登るから	오르니까 オルニッカ	~と思います 登ると思います	오를 것 같아요 オルル ッコッ カタヨ
~けれど 登るけれど	오르지만 オルジマン	意志 登ります	오르겠어요 オルゲッソヨ

「登る」は 올라가다 オルラガダ とも言います。

飲ませる　먹이다　モギダ

[動 形 形動 規則]

요체 飲ませます	먹여요 モギョヨ	~てください 飲ませてください	먹여 주세요 モギョ ジュセヨ
否定 飲ませません	먹이지 않아요 モギジ アナヨ	~ないでください 飲ませないでください	먹이지 마세요 モギジ マセヨ
過去 飲ませました	먹였어요 モギョッソヨ	仮定 飲ませれば	먹이면 モギミョン
現在連体 飲ませる(薬)	먹이는 (약) モギヌン ニャク	~たいです 飲ませたいです	먹이고 싶어요 モギゴ シポヨ
過去連体 飲ませた(薬)	먹인 (약) モギン ニャク	~て 飲ませて	먹이고 モギゴ
未来連体 飲ませる(薬)	먹일 (약) モギル リャク	~でしょう 飲ませるでしょう	먹일 거예요 モギル ッコエヨ
~から 飲ませるから	먹이니까 モギニッカ	~と思います 飲ませると思います	먹일 것 같아요 モギル ッコッ カタヨ
~けれど 飲ませるけれど	먹이지만 モギジマン	意志 飲ませます	먹이겠어요 モギゲッソヨ

🐾 「食べさせる」にも 먹이다 を使います。「飲ませる」には 먹게 하다 モッケ ハダ という言い方もあります。

飲み込む　삼키다　サムキダ

[動 形 形動 規則]

요체 飲み込みます	삼켜요 サムキョヨ	~てください 飲み込んでください	삼켜 주세요 サムキョ ジュセヨ
否定 飲み込みません	삼키지 않아요 サムキジ アナヨ	~ないでください 飲み込まないでください	삼키지 마세요 サムキジ マセヨ
過去 飲み込みました	삼켰어요 サムキョッソヨ	仮定 飲み込めば	삼키면 サムキミョン
現在連体 飲み込む(つば)	삼키는 (침) サムキヌン チム	~たいです 飲み込みたいです	삼키고 싶어요 サムキゴ シポヨ
過去連体 飲み込んだ(つば)	삼킨 (침) サムキン チム	~て 飲み込んで	삼키고 サムキゴ
未来連体 飲み込む(つば)	삼킬 (침) サムキル チム	~でしょう 飲み込むでしょう	삼킬 거예요 サムキル ッコエヨ
~から 飲み込むから	삼키니까 サムキニッカ	~と思います 飲み込むと思います	삼킬 것 같아요 サムキル ッコッ カタヨ
~けれど 飲み込むけれど	삼키지만 サムキジマン	意志 飲み込みます	삼키겠어요 サムキゲッソヨ

🐾 「(怒りを) 飲み込む」には (노여움을) 참다 (ノヨウムル) チャムッタ という表現を使います。

飲む　마시다　マシダ　[動][形][形動][規則][基本単語]

요体 飲みます	마셔요 マショヨ	~てください 飲んでください	마셔 주세요 マショ ジュセヨ
否定 飲みません	마시지 않아요 マシジ アナヨ	~ないでください 飲まないでください	마시지 마세요 マシジ マセヨ
過去 飲みました	마셨어요 マショッソヨ	仮定 飲めば	마시면 マシミョン
現在連体 飲む(お酒)	마시는 (술) マシヌン スル	~たいです 飲みたいです	마시고 싶어요 マシゴ シポヨ
過去連体 飲んだ(お酒)	마신 (술) マシン スル	~て 飲んで	마시고 マシゴ
未来連体 飲む(お酒)	마실 (술) マシル ッスル	~でしょう 飲むでしょう	마실 거예요 マシル ッコエヨ
~から 飲むから	마시니까 マシニッカ	~と思います 飲むと思います	마실 것 같아요 マシル ッコッ カタヨ
~けれど 飲むけれど	마시지만 マシジマン	意志 飲みます	마시겠어요 マシゲッソヨ

🐾 「(薬を) 飲む」は (약을) 먹다 (ヤグル) モクタ と言います。

乗り遅れる (電車に)　놓치다　ノッチダ　[動][形][形動][規則]

요体 乗り遅れます	놓쳐요 ノッチョヨ	~てください 乗り遅れてください	놓쳐 주세요 ノッチョ ジュセヨ
否定 乗り遅れません	놓치지 않아요 ノッチジ アナヨ	~ないでください 乗り遅れないでください	놓치지 마세요 ノッチジ マセヨ
過去 乗り遅れました	놓쳤어요 ノッチョッソヨ	仮定 乗り遅れれば	놓치면 ノッチミョン
現在連体 乗り遅れる(電車)	놓치는 (전철) ノッチヌン ジョンチョル	~たいです 乗り遅れたいです	놓치고 싶어요 ノッチゴ シポヨ
過去連体 乗り遅れた(電車)	놓친 (전철) ノッチン ジョンチョル	~て 乗り遅れて	놓치고 ノッチゴ
未来連体 乗り遅れる(電車)	놓칠 (전철) ノッチル ッチョンチョル	~でしょう 乗り遅れるでしょう	놓칠 거예요 ノッチル ッコエヨ
~から 乗り遅れるから	놓치니까 ノッチニッカ	~と思います 乗り遅れると思います	놓칠 것 같아요 ノッチル ッコッ カタヨ
~けれど 乗り遅れるけれど	놓치지만 ノッチジマン	意志 乗り遅れます	놓치겠어요 ノッチゲッソヨ

🐾 「乗り遅れる」は 못 타다 モッ タダ とも言います。

乗り越える（難関・障害を） 극복하다 ククポカダ　[動][形][形動][規則]

요体 乗り越えます	극복해요 ククポケヨ	～てください 乗り越えてください	극복해 주세요 ククポケ ジュセヨ
否定 乗り越えません	극복하지 않아요 ククポカジ アナヨ	～ないでください 乗り越えないでください	극복하지 마세요 ククポカジ マセヨ
過去 乗り越えました	극복했어요 ククポケッソヨ	仮定 乗り越えれば	극복하면 ククポカミョン
現在連体 乗り越える(障害)	극복하는 (장애) ククポカヌン ジャンエ	～たいです 乗り越えたいです	극복하고 싶어요 ククポカゴ シポヨ
過去連体 乗り越えた(障害)	극복한 (장애) ククポカン ジャンエ	～て 乗り越えて	극복하고 ククポカゴ
未来連体 乗り越える(障害)	극복할 (장애) ククポカル ッチャンエ	～でしょう 乗り越えるでしょう	극복할 거예요 ククポカル ッコエヨ
～から 乗り越えるから	극복하니까 ククポカニッカ	～と思います 乗り越えると思います	극복할 것 같아요 ククポカル ッコッ カタヨ
～けれど 乗り越えるけれど	극복하지만 ククポカジマン	意志 乗り越えます	극복하겠어요 ククポカゲッソヨ

「乗り越える」には 헤쳐가다 ヘチョガダ という言い方もあります。

乗り出す 나서다 ナソダ　[動][形][形動][規則]

요体 乗り出します	나서요 ナソヨ	～てください 乗り出してください	나서 주세요 ナソ ジュセヨ
否定 乗り出しません	나서지 않아요 ナソジ アナヨ	～ないでください 乗り出さないでください	나서지 마세요 ナソジ マセヨ
過去 乗り出しました	나섰어요 ナソッソヨ	仮定 乗り出せば	나서면 ナソミョン
現在連体 乗り出す(警察)	나서는 (경찰) ナソヌン ギョンチャル	～たいです 乗り出したいです	나서고 싶어요 ナソゴ シポヨ
過去連体 乗り出した(警察)	나선 (경찰) ナソン ギョンチャル	～て 乗り出して	나서고 ナソゴ
未来連体 乗り出す(警察)	나설 (경찰) ナソル ッキョンチャル	～でしょう 乗り出すでしょう	나설 거예요 ナソル ッコエヨ
～から 乗り出すから	나서니까 ナソニッカ	～と思います 乗り出すと思います	나설 것 같아요 ナソル ッコッ カタヨ
～けれど 乗り出すけれど	나서지만 ナソジマン	意志 乗り出します	나서겠어요 ナソゲッソヨ

「乗り出す」には 착수하다 チャクスハダ という言い方もあります。

乗る　타다　タダ

動 形 形動 規則　基本単語

요体 乗ります	타요 タヨ	~てください 乗ってください	타 주세요 タ ジュセヨ
否定 乗りません	타지 않아요 タジ アナヨ	~ないでください 乗らないでください	타지 마세요 タジ マセヨ
過去 乗りました	탔어요 タッソヨ	仮定 乗れば	타면 タミョン
現在連体 乗る(タクシー)	타는 (택시) タヌン テクシ	~たいです 乗りたいです	타고 싶어요 タゴ シポヨ
過去連体 乗った(タクシー)	탄 (택시) タン テクシ	~て 乗って	타고 タゴ
未来連体 乗る(タクシー)	탈 (택시) タル テクシ	~でしょう 乗るでしょう	탈 거예요 タル ッコエヨ
~から 乗るから	타니까 タニッカ	~と思います 乗ると思います	탈 것 같아요 タル ッコッ カタヨ
~けれど 乗るけれど	타지만 タジマン	意志 乗ります	타겠어요 タゲッソヨ

「(上に) 乗る」には 오르다 オルダ を使います。

載る　실리다　シルリダ

動 形 形動 規則

요体 載ります	실려요 シルリョヨ	~てください	
否定 載りません	실리지 않아요 シルリジ アナヨ	~ないでください	
過去 載りました	실렸어요 シルリョッソヨ	仮定 載れば	실리면 シルリミョン
現在連体 載る(ニュース)	실리는 (뉴스) シルリヌン ニュス	~たいです	
過去連体 載った(ニュース)	실린 (뉴스) シルリン ニュス	~て 載って	실리고 シルリゴ
未来連体 載る(ニュース)	실릴 (뉴스) シルリル リュス	~でしょう 載るでしょう	실릴 거예요 シルリル ッコエヨ
~から 載るから	실리니까 シルリニッカ	~と思います 載ると思います	실릴 것 같아요 シルリル ッコッ カタヨ
~けれど 載るけれど	실리지만 シルリジマン	意志	

「載る」は 게재되다 ケジェドェダ とも言います。

のろい　더디다　トディダ　[動][形][形動][規則]

要体 のろいです	더뎌요 トディヨ	~のに のろいのに	더딘데 トディンデ
否定 のろくないです	더디지 않아요 トディジ アナヨ	~くても のろくても	더뎌도 トディョド
過去 のろかったです	더뎠어요 トディョッソヨ	仮定 のろければ	더디면 トディミョン
過去否定 のろくなかったです	더디지 않았어요 トディジ アナッソヨ	~けれど のろいけれど	더디지만 トディジマン
現在連体 のろい(車)	더딘 (차) トディン チャ	~でしょう のろいでしょう	더딜 거예요 トディル ッコエヨ
過去連体 のろかった(車)	더디던 (차) トディドン チャ	~ようです のろいようです	더딘 것 같아요 トディン ゴッ カタヨ
~くて のろくて	더디고 トディゴ	~くないようです のろくないようです	더디지 않은 것 같아요 トディジ アヌン ゴッ カタヨ
~から のろいから	더디니까 トディニッカ	~く のろく	더디게 トディゲ

🐾 「のろい」は 느리다 ヌリダ とも言います。

のんきだ　느긋하다　ヌグタダ　[動][形][形動][規則]

要体 のんきです	느긋해요 ヌグテヨ	~なのに のんきなのに	느긋한데 ヌグタンデ
否定 のんきではないです	느긋하지 않아요 ヌグタジ アナヨ	~でも のんきでも	느긋해도 ヌグテド
過去 のんきでした	느긋했어요 ヌグテッソヨ	仮定 のんきならば	느긋하면 ヌグタミョン
過去否定 のんきではなかったです	느긋하지 않았어요 ヌグタジ アナッソヨ	~だけれど のんきだけれど	느긋하지만 ヌグタジマン
現在連体 のんきな(人)	느긋한 (사람) ヌグタン サラム	~でしょう のんきでしょう	느긋할 거예요 ヌグタル ッコエヨ
過去連体 のんきだった(人)	느긋하던 (사람) ヌグタドン サラム	~そうです のんきそうです	느긋한 것 같아요 ヌグタン ゴッ カタヨ
~で のんきで	느긋하고 ヌグタゴ	~ではないようです のんきではないようです	느긋하지 않은 것 같아요 ヌグタジ アヌン ゴッ カタヨ
~だから のんきだから	느긋하니까 ヌグタニッカ	~に のんきに	느긋하게 ヌグタゲ

🐾 「のんき者」は 낙천가 ナクチョンガ と言います。

入ってくる 들어오다 トゥロオダ 動 形 形動 規則 基本単語

요体 入ってきます	들어와요 トゥロワヨ	~てください 入ってきてください	들어와 주세요 トゥロワ ジュセヨ
否定 入ってきません	들어오지 않아요 トゥロオジ アナヨ	~ないでください 入ってこないでください	들어오지 마세요 トゥロオジ マセヨ
過去 入ってきました	들어왔어요 トゥロワッソヨ	仮定 入ってくれば	들어오면 トゥロオミョン
現在連体 入ってくる(部屋)	들어오는 (방) トゥロオヌン バン	~たいです 入ってきたいです	들어오고 싶어요 トゥロオゴ シボヨ
過去連体 入ってきた(部屋)	들어온 (방) トゥロオン バン	~て 入ってきて	들어오고 トゥロオゴ
未来連体 入ってくる(部屋)	들어올 (방) トゥロオル ッパン	~でしょう 入ってくるでしょう	들어올 거예요 トゥロオル ッコエヨ
~から 入ってくるから	들어오니까 トゥロオニッカ	~と思います 入ってくると思います	들어올 것 같아요 トゥロオル ッコッ カタヨ
~けれど 入ってくるけれど	들어오지만 トゥロオジマン	意志 入ってきます	들어오겠어요 トゥロオゲッソヨ

「入ってきません」には 안 들어와요 アン ドゥロワヨ という言い方もあります。

入る 들어가다 トゥロガダ 動 形 形動 規則 基本単語

요体 入ります	들어가요 トゥロガヨ	~てください 入ってください	들어가 주세요 トゥロガ ジュセヨ
否定 入りません	들어가지 않아요 トゥロガジ アナヨ	~ないでください 入らないでください	들어가지 마세요 トゥロガジ マセヨ
過去 入りました	들어갔어요 トゥロガッソヨ	仮定 入れば	들어가면 トゥロガミョン
現在連体 入る(部屋)	들어가는 (방) トゥロガヌン バン	~たいです 入りたいです	들어가고 싶어요 トゥロガゴ シボヨ
過去連体 入った(部屋)	들어간 (방) トゥロガン バン	~て 入って	들어가고 トゥロガゴ
未来連体 入る(部屋)	들어갈 (방) トゥロガル ッパン	~でしょう 入るでしょう	들어갈 거예요 トゥロガル ッコエヨ
~から 入るから	들어가니까 トゥロガニッカ	~と思います 入ると思います	들어갈 것 같아요 トゥロガル ッコッ カタヨ
~けれど 入るけれど	들어가지만 トゥロガジマン	意志 入ります	들어가겠어요 トゥロガゲッソヨ

(意志)「入ります」には 들어갈게요 トゥロガルッケヨ という言い方もあります。

生える　나다　ナダ　[動][形][形動][規則]

요体 生えます	나요 ナヨ	~てください	
否定 生えません	나지 않아요 ナジ アナヨ	~ないでください	
過去 生えました	났어요 ナッソヨ	仮定 生えれば	나면 ナミョン
現在連体 生える(雑草)	나는 (잡초) ナヌン ジャプチョ	~たいです	
過去連体 生えた(雑草)	난 (잡초) ナン ジャプチョ	~て 生えて	나고 ナゴ
未来連体 生える(雑草)	날 (잡초) ナル ッチャプチョ	~でしょう 生えるでしょう	날 거예요 ナル ッコエヨ
~から 生えるから	나니까 ナニッカ	~と思います 生えると思います	날 것 같아요 ナル ッコッ カタヨ
~けれど 生えるけれど	나지만 ナジマン	意志	

🐾 「(羽が) 生える」は (날개가) 돋다 (ナルゲガ) トッタ と言います。

はかない　덧없다　トドプタ　[存在詞][規則]

요体 はかないです	덧없어요 トドプソヨ	~のに はかないのに	덧없는데 トドムヌンデ
否定 はかなくないです	덧없지 않아요 トドプチ アナヨ	~くても はかなくても	덧없어도 トドプソド
過去 はかなかったです	덧없었어요 トドプソッソヨ	仮定 はかなければ	덧없으면 トドプスミョン
過去否定 はかなくなかったです	덧없지 않았어요 トドプチ アナッソヨ	~けれど はかないけれど	덧없지만 トドプチマン
現在連体 はかない(恋)	덧없는 (사랑) トドムヌン サラン	~でしょう はかないでしょう	덧없을 거예요 トドプスル ッコエヨ
過去連体 はかなかった(恋)	덧없던 (사랑) トドプトン サラン	~ようです はかないようです	덧없는 것 같아요 トドムヌン ゴッ カタヨ
~くて はかなくて	덧없고 トドプコ	~くないようです はかなくないようです	덧없지 않은 것 같아요 トドプチ アヌン ゴッ カタヨ
~から はかないから	덧없으니까 トドプスニッカ	~く はかなく	덧없게 トドプケ

🐾 「はかない」は 허무하다 ホムハダ とも言います。

測る　재다　チェダ

動 形 形動 規則

요体 測ります	재요 チェヨ	~てください 測ってください	재 주세요 チェ ジュセヨ
否定 測りません	재지 않아요 チェジ アナヨ	~ないでください 測らないでください	재지 마세요 チェジ マセヨ
過去 測りました	쟀어요 チェッソヨ	仮定 測れば	재면 チェミョン
現在連体 測る(身長)	재는 (키) チェヌン キ	~たいです 測りたいです	재고 싶어요 チェゴ シポヨ
過去連体 測った(身長)	잰 (키) チェン キ	~て 測って	재고 チェゴ
未来連体 測る(身長)	잴 (키) チェル キ	~でしょう 測るでしょう	잴 거예요 チェル ッコエヨ
~から 測るから	재니까 チェニッカ	~と思います 測ると思います	잴 것 같아요 チェル ッコッ カタヨ
~けれど 測るけれど	재지만 チェジマン	意志 測ります	재겠어요 チェゲッソヨ

🐾 「(重さを) 測る」には (무게를) 달다 (ムゲルル) タルダ という表現を使います。

掃く　쓸다　ッスルダ

活用に注意！

動 形 形動 ㄹ脱落

요体 掃きます	쓸어요 ッスロヨ	~てください 掃いてください	쓸어 주세요 ッスロ ジュセヨ
否定 掃きません	쓸지 않아요 ッスルジ アナヨ	~ないでください 掃かないでください	쓸지 마세요 ッスルジ マセヨ
過去 掃きました	쓸었어요 ッスロッソヨ	仮定 掃けば	쓸면 ッスルミョン
現在連体 掃く(庭)	쓰는 (마당) ッスヌン マダン	~たいです 掃きたいです	쓸고 싶어요 ッスルゴ シポヨ
過去連体 掃いた(庭)	쓴 (마당) ッスン マダン	~て 掃いて	쓸고 ッスルゴ
未来連体 掃く(庭)	쓸 (마당) ッスル マダン	~でしょう 掃くでしょう	쓸 거예요 ッスル ッコエヨ
~から 掃くから	쓰니까 ッスニッカ	~と思います 掃くと思います	쓸 것 같아요 ッスル ッコッ カタヨ
~けれど 掃くけれど	쓸지만 ッスルジマン	意志 掃きます	쓸겠어요 ッスルゲッソヨ

🐾 「擦る」も 쓸다 と言います。

吐く（息を） 내쉬다 ネシュィダ

動 形 形動 規則

丁体 吐きます	내쉬어요 ネシュィオヨ	~てください 吐いてください	내쉬어 주세요 ネシュィオ ジュセヨ
否定 吐きません	내쉬지 않아요 ネシュィジ アナヨ	~ないでください 吐かないでください	내쉬지 마세요 ネシュィジ マセヨ
過去 吐きました	내쉬었어요 ネシュィオッソヨ	仮定 吐けば	내쉬면 ネシュィミョン
現在連体 吐く(息)	내쉬는 (숨) ネシュィヌン スム	~たいです 吐きたいです	내쉬고 싶어요 ネシュィゴ シポヨ
過去連体 吐いた(息)	내쉰 (숨) ネシュィン スム	~て 吐いて	내쉬고 ネシュィゴ
未来連体 吐く(息)	내쉴 (숨) ネシュィル ッスム	~でしょう 吐くでしょう	내쉴 거예요 ネシュィル ッコエヨ
~から 吐くから	내쉬니까 ネシュィニッカ	~と思います 吐くと思います	내쉴 것 같아요 ネシュィル ッコッ カタヨ
~けれど 吐くけれど	내쉬지만 ネシュィジマン	意志 吐きます	내쉬겠어요 ネシュィゲッソヨ

🐾 「吐いても」は 내쉬어도 ネシュィオド、「吐いたので」は 내쉬어서 ネシュィオソ と言います。

履く 신다 シンッタ

動 形 形動 規則 基本単語

丁体 履きます	신어요 シノヨ	~てください 履いてください	신어 주세요 シノ ジュセヨ
否定 履きません	신지 않아요 シンチ アナヨ	~ないでください 履かないでください	신지 마세요 シンチ マセヨ
過去 履きました	신었어요 シノッソヨ	仮定 履けば	신으면 シヌミョン
現在連体 履く(靴)	신는 (신) シンヌン シン	~たいです 履きたいです	신고 싶어요 シンコ シポヨ
過去連体 履いた(靴)	신은 (신) シヌン シン	~て 履いて	신고 シンコ
未来連体 履く(靴)	신을 (신) シヌル ッシン	~でしょう 履くでしょう	신을 거예요 シヌル ッコエヨ
~から 履くから	신으니까 シヌニッカ	~と思います 履くと思います	신을 것 같아요 シヌル ッコッ カタヨ
~けれど 履くけれど	신지만 シンチマン	意志 履きます	신겠어요 シンッケッソヨ

🐾 「履いてみてもいいですか?」は 신어봐도 돼요? シノブァド トェヨ? と言います。

激しい　드세다　トゥセダ　　動 形 形動 規則

요체 激しいです	드세요 トゥセヨ	~のに 激しいのに	드센데 トゥセンデ
부정 激しくないです	드세지 않아요 トゥセジ アナヨ	~くても 激しくても	드세도 トゥセド
과거 激しかったです	드셌어요 トゥセッソヨ	가정 激しければ	드세면 トゥセミョン
과거부정 激しくなかったです	드세지 않았어요 トゥセジ アナッソヨ	~けれど 激しいけれど	드세지만 トゥセジマン
현재연체 激しい(風)	드센 (바람) トゥセン バラム	~でしょう 激しいでしょう	드셀 거예요 トゥセル ッコエヨ
과거연체 激しかった(風)	드세던 (바람) トゥセドン バラム	~ようです 激しいようです	드센 것 같아요 トゥセン ゴッ カタヨ
~くて 激しくて	드세고 トゥセゴ	~くないようです 激しくないようです	드세지 않은 것 같아요 トゥセジ アヌン ゴッ カタヨ
~から 激しいから	드세니까 トゥセニッカ	~く 激しく	드세게 トゥセゲ

「激しい」は 심하다 シマダ とも言います。

励ます　격려하다　キョンニョハダ　　動 形 形動 規則

요체 励まします	격려해요 キョンニョヘヨ	~てください 励ましてください	격려해 주세요 キョンニョヘ ジュセヨ
부정 励ましません	격려하지 않아요 キョンニョハジ アナヨ	~ないでください 励まさないでください	격려하지 마세요 キョンニョハジ マセヨ
과거 励ましました	격려했어요 キョンニョヘッソヨ	가정 励ませば	격려하면 キョンニョハミョン
현재연체 励ます(友達)	격려하는 (친구) キョンニョハヌン チング	~たいです 励ましたいです	격려하고 싶어요 キョンニョハゴ シポヨ
과거연체 励ました(友達)	격려한 (친구) キョンニョハン チング	~て 励まして	격려하고 キョンニョハゴ
미래연체 励ます(友達)	격려할 (친구) キョンニョハル チング	~でしょう 励ますでしょう	격려할 거예요 キョンニョハル ッコエヨ
~から 励ますから	격려하니까 キョンニョハニッカ	~と思います 励ますと思います	격려할 것 같아요 キョンニョハル ッコッ カタヨ
~けれど 励ますけれど	격려하지만 キョンニョハジマン	의지 励まします	격려하겠어요 キョンニョハゲッソヨ

ひと言フレーズ　彼を励ましてください。
그를 격려해 주세요. クルル キョンニョヘ ジュセヨ

励む　힘쓰다　ヒムッスダ

動 形 形動 으不規則　活用に注意！

요体 励みます	힘써요 ヒムッソヨ		~てください 励んでください	힘써 주세요 ヒムッソ ジュセヨ
否定 励みません	힘쓰지 않아요 ヒムッスジ アナヨ		~ないでください 励まないでください	힘쓰지 마세요 ヒムッスジ マセヨ
過去 励みました	힘썼어요 ヒムッソッソヨ		仮定 励めば	힘쓰면 ヒムッスミョン
現在連体 励む（仕事）	힘쓰는 （일） ヒムッスヌン ニル		~たいです 励みたいです	힘쓰고 싶어요 ヒムッスゴ シポヨ
過去連体 励んだ（仕事）	힘쓴 （일） ヒムッスン ニル		~て 励んで	힘쓰고 ヒムッスゴ
未来連体 励む（仕事）	힘쓸 （일） ヒムッスル リル		~でしょう 励むでしょう	힘쓸 거예요 ヒムッスル ッコエヨ
~から 励むから	힘쓰니까 ヒムッスニッカ		~と思います 励むと思います	힘쓸 것 같아요 ヒムッスル ッコッ カタヨ
~けれど 励むけれど	힘쓰지만 ヒムッスジマン		意志 励みます	힘쓰겠어요 ヒムッスゲッソヨ

🐾 「励む」は 노력하다 ノリョカダ とも言います。

運ぶ　나르다　ナルダ

動 形 形動 ㄹ不規則　活用に注意！

요体 運びます	날라요 ナルラヨ		~てください 運んでください	날라 주세요 ナルラ ジュセヨ
否定 運びません	나르지 않아요 ナルジ アナヨ		~ないでください 運ばないでください	나르지 마세요 ナルジ マセヨ
過去 運びました	날랐어요 ナルラッソヨ		仮定 運べば	나르면 ナルミョン
現在連体 運ぶ（荷物）	나르는 （짐） ナルヌン ジム		~たいです 運びたいです	나르고 싶어요 ナルゴ シポヨ
過去連体 運んだ（荷物）	나른 （짐） ナルン ジム		~て 運んで	나르고 ナルゴ
未来連体 運ぶ（荷物）	나를 （짐） ナルル ッチム		~でしょう 運ぶでしょう	나를 거예요 ナルル ッコエヨ
~から 運ぶから	나르니까 ナルニッカ		~と思います 運ぶと思います	나를 것 같아요 ナルル ッコッ カタヨ
~けれど 運ぶけれど	나르지만 ナルジマン		意志 運びます	나르겠어요 ナルゲッソヨ

🐾 「運ぶ」には 옮기다 オムギダ という言い方もあります。

始まる　시작되다　シジャクトェダ　[動][形][形動]　規則　基本単語

요体 始まります	시작돼요 シジャクトェヨ	~てください	
否定 始まりません	시작되지 않아요 シジャクトェジ アナヨ	~ないでください	
過去 始まりました	시작됐어요 シジャクトェッソヨ	仮定 始まれば	시작되면 シジャクトェミョン
現在連体 始まる(仕事)	시작되는 (일) シジャクトェヌン ニル	~たいです	
過去連体 始まった(仕事)	시작된 (일) シジャクトェン ニル	~て 始まって	시작되고 シジャクトェゴ
未来連体 始まる(仕事)	시작될 (일) シジャクトェル リル	~でしょう 始まるでしょう	시작될 거예요 シジャクトェル ッコエヨ
~から 始まるから	시작되니까 シジャクトェニッカ	~と思います 始まると思います	시작될 것 같아요 シジャクトェル ッコッ カタヨ
~けれど 始まるけれど	시작되지만 シジャクトェジマン	意志	

🐾 「始まったので」は **시작돼서** シジャクトェソ と言います。

初めてだ　처음이다　チョウミダ　指定詞　規則

요体 初めてです	처음이에요 チョウミエヨ	~なのに 初めてなのに	처음인데 チョウミンデ
否定 初めてではないです	처음이 아니에요 チョウミ アニエヨ	~でも 初めてでも	처음이라도 チョウミラド
過去 初めてでした	처음이었어요 チョウミオッソヨ	仮定 初めてならば	처음이면 チョウミミョン
過去否定 初めてではなかったです	처음이 아니었어요 チョウミ アニオッソヨ	~だけれど 初めてだけれど	처음이지만 チョウミジマン
現在連体 初めての(旅行)	처음인 (여행) チョウミン ニョヘン	~でしょう 初めてでしょう	처음일 거예요 チョウミル ッコエヨ
過去連体 初めてだった(旅行)	처음이던 (여행) チョウミドン ニョヘン	~そうです 初めてそうです	처음인 것 같아요 チョウミン ゴッ カタヨ
~で 初めてで	처음이고 チョウミゴ	~ではないようです 初めてではないようです	처음이 아닌 것 같아요 チョウミ アニン ゴッ カタヨ
~だから 初めてだから	처음이니까 チョウミニッカ	~に	

🐾 副詞の「初めて」は **처음으로** チョウムロ と言います。

始める／出直す　시작하다　シジャカダ　[動][形][形動]　規則　基本単語

요체 始めます	시작해요 シジャケヨ	~てください 始めてください	시작해 주세요 シジャケ ジュセヨ
否定 始めません	시작하지 않아요 シジャカジ アナヨ	~ないでください 始めないでください	시작하지 마세요 シジャカジ マセヨ
過去 始めました	시작했어요 シジャケッソヨ	仮定 始めれば	시작하면 シジャカミョン
現在連体 始める(仕事)	시작하는 (일) シジャカヌン ニル	~たいです 始めたいです	시작하고 싶어요 シジャカゴ シポヨ
過去連体 始めた(仕事)	시작한 (일) シジャカン ニル	~て 始めて	시작하고 シジャカゴ
未来連体 始める(仕事)	시작할 (일) シジャカル リル	~でしょう 始めるでしょう	시작할 거예요 シジャカル ッコエヨ
~から 始めるから	시작하니까 シジャカニッカ	~と思います 始めると思います	시작할 것 같아요 シジャカル ッコッ カタヨ
~けれど 始めるけれど	시작하지만 シジャカジマン	意志 始めます	시작하겠어요 シジャカゲッソヨ

🐾 「始めません」には 시작 안 해요 シジャ ガ ネヨ という言い方もあります。

走る　달리다　タルリダ　[動][形][形動]　規則　基本単語

요체 走ります	달려요 タルリョヨ	~てください 走ってください	달려 주세요 タルリョ ジュセヨ
否定 走りません	달리지 않아요 タルリジ アナヨ	~ないでください 走らないでください	달리지 마세요 タルリジ マセヨ
過去 走りました	달렸어요 タルリョッソヨ	仮定 走れば	달리면 タルリミョン
現在連体 走る(車)	달리는 (차) タルリヌン チャ	~たいです 走りたいです	달리고 싶어요 タルリゴ シポヨ
過去連体 走った(車)	달린 (차) タルリン チャ	~て 走って	달리고 タルリゴ
未来連体 走る(車)	달릴 (차) タルリル チャ	~でしょう 走るでしょう	달릴 거예요 タルリル ッコエヨ
~から 走るから	달리니까 タルリニッカ	~と思います 走ると思います	달릴 것 같아요 タルリル ッコッ カタヨ
~けれど 走るけれど	달리지만 タルリジマン	意志 走ります	달리겠어요 タルリゲッソヨ

🐾 「走る」は 뛰다 ットゥィダ とも言います。

恥ずかしい　부끄럽다　ブックロプタ　[動][形動] ㅂ不規則

活用に注意！

丁寧形 恥ずかしいです	부끄러워요 ブックロウォヨ	～のに 恥ずかしいのに	부끄러운데 ブックロウンデ
否定 恥ずかしくないです	부끄럽지 않아요 ブックロプチ アナヨ	～くても 恥ずかしくても	부끄러워도 ブックロウォド
過去 恥ずかしかったです	부끄러웠어요 ブックロウォッソヨ	仮定 恥ずかしければ	부끄러우면 ブックロウミョン
過去否定 恥ずかしくなかったです	부끄럽지 않았어요 ブックロプチ アナッソヨ	～けれど 恥ずかしいけれど	부끄럽지만 ブックロプチマン
現在連体 恥ずかしい（行い）	부끄러운 (행동) ブックロウ ネンドン	～でしょう 恥ずかしいでしょう	부끄러울 거예요 ブックロウル ッコエヨ
過去連体 恥ずかしかった（行い）	부끄럽던 (행동) ブックロプト ネンドン	～ようです 恥ずかしいようです	부끄러운 것 같아요 ブックロウン ゴッ カタヨ
～くて 恥ずかしくて	부끄럽고 ブックロプコ	～くないようです 恥ずかしくないようです	부끄럽지 않은 것 같아요 ブックロプチ アヌン ゴッ カタヨ
～から 恥ずかしいから	부끄러우니까 ブックロウニッカ	～く 恥ずかしく	부끄럽게 ブックロプケ

ひと言フレーズ　恥ずかしいから、言わないでください。
부끄러우니까, 말하지 마세요. ブックロウニッカ マラジ マセヨ

働く　일하다　イラダ　[動][形動] 規則　基本単語

丁寧形 働きます	일해요 イレヨ	～てください 働いてください	일해 주세요 イレ ジュセヨ
否定 働きません	일하지 않아요 イラジ アナヨ	～ないでください 働かないでください	일하지 마세요 イラジ マセヨ
過去 働きました	일했어요 イレッソヨ	仮定 働けば	일하면 イラミョン
現在連体 働く（期間）	일하는 (기간) イラヌン ギガン	～たいです 働きたいです	일하고 싶어요 イラゴ シボヨ
過去連体 働いた（期間）	일한 (기간) イラン ギガン	～て 働いて	일하고 イラゴ
未来連体 働く（期間）	일할 (기간) イラル ッキガン	～でしょう 働くでしょう	일할 거예요 イラル ッコエヨ
～から 働くから	일하니까 イラニッカ	～と思います 働くと思います	일할 것 같아요 イラル ッコッ カタヨ
～けれど 働くけれど	일하지만 イラジマン	意志 働きます	일하겠어요 イラゲッソヨ

🐾「(頭が) 働く」は (머리가) 잘 돌아가다 (モリガ) チャル トラガダ と言います。

派手だ　화려하다　ファリョハダ　[動][形][形動][規則]

요체 派手です	화려해요 ファリョヘヨ	~なのに 派手なのに	화려한데 ファリョハンデ
否定 派手ではないです	화려하지 않아요 ファリョハジ アナヨ	~でも 派手でも	화려해도 ファリョヘド
過去 派手でした	화려했어요 ファリョヘッソヨ	仮定 派手であれば	화려하면 ファリョハミョン
過去否定 派手ではなかったです	화려하지 않았어요 ファリョハジ アナッソヨ	~だけれど 派手だけれど	화려하지만 ファリョハジマン
現在連体 派手な(人)	화려한 (사람) ファリョハン サラム	~でしょう 派手でしょう	화려할 거예요 ファリョハル ッコエヨ
過去連体 派手だった(人)	화려하던 (사람) ファリョハドン サラム	~そうです 派手そうです	화려한 것 같아요 ファリョハン ゴッ カタヨ
~で 派手で	화려하고 ファリョハゴ	~ではないようです 派手ではないようです	화려하지 않은 것 같아요 ファリョハジ アヌン ゴッ カタヨ
~だから 派手だから	화려하니까 ファリョハニッカ	~に 派手に	화려하게 ファリョハゲ

🐾 「派手だ」には 화사하다 ファサハダ という言い方もあります。

話す　이야기하다　イヤギハダ　[動][形][形動][規則][基本単語]

요체 話します	이야기해요 イヤギヘヨ	~てください 話してください	이야기해 주세요 イヤギヘ ジュセヨ
否定 話しません	이야기하지 않아요 イヤギハジ アナヨ	~ないでください 話さないでください	이야기하지 마세요 イヤギハジ マセヨ
過去 話しました	이야기했어요 イヤギヘッソヨ	仮定 話せば	이야기하면 イヤギハミョン
現在連体 話す(こと)	이야기하는 (것) イヤギハヌン ゴッ	~たいです 話したいです	이야기하고 싶어요 イヤギハゴ シポヨ
過去連体 話した(こと)	이야기한 (것) イヤギハン ゴッ	~て 話して	이야기하고 イヤギハゴ
未来連体 話す(こと)	이야기할 (것) イヤギハル ッコッ	~でしょう 話すでしょう	이야기할 거예요 イヤギハル ッコエヨ
~から 話すから	이야기하니까 イヤギハニッカ	~と思います 話すと思います	이야기할 것 같아요 イヤギハル ッコッ カタヨ
~けれど 話すけれど	이야기하지만 イヤギハジマン	意志 話します	이야기하겠어요 イヤギハゲッソヨ

🐾 이야기하다 の縮約形は 얘기하다 イェギハダ です。

離れる　떠나다　ットナダ　[動][形][形動][規則][基本単語]

丁体 離れます	떠나요 ットナヨ	〜てください 離れてください	떠나 주세요 ットナ ジュセヨ
否定 離れません	떠나지 않아요 ットナジ アナヨ	〜ないでください 離れないでください	떠나지 마세요 ットナジ マセヨ
過去 離れました	떠났어요 ットナッソヨ	仮定 離れれば	떠나면 ットナミョン
現在連体 離れる(場所)	떠나는 (장소) ットナヌン ジャンソ	〜たいです 離れたいです	떠나고 싶어요 ットナゴ シポヨ
過去連体 離れた(場所)	떠난 (장소) ットナン ジャンソ	〜て 離れて	떠나고 ットナゴ
未来連体 離れる(場所)	떠날 (장소) ットナル ッチャンソ	〜でしょう 離れるでしょう	떠날 거예요 ットナル ッコエヨ
〜から 離れるから	떠나니까 ットナニッカ	〜と思います 離れると思います	떠날 것 같아요 ットナル ッコッ カタヨ
〜けれど 離れるけれど	떠나지만 ットナジマン	意志 離れます	떠나겠어요 ットナゲッソヨ

「離れる」には **떨어지다** ットロジダ という言い方もあります。

跳ねる　뛰다　トゥィダ　[動][形][形動][規則]

丁体 跳ねます	뛰어요 トゥィオヨ	〜てください	
否定 跳ねません	뛰지 않아요 トゥィジ アナヨ	〜ないでください	
過去 跳ねました	뛰었어요 トゥィオッソヨ	仮定 跳ねれば	뛰면 トゥィミョン
現在連体 跳ねる(油)	뛰는 (기름) トゥィヌン ギルム	〜たいです	
過去連体 跳ねた(油)	뛴 (기름) トゥィン ギルム	〜て 跳ねて	뛰고 トゥィゴ
未来連体 跳ねる(油)	뛸 (기름) トゥィル ッキルム	〜でしょう 跳ねるでしょう	뛸 거예요 トゥィル ッコエヨ
〜から 跳ねるから	뛰니까 トゥィニッカ	〜と思います 跳ねると思います	뛸 것 같아요 トゥィル ッコッ カタヨ
〜けれど 跳ねるけれど	뛰지만 トゥィジマン	意志	

「跳ねる」には **뛰어오르다** ットゥィオオルダ という言い方もあります。

はまる　들어맞다　トゥロマッタ　[動][形][形動][規則]

요体 はまります	들어맞아요 トゥロマジャヨ	～てください	
否定 はまりません	들어맞지 않아요 トゥロマッチ アナヨ	～ないでください	
過去 はまりました	들어맞았어요 トゥロマジャッソヨ	仮定 はまれば	들어맞으면 トゥロマジュミョン
現在連体 はまる(部品)	들어맞는 (부품) トゥロマンヌン ププム	～たいです	
過去連体 はまった(部品)	들어맞은 (부품) トゥロマジュン ププム	～て はまって	들어맞고 トゥロマッコ
未来連体 はまる(部品)	들어맞을 (부품) トゥロマジュル ププム	～でしょう はまるでしょう	들어맞을 거예요 トゥロマジュル ッコエヨ
～から はまるから	들어맞으니까 トゥロマジュニッカ	～と思います はまると思います	들어맞을 것 같아요 トゥロマジュル ッコッ カタヨ
はまるけれど はまるけれど	들어맞지만 トゥロマッチマン	意志	

🐾 「はまる」は 꼭 맞다 ッコン マッタ とも言います。

速い／早い　빠르다　ッパルダ　[動][形][形動][르不規則]　活用に注意！　基本単語

요体 速いです	빨라요 ッパルラヨ	～のに 速いのに	빠른데 ッパルンデ
否定 速くないです	빠르지 않아요 ッパルジ アナヨ	～くても 速くても	빨라도 ッパルラド
過去 速かったです	빨랐어요 ッパルラッソヨ	仮定 速ければ	빠르면 ッパルミョン
過去否定 速くなかったです	빠르지 않았어요 ッパルジ アナッソヨ	～けれど 速いけれど	빠르지만 ッパルジマン
現在連体 速い(車)	빠른 (차) ッパルン チャ	～でしょう 速いでしょう	빠를 거예요 ッパルル ッコエヨ
過去連体 速かった(車)	빠르던 (차) ッパルドン チャ	～ようです 速いようです	빠른 것 같아요 ッパルン ゴッ カタヨ
～くて 速くて	빠르고 ッパルゴ	～くないようです 速くないようです	빠르지 않은 것 같아요 ッパルジ アヌン ゴッ カタヨ
～から 速いから	빠르니까 ッパルニッカ	～く 速く	빠르게 ッパルゲ

🐾 「早く(起きる)」は 일찍 (일어나다) イルッチ (ギロナダ) と言います。

流行る　유행하다　ユヘンハダ　[動][形動][規則]

요체 流行ります	유행해요 ユヘンヘヨ	~てください	
否定 流行りません	유행하지 않아요 ユヘンハジ アナヨ	~ないでください	
過去 流行りました	유행했어요 ユヘンヘッソヨ	仮定 流行れば	유행하면 ユヘンハミョン
現在連体 流行る(ファッション)	유행하는 (패션) ユヘンハヌン ペション	~たいです	
過去連体 流行った(ファッション)	유행한 (패션) ユヘンハン ペション	~て 流行って	유행하고 ユヘンハゴ
未来連体 流行る(ファッション)	유행할 (패션) ユヘンハル ペション	~でしょう 流行るでしょう	유행할 거예요 ユヘンハル ッコエヨ
~から 流行るから	유행하니까 ユヘンハニッカ	~と思います 流行ると思います	유행할 것 같아요 ユヘンハル ッコッ カタヨ
~けれど 流行るけれど	유행하지만 ユヘンハジマン	意志	

🐾 「(風邪が) 流行る」は (감기가) 퍼지다 (カムギガ) ポジダ と言います。

払う　치르다　チルダ　[動][形動][으不規則]　活用に注意!

요체 払います	치러요 チロヨ	~てください 払ってください	치러 주세요 チロ ジュセヨ
否定 払いません	치르지 않아요 チルジ アナヨ	~ないでください 払わないでください	치르지 마세요 チルジ マセヨ
過去 払いました	치렀어요 チロッソヨ	仮定 払えば	치르면 チルミョン
現在連体 払う(代金)	치르는 (대금) チルヌン デグム	~たいです 払いたいです	치르고 싶어요 チルゴ シポヨ
過去連体 払った(代金)	치른 (대금) チルン デグム	~て 払って	치르고 チルゴ
未来連体 払う(代金)	치를 (대금) チルル ッデグム	~でしょう 払うでしょう	치를 거예요 チルル ッコエヨ
~から 払うから	치르니까 チルニッカ	~と思います 払うと思います	치를 것 같아요 チルル ッコッ カタヨ
~けれど 払うけれど	치르지만 チルジマン	意志 払います	치르겠어요 チルゲッソヨ

🐾 「(ほこりを) 払う」には (먼지를) 털다 (モンジルル) トルダ という表現を使います。

張る（意地を） 부리다 プリダ

動 形 形動 規則

요체 張ります	부려요 プリョヨ	~てください 張ってください	부려 주세요 プリョ ジュセヨ
否定 張りません	부리지 않아요 プリジ アナヨ	~ないでください 張らないでください	부리지 마세요 プリジ マセヨ
過去 張りました	부렸어요 プリョッソヨ	仮定 張れば	부리면 プリミョン
現在連体 張る(意地)	부리는 (고집) プリヌン ゴジプ	~たいです 張りたいです	부리고 싶어요 プリゴ シポヨ
過去連体 張った(意地)	부린 (고집) プリン ゴジプ	~て 張って	부리고 プリゴ
未来連体 張る(意地)	부릴 (고집) プリル ッコジプ	~でしょう 張るでしょう	부릴 거예요 プリル ッコエヨ
~から 張るから	부리니까 プリニッカ	~と思います 張ると思います	부릴 것 같아요 プリル ッコッ カタヨ
~けれど 張るけれど	부리지만 プリジマン	意志 張ります	부리겠어요 プリゲッソヨ

「（意地を）張る」は（고집을）세우다（コジブル）セウダ とも言います。

貼る 붙이다 プチダ

動 形 形動 規則 基本単語

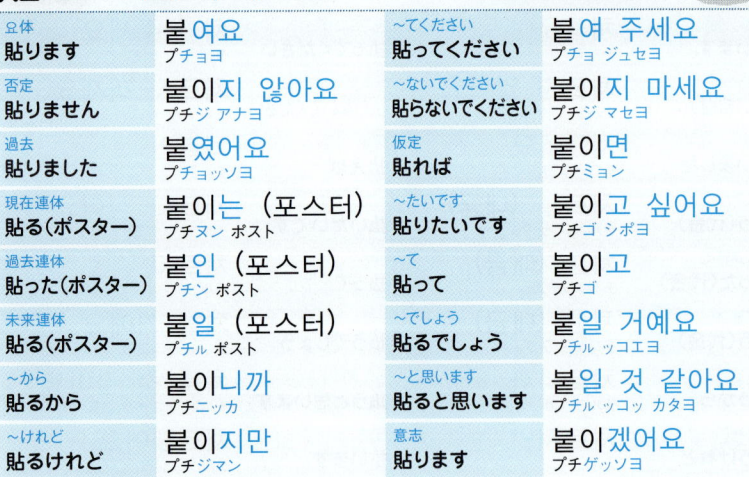

요체 貼ります	붙여요 プチョヨ	~てください 貼ってください	붙여 주세요 プチョ ジュセヨ
否定 貼りません	붙이지 않아요 プチジ アナヨ	~ないでください 貼らないでください	붙이지 마세요 プチジ マセヨ
過去 貼りました	붙였어요 プチョッソヨ	仮定 貼れば	붙이면 プチミョン
現在連体 貼る(ポスター)	붙이는 (포스터) プチヌン ポスト	~たいです 貼りたいです	붙이고 싶어요 プチゴ シポヨ
過去連体 貼った(ポスター)	붙인 (포스터) プチン ポスト	~て 貼って	붙이고 プチゴ
未来連体 貼る(ポスター)	붙일 (포스터) プチル ポスト	~でしょう 貼るでしょう	붙일 거예요 プチル ッコエヨ
~から 貼るから	붙이니까 プチニッカ	~と思います 貼ると思います	붙일 것 같아요 プチル ッコッ カタヨ
~けれど 貼るけれど	붙이지만 プチジマン	意志 貼ります	붙이겠어요 プチゲッソヨ

「貼る」は 바르다 パルダ とも言います。

腫れる　붓다　プッタ

[動] [形] [形動] [人不規則]　活用に注意!

요体 腫れます	부어요 プオヨ	~てください	
否定 腫れません	붓지 않아요 プッチ アナヨ	~ないでください	
過去 腫れました	부었어요 プオッソヨ	仮定 腫れれば	부으면 プウミョン
現在連体 腫れる(扁桃腺)	붓는 (편도선) プンヌン ピョンドソン	~たいです	
過去連体 腫れた(扁桃腺)	부은 (편도선) プウン ピョンドソン	~て 腫れて	붓고 プッコ
未来連体 腫れる(扁桃腺)	부을 (편도선) プウル ピョンドソン	~でしょう 腫れるでしょう	부을 거예요 プウル ッコエヨ
~から 腫れるから	부으니까 プウニッカ	~と思います 腫れると思います	부을 것 같아요 プウル ッコッ カタヨ
~けれど 腫れるけれど	붓지만 プッチマン	意志	

ひと言フレーズ　泣いて目が腫れました。
울어서 눈이 부었어요. ウロソ ヌニ プオッソヨ

晴れる　개다　ケダ

[動] [形] [形動] [規則]

요体 晴れます	개요 ケヨ	~てください	
否定 晴れません	개지 않아요 ケジ アナヨ	~ないでください	
過去 晴れました	갰어요 ケッソヨ	仮定 晴れれば	개면 ケミョン
現在連体 晴れる(天気)	개는 (날씨) ケヌン ナルッシ	~たいです	
過去連体 晴れた(天気)	갠 (날씨) ケン ナルッシ	~て 晴れて	개고 ケゴ
未来連体 晴れる(天気)	갤 (날씨) ケル ラルッシ	~でしょう 晴れるでしょう	갤 거예요 ケル ッコエヨ
~から 晴れるから	개니까 ケニッカ	~と思います 晴れると思います	갤 것 같아요 ケル ッコッ カタヨ
~けれど 晴れるけれど	개지만 ケジマン	意志	

「(罪が) 晴れる」は (죄를) 벗다 (チュエルル) ポッタ と言います。

判断する　판단하다　パンダナダ

[動][規則]

요체 判断します	판단해요 パンダネヨ	～てください 判断してください	판단해 주세요 パンダネ ジュセヨ
否定 判断しません	판단하지 않아요 パンダナジ アナヨ	～ないでください 判断しないでください	판단하지 마세요 パンダナジ マセヨ
過去 判断しました	판단했어요 パンダネッソヨ	仮定 判断すれば	판단하면 パンダナミョン
現在連体 判断する（医者）	핀단하는 （의사） パンダナヌ ヌィサ	～たいです 判断したいです	판단하고 싶어요 パンダナゴ シポヨ
過去連体 判断した（医者）	판단한 （의사） パンダナ ヌィサ	～て 判断して	판단하고 パンダナゴ
未来連体 判断する（医者）	판단할 （의사） パンダナ ルィサ	～でしょう 判断するでしょう	판단할 거예요 パンダナル ッコエヨ
～から 判断するから	판단하니까 パンダナニッカ	～と思います 判断すると思います	판단할 것 같아요 パンダナル ッコッ カタヨ
～けれど 判断するけれど	판단하지만 パンダナジマン	意志 判断します	판단하겠어요 パンダナゲッソヨ

「判断しません」には 판단 안 해요 パンダ ナ ネヨ という言い方もあります。

惹かれる　끌리다　ックルリダ

[動][規則]

요체 惹かれます	끌려요 ックルリョヨ	～てください	――
否定 惹かれません	끌리지 않아요 ックルリジ アナヨ	～ないでください 惹かれないでください	끌리지 마세요 ックルリジ マセヨ
過去 惹かれました	끌렸어요 ックルリョッソヨ	仮定 惹かれれば	끌리면 ックルリミョン
現在連体 惹かれる（気持ち）	끌리는 （마음） ックルリヌン マウム	～たいです	――
過去連体 惹かれた（気持ち）	끌린 （마음） ックルリン マウム	～て 惹かれて	끌리고 ックルリゴ
未来連体 惹かれる（気持ち）	끌릴 （마음） ックルリル マウム	～でしょう 惹かれるでしょう	끌릴 거예요 ックルリル ッコエヨ
～から 惹かれるから	끌리니까 ックルリニッカ	～と思います 惹かれると思います	끌릴 것 같아요 ックルリル ッコッ カタヨ
～けれど 惹かれるけれど	끌리지만 ックルリジマン	意志	――

ひと言フレーズ　彼の優しさに惹かれました。
그의 자상함에 끌렸어요. クエ チャサンハメ ックルリョッソヨ

卑怯だ　비겁하다　ピゴパダ

[動形] 形動　規則

立体 卑怯です	비겁해요 ピゴペヨ	~なのに 卑怯なのに	비겁한데 ピゴパンデ
否定 卑怯ではないです	비겁하지 않아요 ピゴパジ アナヨ	~でも 卑怯でも	비겁해도 ピゴペド
過去 卑怯でした	비겁했어요 ピゴペッソヨ	仮定 卑怯であれば	비겁하면 ピゴパミョン
過去否定 卑怯ではなかったです	비겁하지 않았어요 ピゴパジ アナッソヨ	~だけれど 卑怯だけれど	비겁하지만 ピゴパジマン
現在連体 卑怯な(人)	비겁한 (사람) ピゴパン サラム	~でしょう 卑怯でしょう	비겁할 거예요 ピゴパル ッコエヨ
過去連体 卑怯だった(人)	비겁하던 (사람) ピゴパドン サラム	~そうです 卑怯そうです	비겁한 것 같아요 ピゴパン ゴッ カタヨ
~で 卑怯で	비겁하고 ピゴパゴ	~ではないようです 卑怯ではないようです	비겁하지 않은 것 같아요 ピゴパジ アヌン ゴッ カタヨ
~だから 卑怯だから	비겁하니까 ピゴパニッカ	~に 卑怯に	비겁하게 ピゴパゲ

（過去連体）「卑怯だった～」には、**비겁했던** ピゴペットン という活用形もあります。

引き寄せる　끌어당기다　ックロダンギダ

[動] 形形動　規則

立体 引き寄せます	끌어당겨요 ックロダンギョヨ	~てください 引き寄せてください	끌어당겨 주세요 ックロダンギョ ジュセヨ
否定 引き寄せません	끌어당기지 않아요 ックロダンギジ アナヨ	~ないでください 引き寄せないでください	끌어당기지 마세요 ックロダンギジ マセヨ
過去 引き寄せました	끌어당겼어요 ックロダンギョッソヨ	仮定 引き寄せれば	끌어당기면 ックロダンギミョン
現在連体 引き寄せる(椅子)	끌어당기는 (의자) ックロダンギヌ ヌィジャ	~たいです 引き寄せたいです	끌어당기고 싶어요 ックロダンギゴ シポヨ
過去連体 引き寄せた(椅子)	끌어당긴 (의자) ックロダンギン ヌィジャ	~て 引き寄せて	끌어당기고 ックロダンギゴ
未来連体 引き寄せる(椅子)	끌어당길 (의자) ックロダンギル ルィジャ	~でしょう 引き寄せるでしょう	끌어당길 거예요 ックロダンギル ッコエヨ
~から 引き寄せるから	끌어당기니까 ックロダンギニッカ	~と思います 引き寄せると思います	끌어당길 것 같아요 ックロダンギル ッコッ カタヨ
~けれど 引き寄せるけれど	끌어당기지만 ックロダンギジマン	意志 引き寄せます	끌어당기겠어요 ックロダンギゲッソヨ

「引き寄せられる」は **끌리다** ックルリダ と言います。

引く　당기다　タンギダ　動 形 形動 規則

요체 引きます	당겨요 タンギョヨ	~てください 引いてください	당겨 주세요 タンギョ ジュセヨ
否定 引きません	당기지 않아요 タンギジ アナヨ	~ないでください 引かないでください	당기지 마세요 タンギジ マセヨ
過去 引きました	당겼어요 タンギョッソヨ	仮定 引けば	당기면 タンギミョン
現在連体 引く(椅子)	당기는 (의자) タンギヌ ヌィジャ	~たいです 引きたいです	당기고 싶어요 タンギゴ シポヨ
過去連体 引いた(椅子)	당긴 (의자) タンギン ヌィジャ	~て 引いて	당기고 タンギゴ
未来連体 引く(椅子)	당길 (의자) タンギル ルィジャ	~でしょう 引くでしょう	당길 거예요 タンギル ッコエヨ
~から 引くから	당기니까 タンギニッカ	~と思います 引くと思います	당길 것 같아요 タンギル ッコッ カタヨ
~けれど 引くけれど	당기지만 タンギジマン	意志 引きます	당기겠어요 タンギゲッソヨ

🐾 「引く」には 끌다 ックルダ という言い方もあります。

弾く／打つ／叩く(楽器を)　치다　チダ　動 形 形動 規則　基本単語

요체 弾きます	쳐요 チョヨ	~てください 弾いてください	쳐 주세요 チョ ジュセヨ
否定 弾きません	치지 않아요 チジ アナヨ	~ないでください 弾かないでください	치지 마세요 チジ マセヨ
過去 弾きました	쳤어요 チョッソヨ	仮定 弾けば	치면 チミョン
現在連体 弾く(ピアノ)	치는 (피아노) チヌン ピアノ	~たいです 弾きたいです	치고 싶어요 チゴ シポヨ
過去連体 弾いた(ピアノ)	친 (피아노) チン ピアノ	~て 弾いて	치고 チゴ
未来連体 弾く(ピアノ)	칠 (피아노) チル ピアノ	~でしょう 弾くでしょう	칠 거예요 チル ッコエヨ
~から 弾くから	치니까 チニッカ	~と思います 弾くと思います	칠 것 같아요 チル ッコッ カタヨ
~けれど 弾くけれど	치지만 チジマン	意志 弾きます	치겠어요 チゲッソヨ

🐾 「(バイオリンを) 弾く」の場合は (바이올린을) 켜다 (パイオルリヌル) キョダ と言います。

低い　낮다　ナッタ

動 形 形動 **規則**　基本単語

요体 低いです	낮아요 ナジャヨ	〜のに 低いのに	낮은데 ナジュンデ
否定 低くないです	낮지 않아요 ナッチ アナヨ	〜くても 低くても	낮아도 ナジャド
過去 低かったです	낮았어요 ナジャッソヨ	仮定 低ければ	낮으면 ナジュミョン
過去否定 低くなかったです	낮지 않았어요 ナッチ アナッソヨ	〜けれど 低いけれど	낮지만 ナッチマン
現在連体 低い(山)	낮은 (산) ナジュン サン	〜でしょう 低いでしょう	낮을 거예요 ナジュル ッコエヨ
過去連体 低かった(山)	낮던 (산) ナットン サン	〜ようです 低いようです	낮은 것 같아요 ナジュン ゴッ カタヨ
〜くて 低くて	낮고 ナッコ	〜くないようです 低くないようです	낮지 않은 것 같아요 ナッチ アヌン ゴッ カタヨ
〜から 低いから	낮으니까 ナジュニッカ	〜く 低く	낮게 ナッケ

🐾 「(背が)低い」の場合は (키가) 작다 (キガ) チャクタ と言います。

引っかかる　걸려들다　コルリョドゥルダ

活用に注意！　動 形 形動 **ㄹ脱落**　基本単語

요体 引っかかります	걸려들어요 コルリョドゥロヨ	〜てください 引っかかってください	걸려들어 주세요 コルリョドゥロ ジュセヨ
否定 引っかかりません	걸려들지 않아요 コルリョドゥルジ アナヨ	〜ないでください 引っかからないでください	걸려들지 마세요 コルリョドゥルジ マセヨ
過去 引っかかりました	걸려들었어요 コルリョドゥロッソヨ	仮定 引っかかれば	걸려들면 コルリョドゥルミョン
現在連体 引っかかる(詐欺)	걸려드는 (사기) コルリョドゥヌン サギ	〜たいです 引っかかりたいです	걸려들고 싶어요 コルリョドゥルゴ シポヨ
過去連体 引っかかった(詐欺)	걸려든 (사기) コルリョドゥン サギ	〜て 引っかかって	걸려들고 コルリョドゥルゴ
未来連体 引っかかる(詐欺)	걸려들 (사기) コルリョドゥル ッサギ	〜でしょう 引っかかるでしょう	걸려들 거예요 コルリョドゥル ッコエヨ
〜から 引っかかるから	걸려드니까 コルリョドゥニッカ	〜と思います 引っかかると思います	걸려들 것 같아요 コルリョドゥル ッコッ カタヨ
〜けれど 引っかかるけれど	걸려들지만 コルリョドゥルジマン	意志 引っかかります	걸려들겠어요 コルリョドゥルゲッソヨ

🐾 「引っかかる」は 걸리다 コルリダ とも言います。

引っかく　할퀴다　ハルクィダ

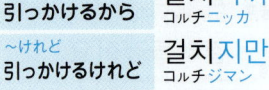

[動][形][形動][規則]

요体 引っかきます	할퀴어요 ハルクィオヨ	~てください 引っかいてください	할퀴어 주세요 ハルクィオ ジュセヨ
否定 引っかきません	할퀴지 않아요 ハルクィジ アナヨ	~ないでください 引っかかないでください	할퀴지 마세요 ハルクィジ マセヨ
過去 引っかきました	할퀴었어요 ハルクィオッソヨ	仮定 引っかけば	할퀴면 ハルクィミョン
現在連体 引っかく(傷)	할퀴는 (상처) ハルクィヌン サンチョ	~たいです 引っかきたいです	할퀴고 싶어요 ハルクィゴ シポヨ
過去連体 引っかいた(傷)	할퀸 (상처) ハルクィン サンチョ	~て 引っかいて	할퀴고 ハルクィゴ
未来連体 引っかく(傷)	할퀼 (상처) ハルクィル ッサンチョ	~でしょう 引っかくでしょう	할퀼 거예요 ハルクィル ッコエヨ
~から 引っかくから	할퀴니까 ハルクィニッカ	~と思います 引っかくと思います	할퀼 것 같아요 ハルクィル ッコッ カタヨ
~けれど 引っかくけれど	할퀴지만 ハルクィジマン	意志 引っかきます	할퀴겠어요 ハルクィゲッソヨ

🐾 「引っかきません」には 안 할퀴어요 ア ナルクィオヨ という言い方もあります。

引っかける　걸치다　コルチダ

[動][形][形動][規則]

요体 引っかけます	걸쳐요 コルチョヨ	~てください 引っかけてください	걸쳐 주세요 コルチョ ジュセヨ
否定 引っかけません	걸치지 않아요 コルチジ アナヨ	~ないでください 引っかけないでください	걸치지 마세요 コルチジ マセヨ
過去 引っかけました	걸쳤어요 コルチョッソヨ	仮定 引っかければ	걸치면 コルチミョン
現在連体 引っかける(上着)	걸치는 (겉옷) コルチヌン ゴドッ	~たいです 引っかけたいです	걸치고 싶어요 コルチゴ シポヨ
過去連体 引っかけた(上着)	걸친 (겉옷) コルチン ゴドッ	~て 引っかけて	걸치고 コルチゴ
未来連体 引っかける(上着)	걸칠 (겉옷) コルチル ッコドッ	~でしょう 引っかけるでしょう	걸칠 거예요 コルチル ッコエヨ
~から 引っかけるから	걸치니까 コルチニッカ	~と思います 引っかけると思います	걸칠 것 같아요 コルチル ッコッ カタヨ
~けれど 引っかけるけれど	걸치지만 コルチジマン	意志 引っかけます	걸치겠어요 コルチゲッソヨ

🐾 「(水などを) 引っかける」には 끼얹다 ッキオンッタ という表現を使います。

びっくりする／驚く　놀라다 ノルラダ　[動][形][形動][規則]　基本単語

요체 びっくりします	놀라요 ノルラヨ	~てください びっくりしてください	놀라 주세요 ノルラ ジュセヨ
否定 びっくりしません	놀라지 않아요 ノルラジ アナヨ	~ないでください びっくりしないでください	놀라지 마세요 ノルラジ マセヨ
過去 びっくりしました	놀랐어요 ノルラッソヨ	仮定 びっくりすれば	놀라면 ノルラミョン
現在連体 びっくりする(ニュース)	놀라는 (뉴스) ノルラヌン ニュス	~たいです びっくりしたいです	놀라고 싶어요 ノルラゴ シポヨ
過去連体 びっくりした(ニュース)	놀란 (뉴스) ノルラン ニュス	~て びっくりして	놀라고 ノルラゴ
未来連体 びっくりする(ニュース)	놀랄 (뉴스) ノルラル リュス	~でしょう びっくりするでしょう	놀랄 거예요 ノルラル ッコエヨ
~から びっくりするから	놀라니까 ノルラニッカ	~と思います びっくりすると思います	놀랄 것 같아요 ノルラル ッコッ カタヨ
~けれど びっくりするけれど	놀라지만 ノルラジマン	意志	———

「びっくりする」には 깜짝 놀라다 ッカムチャン ノルラダ という言い方もあります。

引っ越す　이사하다 イサハダ　[動][形][形動][規則]

요체 引っ越します	이사해요 イサヘヨ	~てください 引っ越してください	이사해 주세요 イサヘ ジュセヨ
否定 引っ越しません	이사하지 않아요 イサハジ アナヨ	~ないでください 引っ越さないでください	이사하지 마세요 イサハジ マセヨ
過去 引っ越しました	이사했어요 イサヘッソヨ	仮定 引っ越せば	이사하면 イサハミョン
現在連体 引っ越す(家)	이사하는 (집) イサハヌン ジプ	~たいです 引っ越したいです	이사하고 싶어요 イサハゴ シポヨ
過去連体 引っ越した(家)	이사한 (집) イサハン ジプ	~て 引っ越して	이사하고 イサハゴ
未来連体 引っ越す(家)	이사할 (집) イサハル ッチプ	~でしょう 引っ越すでしょう	이사할 거예요 イサハル ッコエヨ
~から 引っ越すから	이사하니까 イサハニッカ	~と思います 引っ越すと思います	이사할 것 같아요 イサハル ッコッ カタヨ
~けれど 引っ越すけれど	이사하지만 イサハジマン	意志 引っ越します	이사하겠어요 イサハゲッソヨ

ひと言フレーズ 大きい家に引っ越したいです。
큰 집으로 이사하고 싶어요. クン ジブロ イサハゴ シポヨ

ヒットする　히트하다　ヒトゥハダ　[動][形][形動][規則]

요체 ヒットします	히트해요 ヒトゥヘヨ	~てください ヒットしてください	히트해 주세요 ヒトゥヘ ジュセヨ
否定 ヒットしません	히트하지 않아요 ヒトゥハジ アナヨ	~ないでください ヒットしないでください	히트하지 마세요 ヒトゥハジ マセヨ
過去 ヒットしました	히트했어요 ヒトゥヘッソヨ	仮定 ヒットすれば	히트하면 ヒトゥハミョン
現在連体 ヒットする（歌手）	히트하는 (가수) ヒトゥハヌン ガス	~たいです ヒットしたいです	히트하고 싶어요 ヒトゥハゴ シポヨ
過去連体 ヒットした（歌手）	히트한 (가수) ヒトゥハン ガス	~て ヒットして	히트하고 ヒトゥハゴ
未来連体 ヒットする（歌手）	히트할 (가수) ヒトゥハル ッカス	~でしょう ヒットするでしょう	히트할 거예요 ヒトゥハル ッコエヨ
~から ヒットするから	히트하니까 ヒトゥハニッカ	~と思います ヒットすると思います	히트할 것 같아요 ヒトゥハル ッコッ カタヨ
~けれど ヒットするけれど	히트하지만 ヒトゥハジマン	意志 ヒットします	히트하겠어요 ヒトゥハゲッソヨ

「ヒットする」は 히트치다 ヒトゥチダ とも言います。

必要だ／要る／欲しい　필요하다　ピリョハダ　[動][形][形動][規則][基本単語]

요체 必要です	필요해요 ピリョヘヨ	~なのに 必要なのに	필요한데 ピリョハンデ
否定 必要ではないです	필요하지 않아요 ピリョハジ アナヨ	~でも 必要でも	필요해도 ピリョヘド
過去 必要でした	필요했어요 ピリョヘッソヨ	仮定 必要であれば	필요하면 ピリョハミョン
過去否定 必要ではなかったです	필요하지 않았어요 ピリョハジ アナッソヨ	~だけれど 必要だけれど	필요하지만 ピリョハジマン
現在連体 必要な（人）	필요한 (사람) ピリョハン サラム	~でしょう 必要でしょう	필요할 거예요 ピリョハル ッコエヨ
過去連体 必要だった（人）	필요하던 (사람) ピリョハドン サラム	~そうです 必要そうです	필요한 것 같아요 ピリョハン ゴッ カタヨ
~で 必要で	필요하고 ピリョハゴ	~ではないようです 必要ではないようです	필요하지 않은 것 같아요 ピリョハジ アヌン ゴッ カタヨ
~だから 必要だから	필요하니까 ピリョハニッカ	~に 必要に	필요하게 ピリョハゲ

（過去連体）「必要だった～」には 필요했던 ピリョヘットン という活用形もあります。

ひどい　가혹하다　カホカダ　[動][形][形動][規則]

요体 ひどいです	가혹해요	カホケヨ
否定 ひどくないです	가혹하지 않아요	カホカジ アナヨ
過去 ひどかったです	가혹했어요	カホケッソヨ
過去否定 ひどくなかったです	가혹하지 않았어요	カホカジ アナッソヨ
現在連体 ひどい(仕打ち)	가혹한 (처사)	カホカン チョサ
過去連体 ひどかった(仕打ち)	가혹하던 (처사)	カホカドン チョサ
~くて ひどくて	가혹하고	カホカゴ
~から ひどいから	가혹하니까	カホカニッカ
~のに ひどいのに	가혹한데	カホカンデ
~くても ひどくても	가혹해도	カホケド
仮定 ひどければ	가혹하면	カホカミョン
~けれど ひどいけれど	가혹하지만	カホカジマン
~でしょう ひどいでしょう	가혹할 거예요	カホカル ッコエヨ
~ようです ひどいようです	가혹한 것 같아요	カホカン ゴッ カタヨ
~くないようです ひどくないようです	가혹하지 않은 것 같아요	カホカジ アヌン ゴッ カタヨ
~く ひどく	가혹하게	カホカゲ

🐾 「ひどい」には 잔인하다 チャニナダ、심하다 シマダ、형편없다 ヒョンピョノプタ という言い方もあります。

暇だ　한가하다　ハンガハダ　[動][形][形動][規則]

요体 暇です	한가해요	ハンガヘヨ
否定 暇ではないです	한가하지 않아요	ハンガハジ アナヨ
過去 暇でした	한가했어요	ハンガヘッソヨ
過去否定 暇ではなかったです	한가하지 않았어요	ハンガハジ アナッソヨ
現在連体 暇な(日)	한가한 (날)	ハンガハン ナル
過去連体 暇だった(日)	한가하던 (날)	ハンガハドン ナル
~で 暇で	한가하고	ハンガハゴ
~だから 暇だから	한가하니까	ハンガハニッカ
~なのに 暇なのに	한가한데	ハンガハンデ
~でも 暇でも	한가해도	ハンガヘド
仮定 暇であれば	한가하면	ハンガハミョン
~だけれど 暇だけれど	한가하지만	ハンガハジマン
~でしょう 暇でしょう	한가할 거예요	ハンガハル ッコエヨ
~そうです 暇そうです	한가한 것 같아요	ハンガハン ゴッ カタヨ
~ではないようです 暇ではないようです	한가하지 않은 것 같아요	ハンガハジ アヌン ゴッ カタヨ
~に 暇に	한가하게	ハンガハゲ

🐾 「暇でしょうか?」は 한가할까요? ハンガハルッカヨ? と言います。

微妙だ　미묘하다　ミミョハダ　[動][形][形動][規則]

요체 微妙です	미묘해요 ミミョヘヨ	~なのに 微妙なのに	미묘한데 ミミョハンデ
부정 微妙ではないです	미묘하지 않아요 ミミョハジ アナヨ	~でも 微妙でも	미묘해도 ミミョヘド
과거 微妙でした	미묘했어요 ミミョヘッソヨ	가정 微妙であれば	미묘하면 ミミョハミョン
과거부정 微妙ではなかったです	미묘하지 않았어요 ミミョハジ アナッソヨ	~だけれど 微妙だけれど	미묘하지만 ミミョハジマン
현재연체 微妙な(立場)	미묘한 (입장) ミミョハン ニプチャン	~でしょう 微妙でしょう	미묘할 거예요 ミミョハル ッコエヨ
과거연체 微妙だった(立場)	미묘하던 (입장) ミミョハドン ニプチャン	~そうです 微妙そうです	미묘한 것 같아요 ミミョハン ゴッ カタヨ
~で 微妙で	미묘하고 ミミョハゴ	~ではないようです 微妙ではないようです	미묘하지 않은 것 같아요 ミミョハジ アヌン ゴッ カタヨ
~だから 微妙だから	미묘하니까 ミミョハニッカ	~に 微妙に	미묘하게 ミミョハゲ

「微妙でしょう?」と同意を求めるときは 미묘하죠? ミミョハジョ? と言います。

冷やす　식히다　シキダ　[動][形][形動][規則]

요체 冷やします	식혀요 シキョヨ	~てください 冷やしてください	식혀 주세요 シキョ ジュセヨ
부정 冷やしません	식히지 않아요 シキジ アナヨ	~ないでください 冷やさないでください	식히지 마세요 シキジ マセヨ
과거 冷やしました	식혔어요 シキョッソヨ	가정 冷やせば	식히면 シキミョン
현재연체 冷やす(頭)	식히는 (머리) シキヌン モリ	~たいです 冷やしたいです	식히고 싶어요 シキゴ シポヨ
과거연체 冷やした(頭)	식힌 (머리) シキン モリ	~て 冷やして	식히고 シキゴ
미래연체 冷やす(頭)	식힐 (머리) シキル モリ	~でしょう 冷やすでしょう	식힐 거예요 シキル ッコエヨ
~から 冷やすから	식히니까 シキニッカ	~と思います 冷やすと思います	식힐 것 같아요 シキル ッコッ カタヨ
~けれど 冷やすけれど	식히지만 シキジマン	의지 冷やします	식히겠어요 シキゲッソヨ

ひと言フレーズ　冷蔵庫で冷やしてください。
냉장고에서 식혀 주세요. ネンジャンゴエソ シキョ ジュセヨ

開く（本を） 펴다 ピョダ 動 形 形動 規則 基本単語

요체 開きます	펴요 ピョヨ	~てください 開いてください	펴 주세요 ピョ ジュセヨ
否定 開きません	펴지 않아요 ピョジ アナヨ	~ないでください 開かないでください	펴지 마세요 ピョジ マセヨ
過去 開きました	폈어요 ピョッソヨ	仮定 開けば	펴면 ピョミョン
現在連体 開く(本)	펴는 (책) ピョヌン チェク	~たいです 開きたいです	펴고 싶어요 ピョゴ シポヨ
過去連体 開いた(本)	편 (책) ピョン チェク	~て 開いて	펴고 ピョゴ
未来連体 開く(本)	펼 (책) ピョル チェク	~でしょう 開くでしょう	펼 거예요 ピョル ッコエヨ
~から 開くから	펴니까 ピョニッカ	~と思います 開くと思います	펼 것 같아요 ピョル ッコッ カタヨ
~けれど 開くけれど	펴지만 ピョジマン	意志 開きます	펴겠어요 ピョゲッソヨ

🐾 「(布団を)敷く」にも 펴다 を使い、(이불을) 펴다 (イブルル) ピョダ と言います。

開く／開ける 열다 ヨルダ 動 形 形動 ㄹ脱落 活用に注意! 基本単語

요체 開きます	열어요 ヨロヨ	~てください 開いてください	열어 주세요 ヨロ ジュセヨ
否定 開きません	열지 않아요 ヨルジ アナヨ	~ないでください 開かないでください	열지 마세요 ヨルジ マセヨ
過去 開きました	열었어요 ヨロッソヨ	仮定 開けば	열면 ヨルミョン
現在連体 開く(店)	여는 (상점) ヨヌン サンジョム	~たいです 開きたいです	열고 싶어요 ヨルゴ シポヨ
過去連体 開いた(店)	연 (상점) ヨン サンジョム	~て 開いて	열고 ヨルゴ
未来連体 開く(店)	열 (상점) ヨル ッサンジョム	~でしょう 開くでしょう	열 거예요 ヨル ッコエヨ
~から 開くから	여니까 ヨニッカ	~と思います 開くと思います	열 것 같아요 ヨル ッコッ カタヨ
~けれど 開くけれど	열지만 ヨルジマン	意志 開きます	열겠어요 ヨルゲッソヨ

🐾 (意志)「開きます」には 열게요 ヨルッケヨ という活用形もあります。

広い　넓다　ノルッタ

[動] [形] [形動] [規則]　発音に注意!　基本単語

요体 広いです	넓어요 ノルボヨ	~のに 広いのに	넓은데 ノルブンデ
否定 広くないです	넓지 않아요 ノルッチ アナヨ	~くても 広くても	넓어도 ノルボド
過去 広かったです	넓었어요 ノルボッソヨ	仮定 広ければ	넓으면 ノルブミョン
過去否定 広くなかったです	넓지 않았어요 ノルッチ アナッソヨ	~けれど 広いけれど	넓지만 ノルッチマン
現在連体 広い(部屋)	넓은 (방) ノルブン バン	~でしょう 広いでしょう	넓을 거예요 ノルブル ッコエヨ
過去連体 広かった(部屋)	넓던 (방) ノルットン バン	~ようです 広いようです	넓은 것 같아요 ノルブン ゴッ カタヨ
~くて 広くて	넓고 ノルッコ	~くないようです 広くないようです	넓지 않은 것 같아요 ノルッチ アヌン ゴッ カタヨ
~から 広いから	넓으니까 ノルブニッカ	~く 広く	넓게 ノルッケ

🐾 「広いから」には 넓어서 ノルボソ という活用形もあります。

貧乏だ　가난하다　カナナダ

[動] [形] [形動] [規則]

요体 貧乏です	가난해요 カナネヨ	~なのに 貧乏なのに	가난한데 カナナンデ
否定 貧乏ではないです	가난하지 않아요 カナナジ アナヨ	~でも 貧乏でも	가난해도 カナネド
過去 貧乏でした	가난했어요 カナネッソヨ	仮定 貧乏であれば	가난하면 カナナミョン
過去否定 貧乏ではなかったです	가난하지 않았어요 カナナジ アナッソヨ	~だけれど 貧乏だけれど	가난하지만 カナナジマン
現在連体 貧乏な(家)	가난한 (집) カナナン ジプ	~でしょう 貧乏でしょう	가난할 거예요 カナナル ッコエヨ
過去連体 貧乏だった(家)	가난하던 (집) カナナドン ジプ	~そうです 貧乏そうです	가난한 것 같아요 カナナン ゴッ カタヨ
~で 貧乏で	가난하고 カナナゴ	~ではないようです 貧乏ではないようです	가난하지 않은 것 같아요 カナナジ アヌン ゴッ カタヨ
~だから 貧乏だから	가난하니까 カナナニッカ	~に 貧乏に	가난하게 カナナゲ

🐾 「貧乏でしょうか?」は 가난할까요? カナナルッカヨ? と言います。

無愛想だ　무뚝뚝하다　ムットゥクットゥカダ　[動形 形動 規則]

요体 無愛想です	무뚝뚝해요 ムットゥクットゥケヨ	～なのに 無愛想なのに	무뚝뚝한데 ムットゥクットゥカンデ
否定 無愛想ではないです	무뚝뚝하지 않아요 ムットゥクットゥカジ アナヨ	～でも 無愛想でも	무뚝뚝해도 ムットゥクットゥケド
過去 無愛想でした	무뚝뚝했어요 ムットゥクットゥケッソヨ	仮定 無愛想であれば	무뚝뚝하면 ムットゥクットゥカミョン
過去否定 無愛想ではなかったです	무뚝뚝하지 않았어요 ムットゥクットゥカジ アナッソヨ	～だけれど 無愛想だけれど	무뚝뚝하지만 ムットゥクットゥカジマン
現在連体 無愛想な(人)	무뚝뚝한 (사람) ムットゥクットゥカン サラム	～でしょう 無愛想でしょう	무뚝뚝할 거예요 ムットゥクットゥカル ッコエヨ
過去連体 無愛想だった(人)	무뚝뚝하던 (사람) ムットゥクットゥカドン サラム	～そうです 無愛想そうです	무뚝뚝한 것 같아요 ムットゥクットゥカン ゴッ カタヨ
～で 無愛想で	무뚝뚝하고 ムットゥクットゥカゴ	～ではないようです 無愛想ではないようです	무뚝뚝하지 않은 것 같아요 ムットゥクットゥカジ アヌン ゴッ カタヨ
～だから 無愛想だから	무뚝뚝하니까 ムットゥクットゥカニッカ	～に 無愛想に	무뚝뚝하게 ムットゥクットゥカゲ

「無愛想だ」には 퉁명스럽다 トゥンミョンスロプタ という言い方もあります。

不安だ　불안하다　プラナダ　[動形 形動 規則]

요体 不安です	불안해요 プラネヨ	～なのに 不安なのに	불안한데 プラナンデ
否定 不安ではないです	불안하지 않아요 プラナジ アナヨ	～でも 不安でも	불안해도 プラネド
過去 不安でした	불안했어요 プラネッソヨ	仮定 不安であれば	불안하면 プラナミョン
過去否定 不安ではなかったです	불안하지 않았어요 プラナジ アナッソヨ	～だけれど 不安だけれど	불안하지만 プラナジマン
現在連体 不安な(気持ち)	불안한 (마음) プラナン マウム	～でしょう 不安でしょう	불안할 거예요 プラナル ッコエヨ
過去連体 不安だった(気持ち)	불안하던 (마음) プラナドン マウム	～そうです 不安そうです	불안한 것 같아요 プラナン ゴッ カタヨ
～で 不安で	불안하고 プラナゴ	～ではないようです 不安ではないようです	불안하지 않은 것 같아요 プラナジ アヌン ゴッ カタヨ
～だから 不安だから	불안하니까 プラナニッカ	～に 不安に	불안하게 プラナゲ

「不安だから」には 불안해서 プラネソ という活用形もあります。

増える　늘다　ヌルダ　動 形 形動 ㄹ脱落　基本単語

요体 増えます	늘어요 ヌロヨ	~てください	
否定 増えません	늘지 않아요 ヌルジ アナヨ	~ないでください 増えないでください	늘지 마세요 ヌルジ マセヨ
過去 増えました	늘었어요 ヌロッソヨ	仮定 増えれば	늘면 ヌルミョン
現在連体 増える(貯金)	느는 (저금) ヌヌン ジョグム	~たいです	
過去連体 増えた(貯金)	는 (저금) ヌン ジョグム	~て 増えて	늘고 ヌルゴ
未来連体 増える(貯金)	늘 (저금) ヌル ッチョグム	~でしょう 増えるでしょう	늘 거예요 ヌル ッコエヨ
~から 増えるから	느니까 ヌニッカ	~と思います 増えると思います	늘 것 같아요 ヌル ッコッ カタヨ
~けれど 増えるけれど	늘지만 ヌルジマン	意志	

🐾 「増える」には 불어나다 プロナダ という言い方もあります。

深い　깊다　キプタ　動 形 形動 規則　基本単語

요体 深いです	깊어요 キポヨ	~のに 深いのに	깊은데 キプンデ
否定 深くないです	깊지 않아요 キプチ アナヨ	~くても 深くても	깊어도 キポド
過去 深かったです	깊었어요 キポッソヨ	仮定 深ければ	깊으면 キプミョン
過去否定 深くなかったです	깊지 않았어요 キプチ アナッソヨ	~けれど 深いけれど	깊지만 キプチマン
現在連体 深い(海)	깊은 (바다) キプン バダ	~でしょう 深いでしょう	깊을 거예요 キプル ッコエヨ
過去連体 深かった(海)	깊던 (바다) キプトン バダ	~ようです 深いようです	깊은 것 같아요 キプン ゴッ カタヨ
~くて 深くて	깊고 キプコ	~くないようです 深くないようです	깊지 않은 것 같아요 キプチ アヌン ゴッ カタヨ
~から 深いから	깊으니까 キプニッカ	~く 深く	깊게 キプケ

🐾 (過去連体)「深かった~」には 깊었던 キポットン という活用形もあります。

不可能だ　불가능하다　プルガヌンハダ　[動][形][形動][規則]

요체 不可能です	불가능해요 プルガヌンヘヨ	～なのに 不可能なのに	불가능한데 プルガヌンハンデ
否定 不可能ではないです	불가능하지 않아요 プルガヌンハジ アナヨ	～ても 不可能でも	불가능해도 プルガヌンヘド
過去 不可能でした	불가능했어요 プルガヌンヘッソヨ	仮定 不可能であれば	불가능하면 プルガヌンハミョン
過去否定 不可能ではなかったです	불가능하지 않았어요 プルガヌンハジ アナッソヨ	～だけれど 不可能だけれど	불가능하지만 プルガヌンハジマン
現在連体 不可能な（計画）	불가능한（계획） プルガヌンハン ゲフェク	～でしょう 不可能でしょう	불가능할 거예요 プルガヌンハル ッコエヨ
過去連体 不可能だった（計画）	불가능하던（계획） プルガヌンハドン ゲフェク	～そうです 不可能そうです	불가능한 것 같아요 プルガヌンハン ゴッ カタヨ
～で 不可能で	불가능하고 プルガヌンハゴ	～ではないようです 不可能ではないようです	불가능하지 않은 것 같아요 プルガヌンハジ アヌン ゴッ カタヨ
～だから 不可能だから	불가능하니까 プルガヌンハニッカ	～に 不可能に	불가능하게 プルガヌンハゲ

「不可能でしょうか?」は 불가능할까요? プルガヌンハルッカヨ? と言います。

不気味だ　기이하다　キイハダ　[動][形][形動][規則]

요체 不気味です	기이해요 キイヘヨ	～なのに 不気味なのに	기이한데 キイハンデ
否定 不気味ではないです	기이하지 않아요 キイハジ アナヨ	～ても 不気味でも	기이해도 キイヘド
過去 不気味でした	기이했어요 キイヘッソヨ	仮定 不気味であれば	기이하면 キイハミョン
過去否定 不気味ではなかったです	기이하지 않았어요 キイハジ アナッソヨ	～だけれど 不気味だけれど	기이하지만 キイハジマン
現在連体 不気味な（出来事）	기이한（일） キイハン ニル	～でしょう 不気味でしょう	기이할 거예요 キイハル ッコエヨ
過去連体 不気味だった（出来事）	기이하던（일） キイハドン ニル	～そうです 不気味そうです	기이한 것 같아요 キイハン ゴッ カタヨ
～で 不気味で	기이하고 キイハゴ	～ではないようです 不気味ではないようです	기이하지 않은 것 같아요 キイハジ アヌン ゴッ カタヨ
～だから 不気味だから	기이하니까 キイハニッカ	～に 不気味に	기이하게 キイハゲ

「不気味だ」には 섬뜩하다 ソムットゥカダ という言い方もあります。

拭く　닦다　タクタ

動 / 形動 / 規則 / 基本単語

요体 拭きます	닦아요 タッカヨ	～てください 拭いてください	닦아 주세요 タッカ ジュセヨ
否定 拭きません	닦지 않아요 タクチ アナヨ	～ないでください 拭かないでください	닦지 마세요 タクチ マセヨ
過去 拭きました	닦았어요 タッカッソヨ	仮定 拭けば	닦으면 タックミョン
現在連体 拭く(汗)	닦는 (땀) タンヌン ッタム	～たいです 拭きたいです	닦고 싶어요 タクコ シポヨ
過去連体 拭いた(汗)	닦은 (땀) タックン ッタム	～て 拭いて	닦고 タクコ
未来連体 拭く(汗)	닦을 (땀) タックル ッタム	～でしょう 拭くでしょう	닦을 거예요 タックル ッコエヨ
～から 拭くから	닦으니까 タックニッカ	～と思います 拭くと思います	닦을 것 같아요 タックル ッコッ カタヨ
～けれど 拭くけれど	닦지만 タクチマン	意志 拭きます	닦겠어요 タクケッソヨ

🐾 「(水を) 拭く」の場合は (물을) 훔치다 (ムルル) フムチダ という表現も使います。

複雑だ　복잡하다　ポクチャパダ

動 / 形動 / 規則

요体 複雑です	복잡해요 ポクチャペヨ	～なのに 複雑なのに	복잡한데 ポクチャパンデ
否定 複雑ではないです	복잡하지 않아요 ポクチャパジ アナヨ	～でも 複雑でも	복잡해도 ポクチャペド
過去 複雑でした	복잡했어요 ポクチャペッソヨ	仮定 複雑であれば	복잡하면 ポクチャパミョン
過去否定 複雑ではなかったです	복잡하지 않았어요 ポクチャパジ アナッソヨ	～だけれど 複雑だけれど	복잡하지만 ポクチャパジマン
現在連体 複雑な(気持ち)	복잡한 (마음) ポクチャパン マウム	～でしょう 複雑でしょう	복잡할 거예요 ポクチャパル ッコエヨ
過去連体 複雑だった(気持ち)	복잡하던 (마음) ポクチャパドン マウム	～そうです 複雑そうです	복잡한 것 같아요 ポクチャパン ゴッ カタヨ
～で 複雑で	복잡하고 ポクチャパゴ	～ではないようです 複雑ではないようです	복잡하지 않은 것 같아요 ポクチャパジ アヌン ゴッ カタヨ
～だから 複雑だから	복잡하니까 ポクチャパニッカ	～に 複雑に	복잡하게 ポクチャパゲ

🐾 「複雑だ」は 복잡스럽다 ポクチャプスロプタ とも言います。

含む／含める　포함하다　ポハマダ　動 形 形動 規則

요体 含みます	포함해요 ポハメヨ	〜てください 含めてください	포함해 주세요 ポハメ ジュセヨ
否定 含みません	포함하지 않아요 ポハマジ アナヨ	〜ないでください 含めないでください	포함하지 마세요 ポハマジ マセヨ
過去 含みました	포함했어요 ポハメッソヨ	仮定 含むなら	포함하면 ポハマミョン
現在連体 含む(価格)	포함하는 (가격) ポハマヌン ガギョク	〜たいです 含めたいです	포함하고 싶어요 ポハマゴ シポヨ
過去連体 含んだ(価格)	포함한 (가격) ポハマン ガギョク	〜て 含んで	포함하고 ポハマゴ
未来連体 含む(価格)	포함할 (가격) ポハマル ッカギョク	〜でしょう 含むでしょう	포함할 거예요 ポハマル ッコエヨ
〜から 含むから	포함하니까 ポハマニッカ	〜と思います 含むと思います	포함할 것 같아요 ポハマル ッコッ カタヨ
〜けれど 含むけれど	포함하지만 ポハマジマン	意志 含めます	포함하겠어요 ポハマゲッソヨ

「(恨みを) 含む／抱く」の場合は (원한을) 품다 (ウォナヌル) プムッタ という表現を使います。

老ける　늙다　ヌクタ　動 形 形動 規則

요体 老けます	늙어요 ヌルゴヨ	〜てください	
否定 老けません	늙지 않아요 ヌルチ アナヨ	〜ないでください 老けないでください	늙지 마세요 ヌルチ マセヨ
過去 老けました	늙었어요 ヌルゴッソヨ	仮定 老ければ	늙으면 ヌルグミョン
現在連体 老ける(人)	늙는 (사람) ヌンヌン サラム	〜たいです	
過去連体 老けた(人)	늙은 (사람) ヌルグン サラム	〜て 老けて	늙고 ヌルッコ
未来連体 老ける(人)	늙을 (사람) ヌルグル ッサラム	〜でしょう 老けるでしょう	늙을 거예요 ヌルグル ッコエヨ
〜から 老けるから	늙으니까 ヌルグニッカ	〜と思います 老けると思います	늙을 것 같아요 ヌルグル ッコッ カタヨ
〜けれど 老けるけれど	늙지만 ヌルチマン	意志	

「老ける」には 나이를 먹다 ナイルル モクタ という言い方もあります。

不幸だ　불행하다　プレンハダ　[動][形][形動][規則]

丁寧形 不幸です	불행해요 プレンヘヨ	～なのに 不幸なのに	불행한데 プレンハンデ
否定 不幸ではないです	불행하지 않아요 プレンハジ アナヨ	～でも 不幸でも	불행해도 プレンヘド
過去 不幸でした	불행했어요 プレンヘッソヨ	仮定 不幸であれば	불행하면 プレンハミョン
過去否定 不幸ではなかったです	불행하지 않았어요 プレンハジ アナッソヨ	～だけれど 不幸だけれど	불행하지만 プレンハジマン
現在連体 不幸な(出来事)	불행한 (일) プレンハン ニル	～でしょう 不幸でしょう	불행할 거예요 プレンハル ッコエヨ
過去連体 不幸だった(出来事)	불행하던 (일) プレンハドン ニル	～そうです 不幸そうです	불행한 것 같아요 プレンハン ゴッ カタヨ
～で 不幸で	불행하고 プレンハゴ	～ではないようです 不幸ではないようです	불행하지 않은 것 같아요 プレンハジ アヌン ゴッ カタヨ
～だから 不幸だから	불행하니까 プレンハニッカ	～に 不幸に	불행하게 プレンハゲ

（過去連体）「不幸だった～」には 불행했던 プレンヘットン という活用形もあります。

ふざける　까불다　ッカブルダ　[動][形][形動][ㄹ脱落]

丁寧形 ふざけます	까불어요 ッカブロヨ	～てください ふざけてください	까불어 주세요 ッカブロ ジュセヨ
否定 ふざけません	까불지 않아요 ッカブルジ アナヨ	～ないでください ふざけないでください	까불지 마세요 ッカブルジ マセヨ
過去 ふざけました	까불었어요 ッカブロッソヨ	仮定 ふざければ	까불면 ッカブルミョン
現在連体 ふざける(人)	까부는 (사람) ッカブヌン サラム	～たいです ふざけたいです	까불고 싶어요 ッカブルゴ シポヨ
過去連体 ふざけた(人)	까분 (사람) ッカブン サラム	～て ふざけて	까불고 ッカブルゴ
未来連体 ふざける(人)	까불 (사람) ッカブル ッサラム	～でしょう ふざけるでしょう	까불 거예요 ッカブル ッコエヨ
～から ふざけるから	까부니까 ッカブニッカ	～と思います ふざけると思います	까불 것 같아요 ッカブル ッコッ カタヨ
～けれど ふざけるけれど	까불지만 ッカブルジマン	意志 ふざけます	까불겠어요 ッカブルゲッソヨ

「ふざける」は 장난치다 チャンナンチダ とも言います。

ふさわしい／似合う 어울리다 オウルリダ 動 形 形動 規則 基本単語

요体 ふさわしいです	어울려요 オウルリョヨ	~てください	
否定 ふさわしくありません	어울리지 않아요 オウルリジ アナヨ	~ないでください	
過去 ふさわしかったです	어울렸어요 オウルリョッソヨ	仮定 ふさわしければ	어울리면 オウルリミョン
現在連体 ふさわしい(服)	어울리는 (옷) オウルリヌ ノッ	~たいです	
過去連体 ふさわしかった(服)	어울린 (옷) オウルリ ノッ	~て ふさわしくて	어울리고 オウルリゴ
未来連体 ふさわしい(服)	어울릴 (옷) オウルリ ロッ	~でしょう ふさわしいでしょう	어울릴 거예요 オウルリル ッコエヨ
~から ふさわしいから	어울리니까 オウルリニッカ	~と思います ふさわしいと思います	어울릴 것 같아요 オウルリル ッコッ カタヨ
~けれど ふさわしいけれど	어울리지만 オウルリジマン	意志	

어울리다 は動詞です。「ふさわしいでしょうか？」は 어울릴까요? オウルリルッカヨ? と言います。

不思議だ 신기하다 シンギハダ 動 形 形動 規則

요体 不思議です	신기해요 シンギヘヨ	~なのに 不思議なのに	신기한데 シンギハンデ
否定 不思議ではないです	신기하지 않아요 シンギハジ アナヨ	~でも 不思議でも	신기해도 シンギヘド
過去 不思議でした	신기했어요 シンギヘッソヨ	仮定 不思議であれば	신기하면 シンギハミョン
過去否定 不思議ではなかったです	신기하지 않았어요 シンギハジ アナッソヨ	~だけれど 不思議だけれど	신기하지만 シンギハジマン
現在連体 不思議な(出来事)	신기한 (일) シンギハン ニル	~でしょう 不思議でしょう	신기할 거예요 シンギハル ッコエヨ
過去連体 不思議だった(出来事)	신기하던 (일) シンギハドン ニル	~そうです 不思議そうです	신기한 것 같아요 シンギハン ゴッ カタヨ
~で 不思議で	신기하고 シンギハゴ	~ではないようです 不思議ではないようです	신기하지 않은 것 같아요 シンギハジ アヌン ゴッ カタヨ
~だから 不思議だから	신기하니까 シンギハニッカ	~に 不思議に	신기하게 シンギハゲ

「不思議だ」には 이상하다 イサンハダ という言い方もあります。

無事だ　　무사하다　ムサハダ　　動 形 形動 規則

요체 無事です	무사해요 ムサヘヨ	~なのに 無事なのに	무사한데 ムサハンデ
否定 無事ではないです	무사하지 않아요 ムサハジ アナヨ	~でも 無事でも	무사해도 ムサヘド
過去 無事でした	무사했어요 ムサヘッソヨ	仮定 無事であれば	무사하면 ムサハミョン
過去否定 無事ではなかったです	무사하지 않았어요 ムサハジ アナッソヨ	~だけれど 無事だけれど	무사하지만 ムサハジマン
現在連体 無事な(知らせ)	무사한 (소식) ムサハン ソシク	~でしょう 無事でしょう	무사할 거예요 ムサハル ッコエヨ
過去連体 無事だった(知らせ)	무사하던 (소식) ムサハドン ソシク	~そうです 無事そうです	무사한 것 같아요 ムサハン ゴッ カタヨ
~で 無事で	무사하고 ムサハゴ	~ではないようです 無事ではないようです	무사하지 않은 것 같아요 ムサハジ アヌン ゴッ カタヨ
~だから 無事だから	무사하니까 ムサハニッカ	~に 無事に	무사하게 ムサハゲ

「無事だから」には 무사해서 ムサヘソ という活用形もあります。

不親切だ　　불친절하다　プルチンジョラダ　　動 形 形動 規則

요체 不親切です	불친절해요 プルチンジョレヨ	~なのに 不親切なのに	불친절한데 プルチンジョランデ
否定 不親切ではないです	불친절하지 않아요 プルチンジョラジ アナヨ	~でも 不親切でも	불친절해도 プルチンジョレド
過去 不親切でした	불친절했어요 プルチンジョレッソヨ	仮定 不親切であれば	불친절하면 プルチンジョラミョン
過去否定 不親切ではなかったです	불친절하지 않았어요 プルチンジョラジ アナッソヨ	~だけれど 不親切だけれど	불친절하지만 プルチンジョラジマン
現在連体 不親切な(人)	불친절한 (사람) プルチンジョラン サラム	~でしょう 不親切でしょう	불친절할 거예요 プルチンジョラル ッコエヨ
過去連体 不親切だった(人)	불친절하던 (사람) プルチンジョラドン サラム	~そうです 不親切そうです	불친절한 것 같아요 プルチンジョラン ゴッ カタヨ
~で 不親切で	불친절하고 プルチンジョラゴ	~ではないようです 不親切ではないようです	불친절하지 않은 것 같아요 プルチンジョラジ アヌン ゴッ カタヨ
~だから 不親切だから	불친절하니까 プルチンジョラニッカ	~に 不親切に	불친절하게 プルチンジョラゲ

「不親切でしょう?」と同意を求めるときは 불친절하죠? プルチンジョラジョ? と言います。

防ぐ　막다　マクタ

動 形 形動 規則

요体 防ぎます	막아요 マガヨ	~てください 防いでください	막아 주세요 マガ ジュセヨ
否定 防ぎません	막지 않아요 マクチ アナヨ	~ないでください 防がないでください	막지 마세요 マクチ マセヨ
過去 防ぎました	막았어요 マガッソヨ	仮定 防げば	막으면 マグミョン
現在連体 防ぐ(攻撃)	막는 (공격) マンヌン ゴンギョク	~たいです 防ぎたいです	막고 싶어요 マクコ シポヨ
過去連体 防いだ(攻撃)	막은 (공격) マグン ゴンギョク	~て 防いで	막고 マクコ
未来連体 防ぐ(攻撃)	막을 (공격) マグル ッコンギョク	~でしょう 防ぐでしょう	막을 거예요 マグル ッコエヨ
~から 防ぐから	막으니까 マグニッカ	~と思います 防ぐと思います	막을 것 같아요 マグル ッコッ カタヨ
~けれど 防ぐけれど	막지만 マクチマン	意志 防ぎます	막겠어요 マクケッソヨ

🐾 (意志)「防ぎます」には **막을게요 マグルッケヨ** という活用形もあります。

ぶつかる　부딪히다　プディチダ

動 形 形動 規則

요体 ぶつかります	부딪혀요 プディチョヨ	~てください	
否定 ぶつかりません	부딪히지 않아요 プディチジ アナヨ	~ないでください	
過去 ぶつかりました	부딪혔어요 プディチョッソヨ	仮定 ぶつかれば	부딪히면 プディチミョン
現在連体 ぶつかる(壁)	부딪히는 (벽) プディチヌン ビョク	~たいです	
過去連体 ぶつかった(壁)	부딪힌 (벽) プディチン ビョク	~て ぶつかって	부딪히고 プディチゴ
未来連体 ぶつかる(壁)	부딪힐 (벽) プディチル ッピョク	~でしょう ぶつかるでしょう	부딪힐 거예요 プディチル ッコエヨ
~から ぶつかるから	부딪히니까 プディチニッカ	~と思います ぶつかると思います	부딪힐 것 같아요 プディチル ッコッ カタヨ
~けれど ぶつかるけれど	부딪히지만 プディチジマン	意志	

🐾 「ぶつかる」には **충돌하다 チュンドラダ** という言い方もあります。

ぶつける　부딪다　プディッタ　［動・形・形動・規則］

요体 ぶつけます	부딪어요 プディジョヨ	〜てください ぶつけてください	부딪어 주세요 プディジョ ジュセヨ
否定 ぶつけません	부딪지 않아요 プディッチ アナヨ	〜ないでください ぶつけないでください	부딪지 마세요 プディッチ マセヨ
過去 ぶつけました	부딪었어요 プディジョッソヨ	仮定 ぶつければ	부딪으면 プディジュミョン
現在連体 ぶつける(体)	부딪는 (몸) プディンヌン モム	〜たいです ぶつけたいです	부딪고 싶어요 プディッコ シポヨ
過去連体 ぶつけた(体)	부딪은 (몸) プディジュン モム	〜て ぶつけて	부딪고 プディッコ
未来連体 ぶつける(体)	부딪을 (몸) プディジュル モム	〜でしょう ぶつけるでしょう	부딪을 거예요 プディジュル ッコエヨ
〜から ぶつけるから	부딪으니까 プディジュニッカ	〜と思います ぶつけると思います	부딪을 것 같아요 プディジュル ッコッ カタヨ
〜けれど ぶつけるけれど	부딪지만 プディッチマン	意志 ぶつけます	부딪겠어요 プディッケッソヨ

「ぶつける」は 부딪치다 プディッチダ とも言います。

太い　굵다　ククタ　［動・形・形動・規則］ 発音に注意!

요体 太いです	굵어요 クルゴヨ	〜のに 太いのに	굵은데 クルグンデ
否定 太くないです	굵지 않아요 ククチ アナヨ	〜くても 太くても	굵어도 クルゴド
過去 太かったです	굵었어요 クルゴッソヨ	仮定 太ければ	굵으면 クルグミョン
過去否定 太くなかったです	굵지 않았어요 ククチ アナッソヨ	〜けれど 太いけれど	굵지만 ククチマン
現在連体 太い(首)	굵은 (목) クルグン モク	〜でしょう 太いでしょう	굵을 거예요 クルグル ッコエヨ
過去連体 太かった(首)	굵던 (목) ククトン モク	〜ようです 太いようです	굵은 것 같아요 クルグン ゴッ カタヨ
〜くて 太くて	굵고 クルッコ	〜くないようです 太くないようです	굵지 않은 것 같아요 ククチ アヌン ゴッ カタヨ
〜から 太いから	굵으니까 クルグニッカ	〜く 太く	굵게 クルッケ

「太い」には 강하다 カンハダ、 크다 クダ という言い方もあります。

太る　살찌다　サルッチダ　[動][形][形動][規則]

요체 太ります	살쪄요	サルッチョヨ
부정 太りません	살찌지 않아요	サルッチジ アナヨ
과거 太りました	살쪘어요	サルッチョッソヨ
현재연체 太る(体)	살찌는 (몸)	サルッチヌン モム
과거연체 太った(体)	살찐 (몸)	サルッチン モム
미래연체 太る(体)	살찔 (몸)	サルッチル モム
～から 太るから	살찌니까	サルッチニッカ
～けれど 太るけれど	살찌지만	サルッチジマン
～てください 太ってください	살쪄 주세요	サルッチョ ジュセヨ
～ないでください 太らないでください	살찌지 마세요	サルッチジ マセヨ
가정 太れば	살찌면	サルッチミョン
～たいです 太りたいです	살찌고 싶어요	サルッチゴ シポヨ
～て 太って	살찌고	サルッチゴ
～でしょう 太るでしょう	살찔 거예요	サルッチル ッコエヨ
～と思います 太ると思います	살찔 것 같아요	サルッチル ッコッ カタヨ
意志 太ります	살찌겠어요	サルッチゲッソヨ

ひと言フレーズ　太るから、夜遅く食べません。
살찌니까 밤늦게 안 먹어요.　サルッチニッカ パムヌッケ アン モゴヨ

不便だ　불편하다　プルピョナダ　[動][形][形動][規則]

요체 不便です	불편해요	プルピョネヨ
부정 不便ではないです	불편하지 않아요	プルピョナジ アナヨ
과거 不便でした	불편했어요	プルピョネッソヨ
과거부정 不便ではなかったです	불편하지 않았어요	プルピョナジ アナッソヨ
현재연체 不便な(所)	불편한 (곳)	プルピョナン ゴッ
과거연체 不便だった(所)	불편하던 (곳)	プルピョナドン ゴッ
～で 不便で	불편하고	プルピョナゴ
～だから 不便だから	불편하니까	プルピョナニッカ
～なのに 不便なのに	불편한데	プルピョナンデ
～でも 不便でも	불편해도	プルピョネド
가정 不便であれば	불편하면	プルピョナミョン
～だけれど 不便だけれど	불편하지만	プルピョナジマン
～でしょう 不便でしょう	불편할 거예요	プルピョナル ッコエヨ
～そうです 不便そうです	불편한 것 같아요	プルピョナン ゴッ カタヨ
～ではないようです 不便ではないようです	불편하지 않은 것 같아요	プルピョナジ アヌン ゴッ カタヨ
～に 不便に	불편하게	プルピョナゲ

「不便でしょう?」と同意を求めるときは 불편하죠? プルピョナジョ? と言います。

踏む　밟다　パプタ

[動][形][形動][規則]

요체 踏みます	밟아요 パルバヨ	~てください 踏んでください	밟아 주세요 パルバ ジュセヨ
否定 踏みません	밟지 않아요 パプチ アナヨ	~ないでください 踏まないでください	밟지 마세요 パプチ マセヨ
過去 踏みました	밟았어요 パルバッソヨ	仮定 踏めば	밟으면 パルブミョン
現在連体 踏む（土）	밟는 （땅） パムヌン ッタン	~たいです 踏みたいです	밟고 싶어요 パプコ シポヨ
過去連体 踏んだ（土）	밟은 （땅） パルブン ッタン	~て 踏んで	밟고 パプコ
未来連体 踏む（土）	밟을 （땅） パルブル ッタン	~でしょう 踏むでしょう	밟을 거예요 パルブル ッコエヨ
~から 踏むから	밟으니까 パルブニッカ	~と思います 踏むと思います	밟을 것 같아요 パルブル ッコッ カタヨ
~けれど 踏むけれど	밟지만 パプチマン	意志 踏みます	밟겠어요 パプケッソヨ

「踏んでも」は 밟아도 パルバド と言います。

振り返る　돌아보다　トラボダ

[動][形][形動][規則]

요체 振り返ります	돌아봐요 トラブァヨ	~てください 振り返ってください	돌아봐 주세요 トラブァ ジュセヨ
否定 振り返りません	돌아보지 않아요 トラボジ アナヨ	~ないでください 振り返らないでください	돌아보지 마세요 トラボジ マセヨ
過去 振り返りました	돌아봤어요 トラブァッソヨ	仮定 振り返れば	돌아보면 トラボミョン
現在連体 振り返る（過去）	돌아보는 （과거） トラボヌン グァゴ	~たいです 振り返りたいです	돌아보고 싶어요 トラボゴ シポヨ
過去連体 振り返った（過去）	돌아본 （과거） トラボン グァゴ	~て 振り返って	돌아보고 トラボゴ
未来連体 振り返る（過去）	돌아볼 （과거） トラボル ックァゴ	~でしょう 振り返るでしょう	돌아볼 거예요 トラボル ッコエヨ
~から 振り返るから	돌아보니까 トラボニッカ	~と思います 振り返ると思います	돌아볼 것 같아요 トラボル ッコッ カタヨ
~けれど 振り返るけれど	돌아보지만 トラボジマン	意志 振り返ります	돌아보겠어요 トラボゲッソヨ

「振り返る」には 뒤돌아보다 ティドラボダ という言い方もあります。

降る　내리다　ネリダ

動 形 形動 規則　基本単語

요体 降ります	내려요 ネリョヨ	~てください	————
否定 降りません	내리지 않아요 ネリジ アナヨ	~ないでください	————
過去 降りました	내렸어요 ネリョッソヨ	仮定 降れば	내리면 ネリミョン
現在連体 降る(雨)	내리는 (비) ネリヌン ビ	~たいです	————
過去連体 降った(雨)	내린 (비) ネリン ビ	~て 降って	내리고 ネリゴ
未来連体 降る(雨)	내릴 (비) ネリル ッピ	~でしょう 降るでしょう	내릴 거예요 ネリル ッコエヨ
~から 降るから	내리니까 ネリニッカ	~と思います 降ると思います	내릴 것 같아요 ネリル ッコッ カタヨ
~けれど 降るけれど	내리지만 ネリジマン	意志	————

「(雨が) 降る」は 비가 오다 (ピガ) オダ とも言います。

古い　낡다　ナクタ

動 形 形動 規則

요体 古いです	낡아요 ナルガヨ	~のに 古いのに	낡은데 ナルグンデ
否定 古くないです	낡지 않아요 ナクチ アナヨ	~くても 古くても	낡아도 ナルガド
過去 古かったです	낡았어요 ナルガッソヨ	仮定 古ければ	낡으면 ナルグミョン
過去否定 古くなかったです	낡지 않았어요 ナクチ アナッソヨ	~けれど 古いけれど	낡지만 ナクチマン
現在連体 古い(家)	낡은 (집) ナルグン ジブ	~でしょう 古いでしょう	낡을 거예요 ナルグル ッコエヨ
過去連体 古かった(家)	낡던 (집) ナクトン ジブ	~ようです 古いようです	낡은 것 같아요 ナルグン ゴッ カタヨ
~くて 古くて	낡고 ナルッコ	~くないようです 古くないようです	낡지 않은 것 같아요 ナクチ アヌン ゴッ カタヨ
~から 古いから	낡으니까 ナルグニッカ	~く 古く	낡게 ナルッケ

「古い」には 오래되다 オレドェダ という言い方もあります。

プレゼントする　선물하다　ソンムラダ　[動][形][形動][規則]

요체 プレゼントします	선물해요 ソンムレヨ	~てください プレゼントしてください	선물해 주세요 ソンムレ ジュセヨ
否定 プレゼントしません	선물하지 않아요 ソンムラジ アナヨ	~ないでください プレゼントしないでください	선물하지 마세요 ソンムラジ マセヨ
過去 プレゼントしました	선물했어요 ソンムレッソヨ	仮定 プレゼントすれば	선물하면 ソンムラミョン
現在連体 プレゼントする(日)	선물하는 (날) ソンムラヌン ナル	~たいです プレゼントしたいです	선물하고 싶어요 ソンムラゴ シポヨ
過去連体 プレゼントした(日)	선물한 (날) ソンムラン ナル	~て プレゼントして	선물하고 ソンムラゴ
未来連体 プレゼントする(日)	선물할 (날) ソンムラル ラル	~でしょう プレゼントするでしょう	선물할 거예요 ソンムラル ッコエヨ
~から プレゼントするから	선물하니까 ソンムラニッカ	~と思います プレゼントすると思います	선물할 것 같아요 ソンムラル ッコッ カタヨ
~けれど プレゼントするけれど	선물하지만 ソンムラジマン	意志 プレゼントします	선물하겠어요 ソンムラゲッソヨ

🐾 「お土産」も「プレゼント」と同じく 선물 ソンムル と言います。

へこむ　우그러지다　ウグロジダ　[動][形][形動][規則]

요체 へこみます	우그러져요 ウグロジョヨ	~てください	───
否定 へこみません	우그러지지 않아요 ウグロジジ アナヨ	~ないでください	───
過去 へこみました	우그러졌어요 ウグロジョッソヨ	仮定 へこめば	우그러지면 ウグロジミョン
現在連体 へこむ(バケツ)	우그러지는 (양동이) ウグロジヌン ニャンドンイ	~たいです	───
過去連体 へこんだ(バケツ)	우그러진 (양동이) ウグロジン ニャンドンイ	~て へこんで	우그러지고 ウグロジゴ
未来連体 へこむ(バケツ)	우그러질 (양동이) ウグロジル リャンドンイ	~でしょう へこむでしょう	우그러질 거예요 ウグロジル ッコエヨ
~から へこむから	우그러지니까 ウグロジニッカ	~と思います へこむと思います	우그러질 것 같아요 ウグロジル ッコッ カタヨ
~けれど へこむけれど	우그러지지만 ウグロジジマン	意志	───

🐾 「(道が)へこむ」には (길이) 움푹 패다 (キリ) ウムプク ペダ という表現を使います。

下手だ 서투르다 ソトゥルダ

動 形 形動 르不規則

요体 下手です	서툴러요 ソトゥルロヨ	～なのに 下手なのに	서투른데 ソトゥルンデ
否定 下手ではないです	서투르지 않아요 ソトゥルジ アナヨ	～でも 下手でも	서툴러도 ソトゥルロド
過去 下手でした	서툴렀어요 ソトゥルロッソヨ	仮定 下手であれば	서투르면 ソトゥルミョン
過去否定 下手ではなかったです	서투르지 않았어요 ソトゥルジ アナッソヨ	～だけれど 下手だけれど	서투르지만 ソトゥルジマン
現在連体 下手な(歌)	서투른 (노래) ソトゥルン ノレ	～でしょう 下手でしょう	서투를 거예요 ソトゥルル ッコエヨ
過去連体 下手だった(歌)	서투르던 (노래) ソトゥルドン ノレ	～そうです 下手そうです	서투른 것 같아요 ソトゥルン ゴッ カタヨ
～で 下手で	서투르고 ソトゥルゴ	～ではないようです 下手ではないようです	서투르지 않은 것 같아요 ソトゥルジ アヌン ゴッ カタヨ
～だから 下手だから	서투르니까 ソトゥルニッカ	～に 下手に	서투르게 ソトゥルゲ

「下手だ」は 어설프다 オソルプダ とも言います。

減らす 줄이다 チュリダ

動 形 形動 規則

요体 減らします	줄여요 チュリョヨ	～てください 減らしてください	줄여 주세요 チュリョ ジュセヨ
否定 減らしません	줄이지 않아요 チュリジ アナヨ	～ないでください 減らさないでください	줄이지 마세요 チュリジ マセヨ
過去 減らしました	줄였어요 チュリョッソヨ	仮定 減らせば	줄이면 チュリミョン
現在連体 減らす(支出)	줄이는 (지출) チュリヌン ジチュル	～たいです 減らしたいです	줄이고 싶어요 チュリゴ シポヨ
過去連体 減らした(支出)	줄인 (지출) チュリン ジチュル	～て 減らして	줄이고 チュリゴ
未来連体 減らす(支出)	줄일 (지출) チュリル ッチチュル	～でしょう 減らすでしょう	줄일 거예요 チュリル ッコエヨ
～から 減らすから	줄이니까 チュリニッカ	～と思います 減らすと思います	줄일 것 같아요 チュリル ッコッ カタヨ
～けれど 減らすけれど	줄이지만 チュリジマン	意志 減らします	줄이겠어요 チュリゲッソヨ

(意志)「減らします」には 줄일게요 チュリルッケヨ という活用形もあります。

減る　줄다　チュルダ

動 形 形動 ㄹ脱落　活用に注意!

요体 減ります	줄어요 チュロヨ	～てください	―
否定 減りません	줄지 않아요 チュルジ アナヨ	～ないでください	―
過去 減りました	줄었어요 チュロッソヨ	仮定 減れば	줄면 チュルミョン
現在連体 減る（支出）	주는 (지출) チュヌン ジチュル	～たいです	―
過去連体 減った（支出）	준 (지출) チュン ジチュル	～て 減って	줄고 チュルゴ
未来連体 減る（支出）	줄 (지출) チュル ッチチュル	～でしょう 減るでしょう	줄 거예요 チュル ッコエヨ
～から 減るから	주니까 チュニッカ	～と思います 減ると思います	줄 것 같아요 チュル ッコッ カタヨ
～けれど 減るけれど	줄지만 チュルジマン	意志	―

🐾 「お腹が減る」と言う場合は 배고프다 ペゴプダ を使います。

勉強する　공부하다　コンブハダ

動 形 形動 規則　基本単語

요体 勉強します	공부해요 コンブヘヨ	～てください 勉強してください	공부해 주세요 コンブヘ ジュセヨ
否定 勉強しません	공부하지 않아요 コンブハジ アナヨ	～ないでください 勉強しないでください	공부하지 마세요 コンブハジ マセヨ
過去 勉強しました	공부했어요 コンブヘッソヨ	仮定 勉強すれば	공부하면 コンブハミョン
現在連体 勉強する（日）	공부하는 (날) コンブハヌン ナル	～たいです 勉強したいです	공부하고 싶어요 コンブハゴ シポヨ
過去連体 勉強した（日）	공부한 (날) コンブハン ナル	～て 勉強して	공부하고 コンブハゴ
未来連体 勉強する（日）	공부할 (날) コンブハル ラル	～でしょう 勉強するでしょう	공부할 거예요 コンブハル ッコエヨ
～から 勉強するから	공부하니까 コンブハニッカ	～と思います 勉強すると思います	공부할 것 같아요 コンブハル ッコッ カタヨ
～けれど 勉強するけれど	공부하지만 コンブハジマン	意志 勉強します	공부하겠어요 コンブハゲッソヨ

🐾 「勉強ができる（優秀だ）」と言うときは 공부 잘하다 コンブ ジャラダ と言います。

返事する　대답하다　テダパダ　動 形 形動 規則　基本単語

요体 返事します	대답해요	テダペヨ
否定 返事しません	대답하지 않아요	テダパジ アナヨ
過去 返事しました	대답했어요	テダペッソヨ
現在連体 返事する(声)	대답하는 (소리)	テダパヌン ソリ
過去連体 返事した(声)	대답한 (소리)	テダパン ソリ
未来連体 返事する(声)	대답할 (소리)	テダパル ッソリ
～から 返事するから	대답하니까	テダパニッカ
～けれど 返事するけれど	대답하지만	テダパジマン
～てください 返事してください	대답해 주세요	テダペ ジュセヨ
～ないでください 返事しないでください	대답하지 마세요	テダパジ マセヨ
仮定 返事すれば	대답하면	テダパミョン
～たいです 返事したいです	대답하고 싶어요	テダパゴ シポヨ
～て 返事して	대답하고	テダパゴ
～でしょう 返事するでしょう	대답할 거예요	テダパル ッコエヨ
～と思います 返事すると思います	대답할 것 같아요	テダパル ッコッ カタヨ
意志 返事します	대답하겠어요	テダパゲッソヨ

🐾「手紙の返事をする」と言う場合は **답장하다** タプチャンハダ を使います。

変だ　이상하다　イサンハダ　動 形 形動 規則　基本単語

요体 変です	이상해요	イサンヘヨ
否定 変ではないです	이상하지 않아요	イサンハジ アナヨ
過去 変でした	이상했어요	イサンヘッソヨ
過去否定 変ではなかったです	이상하지 않았어요	イサンハジ アナッソヨ
現在連体 変な(行動)	이상한 (행동)	イサンハ ネンドン
過去連体 変だった(行動)	이상하던 (행동)	イサンハドン ネンドン
～で 変で	이상하고	イサンハゴ
～だから 変だから	이상하니까	イサンハニッカ
～なのに 変なのに	이상한데	イサンハンデ
～でも 変でも	이상해도	イサンヘド
仮定 変であれば	이상하면	イサンハミョン
～だけれど 変だけれど	이상하지만	イサンハジマン
～でしょう 変でしょう	이상할 거예요	イサンハル ッコエヨ
～そうです 変そうです	이상한 것 같아요	イサンハン ゴッ カタヨ
～ではないようです 変ではないようです	이상하지 않은 것 같아요	イサンハジ アヌン ゴッ カタヨ
～に 変に	이상하게	イサンハゲ

🐾「変だ」には **엉뚱하다** オントゥンハダ という言い方もあります。

便利だ 편리하다 ピョルリハダ
[動形] 形動 規則

丁寧形 便利です	편리해요 ピョルリヘヨ	～なのに 便利なのに	편리한데 ピョルリハンデ
否定 便利ではないです	편리하지 않아요 ピョルリハジ アナヨ	～でも 便利でも	편리해도 ピョルリヘド
過去 便利でした	편리했어요 ピョルリヘッソヨ	仮定 便利であれば	편리하면 ピョルリハミョン
過去否定 便利ではなかったです	편리하지 않았어요 ピョルリハジ アナッソヨ	～だけれど 便利だけれど	편리하지만 ピョルリハジマン
現在連体 便利な（道具）	편리한 (도구) ピョルリハン ドグ	～でしょう 便利でしょう	편리할 거예요 ピョルリハル ッコエヨ
過去連体 便利だった（道具）	편리하던 (도구) ピョルリハドン ドグ	～そうです 便利そうです	편리한 것 같아요 ピョルリハン ゴッ カタヨ
～で 便利で	편리하고 ピョルリハゴ	～ではないようです 便利ではないようです	편리하지 않은 것 같아요 ピョルリハジ アヌン ゴッ カタヨ
～だから 便利だから	편리하니까 ピョルリハニッカ	～に 便利に	편리하게 ピョルリハゲ

🐾 「便利でしょう?」と同意を求めるときは 편리하죠? ピョルリハジョ? と言います。

放映する 방영하다 パンヨンハダ
動 [形] 形動 規則

丁寧形 放映します	방영해요 パンヨンヘヨ	～てください 放映してください	방영해 주세요 パンヨンヘ ジュセヨ
否定 放映しません	방영하지 않아요 パンヨンハジ アナヨ	～ないでください 放映しないでください	방영하지 마세요 パンヨンハジ マセヨ
過去 放映しました	방영했어요 パンヨンヘッソヨ	仮定 放映すれば	방영하면 パンヨンハミョン
現在連体 放映する（番組）	방영하는 (프로그램) パンヨンハヌン プログレム	～たいです 放映したいです	방영하고 싶어요 パンヨンハゴ シポヨ
過去連体 放映した（番組）	방영한 (프로그램) パンヨンハン プログレム	～て 放映して	방영하고 パンヨンハゴ
未来連体 放映する（番組）	방영할 (프로그램) パンヨンハル プログレム	～でしょう 放映するでしょう	방영할 거예요 パンヨンハル ッコエヨ
～から 放映するから	방영하니까 パンヨンハニッカ	～と思います 放映すると思います	방영할 것 같아요 パンヨンハル ッコッ カタヨ
～けれど 放映するけれど	방영하지만 パンヨンハジマン	意志 放映します	방영하겠어요 パンヨンハゲッソヨ

🐾 （過去連体）「放映した～」には 방영했던 パンヨンヘットン という活用形もあります。

朗らかだ　명랑하다　ミョンナンハダ　[動][形][形動][規則]

丁体 朗らかです	명랑해요 ミョンナンヘヨ	~なのに 朗らかなのに	명랑한데 ミョンナンハンデ
否定 朗らかではないです	명랑하지 않아요 ミョンナンハジ アナヨ	~でも 朗らかでも	명랑해도 ミョンナンヘド
過去 朗らかでした	명랑했어요 ミョンナンヘッソヨ	仮定 朗らかであれば	명랑하면 ミョンナンハミョン
過去否定 朗らかではなかったです	명랑하지 않았어요 ミョンナンハジ アナッソヨ	~だけれど 朗らかだけれど	명랑하지만 ミョンナンハジマン
現在連体 朗らかな（人）	명랑한（사람） ミョンナンハン サラム	~でしょう 朗らかでしょう	명랑할 거예요 ミョンナンハル ッコエヨ
過去連体 朗らかだった（人）	명랑하던（사람） ミョンナンハドン サラム	~そうです 朗らかそうです	명랑한 것 같아요 ミョンナンハン ゴッ カタヨ
~で 朗らかで	명랑하고 ミョンナンハゴ	~ではないようです 朗らかではないようです	명랑하지 않은 것 같아요 ミョンナンハジ アヌン ゴッ カタヨ
~だから 朗らかだから	명랑하니까 ミョンナンハニッカ	~に 朗らかに	명랑하게 ミョンナンハゲ

「(お天気が) 朗らかだ」には 쾌청하다 クェチョンハダ という表現を使います。

誇らしい　자랑스럽다　チャランスロプタ　[動][形][形動][ㅂ不規則]

活用に注意!

丁体 誇らしいです	자랑스러워요 チャランスロウォヨ	~のに 誇らしいのに	자랑스러운데 チャランスロウンデ
否定 誇らしくないです	자랑스럽지 않아요 チャランスロプチ アナヨ	~くても 誇らしくても	자랑스러워도 チャランスロウォド
過去 誇らしかったです	자랑스러웠어요 チャランスロウォッソヨ	仮定 誇らしければ	자랑스러우면 チャランスロウミョン
過去否定 誇らしくなかったです	자랑스럽지 않았어요 チャランスロプチ アナッソヨ	~けれど 誇らしいけれど	자랑스럽지만 チャランスロプチマン
現在連体 誇らしい（顔）	자랑스러운（얼굴） チャランスロウン ノルグル	~でしょう 誇らしいでしょう	자랑스러울 거예요 チャランスロウル ッコエヨ
過去連体 誇らしかった（顔）	자랑스럽던（얼굴） チャランスロプトン ノルグル	~ようです 誇らしいようです	자랑스러운 것 같아요 チャランスロウン ゴッ カタヨ
~くて 誇らしくて	자랑스럽고 チャランスロプコ	~くないようです 誇らしくないようです	자랑스럽지 않은 것 같아요 チャランスロプチ アヌン ゴッ カタヨ
~から 誇らしいから	자랑스러우니까 チャランスロウニッカ	~く 誇らしく	자랑스럽게 チャランスロプケ

「誇らしいから」は 자랑스러워서 チャランスロウォソ とも言います。

欲しい／要る／必要だ　필요하다 ピリョハダ　動 形 形動 規則　基本単語

요体 欲しいです	필요해요 ピリョヘヨ	~なのに 欲しいのに	필요한데 ピリョハンデ
否定 欲しくないです	필요하지 않아요 ピリョハジ アナヨ	~でも 欲しくても	필요해도 ピリョヘド
過去 欲しかったです	필요했어요 ピリョヘッソヨ	仮定 欲しければ	필요하면 ピリョハミョン
過去否定 欲しくなかったです	필요하지 않았어요 ピリョハジ アナッソヨ	~だけれど 欲しいけれど	필요하지만 ピリョハジマン
現在連体 欲しい(人)	필요한 (사람) ピリョハン サラム	~でしょう 欲しいでしょう	필요할 거예요 ピリョハル ッコエヨ
過去連体 欲しかった(人)	필요하던 (사람) ピリョハドン サラム	~そうです 欲しそうです	필요한 것 같아요 ピリョハン ゴッ カタヨ
~で 欲しくて	필요하고 ピリョハゴ	~ではないようです 欲しくはないようです	필요하지 않은 것 같아요 ピリョハジ アヌン ゴッ カタヨ
~だから 欲しいから	필요하니까 ピリョハニッカ	~に	

ひと言フレーズ もっと飲み物が欲しければ言ってください。
음료가 더 필요하면 말해 주세요. ウムニョガ ト ピリョハミョン マレ ジュセヨ

細い　가늘다 カヌルダ　動 形 形動 ㄹ脱落　活用に注意！

요体 細いです	가늘어요 カヌロヨ	~のに 細いのに	가는데 カヌンデ
否定 細くないです	가늘지 않아요 カヌルジ アナヨ	~くても 細くても	가늘어도 カヌロド
過去 細かったです	가늘었어요 カヌロッソヨ	仮定 細ければ	가늘면 カヌルミョン
過去否定 細くなかったです	가늘지 않았어요 カヌルジ アナッソヨ	~けれど 細いけれど	가늘지만 カヌルジマン
現在連体 細い(指)	가는 (손가락) カヌン ソンガラク	~でしょう 細いでしょう	가늘 거예요 カヌル ッコエヨ
過去連体 細かった(指)	가늘던 (손가락) カヌルドン ソンガラク	~ようです 細いようです	가는 것 같아요 カヌン ゴッ カタヨ
~くて 細くて	가늘고 カヌルゴ	~くないようです 細くないようです	가늘지 않은 것 같아요 カヌルジ アヌン ゴッ カタヨ
~から 細いから	가느니까 カヌニッカ	~く 細く	가늘게 カヌルゲ

「(道が) 細い」には 좁다 チョプタ という語を使います。

ほどく　풀다　プルダ

動 形 形動　ㄹ脱落

요体 ほどきます	풀어요 プロヨ	〜てください ほどいてください	풀어 주세요 プロ ジュセヨ
否定 ほどきません	풀지 않아요 プルジ アナヨ	〜ないでください ほどかないでください	풀지 마세요 プルジ マセヨ
過去 ほどきました	풀었어요 プロッソヨ	仮定 ほどけば	풀면 プルミョン
現在連体 ほどく(糸)	푸는 (실) プヌン シル	〜たいです ほどきたいです	풀고 싶어요 プルゴ シポヨ
過去連体 ほどいた(糸)	푼 (실) プン シル	〜て ほどいて	풀고 プルゴ
未来連体 ほどく(糸)	풀 (실) プル ッシル	〜でしょう ほどくでしょう	풀 거예요 プル ッコエヨ
〜から ほどくから	푸니까 プニッカ	〜と思います ほどくと思います	풀 것 같아요 プル ッコッ カタヨ
〜けれど ほどくけれど	풀지만 プルジマン	意志 ほどきます	풀겠어요 プルゲッソヨ

「ほどく」には 뜯다 ットゥッタ という語もあります。

ほどよい　알맞다　アルマッタ

動 形 形動　規則

요体 ほどよいです	알맞아요 アルマジャヨ	〜のに ほどよいのに	알맞은데 アルマジュンデ
否定 ほどよくないです	알맞지 않아요 アルマッチ アナヨ	〜くても ほどよくても	알맞아도 アルマジャド
過去 ほどよかったです	알맞았어요 アルマジャッソヨ	仮定 ほどよければ	알맞으면 アルマジュミョン
過去否定 ほどよくなかったです	알맞지 않았어요 アルマッチ アナッソヨ	〜けれど ほどよいけれど	알맞지만 アルマッチマン
現在連体 ほどよい(気温)	알맞은 (기온) アルマジュン ギオン	〜でしょう ほどよいでしょう	알맞을 거예요 アルマジュル ッコエヨ
過去連体 ほどよかった(気温)	알맞던 (기온) アルマットン ギオン	〜ようです ほどよいようです	알맞은 것 같아요 アルマジュン ゴッ カタヨ
〜くて ほどよくて	알맞고 アルマッコ	〜くないようです ほどよくないようです	알맞지 않은 것 같아요 アルマッチ アヌン ゴッ カタヨ
〜から ほどよいから	알맞으니까 アルマ ジュニッカ	〜く ほどよく	알맞게 アルマッケ

「ほどよい」は 적당하다 チョクタンハダ とも言います。

ほめる　칭찬하다　チンチャナダ
[動][規則]

요体 ほめます	칭찬해요 チンチャネヨ	~てください ほめてください	칭찬해 주세요 チンチャネ ジュセヨ
否定 ほめません	칭찬하지 않아요 チンチャナジ アナヨ	~ないでください ほめないでください	칭찬하지 마세요 チンチャナジ マセヨ
過去 ほめました	칭찬했어요 チンチャネッソヨ	仮定 ほめれば	칭찬하면 チンチャナミョン
現在連体 ほめる(絵)	칭찬하는 (그림) チンチャナヌン グリム	~たいです ほめたいです	칭찬하고 싶어요 チンチャナゴ シポヨ
過去連体 ほめた(絵)	칭찬한 (그림) チンチャナン グリム	~て ほめて	칭찬하고 チンチャナゴ
未来連体 ほめる(絵)	칭찬할 (그림) チンチャナル ックリム	~でしょう ほめるでしょう	칭찬할 거예요 チンチャナル ッコエヨ
~から ほめるから	칭찬하니까 チンチャナニッカ	~と思います ほめると思います	칭찬할 것 같아요 チンチャナル ッコッ カタヨ
~けれど ほめるけれど	칭찬하지만 チンチャナジマン	意志 ほめます	칭찬하겠어요 チンチャナゲッソヨ

「ほめられる」は 칭찬받다 チンチャンバッタ と言います。

ほろ苦い　씁쓰레하다　ッスプッスレハダ
[動][規則]

요体 ほろ苦いです	씁쓰레해요 ッスプッスレヘヨ	~のに ほろ苦いのに	씁쓰레한데 ッスプッスレハンデ
否定 ほろ苦くないです	씁쓰레하지 않아요 ッスプッスレハジ アナヨ	~くても ほろ苦くても	씁쓰레해도 ッスプッスレヘド
過去 ほろ苦かったです	씁쓰레했어요 ッスプッスレヘッソヨ	仮定 ほろ苦ければ	씁쓰레하면 ッスプッスレハミョン
過去否定 ほろ苦くなかったです	씁쓰레하지 않았어요 ッスプッスレハジ アナッソヨ	~けれど ほろ苦いけれど	씁쓰레하지만 ッスプッスレハジマン
現在連体 ほろ苦い(味)	씁쓰레한 (맛) ッスプッスレハン マッ	~でしょう ほろ苦いでしょう	씁쓰레할 거예요 ッスプッスレハル ッコエヨ
過去連体 ほろ苦かった(味)	씁쓰레하던 (맛) ッスプッスレハドン マッ	~ようです ほろ苦いようです	씁쓰레한 것 같아요 ッスプッスレハン ゴッ カタヨ
~くて ほろ苦くて	씁쓰레하고 ッスプッスレハゴ	~くないようです ほろ苦くないようです	씁쓰레하지 않은 것 같아요 ッスプッスレハジ アヌン ゴッ カタヨ
~から ほろ苦いから	씁쓰레하니까 ッスプッスレハニッカ	~く ほろ苦く	씁쓰레하게 ッスプッスレハゲ

「ほろ苦い」は 씁쓸하다 ッスプッスルハダ とも言います。

任せる　맡기다　マッキダ

動 形 形動　規則

요체 任せます	맡겨요 マッキョヨ	~てください 任せてください	맡겨 주세요 マッキョ ジュセヨ
否定 任せません	맡기지 않아요 マッキジ アナヨ	~ないでください 任せないでください	맡기지 마세요 マッキジ マセヨ
過去 任せました	맡겼어요 マッキョッソヨ	仮定 任せれば	맡기면 マッキミョン
現在連体 任せる(仕事)	맡기는 (일) マッキヌン ニル	~たいです 任せたいです	맡기고 싶어요 マッキゴ シポヨ
過去連体 任せた(仕事)	맡긴 (일) マッキン ニル	~て 任せて	맡기고 マッキゴ
未来連体 任せる(仕事)	맡길 (일) マッキル リル	~でしょう 任せるでしょう	맡길 거예요 マッキル ッコエヨ
~から 任せるから	맡기니까 マッキニッカ	~と思います 任せると思います	맡길 것 같아요 マッキル ッコッ カタヨ
~けれど 任せるけれど	맡기지만 マッキジマン	意志 任せます	맡기겠어요 マッキゲッソヨ

「任せてください」は 맡기세요 マッキセヨ という言い方もします。

曲がる(右、左などに)　돌다　トルダ

動 形 形動　ㄹ脱落

活用に注意!　基本単語

요체 曲がります	돌아요 トラヨ	~てください 曲がってください	돌아 주세요 トラ ジュセヨ
否定 曲がりません	돌지 않아요 トルジ アナヨ	~ないでください 曲がらないでください	돌지 마세요 トルジ マセヨ
過去 曲がりました	돌았어요 トラッソヨ	仮定 曲がれば	돌면 トルミョン
現在連体 曲がる(角)	도는 (모퉁이) トヌン モトゥンイ	~たいです 曲がりたいです	돌고 싶어요 トルゴ シポヨ
過去連体 曲がった(角)	돈 (모퉁이) トン モトゥンイ	~て 曲がって	돌고 トルゴ
未来連体 曲がる(角)	돌 (모퉁이) トル モトゥンイ	~でしょう 曲がるでしょう	돌 거예요 トル ッコエヨ
~から 曲がるから	도니까 トニッカ	~と思います 曲がると思います	돌 것 같아요 トル ッコッ カタヨ
~けれど 曲がるけれど	돌지만 トルジマン	意志 曲がります	돌겠어요 トルゲッソヨ

「曲がるから」には 돌아서 トラソ という活用形もあります。

巻き込まれる　휩쓸리다　フィプッスルリダ　動形形動 規則

요体 巻き込まれます	휩쓸려요 フィプッスルリョ	~てください 巻き込まれてください	휩쓸려 주세요 フィプッスルリョ ジュセヨ
否定 巻き込まれません	휩쓸리지 않아요 フィプッスルリジ アナヨ	~ないでください 巻き込まれないでください	휩쓸리지 마세요 フィプッスルリジ マセヨ
過去 巻き込まれました	휩쓸렸어요 フィプッスルリョッソヨ	仮定 巻き込まれれば	휩쓸리면 フィプッスルリミョン
現在連体 巻き込まれる(事件)	휩쓸리는 (사건) フィプッスルリヌン サッコン	~たいです 巻き込まれたいです	휩쓸리고 싶어요 フィプッスルリゴ シポヨ
過去連体 巻き込まれた(事件)	휩쓸린 (사건) フィプッスルリン サッコン	~て 巻き込まれて	휩쓸리고 フィプッスルリゴ
未来連体 巻き込まれる(事件)	휩쓸릴 (사건) フィプッスルリル ッサッコン	~でしょう 巻き込まれるでしょう	휩쓸릴 거예요 フィプッスルリル ッコエヨ
~から 巻き込まれるから	휩쓸리니까 フィプッスルリニッカ	~と思います 巻き込まれると思います	휩쓸릴 것 같아요 フィプッスルリル ッコッ カタヨ
~けれど 巻き込まれるけれど	휩쓸리지만 フィプッスルリジマン	意志 巻き込まれます	휩쓸리겠어요 フィプッスルリゲッソヨ

「巻き込まれる」には 말려들다 マルリョドゥルダ という言い方もあります。

巻き込む　끌어들이다　ックロドゥリダ　動形形動 規則

요体 巻き込みます	끌어들여요 ックロドゥリョヨ	~てください 巻き込んでください	끌어들여 주세요 ックロドゥリョ ジュセヨ
否定 巻き込みません	끌어들이지 않아요 ックロドゥリジ アナヨ	~ないでください 巻き込まないでください	끌어들이지 마세요 ックロドゥリジ マセヨ
過去 巻き込みました	끌어들였어요 ックロドゥリョッソヨ	仮定 巻き込めば	끌어들이면 ックロドゥリミョン
現在連体 巻き込む(犯罪)	끌어들이는 (범죄) ックロドゥリヌン ボムジュェ	~たいです 巻き込みたいです	끌어들이고 싶어요 ックロドゥリゴ シポヨ
過去連体 巻き込んだ(犯罪)	끌어들인 (범죄) ックロドゥリン ボムジュェ	~て 巻き込んで	끌어들이고 ックロドゥリゴ
未来連体 巻き込む(犯罪)	끌어들일 (범죄) ックロドゥリル ッボムジュェ	~でしょう 巻き込むでしょう	끌어들일 거예요 ックロドゥリル ッコエヨ
~から 巻き込むから	끌어들이니까 ックロドゥリニッカ	~と思います 巻き込むと思います	끌어들일 것 같아요 ックロドゥリル ッコッ カタヨ
~けれど 巻き込むけれど	끌어들이지만 ックロドゥリジマン	意志 巻き込みます	끌어들이겠어요 ックロドゥリゲッソヨ

「巻き込んでください」は 끌어들이세요 ックロドゥリセヨ とも言います。

紛らわしい　헷갈리다　ヘッカルリダ

動 形 形動 規則

요체 **紛らわしいです**	헷갈려요 ヘッカルリョヨ	~てください	
否定 **紛らわしくありません**	헷갈리지 않아요 ヘッカルリジ アナヨ	~ないでください	
過去 **紛らわしかったです**	헷갈렸어요 ヘッカルリョッソヨ	仮定 **紛らわしければ**	헷갈리면 ヘッカルリミョン
現在連体 **紛らわしい(話)**	헷갈리는 (말) ヘッカルリヌン マル	~たいです	
過去連体 **紛らわしかった(話)**	헷갈린 (말) ヘッカルリン マル	~て **紛らわしくて**	헷갈리고 ヘッカルリゴ
未来連体 **紛らわしい(話)**	헷갈릴 (말) ヘッカルリル マル	~でしょう **紛らわしいでしょう**	헷갈릴 거예요 ヘッカルリル ッコエヨ
~から **紛らわしいから**	헷갈리니까 ヘッカルリニッカ	~と思います **紛らわしいと思います**	헷갈릴 것 같아요 ヘッカルリル ッコッ カタヨ
~けれど **紛らわしいけれど**	헷갈리지만 ヘッカルリジマン	意志	

「紛らわしい」は 혼동하기 쉽다 ホンドンハギ シュィプタ とも言います。

負ける　지다　チダ

動 形 形動 規則　基本単語

요체 **負けます**	져요 チョヨ	~てください **負けてください**	져 주세요 チョ ジュセヨ
否定 **負けません**	지지 않아요 チジ アナヨ	~ないでください **負けないでください**	지지 마세요 チジ マセヨ
過去 **負けました**	졌어요 チョッソヨ	仮定 **負ければ**	지면 チミョン
現在連体 **負ける(試合)**	지는 (시합) チヌン シハプ	~たいです **負けたいです**	지고 싶어요 チゴ シポヨ
過去連体 **負けた(試合)**	진 (시합) チン シハプ	~て **負けて**	지고 チゴ
未来連体 **負ける(試合)**	질 (시합) チル ッシハプ	~でしょう **負けるでしょう**	질 거예요 チル ッコエヨ
~から **負けるから**	지니까 チニッカ	~と思います **負けると思います**	질 것 같아요 チル ッコッ カタヨ
~けれど **負けるけれど**	지지만 チジマン	意志 **負けます**	지겠어요 チゲッソヨ

ひと言フレーズ　つらくても負けないでください。
괴로워도 지지 마세요. クェロウォド チジ マセヨ

曲げる　구부리다　クブリダ　　　動詞 / 規則

요体 曲げます	구부려요 クブリョヨ	~てください 曲げてください	구부려 주세요 クブリョ ジュセヨ
否定 曲げません	구부리지 않아요 クブリジ アナヨ	~ないでください 曲げないでください	구부리지 마세요 クブリジ マセヨ
過去 曲げました	구부렸어요 クブリョッソヨ	仮定 曲げれば	구부리면 クブリミョン
現在連体 曲げる(針金)	구부리는 (철사) クブリヌン チョルサ	~たいです 曲げたいです	구부리고 싶어요 クブリゴ シポヨ
過去連体 曲げた(針金)	구부린 (철사) クブリン チョルサ	~て 曲げて	구부리고 クブリゴ
未来連体 曲げる(針金)	구부릴 (철사) クブリル チョルサ	~でしょう 曲げるでしょう	구부릴 거예요 クブリル ッコエヨ
~から 曲げるから	구부리니까 クブリニッカ	~と思います 曲げると思います	구부릴 것 같아요 クブリル ッコッ カタヨ
~けれど 曲げるけれど	구부리지만 クブリジマン	意志 曲げます	구부리겠어요 クブリゲッソヨ

「(体を) かがめる」にも 구부리다 を使います。

ましだ　낫다　ナッタ　　　形動 / ㅅ不規則　活用に注意！

요体 ましです	나아요 ナアヨ	~なのに ましなのに	나은데 ナウンデ
否定 ましではないです	낫지 않아요 ナッチ アナヨ	~でも ましでも	나아도 ナアド
過去 ましでした	나았어요 ナアッソヨ	仮定 ましであれば	나으면 ナウミョン
過去否定 ましではなかったです	낫지 않았어요 ナッチ アナッソヨ	~だけれど ましだけれど	낫지만 ナッチマン
現在連体 ましな(成績)	나은 (성적) ナウン ソンジョク	~でしょう ましでしょう	나을 거예요 ナウル ッコエヨ
過去連体 ましだった(成績)	낫던 (성적) ナットン ソンジョク	~そうです ましそうです	나은 것 같아요 ナウン ゴッ カタヨ
~で ましで	낫고 ナッコ	~ではないようです ましではないようです	낫지 않은 것 같아요 ナッチ アヌン ゴッ カタヨ
~だから ましだから	나으니까 ナウニッカ	~に ましに	낫게 ナッケ

(過去連体)「ましだった~」には 나았던 ナアットン という活用形もあります。

まじめだ 진지하다 チンジハダ

動 形 形動 規則

요체 まじめです	진지해요 チンジヘヨ	~なのに まじめなのに	진지한데 チンジハンデ
否定 まじめではないです	진지하지 않아요 チンジハジ アナヨ	~でも まじめでも	진지해도 チンジヘド
過去 まじめでした	진지했어요 チンジヘッソヨ	仮定 まじめであれば	진지하면 チンジハミョン
過去否定 まじめではなかったです	진지하지 않았어요 チンジハジ アナッソヨ	~だけれど まじめだけれど	진지하지만 チンジハジマン
現在連体 まじめな(人)	진지한 (사람) チンジハン サラム	~でしょう まじめでしょう	진지할 거예요 チンジハル ッコエヨ
過去連体 まじめだった(人)	진지하던 (사람) チンジハドン サラム	~そうです まじめそうです	진지한 것 같아요 チンジハン ゴッ カタヨ
~で まじめで	진지하고 チンジハゴ	~ではないようです まじめではないようです	진지하지 않은 것 같아요 チンジハジ アヌン ゴッ カタヨ
~だから まじめだから	진지하니까 チンジハニッカ	~に まじめに	진지하게 チンジハゲ

「まじめだ」には 성실하다 ソンシラダ という言い方もあります。

交わる(線が) 교차하다 キョチャハダ

動 形 形動 規則

요체 交わります	교차해요 キョチャヘヨ	~てください	
否定 交わりません	교차하지 않아요 キョチャハジ アナヨ	~ないでください	
過去 交わりました	교차했어요 キョチャヘッソヨ	仮定 交われば	교차하면 キョチャハミョン
現在連体 交わる(道)	교차하는 (길) キョチャハヌン ギル	~たいです	
過去連体 交わった(道)	교차한 (길) キョチャハン ギル	~て 交わって	교차하고 キョチャハゴ
未来連体 交わる(道)	교차할 (길) キョチャハル ッキル	~でしょう 交わるでしょう	교차할 거예요 キョチャハル ッコエヨ
~から 交わるから	교차하니까 キョチャハニッカ	~と思います 交わると思います	교차할 것 같아요 キョチャハル ッコッ カタヨ
~けれど 交わるけれど	교차하지만 キョチャハジマン	意志	

「(人と)交わる」は 사귀다 サグィダ と言います。

まずい 맛없다 マドプタ

存在詞　規則　**基本単語**

活用	韓国語	活用	韓国語
丁寧形 **まずいです**	맛없어요 マドプソヨ	~のに **まずいのに**	맛없는데 マドムヌンデ
否定 **まずくないです**	맛없지 않아요 マドプチ アナヨ	~くても **まずくても**	맛없어도 マドプソド
過去 **まずかったです**	맛없었어요 マドプソッソヨ	仮定 **まずければ**	맛없으면 マドプスミョン
過去否定 **まずくなかったです**	맛없지 않았어요 マドプチ アナッソヨ	~けれど **まずいけれど**	맛없지만 マドプチマン
現在連体 **まずい(料理)**	맛없는 (요리) マドムヌン ニョリ	~でしょう **まずいでしょう**	맛없을 거예요 マドプスル ッコエヨ
過去連体 **まずかった(料理)**	맛없던 (요리) マドプトン ニョリ	~ようです **まずいようです**	맛없는 것 같아요 マドムヌン ゴッ カタヨ
~くて **まずくて**	맛없고 マドプコ	~くないようです **まずくないようです**	맛없지 않은 것 같아 マドプチ アヌン ゴッ カタヨ
~から **まずいから**	맛없으니까 マドプスニッカ	~く **まずく**	맛없게 マドプケ

ひと言フレーズ　まずければ残してください。
맛없으면 남기세요. マドプスミョン ナムギセヨ

貧しい 가난하다 カナナダ

動　形　形動　規則

活用	韓国語	活用	韓国語
丁寧形 **貧しいです**	가난해요 カナネヨ	~のに **貧しいのに**	가난한데 カナナンデ
否定 **貧しくないです**	가난하지 않아요 カナナジ アナヨ	~くても **貧しくても**	가난해도 カナネド
過去 **貧しかったです**	가난했어요 カナネッソヨ	仮定 **貧しければ**	가난하면 カナナミョン
過去否定 **貧しくなかったです**	가난하지 않았어요 カナナジ アナッソヨ	~けれど **貧しいけれど**	가난하지만 カナナジマン
現在連体 **貧しい(生活)**	가난한 (생활) カナナン センファル	~でしょう **貧しいでしょう**	가난할 거예요 カナナル ッコエヨ
過去連体 **貧しかった(生活)**	가난하던 (생활) カナナドン センファル	~ようです **貧しいようです**	가난한 것 같아요 カナナン ゴッ カタヨ
~くて **貧しくて**	가난하고 カナナゴ	~くないようです **貧しくないようです**	가난하지 않은 것 같아요 カナナジ アヌン ゴッ カタヨ
~から **貧しいから**	가난하니까 カナナニッカ	~く **貧しく**	가난하게 カナナゲ

「貧しい」には 빈약하다 ピニャカダ という語もあります。

ませている　조숙하다　チョスカダ　動 形動 規則

요体 ませています	조숙해요 チョスケヨ	～なのに ませているのに	조숙한데 チョスカンデ
否定 ませていません	조숙하지 않아요 チョスカジ アナヨ	～でも ませていても	조숙해도 チョスケド
過去 ませていました	조숙했어요 チョスケッソヨ	仮定 ませていれば	조숙하면 チョスカミョン
過去否定 ませていませんでした	조숙하지 않았어요 チョスカジ アナッソヨ	～だけれど ませているけれど	조숙하지만 チョスカジマン
現在連体 ませている(子供)	조숙한 (아이) チョスカ ナイ	～でしょう ませているでしょう	조숙할 거예요 チョスカル ッコエヨ
過去連体 ませていた(子供)	조숙하던 (아이) チョスカドゥン ナイ	～そうです ませていそうです	조숙한 것 같아요 チョスカン ゴッ カタヨ
～で ませて	조숙하고 チョスカゴ	～くないようです ませていないようです	조숙하지 않은 것 같아요 チョスカジ アヌン ゴッ カタヨ
～だから ませているから	조숙하니까 チョスカニッカ	～に	

「ませているから」には 조숙해서 チョスケソ という活用形もあります。

混ぜる　섞다　ソクタ　動 形動 規則

요体 混ぜます	섞어요 ソッコヨ	～てください 混ぜてください	섞어 주세요 ソッコ ジュセヨ
否定 混ぜません	섞지 않아요 ソクチ アナヨ	～ないでください 混ぜないでください	섞지 마세요 ソクチ マセヨ
過去 混ぜました	섞었어요 ソッコッソヨ	仮定 混ぜれば	섞으면 ソックミョン
現在連体 混ぜる(液体)	섞는 (액체) ソンヌン ネクチェ	～たいです 混ぜたいです	섞고 싶어요 ソクコ シポヨ
過去連体 混ぜた(液体)	섞은 (액체) ソックン ネクチェ	～て 混ぜて	섞고 ソクコ
未来連体 混ぜる(液体)	섞을 (액체) ソックル レクチェ	～でしょう 混ぜるでしょう	섞을 거예요 ソックル ッコエヨ
～から 混ぜるから	섞으니까 ソックニッカ	～と思います 混ぜると思います	섞을 것 같아요 ソックル ッコッ カタヨ
～けれど 混ぜるけれど	섞지만 ソクチマン	意志 混ぜます	섞겠어요 ソクケッソヨ

「(卵を) 混ぜる」には (계란을) 풀다 (ケラヌル) プルダ という表現も使います。

間違える　틀리다　トゥルリダ　動形 形動 規則　基本単語

요체 **間違えます**	틀려요 トゥルリョヨ	~てください **間違えてください**	틀려 주세요 トゥルリョ ジュセヨ
否定 **間違えません**	틀리지 않아요 トゥルリジ アナヨ	~ないでください **間違えないでください**	틀리지 마세요 トゥルリジ マセヨ
過去 **間違えました**	틀렸어요 トゥルリョッソヨ	仮定 **間違えれば**	틀리면 トゥルリミョン
現在連体 **間違える(計算)**	틀리는 (계산) トゥルリヌン ゲサン	~たいです **間違えたいです**	틀리고 싶어요 トゥルリゴ シポヨ
過去連体 **間違えた(計算)**	틀린 (계산) トゥルリン ゲサン	~て **間違えて**	틀리고 トゥルリゴ
未来連体 **間違える(計算)**	틀릴 (계산) トゥルリル ッケサン	~でしょう **間違えるでしょう**	틀릴 거예요 トゥルリル ッコエヨ
~から **間違えるから**	틀리니까 トゥルリニッカ	~と思います **間違えると思います**	틀릴 것 같아요 トゥルリル ッコッ カタヨ
~けれど **間違えるけれど**	틀리지만 トゥルリジマン	意志 **間違えます**	틀리겠어요 トゥルリゲッソヨ

ひと言フレーズ　すみません、電話番号を間違えました。
미안하지만, 전화번호가 틀렸어요. ミアナジマン、チョヌァボノガ トゥルリョッソヨ

待つ　기다리다　キダリダ　動形 形動 規則　基本単語

요체 **待ちます**	기다려요 キダリョヨ	~てください **待ってください**	기다려 주세요 キダリョ ジュセヨ
否定 **待ちません**	기다리지 않아요 キダリジ アナヨ	~ないでください **待たないでください**	기다리지 마세요 キダリジ マセヨ
過去 **待ちました**	기다렸어요 キダリョッソヨ	仮定 **待てば**	기다리면 キダリミョン
現在連体 **待つ(場所)**	기다리는 (장소) キダリヌン ジャンソ	~たいです **待ちたいです**	기다리고 싶어요 キダリゴ シポヨ
過去連体 **待った(場所)**	기다린 (장소) キダリン ジャンソ	~て **待って**	기다리고 キダリゴ
未来連体 **待つ(場所)**	기다릴 (장소) キダリル ッチャンソ	~でしょう **待つでしょう**	기다릴 거예요 キダリル ッコエヨ
~から **待つから**	기다리니까 キダリニッカ	~と思います **待つと思います**	기다릴 것 같아요 キダリル ッコッ カタヨ
~けれど **待つけれど**	기다리지만 キダリジマン	意志 **待ちます**	기다리겠어요 キダリゲッソヨ

「待ってください」には 기다리세요 キダリセヨ という言い方もあります。

まとまる　성립되다　ソンニプトェダ

動詞 規則

丁寧 まとまります	성립돼요 ソンニプトェヨ	~てください	
否定 まとまりません	성립되지 않아요 ソンニプトェジ アナヨ	~ないでください	
過去 まとまりました	성립됐어요 ソンニプトェッソヨ	仮定 まとまれば	성립되면 ソンニプトェミョン
現在連体 まとまる(商談)	성립되는 (상담) ソンニプトェヌン サンダム	~たいです	
過去連体 まとまった(商談)	성립된 (상담) ソンニプトェン サンダム	~て まとまって	성립되고 ソンニプトェゴ
未来連体 まとまる(商談)	성립될 (상담) ソンニプトェル ッサンダム	~でしょう まとまるでしょう	성립될 거예요 ソンニプトェル ッコエヨ
~から まとまるから	성립되니까 ソンニプトェニッカ	~と思います まとまると思います	성립될 것 같아요 ソンニプトェル ッコッ カタヨ
~けれど まとまるけれど	성립되지만 ソンニプトェジマン	意志	

「(考えが)まとまる」には (생각이) 정리되다 (センガギ) チョンニドェダ という表現を使います。

まとめる(物を)　합치다　ハプチダ

動詞 規則

丁寧 まとめます	합쳐요 ハプチョヨ	~てください まとめてください	합쳐 주세요 ハプチョ ジュセヨ
否定 まとめません	합치지 않아요 ハプチジ アナヨ	~ないでください まとめないでください	합치지 마세요 ハプチジ マセヨ
過去 まとめました	합쳤어요 ハプチョッソヨ	仮定 まとめれば	합치면 ハプチミョン
現在連体 まとめる(物)	합치는 (것) ハプチヌン ゴッ	~たいです まとめたいです	합치고 싶어요 ハプチゴ シポヨ
過去連体 まとめた(物)	합친 (것) ハプチン ゴッ	~て まとめて	합치고 ハプチゴ
未来連体 まとめる(物)	합칠 (것) ハプチル ッコッ	~でしょう まとめるでしょう	합칠 거예요 ハプチル ッコエヨ
~から まとめるから	합치니까 ハプチニッカ	~と思います まとめると思います	합칠 것 같아요 ハプチル ッコッ カタヨ
~けれど まとめるけれど	합치지만 ハプチジマン	意志 まとめます	합치겠어요 ハプチゲッソヨ

「(データを)まとめる」には (데이터를) 정리하다 (テイトルル) チョンニハダ という表現を使います。

まとめる（荷物を）　꾸리다　ックリダ　動/形/形動　規則

요体 まとめます	꾸려요 ックリョヨ	～てください まとめてください	꾸려 주세요 ックリョ ジュセヨ
否定 まとめません	꾸리지 않아요 ックリジ アナヨ	～ないでください まとめないでください	꾸리지 마세요 ックリジ マセヨ
過去 まとめました	꾸렸어요 ックリョッソヨ	仮定 まとめれば	꾸리면 ックリミョン
現在連体 まとめる(荷物)	꾸리는 (짐) ックリヌン ジム	～たいです まとめたいです	꾸리고 싶어요 ックリゴ シポヨ
過去連体 まとめた(荷物)	꾸린 (짐) ックリン ジム	～て まとめて	꾸리고 ックリゴ
未来連体 まとめる(荷物)	꾸릴 (짐) ックリル ッチム	～でしょう まとめるでしょう	꾸릴 거예요 ックリル ッコエヨ
～から まとめるから	꾸리니까 ックリニッカ	～と思います まとめると思います	꾸릴 것 같아요 ックリル ッコッ カタヨ
～けれど まとめるけれど	꾸리지만 ックリジマン	意志 まとめます	꾸리겠어요 ックリゲッソヨ

「(荷物を) まとめる」は 싸다 ッサダ とも言います。

惑わす　현혹하다　ヒョノカダ　動/形/形動　規則

요体 惑わします	현혹해요 ヒョノケヨ	～てください 惑わしてください	현혹해 주세요 ヒョノケ ジュセヨ
否定 惑わしません	현혹하지 않아요 ヒョノカジ アナヨ	～ないでください 惑わさないでください	현혹하지 마세요 ヒョノカジ マセヨ
過去 惑わしました	현혹했어요 ヒョノケッソヨ	仮定 惑わせば	현혹하면 ヒョノカミョン
現在連体 惑わす(相手)	현혹하는 (상대) ヒョノカヌン サンデ	～たいです 惑わしたいです	현혹하고 싶어요 ヒョノカゴ シポヨ
過去連体 惑わした(相手)	현혹한 (상대) ヒョノカン サンデ	～て 惑わして	현혹하고 ヒョノカゴ
未来連体 惑わす(相手)	현혹할 (상대) ヒョノカル ッサンデ	～でしょう 惑わすでしょう	현혹할 거예요 ヒョノカル ッコエヨ
～から 惑わすから	현혹하니까 ヒョノカニッカ	～と思います 惑わすと思います	현혹할 것 같아요 ヒョノカル ッコッ カタヨ
～けれど 惑わすけれど	현혹하지만 ヒョノカジマン	意志 惑わします	현혹하겠어요 ヒョノカゲッソヨ

「惑わす」は 꾀다 ックェダ という言い方もします。

学ぶ　배우다 ペウダ

動 形 形動 規則　基本単語

丁寧		~てください	
学びます	배워요 ペウォヨ	学んでください	배워 주세요 ペウォ ジュセヨ
否定 学びません	배우지 않아요 ペウジ アナヨ	~ないでください 学ばないでください	배우지 마세요 ペウジ マセヨ
過去 学びました	배웠어요 ペウォッソヨ	仮定 学べば	배우면 ペウミョン
現在連体 学ぶ(韓国語)	배우는 (한국어) ペウヌ ナングゴ	~たいです 学びたいです	배우고 싶어요 ペウゴ シポヨ
過去連体 学んだ(韓国語)	배운 (한국어) ペウン ナングゴ	~て 学んで	배우고 ペウゴ
未来連体 学ぶ(韓国語)	배울 (한국어) ペウル ラングゴ	~でしょう 学ぶでしょう	배울 거예요 ペウル ッコエヨ
~から 学ぶから	배우니까 ペウニッカ	~と思います 学ぶと思います	배울 것 같아요 ペウル ッコッ カタヨ
~けれど 学ぶけれど	배우지만 ペウジマン	意志 学びます	배우겠어요 ペウゲッソヨ

🐾 「学んでください」には 배우세요 ペウセヨ という言い方もあります。

免れる　면하다 ミョナダ

動 形 形動 規則

丁寧 免れます	면해요 ミョネヨ	~てください 免れてください	면해 주세요 ミョネ ジュセヨ
否定 免れません	면하지 않아요 ミョナジ アナヨ	~ないでください 免れないでください	면하지 마세요 ミョナジ マセヨ
過去 免れました	면했어요 ミョネッソヨ	仮定 免れれば	면하면 ミョナミョン
現在連体 免れる(災難)	면하는 (재난) ミョナヌン ジェナン	~たいです 免れたいです	면하고 싶어요 ミョナゴ シポヨ
過去連体 免れた(災難)	면한 (재난) ミョナン ジェナン	~て 免れて	면하고 ミョナゴ
未来連体 免れる(災難)	면할 (재난) ミョナル ッチェナン	~でしょう 免れるでしょう	면할 거예요 ミョナル ッコエヨ
~から 免れるから	면하니까 ミョナニッカ	~と思います 免れると思います	면할 것 같아요 ミョナル ッコッ カタヨ
~けれど 免れるけれど	면하지만 ミョナジマン	意志 免れます	면하겠어요 ミョナゲッソヨ

🐾 「免れる」は 피하다 ピハダ とも言います。

招く　초대하다　チョデハダ　　動 形 形動 規則

요体 招きます	초대해요 チョデヘヨ	〜てください 招いてください	초대해 주세요 チョデヘ ジュセヨ
否定 招きません	초대하지 않아요 チョデハジ アナヨ	〜ないでください 招かないでください	초대하지 마세요 チョデハジ マセヨ
過去 招きました	초대했어요 チョデヘッソヨ	仮定 招けば	초대하면 チョデハミョン
現在連体 招く(客)	초대하는 (손님) チョデハヌン ソンニム	〜たいです 招きたいです	초대하고 싶어요 チョデハゴ シポヨ
過去連体 招いた(客)	초대한 (손님) チョデハン ソンニム	〜て 招いて	초대하고 チョデハゴ
未来連体 招く(客)	초대할 (손님) チョデハル ッソンニム	〜でしょう 招くでしょう	초대할 거예요 チョデハル ッコエヨ
〜から 招くから	초대하니까 チョデハニッカ	〜と思います 招くと思います	초대할 것 같아요 チョデハル ッコッ カタヨ
〜けれど 招くけれど	초대하지만 チョデハジマン	意志 招きます	초대하겠어요 チョデハゲッソヨ

「招きましょうか?」は 초대할까요? チョデハルッカヨ? と言います。

まぶしい　눈부시다　ヌンブシダ　　動 形 形動 規則

요体 まぶしいです	눈부셔요 ヌンブショヨ	〜のに まぶしいのに	눈부신데 ヌンブシンデ
否定 まぶしくないです	눈부시지 않아요 ヌンブシジ アナヨ	〜くても まぶしくても	눈부셔도 ヌンブショド
過去 まぶしかったです	눈부셨어요 ヌンブショッソヨ	仮定 まぶしければ	눈부시면 ヌンブシミョン
過去否定 まぶしくなかったです	눈부시지 않았어요 ヌンブシジ アナッソヨ	〜けれど まぶしいけれど	눈부시지만 ヌンブシジマン
現在連体 まぶしい(日差し)	눈부신 (햇살) ヌンブシ ネッサル	〜でしょう まぶしいでしょう	눈부실 거예요 ヌンブシル ッコエヨ
過去連体 まぶしかった(日差し)	눈부시던 (햇살) ヌンブシドン ネッサル	〜ようです まぶしいようです	눈부신 것 같아요 ヌンブシン ゴッ カタヨ
〜くて まぶしくて	눈부시고 ヌンブシゴ	〜くないようです まぶしくないようです	눈부시지 않은 것 같아요 ヌンブシジ アヌン ゴッ カタヨ
〜から まぶしいから	눈부시니까 ヌンブシニッカ	〜く まぶしく	눈부시게 ヌンブシゲ

「まぶしいから」には 눈부셔서 ヌンブショソ という活用形もあります。

まめだ　부지런하다　プジロナダ

動 形 **形動** 規則

요체 **まめです**	부지런해요 プジロネヨ	~なのに **まめなのに**	부지런한데 プジロナンデ
否定 **まめではないです**	부지런하지 않아요 プジロナジ アナヨ	~でも **まめでも**	부지런해도 プジロネド
過去 **まめでした**	부지런했어요 プジロネッソヨ	仮定 **まめであれば**	부지런하면 プジロナミョン
過去否定 **まめではなかったです**	부지런하지 않았어요 プジロナジ アナッソヨ	~だけれど **まめだけれど**	부지런하지만 プジロナジマン
現在連体 **まめな(人)**	부지런한 (사람) プジロナン サラム	~でしょう **まめでしょう**	부지런할 거예요 プジロナル ッコエヨ
過去連体 **まめだった(人)**	부지런하던 (사람) プジロナドン サラム	~そうです **まめそうです**	부지런한 것 같아요 プジロナン ゴッ カタヨ
~で **まめで**	부지런하고 プジロナゴ	~ではないようです **まめではないようです**	부지런하지 않은 것 같아요 プジロナジ アヌン ゴッ カタヨ
~だから **まめだから**	부지런하니까 プジロナニッカ	~に **まめに**	부지런하게 プジロナゲ

「まめだ」には **착실하다** チャクシラダ という言い方もあります。

守る　지키다　チキダ

動 形 形動 **規則**　基本単語

요체 **守ります**	지켜요 チキョヨ	~てください **守ってください**	지켜 주세요 チキョ ジュセヨ
否定 **守りません**	지키지 않아요 チキジ アナヨ	~ないでください **守らないでください**	지키지 마세요 チキジ マセヨ
過去 **守りました**	지켰어요 チキョッソヨ	仮定 **守れば**	지키면 チキミョン
現在連体 **守る(約束)**	지키는 (약속) チキヌン ニャクソク	~たいです **守りたいです**	지키고 싶어요 チキゴ シポヨ
過去連体 **守った(約束)**	지킨 (약속) チキン ニャクソク	~て **守って**	지키고 チキゴ
未来連体 **守る(約束)**	지킬 (약속) チキル リャクソク	~でしょう **守るでしょう**	지킬 거예요 チキル ッコエヨ
~から **守るから**	지키니까 チキニッカ	~と思います **守ると思います**	지킬 것 같아요 チキル ッコッ カタヨ
~けれど **守るけれど**	지키지만 チキジマン	意志 **守ります**	지키겠어요 チキゲッソヨ

(意志)「守ります」は **지킬래요** チキルレヨ とも言います。

迷う　잃다 イルタ

動 形 形動 規則

요体 迷います	잃어요	イロヨ
否定 迷いません	잃지 않아요	イルチ アナヨ
過去 迷いました	잃었어요	イロッソヨ
現在連体 迷う(道)	잃는 (길)	イルルン ギル
過去連体 迷った(道)	잃은 (길)	イルン ギル
未来連体 迷う(道)	잃을 (길)	イルル ッキル
～から 迷うから	잃으니까	イルニッカ
～けれど 迷うけれど	잃지만	イルチマン
～てください 迷ってください	잃어 주세요	イロ ジュセヨ
～ないでください 迷わないでください	잃지 마세요	イルチ マセヨ
仮定 迷えば	잃으면	イルミョン
～たいです 迷いたいです	잃고 싶어요	イルコ シポヨ
～て 迷って	잃고	イルコ
～でしょう 迷うでしょう	잃을 거예요	イルル ッコエヨ
～と思います 迷うと思います	잃을 것 같아요	イルル ッコッ カタヨ
意志 迷います	잃겠어요	イルケッソヨ

ひと言フレーズ 道に迷いました。
길을 잃었어요. キルル イロッソヨ

丸い　둥글다 トゥングルダ

動 形 形動 ㄹ脱落

活用に注意!

요体 丸いです	둥글어요	トゥングロヨ
否定 丸くないです	둥글지 않아요	トゥングルジ アナヨ
過去 丸かったです	둥글었어요	トゥングロッソヨ
過去否定 丸くなかったです	둥글지 않았어요	トゥングルジ アナッソヨ
現在連体 丸い(月)	둥근 (달)	トゥングン ダル
過去連体 丸かった(月)	둥글던 (달)	トゥングルドン ダル
～くて 丸くて	둥글고	トゥングルゴ
～から 丸いから	둥그니까	トゥングニッカ
～のに 丸いのに	둥근데	トゥングンデ
～くても 丸くても	둥글어도	トゥングロド
仮定 丸ければ	둥글면	トゥングルミョン
～けれど 丸いけれど	둥글지만	トゥングルジマン
～でしょう 丸いでしょう	둥글 거예요	トゥングル ッコエヨ
～ようです 丸いようです	둥근 것 같아요	トゥングン ゴッ カタヨ
～くないようです 丸くないようです	둥글지 않은 것 같아요	トゥングルジ アヌン ゴッ カタヨ
～く 丸く	둥글게	トゥングルゲ

「(性格が) 丸い」には 원만하다 ウォンマナダ という表現もあります。

まれだ 드물다 トゥムルダ

動 形 形動 ㄹ脱落

요体 **まれです**	드물어요 トゥムロヨ	~なのに **まれなのに**	드문데 トゥムンデ
否定 **まれではないです**	드물지 않아요 トゥムルジ アナヨ	~でも **まれでも**	드물어도 トゥムロド
過去 **まれでした**	드물었어요 トゥムロッソヨ	仮定 **まれであれば**	드물면 トゥムルミョン
過去否定 **まれではなかったです**	드물지 않았어요 トゥムルジ アナッソヨ	~だけれど **まれだけれど**	드물지만 トゥムルジマン
現在連体 **まれな(こと)**	드문 (일) トゥムン ニル	~でしょう **まれでしょう**	드물 거예요 トゥムル ッコエヨ
過去連体 **まれだった(こと)**	드물던 (일) トゥムルドン ニル	~そうです **まれそうです**	드문 것 같아요 トゥムン ゴッ カタヨ
~で **まれで**	드물고 トゥムルゴ	~ではないようです **まれではないようです**	드물지 않은 것 같아요 トゥムルジ アヌン ゴッ カタヨ
~だから **まれだから**	드무니까 トゥムニッカ	~に **まれに**	드물게 トゥムルゲ

「まれだ」には **좀처럼 없다** チョムチョロ モプタ という言い方もあります。

回す 돌리다 トゥリダ

動 形 形動 規則

요体 **回します**	돌려요 トゥリョヨ	~てください **回してください**	돌려 주세요 トゥリョ ジュセヨ
否定 **回しません**	돌리지 않아요 トゥリジ アナヨ	~ないでください **回さないでください**	돌리지 마세요 トゥリジ マセヨ
過去 **回しました**	돌렸어요 トゥリョッソヨ	仮定 **回せば**	돌리면 トゥリミョン
現在連体 **回す(こま)**	돌리는 (팽이) トゥリヌン ペンイ	~たいです **回したいです**	돌리고 싶어요 トゥリゴ シポヨ
過去連体 **回した(こま)**	돌린 (팽이) トゥリン ペンイ	~て **回して**	돌리고 トゥリゴ
未来連体 **回す(こま)**	돌릴 (팽이) トゥリル ペンイ	~でしょう **回すでしょう**	돌릴 거예요 トゥリル ッコエヨ
~から **回すから**	돌리니까 トゥリニッカ	~と思います **回すと思います**	돌릴 것 같아요 トゥリル ッコッ カタヨ
~けれど **回すけれど**	돌리지만 トゥリジマン	意志 **回します**	돌리겠어요 トゥリゲッソヨ

「回しません」は **안 돌려요** アン ドルリョヨ とも言います。

回る 돌다 トルダ

活用に注意！ 基本単語
動 形 形動 ㄹ脱落

요体 回ります	돌아요 トラヨ	~てください 回ってください	돌아 주세요 トラ ジュセヨ
否定 回りません	돌지 않아요 トルジ アナヨ	~ないでください 回らないでください	돌지 마세요 トルジ マセヨ
過去 回りました	돌았어요 トラッソヨ	仮定 回れば	돌면 トルミョン
現在連体 回る(角)	도는 (모퉁이) トヌン モトゥンイ	~たいです 回りたいです	돌고 싶어요 トルゴ シポヨ
過去連体 回った(角)	돈 (모퉁이) トン モトゥンイ	~て 回って	돌고 トルゴ
未来連体 回る(角)	돌 (모퉁이) トル モトゥンイ	~でしょう 回るでしょう	돌 거예요 トル ッコエヨ
~から 回るから	도니까 トニッカ	~と思います 回ると思います	돌 것 같아요 トル ッコッ カタヨ
~けれど 回るけれど	돌지만 トルジマン	意志 回ります	돌겠어요 トルゲッソヨ

「手が回らない」には 손이 못 미치다 ソニ モン ミチダ という表現を使います。

見失う 놓치다 ノッチダ

動 形 形動 規則

요体 見失います	놓쳐요 ノッチョヨ	~てください 見失ってください	놓쳐 주세요 ノッチョ ジュセヨ
否定 見失いません	놓치지 않아요 ノッチジ アナヨ	~ないでください 見失わないでください	놓치지 마세요 ノッチジ マセヨ
過去 見失いました	놓쳤어요 ノッチョッソヨ	仮定 見失えば	놓치면 ノッチミョン
現在連体 見失う(犯人)	놓치는 (범인) ノッチヌン ボミン	~たいです 見失いたいです	놓치고 싶어요 ノッチゴ シポヨ
過去連体 見失った(犯人)	놓친 (범인) ノッチン ボミン	~て 見失って	놓치고 ノッチゴ
未来連体 見失う(犯人)	놓칠 (범인) ノッチル ッポミン	~でしょう 見失うでしょう	놓칠 거예요 ノッチル ッコエヨ
~から 見失うから	놓치니까 ノッチニッカ	~と思います 見失うと思います	놓칠 것 같아요 ノッチル ッコッ カタヨ
~けれど 見失うけれど	놓치지만 ノッチジマン	意志 見失います	놓치겠어요 ノッチゲッソヨ

「(道を) 見失う」には (길을) 잃다 (キルル) イルタ という表現を使います。

見える 보이다 ポイダ

動 形 形動 規則 **基本単語**

요体 見えます	보여요 ポヨヨ	〜てください	
否定 見えません	보이지 않아요 ポイジ アナヨ	〜ないでください	
過去 見えました	보였어요 ポヨッソヨ	仮定 見えれば	보이면 ポイミョン
現在連体 見える(景色)	보이는 (경치) ポイヌン ギョンチ	〜たいです	
過去連体 見えた(景色)	보인 (경치) ポイン ギョンチ	〜て 見えて	보이고 ポイゴ
未来連体 見える(景色)	보일 (경치) ポイル ッキョンチ	〜でしょう 見えるでしょう	보일 거예요 ポイル ッコエヨ
〜から 見えるから	보이니까 ポイニッカ	〜と思います 見えると思います	보일 것 같아요 ポイル ッコッ カタヨ
〜けれど 見えるけれど	보이지만 ポイジマン	意志	

🐾 「見えません」は 안 보여요 アン ボヨヨ とも言います。

見送る 배웅하다 ペウンハダ

動 形 形動 規則

요体 見送ります	배웅해요 ペウンヘヨ	〜てください 見送ってください	배웅해 주세요 ペウンヘ ジュセヨ
否定 見送りません	배웅하지 않아요 ペウンハジ アナヨ	〜ないでください 見送らないでください	배웅하지 마세요 ペウンハジ マセヨ
過去 見送りました	배웅했어요 ペウンヘッソヨ	仮定 見送れば	배웅하면 ペウンハミョン
現在連体 見送る(客)	배웅하는 (손님) ペウンハヌン ソンニム	〜たいです 見送りたいです	배웅하고 싶어요 ペウンハゴ シポヨ
過去連体 見送った(客)	배웅한 (손님) ペウンハン ソンニム	〜て 見送って	배웅하고 ペウンハゴ
未来連体 見送る(客)	배웅할 (손님) ペウンハル ッソンニム	〜でしょう 見送るでしょう	배웅할 거예요 ペウンハル ッコエヨ
〜から 見送るから	배웅하니까 ペウンハニッカ	〜と思います 見送ると思います	배웅할 것 같아요 ペウンハル ッコッ カタヨ
〜けれど 見送るけれど	배웅하지만 ペウンハジマン	意志 見送ります	배웅하겠어요 ペウンハゲッソヨ

🐾 「見送る」は 바래다주다 パレダジュダ とも言います。

見落とす　간과하다　カングァハダ　動/形/形動　規則

요体 見落とします	간과해요 カングァヘヨ	~てください 見落としてください	간과해 주세요 カングァヘ ジュセヨ
否定 見落としません	간과하지 않아요 カングァハジ アナヨ	~ないでください 見落とさないでください	간과하지 마세요 カングァハジ マセヨ
過去 見落としました	간과했어요 カングァヘッソヨ	仮定 見落とせば	간과하면 カングァハミョン
現在連体 見落とす(問題)	간과하는 (문제) カングァハヌン ムンジェ	~たいです 見落としたいです	간과하고 싶어요 カングァハゴ シポヨ
過去連体 見落とした(問題)	간과한 (문제) カングァハン ムンジェ	~て 見落として	간과하고 カングァハゴ
未来連体 見落とす(問題)	간과할 (문제) カングァハル ムンジェ	~でしょう 見落とすでしょう	간과할 거예요 カングァハル ッコエヨ
~から 見落とすから	간과하니까 カングァハニッカ	~と思います 見落とすと思います	간과할 것 같아요 カングァハル ッコッ カタヨ
~けれど 見落とすけれど	간과하지만 カングァハジマン	意志 見落とします	간과하겠어요 カングァハゲッソヨ

「見落とす」には 빠뜨리고 보다 ッパットゥリゴ ボダ という表現もあります。

磨く／研ぐ　갈다　カルダ　動/形/形動　ㄹ脱落

活用に注意！

요体 磨きます	갈아요 カラヨ	~てください 磨いてください	갈아 주세요 カラ ジュセヨ
否定 磨きません	갈지 않아요 カルジ アナヨ	~ないでください 磨かないでください	갈지 마세요 カルジ マセヨ
過去 磨きました	갈았어요 カラッソヨ	仮定 磨けば	갈면 カルミョン
現在連体 磨く(刃物)	가는 (칼) カヌン カル	~たいです 磨きたいです	갈고 싶어요 カルゴ シポヨ
過去連体 磨いた(刃物)	간 (칼) カン カル	~て 磨いて	갈고 カルゴ
未来連体 磨く(刃物)	갈 (칼) カル カル	~でしょう 磨くでしょう	갈 거예요 カル ッコエヨ
~から 磨くから	가니까 カニッカ	~と思います 磨くと思います	갈 것 같아요 カル ッコッ カタヨ
~けれど 磨くけれど	갈지만 カルジマン	意志 磨きます	갈겠어요 カルゲッソヨ

「(床を) 磨く」には (마루를) 닦다 (マルルル) タクタ という表現を使います。

見事だ 훌륭하다 フルリュンハダ

動 形 形動 規則

요体 見事です	훌륭해요 フルリュンヘヨ	~なのに 見事なのに	훌륭한데 フルリュンハンデ
否定 見事ではないです	훌륭하지 않아요 フルリュンハジ アナヨ	~でも 見事でも	훌륭해도 フルリュンヘド
過去 見事でした	훌륭했어요 フルリュンヘッソヨ	仮定 見事であれば	훌륭하면 フルリュンハミョン
過去否定 見事ではなかったです	훌륭하지 않았어요 フルリュンハジ アナッソヨ	~だけれど 見事だけれど	훌륭하지만 フルリュンハジマン
現在連体 見事な(腕前)	훌륭한 (솜씨) フルリュンハン ソムッシ	~でしょう 見事でしょう	훌륭할 거예요 フルリュンハル ッコエヨ
過去連体 見事だった(腕前)	훌륭하던 (솜씨) フルリュンハドン ソムッシ	~そうです 見事そうです	훌륭한 것 같아요 フルリュンハン ゴッ カタヨ
~で 見事で	훌륭하고 フルリュンハゴ	~ではないようです 見事ではないようです	훌륭하지 않은 것 같아요 フルリュンハジ アヌン ゴッ カタヨ
~だから 見事だから	훌륭하니까 フルリュンハニッカ	~に 見事に	훌륭하게 フルリュンハゲ

「見事だ」には 뛰어나다 ットゥィオナダ という言い方もあります。

短い 짧다 ッチャルタ

動 形 形動 規則 活用に注意! 基本単語

요体 短いです	짧아요 ッチャルバヨ	~のに 短いのに	짧은데 ッチャルブンデ
否定 短くないです	짧지 않아요 ッチャルッチ アナヨ	~くても 短くても	짧아도 ッチャルバド
過去 短かったです	짧았어요 ッチャルバッソヨ	仮定 短ければ	짧으면 ッチャルブミョン
過去否定 短くなかったです	짧지 않았어요 ッチャルッチ アナッソヨ	~けれど 短いけれど	짧지만 ッチャルッチマン
現在連体 短い(文章)	짧은 (문장) ッチャルブン ムンジャン	~でしょう 短いでしょう	짧을 거예요 ッチャルブル ッコエヨ
過去連体 短かった(文章)	짧던 (문장) ッチャルットン ムンジャン	~ようです 短いようです	짧은 것 같아요 ッチャルブン ゴッ カタヨ
~くて 短くて	짧고 ッチャルッコ	~くないようです 短くないようです	짧지 않은 것 같아요 ッチャルッチ アヌン ゴッ カタヨ
~から 短いから	짧으니까 ッチャルブニッカ	~く 短く	짧게 ッチャルッケ

「短いから」には 짧아서 ッチャルバソ という活用形もあります。

みじめだ　비참하다　ピチャマダ　動形 形動 規則

요体 みじめです	비참해요 ピチャメヨ	~なのに みじめなのに	비참한데 ピチャマンデ
否定 みじめでないです	비참하지 않아요 ピチャマジ アナヨ	~でも みじめでも	비참해도 ピチャメド
過去 みじめでした	비참했어요 ピチャメッソヨ	仮定 みじめであれば	비참하면 ピチャマミョン
過去否定 みじめではなかったです	비참하지 않았어요 ピチャマジ アナッソヨ	~だけれど みじめだけれど	비참하지만 ピチャマジマン
現在連体 みじめな(姿)	비참한 (모습) ピチャマン モスブ	~でしょう みじめでしょう	비참할 거예요 ピチャマル ッコエヨ
過去連体 みじめだった(姿)	비참하던 (모습) ピチャマドン モスブ	~そうです みじめそうです	비참한 것 같아요 ピチャマン ゴッ カタヨ
~で みじめで	비참하고 ピチャマゴ	~ではないようです みじめではないようです	비참하지 않은 것 같아요 ピチャマジ アヌン ゴッ カタヨ
~だから みじめだから	비참하니까 ピチャマニッカ	~に みじめに	비참하게 ピチャマゲ

「みじめだ」には 참담하다 チャムダマダ という語もあります。

みすぼらしい　초라하다　チョラハダ　動形 形動 規則

요体 みすぼらしいです	초라해요 チョラヘヨ	~のに みすぼらしいのに	초라한데 チョラハンデ
否定 みすぼらしくないです	초라하지 않아요 チョラハジ アナヨ	~くても みすぼらしくても	초라해도 チョラヘド
過去 みすぼらしかったです	초라했어요 チョラヘッソヨ	仮定 みすぼらしければ	초라하면 チョラハミョン
過去否定 みすぼらしくなかったです	초라하지 않았어요 チョラハジ アナッソヨ	~けれど みすぼらしいけれど	초라하지만 チョラハジマン
現在連体 みすぼらしい(格好)	초라한 (몰골) チョラハン モルゴル	~でしょう みすぼらしいでしょう	초라할 거예요 チョラハル ッコエヨ
過去連体 みすぼらしかった(格好)	초라하던 (몰골) チョラハドン モルゴル	~ようです みすぼらしいようです	초라한 것 같아요 チョラハン ゴッ カタヨ
~くて みすぼらしくて	초라하고 チョラハゴ	~くないようです みすぼらしくないようです	초라하지 않은 것 같아요 チョラハジ アヌン ゴッ カタヨ
~から みすぼらしいから	초라하니까 チョラハニッカ	~く みすぼらしく	초라하게 チョラハゲ

「(体格が) みすぼらしい」は 빈약하다 ピニャカダ という言い方をします。

みずみずしい 싱싱하다 シンシンハダ 動 形 形動 規則

丁寧体 みずみずしいです	싱싱해요 シンシンヘヨ	~のに みずみずしいのに	싱싱한데 シンシンハンデ
否定 みずみずしくないです	싱싱하지 않아요 シンシンハジ アナヨ	~くても みずみずしくても	싱싱해도 シンシンヘド
過去 みずみずしかったです	싱싱했어요 シンシンヘッソヨ	仮定 みずみずしければ	싱싱하면 シンシンハミョン
過去否定 みずみずしくなかったです	싱싱하지 않았어요 シンシンハジ アナッソヨ	~けれど みずみずしいけれど	싱싱하지만 シンシンハジマン
現在連体 みずみずしい(果物)	싱싱한 (과일) シンシンハン グァイル	~でしょう みずみずしいでしょう	싱싱할 거예요 シンシンハル ッコエヨ
過去連体 みずみずしかった(果物)	싱싱하던 (과일) シンシンハドン グァイル	~ようです みずみずしいようです	싱싱한 것 같아요 シンシンハン ゴッ カタヨ
~くて みずみずしくて	싱싱하고 シンシンハゴ	~くないようです みずみずしくないようです	싱싱하지 않은 것 같아요 シンシンハジ アヌン ゴッ カタヨ
~から みずみずしいから	싱싱하니까 シンシンハニッカ	~く みずみずしく	싱싱하게 シンシンハゲ

「みずみずしい」は 신선하다 シンソナダ とも言います。

見せる 보이다 ポイダ 動 形 形動 規則 基本単語

丁寧体 見せます	보여요 ポヨヨ	~てください 見せてください	보여 주세요 ポヨ ジュセヨ
否定 見せません	보이지 않아요 ポイジ アナヨ	~ないでください 見せないでください	보이지 마세요 ポイジ マセヨ
過去 見せました	보였어요 ポヨッソヨ	仮定 見せれば	보이면 ポイミョン
現在連体 見せる(写真)	보이는 (사진) ポイヌン サジン	~たいです 見せたいです	보이고 싶어요 ポイゴ シポヨ
過去連体 見せた(写真)	보인 (사진) ポイン サジン	~て 見せて	보이고 ポイゴ
未来連体 見せる(写真)	보일 (사진) ポイル ッサジン	~でしょう 見せるでしょう	보일 거예요 ポイル ッコエヨ
~から 見せるから	보이니까 ポイニッカ	~と思います 見せると思います	보일 것 같아요 ポイル ッコッ カタヨ
~けれど 見せるけれど	보이지만 ポイジマン	意志 見せます	보이겠어요 ポイゲッソヨ

ひと言フレーズ ほかの色を見せてください。
다른 색을 보여 주세요. タルン セグル ポヨ ジュセヨ

乱す 흩뜨리다 フットゥリダ

動 形 形動 規則

요体 乱します	흩뜨려요 フットゥリョヨ	~てください 乱してください	흩뜨려 주세요 フットゥリョ ジュセヨ
否定 乱しません	흩뜨리지 않아요 フットゥリジ アナヨ	~ないでください 乱さないでください	흩뜨리지 마세요 フットゥリジ マセヨ
過去 乱しました	흩뜨렸어요 フットゥリョッソヨ	仮定 乱せば	흩뜨리면 フットゥリミョン
現在連体 乱す(列)	흩뜨리는 (줄) フットゥリヌン ジュル	~たいです 乱したいです	흩뜨리고 싶어요 フットゥリゴ シポヨ
過去連体 乱した(列)	흩뜨린 (줄) フットゥリン ジュル	~て 乱して	흩뜨리고 フットゥリゴ
未来連体 乱す(列)	흩뜨릴 (줄) フットゥリル ッチュル	~でしょう 乱すでしょう	흩뜨릴 거예요 フットゥリル ッコエヨ
~から 乱すから	흩뜨리니까 フットゥリニッカ	~と思います 乱すと思います	흩뜨릴 것 같아요 フットゥリル ッコッ カタヨ
~けれど 乱すけれど	흩뜨리지만 フットゥリジマン	意志 乱します	흩뜨리겠어요 フットゥリゲッソヨ

「(秩序を) 乱す」には (질서를) 어지럽히다 (チルッソルル) オジロピダ という表現も使います。

導く 이끌다 イックルダ

動 形 形動 ㄹ脱落

活用に注意！

요体 導きます	이끌어요 イックロヨ	~てください 導いてください	이끌어 주세요 イックロ ジュセヨ
否定 導きません	이끌지 않아요 イックルジ アナヨ	~ないでください 導かないでください	이끌지 마세요 イックルジ マセヨ
過去 導きました	이끌었어요 イックロッソヨ	仮定 導けば	이끌면 イックルミョン
現在連体 導く(人物)	이끄는 (인물) イックヌン ニンムル	~たいです 導きたいです	이끌고 싶어요 イックルゴ シポヨ
過去連体 導いた(人物)	이끈 (인물) イックン ニンムル	~て 導いて	이끌고 イックルゴ
未来連体 導く(人物)	이끌 (인물) イックル リンムル	~でしょう 導くでしょう	이끌 거예요 イックル ッコエヨ
~から 導くから	이끄니까 イックニッカ	~と思います 導くと思います	이끌 것 같아요 イックル ッコッ カタヨ
~けれど 導くけれど	이끌지만 イックルジマン	意志 導きます	이끌겠어요 イックルゲッソヨ

「導く」には 유도하다 ユドハダ という語もあります。

見つかる 발견되다 パルギョンドェダ 動 形 形動 規則

요体 見つかります	발견돼요 パルギョンドェヨ	~てください	
否定 見つかりません	발견되지 않아요 パルギョンドェジ アナヨ	~ないでください 見つからないでください	발견되지 마세요 パルギョンドェジ マセヨ
過去 見つかりました	발견됐어요 パルギョンドェッソヨ	仮定 見つかれば	발견되면 パルギョンドェミョン
現在連体 見つかる(遺物)	발견되는 (유물) パルギョンドェヌン ニュムル	~たいです	
過去連体 見つかった(遺物)	발견된 (유물) パルギョンドェン ニュムル	~て 見つかって	발견되고 パルギョンドェゴ
未来連体 見つかる(遺物)	발견될 (유물) パルギョンドェル リュムル	~でしょう 見つかるでしょう	발견될 거예요 パルギョンドェル ッコエヨ
~から 見つかるから	발견되니까 パルギョンドェニッカ	~と思います 見つかると思います	발견될 것 같아요 パルギョンドェル ッコッ カタヨ
~けれど 見つかるけれど	발견되지만 パルギョンドェジマン	意志	

「見つかる」には 들키다 トゥルキダ という言い方もあります。

見つける 발견하다 パルギョナダ 動 形 形動 規則

요体 見つけます	발견해요 パルギョネヨ	~てください 見つけてください	발견해 주세요 パルギョネ ジュセヨ
否定 見つけません	발견하지 않아요 パルギョナジ アナヨ	~ないでください 見つけないでください	발견하지 마세요 パルギョナジ マセヨ
過去 見つけました	발견했어요 パルギョネッソヨ	仮定 見つければ	발견하면 パルギョナミョン
現在連体 見つける(才能)	발견하는 (재능) パルギョナヌン ジェヌン	~たいです 見つけたいです	발견하고 싶어요 パルギョナゴ シポヨ
過去連体 見つけた(才能)	발견한 (재능) パルギョナン ジェヌン	~て 見つけて	발견하고 パルギョナゴ
未来連体 見つける(才能)	발견할 (재능) パルギョナル ッチェヌン	~でしょう 見つけるでしょう	발견할 거예요 パルギョナル ッコエヨ
~から 見つけるから	발견하니까 パルギョナニッカ	~と思います 見つけると思います	발견할 것 같아요 パルギョナル ッコッ カタヨ
~けれど 見つけるけれど	발견하지만 パルギョナジマン	意志 見つけます	발견하겠어요 パルギョナゲッソヨ

「見つける」は 찾다 チャッタ とも言います。

みっともない　꼴사납다 ッコルサナプタ 動 形 形動 ㅂ不規則

요体 **みっともないです**	꼴사나워요 ッコルサナウォヨ	〜のに **みっともないのに**	꼴사나운데 ッコルサナウンデ
否定 **みっともなくないです**	꼴사납지 않아요 ッコルサナプチ アナヨ	〜くても **みっともなくても**	꼴사나워도 ッコルサナウォド
過去 **みっともなかったです**	꼴사나웠어요 ッコルサナウォッソヨ	仮定 **みっともなければ**	꼴사나우면 ッコルサナウミョン
過去否定 **みっともなくなかったです**	꼴사납지 않았어요 ッコルサナプチ アナッソヨ	〜けれど **みっともないけれど**	꼴사납지만 ッコルサナプチマン
現在連体 **みっともない**(行動)	꼴사나운 (행동) ッコルサナウ ネンドン	〜でしょう **みっともないでしょう**	꼴사나울 거예요 ッコルサナウル ッコエヨ
過去連体 **みっともなかった**(行動)	꼴사납던 (행동) ッコルサナプト ネンドン	〜ようです **みっともないようです**	꼴사나운 것 같아요 ッコルサナウン ゴッ カタヨ
〜くて **みっともなくて**	꼴사납고 ッコルサナプコ	〜くないようです **みっともなくないようです**	꼴사납지 않은 것 같아요 ッコルサナプチ アヌン ゴッ カタヨ
〜から **みっともないから**	꼴사나우니까 ッコルサナウニッカ	〜く **みっともなく**	꼴사납게 ッコルサナプケ

「みっともない」には **꼴불견이다** ッコルブルギョニダ という語もあります。

見つめる　응시하다 ウンシハダ 動 形 形動 規則

요体 **見つめます**	응시해요 ウンシヘヨ	〜てください **見つめてください**	응시해 주세요 ウンシヘ ジュセヨ
否定 **見つめません**	응시하지 않아요 ウンシハジ アナヨ	〜ないでください **見つめないでください**	응시하지 마세요 ウンシハジ マセヨ
過去 **見つめました**	응시했어요 ウンシヘッソヨ	仮定 **見つめれば**	응시하면 ウンシハミョン
現在連体 **見つめる**(瞳)	응시하는 (눈동자) ウンシハヌン ヌットンジャ	〜たいです **見つめたいです**	응시하고 싶어요 ウンシハゴ シポヨ
過去連体 **見つめた**(瞳)	응시한 (눈동자) ウンシハン ヌットンジャ	〜て **見つめて**	응시하고 ウンシハゴ
未来連体 **見つめる**(瞳)	응시할 (눈동자) ウンシハル ルンットンジャ	〜でしょう **見つめるでしょう**	응시할 거예요 ウンシハル ッコエヨ
〜から **見つめるから**	응시하니까 ウンシハニッカ	〜と思います **見つめると思います**	응시할 것 같아요 ウンシハル ッコッ カタヨ
〜けれど **見つめるけれど**	응시하지만 ウンシハジマン	意志 **見つめます**	응시하겠어요 ウンシハゲッソヨ

「見つめる」は **주시하다** チュシハダ とも言います。

認める　인정하다　インジョンハダ

動 形 形動 規則

요体 **認めます**	인정해요 インジョンヘヨ	~てください **認めてください**	인정해 주세요 インジョンヘ ジュセヨ
否定 **認めません**	인정하지 않아요 インジョンハジ アナヨ	~ないでください **認めないでください**	인정하지 마세요 インジョンハジ マセヨ
過去 **認めました**	인정했어요 インジョンヘッソヨ	仮定 **認めれば**	인정하면 インジョンハミョン
現在連体 **認める(才能)**	인정하는 (재능) インジョンハヌン ジェヌン	~たいです **認めたいです**	인정하고 싶어요 インジョンハゴ シポヨ
過去連体 **認めた(才能)**	인정한 (재능) インジョンハン ジェヌン	~て **認めて**	인정하고 インジョンハゴ
未来連体 **認める(才能)**	인정할 (재능) インジョンハル ッチェヌン	~でしょう **認めるでしょう**	인정할 거예요 インジョンハル ッコエヨ
~から **認めるから**	인정하니까 インジョンハニッカ	~と思います **認めると思います**	인정할 것 같아요 インジョンハル ッコッ カタヨ
~けれど **認めるけれど**	인정하지만 インジョンハジマン	意志 **認めます**	인정하겠어요 インジョンハゲッソヨ

🐾 (意志)「認めます」には **인정할래요** インジョンハルレヨ という活用形もあります。

醜い　못나다　モンナダ

動 形 形動 規則

요体 **醜いです**	못나요 モンナヨ	~のに **醜いのに**	못난데 モンナンデ
否定 **醜くないです**	못나지 않아요 モンナジ アナヨ	~くても **醜くても**	못나도 モンナド
過去 **醜かったです**	못났어요 モンナッソヨ	仮定 **醜ければ**	못나면 モンナミョン
過去否定 **醜くなかったです**	못나지 않았어요 モンナジ アナッソヨ	~けれど **醜いけれど**	못나지만 モンナジマン
現在連体 **醜い(顔)**	못난 (얼굴) モンナン ノルグル	~でしょう **醜いでしょう**	못날 거예요 モンナル ッコエヨ
過去連体 **醜かった(顔)**	못나던 (얼굴) モンナドン ノルグル	~ようです **醜いようです**	못난 것 같아요 モンナン ゴッ カタヨ
~くて **醜くて**	못나고 モンナゴ	~くないようです **醜くないようです**	못나지 않은 것 같아요 モンナジ アヌン ゴッ カタヨ
~から **醜いから**	못나니까 モンナニッカ	~く **醜く**	못나게 モンナゲ

🐾 「醜い」には **추하다** チュハダ という語もあります。

見守る 지켜보다 チキョボダ 動 形 形動 規則

活用	韓国語	読み	活用	韓国語	読み
요体 見守ります	지켜봐요	チキョブァヨ	~てください 見守ってください	지켜봐 주세요	チキョブァ ジュセヨ
否定 見守りません	지켜보지 않아요	チキョボジ アナヨ	~ないでください 見守らないでください	지켜보지 마세요	チキョボジ マセヨ
過去 見守りました	지켜봤어요	チキョブァッソヨ	仮定 見守れば	지켜보면	チキョボミョン
現在連体 見守る(成長)	지켜보는 (성장)	チキョボヌン ソンジャン	~たいです 見守りたいです	지켜보고 싶어요	チキョボゴ シポヨ
過去連体 見守った(成長)	지켜본 (성장)	チキョボン ソンジャン	~て 見守って	지켜보고	チキョボゴ
未来連体 見守る(成長)	지켜볼 (성장)	チキョボル ッソンジャン	~でしょう 見守るでしょう	지켜볼 거예요	チキョボル ッコエヨ
~から 見守るから	지켜보니까	チキョボニッカ	~と思います 見守ると思います	지켜볼 것 같아요	チキョボル ッコッ カタヨ
~けれど 見守るけれど	지켜보지만	チキョボジマン	意志 見守ります	지켜보겠어요	チキョボゲッソヨ

「見守る」には **감시하다** カムシハダ という語もあります。

魅力的だ 매력적이다 メリョクチョギダ 指定詞 規則

活用	韓国語	読み	活用	韓国語	読み
요体 魅力的です	매력적이에요	メリョクチョギエヨ	~なのに 魅力的なのに	매력적인데	メリョクチョギンデ
否定 魅力的ではないです	매력적이 아니에요	メリョクチョギ アニエヨ	~でも 魅力的でも	매력적이라도	メリョクチョギラド
過去 魅力的でした	매력적이었어요	メリョクチョギオッソヨ	仮定 魅力的であれば	매력적이면	メリョクチョギミョン
過去否定 魅力的ではなかったです	매력적이 아니었어요	メリョクチョギ アニオッソヨ	~だけれど 魅力的だけれど	매력적이지만	メリョクチョギジマン
現在連体 魅力的な(人)	매력적인 (사람)	メリョクチョギン サラム	~でしょう 魅力的でしょう	매력적일 거예요	メリョクチョギル ッコエヨ
過去連体 魅力的だった(人)	매력적이던 (사람)	メリョクチョギドン サラム	~そうです 魅力的そうです	매력적인 것 같아요	メリョクチョギン ゴッ カタヨ
~で 魅力的で	매력적이고	メリョクチョギゴ	~ではないようです 魅力的ではないようです	매력적이 아닌 것 같아요	メリョクチョギ アニン ゴッ カタヨ
~だから 魅力的だから	매력적이니까	メリョクチョギニッカ	~に 魅力的に	매력적으로	メリョクチョグロ

「魅力的だから」には **매력적이라서** メリョクチョギラソ という活用形もあります。

見る　보다 ポダ

[動][形][形動] 規則　基本単語

요体 見ます	봐요 ブァヨ	～てください 見てください	봐 주세요 ブァ ジュセヨ
否定 見ません	보지 않아요 ポジ アナヨ	～ないでください 見ないでください	보지 마세요 ポジ マセヨ
過去 見ました	봤어요 ブァッソヨ	仮定 見れば	보면 ポミョン
現在連体 見る(映画)	보는 (영화) ポヌン ニョンファ	～たいです 見たいです	보고 싶어요 ポゴ シポヨ
過去連体 見た(映画)	본 (영화) ポン ニョンファ	～て 見て	보고 ポゴ
未来連体 見る(映画)	볼 (영화) ポル リョンファ	～でしょう 見るでしょう	볼 거예요 ポル ッコエヨ
～から 見るから	보니까 ポニッカ	～と思います 見ると思います	볼 것 같아요 ポル ッコッ カタヨ
～けれど 見るけれど	보지만 ポジマン	意志 見ます	보겠어요 ポゲッソヨ

「見てください」は 보세요 ポセヨ とも言います。

見る (夢を)　꾸다 ックダ

[動][形][形動] 規則　基本単語

요体 見ます	꿔요 ックォヨ	～てください 見てください	꿔 주세요 ックォ ジュセヨ
否定 見ません	꾸지 않아요 ックジ アナヨ	～ないでください 見ないでください	꾸지 마세요 ックジ マセヨ
過去 見ました	꿨어요 ックォッソヨ	仮定 見れば	꾸면 ックミョン
現在連体 見る(夢)	꾸는 (꿈) ックヌン ックム	～たいです 見たいです	꾸고 싶어요 ックゴ シポヨ
過去連体 見た(夢)	꾼 (꿈) ックン ックム	～て 見て	꾸고 ックゴ
未来連体 見る(夢)	꿀 (꿈) ックル ックム	～でしょう 見るでしょう	꿀 거예요 ックル ッコエヨ
～から 見るから	꾸니까 ックニッカ	～と思います 見ると思います	꿀 것 같아요 ックル ッコッ カタヨ
～けれど 見るけれど	꾸지만 ックジマン	意志 見ます	꾸겠어요 ックゲッソヨ

ひと言フレーズ　昨日、あなたの夢を見ました。
어제 당신 꿈을 꿨어요. オジェ タンシン ックムル ックォッソヨ

向かう／向ける　향하다　ヒャンハダ　動形形動 規則

요체 向かいます	향해요 ヒャンヘヨ	〜てください 向かってください	향해 주세요 ヒャンヘ ジュセヨ
否定 向かいません	향하지 않아요 ヒャンハジ アナヨ	〜ないでください 向かわないでください	향하지 마세요 ヒャンハジ マセヨ
過去 向かいました	향했어요 ヒャンヘッソヨ	仮定 向かえば	향하면 ヒャンハミョン
現在連体 向かう(現場)	향하는 (현장) ヒャンハヌ ニョンジャン	〜たいです 向かいたいです	향하고 싶어요 ヒャンハゴ シポヨ
過去連体 向かった(現場)	향한 (현장) ヒャンハ ニョンジャン	〜て 向かって	향하고 ヒャンハゴ
未来連体 向かう(現場)	향할 (현장) ヒャンハ リョンジャン	〜でしょう 向かうでしょう	향할 거예요 ヒャンハル ッコエヨ
〜から 向かうから	향하니까 ヒャンハニッカ	〜と思います 向かうと思います	향할 것 같아요 ヒャンハル ッコッ カタヨ
〜けれど 向かうけれど	향하지만 ヒャンハジマン	意志 向かいます	향하겠어요 ヒャンハゲッソヨ

「向かうでしょうか?」は 향할까요? ヒャンハルッカヨ? と言います。

迎える　맞이하다　マジハダ　動形形動 規則

요체 迎えます	맞이해요 マジヘヨ	〜てください 迎えてください	맞이해 주세요 マジヘ ジュセヨ
否定 迎えません	맞이하지 않아요 マジハジ アナヨ	〜ないでください 迎えないでください	맞이하지 마세요 マジハジ マセヨ
過去 迎えました	맞이했어요 マジヘッソヨ	仮定 迎えれば	맞이하면 マジハミョン
現在連体 迎える(嫁)	맞이하는 (며느리) マジハヌン ミョヌリ	〜たいです 迎えたいです	맞이하고 싶어요 マジハゴ シポヨ
過去連体 迎えた(嫁)	맞이한 (며느리) マジハン ミョヌリ	〜て 迎えて	맞이하고 マジハゴ
未来連体 迎える(嫁)	맞이할 (며느리) マジハル ミョヌリ	〜でしょう 迎えるでしょう	맞이할 거예요 マジハル ッコエヨ
〜から 迎えるから	맞이하니까 マジハニッカ	〜と思います 迎えると思います	맞이할 것 같아요 マジハル ッコッ カタヨ
〜けれど 迎えるけれど	맞이하지만 マジハジマン	意志 迎えます	맞이하겠어요 マジハゲッソヨ

「迎える」は 맞다 マッタ とも言います。

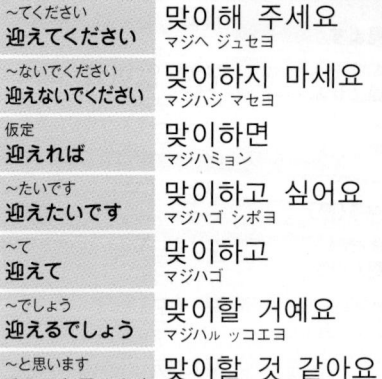

むかつく 짜증나다 ッチャジュンナダ

動 形 形動 規則

요体 **むかつきます**	짜증나요 ッチャジュンナヨ	~てください	
否定 **むかつきません**	짜증나지 않아요 ッチャジュンナジ アナヨ	~ないでください	
過去 **むかつきました**	짜증났어요 ッチャジュンナッソヨ	仮定 **むかつけば**	짜증나면 ッチャジュンナミョン
現在連体 **むかつく(言葉)**	짜증나는 (말) ッチャジュンナヌン マル	~たいです	
過去連体 **むかついた(言葉)**	짜증난 (말) ッチャジュンナン マル	~て **むかついて**	짜증나고 ッチャジュンナゴ
未来連体 **むかつく(言葉)**	짜증날 (말) ッチャジュンナル マル	~でしょう **むかつくでしょう**	짜증날 거예요 ッチャジュンナル ッコエヨ
~から **むかつくから**	짜증나니까 ッチャジュンナニッカ	~と思います **むかつくと思います**	짜증날 것 같아요 ッチャジュンナル ッコッ カタヨ
~けれど **むかつくけれど**	짜증나지만 ッチャジュンナジマン	意志	

「吐き気がする」の意味では **메스껍다** メスッコプタ を使います。

むごい 잔혹하다 チャノカダ

動 形 形動 規則

요体 **むごいです**	잔혹해요 チャノケヨ	~のに **むごいのに**	잔혹한데 チャノカンデ
否定 **むごくないです**	잔혹하지 않아요 チャノカジ アナヨ	~くても **むごくても**	잔혹해도 チャノケド
過去 **むごかったです**	잔혹했어요 チャノケッソヨ	仮定 **むごければ**	잔혹하면 チャノカミョン
過去否定 **むごくなかったです**	잔혹하지 않았어요 チャノカジ アナッソヨ	~けれど **むごいけれど**	잔혹하지만 チャノカジマン
現在連体 **むごい(仕打ち)**	잔혹한 (처사) チャノカン チョサ	~でしょう **むごいでしょう**	잔혹할 거예요 チャノカル ッコエヨ
過去連体 **むごかった(仕打ち)**	잔혹하던 (처사) チャノカドン チョサ	~ようです **むごいようです**	잔혹한 것 같아요 チャノカン ゴッ カタヨ
~くて **むごくて**	잔혹하고 チャノカゴ	~くないようです **むごくないようです**	잔혹하지 않은 것 같아요 チャノカジ アヌン ゴッ カタヨ
~から **むごいから**	잔혹하니까 チャノカニッカ	~く **むごく**	잔혹하게 チャノカゲ

「むごい」には **애처롭다** エチョロプタ という語もあります。

蒸し暑い 무덥다 ムドプタ

[動 形 形動 ㅂ不規則] 活用に注意！

요体 蒸し暑いです	무더워요 ムドウォヨ	~のに 蒸し暑いのに	무더운데 ムドウンデ
否定 蒸し暑くないです	무덥지 않아요 ムドプチ アナヨ	~くても 蒸し暑くても	무더워도 ムドウォド
過去 蒸し暑かったです	무더웠어요 ムドウォッソヨ	仮定 蒸し暑ければ	무더우면 ムドウミョン
過去否定 蒸し暑くなかったです	무덥지 않았어요 ムドプチ アナッソヨ	~けれど 蒸し暑いけれど	무덥지만 ムドプチマン
現在連体 蒸し暑い(日)	무더운 (날) ムドウン ナル	~でしょう 蒸し暑いでしょう	무더울 거예요 ムドウル ッコエヨ
過去連体 蒸し暑かった(日)	무더던 (날) ムドプトン ナル	~ようです 蒸し暑いようです	무더운 것 같아요 ムドウン ゴッ カタヨ
~くて 蒸し暑くて	무덥고 ムドプコ	~くないようです 蒸し暑くないようです	무덥지 않은 것 같아요 ムドプチ アヌン ゴッ カタヨ
~から 蒸し暑いから	무더우니까 ムドウニッカ	~く 蒸し暑く	무덥게 ムドプケ

🐾 「蒸し暑い」は 찌다 ッチダ とも言います。

無視する 무시하다 ムシハダ

[動 形 形動 規則]

요体 無視します	무시해요 ムシヘヨ	~てください 無視してください	무시해 주세요 ムシヘ ジュセヨ
否定 無視しません	무시하지 않아요 ムシハジ アナヨ	~ないでください 無視しないでください	무시하지 마세요 ムシハジ マセヨ
過去 無視しました	무시했어요 ムシヘッソヨ	仮定 無視すれば	무시하면 ムシハミョン
現在連体 無視する(忠告)	무시하는 (충고) ムシハヌン チュンゴ	~たいです 無視したいです	무시하고 싶어요 ムシハゴ シポヨ
過去連体 無視した(忠告)	무시한 (충고) ムシハン チュンゴ	~て 無視して	무시하고 ムシハゴ
未来連体 無視する(忠告)	무시할 (충고) ムシハル チュンゴ	~でしょう 無視するでしょう	무시할 거예요 ムシハル ッコエヨ
~から 無視するから	무시하니까 ムシハニッカ	~と思います 無視すると思います	무시할 것 같아요 ムシハル ッコッ カタヨ
~けれど 無視するけれど	무시하지만 ムシハジマン	意志 無視します	무시하겠어요 ムシハゲッソヨ

🐾 「無視してください」は 무시하세요 ムシハセヨ とも言います。

無邪気だ 천진하다 チョンジナダ

動 形 形動 規則

요体 無邪気です	천진해요 チョンジネヨ	~なのに 無邪気なのに	천진한데 チョンジナンデ
否定 無邪気ではないです	천진하지 않아요 チョンジナジ アナヨ	~でも 無邪気でも	천진해도 チョンジネド
過去 無邪気でした	천진했어요 チョンジネッソヨ	仮定 無邪気であれば	천진하면 チョンジナミョン
過去否定 無邪気ではなかったです	천진하지 않았어요 チョンジナジ アナッソヨ	~だけれど 無邪気だけれど	천진하지만 チョンジナジマン
現在連体 無邪気な(人)	천진한 (사람) チョンジナン サラム	~でしょう 無邪気でしょう	천진할 거예요 チョンジナル ッコエヨ
過去連体 無邪気だった(人)	천진하던 (사람) チョンジナドン サラム	~そうです 無邪気そうです	천진한 것 같아요 チョンジナン ゴッ カタヨ
~で 無邪気で	천진하고 チョンジナゴ	~ではないようです 無邪気ではないようです	천진하지 않은 것 같아요 チョンジナジ アヌン ゴッ カタヨ
~だから 無邪気だから	천진하니까 チョンジナニッカ	~に 無邪気に	천진하게 チョンジナゲ

「無邪気だ」は 순진하다 スンジナダ とも言います。

蒸す 찌다 ッチダ

動 形 形動 規則

요体 蒸します	쪄요 ッチョヨ	~てください 蒸してください	쪄 주세요 ッチョ ジュセヨ
否定 蒸しません	찌지 않아요 ッチジ アナヨ	~ないでください 蒸さないでください	찌지 마세요 ッチジ マセヨ
過去 蒸しました	쪘어요 ッチョッソヨ	仮定 蒸せば	찌면 ッチミョン
現在連体 蒸す(じゃがいも)	찌는 (감자) ッチヌン ガムジャ	~たいです 蒸したいです	찌고 싶어요 ッチゴ シポヨ
過去連体 蒸した(じゃがいも)	찐 (감자) ッチン ガムジャ	~て 蒸して	찌고 ッチゴ
未来連体 蒸す(じゃがいも)	찔 (감자) ッチル ッカムジャ	~でしょう 蒸すでしょう	찔 거예요 ッチル ッコエヨ
~から 蒸すから	찌니까 ッチニッカ	~と思います 蒸すと思います	찔 것 같아요 ッチル ッコッ カタヨ
~けれど 蒸すけれど	찌지만 ッチジマン	意志 蒸します	찌겠어요 ッチゲッソヨ

「蒸すから」には 쪄서 ッチョソ という活用形もあります。

難しい　어렵다 オリョプタ　動 形 形動 ㅂ不規則　基本単語

요体 難しいです	어려워요 オリョウォヨ	~のに 難しいのに	어려운데 オリョウンデ
否定 難しくないです	어렵지 않아요 オリョプチ アナヨ	~くても 難しくても	어려워도 オリョウォド
過去 難しかったです	어려웠어요 オリョウォッソヨ	仮定 難しければ	어려우면 オリョウミョン
過去否定 難しくなかったです	어렵지 않았어요 オリョプチ アナッソヨ	~けれど 難しいけれど	어렵지만 オリョプチマン
現在連体 難しい(問題)	어려운 (문제) オリョウン ムンジェ	~でしょう 難しいでしょう	어려울 거예요 オリョウル ッコエヨ
過去連体 難しかった(問題)	어렵던 (문제) オリョプトン ムンジェ	~ようです 難しいようです	어려운 것 같아요 オリョウン ゴッ カタヨ
~くて 難しくて	어렵고 オリョプコ	~くないようです 難しくないようです	어렵지 않은 것 같아요 オリョプチ アヌン ゴッ カタヨ
~から 難しいから	어려우니까 オリョウニッカ	~く 難しく	어렵게 オリョプケ

「難しくありません」は 안 어려워요 アノリョウォヨ とも言います。

結ぶ　맺다 メッタ　動 形 形動 規則

요体 結びます	맺어요 メジョヨ	~てください 結んでください	맺어 주세요 メジョ ジュセヨ
否定 結びません	맺지 않아요 メッチ アナヨ	~ないでください 結ばないでください	맺지 마세요 メッチ マセヨ
過去 結びました	맺었어요 メジョッソヨ	仮定 結べば	맺으면 メジュミョン
現在連体 結ぶ(リボン)	맺는 (리본) メンヌン リボン	~たいです 結びたいです	맺고 싶어요 メッコ シポヨ
過去連体 結んだ(リボン)	맺은 (리본) メジュン リボン	~て 結んで	맺고 メッコ
未来連体 結ぶ(リボン)	맺을 (리본) メジュル リボン	~でしょう 結ぶでしょう	맺을 거예요 メジュル ッコエヨ
~から 結ぶから	맺으니까 メジュニッカ	~と思います 結ぶと思います	맺을 것 같아요 メジュル ッコッ カタヨ
~けれど 結ぶけれど	맺지만 メッチマン	意志 結びます	맺겠어요 メッケッソヨ

「(ネクタイを)結ぶ」には 매다 メダ という語を使います。

無駄だ　소용없다　ソヨンオプタ

存在詞　規則

立体 無駄です	소용없어요 ソヨンオプソヨ	~なのに 無駄なのに	소용없는데 ソヨンオムヌンデ
否定 無駄ではないです	소용없지 않아요 ソヨンオプチ アナヨ	~でも 無駄でも	소용없어도 ソヨンオプソド
過去 無駄でした	소용없었어요 ソヨンオプソッソヨ	仮定 無駄ならば	소용없으면 ソヨンオプスミョン
過去否定 無駄ではなかったです	소용없지 않았어요 ソヨンオプチ アナッソヨ	~だけれど 無駄だけれど	소용없지만 ソヨンオプチマン
現在連体 無駄な(物)	소용없는 (물건) ソヨンオムヌン ムルゴン	~でしょう 無駄でしょう	소용없을 거예요 ソヨンオプスル ッコエヨ
過去連体 無駄だった(物)	소용없던 (물건) ソヨンオプトン ムルゴン	~そうです 無駄そうです	소용없는 것 같아요 ソヨンオムヌン ゴッ カタヨ
~で 無駄で	소용없고 ソヨンオプコ	~ではないようです 無駄ではないようです	소용없지 않은 것 같아요 ソヨンオプチ アヌン ゴッ カタヨ
~だから 無駄だから	소용없으니까 ソヨンオプスニッカ	~に 無駄に	소용없게 ソヨンオプケ

「無駄だ」は 쓸데없다 ッスルッテオプタ とも言います。

無茶だ　당치않다　タンチアンタ

動形　形動　規則

立体 無茶です	당치않아요 タンチアナヨ	~なのに 無茶なのに	당치않은데 タンチアヌンデ
否定	————	~でも 無茶でも	당치않아도 タンチアナド
過去 無茶でした	당치않았어요 タンチアナッソヨ	仮定 無茶であれば	당치않으면 タンチアヌミョン
過去否定	————	~だけれど 無茶だけれど	당치않지만 タンチアンチマン
現在連体 無茶な(要求)	당치않은 (요구) タンチアヌン ニョグ	~でしょう 無茶でしょう	당치않을 거예요 タンチアヌル ッコエヨ
過去連体 無茶だった(要求)	당치않던 (요구) タンチアントン ニョグ	~そうです 無茶そうです	당치않은 것 같아요 タンチアヌン ゴッ カタヨ
~で 無茶で	당치않고 タンチアンコ	~ではないようです	————
~だから 無茶だから	당치않으니까 タンチアヌニッカ	~に 無茶に	당치않게 タンチアンケ

「無茶だ」には 터무니없다 トムニオプタ という言い方もあります。

夢中になる　열중하다　ヨルッチュンハダ　動 形 形動 規則

요体 夢中になります	열중해요 ヨルッチュンヘヨ	~てください 夢中になってください	열중해 주세요 ヨルッチュンヘ ジュセヨ
否定 夢中になりません	열중하지 않아요 ヨルッチュンハジ アナヨ	~ないでください 夢中にならないでください	열중하지 마세요 ヨルッチュンハジ マセヨ
過去 夢中になりました	열중했어요 ヨルッチュンヘッソヨ	仮定 夢中になれば	열중하면 ヨルッチュンハミョン
現在連体 夢中になる(こと)	열중하는 (것) ヨルッチュンハヌン ゴッ	~たいです 夢中になりたいです	열중하고 싶어요 ヨルッチュンハゴ シポヨ
過去連体 夢中になった(こと)	열중한 (것) ヨルッチュンハン ゴッ	~て 夢中になって	열중하고 ヨルッチュンハゴ
未来連体 夢中になる(こと)	열중할 (것) ヨルッチュンハル ッコッ	~でしょう 夢中になるでしょう	열중할 거예요 ヨルッチュンハル ッコエヨ
~から 夢中になるから	열중하니까 ヨルッチュンハニッカ	~と思います 夢中になると思います	열중할 것 같아요 ヨルッチュンハル ッコッ カタヨ
~けれど 夢中になるけれど	열중하지만 ヨルッチュンハジマン	意志 夢中になります	열중하겠어요 ヨルッチュンハゲッソヨ

ひと言フレーズ　ひたすら仕事に夢中でした。
오로지 일에 열중했어요. オロジ イレ ヨルッチュンヘッソヨ

むなしい　허무하다　ホムハダ　動 形 形動 規則

요体 むなしいです	허무해요 ホムヘヨ	~のに むなしいのに	허무한데 ホムハンデ
否定 むなしくないです	허무하지 않아요 ホムハジ アナヨ	~くても むなしくても	허무해도 ホムヘド
過去 むなしかったです	허무했어요 ホムヘッソヨ	仮定 むなしければ	허무하면 ホムハミョン
過去否定 むなしくなかったです	허무하지 않았어요 ホムハジ アナッソヨ	~けれど むなしいけれど	허무하지만 ホムハジマン
現在連体 むなしい(気持ち)	허무한 (마음) ホムハン マウム	~でしょう むなしいでしょう	허무할 거예요 ホムハル ッコエヨ
過去連体 むなしかった(気持ち)	허무하던 (마음) ホムハドン マウム	~ようです むなしいようです	허무한 것 같아요 ホムハン ゴッ カタヨ
~くて むなしくて	허무하고 ホムハゴ	~くないようです むなしくないようです	허무하지 않은 것 같아요 ホムハジ アヌン ゴッ カタヨ
~から むなしいから	허무하니까 ホムハニッカ	~く むなしく	허무하게 ホムハゲ

「むなしい」には 보람 없다 ポラム オプタ という言い方もあります。

無理だ 무리이다 ムリイダ

指定詞　規則

요体 / 無理です	무리예요	ムリエヨ
否定 / 無理ではないです	무리가 아니에요	ムリガ アニエヨ
過去 / 無理でした	무리였어요	ムリヨッソヨ
過去否定 / 無理ではなかったです	무리가 아니었어요	ムリガ アニオッソヨ
現在連体 / 無理な（頼み）	무리인 (부탁)	ムリイン ブタク
過去連体 / 無理だった（頼み）	무리이던 (부탁)	ムリイドン ブタク
〜で / 無理で	무리이고	ムリイゴ
〜だから / 無理だから	무리이니까	ムリイニッカ
〜なのに / 無理なのに	무리인데	ムリインデ
〜でも / 無理でも	무리이라도	ムリイラド
仮定 / 無理ならば	무리이면	ムリイミョン
〜だけれど / 無理だけれど	무리이지만	ムリイジマン
〜でしょう / 無理でしょう	무리일 거예요	ムリイル ッコエヨ
〜そうです / 無理そうです	무리인 것 같아요	ムリイン ゴッ カタヨ
〜ではないようです / 無理ではないようです	무리가 아닌 것 같아요	ムリガ アニン ゴッ カタヨ
〜に / 無理に	무리이로	ムリイロ

「無理しないでください」は 무리하지 마세요 ムリハジ マセヨ と言います。

明確だ 명확하다 ミョンファカダ

動形 形動　規則

요体 / 明確です	명확해요	ミョンファケヨ
否定 / 明確ではないです	명확하지 않아요	ミョンファカジ アナヨ
過去 / 明確でした	명확했어요	ミョンファケッソヨ
過去否定 / 明確ではなかったです	명확하지 않았어요	ミョンファカジ アナッソヨ
現在連体 / 明確な（証拠）	명확한 (증거)	ミョンファカン ジュンゴ
過去連体 / 明確だった（証拠）	명확하던 (증거)	ミョンファカドン ジュンゴ
〜で / 明確で	명확하고	ミョンファカゴ
〜だから / 明確だから	명확하니까	ミョンファカニッカ
〜なのに / 明確なのに	명확한데	ミョンファカンデ
〜でも / 明確でも	명확해도	ミョンファケド
仮定 / 明確であれば	명확하면	ミョンファカミョン
〜だけれど / 明確だけれど	명확하지만	ミョンファカジマン
〜でしょう / 明確でしょう	명확할 거예요	ミョンファカル ッコエヨ
〜そうです / 明確そうです	명확한 것 같아요	ミョンファカン ゴッ カタヨ
〜ではないようです / 明確ではないようです	명확하지 않은 것 같아요	ミョンファカジ アヌン ゴッ カタヨ
〜に / 明確に	명확하게	ミョンファカゲ

「明確でも」には 명확하더라도 ミョンファカドラド という活用形もあります。

命じる　명하다　ミョンハダ

動 形 形動 規則

요体 **命じます**	명해요 ミョンヘヨ	~てください **命じてください**	명해 주세요 ミョンヘ ジュセヨ
否定 **命じません**	명하지 않아요 ミョンハジ アナヨ	~ないでください **命じないでください**	명하지 마세요 ミョンハジ マセヨ
過去 **命じました**	명했어요 ミョンヘッソヨ	仮定 **命じれば**	명하면 ミョンハミョン
現在連体 **命じる(人)**	명하는 (사람) ミョンハヌン サラム	~たいです **命じたいです**	명하고 싶어요 ミョンハゴ シポヨ
過去連体 **命じた(人)**	명한 (사람) ミョンハン サラム	~て **命じて**	명하고 ミョンハゴ
未来連体 **命じる(人)**	명할 (사람) ミョンハル ッサラム	~でしょう **命じるでしょう**	명할 거예요 ミョンハル ッコエヨ
~から **命じるから**	명하니까 ミョンハニッカ	~と思います **命じると思います**	명할 것 같아요 ミョンハル ッコッ カタヨ
~けれど **命じるけれど**	명하지만 ミョンハジマン	意志 **命じます**	명하겠어요 ミョンハゲッソヨ

「命じる」には **명령하다** ミョンニョンハダ という言い方もあります。

迷惑だ　성가시다　ソンガシダ

動 形 形動 規則

요体 **迷惑です**	성가셔요 ソンガショヨ	~なのに **迷惑なのに**	성가신데 ソンガシンデ
否定 **迷惑ではないです**	성가시지 않아요 ソンガシジ アナヨ	~でも **迷惑でも**	성가셔도 ソンガショド
過去 **迷惑でした**	성가셨어요 ソンガショッソヨ	仮定 **迷惑であれば**	성가시면 ソンガシミョン
過去否定 **迷惑ではなかったです**	성가시지 않았어요 ソンガシジ アナッソヨ	~だけれど **迷惑だけれど**	성가시지만 ソンガシジマン
現在連体 **迷惑な(こと)**	성가신 (일) ソンガシン ニル	~でしょう **迷惑でしょう**	성가실 거예요 ソンガシル ッコエヨ
過去連体 **迷惑だった(こと)**	성가시던 (일) ソンガシドン ニル	~そうです **迷惑そうです**	성가신 것 같아요 ソンガシン ゴッ カタヨ
~で **迷惑で**	성가시고 ソンガシゴ	~ではないようです **迷惑ではないようです**	성가시지 않은 것 같아요 ソンガシジ アヌン ゴッ カタヨ
~だから **迷惑だから**	성가시니까 ソンガシニッカ	~に **迷惑に**	성가시게 ソンガシゲ

「迷惑だ」には **귀찮다** クィチャンタ という言い方もあります。

目指す　지향하다　チヒャンハダ

動 形 形動 規則

요体 目指します	지향해요	チヒャンヘヨ
否定 目指しません	지향하지 않아요	チヒャンハジ アナヨ
過去 目指しました	지향했어요	チヒャンヘッソヨ
現在連体 目指す（大学）	지향하는 （대학）	チヒャンハヌン デハク
過去連体 目指した（大学）	지향한 （대학）	チヒャンハン デハク
未来連体 目指す（大学）	지향할 （대학）	チヒャンハル ッテハク
～から 目指すから	지향하니까	チヒャンハニッカ
～けれど 目指すけれど	지향하지만	チヒャンハジマン
～てください 目指してください	지향해 주세요	チヒャンヘ ジュセヨ
～ないでください 目指さないでください	지향하지 마세요	チヒャンハジ マセヨ
仮定 目指せば	지향하면	チヒャンハミョン
～たいです 目指したいです	지향하고 싶어요	チヒャンハゴ シポヨ
～て 目指して	지향하고	チヒャンハゴ
～でしょう 目指すでしょう	지향할 거예요	チヒャンハル ッコエヨ
～と思います 目指すと思います	지향할 것 같아요	チヒャンハル ッコッ カタヨ
意志 目指します	지향하겠어요	チヒャンハゲッソヨ

🐾 「目指す」には **노리다** ノリダ という言い方もあります。

珍しい　신기하다　シンギハダ

動 形 形動 規則

요体 珍しいです	신기해요	シンギヘヨ
否定 珍しくないです	신기하지 않아요	シンギハジ アナヨ
過去 珍しかったです	신기했어요	シンギヘッソヨ
過去否定 珍しくなかったです	신기하지 않았어요	シンギハジ アナッソヨ
現在連体 珍しい（物）	신기한 （물건）	シンギハン ムルゴン
過去連体 珍しかった（物）	신기하던 （물건）	シンギハドン ムルゴン
～くて 珍しくて	신기하고	シンギハゴ
～から 珍しいから	신기하니까	シンギハニッカ
～のに 珍しいのに	신기한데	シンギハンデ
～くても 珍しくても	신기해도	シンギヘド
仮定 珍しければ	신기하면	シンギハミョン
～けれど 珍しいけれど	신기하지만	シンギハジマン
～でしょう 珍しいでしょう	신기할 거예요	シンギハル ッコエヨ
～ようです 珍しいようです	신기한 것 같아요	シンギハン ゴッ カタヨ
～くないようです 珍しくないようです	신기하지 않은 것 같아요	シンギハジ アヌン ゴッ カタヨ
～く 珍しく	신기하게	シンギハゲ

🐾 「珍しい」には **드물다** トゥムルダ という言い方もあります。

目立つ 두드러지다 トゥドゥロジダ

`動` `形` `形動` `規則`

活用	韓国語	読み	活用	韓国語	読み
요체 目立ちます	두드러져요	トゥドゥロジョヨ	~のに 目立つのに	두드러진데	トゥドゥロジンデ
否定 目立たないです	두드러지지 않아요	トゥドゥロジジ アナヨ	~くても 目立っても	두드러져도	トゥドゥロジョド
過去 目立ちました	두드러졌어요	トゥドゥロジョッソヨ	仮定 目立てば	두드러지면	トゥドゥロジミョン
過去否定 目立たなかったです	두드러지지 않았어요	トゥドゥロジジ アナッソヨ	~けれど 目立つけれど	두드러지지만	トゥドゥロジジマン
現在連体 目立つ(現象)	두드러진 (현상)	トゥドゥロジン ニョンサン	~でしょう 目立つでしょう	두드러질 거예요	トゥドゥロジル ッコエヨ
過去連体 目立った(現象)	두드러지던 (현상)	トゥドゥロジドン ニョンサン	~ようです 目立つようです	두드러진 것 같아요	トゥドゥロジン ゴッ カタヨ
~くて 目立って	두드러지고	トゥドゥロジゴ	~くないようです 目立たないようです	두드러지지 않은 것 같아요	トゥドゥロジジ アヌン ゴッ カタヨ
~から 目立つから	두드러지니까	トゥドゥロジニッカ	~く 目立つように	두드러지게	トゥドゥロジゲ

두드러지다 は形容詞です。「目立つ」は 눈에 띄다 ヌネ ットゥイダ とも言います。

めちゃくちゃだ 엉망이다 オンマンイダ

`指定詞` `規則`

活用	韓国語	読み	活用	韓国語	読み
요체 めちゃくちゃです	엉망이에요	オンマンイエヨ	~なのに めちゃくちゃなのに	엉망인데	オンマンインデ
否定 めちゃくちゃではないです	엉망이 아니에요	オンマンイ アニエヨ	~でも めちゃくちゃでも	엉망이라도	オンマンイラド
過去 めちゃくちゃでした	엉망이었어요	オンマンイオッソヨ	仮定 めちゃくちゃであれば	엉망이면	オンマンイミョン
過去否定 めちゃくちゃではなかったです	엉망이 아니었어요	オンマンイ アニオッソヨ	~だけれど めちゃくちゃだけれど	엉망이지만	オンマンイジマン
現在連体 めちゃくちゃな(計画)	엉망인 (계획)	オンマンイン ゲフェク	~でしょう めちゃくちゃでしょう	엉망일 거예요	オンマンイル ッコエヨ
過去連体 めちゃくちゃだった(計画)	엉망이던 (계획)	オンマンイドン ゲフェク	~そうです めちゃくちゃそうです	엉망인 것 같아요	オンマンイン ゴッ カタヨ
~で めちゃくちゃで	엉망이고	オンマンイゴ	~ではないようです めちゃくちゃではないようです	엉망이 아닌 것 같아요	オンマンイ アニン ゴッ カタヨ
~だから めちゃくちゃだから	엉망이니까	オンマンイニッカ	~に めちゃくちゃに	엉망으로	オンマヌロ

「めちゃくちゃだ」は 형편없다 ヒョンピョノプタ とも言います。

女々しい　연약하다 ヨニャカダ

動 形 形動 規則

요体 女々しいです	연약해요 ヨニャケヨ	~のに 女々しいのに	연약한데 ヨニャカンデ
否定 女々しくないです	연약하지 않아요 ヨニャカジ アナヨ	~くても 女々しくても	연약해도 ヨニャケド
過去 女々しかったです	연약했어요 ヨニャケッソヨ	仮定 女々しければ	연약하면 ヨニャカミョン
過去否定 女々しくなかったです	연약하지 않았어요 ヨニャカジ アナッソヨ	~けれど 女々しいけれど	연약하지만 ヨニャカジマン
現在連体 女々しい(性格)	연약한 (성격) ヨニャカン ソンッキョク	~でしょう 女々しいでしょう	연약할 거예요 ヨニャカル ッコエヨ
過去連体 女々しかった(性格)	연약하던 (성격) ヨニャカドン ソンッキョク	~ようです 女々しいようです	연약한 것 같아요 ヨニャカン ゴッ カタヨ
~くて 女々しくて	연약하고 ヨニャカゴ	~くないようです 女々しくないようです	연약하지 않은 것 같아요 ヨニャカジ アヌン ゴッ カタヨ
~から 女々しいから	연약하니까 ヨニャカニッカ	~く 女々しく	연약하게 ヨニャケ

「女々しいから」には **연약해서** ヨニャケソ という活用形もあります。

面倒だ　귀찮다 クィチャンタ

動 形 形動 規則

요体 面倒です	귀찮아요 クィチャナヨ	~なのに 面倒なのに	귀찮은데 クィチャヌンデ
否定 面倒ではないです	귀찮지 않아요 クィチャンチ アナヨ	~でも 面倒でも	귀찮아도 クィチャナド
過去 面倒でした	귀찮았어요 クィチャナッソヨ	仮定 面倒であれば	귀찮으면 クィチャヌミョン
過去否定 面倒ではなかったです	귀찮지 않았어요 クィチャンチ アナッソヨ	~だけれど 面倒だけれど	귀찮지만 クィチャンチマン
現在連体 面倒な(仕事)	귀찮은 (일) クィチャヌン ニル	~でしょう 面倒でしょう	귀찮을 거예요 クィチャヌル ッコエヨ
過去連体 面倒だった(仕事)	귀찮던 (일) クィチャントン ニル	~そうです 面倒そうです	귀찮은 것 같아요 クィチャヌン ゴッ カタヨ
~で 面倒で	귀찮고 クィチャンコ	~ではないようです 面倒ではないようです	귀찮지 않은 것 같아요 クィチャンチ アヌン ゴッ カタヨ
~だから 面倒だから	귀찮으니까 クィチャヌニッカ	~に 面倒に	귀찮게 クィチャンケ

「面倒だ」は **번거롭다** ポンゴロプタ とも言います。

儲ける　벌다　ポルダ

活用に注意！
動 形 形動 ㄹ脱落

요体 儲けます	벌어요 ポロヨ	～てください 儲けてください	벌어 주세요 ポロ ジュセヨ
否定 儲けません	벌지 않아요 ポルジ アナヨ	～ないでください 儲けないでください	벌지 마세요 ポルジ マセヨ
過去 儲けました	벌었어요 ポロッソヨ	仮定 儲ければ	벌면 ポルミョン
現在連体 儲ける(人)	버는 (사람) ポヌン サラム	～たいです 儲けたいです	벌고 싶어요 ポルゴ シポヨ
過去連体 儲けた(人)	번 (사람) ポン サラム	～て 儲けて	벌고 ポルゴ
未来連体 儲ける(人)	벌 (사람) ポル ッサラム	～でしょう 儲けるでしょう	벌 거예요 ポル ッコエヨ
～から 儲けるから	버니까 ポニッカ	～と思います 儲けると思います	벌 것 같아요 ポル ッコッ カタヨ
～けれど 儲けるけれど	벌지만 ポルジマン	意志 儲けます	벌겠어요 ポルゲッソヨ

「儲けて」には 벌어서 ポロソ という活用形もあります。

申し込む　신청하다　シンチョンハダ

動 形 形動 規則

요体 申し込みます	신청해요 シンチョンヘヨ	～てください 申し込んでください	신청해 주세요 シンチョンヘ ジュセヨ
否定 申し込みません	신청하지 않아요 シンチョンハジ アナヨ	～ないでください 申し込まないでください	신청하지 마세요 シンチョンハジ マセヨ
過去 申し込みました	신청했어요 シンチョンヘッソヨ	仮定 申し込めば	신청하면 シンチョンハミョン
現在連体 申し込む(人)	신청하는 (사람) シンチョンハヌン サラム	～たいです 申し込みたいです	신청하고 싶어요 シンチョンハゴ シポヨ
過去連体 申し込んだ(人)	신청한 (사람) シンチョンハン サラム	～て 申し込んで	신청하고 シンチョンハゴ
未来連体 申し込む(人)	신청할 (사람) シンチョンハル ッサラム	～でしょう 申し込むでしょう	신청할 거예요 シンチョンハル ッコエヨ
～から 申し込むから	신청하니까 シンチョンハニッカ	～と思います 申し込むと思います	신청할 것 같아요 シンチョンハル ッコッ カタヨ
～けれど 申し込むけれど	신청하지만 シンチョンハジマン	意志 申し込みます	신청하겠어요 シンチョンハゲッソヨ

「申請する」も 신청하다 と言います。

猛烈だ　맹렬하다　メンニョラダ

動 形 形動 規則

요체 猛烈です	맹렬해요 メンニョレヨ	~なのに 猛烈なのに	맹렬한데 メンニョランデ
否定 猛烈ではないです	맹렬하지 않아요 メンニョラジ アナヨ	~でも 猛烈でも	맹렬해도 メンニョレド
過去 猛烈でした	맹렬했어요 メンニョレッソヨ	仮定 猛烈であれば	맹렬하면 メンニョラミョン
過去否定 猛烈ではなかったです	맹렬하지 않았어요 メンニョラジ アナッソヨ	~だけれど 猛烈だけれど	맹렬하지만 メンニョラジマン
現在連体 猛烈な(風)	맹렬한 (바람) メンニョラン バラム	~でしょう 猛烈でしょう	맹렬할 거예요 メンニョラル ッコエヨ
過去連体 猛烈だった(風)	맹렬하던 (바람) メンニョラドン バラム	~そうです 猛烈そうです	맹렬한 것 같아요 メンニョラン ゴッ カタヨ
~で 猛烈で	맹렬하고 メンニョラゴ	~ではないようです 猛烈ではないようです	맹렬하지 않은 것 같아요 メンニョラジ アヌン ゴッ カタヨ
~だから 猛烈だから	맹렬하니까 メンニョラニッカ	~に 猛烈に	맹렬하게 メンニョラゲ

「猛烈だ」には 굉장하다 クェンジャンハダ という語もあります。

燃える　타다　タダ

動 形 形動 規則

요체 燃えます	타요 タヨ	~てください 燃えてください	타 주세요 タ ジュセヨ
否定 燃えません	타지 않아요 タジ アナヨ	~ないでください 燃えないでください	타지 마세요 タジ マセヨ
過去 燃えました	탔어요 タッソヨ	仮定 燃えれば	타면 タミョン
現在連体 燃える(薪)	타는 (장작) タヌン ジャンジャク	~たいです 燃えたいです	타고 싶어요 タゴ シポヨ
過去連体 燃えた(薪)	탄 (장작) タン ジャンジャク	~て 燃えて	타고 タゴ
未来連体 燃える(薪)	탈 (장작) タル ッチャンジャク	~でしょう 燃えるでしょう	탈 거예요 タル ッコエヨ
~から 燃えるから	타니까 タニッカ	~と思います 燃えると思います	탈 것 같아요 タル ッコッ カタヨ
~けれど 燃えるけれど	타지만 タジマン	意志 燃えます	타겠어요 タゲッソヨ

「燃える」には 달아오르다 タラオルダ という言い方もあります。

潜る　잠수하다　チャムスハダ　　動 形 形動 規則

요체 潜ります	잠수해요 チャムスヘヨ	~てください 潜ってください	잠수해 주세요 チャムスヘ ジュセヨ
否定 潜りません	잠수하지 않아요 チャムスハジ アナヨ	~ないでください 潜らないでください	잠수하지 마세요 チャムスハジ マセヨ
過去 潜りました	잠수했어요 チャムスヘッソヨ	仮定 潜れば	잠수하면 チャムスハミョン
現在連体 潜る(人)	잠수하는 (사람) チャムスハヌン サラム	~たいです 潜りたいです	잠수하고 싶어요 チャムスハゴ シポヨ
過去連体 潜った(人)	잠수한 (사람) チャムスハン サラム	~て 潜って	잠수하고 チャムスハゴ
未来連体 潜る(人)	잠수할 (사람) チャムスハル ッサラム	~でしょう 潜るでしょう	잠수할 거예요 チャムスハル ッコエヨ
~から 潜るから	잠수하니까 チャムスハニッカ	~と思います 潜ると思います	잠수할 것 같아요 チャムスハル ッコッ カタヨ
~けれど 潜るけれど	잠수하지만 チャムスハジマン	意志 潜ります	잠수하겠어요 チャムスハゲッソヨ

「潜る」には 숨다 スムッタ という語もあります。

用いる／使う　쓰다　ッスダ　動 形 形動 ㅇ不規則　　活用に注意!　基本単語

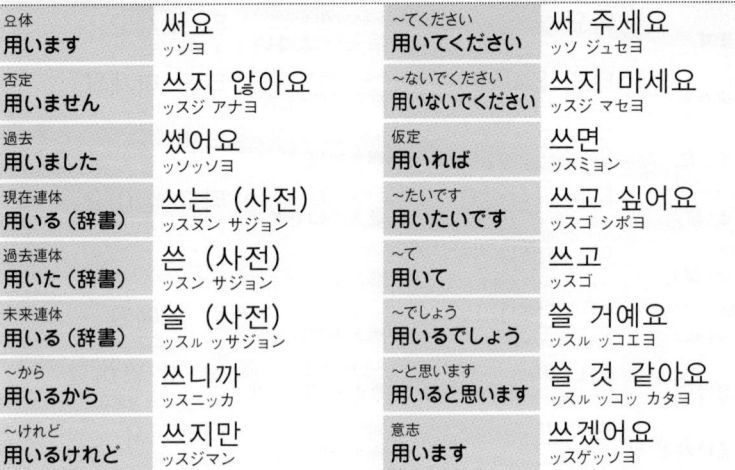

요체 用います	써요 ッソヨ	~てください 用いてください	써 주세요 ッソ ジュセヨ
否定 用いません	쓰지 않아요 ッスジ アナヨ	~ないでください 用いないでください	쓰지 마세요 ッスジ マセヨ
過去 用いました	썼어요 ッソッソヨ	仮定 用いれば	쓰면 ッスミョン
現在連体 用いる(辞書)	쓰는 (사전) ッスヌン サジョン	~たいです 用いたいです	쓰고 싶어요 ッスゴ シポヨ
過去連体 用いた(辞書)	쓴 (사전) ッスン サジョン	~て 用いて	쓰고 ッスゴ
未来連体 用いる(辞書)	쓸 (사전) ッスル ッサジョン	~でしょう 用いるでしょう	쓸 거예요 ッスル ッコエヨ
~から 用いるから	쓰니까 ッスニッカ	~と思います 用いると思います	쓸 것 같아요 ッスル ッコッ カタヨ
~けれど 用いるけれど	쓰지만 ッスジマン	意志 用います	쓰겠어요 ッスゲッソヨ

쓰다 は「(めがねを)かける」「苦い」「書く」など、いろいろな意味を持っています。

持ち込む／取り寄せる 들여오다 トゥリョオダ

動 形 形動 規則

요体 **持ち込みます**	들여와요 トゥリョワヨ	~てください **持ち込んでください**	들여와 주세요 トゥリョワ ジュセヨ
否定 **持ち込みません**	들여오지 않아요 トゥリョオジ アナヨ	~ないでください **持ち込まないでください**	들여오지 마세요 トゥリョオジ マセヨ
過去 **持ち込みました**	들여왔어요 トゥリョワッソヨ	仮定 **持ち込めば**	들여오면 トゥリョオミョン
現在連体 **持ち込む(機械)**	들여오는 (기계) トゥリョオヌン ギゲ	~たいです **持ち込みたいです**	들여오고 싶어요 トゥリョオゴ シポヨ
過去連体 **持ち込んだ(機械)**	들여온 (기계) トゥリョオン ギゲ	~て **持ち込んで**	들여오고 トゥリョオゴ
未来連体 **持ち込む(機械)**	들여올 (기계) トゥリョオル ッキゲ	~でしょう **持ち込むでしょう**	들여올 거예요 トゥリョオル ッコエヨ
~から **持ち込むから**	들여오니까 トゥリョオニッカ	~と思います **持ち込むと思います**	들여올 것 같아요 トゥリョオル ッコッ カタヨ
~けれど **持ち込むけれど**	들여오지만 トゥリョオジマン	意志 **持ち込みます**	들여오겠어요 トゥリョオゲッソヨ

ひと言フレーズ 会場に食べ物を持ち込まないでください。
회장에 음식물을 들여오지 마세요. フェジャンエ ウムシンムルル トゥリョオジ マセヨ

持つ 가지다 カジダ

動 形 形動 規則 **基本単語**

요体 **持ちます**	가져요 カジョヨ	~てください **持ってください**	가져 주세요 カジョ ジュセヨ
否定 **持ちません**	가지지 않아요 カジジ アナヨ	~ないでください **持たないでください**	가지지 마세요 カジジ マセヨ
過去 **持ちました**	가졌어요 カジョッソヨ	仮定 **持てば**	가지면 カジミョン
現在連体 **持つ(カバン)**	가지는 (가방) カジヌン ガバン	~たいです **持ちたいです**	가지고 싶어요 カジゴ シポヨ
過去連体 **持った(カバン)**	가진 (가방) カジン ガバン	~て **持って**	가지고 カジゴ
未来連体 **持つ(カバン)**	가질 (가방) カジル ッカバン	~でしょう **持つでしょう**	가질 거예요 カジル ッコエヨ
~から **持つから**	가지니까 カジニッカ	~と思います **持つと思います**	가질 것 같아요 カジル ッコッ カタヨ
~けれど **持つけれど**	가지지만 カジジマン	意志 **持ちます**	가지겠어요 カジゲッソヨ

ひと言フレーズ 早く家庭を持ちたいです。
빨리 가정을 가지고 싶어요. ッパルリ カジョンウル カジゴ シポヨ

もったいない　아깝다 アッカプタ

動 形 形動 ㅂ不規則

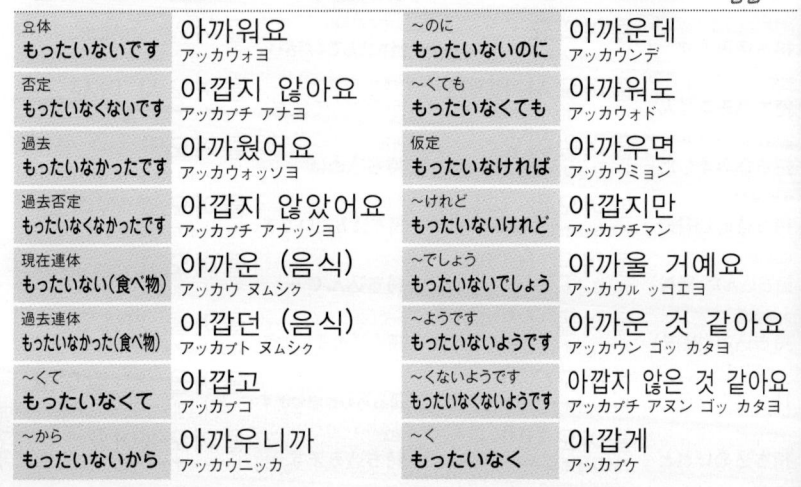

요体 もったいないです	아까워요 アッカウォヨ	~のに もったいないのに	아까운데 アッカウンデ
否定 もったいなくないです	아깝지 않아요 アッカプチ アナヨ	~くても もったいなくても	아까워도 アッカウォド
過去 もったいなかったです	아까웠어요 アッカウォッソヨ	仮定 もったいなければ	아까우면 アッカウミョン
過去否定 もったいなくなかったです	아깝지 않았어요 アッカプチ アナッソヨ	~けれど もったいないけれど	아깝지만 アッカプチマン
現在連体 もったいない(食べ物)	아까운 (음식) アッカウン ヌムシク	~でしょう もったいないでしょう	아까울 거예요 アッカウル ッコエヨ
過去連体 もったいなかった(食べ物)	아깝던 (음식) アッカプトン ヌムシク	~ようです もったいないようです	아까운 것 같아요 アッカウン ゴッ カタヨ
~くて もったいなくて	아깝고 アッカプコ	~くないようです もったいなくないようです	아깝지 않은 것 같아요 アッカプチ アヌン ゴッ カタヨ
~から もったいないから	아까우니까 アッカウニッカ	~く もったいなく	아깝게 アッカプケ

「もったいない」には 과분하다 クァブナダ という言い方もあります。

もどかしい　답답하다 タプタパダ

動 形 形動 規則

요体 もどかしいです	답답해요 タプタペヨ	~のに もどかしいのに	답답한데 タプタパンデ
否定 もどかしくないです	답답하지 않아요 タプタパジ アナヨ	~くても もどかしくても	답답해도 タプタペド
過去 もどかしかったです	답답했어요 タプタペッソヨ	仮定 もどかしければ	답답하면 タプタパミョン
過去否定 もどかしくなかったです	답답하지 않았어요 タプタパジ アナッソヨ	~けれど もどかしいけれど	답답하지만 タプタパジマン
現在連体 もどかしい(心情)	답답한 (심정) タプタパン シムジョン	~でしょう もどかしいでしょう	답답할 거예요 タプタパル ッコエヨ
過去連体 もどかしかった(心情)	답답하던 (심정) タプタパドン シムジョン	~ようです もどかしいようです	답답한 것 같아요 タプタパン ゴッ カタヨ
~くて もどかしくて	답답하고 タプタパゴ	~くないようです もどかしくないようです	답답하지 않은 것 같아요 タプタパジ アヌン ゴッ カタヨ
~から もどかしいから	답답하니까 タプタパニッカ	~く もどかしく	답답하게 タプタパゲ

「もどかしい」には 초조하다 チョジョハダ という語もあります。

戻す／返す（お金を） 갚다 カプタ

動 形 形動 規則

요体 戻します	갚아요 カパヨ	~てください 戻してください	갚아 주세요 カパ ジュセヨ
否定 戻しません	갚지 않아요 カプチ アナヨ	~ないでください 戻さないでください	갚지 마세요 カプチ マセヨ
過去 戻しました	갚았어요 カパッソヨ	仮定 戻せば	갚으면 カプミョン
現在連体 戻す(お金)	갚는 (돈) カムヌン ドン	~たいです 戻したいです	갚고 싶어요 カプコ シポヨ
過去連体 戻した(お金)	갚은 (돈) カプン ドン	~て 戻して	갚고 カプコ
未来連体 戻す(お金)	갚을 (돈) カプル ットン	~でしょう 戻すでしょう	갚을 거예요 カプル ッコエヨ
~から 戻すから	갚으니까 カプニッカ	~と思います 戻すと思います	갚을 것 같아요 カプル ッコッ カタヨ
~けれど 戻すけれど	갚지만 カプチマン	意志 戻します	갚겠어요 カプケッソヨ

「戻す」は 돌려주다 トルリョジュダ とも言います。

戻っていく／戻る 되돌아가다 トェドラガダ

動 形 形動 規則 **基本単語**

요体 戻っていきます	되돌아가요 トェドラガヨ	~てください 戻っていってください	되돌아가 주세요 トェドラガ ジュセヨ
否定 戻っていきません	되돌아가지 않아요 トェドラガジ アナヨ	~ないでください 戻っていかないでください	되돌아가지 마세요 トェドラガジ マセヨ
過去 戻っていきました	되돌아갔어요 トェドラガッソヨ	仮定 戻っていけば	되돌아가면 トェドラガミョン
現在連体 戻っていく(手紙)	되돌아가는 (편지) トェドラガヌン ピョンジ	~たいです 戻っていきたいです	되돌아가고 싶어요 トェドラガゴ シポヨ
過去連体 戻っていった(手紙)	되돌아간 (편지) トェドラガン ピョンジ	~て 戻っていって	되돌아가고 トェドラガゴ
未来連体 戻っていく(手紙)	되돌아갈 (편지) トェドラガル ピョンジ	~でしょう 戻っていくでしょう	되돌아갈 거예요 トェドラガル ッコエヨ
~から 戻っていくから	되돌아가니까 トェドラガニッカ	~と思います 戻っていくと思います	되돌아갈 것 같아요 トェドラガル ッコッ カタヨ
~けれど 戻っていくけれど	되돌아가지만 トェドラガジマン	意志 戻っていきます	되돌아가겠어요 トェドラガゲッソヨ

（意志）「戻っていきます」には 되돌아갈래요 トェドラガルレヨ という活用形もあります。

戻ってくる／戻る　되돌아오다 トェドラオダ　動 形 形動 規則 基本単語

요체 戻ってきます	되돌아와요 トェドラワヨ	~てください 戻ってきてください	되돌아와 주세요 トェドラワ ジュセヨ
否定 戻ってきません	되돌아오지 않아요 トェドラオジ アナヨ	~ないでください 戻ってこないでください	되돌아오지 마세요 トェドラオジ マセヨ
過去 戻ってきました	되돌아왔어요 トェドラワッソヨ	仮定 戻ってくれば	되돌아오면 トェドラオミョン
現在連体 戻ってくる(手紙)	되돌아오는 (편지) トェドラオヌン ピョンジ	~たいです 戻ってきたいです	되돌아오고 싶어요 トェドラオゴ シポヨ
過去連体 戻ってきた(手紙)	되돌아온 (편지) トェドラオン ピョンジ	~て 戻ってきて	되돌아오고 トェドラオゴ
未来連体 戻ってくる(手紙)	되돌아올 (편지) トェドラオル ピョンジ	~でしょう 戻ってくるでしょう	되돌아올 거예요 トェドラオル ッコエヨ
~から 戻ってくるから	되돌아오니까 トェドラオニッカ	~と思います 戻ってくると思います	되돌아올 것 같아요 トェドラオル ッコッ カタヨ
~けれど 戻ってくるけれど	되돌아오지만 トェドラオジマン	意志 戻ってきます	되돌아오겠어요 トェドラオゲッソヨ

「戻ってくるので」には 되돌아와서 トェドラワソ という活用形もあります。

求める　구하다 クハダ　動 形 形動 規則

요체 求めます	구해요 クヘヨ	~てください 求めてください	구해 주세요 クヘ ジュセヨ
否定 求めません	구하지 않아요 クハジ アナヨ	~ないでください 求めないでください	구하지 마세요 クハジ マセヨ
過去 求めました	구했어요 クヘッソヨ	仮定 求めれば	구하면 クハミョン
現在連体 求める(職業)	구하는 (직업) クハヌン ジゴブ	~たいです 求めたいです	구하고 싶어요 クハゴ シポヨ
過去連体 求めた(職業)	구한 (직업) クハン ジゴブ	~て 求めて	구하고 クハゴ
未来連体 求める(職業)	구할 (직업) クハル ッチゴブ	~でしょう 求めるでしょう	구할 거예요 クハル ッコエヨ
~から 求めるから	구하니까 クハニッカ	~と思います 求めると思います	구할 것 같아요 クハル ッコッ カタヨ
~けれど 求めるけれど	구하지만 クハジマン	意志 求めます	구하겠어요 クハゲッソヨ

(買うを婉曲に言う)「求める」には 사다 サダ という言い方もあります。

物足りない　부족하다　プジョカダ　[動][形][形動] 規則

요체 **物足りないです**	부족해요 プジョケヨ	〜のに **物足りないのに**	부족한데 プジョカンデ
否定 **物足りなくないです**	부족하지 않아요 プジョカジ アナヨ	〜くても **物足りなくても**	부족해도 プジョケド
過去 **物足りなかったです**	부족했어요 プジョケッソヨ	仮定 **物足りなければ**	부족하면 プジョカミョン
過去否定 **物足りなくなかったです**	부족하지 않았어요 プジョカジ アナッソヨ	〜けれど **物足りないけれど**	부족하지만 プジョカジマン
現在連体 **物足りない(量)**	부족한 (양) プジョカン ニャン	〜でしょう **物足りないでしょう**	부족할 거예요 プジョカル ッコエヨ
過去連体 **物足りなかった(量)**	부족하던 (양) プジョカドン ニャン	〜ようです **物足りないようです**	부족한 것 같아요 プジョカン ゴッ カタヨ
〜くて **物足りなくて**	부족하고 プジョカゴ	〜くないようです **物足りなくないようです**	부족하지 않은 것 같아요 プジョカジ アヌン ゴッ カタヨ
〜から **物足りないから**	부족하니까 プジョカニッカ	〜く **物足りなく**	부족하게 プジョカゲ

「物足りない」は 미흡하다 ミフパダ とも言います。

燃やす　태우다　テウダ　[動][形][形動] 規則

요체 **燃やします**	태워요 テウォヨ	〜てください **燃やしてください**	태워 주세요 テウォ ジュセヨ
否定 **燃やしません**	태우지 않아요 テウジ アナヨ	〜ないでください **燃やさないでください**	태우지 마세요 テウジ マセヨ
過去 **燃やしました**	태웠어요 テウォッソヨ	仮定 **燃やせば**	태우면 テウミョン
現在連体 **燃やす(落葉)**	태우는 (낙엽) テウヌン ナギョプ	〜たいです **燃やしたいです**	태우고 싶어요 テウゴ シポヨ
過去連体 **燃やした(落葉)**	태운 (낙엽) テウン ナギョプ	〜て **燃やして**	태우고 テウゴ
未来連体 **燃やす(落葉)**	태울 (낙엽) テウル ラギョプ	〜でしょう **燃やすでしょう**	태울 거예요 テウル ッコエヨ
〜から **燃やすから**	태우니까 テウニッカ	〜と思います **燃やすと思います**	태울 것 같아요 テウル ッコッ カタヨ
〜けれど **燃やすけれど**	태우지만 テウジマン	意志 **燃やします**	태우겠어요 テウゲッソヨ

「燃やす」には 불태우다 プルテウダ という言い方もあります。

もらう 받다 パッタ

動 形 形動 規則 | 基本単語

요体 もらいます	받아요 パダヨ	~てください もらってください	받아 주세요 パダ ジュセヨ
否定 もらいません	받지 않아요 パッチ アナヨ	~ないでください もらわないでください	받지 마세요 パッチ マセヨ
過去 もらいました	받았어요 パダッソヨ	仮定 もらえば	받으면 パドゥミョン
現在連体 もらう(ボーナス)	받는 (보너스) パンヌン ボノス	~たいです もらいたいです	받고 싶어요 パッコ シポヨ
過去連体 もらった(ボーナス)	받은 (보너스) パドゥン ボノス	~て もらって	받고 パッコ
未来連体 もらう(ボーナス)	받을 (보너스) パドゥル ッポノス	~でしょう もらうでしょう	받을 거예요 パドゥル ッコエヨ
~から もらうから	받으니까 パドゥニッカ	~と思います もらうと思います	받을 것 같아요 パドゥル ッコッ カタヨ
~けれど もらうけれど	받지만 パッチマン	意志 もらいます	받겠어요 パッケッソヨ

「(風邪を) もらう」には (감기가) 옮다 (カムギガ) オムッタ という言い方をします。

もろい 무르다 ムルダ

動 形 形動 ㄹ不規則 | 活用に注意!

요体 もろいです	물러요 ムルロヨ	~のに もろいのに	무른데 ムルンデ
否定 もろくないです	무르지 않아요 ムルジ アナヨ	~くても もろくても	물러도 ムルロド
過去 もろかったです	물렀어요 ムルロッソヨ	仮定 もろければ	무르면 ムルミョン
過去否定 もろくなかったです	무르지 않았어요 ムルジ アナッソヨ	~けれど もろいけれど	무르지만 ムルジマン
現在連体 もろい(人)	무른 (사람) ムルン サラム	~でしょう もろいでしょう	무를 거예요 ムルル ッコエヨ
過去連体 もろかった(人)	무르던 (사람) ムルドン サラム	~ようです もろいようです	무른 것 같아요 ムルン ゴッ カタヨ
~くて もろくて	무르고 ムルゴ	~くないようです もろくないようです	무르지 않은 것 같아요 ムルジ アヌン ゴッ カタヨ
~から もろいから	무르니까 ムルニッカ	~く もろく	무르게 ムルゲ

「(情に) もろい」には (정에) 약하다 (チョンエ) ヤカダ という言い方をします。

やかましい 시끄럽다 シックロプタ 動 形 形動 ㅂ不規則

요체 やかましいです	시끄러워요 シックロウォヨ	~のに やかましいのに	시끄러운데 シックロウンデ
否定 やかましくないです	시끄럽지 않아요 シックロプチ アナヨ	~くても やかましくても	시끄러워도 シックロウォド
過去 やかましかったです	시끄러웠어요 シックロウォッソヨ	仮定 やかましければ	시끄러우면 シックロウミョン
過去否定 やかましくなかったです	시끄럽지 않았어요 シックロプチ アナッソヨ	~けれど やかましいけれど	시끄럽지만 シックロプチマン
現在連体 やかましい(子供)	시끄러운 (아이) シックロウ ナイ	~でしょう やかましいでしょう	시끄러울 거예요 シックロウル ッコエヨ
過去連体 やかましかった(子供)	시끄럽던 (아이) シックロプトン ナイ	~ようです やかましいようです	시끄러운 것 같아요 シックロウン ゴッ カタヨ
~くて やかましくて	시끄럽고 シックロプコ	~くないようです やかましくないようです	시끄럽지 않은 것 같아요 シックロプチ アヌン ゴッ カタヨ
~から やかましいから	시끄러우니까 シックロウニッカ	~く やかましく	시끄럽게 シックロプケ

「やかましい」には 까다롭다 ッカダロプタ という言い方もあります。

焼く 굽다 クプタ 動 形 形動 ㅂ不規則

요체 焼きます	구워요 クウォヨ	~てください 焼いてください	구워 주세요 クウォ ジュセヨ
否定 焼きません	굽지 않아요 クプチ アナヨ	~ないでください 焼かないでください	굽지 마세요 クプチ マセヨ
過去 焼きました	구웠어요 クウォッソヨ	仮定 焼けば	구우면 クウミョン
現在連体 焼く(肉)	굽는 (고기) クムヌン ゴギ	~たいです 焼きたいです	굽고 싶어요 クプコ シポヨ
過去連体 焼いた(肉)	구운 (고기) クウン ゴギ	~て 焼いて	굽고 クプコ
未来連体 焼く(肉)	구울 (고기) クウル ッコギ	~でしょう 焼くでしょう	구울 거예요 クウル ッコエヨ
~から 焼くから	구우니까 クウニッカ	~と思います 焼くと思います	구울 것 같아요 クウル ッコッ カタヨ
~けれど 焼くけれど	굽지만 クプチマン	意志 焼きます	굽겠어요 クプケッソヨ

「焼き芋」は 군고구마 クンゴグマ と言います。

妬く／嫉妬する 질투하다 チルトゥハダ 動 形 形動 規則

요체 妬きます	질투해요 チルトゥヘヨ	~てください 妬いてください	질투해 주세요 チルトゥヘ ジュセヨ
否定 妬きません	질투하지 않아요 チルトゥハジ アナヨ	~ないでください 妬かないでください	질투하지 마세요 チルトゥハジ マセヨ
過去 妬きました	질투했어요 チルトゥヘッソヨ	仮定 妬けば	질투하면 チルトゥハミョン
現在連体 妬く(恋人)	질투하는 (애인) チルトゥハヌ ネイン	~たいです 妬きたいです	질투하고 싶어요 チルトゥハゴ シポヨ
過去連体 妬いた(恋人)	질투한 (애인) チルトゥハ ネイン	~て 妬いて	질투하고 チルトゥハゴ
未来連体 妬く(恋人)	질투할 (애인) チルトゥハ レイン	~でしょう 妬くでしょう	질투할 거예요 チルトゥハル ッコエヨ
~から 妬くから	질투하니까 チルトゥハニッカ	~と思います 妬くと思います	질투할 것 같아요 チルトゥハル ッコッ カタヨ
~けれど 妬くけれど	질투하지만 チルトゥハジマン	意志 妬きます	질투하겠어요 チルトゥハゲッソヨ

「嫉妬するでしょうか?」は 질투할까요? チルトゥハルッカヨ? と言います。

約束する 약속하다 ヤクソカダ 動 形 形動 規則

요체 約束します	약속해요 ヤクソケヨ	~てください 約束してください	약속해 주세요 ヤクソケ ジュセヨ
否定 約束しません	약속하지 않아요 ヤクソカジ アナヨ	~ないでください 約束しないでください	약속하지 마세요 ヤクソカジ マセヨ
過去 約束しました	약속했어요 ヤクソケッソヨ	仮定 約束すれば	약속하면 ヤクソカミョン
現在連体 約束する(こと)	약속하는 (것) ヤクソカヌン ゴッ	~たいです 約束したいです	약속하고 싶어요 ヤクソカゴ シポヨ
過去連体 約束した(こと)	약속한 (것) ヤクソカン ゴッ	~て 約束して	약속하고 ヤクソカゴ
未来連体 約束する(こと)	약속할 (것) ヤクソカル ッコッ	~でしょう 約束するでしょう	약속할 거예요 ヤクソカル ッコエヨ
~から 約束するから	약속하니까 ヤクソカニッカ	~と思います 約束すると思います	약속할 것 같아요 ヤクソカル ッコッ カタヨ
~けれど 約束するけれど	약속하지만 ヤクソカジマン	意志 約束します	약속하겠어요 ヤクソカゲッソヨ

ひと言フレーズ 約束した時間を変えてもらえますか。
약속한 시간을 바꿔 주시겠어요? ヤクソカン シガヌル パックォ ジュシゲッソヨ?

易しい 쉽다 シュイプタ

動 形 形動 ㅂ不規則　基本単語　活用に注意!

요体 易しいです	쉬워요 シュィウォヨ	~のに 易しいのに	쉬운데 シュィウンデ
否定 易しくないです	쉽지 않아요 シュィプチ アナヨ	~くても 易しくても	쉬워도 シュィウォド
過去 易しかったです	쉬웠어요 シュィウォッソヨ	仮定 易しければ	쉬우면 シュィウミョン
過去否定 易しくなかったです	쉽지 않았어요 シュィプチ アナッソヨ	~けれど 易しいけれど	쉽지만 シュィプチマン
現在連体 易しい(問題)	쉬운 (문제) シュィウン ムンジェ	~でしょう 易しいでしょう	쉬울 거예요 シュィウル ッコエヨ
過去連体 易しかった(問題)	쉽던 (문제) シュィプトン ムンジェ	~ようです 易しいようです	쉬운 것 같아요 シュィウン ゴッ カタヨ
~くて 易しくて	쉽고 シュィプコ	~くないようです 易しくないようです	쉽지 않은 것 같아요 シュィプチ アヌン ゴッ カタヨ
~から 易しいから	쉬우니까 シュィウニッカ	~く 易しく	쉽게 シュィプケ

「易しい」には **평이하다** ピョンイハダ という言い方もあります。

優しい 상냥하다 サンニャンハダ

動 形 形動 規則

요体 優しいです	상냥해요 サンニャンヘヨ	~のに 優しいのに	상냥한데 サンニャンハンデ
否定 優しくないです	상냥하지 않아요 サンニャンハジ アナヨ	~くても 優しくても	상냥해도 サンニャンヘド
過去 優しかったです	상냥했어요 サンニャンヘッソヨ	仮定 優しければ	상냥하면 サンニャンハミョン
過去否定 優しくなかったです	상냥하지 않았어요 サンニャンハジ アナッソヨ	~けれど 優しいけれど	상냥하지만 サンニャンハジマン
現在連体 優しい(友達)	상냥한 (친구) サンニャンハン チング	~でしょう 優しいでしょう	상냥할 거예요 サンニャンハル ッコエヨ
過去連体 優しかった(友達)	상냥하던 (친구) サンニャンハドン チング	~ようです 優しいようです	상냥한 것 같아요 サンニャンハン ゴッ カタヨ
~くて 優しくて	상냥하고 サンニャンハゴ	~くないようです 優しくないようです	상냥하지 않은 것 같아요 サンニャンハジ アヌン ゴッ カタヨ
~から 優しいから	상냥하니까 サンニャンハニッカ	~く 優しく	상냥하게 サンニャンハゲ

ひと言フレーズ 優しい顔立ちが印象的でした。
상냥한 얼굴이 인상적이었어요. サンニャンハン オルグリ インサンジョギオッソヨ

養う 부양하다 プヤンハダ

動 形 形動 規則

요体 養います	부양해요 プヤンヘヨ	~てください 養ってください	부양해 주세요 プヤンヘ ジュセヨ
否定 養いません	부양하지 않아요 プヤンハジ アナヨ	~ないでください 養わないでください	부양하지 마세요 プヤンハジ マセヨ
過去 養いました	부양했어요 プヤンヘッソヨ	仮定 養えば	부양하면 プヤンハミョン
現在連体 養う(家族)	부양하는 (가족) プヤンハヌン ガジョク	~たいです 養いたいです	부양하고 싶어요 プヤンハゴ シポヨ
過去連体 養った(家族)	부양한 (가족) プヤンハン ガジョク	~て 養って	부양하고 プヤンハゴ
未来連体 養う(家族)	부양할 (가족) プヤンハル ッカジョク	~でしょう 養うでしょう	부양할 거예요 プヤンハル ッコエヨ
~から 養うから	부양하니까 プヤンハニッカ	~と思います 養うと思います	부양할 것 같아요 プヤンハル ッコッ カタヨ
~けれど 養うけれど	부양하지만 プヤンハジマン	意志 養います	부양하겠어요 プヤンハゲッソヨ

「養う」には 기르다 キルダ という言い方もあります。

安い 싸다 ッサダ

動 形 形動 規則 基本単語

요体 安いです	싸요 ッサヨ	~のに 安いのに	싼데 ッサンデ
否定 安くないです	싸지 않아요 ッサジ アナヨ	~くても 安くても	싸도 ッサド
過去 安かったです	쌌어요 ッサッソヨ	仮定 安ければ	싸면 ッサミョン
過去否定 安くなかったです	싸지 않았어요 ッサジ アナッソヨ	~けれど 安いけれど	싸지만 ッサジマン
現在連体 安い(服)	싼 (옷) ッサ ノッ	~でしょう 安いでしょう	쌀 거예요 ッサル ッコエヨ
過去連体 安かった(服)	싸던 (옷) ッサドン ノッ	~ようです 安いようです	싼 것 같아요 ッサン ゴッ カタヨ
~くて 安くて	싸고 ッサゴ	~くないようです 安くないようです	싸지 않은 것 같아요 ッサジ アヌン ゴッ カタヨ
~から 安いから	싸니까 ッサニッカ	~く 安く	싸게 ッサゲ

「安くしてください」は 싸게 해 주세요 ッサゲ ヘ ジュセヨ と言います。

休む 쉬다 シュィダ

動 形 形動 規則 基本単語

요体 休みます	쉬어요 シュィオヨ	~てください 休んでください	쉬어 주세요 シュィオ ジュセヨ
否定 休みません	쉬지 않아요 シュィジ アナヨ	~ないでください 休まないでください	쉬지 마세요 シュィジ マセヨ
過去 休みました	쉬었어요 シュィオッソヨ	仮定 休めば	쉬면 シュィミョン
現在連体 休む(時間)	쉬는 (시간) シュィヌン シガン	~たいです 休みたいです	쉬고 싶어요 シュィゴ シポヨ
過去連体 休んだ(時間)	쉰 (시간) シュィン シガン	~て 休んで	쉬고 シュィゴ
未来連体 休む(時間)	쉴 (시간) シュィル ッシガン	~でしょう 休むでしょう	쉴 거예요 シュィル ッコエヨ
~から 休むから	쉬니까 シュィニッカ	~と思います 休むと思います	쉴 것 같아요 シュィル ッコッ カタヨ
~けれど 休むけれど	쉬지만 シュィジマン	意志 休みます	쉬겠어요 シュィゲッソヨ

「お休みなさい」は **안녕히 주무세요** アンニョンヒ ジュムセヨ と言います。

やせる／やつれる 여위다 ヨウィダ

動 形 形動 規則

요体 やせます	여위어요 ヨウィオヨ	~てください やせてください	여위어 주세요 ヨウィオ ジュセヨ
否定 やせません	여위지 않아요 ヨウィジ アナヨ	~ないでください やせないでください	여위지 마세요 ヨウィジ マセヨ
過去 やせました	여위었어요 ヨウィオッソヨ	仮定 やせれば	여위면 ヨウィミョン
現在連体 やせる(人)	여위는 (사람) ヨウィヌン サラム	~たいです やせたいです	여위고 싶어요 ヨウィゴ シポヨ
過去連体 やせた(人)	여윈 (사람) ヨウィン サラム	~て やせて	여위고 ヨウィゴ
未来連体 やせる(人)	여윌 (사람) ヨウィル ッサラム	~でしょう やせるでしょう	여윌 거예요 ヨウィル ッコエヨ
~から やせるから	여위니까 ヨウィニッカ	~と思います やせると思います	여윌 것 같아요 ヨウィル ッコッ カタヨ
~けれど やせるけれど	여위지만 ヨウィジマン	意志 やせます	여위겠어요 ヨウィゲッソヨ

「やせ衰える」も **여위다** ヨウィダ を使います。

厄介だ　성가시다　ソンガシダ

動 形 形動 規則

요体 厄介です	성가셔요 ソンガショヨ	~なのに 厄介なのに	성가신데 ソンガシンデ
否定 厄介ではないです	성가시지 않아요 ソンガシジ アナヨ	~でも 厄介でも	성가셔도 ソンガショド
過去 厄介でした	성가셨어요 ソンガショッソヨ	仮定 厄介であれば	성가시면 ソンガシミョン
過去否定 厄介ではなかったです	성가시지 않았어요 ソンガシジ アナッソヨ	~だけれど 厄介だけれど	성가시지만 ソンガシジマン
現在連体 厄介な(仕事)	성가신 (일) ソンガシン ニル	~でしょう 厄介でしょう	성가실 거예요 ソンガシル ッコエヨ
過去連体 厄介だった(仕事)	성가시던 (일) ソンガシドン ニル	~そうです 厄介そうです	성가신 것 같아요 ソンガシン ゴッ カタヨ
~で 厄介で	성가시고 ソンガシゴ	~ではないようです 厄介ではないようです	성가시지 않은 것 같아요 ソンガシジ アヌン ゴッ カタヨ
~だから 厄介だから	성가시니까 ソンガシニッカ	~に 厄介に	성가시게 ソンガシゲ

「厄介をかける」には 폐를 끼치다 ペルル ッキチダ という表現を使います。

破る　찢다　ッチッタ

動 形 形動 規則

요体 破ります	찢어요 ッチジョヨ	~てください 破ってください	찢어 주세요 ッチジョ ジュセヨ
否定 破りません	찢지 않아요 ッチッチ アナヨ	~ないでください 破らないでください	찢지 마세요 ッチッチ マセヨ
過去 破りました	찢었어요 ッチジョッソヨ	仮定 破れば	찢으면 ッチジュミョン
現在連体 破る(レポート)	찢는 (보고서) ッチンヌン ボゴソ	~たいです 破りたいです	찢고 싶어요 ッチッコ シポヨ
過去連体 破った(レポート)	찢은 (보고서) ッチジュン ボゴソ	~て 破って	찢고 ッチッコ
未来連体 破る(レポート)	찢을 (보고서) ッチジュル ッポゴソ	~でしょう 破るでしょう	찢을 거예요 ッチジュル ッコエヨ
~から 破るから	찢으니까 ッチジュニッカ	~と思います 破ると思います	찢을 것 같아요 ッチジュル ッコッ カタヨ
~けれど 破るけれど	찢지만 ッチッチマン	意志 破ります	찢겠어요 ッチッケッソヨ

ひと言フレーズ　大切な書類なので破らないでください。
중요한 서류니까 찢지 마세요. チュンヨハン ソリュニッカ ッチッチ マセヨ

破れる　찢어지다　ッチジョジダ

動 形 形動 規則

요体 **破れます**	찢어져요 ッチジョジョヨ	~てください	
否定 **破れません**	찢어지지 않아요 ッチジョジジ アナヨ	~ないでください	
過去 **破れました**	찢어졌어요 ッチジョジョッソヨ	仮定 **破れれば**	찢어지면 ッチジョジミョン
現在連体 **破れる(服)**	찢어지는 (옷) ッチジョジヌ ノッ	~たいです	
過去連体 **破れた(服)**	찢어진 (옷) ッチジョジ ノッ	~て **破れて**	찢어지고 ッチジョジゴ
未来連体 **破れる(服)**	찢어질 (옷) ッチジョジ ロッ	~でしょう **破れるでしょう**	찢어질 거예요 ッチジョジル ッコエヨ
~から **破れるから**	찢어지니까 ッチジョジニッカ	~と思います **破れると思います**	찢어질 것 같아요 ッチジョジル ッコッ カタヨ
~けれど **破れるけれど**	찢어지지만 ッチジョジジマン	意志	

「(夢が) 破れる」は (꿈이) 깨지다 (ックミ) ッケジダ と言います。

止む　그치다　クチダ

動 形 形動 規則

요体 **止みます**	그쳐요 クチョヨ	~てください	
否定 **止みません**	그치지 않아요 クチジ アナヨ	~ないでください	
過去 **止みました**	그쳤어요 クチョッソヨ	仮定 **止めば**	그치면 クチミョン
現在連体 **止む(雨)**	그치는 (비) クチヌン ビ	~たいです	
過去連体 **止んだ(雨)**	그친 (비) クチン ビ	~て **止んで**	그치고 クチゴ
未来連体 **止む(雨)**	그칠 (비) クチル ッピ	~でしょう **止むでしょう**	그칠 거예요 クチル ッコエヨ
~から **止むから**	그치니까 クチニッカ	~と思います **止むと思います**	그칠 것 같아요 クチル ッコッ カタヨ
~けれど **止むけれど**	그치지만 クチジマン	意志	

「(雨が) 止む」は (비가) 멎다 (ピガ) モッタ とも言います。

やぶれる／やむ

病む　앓다 アルタ

動 形 形動 規則

요体 病みます	앓아요	アラヨ
否定 病みません	앓지 않아요	アルチ アナヨ
過去 病みました	앓았어요	アラッソヨ
現在連体 病む(心)	앓는 (마음)	アルルン マウム
過去連体 病んだ(心)	앓은 (마음)	アルン マウム
未来連体 病む(心)	앓을 (마음)	アルル マウム
~から 病むから	앓으니까	アルニッカ
~けれど 病むけれど	앓지만	アルチマン
~てください 病んでください	앓아 주세요	アラ ジュセヨ
~ないでください 病まないでください	앓지 마세요	アルチ マセヨ
仮定 病めば	앓으면	アルミョン
~たいです 病みたいです	앓고 싶어요	アルコ シポヨ
~て 病んで	앓고	アルコ
~でしょう 病むでしょう	앓을 거예요	アルル ッコエヨ
~と思います 病むと思います	앓을 것 같아요	アルル ッコッ カタヨ
意志 病みます	앓겠어요	アルケッソヨ

(心が)「病む」には 고민하다 コミナダ という言い方もあります。

止める／辞める　그만두다 クマンドゥダ

動 形 形動 規則

요体 止めます	그만둬요	クマンドゥォヨ
否定 止めません	그만두지 않아요	クマンドゥジ アナヨ
過去 止めました	그만뒀어요	クマンドゥォッソヨ
現在連体 止める(たばこ)	그만두는 (담배)	クマンドゥヌン ダムベ
過去連体 止めた(たばこ)	그만둔 (담배)	クマンドゥン ダムベ
未来連体 止める(たばこ)	그만둘 (담배)	クマンドゥル ッタムベ
~から 止めるから	그만두니까	クマンドゥニッカ
~けれど 止めるけれど	그만두지만	クマンドゥジマン
~てください 止めてください	그만둬 주세요	クマンドゥォ ジュセヨ
~ないでください 止めないでください	그만두지 마세요	クマンドゥジ マセヨ
仮定 止めれば	그만두면	クマンドゥミョン
~たいです 止めたいです	그만두고 싶어요	クマンドゥゴ シポヨ
~て 止めて	그만두고	クマンドゥゴ
~でしょう 止めるでしょう	그만둘 거예요	クマンドゥル ッコエヨ
~と思います 止めると思います	그만둘 것 같아요	クマンドゥル ッコッ カタヨ
意志 止めます	그만두겠어요	クマンドゥゲッソヨ

「(たばこを) 止める」は (담배를) 끊다 (タムベルル) ックンタ とも言います。

やる　하다 ハダ

動 形 形動 規則 | 基本単語

요체 やります	해요 ヘヨ	~てください やってください	해 주세요 ヘ ジュセヨ
부정 やりません	하지 않아요 ハジ アナヨ	~ないでください やらないでください	하지 마세요 ハジ マセヨ
과거 やりました	했어요 ヘッソヨ	가정 やれば	하면 ハミョン
현재연체 やる(勉強)	하는 (공부) ハヌン ゴンブ	~たいです やりたいです	하고 싶어요 ハゴ シポヨ
과거연체 やった(勉強)	한 (공부) ハン ゴンブ	~て やって	하고 ハゴ
미래연체 やる(勉強)	할 (공부) ハル ッコンブ	~でしょう やるでしょう	할 거예요 ハル ッコエヨ
~から やるから	하니까 ハニッカ	~と思います やると思います	할 것 같아요 ハル ッコッ カタヨ
~けれど やるけれど	하지만 ハジマン	의지 やります	하겠어요 ハゲッソヨ

「やる気が出る」は **할 마음이 생기다** ハル マウミ センギダ と言います。

やるせない　안타깝다 アンタッカプタ

活用に注意！　動 形 形動 ㅂ不規則

요체 やるせないです	안타까워요 アンタッカウォヨ	~のに やるせないのに	안타까운데 アンタッカウンデ
부정 やるせなくないです	안타깝지 않아요 アンタッカプチ アナヨ	~くても やるせなくても	안타까워도 アンタッカウォド
과거 やるせなかったです	안타까웠어요 アンタッカウォッソヨ	가정 やるせなければ	안타까우면 アンタッカウミョン
과거부정 やるせなくなかったです	안타깝지 않았어요 アンタッカプチ アナッソヨ	~けれど やるせないけれど	안타깝지만 アンタッカプチマン
현재연체 やるせない(気持ち)	안타까운 (마음) アンタッカウン マウム	~でしょう やるせないでしょう	안타까울 거예요 アンタッカウル ッコエヨ
과거연체 やるせなかった(気持ち)	안타깝던 (마음) アンタッカプトン マウム	~ようです やるせないようです	안타까운 것 같아요 アンタッカウン ゴッ カタヨ
~くて やるせなくて	안타깝고 アンタッカプコ	~くないようです やるせなくないようです	안타깝지 않은 것 같아요 アンタッカプチ アヌン ゴッ カタヨ
~から やるせないから	안타까우니까 アンタッカウニッカ	~く やるせなく	안타깝게 アンタッカプケ

「やるせないから」には **안타까워서** アンタッカウォソ という活用形もあります。

柔らかい 부드럽다

プドゥロプタ 動 形 形動 ㅂ不規則

요体			
柔らかいです	부드러워요 プドゥロウォヨ	~のに 柔らかいのに	부드러운데 プドゥロウンデ
否定 柔らかくないです	부드럽지 않아요 プドゥロプチ アナヨ	~くても 柔らかくても	부드러워도 プドゥロウォド
過去 柔らかかったです	부드러웠어요 プドゥロウォッソヨ	仮定 柔らかければ	부드러우면 プドゥロウミョン
過去否定 柔らかくなかったです	부드럽지 않았어요 プドゥロプチ アナッソヨ	~けれど 柔らかいけれど	부드럽지만 プドゥロプチマン
現在連体 柔らかい(肌)	부드러운 (살결) プドゥロウン サルッキョル	~でしょう 柔らかいでしょう	부드러울 거예요 プドゥロウル ッコエヨ
過去連体 柔らかかった(肌)	부드럽던 (살결) プドゥロプトン サルッキョル	~ようです 柔らかいようです	부드러운 것 같아요 プドゥロウン ゴッ カタヨ
~くて 柔らかくて	부드럽고 プドゥロプコ	~くないようです 柔らかくないようです	부드럽지 않은 것 같아요 プドゥロプチ アヌン ゴッ カタヨ
~から 柔らかいから	부드러우니까 プドゥロウニッカ	~く 柔らかく	부드럽게 プドゥロプケ

🐾 「(お餅が) 柔らかい」は (떡이) 말랑하다 (ットギ) マルランハダ と言います。

和らぐ(寒さ・痛みが) 누그러지다

ヌグロジダ 動 形 形動 規則

요体 和らぎます	누그러져요 ヌグロジョヨ	~てください	
否定 和らぎません	누그러지지 않아요 ヌグロジジ アナヨ	~ないでください	
過去 和らぎました	누그러졌어요 ヌグロジョッソヨ	仮定 和らげば	누그러지면 ヌグロジミョン
現在連体 和らぐ(寒さ)	누그러지는 (추위) ヌグロジヌン チュウィ	~たいです	
過去連体 和らいだ(寒さ)	누그러진 (추위) ヌグロジン チュウィ	~て 和らいで	누그러지고 ヌグロジゴ
未来連体 和らぐ(寒さ)	누그러질 (추위) ヌグロジル チュウィ	~でしょう 和らぐでしょう	누그러질 거예요 ヌグロジル ッコエヨ
~から 和らぐから	누그러지니까 ヌグロジニッカ	~と思います 和らぐと思います	누그러질 것 같아요 ヌグロジル ッコッ カタヨ
~けれど 和らぐけれど	누그러지지만 ヌグロジジマン	意志	

ひと言フレーズ もうすぐ寒さも和らぐでしょう。
곧 추위도 누그러질 거예요. コッ チュウィド ヌグロジル ッコエヨ

憂鬱だ　우울하다　ウウラダ

[動][形] 形動　規則

요体 憂鬱です	우울해요 ウウレヨ	~なのに 憂鬱なのに	우울한데 ウウランデ
否定 憂鬱ではないです	우울하지 않아요 ウウラジ アナヨ	~でも 憂鬱でも	우울해도 ウウレド
過去 憂鬱でした	우울했어요 ウウレッソヨ	仮定 憂鬱であれば	우울하면 ウウラミョン
過去否定 憂鬱ではなかったです	우울하지 않았어요 ウウラジ アナッソヨ	~だけれど 憂鬱だけれど	우울하지만 ウウラジマン
現在連体 憂鬱な(季節)	우울한 (시절) ウウラン シジョル	~でしょう 憂鬱でしょう	우울할 거예요 ウウラル ッコエヨ
過去連体 憂鬱だった(季節)	우울하던 (시절) ウウラドン シジョル	~そうです 憂鬱そうです	우울한 것 같아요 ウウラン ゴッ カタヨ
~で 憂鬱で	우울하고 ウウラゴ	~ではないようです 憂鬱ではないようです	우울하지 않은 것 같아요 ウウラジ アヌン ゴッ カタヨ
~だから 憂鬱だから	우울하니까 ウウラニッカ	~に 憂鬱に	우울하게 ウウラゲ

「憂鬱ではないです」には 안 우울해요 ア ヌウレヨ という言い方もあります。

勇敢だ　용감하다　ヨンガマダ

[動][形] 形動　規則

요体 勇敢です	용감해요 ヨンガメヨ	~なのに 勇敢なのに	용감한데 ヨンガマンデ
否定 勇敢ではないです	용감하지 않아요 ヨンガマジ アナヨ	~でも 勇敢でも	용감해도 ヨンガメド
過去 勇敢でした	용감했어요 ヨンガメッソヨ	仮定 勇敢であれば	용감하면 ヨンガマミョン
過去否定 勇敢ではなかったです	용감하지 않았어요 ヨンガマジ アナッソヨ	~だけれど 勇敢だけれど	용감하지만 ヨンガマジマン
現在連体 勇敢な(兵士)	용감한 (병사) ヨンガマン ビョンサ	~でしょう 勇敢でしょう	용감할 거예요 ヨンガマル ッコエヨ
過去連体 勇敢だった(兵士)	용감하던 (병사) ヨンガマドン ビョンサ	~そうです 勇敢そうです	용감한 것 같아요 ヨンガマン ゴッ カタヨ
~で 勇敢で	용감하고 ヨンガマゴ	~ではないようです 勇敢ではないようです	용감하지 않은 것 같아요 ヨンガマジ アヌン ゴッ カタヨ
~だから 勇敢だから	용감하니까 ヨンガマニッカ	~に 勇敢に	용감하게 ヨンガマゲ

(過去連体)「勇敢だった~」には 용감했던 ヨンガメットン という活用形もあります。

有効だ　유효하다　ユヒョハダ

動 形 形動 規則

요체 **有効です**	유효해요 ユヒョヘヨ	~なのに **有効なのに**	유효한데 ユヒョハンデ
否定 **有効ではないです**	유효하지 않아요 ユヒョハジ アナヨ	~でも **有効でも**	유효해도 ユヒョヘド
過去 **有効でした**	유효했어요 ユヒョヘッソヨ	仮定 **有効であれば**	유효하면 ユヒョハミョン
過去否定 **有効ではなかったです**	유효하지 않았어요 ユヒョハジ アナッソヨ	~だけれど **有効だけれど**	유효하지만 ユヒョハジマン
現在連体 **有効な(期間)**	유효한 (기간) ユヒョハン ギガン	~でしょう **有効でしょう**	유효할 거예요 ユヒョハル ッコエヨ
過去連体 **有効だった(期間)**	유효하던 (기간) ユヒョハドン ギガン	~そうです **有効そうです**	유효한 것 같아요 ユヒョハン ゴッ カタヨ
~で **有効で**	유효하고 ユヒョハゴ	~ではないようです **有効ではないようです**	유효하지 않은 것 같아요 ユヒョハジ アヌン ゴッ カタヨ
~だから **有効だから**	유효하니까 ユヒョハニッカ	~に **有効に**	유효하게 ユヒョハゲ

「有効でしょう?」と同意を求めるときは 유효하죠? ユヒョハジョ? と言います。

優秀だ　우수하다　ウスハダ

動 形 形動 規則

요체 **優秀です**	우수해요 ウスヘヨ	~なのに **優秀なのに**	우수한데 ウスハンデ
否定 **優秀ではないです**	우수하지 않아요 ウスハジ アナヨ	~でも **優秀でも**	우수해도 ウスヘド
過去 **優秀でした**	우수했어요 ウスヘッソヨ	仮定 **優秀であれば**	우수하면 ウスハミョン
過去否定 **優秀ではなかったです**	우수하지 않았어요 ウスハジ アナッソヨ	~だけれど **優秀だけれど**	우수하지만 ウスハジマン
現在連体 **優秀な(成績)**	우수한 (성적) ウスハン ソンジョク	~でしょう **優秀でしょう**	우수할 거예요 ウスハル ッコエヨ
過去連体 **優秀だった(成績)**	우수하던 (성적) ウスハドン ソンジョク	~そうです **優秀そうです**	우수한 것 같아요 ウスハン ゴッ カタヨ
~で **優秀で**	우수하고 ウスハゴ	~ではないようです **優秀ではないようです**	우수하지 않은 것 같아요 ウスハジ アヌン ゴッ カタヨ
~だから **優秀だから**	우수하니까 ウスハニッカ	~に **優秀に**	우수하게 ウスハゲ

「優秀だから」には 우수해서 ウスヘソ という活用形もあります。

有能だ　유능하다 ユヌンハダ

動 形 形動　規則

丁寧			
有能です	유능해요 ユヌンヘヨ	~なのに 有能なのに	유능한데 ユヌンハンデ
否定 有能ではないです	유능하지 않아요 ユヌンハジ アナヨ	~でも 有能でも	유능해도 ユヌンヘド
過去 有能でした	유능했어요 ユヌンヘッソヨ	仮定 有能であれば	유능하면 ユヌンハミョン
過去否定 有能ではなかったです	유능하지 않았어요 ユヌンハジ アナッソヨ	~だけれど 有能だけれど	유능하지만 ユヌンハジマン
現在連体 有能な(社員)	유능한 (사원) ユヌンハン サウォン	~でしょう 有能でしょう	유능할 거예요 ユヌンハル ッコエヨ
過去連体 有能だった(社員)	유능하던 (사원) ユヌンハドン サウォン	~そうです 有能そうです	유능한 것 같아요 ユヌンハン ゴッ カタヨ
~で 有能で	유능하고 ユヌンハゴ	~ではないようです 有能ではないようです	유능하지 않은 것 같아요 ユヌンハジ アヌン ゴッ カタヨ
~だから 有能だから	유능하니까 ユヌンハニッカ	~に 有能に	유능하게 ユヌンハゲ

「有能でしょうか?」は 유능할까요? ユヌンハルッカヨ? と言います。

有名だ　유명하다 ユミョンハダ

動 形 形動　規則

丁寧 有名です	유명해요 ユミョンヘヨ	~なのに 有名なのに	유명한데 ユミョンハンデ
否定 有名ではないです	유명하지 않아요 ユミョンハジ アナヨ	~でも 有名でも	유명해도 ユミョンヘド
過去 有名でした	유명했어요 ユミョンヘッソヨ	仮定 有名であれば	유명하면 ユミョンハミョン
過去否定 有名ではなかったです	유명하지 않았어요 ユミョンハジ アナッソヨ	~だけれど 有名だけれど	유명하지만 ユミョンハジマン
現在連体 有名な(歌手)	유명한 (가수) ユミョンハン ガス	~でしょう 有名でしょう	유명할 거예요 ユミョンハル ッコエヨ
過去連体 有名だった(歌手)	유명하던 (가수) ユミョンハドン ガス	~そうです 有名そうです	유명한 것 같아요 ユミョンハン ゴッ カタヨ
~で 有名で	유명하고 ユミョンハゴ	~ではないようです 有名ではないようです	유명하지 않은 것 같아요 ユミョンハジ アヌン ゴッ カタヨ
~だから 有名だから	유명하니까 ユミョンハニッカ	~に 有名に	유명하게 ユミョンハゲ

ひと言フレーズ　その俳優は日本では有名ではありません。
그 배우는 일본에서는 유명하지 않아요. ク ペウヌン イルボネソヌン ユミョンハジ アナヨ

有利だ 유리하다 ユリハダ

動形 形動 規則

요体 有利です	유리해요 ユリヘヨ	~なのに 有利なのに	유리한데 ユリハンデ
否定 有利ではないです	유리하지 않아요 ユリハジ アナヨ	~でも 有利でも	유리해도 ユリヘド
過去 有利でした	유리했어요 ユリヘッソヨ	仮定 有利であれば	유리하면 ユリハミョン
過去否定 有利ではなかったです	유리하지 않았어요 ユリハジ アナッソヨ	~だけれど 有利だけれど	유리하지만 ユリハジマン
現在連体 有利な(条件)	유리한 (조건) ユリハン ジョッコン	~でしょう 有利でしょう	유리할 거예요 ユリハル ッコエヨ
過去連体 有利だった(条件)	유리하던 (조건) ユリハドン ジョッコン	~そうです 有利そうです	유리한 것 같아요 ユリハン ゴッ カタヨ
~で 有利で	유리하고 ユリハゴ	~ではないようです 有利ではないようです	유리하지 않은 것 같아요 ユリハジ アヌン ゴッ カタヨ
~だから 有利だから	유리하니까 ユリハニッカ	~に 有利に	유리하게 ユリハゲ

(過去連体)「有利だった〜」には 유리했던 ユリヘットン という活用形もあります。

有力だ 유력하다 ユリョカダ

動形 形動 規則

요体 有力です	유력해요 ユリョケヨ	~なのに 有力なのに	유력한데 ユリョカンデ
否定 有力ではないです	유력하지 않아요 ユリョカジ アナヨ	~でも 有力でも	유력해도 ユリョケド
過去 有力でした	유력했어요 ユリョケッソヨ	仮定 有力であれば	유력하면 ユリョカミョン
過去否定 有力ではなかったです	유력하지 않았어요 ユリョカジ アナッソヨ	~だけれど 有力だけれど	유력하지만 ユリョカジマン
現在連体 有力な(候補者)	유력한 (후보자) ユリョカ ヌボジャ	~でしょう 有力でしょう	유력할 거예요 ユリョカル ッコエヨ
過去連体 有力だった(候補者)	유력하던 (후보자) ユリョカド ヌボジャ	~そうです 有力そうです	유력한 것 같아요 ユリョカン ゴッ カタヨ
~で 有力で	유력하고 ユリョカゴ	~ではないようです 有力ではないようです	유력하지 않은 것 같아요 ユリョカジ アヌン ゴッ カタヨ
~だから 有力だから	유력하니까 ユリョカニッカ	~に 有力に	유력하게 ユリョカゲ

「有力でしょうか?」は 유력할까요? ユリョカルッカヨ? と言います。

愉快だ 유쾌하다 ユクェハダ

動 形 形動 規則

요体 愉快です	유쾌해요 ユクェヘヨ	~なのに 愉快なのに	유쾌한데 ユクェハンデ
否定 愉快ではないです	유쾌하지 않아요 ユクェハジ アナヨ	~でも 愉快でも	유쾌해도 ユクェヘド
過去 愉快でした	유쾌했어요 ユクェヘッソヨ	仮定 愉快であれば	유쾌하면 ユクェハミョン
過去否定 愉快ではなかったです	유쾌하지 않았어요 ユクェハジ アナッソヨ	~だけれど 愉快だけれど	유쾌하지만 ユクェハジマン
現在連体 愉快な(遊び)	유쾌한 (놀이) ユクェハン ノリ	~でしょう 愉快でしょう	유쾌할 거예요 ユクェハル ッコエヨ
過去連体 愉快だった(遊び)	유쾌하던 (놀이) ユクェハドン ノリ	~そうです 愉快そうです	유쾌한 것 같아요 ユクェハン ゴッ カタヨ
~で 愉快で	유쾌하고 ユクェハゴ	~ではないようです 愉快ではないようです	유쾌하지 않은 것 같아요 ユクェハジ アヌン ゴッ カタヨ
~だから 愉快だから	유쾌하니까 ユクェハニッカ	~に 愉快に	유쾌하게 ユクェハゲ

「愉快だから」には 유쾌해서 ユクェヘソ という活用形もあります。

ゆがむ 일그러지다 イルグロジダ

動 形 形動 規則

요体 ゆがみます	일그러져요 イルグロジョヨ	~てください	
否定 ゆがみません	일그러지지 않아요 イルグロジジ アナヨ	~ないでください	
過去 ゆがみました	일그러졌어요 イルグロジョッソヨ	仮定 ゆがめば	일그러지면 イルグロジミョン
現在連体 ゆがむ(顔)	일그러지는 (얼굴) イルグロジヌ ノルグル	~たいです	
過去連体 ゆがんだ(顔)	일그러진 (얼굴) イルグロジ ノルグル	~て ゆがんで	일그러지고 イルグロジゴ
未来連体 ゆがむ(顔)	일그러질 (얼굴) イルグロジ ロルグル	~でしょう ゆがむでしょう	일그러질 거예요 イルグロジル ッコエヨ
~から ゆがむから	일그러지니까 イルグロジニッカ	~と思います ゆがむと思います	일그러질 것 같아요 イルグロジル ッコッ カタヨ
~けれど ゆがむけれど	일그러지지만 イルグロジジマン	意志	

「ゆがむ」には 비뚤어지다 ピットゥロジダ という語もあります。

揺さぶる／揺るがす 뒤흔들다 トゥィフンドゥルダ 動 形 形動 ㄹ脱落

요体 揺さぶります	뒤흔들어요 トゥィフンドゥロヨ	~てください 揺さぶってください	뒤흔들어 주세요 トゥィフンドゥロ ジュセヨ
否定 揺さぶりません	뒤흔들지 않아요 トゥィフンドゥルジ アナヨ	~ないでください 揺さぶらないでください	뒤흔들지 마세요 トゥィフンドゥルジ マセヨ
過去 揺さぶりました	뒤흔들었어요 トゥィフンドゥロッソヨ	仮定 揺さぶれば	뒤흔들면 トゥィフンドゥルミョン
現在連体 揺さぶる(事実)	뒤흔드는 (사실) トゥィフンドゥヌン サシル	~たいです 揺さぶりたいです	뒤흔들고 싶어요 トゥィフンドゥルゴ シポヨ
過去連体 揺さぶった(事実)	뒤흔든 (사실) トゥィフンドゥン サシル	~て 揺さぶって	뒤흔들고 トゥィフンドゥルゴ
未来連体 揺さぶる(事実)	뒤흔들 (사실) トゥィフンドゥル ッサシル	~でしょう 揺さぶるでしょう	뒤흔들 거예요 トゥィフンドゥル ッコエヨ
~から 揺さぶるから	뒤흔드니까 トゥィフンドゥニッカ	~と思います 揺さぶると思います	뒤흔들 것 같아요 トゥィフンドゥル ッコッ カタヨ
~けれど 揺さぶるけれど	뒤흔들지만 トゥィフンドゥルジマン	意志 揺さぶります	뒤흔들겠어요 トゥィフンドゥルゲッソヨ

ひと言フレーズ そのスキャンダルは世間を揺さぶりました。
그 스캔들은 세간을 뒤흔들었어요. ク スケンドゥルン セガヌル トゥィフンドゥロッソヨ

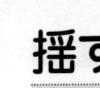

揺する 흔들다 フンドゥルダ 動 形 形動 ㄹ脱落

요体 揺すります	흔들어요 フンドゥロヨ	~てください 揺すってください	흔들어 주세요 フンドゥロ ジュセヨ
否定 揺すりません	흔들지 않아요 フンドゥルジ アナヨ	~ないでください 揺すらないでください	흔들지 마세요 フンドゥルジ マセヨ
過去 揺すりました	흔들었어요 フンドゥロッソヨ	仮定 揺すれば	흔들면 フンドゥルミョン
現在連体 揺する(木の枝)	흔드는 (나뭇가지) フンドゥヌン ナムッカジ	~たいです 揺すりたいです	흔들고 싶어요 フンドゥルゴ シポヨ
過去連体 揺すった(木の枝)	흔든 (나뭇가지) フンドゥン ナムッカジ	~て 揺すって	흔들고 フンドゥルゴ
未来連体 揺する(木の枝)	흔들 (나뭇가지) フンドゥル ラムッカジ	~でしょう 揺するでしょう	흔들 거예요 フンドゥル ッコエヨ
~から 揺するから	흔드니까 フンドゥニッカ	~と思います 揺すると思います	흔들 것 같아요 フンドゥル ッコッ カタヨ
~けれど 揺するけれど	흔들지만 フンドゥルジマン	意志 揺すります	흔들겠어요 フンドゥルゲッソヨ

「揺すりましょうか?」は 흔들까요? フンドゥルッカヨ? と言います。

譲る (財産・地位を) 물려주다 ムルリョジュダ 動 形 形動 規則

요체 譲ります	물려줘요 ムルリョジュオヨ	~てください 譲ってください	물려줘 주세요 ムルリョジュオ ジュセヨ
否定 譲りません	물려주지 않아요 ムルリョジュジ アナヨ	~ないでください 譲らないでください	물려주지 마세요 ムルリョジュジ マセヨ
過去 譲りました	물려줬어요 ムルリョジュオッソヨ	仮定 譲れば	물려주면 ムルリョジュミョン
現在連体 譲る(財産)	물려주는 (재산) ムルリョジュヌン ジェサン	~たいです 譲りたいです	물려주고 싶어요 ムルリョジュゴ シポヨ
過去連体 譲った(財産)	물려준 (재산) ムルリョジュン ジェサン	~て 譲って	물려주고 ムルリョジュゴ
未来連体 譲る(財産)	물려줄 (재산) ムルリョジュル ッチェサン	~でしょう 譲るでしょう	물려줄 거예요 ムルリョジュル ッコエヨ
~から 譲るから	물려주니까 ムルリョジュニッカ	~と思います 譲ると思います	물려줄 것 같아요 ムルリョジュル ッコッ カタヨ
~けれど 譲るけれど	물려주지만 ムルリョジュジマン	意志 譲ります	물려주겠어요 ムルリョジュゲッソヨ

「譲る」には 양도하다 ヤンドハダ という言い方もあります。

譲る (席・道を) 양보하다 ヤンボハダ 動 形 形動 規則

요체 譲ります	양보해요 ヤンボヘヨ	~てください 譲ってください	양보해 주세요 ヤンボヘ ジュセヨ
否定 譲りません	양보하지 않아요 ヤンボハジ アナヨ	~ないでください 譲らないでください	양보하지 마세요 ヤンボハジ マセヨ
過去 譲りました	양보했어요 ヤンボヘッソヨ	仮定 譲れば	양보하면 ヤンボハミョン
現在連体 譲る(席)	양보하는 (자리) ヤンボハヌン ジャリ	~たいです 譲りたいです	양보하고 싶어요 ヤンボハゴ シポヨ
過去連体 譲った(席)	양보한 (자리) ヤンボハン ジャリ	~て 譲って	양보하고 ヤンボハゴ
未来連体 譲る(席)	양보할 (자리) ヤンボハル ッチャリ	~でしょう 譲るでしょう	양보할 거예요 ヤンボハル ッコエヨ
~から 譲るから	양보하니까 ヤンボハニッカ	~と思います 譲ると思います	양보할 것 같아요 ヤンボハル ッコッ カタヨ
~けれど 譲るけれど	양보하지만 ヤンボハジマン	意志 譲ります	양보하겠어요 ヤンボハゲッソヨ

「譲りません」には 양보 안 해요 ヤンボ ア ネヨ という言い方もあります。

ゆずる

豊かだ　풍부하다　プンブハダ

動 / 形 / 形動 / 規則

活用	韓国語	カナ	活用	韓国語	カナ
요体 豊かです	풍부해요	プンブヘヨ	~なのに 豊かなのに	풍부한데	プンブハンデ
否定 豊かではないです	풍부하지 않아요	プンブハジ アナヨ	~でも 豊かでも	풍부해도	プンブヘド
過去 豊かでした	풍부했어요	プンブヘッソヨ	仮定 豊かであれば	풍부하면	プンブハミョン
過去否定 豊かではなかったです	풍부하지 않았어요	プンブハジ アナッソヨ	~だけれど 豊かだけれど	풍부하지만	プンブハジマン
現在連体 豊かな(資源)	풍부한 (자원)	プンブハン ジャウォン	~でしょう 豊かでしょう	풍부할 거예요	プンブハル ッコエヨ
過去連体 豊かだった(資源)	풍부하던 (자원)	プンブハドン ジャウォン	~そうです 豊かそうです	풍부한 것 같아요	プンブハン ゴッ カタヨ
~で 豊かで	풍부하고	プンブハゴ	~ではないようです 豊かではないようです	풍부하지 않은 것 같아요	プンブハジ アヌン ゴッ カタヨ
~だから 豊かだから	풍부하니까	プンブハニッカ	~に 豊かに	풍부하게	プンブハゲ

「(心が)豊かだ」には **여유 있다** ヨユ イッタ という言い方もあります。

ゆでる　삶다　サムッタ

動 / 形 / 形動 / 規則

活用に注意!

活用	韓国語	カナ	活用	韓国語	カナ
요体 ゆでます	삶아요	サルマヨ	~てください ゆでてください	삶아 주세요	サルマ ジュセヨ
否定 ゆでません	삶지 않아요	サムチ アナヨ	~ないでください ゆでないでください	삶지 마세요	サムッチ マセヨ
過去 ゆでました	삶았어요	サルマッソヨ	仮定 ゆでれば	삶으면	サルムミョン
現在連体 ゆでる(卵)	삶는 (계란)	サムヌン ゲラン	~たいです ゆでたいです	삶고 싶어요	サムッコ シポヨ
過去連体 ゆでた(卵)	삶은 (계란)	サルムン ゲラン	~て ゆでて	삶고	サムッコ
未来連体 ゆでる(卵)	삶을 (계란)	サルムル ッケラン	~でしょう ゆでるでしょう	삶을 거예요	サルムル ッコエヨ
~から ゆでるから	삶으니까	サルムニッカ	~と思います ゆでると思います	삶을 것 같아요	サルムル ッコッ カタヨ
~けれど ゆでるけれど	삶지만	サムッチマン	意志 ゆでます	삶겠어요	サムッケッソヨ

「ゆでる」には **데치다** テチダ という言い方もあります。

緩い　느슨하다 ヌスナダ

動 形 形動 規則

요体 **緩いです**	느슨해요 ヌスネヨ	~のに **緩いのに**	느슨한데 ヌスナンデ
否定 **緩くないです**	느슨하지 않아요 ヌスナジ アナヨ	~くても **緩くても**	느슨해도 ヌスネド
過去 **緩かったです**	느슨했어요 ヌスネッソヨ	仮定 **緩ければ**	느슨하면 ヌスナミョン
過去否定 **緩くなかったです**	느슨하지 않았어요 ヌスナジ アナッソヨ	~けれど **緩いけれど**	느슨하지만 ヌスナジマン
現在連体 **緩い(結び目)**	느슨한 (매듭) ヌスナン メドゥプ	~でしょう **緩いでしょう**	느슨할 거예요 ヌスナル ッコエヨ
過去連体 **緩かった(結び目)**	느슨하던 (매듭) ヌスナドン メドゥプ	~ようです **緩いようです**	느슨한 것 같아요 ヌスナン ゴッ カタヨ
~くて **緩くて**	느슨하고 ヌスナゴ	~くないようです **緩くないようです**	느슨하지 않은 것 같아요 ヌスナジ アヌン ゴッ カタヨ
~から **緩いから**	느슨하니까 ヌスナニッカ	~く **緩く**	느슨하게 ヌスナゲ

「緩い」は 헐렁하다 ホルロンハダ とも言います。

許す　허락하다 ホラカダ

動 形 形動 規則

요体 **許します**	허락해요 ホラケヨ	~てください **許してください**	허락해 주세요 ホラケ ジュセヨ
否定 **許しません**	허락하지 않아요 ホラカジ アナヨ	~ないでください **許さないでください**	허락하지 마세요 ホラカジ マセヨ
過去 **許しました**	허락했어요 ホラケッソヨ	仮定 **許せば**	허락하면 ホラカミョン
現在連体 **許す(結婚)**	허락하는 (결혼) ホラカヌン ギョロン	~たいです **許したいです**	허락하고 싶어요 ホラカゴ シポヨ
過去連体 **許した(結婚)**	허락한 (결혼) ホラカン ギョロン	~て **許して**	허락하고 ホラカゴ
未来連体 **許す(結婚)**	허락할 (결혼) ホラカル ッキョロン	~でしょう **許すでしょう**	허락할 거예요 ホラカル ッコエヨ
~から **許すから**	허락하니까 ホラカニッカ	~と思います **許すと思います**	허락할 것 같아요 ホラカル ッコッ カタヨ
~けれど **許すけれど**	허락하지만 ホラカジマン	意志 **許します**	허락하겠어요 ホラカゲッソヨ

ひと言フレーズ　父が留学を許しません。
아버지가 유학을 허락하지 않아요. アボジガ ユハグル ホラカジ アナヨ

緩む（ひもなどが） 느슨해지다 ヌスネジダ 【動/形動 規則】

요체 緩みます	느슨해져요 ヌスネジョヨ	~てください	
否定 緩みません	느슨해지지 않아요 ヌスネジジ アナヨ	~ないでください	
過去 緩みました	느슨해졌어요 ヌスネジョッソヨ	仮定 緩めば	느슨해지면 ヌスネジミョン
現在連体 緩む(ひも)	느슨해지는 (끈) ヌスネジヌン ックン	~たいです	
過去連体 緩んだ(ひも)	느슨해진 (끈) ヌスネジン ックン	~て 緩んで	느슨해지고 ヌスネジゴ
未来連体 緩む(ひも)	느슨해질 (끈) ヌスネジル ックン	~でしょう 緩むでしょう	느슨해질 거예요 ヌスネジル ッコエヨ
~から 緩むから	느슨해지니까 ヌスネジニッカ	~と思います 緩むと思います	느슨해질 것 같아요 ヌスネジル ッコッ カタヨ
~けれど 緩むけれど	느슨해지지만 ヌスネジジマン	意志	

「(寒さが) 緩む」には (추위가) 풀리다 (チュウィガ) プルリダ を使います。

緩める（ひもなどを） 늦추다 ヌッチュダ 【動/形動 規則】

요체 緩めます	늦춰요 ヌッチュオヨ	~てください 緩めてください	늦춰 주세요 ヌッチュオ ジュセヨ
否定 緩めません	늦추지 않아요 ヌッチュジ アナヨ	~ないでください 緩めないでください	늦추지 마세요 ヌッチュジ マセヨ
過去 緩めました	늦췄어요 ヌッチュオッソヨ	仮定 緩めれば	늦추면 ヌッチュミョン
現在連体 緩める(ベルト)	늦추는 (벨트) ヌッチュヌン ベルトゥ	~たいです 緩めたいです	늦추고 싶어요 ヌッチュゴ シポヨ
過去連体 緩めた(ベルト)	늦춘 (벨트) ヌッチュン ベルトゥ	~て 緩めて	늦추고 ヌッチュゴ
未来連体 緩める(ベルト)	늦출 (벨트) ヌッチュル ッペルトゥ	~でしょう 緩めるでしょう	늦출 거예요 ヌッチュル ッコエヨ
~から 緩めるから	늦추니까 ヌッチュニッカ	~と思います 緩めると思います	늦출 것 같아요 ヌッチュル ッコッ カタヨ
~けれど 緩めるけれど	늦추지만 ヌッチュジマン	意志 緩めます	늦추겠어요 ヌッチュゲッソヨ

「(気を) 緩める」は 방심하다 パンシマダ と言います。

緩やかだ　완만하다　ワンマナダ　動/形/形動/規則

요体 緩やかです	완만해요 ワンマネヨ	〜なのに 緩やかなのに	완만한데 ワンマナンデ
否定 緩やかではないです	완만하지 않아요 ワンマナジ アナヨ	〜でも 緩やかでも	완만해도 ワンマネド
過去 緩やかでした	완만했어요 ワンマネッソヨ	仮定 緩やかであれば	완만하면 ワンマナミョン
過去否定 緩やかではなかったです	완만하지 않았어요 ワンマナジ アナッソヨ	〜だけれど 緩やかだけれど	완만하지만 ワンマナジマン
現在連体 緩やかな(動作)	완만한 (동작) ワンマナン ドンジャク	〜でしょう 緩やかでしょう	완만할 거예요 ワンマナル ッコエヨ
過去連体 緩やかだった(動作)	완만하던 (동작) ワンマナドン ドンジャク	〜そうです 緩やかそうです	완만한 것 같아요 ワンマナン ゴッ カタヨ
〜で 緩やかで	완만하고 ワンマナゴ	〜ではないようです 緩やかではないようです	완만하지 않은 것 같아요 ワンマナジ アヌン ゴッ カタヨ
〜だから 緩やかだから	완만하니까 ワンマナニッカ	〜に 緩やかに	완만하게 ワンマナゲ

😺 「緩やかな (気分)」には 느긋한 (기분) ヌグタン (ギブン) を使います。

揺れる　흔들리다　フンドゥルリダ　動/形/形動/規則

요体 揺れます	흔들려요 フンドゥルリョヨ	〜てください 揺れてください	흔들려 주세요 フンドゥルリョ ジュセヨ
否定 揺れません	흔들리지 않아요 フンドゥルリジ アナヨ	〜ないでください 揺れないでください	흔들리지 마세요 フンドゥルリジ マセヨ
過去 揺れました	흔들렸어요 フンドゥルリョッソヨ	仮定 揺れれば	흔들리면 フンドゥルリミョン
現在連体 揺れる(気持ち)	흔들리는 (마음) フンドゥルリヌン マウム	〜たいです 揺れたいです	흔들리고 싶어요 フンドゥルリゴ シポヨ
過去連体 揺れた(気持ち)	흔들린 (마음) フンドゥルリン マウム	〜て 揺れて	흔들리고 フンドゥルリゴ
未来連体 揺れる(気持ち)	흔들릴 (마음) フンドゥルリル マウム	〜でしょう 揺れるでしょう	흔들릴 거예요 フンドゥルリル ッコエヨ
〜から 揺れるから	흔들리니까 フンドゥルリニッカ	〜と思います 揺れると思います	흔들릴 것 같아요 フンドゥルリル ッコッ カタヨ
〜けれど 揺れるけれど	흔들리지만 フンドゥルリジマン	意志 揺れます	흔들리겠어요 フンドゥルリゲッソヨ

😺 「揺れても」は 흔들려도 フンドゥルリョド と言います。

良い 좋다 チョタ

動 形 形動 規則 基本単語

요体 良いです	좋아요 チョアヨ	~のに 良いのに	좋은데 チョウンデ
否定 良くないです	좋지 않아요 チョチ アナヨ	~くても 良くても	좋아도 チョアド
過去 良かったです	좋았어요 チョアッソヨ	仮定 良ければ	좋으면 チョウミョン
過去否定 良くなかったです	좋지 않았어요 チョチ アナッソヨ	~けれど 良いけれど	좋지만 チョチマン
現在連体 良い(天気)	좋은 (날씨) チョウン ナルッシ	~でしょう 良いでしょう	좋을 거예요 チョウル ッコエヨ
過去連体 良かった(天気)	좋던 (날씨) チョトン ナルッシ	~ようです 良いようです	좋은 것 같아요 チョウン ゴッ カタヨ
~くて 良くて	좋고 チョコ	~くないようです 良くないようです	좋지 않은 것 같아요 チョチ アヌン ゴッ カタヨ
~から 良いから	좋으니까 チョウニッカ	~く 良く	좋게 チョケ

「良い(気持ち)」は 즐거운 (기분) チュルゴウン (ギブン) とも言います。

陽気だ 쾌활하다 クェファラダ

動 形 形動 規則

요体 陽気です	쾌활해요 クェファレヨ	~なのに 陽気なのに	쾌활한데 クェファランデ
否定 陽気ではないです	쾌활하지 않아요 クェファラジ アナヨ	~でも 陽気でも	쾌활해도 クェファレド
過去 陽気でした	쾌활했어요 クェファレッソヨ	仮定 陽気であれば	쾌활하면 クェファラミョン
過去否定 陽気ではなかったです	쾌활하지 않았어요 クェファラジ アナッソヨ	~だけれど 陽気だけれど	쾌활하지만 クェファラジマン
現在連体 陽気な(性格)	쾌활한 (성격) クェファラン ソンッキョク	~でしょう 陽気でしょう	쾌활할 거예요 クェファラル ッコエヨ
過去連体 陽気だった(性格)	쾌활하던 (성격) クェファラドン ソンッキョク	~そうです 陽気そうです	쾌활한 것 같아요 クェファラン ゴッ カタヨ
~で 陽気で	쾌활하고 クェファラゴ	~ではないようです 陽気ではないようです	쾌활하지 않은 것 같아요 クェファラジ アヌン ゴッ カタヨ
~だから 陽気だから	쾌활하니까 クェファラニッカ	~に 陽気に	쾌활하게 クェファラゲ

「陽気だ」は 명랑하다 ミョンナンハダ とも言います。

幼稚だ　유치하다　ユチハダ

動形 形動　規則

立体 幼稚です	유치해요 ユチヘヨ	~なのに 幼稚なのに	유치한데 ユチハンデ
否定 幼稚ではないです	유치하지 않아요 ユチハジ アナヨ	~でも 幼稚でも	유치해도 ユチヘド
過去 幼稚でした	유치했어요 ユチヘッソヨ	仮定 幼稚であれば	유치하면 ユチハミョン
過去否定 幼稚ではなかったです	유치하지 않았어요 ユチハジ アナッソヨ	~だけれど 幼稚だけれど	유치하지만 ユチハジマン
現在連体 幼稚な(考え)	유치한 (생각) ユチハン センガク	~でしょう 幼稚でしょう	유치할 거예요 ユチハル ッコエヨ
過去連体 幼稚だった(考え)	유치하던 (생각) ユチハドン センガク	~そうです 幼稚そうです	유치한 것 같아요 ユチハン ゴッ カタヨ
~で 幼稚で	유치하고 ユチハゴ	~ではないようです 幼稚ではないようです	유치하지 않은 것 같아요 ユチハジ アヌン ゴッ カタヨ
~だから 幼稚だから	유치하니까 ユチハニッカ	~に 幼稚に	유치하게 ユチハゲ

「幼稚だ」は 미숙하다 ミスカダ とも言います。

余計だ　쓸데없다　ッスルッテオプタ

存在詞　規則

立体 余計です	쓸데없어요 ッスルッテオプソヨ	~なのに 余計なのに	쓸데없는데 ッスルッテオムヌンデ
否定 余計ではないです	쓸데없지 않아요 ッスルッテオプチ アナヨ	~でも 余計でも	쓸데없어도 ッスルッテオプソド
過去 余計でした	쓸데없었어요 ッスルッテオプソッソヨ	仮定 余計であれば	쓸데없으면 ッスルッテオプスミョン
過去否定 余計ではなかったです	쓸데없지 않았어요 ッスルッテオプチ アナッソヨ	~だけれど 余計だけれど	쓸데없지만 ッスルッテオプチマン
現在連体 余計な(考え)	쓸데없는 (생각) ッスルッテオムヌン センガク	~でしょう 余計でしょう	쓸데없을 거예요 ッスルッテオプスル ッコエヨ
過去連体 余計だった(考え)	쓸데없던 (생각) ッスルッテオプトン センガク	~そうです 余計そうです	쓸데없는 것 같아요 ッスルッテオムヌン ゴッ カタヨ
~で 余計で	쓸데없고 ッスルッテオプコ	~ではないようです 余計ではないようです	쓸데없지 않은 것 같아요 ッスルッテオプチ アヌン ゴッ カタヨ
~だから 余計だから	쓸데없으니까 ッスルッテオプスニッカ	~に 余計に	쓸데없게 ッスルッテオプケ

「余計だ」には 부질없다 プジロプタ という言い方もあります。

よける / 避ける　피하다　ピハダ　動形 形動 規則

요체 よけます	피해요 ピヘヨ	~てください よけてください	피해 주세요 ピヘ ジュセヨ
否定 よけません	피하지 않아요 ピハジ アナヨ	~ないでください よけないでください	피하지 마세요 ピハジ マセヨ
過去 よけました	피했어요 ピヘッソヨ	仮定 よければ	피하면 ピハミョン
現在連体 よける(水たまり)	피하는 (웅덩이) ピハヌ ヌンドンイ	~たいです よけたいです	피하고 싶어요 ピハゴ シポヨ
過去連体 よけた(水たまり)	피한 (웅덩이) ピハ ヌンドンイ	~て よけて	피하고 ピハゴ
未来連体 よける(水たまり)	피할 (웅덩이) ピハ ルンドンイ	~でしょう よけるでしょう	피할 거예요 ピハル ッコエヨ
~から よけるから	피하니까 ピハニッカ	~と思います よけると思います	피할 것 같아요 ピハル ッコッ カタヨ
~けれど よけるけれど	피하지만 ピハジマン	意志 よけます	피하겠어요 ピハゲッソヨ

「よける」は 비키다 ピキダ とも言います。

汚す　더럽히다　トロピダ　動形 形動 規則

요체 汚します	더럽혀요 トロピョヨ	~てください 汚してください	더럽혀 주세요 トロピョ ジュセヨ
否定 汚しません	더럽히지 않아요 トロピジ アナヨ	~ないでください 汚さないでください	더럽히지 마세요 トロピジ マセヨ
過去 汚しました	더럽혔어요 トロピョッソヨ	仮定 汚せば	더럽히면 トロピミョン
現在連体 汚す(服)	더럽히는 (옷) トロピヌ ノッ	~たいです 汚したいです	더럽히고 싶어요 トロピゴ シポヨ
過去連体 汚した(服)	더럽힌 (옷) トロピ ノッ	~て 汚して	더럽히고 トロピゴ
未来連体 汚す(服)	더럽힐 (옷) トロピ ロッ	~でしょう 汚すでしょう	더럽힐 거예요 トロピル ッコエヨ
~から 汚すから	더럽히니까 トロピニッカ	~と思います 汚すと思います	더럽힐 것 같아요 トロピル ッコッ カタヨ
~けれど 汚すけれど	더럽히지만 トロピジマン	意志 汚します	더럽히겠어요 トロピゲッソヨ

「汚す」には 손상하다 ソンサンハダ という言い方もあります。

汚れる　더러워지다　トロウォジダ　[動][形][形動][規則]

丁寧 汚れます	더러워져요 トロウォジョヨ	～てください 汚れてください	더러워져 주세요 トロウォジョ ジュセヨ
否定 汚れません	더러워지지 않아요 トロウォジジ アナヨ	～ないでください 汚れないでください	더러워지지 마세요 トロウォジジ マセヨ
過去 汚れました	더러워졌어요 トロウォジョッソヨ	仮定 汚れれば	더러워지면 トロウォジミョン
現在連体 汚れる(靴下)	더러워지는 (양말) トロウォジヌン ニャンマル	～たいです 汚れたいです	더러워지고 싶어요 トロウォジゴ シポヨ
過去連体 汚れた(靴下)	더러워진 (양말) トロウォジン ニャンマル	～て 汚れて	더러워지고 トロウォジゴ
未来連体 汚れる(靴下)	더러워질 (양말) トロウォジル リャンマル	～でしょう 汚れるでしょう	더러워질 거예요 トロウォジル ッコエヨ
～から 汚れるから	더러워지니까 トロウォジニッカ	～と思います 汚れると思います	더러워질 것 같아요 トロウォジル ッコッ カタヨ
～けれど 汚れるけれど	더러워지지만 トロウォジジマン	意志 汚れます	더러워지겠어요 トロウォジゲッソヨ

「汚れる」には **때묻다** ッテムッタ という言い方もあります。

呼ぶ　부르다　プルダ　[動][形][形動][ㄹ不規則]　活用に注意！　基本単語

丁寧 呼びます	불러요 プルロヨ	～てください 呼んでください	불러 주세요 プルロ ジュセヨ
否定 呼びません	부르지 않아요 プルジ アナヨ	～ないでください 呼ばないでください	부르지 마세요 プルジ マセヨ
過去 呼びました	불렀어요 プルロッソヨ	仮定 呼べば	부르면 プルミョン
現在連体 呼ぶ(声)	부르는 (소리) プルヌン ソリ	～たいです 呼びたいです	부르고 싶어요 プルゴ シポヨ
過去連体 呼んだ(声)	부른 (소리) プルン ソリ	～て 呼んで	부르고 プルゴ
未来連体 呼ぶ(声)	부를 (소리) プルル ッソリ	～でしょう 呼ぶでしょう	부를 거예요 プルル ッコエヨ
～から 呼ぶから	부르니까 プルニッカ	～と思います 呼ぶと思います	부를 것 같아요 プルル ッコッ カタヨ
～けれど 呼ぶけれど	부르지만 プルジマン	意志 呼びます	부르겠어요 プルゲッソヨ

ひと言フレーズ　タクシーを呼んでください。
택시를 불러 주세요. テクシルル プルロ ジュセヨ

読む　읽다　イクタ

動 形 形動　規則　**基本単語**

活用に注意！

요体 **読みます**	읽어요 イルゴヨ	~てください **読んでください**	읽어 주세요 イルゴ ジュセヨ
否定 **読みません**	읽지 않아요 イクチ アナヨ	~ないでください **読まないでください**	읽지 마세요 イクチ マセヨ
過去 **読みました**	읽었어요 イルゴッソヨ	仮定 **読めば**	읽으면 イルグミョン
現在連体 **読む(本)**	읽는 (책) インヌン チェク	~たいです **読みたいです**	읽고 싶어요 イルッコ シポヨ
過去連体 **読んだ(本)**	읽은 (책) イルグン チェク	~て **読んで**	읽고 イルッコ
未来連体 **読む(本)**	읽을 (책) イルグル チェク	~でしょう **読むでしょう**	읽을 거예요 イルグル ッコエヨ
~から **読むから**	읽으니까 イルグニッカ	~と思います **読むと思います**	읽을 것 같아요 イルグル ッコッ カタヨ
~けれど **読むけれど**	읽지만 イクチマン	意志 **読みます**	읽겠어요 イルッケッソヨ

ひと言フレーズ　恋愛小説を読みたいです。
연애소설을 읽고 싶어요. ヨネソソルル イルッコ シポヨ

予約する　예약하다　イェヤカダ

動 形 形動　規則

요体 **予約します**	예약해요 イェヤケヨ	~てください **予約してください**	예약해 주세요 イェヤケ ジュセヨ
否定 **予約しません**	예약하지 않아요 イェヤカジ アナヨ	~ないでください **予約しないでください**	예약하지 마세요 イェヤカジ マセヨ
過去 **予約しました**	예약했어요 イェヤケッソヨ	仮定 **予約すれば**	예약하면 イェヤカミョン
現在連体 **予約する(ホテル)**	예약하는 (호텔) イェヤカヌ ノテル	~たいです **予約したいです**	예약하고 싶어요 イェヤカゴ シポヨ
過去連体 **予約した(ホテル)**	예약한 (호텔) イェヤカ ノテル	~て **予約して**	예약하고 イェヤカゴ
未来連体 **予約する(ホテル)**	예약할 (호텔) イェヤカ ロテル	~でしょう **予約するでしょう**	예약할 거예요 イェヤカル ッコエヨ
~から **予約するから**	예약하니까 イェヤカニッカ	~と思います **予約すると思います**	예약할 것 같아요 イェヤカル ッコッ カタヨ
~けれど **予約するけれど**	예약하지만 イェヤカジマン	意志 **予約します**	예약하겠어요 イェヤカゲッソヨ

「予約するから」には 예약할 테니까 イェヤカル テニッカ という言い方もあります。

寄り添う　달라붙다　タルラブッタ　動 形 形動 規則

요体 寄り添います	달라붙어요 タルラブトヨ	~てください 寄り添ってください	달라붙어 주세요 タルラブト ジュセヨ
否定 寄り添いません	달라붙지 않아요 タルラブッチ アナヨ	~ないでください 寄り添わないでください	달라붙지 마세요 タルラブッチ マセヨ
過去 寄り添いました	달라붙었어요 タルラブトッソヨ	仮定 寄り添えば	달라붙으면 タルラブトゥミョン
現在連体 寄り添う(恋人達)	달라붙는 (연인들) タルラブンヌン ニョニンドゥル	~たいです 寄り添いたいです	달라붙고 싶어요 タルラブッコ シポヨ
過去連体 寄り添った(恋人達)	달라붙은 (연인들) タルラブトゥン ニョニンドゥル	~て 寄り添って	달라붙고 タルラブッコ
未来連体 寄り添う(恋人達)	달라붙을 (연인들) タルラブトゥル リョニンドゥル	~でしょう 寄り添うでしょう	달라붙을 거예요 タルラブトゥル ッコエヨ
~から 寄り添うから	달라붙으니까 タルラブトゥニッカ	~と思います 寄り添うと思います	달라붙을 것 같아요 タルラブトゥル ッコッ カタヨ
~けれど 寄り添うけれど	달라붙지만 タルラブッチマン	意志 寄り添います	달라붙겠어요 タルラブッケッソヨ

「寄り添う」は 다가붙다 タガブッタ とも言います。

寄る（そばに）　다가가다　タガガダ　動 形 形動 規則

요体 寄ります	다가가요 タガガヨ	~てください 寄ってください	다가가 주세요 タガガ ジュセヨ
否定 寄りません	다가가지 않아요 タガガジ アナヨ	~ないでください 寄らないでください	다가가지 마세요 タガガジ マセヨ
過去 寄りました	다가갔어요 タガガッソヨ	仮定 寄れば	다가가면 タガガミョン
現在連体 寄る(人)	다가가는 (사람) タガガヌン サラム	~たいです 寄りたいです	다가가고 싶어요 タガガゴ シポヨ
過去連体 寄った(人)	다가간 (사람) タガガン サラム	~て 寄って	다가가고 タガガゴ
未来連体 寄る(人)	다가갈 (사람) タガガル ッサラム	~でしょう 寄るでしょう	다가갈 거예요 タガガル ッコエヨ
~から 寄るから	다가가니까 タガガニッカ	~と思います 寄ると思います	다가갈 것 같아요 タガガル ッコッ カタヨ
~けれど 寄るけれど	다가가지만 タガガジマン	意志 寄ります	다가가겠어요 タガガゲッソヨ

「寄る」は 다가서다 タガソダ とも言います。

喜ぶ　기뻐하다　キッポハダ

[動] [規則]

요체 **喜びます**	기뻐해요 キッポヘヨ	~てください **喜んでください**	기뻐해 주세요 キッポヘ ジュセヨ
否定 **喜びません**	기뻐하지 않아요 キッポハジ アナヨ	~ないでください **喜ばないでください**	기뻐하지 마세요 キッポハジ マセヨ
過去 **喜びました**	기뻐했어요 キッポヘッソヨ	仮定 **喜べば**	기뻐하면 キッポハミョン
現在連体 **喜ぶ(母)**	기뻐하는 (어머니) キッポハヌ ノモニ	~たいです **喜びたいです**	기뻐하고 싶어요 キッポハゴ シポヨ
過去連体 **喜んだ(母)**	기뻐한 (어머니) キッポハ ノモニ	~て **喜んで**	기뻐하고 キッポハゴ
未来連体 **喜ぶ(母)**	기뻐할 (어머니) キッポハ ロモニ	~でしょう **喜ぶでしょう**	기뻐할 거예요 キッポハル ッコエヨ
~から **喜ぶから**	기뻐하니까 キッポハニッカ	~と思います **喜ぶと思います**	기뻐할 것 같아요 キッポハル ッコッ カタヨ
~けれど **喜ぶけれど**	기뻐하지만 キッポハジマン	意志 **喜びます**	기뻐하겠어요 キッポハゲッソヨ

「喜ぶ」は 좋아하다 チョアハダ、즐거워하다 チュルゴウォハダ とも言います。

弱い　약하다　ヤカダ

[形] [規則] 基本単語

요체 **弱いです**	약해요 ヤケヨ	~のに **弱いのに**	약한데 ヤカンデ
否定 **弱くないです**	약하지 않아요 ヤカジ アナヨ	~くても **弱くても**	약해도 ヤケド
過去 **弱かったです**	약했어요 ヤケッソヨ	仮定 **弱ければ**	약하면 ヤカミョン
過去否定 **弱くなかったです**	약하지 않았어요 ヤカジ アナッソヨ	~けれど **弱いけれど**	약하지만 ヤカジマン
現在連体 **弱い(意志)**	약한 (의지) ヤカ ヌイジ	~でしょう **弱いでしょう**	약할 거예요 ヤカル ッコエヨ
過去連体 **弱かった(意志)**	약하던 (의지) ヤカド ヌイジ	~ようです **弱いようです**	약한 것 같아요 ヤカン ゴッ カタヨ
~くて **弱くて**	약하고 ヤカゴ	~くないようです **弱くないようです**	약하지 않은 것 같아요 ヤカジ アヌン ゴッ カタヨ
~から **弱いから**	약하니까 ヤカニッカ	~く **弱く**	약하게 ヤカゲ

「(音が)弱い」には 희미하다 ヒミハダ という語も使います。

楽だ　편하다　ピョナダ

動 形 形動 規則

요体 楽です	편해요 ピョネヨ	~なのに 楽なのに	편한데 ピョナンデ
否定 楽ではないです	편하지 않아요 ピョナジ アナヨ	~でも 楽でも	편해도 ピョネド
過去 楽でした	편했어요 ピョネッソヨ	仮定 楽であれば	편하면 ピョナミョン
過去否定 楽ではなかったです	편하지 않았어요 ピョナジ アナッソヨ	~だけれど 楽だけれど	편하지만 ピョナジマン
現在連体 楽な(仕事)	편한 (일) ピョナン ニル	~でしょう 楽でしょう	편할 거예요 ピナル ッコエヨ
過去連体 楽だった(仕事)	편하던 (일) ピョナドン ニル	~そうです 楽そうです	편한 것 같아요 ピョナン ゴッ カタヨ
~で 楽で	편하고 ピョナゴ	~ではないようです 楽ではないようです	편하지 않은 것 같아요 ピョナジ アヌン ゴッ カタヨ
~だから 楽だから	편하니까 ピョナニッカ	~に 楽に	편하게 ピョナゲ

「楽に」には 편히 ピョニ のような語（副詞）もあります。

落胆する　낙담하다　ナクタマダ

動 形 形動 規則

요体 落胆します	낙담해요 ナクタメヨ	~てください 落胆してください	낙담해 주세요 ナクタメ ジュセヨ
否定 落胆しません	낙담하지 않아요 ナクタマジ アナヨ	~ないでください 落胆しないでください	낙담하지 마세요 ナクタマジ マセヨ
過去 落胆しました	낙담했어요 ナクタメッソヨ	仮定 落胆すれば	낙담하면 ナクタマミョン
現在連体 落胆する(友達)	낙담하는 (친구) ナクタマヌン チング	~たいです 落胆したいです	낙담하고 싶어요 ナクタマゴ シポヨ
過去連体 落胆した(友達)	낙담한 (친구) ナクタマン チング	~て 落胆して	낙담하고 ナクタマゴ
未来連体 落胆する(友達)	낙담할 (친구) ナクタマル チング	~でしょう 落胆するでしょう	낙담할 거예요 ナクタマル ッコエヨ
~から 落胆するから	낙담하니까 ナクタマニッカ	~と思います 落胆すると思います	낙담할 것 같아요 ナクタマル ッコッ カタヨ
~けれど 落胆するけれど	낙담하지만 ナクタマジマン	意志 落胆します	낙담하겠어요 ナクタマゲッソヨ

「落胆する」は 상심하다 サンシマダ とも言います。

楽になる　편해지다 ピョネジダ　動 形 形動 規則

요체 楽になります	편해져요 ピョネジョヨ	~てください 楽になってください	편해져 주세요 ピョネジョ ジュセヨ
否定 楽になりません	편해지지 않아요 ピョネジジ アナヨ	~ないでください 楽にならないでください	편해지지 마세요 ピョネジジ マセヨ
過去 楽になりました	편해졌어요 ピョネジョッソヨ	仮定 楽になれば	편해지면 ピョネジミョン
現在連体 楽になる(生活)	편해지는 (생활) ピョネジヌン センファル	~たいです 楽になりたいです	편해지고 싶어요 ピョネジゴ シポヨ
過去連体 楽になった(生活)	편해진 (생활) ピョネジン センファル	~て 楽になって	편해지고 ピョネジゴ
未来連体 楽になる(生活)	편해질 (생활) ピョネジル ッセンファル	~でしょう 楽になるでしょう	편해질 거예요 ピョネジル ッコエヨ
~から 楽になるから	편해지니까 ピョネジニッカ	~と思います 楽になると思います	편해질 것 같아요 ピョネジル ッコッ カタヨ
~けれど 楽になるけれど	편해지지만 ピョネジジマン	意志 楽になります	편해지겠어요 ピョネジゲッソヨ

🐾 「楽になる」には 넉넉해지다 ノンノケジダ という語もあります。

～らしい　듯하다 トゥタダ　(補助形容詞)

요체 ~らしいです	듯해요 トゥテヨ	~のに ~らしいのに	듯한데 トゥタンデ
否定 ~らしくないです	듯하지 않아요 トゥタジ アナヨ	~くても ~らしくても	듯해도 トゥテド
過去 ~らしかったです	듯했어요 トゥテッソヨ	仮定 ~らしければ	듯하면 トゥタミョン
過去否定 ~らしくなかったです	듯하지 않았어요 トゥタジ アナッソヨ	~けれど ~らしいけれど	듯하지만 トゥタジマン
現在連体		~でしょう ~らしいでしょう	듯할 거예요 トゥタル ッコエヨ
過去連体		~ようです ~らしいようです	듯한 것 같아요 トゥタン ゴッ カタヨ
~くて ~らしくて	듯하고 トゥタゴ	~くないようです ~らしくないようです	듯하지 않은 것 같아요 トゥタジ アヌン ゴッ カタヨ
~から ~らしいから	듯하니까 トゥタニッカ	~く ~らしく	듯하게 トゥタゲ

ひと言フレーズ 彼女の話は本当らしいです。
그녀의 말은 진짜인 듯해요. クニョエ マルン チンッチャイン ドゥテヨ

理解する　이해하다　イヘハダ　動形形動 規則　基本単語

丁寧体 理解します	이해해요 イヘヘヨ	~てください 理解してください	이해해 주세요 イヘヘ ジュセヨ
否定 理解しません	이해하지 않아요 イヘハジ アナヨ	~ないでください 理解しないでください	이해하지 마세요 イヘハジ マセヨ
過去 理解しました	이해했어요 イヘヘッソヨ	仮定 理解すれば	이해하면 イヘハミョン
現在連体 理解する(内容)	이해하는 (내용) イヘハヌン ネヨン	~たいです 理解したいです	이해하고 싶어요 イヘハゴ シポヨ
過去連体 理解した(内容)	이해한 (내용) イヘハン ネヨン	~て 理解して	이해하고 イヘハゴ
未来連体 理解する(内容)	이해할 (내용) イヘハル レヨン	~でしょう 理解するでしょう	이해할 거예요 イヘハル ッコエヨ
~から 理解するから	이해하니까 イヘハニッカ	~と思います 理解すると思います	이해할 것 같아요 イヘハル ッコッ カタヨ
~けれど 理解するけれど	이해하지만 イヘハジマン	意志 理解します	이해하겠어요 イヘハゲッソヨ

「理解がある」は 이해심이 있다 イヘシミ イッタ と言います。

利口だ　영리하다　ヨンニハダ　動形 形動 規則

丁寧体 利口です	영리해요 ヨンニヘヨ	~なのに 利口なのに	영리한데 ヨンニハンデ
否定 利口ではないです	영리하지 않아요 ヨンニハジ アナヨ	~でも 利口でも	영리해도 ヨンニヘド
過去 利口でした	영리했어요 ヨンニヘッソヨ	仮定 利口であれば	영리하면 ヨンニハミョン
過去否定 利口ではなかったです	영리하지 않았어요 ヨンニハジ アナッソヨ	~だけれど 利口だけれど	영리하지만 ヨンニハジマン
現在連体 利口な(子供)	영리한 (아이) ヨンニハ ナイ	~でしょう 利口でしょう	영리할 거예요 ヨンニハル ッコエヨ
過去連体 利口だった(子供)	영리하던 (아이) ヨンニハド ナイ	~そうです 利口そうです	영리한 것 같아요 ヨンニハン ゴッ カタヨ
~で 利口で	영리하고 ヨンニハゴ	~ではないようです 利口ではないようです	영리하지 않은 것 같아요 ヨンニハジ アヌン ゴッ カタヨ
~だから 利口だから	영리하니까 ヨンニハニッカ	~に 利口に	영리하게 ヨンニハゲ

「利口だ」には 똑똑하다 ットットカダ という言い方もあります。

理想的だ 이상적이다 イサンジョギダ 指定詞 規則

丁寧 **理想的です**	이상적이에요 イサンジョギエヨ	~なのに **理想的なのに**	이상적인데 イサンジョギンデ
否定 **理想的ではないです**	이상적이 아니에요 イサンジョギ アニエヨ	~でも **理想的でも**	이상적이라도 イサンジョギラド
過去 **理想的でした**	이상적이었어요 イサンジョギオッソヨ	仮定 **理想的であれば**	이상적이면 イサンジョギミョン
過去否定 **理想的ではなかったです**	이상적이 아니었어요 イサンジョギ アニオッソヨ	~だけれど **理想的だけれど**	이상적이지만 イサンジョギジマン
現在連体 **理想的な(相手)**	이상적인 (상대) イサンジョギン サンデ	~でしょう **理想的でしょう**	이상적일 거예요 イサンジョギル ッコエヨ
過去連体 **理想的だった(相手)**	이상적이던 (상대) イサンジョギドン サンデ	~そうです **理想的そうです**	이상적인 것 같아요 イサンジョギン ゴッ カタヨ
~で **理想的で**	이상적이고 イサンジョギゴ	~ではないようです **理想的ではないようです**	이상적이 아닌 것 같아요 イサンジョギ アニン ゴッ カタヨ
~だから **理想的だから**	이상적이니까 イサンジョギニッカ	~に **理想的に**	이상적으로 イサンジョグロ

「理想的だから」には 이상적이라서 イサンジョギラソ という活用形もあります。

律儀だ 의리 있다 ウィリ イッタ 存在詞 規則

丁寧 **律儀です**	의리 있어요 ウィリ イッソヨ	~なのに **律儀なのに**	의리 있는데 ウィリ インヌンデ
否定 **律儀ではないです**	의리 있지 않아요 ウィリ イッチ アナヨ	~でも **律儀でも**	의리 있어도 ウィリ イッソド
過去 **律儀でした**	의리 있었어요 ウィリ イッソッソヨ	仮定 **律儀であれば**	의리 있으면 ウィリ イッスミョン
過去否定 **律儀ではなかったです**	의리 있지 않았어요 ウィリ イッチ アナッソヨ	~だけれど **律儀だけれど**	의리 있지만 ウィリ イッチマン
現在連体 **律儀な(友達)**	의리 있는 (친구) ウィリ インヌン チング	~でしょう **律儀でしょう**	의리 있을 거예요 ウィリ イッスル ッコエヨ
過去連体 **律儀だった(友達)**	의리 있던 (친구) ウィリ イットン チング	~そうです **律儀そうです**	의리 있는 것 같아요 ウィリ インヌン ゴッ カタヨ
~で **律儀で**	의리 있고 ウィリ イッコ	~ではないようです **律儀ではないようです**	의리 있지 않은 것 같아요 ウィリ イッチ アヌン ゴッ カタヨ
~だから **律儀だから**	의리 있으니까 ウィリ イッスニッカ	~に **律儀に**	의리 있게 ウィリ イッケ

「律儀だ」には 성실하다 ソンシラダ という言い方もあります。

立派だ 훌륭하다 フルリュンハダ

動形 形動 規則

요体 立派です	훌륭해요 フルリュンヘヨ	~なのに 立派なのに	훌륭한데 フルリュンハンデ
否定 立派ではないです	훌륭하지 않아요 フルリュンハジ アナヨ	~でも 立派でも	훌륭해도 フルリュンヘド
過去 立派でした	훌륭했어요 フルリュンヘッソヨ	仮定 立派であれば	훌륭하면 フルリュンハミョン
過去否定 立派ではなかったです	훌륭하지 않았어요 フルリュンハジ アナッソヨ	~だけれど 立派だけれど	훌륭하지만 フルリュンハジマン
現在連体 立派な（学者）	훌륭한 (학자) フルリュンハ ナクチャ	~でしょう 立派でしょう	훌륭할 거예요 フルリュンハル ッコエヨ
過去連体 立派だった（学者）	훌륭하던 (학자) フルリュンハドン ナクチャ	~そうです 立派そうです	훌륭한 것 같아요 フルリュンハン ゴッ カタヨ
~で 立派で	훌륭하고 フルリュンハゴ	~ではないようです 立派ではないようです	훌륭하지 않은 것 같아요 フルリュンハジ アヌン ゴッ カタヨ
~だから 立派だから	훌륭하니까 フルリュンハニッカ	~に 立派に	훌륭하게 フルリュンハゲ

「立派だ」は 뛰어나다 ットゥィオナダ とも言います。

留学する 유학하다 ユハカダ

動形 形動 規則

요体 留学します	유학해요 ユハケヨ	~てください 留学してください	유학해 주세요 ユハケ ジュセヨ
否定 留学しません	유학하지 않아요 ユハカジ アナヨ	~ないでください 留学しないでください	유학하지 마세요 ユハカジ マセヨ
過去 留学しました	유학했어요 ユハケッソヨ	仮定 留学すれば	유학하면 ユハカミョン
現在連体 留学する（学生）	유학하는 (학생) ユハカヌン ナクセン	~たいです 留学したいです	유학하고 싶어요 ユハカゴ シポヨ
過去連体 留学した（学生）	유학한 (학생) ユハカン ナクセン	~て 留学して	유학하고 ユハカゴ
未来連体 留学する（学生）	유학할 (학생) ユハカル ラクセン	~でしょう 留学するでしょう	유학할 거예요 ユハカル ッコエヨ
~から 留学するから	유학하니까 ユハカニッカ	~と思います 留学すると思います	유학할 것 같아요 ユハカル ッコッ カタヨ
~けれど 留学するけれど	유학하지만 ユハカジマン	意志 留学します	유학하겠어요 ユハカゲッソヨ

「留学する」には 유학 가다 ユハク カダ という語もあります。

利用する　이용하다　イヨンハダ

動 形 形動 規則

요体 利用します	이용해요 イヨンヘヨ	~てください 利用してください	이용해 주세요 イヨンヘ ジュセヨ
否定 利用しません	이용하지 않아요 イヨンハジ アナヨ	~ないでください 利用しないでください	이용하지 마세요 イヨンハジ マセヨ
過去 利用しました	이용했어요 イヨンヘッソヨ	仮定 利用すれば	이용하면 イヨンハミョン
現在連体 利用する(ホテル)	이용하는 (호텔) イヨンハヌ ノテル	~たいです 利用したいです	이용하고 싶어요 イヨンハゴ シポヨ
過去連体 利用した(ホテル)	이용한 (호텔) イヨンハ ノテル	~て 利用して	이용하고 イヨンハゴ
未来連体 利用する(ホテル)	이용할 (호텔) イヨンハ ロテル	~でしょう 利用するでしょう	이용할 거예요 イヨンハル ッコエヨ
~から 利用するから	이용하니까 イヨンハニッカ	~と思います 利用すると思います	이용할 것 같아요 イヨンハル ッコッ カタヨ
~けれど 利用するけれど	이용하지만 イヨンハジマン	意志 利用します	이용하겠어요 イヨンハゲッソヨ

「利用する」には 쓰다 ッスダ という言い方もあります。

料理する　요리하다　ヨリハダ

動 形 形動 規則

요体 料理します	요리해요 ヨリヘヨ	~てください 料理してください	요리해 주세요 ヨリヘ ジュセヨ
否定 料理しません	요리하지 않아요 ヨリハジ アナヨ	~ないでください 料理しないでください	요리하지 마세요 ヨリハジ マセヨ
過去 料理しました	요리했어요 ヨリヘッソヨ	仮定 料理すれば	요리하면 ヨリハミョン
現在連体 料理する(主婦)	요리하는 (주부) ヨリハヌン ジュブ	~たいです 料理したいです	요리하고 싶어요 ヨリハゴ シポヨ
過去連体 料理した(主婦)	요리한 (주부) ヨリハン ジュブ	~て 料理して	요리하고 ヨリハゴ
未来連体 料理する(主婦)	요리할 (주부) ヨリハル ッチュブ	~でしょう 料理するでしょう	요리할 거예요 ヨリハル ッコエヨ
~から 料理するから	요리하니까 ヨリハニッカ	~と思います 料理すると思います	요리할 것 같아요 ヨリハル ッコッ カタヨ
~けれど 料理するけれど	요리하지만 ヨリハジマン	意志 料理します	요리하겠어요 ヨリハゲッソヨ

ひと言フレーズ 今夜は私が料理する番です。
오늘 저녁은 제가 요리할 차례예요. オヌル チョニョグン チェガ ヨリハル チャレエヨ

両立する　양립하다　ヤンニパダ

動 形 形動 規則

丁寧形 両立します	양립해요	ヤンニペヨ
否定 両立しません	양립하지 않아요	ヤンニパジ アナヨ
過去 両立しました	양립했어요	ヤンニペッソヨ
現在連体 両立する(思想)	양립하는 (사상)	ヤンニパヌン ササン
過去連体 両立した(思想)	양립한 (사상)	ヤンニパン ササン
未来連体 両立する(思想)	양립할 (사상)	ヤンニパル ッササン
〜から 両立するから	양립하니까	ヤンニパニッカ
〜けれど 両立するけれど	양립하지만	ヤンニパジマン
〜てください 両立してください	양립해 주세요	ヤンニペ ジュセヨ
〜ないでください 両立しないでください	양립하지 마세요	ヤンニパジ マセヨ
仮定 両立すれば	양립하면	ヤンニパミョン
〜たいです 両立したいです	양립하고 싶어요	ヤンニパゴ シポヨ
〜て 両立して	양립하고	ヤンニパゴ
〜でしょう 両立するでしょう	양립할 거예요	ヤンニパル ッコエヨ
〜と思います 両立すると思います	양립할 것 같아요	ヤンニパル ッコッ カタヨ
意志 両立します	양립하겠어요	ヤンニパゲッソヨ

「両立しても」は **양립해도** ヤンニペド、「両立したので」は **양립해서** ヤンニペソ と言います。

旅行する　여행하다　ヨヘンハダ

動 形 形動 規則

丁寧形 旅行します	여행해요	ヨヘンヘヨ
否定 旅行しません	여행하지 않아요	ヨヘンハジ アナヨ
過去 旅行しました	여행했어요	ヨヘンヘッソヨ
現在連体 旅行する(所)	여행하는 (곳)	ヨヘンハヌン ゴッ
過去連体 旅行した(所)	여행한 (곳)	ヨヘンハン ゴッ
未来連体 旅行する(所)	여행할 (곳)	ヨヘンハル ッコッ
〜から 旅行するから	여행하니까	ヨヘンハニッカ
〜けれど 旅行するけれど	여행하지만	ヨヘンハジマン
〜てください 旅行してください	여행해 주세요	ヨヘンヘ ジュセヨ
〜ないでください 旅行しないでください	여행하지 마세요	ヨヘンハジ マセヨ
仮定 旅行すれば	여행하면	ヨヘンハミョン
〜たいです 旅行したいです	여행하고 싶어요	ヨヘンハゴ シポヨ
〜て 旅行して	여행하고	ヨヘンハゴ
〜でしょう 旅行するでしょう	여행할 거예요	ヨヘンハル ッコエヨ
〜と思います 旅行すると思います	여행할 것 같아요	ヨヘンハル ッコッ カタヨ
意志 旅行します	여행하겠어요	ヨヘンハゲッソヨ

ひと言フレーズ 旅行すれば、気が晴れるでしょう。
여행하면, 기분이 좋아질 거예요. ヨヘンハミョン キブニ チョアジル ッコエヨ

冷静だ 침착하다 チムチャカダ

動 形 形動 規則

요体 **冷静です**	침착해요 チムチャケヨ	~なのに **冷静なのに**	침착한데 チムチャカンデ
否定 **冷静ではないです**	침착하지 않아요 チムチャカジ アナヨ	~でも **冷静でも**	침착해도 チムチャケド
過去 **冷静でした**	침착했어요 チムチャケッソヨ	仮定 **冷静であれば**	침착하면 チムチャカミョン
過去否定 **冷静ではなかったです**	침착하지 않았어요 チムチャカジ アナッソヨ	~だけれど **冷静だけれど**	침착하지만 チムチャカジマン
現在連体 **冷静な(行動)**	침착한 (행동) チムチャカ ネンドン	~でしょう **冷静でしょう**	침착할 거예요 チムチャカル ッコエヨ
過去連体 **冷静だった(行動)**	침착하던 (행동) チムチャカド ネンドン	~そうです **冷静そうです**	침착한 것 같아요 チムチャカン ゴッ カタヨ
~で **冷静で**	침착하고 チムチャカゴ	~ではないようです **冷静ではないようです**	침착하지 않은 것 같아요 チムチャカジ アヌン ゴッ カタヨ
~だから **冷静だから**	침착하니까 チムチャカニッカ	~に **冷静に**	침착하게 チムチャカゲ

「冷静だ」には 냉정하다 ネンジョンハダ という語もあります。

冷淡だ 냉담하다 ネンダマダ

動 形 形動 規則

요体 **冷淡です**	냉담해요 ネンダメヨ	~なのに **冷淡なのに**	냉담한데 ネンダマンデ
否定 **冷淡ではないです**	냉담하지 않아요 ネンダマジ アナヨ	~でも **冷淡でも**	냉담해도 ネンダメド
過去 **冷淡でした**	냉담했어요 ネンダメッソヨ	仮定 **冷淡であれば**	냉담하면 ネンダマミョン
過去否定 **冷淡ではなかったです**	냉담하지 않았어요 ネンダマジ アナッソヨ	~だけれど **冷淡だけれど**	냉담하지만 ネンダマジマン
現在連体 **冷淡な(表情)**	냉담한 (표정) ネンダマン ピョジョン	~でしょう **冷淡でしょう**	냉담할 거예요 ネンダマル ッコエヨ
過去連体 **冷淡だった(表情)**	냉담하던 (표정) ネンダマドン ピョジョン	~そうです **冷淡そうです**	냉담한 것 같아요 ネンダマン ゴッ カタヨ
~で **冷淡で**	냉담하고 ネンダマゴ	~ではないようです **冷淡ではないようです**	냉담하지 않은 것 같아요 ネンダマジ アヌン ゴッ カタヨ
~だから **冷淡だから**	냉담하니까 ネンダマニッカ	~に **冷淡に**	냉담하게 ネンダマゲ

「冷淡だ」は 차갑다 チガプタ とも言います。

連絡する　연락하다　ヨルラカダ

動 形 形動 規則

요体 連絡します	연락해요 ヨルラケヨ	~てください 連絡してください	연락해 주세요 ヨルラケ ジュセヨ
否定 連絡しません	연락하지 않아요 ヨルラカジ アナヨ	~ないでください 連絡しないでください	연락하지 마세요 ヨルラカジ マセヨ
過去 連絡しました	연락했어요 ヨルラケッソヨ	仮定 連絡すれば	연락하면 ヨルラカミョン
現在連体 連絡する(内容)	연락하는 (내용) ヨルラカヌン ネヨン	~たいです 連絡したいです	연락하고 싶어요 ヨルラカゴ シポヨ
過去連体 連絡した(内容)	연락한 (내용) ヨルラカン ネヨン	~て 連絡して	연락하고 ヨルラカゴ
未来連体 連絡する(内容)	연락할 (내용) ヨルラカル レヨン	~でしょう 連絡するでしょう	연락할 거예요 ヨルラカル ッコエヨ
~から 連絡するから	연락하니까 ヨルラカニッカ	~と思います 連絡すると思います	연락할 것 같아요 ヨルラカル ッコッ カタヨ
~けれど 連絡するけれど	연락하지만 ヨルラカジマン	意志 連絡します	연락하겠어요 ヨルラカゲッソヨ

ひと言フレーズ　東京に来たら、必ず連絡してください。
도쿄에 오면, 꼭 연락해 주세요. トキョエ オミョン ッコク ヨルラケ ジュセヨ

浪費する　낭비하다　ナンビハダ

動 形 形動 規則

요体 浪費します	낭비해요 ナンビヘヨ	~てください 浪費してください	낭비해 주세요 ナンビヘ ジュセヨ
否定 浪費しません	낭비하지 않아요 ナンビハジ アナヨ	~ないでください 浪費しないでください	낭비하지 마세요 ナンビハジ マセヨ
過去 浪費しました	낭비했어요 ナンビヘッソヨ	仮定 浪費すれば	낭비하면 ナンビハミョン
現在連体 浪費する(時間)	낭비하는 (시간) ナンビハヌン シガン	~たいです 浪費したいです	낭비하고 싶어요 ナンビハゴ シポヨ
過去連体 浪費した(時間)	낭비한 (시간) ナンビハン シガン	~て 浪費して	낭비하고 ナンビハゴ
未来連体 浪費する(時間)	낭비할 (시간) ナンビハル ッシガン	~でしょう 浪費するでしょう	낭비할 거예요 ナンビハル ッコエヨ
~から 浪費するから	낭비하니까 ナンビハニッカ	~と思います 浪費すると思います	낭비할 것 같아요 ナンビハル ッコッ カタヨ
~けれど 浪費するけれど	낭비하지만 ナンビハジマン	意志 浪費します	낭비하겠어요 ナンビハゲッソヨ

「浪費癖」は **낭비벽** ナンビビョク と言います。

露骨だ 노골적이다 ノゴルッチョギダ [指定詞 規則]

요체 **露骨です**	노골적이에요 ノゴルッチョギエヨ	~なのに **露骨なのに**	노골적인데 ノゴルッチョギンデ
否定 **露骨ではないです**	노골적이 아니에요 ノゴルッチョギ アニエヨ	~でも **露骨でも**	노골적이라도 ノゴルッチョギラド
過去 **露骨でした**	노골적이었어요 ノゴルッチョギオッソヨ	仮定 **露骨であれば**	노골적이면 ノゴルッチョギミョン
過去否定 **露骨ではなかったです**	노골적이 아니었어요 ノゴルッチョギ アニオッソヨ	~だけれど **露骨だけれど**	노골적이지만 ノゴルッチョギジマン
現在連体 **露骨な(態度)**	노골적인 (태도) ノゴルッチョギン テド	~でしょう **露骨でしょう**	노골적일 거예요 ノゴルッチョギル ッコエヨ
過去連体 **露骨だった(態度)**	노골적이던 (태도) ノゴルッチョギドン テド	~そうです **露骨そうです**	노골적인 것 같아요 ノゴルッチョギン ゴッ カタヨ
~で **露骨で**	노골적이고 ノゴルッチョギゴ	~ではないようです **露骨ではないようです**	노골적이 아닌 것 같아요 ノゴルッチョギ アニン ゴッ カタヨ
~だから **露骨だから**	노골적이니까 ノゴルッチョギニッカ	~に **露骨に**	노골적으로 ノゴルッチョグロ

(否定)「露骨ではないです」には 노골적이지 않아요 ノゴルッチョギジ アナヨ という活用形もあります。

論じる 논하다 ノナダ [動 形 形動 規則]

요체 **論じます**	논해요 ノネヨ	~てください **論じてください**	논해 주세요 ノネ ジュセヨ
否定 **論じません**	논하지 않아요 ノナジ アナヨ	~ないでください **論じないでください**	논하지 마세요 ノナジ マセヨ
過去 **論じました**	논했어요 ノネッソヨ	仮定 **論じれば**	논하면 ノナミョン
現在連体 **論じる(問題)**	논하는 (문제) ノナヌン ムンジェ	~たいです **論じたいです**	논하고 싶어요 ノナゴ シポヨ
過去連体 **論じた(問題)**	논한 (문제) ノナン ムンジェ	~て **論じて**	논하고 ノナゴ
未来連体 **論じる(問題)**	논할 (문제) ノナル ムンジェ	~でしょう **論じるでしょう**	논할 거예요 ノナル ッコエヨ
~から **論じるから**	논하니까 ノナニッカ	~と思います **論じると思います**	논할 것 같아요 ノナル ッコッ カタヨ
~けれど **論じるけれど**	논하지만 ノナジマン	意志 **論じます**	논하겠어요 ノナゲッソヨ

ひと言フレーズ それはこの場で論じる話題ではありません。
그건 여기서 논할 화제가 아니에요. クゴン ヨギソ ノナル ファジェガ アニエヨ

若い 젊다 チョムッタ 動 形 形動 規則

요体 若いです	젊어요 チョムオヨ	～のに 若いのに	젊은데 チョルムンデ
否定 若くないです	젊지 않아요 チョムッチ アナヨ	～くても 若くても	젊어도 チョルモド
過去 若かったです	젊었어요 チョルモッソヨ	仮定 若ければ	젊으면 チョルムミョン
過去否定 若くなかったです	젊지 않았어요 チョムッチ アナッソヨ	～けれど 若いけれど	젊지만 チョムッチマン
現在連体 若い(夫)	젊은 (남편) チョルムン ナムピョン	～でしょう 若いでしょう	젊을 거예요 チョルムル ッコエヨ
過去連体 若かった(夫)	젊던 (남편) チョムットン ナムピョン	～ようです 若いようです	젊은 것 같아요 チョルムン ゴッ カタヨ
～くて 若くて	젊고 チョムッコ	～くないようです 若くないようです	젊지 않은 것 같아요 チョムッチ アヌン ゴッ カタヨ
～から 若いから	젊으니까 チョルムニッカ	～く 若く	젊게 チョムッケ

「若い」には 어리다 オリダ という語もあります。

若返る 젊어지다 チョルモジダ 動 形 形動 規則

요体 若返ります	젊어져요 チョルモジョヨ	～てください 若返ってください	젊어져 주세요 チョルモジョ ジュセヨ
否定 若返りません	젊어지지 않아요 チョルモジジ アナヨ	～ないでください 若返らないでください	젊어지지 마세요 チョルモジジ マセヨ
過去 若返りました	젊어졌어요 チョルモジョッソヨ	仮定 若返れば	젊어지면 チョルモジミョン
現在連体 若返る(妻)	젊어지는 (아내) チョルモジヌ ナネ	～たいです 若返りたいです	젊어지고 싶어요 チョルモジゴ シポヨ
過去連体 若返った(妻)	젊어진 (아내) チョルモジ ナネ	～て 若返って	젊어지고 チョルモジゴ
未来連体 若返る(妻)	젊어질 (아내) チョルモジ ラネ	～でしょう 若返るでしょう	젊어질 거예요 チョルモジル ッコエヨ
～から 若返るから	젊어지니까 チョルモジニッカ	～と思います 若返ると思います	젊어질 것 같아요 チョルモジル ッコッ カタヨ
～けれど 若返るけれど	젊어지지만 チョルモジジマン	意志 若返ります	젊어지겠어요 チョルモジゲッソヨ

「若返っても」は 젊어져도 チョルモジョド と言います。

わがままだ　제멋대로이다　チェモッテロイダ　[指定詞] [規則]

요体 わがままです	제멋대로예요 チェモッテロエヨ	〜なのに わがままなのに	제멋대로인데 チェモッテロインデ
否定 わがままではないです	제멋대로가 아니에요 チェモッテロガ アニエヨ	〜でも わがままでも	제멋대로라도 チェモッテロラド
過去 わがままでした	제멋대로였어요 チェモッテロヨッソヨ	仮定 わがままであれば	제멋대로이면 チェモッテロイミョン
過去否定 わがままではなかったです	제멋대로가 아니었어요 チェモッテロガ アニオッソヨ	〜だけれど わがままだけれど	제멋대로이지만 チェモッテロイジマン
現在連体 わがままな(子供)	제멋대로인 (아이) チェモッテロイ ナイ	〜でしょう わがままでしょう	제멋대로일 거예요 チェモッテロイル ッコエヨ
過去連体 わがままだった(子供)	제멋대로이던 (아이) チェモッテロイドン ナイ	〜そうです わがままそうです	제멋대로인 것 같아요 チェモッテロイン ゴッ カタヨ
〜で わがままで	제멋대로이고 チェモッテロイゴ	〜ではないようです わがままではないようです	제멋대로가 아닌 것 같아요 チェモッテロガ アニン ゴッ カタヨ
〜だから わがままだから	제멋대로이니까 チェモッテロイニッカ	〜に わがままに	제멋대로 チェモッテロ

「わがままだ」には 버릇없다 ポルドプタ という語もあります。

わからない　모르다　モルダ　[動] [形] [形動] [르不規則]　活用に注意！　基本単語

요体 わかりません	몰라요 モルラヨ	〜てください	
否定 わからなくないです	모르지 않아요 モルジ アナヨ	〜ないでください	
過去 わかりませんでした	몰랐어요 モルラッソヨ	仮定 わからなければ	모르면 モルミョン
現在連体 わからない(こと)	모르는 (것) モルヌン ゴッ	〜たいです	
過去連体 わからなかった(こと)	모른 (것) モルン ゴッ	〜て わからなくて	모르고 モルゴ
未来連体 わからない(こと)	모를 (것) モルル ッコッ	〜でしょう わからないでしょう	모를 거예요 モルル ッコエヨ
〜から わからないから	모르니까 モルニッカ	〜と思います わからないと思います	모를 것 같아요 モルル ッコッ カタヨ
〜けれど わからないけれど	모르지만 モルジマン	意志	

「わかる」の否定には、この 모르다 という動詞を使います。

わかる／知る　알다　アルダ　動 形 形動 ㄹ脱落　活用に注意！　基本単語

요체 わかります	알아요 アラヨ	～てください わかってください	알아 주세요 アラ ジュセヨ
否定 わかりません	몰라요 モルラヨ	～ないでください	
過去 わかりました	알았어요 アラッソヨ	仮定 わかれば	알면 アルミョン
現在連体 わかる(事情)	아는 (사정) アヌン サジョン	～たいです わかりたいです	알고 싶어요 アルゴ シポヨ
過去連体 わかった(事情)	안 (사정) アン サジョン	～て わかって	알고 アルゴ
未来連体 わかる(事情)	알 (사정) アル ッサジョン	～でしょう わかるでしょう	알 거예요 アル ッコエヨ
～から わかるから	아니까 アニッカ	～と思います わかると思います	알 것 같아요 アル ッコッ カタヨ
～けれど わかるけれど	알지만 アルジマン	意志	

「わかる」には 이해하다 イヘハダ という語もあります。

別れる　헤어지다　ヘオジダ　動 形 形動 規則

요체 別れます	헤어져요 ヘオジョヨ	～てください 別れてください	헤어져 주세요 ヘオジョ ジュセヨ
否定 別れません	헤어지지 않아요 ヘオジジ アナヨ	～ないでください 別れないでください	헤어지지 마세요 ヘオジジ マセヨ
過去 別れました	헤어졌어요 ヘオジョッソヨ	仮定 別れれば	헤어지면 ヘオジミョン
現在連体 別れる(恋人達)	헤어지는 (연인들) ヘオジヌン ニョニンドゥル	～たいです 別れたいです	헤어지고 싶어요 ヘオジゴ シポヨ
過去連体 別れた(恋人達)	헤어진 (연인들) ヘオジン ニョニンドゥル	～て 別れて	헤어지고 ヘオジゴ
未来連体 別れる(恋人達)	헤어질 (연인들) ヘオジル リョニンドゥル	～でしょう 別れるでしょう	헤어질 거예요 ヘオジル ッコエヨ
～から 別れるから	헤어지니까 ヘオジニッカ	～と思います 別れると思います	헤어질 것 같아요 ヘオジル ッコッ カタヨ
～けれど 別れるけれど	헤어지지만 ヘオジジマン	意志 別れます	헤어지겠어요 ヘオジゲッソヨ

「別れる」は 이별하다 イビョラダ とも言います。

分かれる　갈라지다 カルラジダ

動 形 形動 規則

요체 分かれます	갈라져요 カルラジョヨ	~てください	
否定 分かれません	갈라지지 않아요 カルラジジ アナヨ	~ないでください	
過去 分かれました	갈라졌어요 カルラジョッソヨ	仮定 分かれれば	갈라지면 カルラジミョン
現在連体 分かれる(意見)	갈라지는 (의견) カルラジヌ ヌィギョン	~たいです	
過去連体 分かれた(意見)	갈라진 (의견) カルラジン ヌィギョン	~て 分かれて	갈라지고 カルラジゴ
未来連体 分かれる(意見)	갈라질 (의견) カルラジル ルィギョン	~でしょう 分かれるでしょう	갈라질 거예요 カルラジル ッコエヨ
~から 分かれるから	갈라지니까 カルラジニッカ	~と思います 分かれると思います	갈라질 것 같아요 カルラジル ッコッ カタヨ
~けれど 分かれるけれど	갈라지지만 カルラジジマン	意志	

「分かれる」は 나뉘다 ナヌィダ とも言います。

沸く　끓다 ックルタ

動 形 形動 規則

요체 沸きます	끓어요 ックロヨ	~てください	
否定 沸きません	끓지 않아요 ックルチ アナヨ	~ないでください	
過去 沸きました	끓었어요 ックロッソヨ	仮定 沸けば	끓으면 ックルミョン
現在連体 沸く(お湯)	끓는 (물) ックルルン ムル	~たいです	
過去連体 沸いた(お湯)	끓은 (물) ックルン ムル	~て 沸いて	끓고 ックルコ
未来連体 沸く(お湯)	끓을 (물) ックルル ムル	~でしょう 沸くでしょう	끓을 거예요 ックルル ッコエヨ
~から 沸くから	끓으니까 ックルニッカ	~と思います 沸くと思います	끓을 것 같아요 ックルル ッコッ カタヨ
~けれど 沸くけれど	끓지만 ックルチマン	意志	

「(場内が)沸く」には 들끓다 トゥルックルタ という語もあります。

分ける　나누다 ナヌダ

動形形動　規則

요体 分けます	나눠요 ナヌォヨ	~てください 分けてください	나눠 주세요 ナヌォ ジュセヨ
否定 分けません	나누지 않아요 ナヌジ アナヨ	~ないでください 分けないでください	나누지 마세요 ナヌジ マセヨ
過去 分けました	나눴어요 ナヌォッソヨ	仮定 分ければ	나누면 ナヌミョン
現在連体 分ける(お菓子)	나누는 (과자) ナヌヌン グァジャ	~たいです 分けたいです	나누고 싶어요 ナヌゴ シポヨ
過去連体 分けた(お菓子)	나눈 (과자) ナヌン グァジャ	~て 分けて	나누고 ナヌゴ
未来連体 分ける(お菓子)	나눌 (과자) ナヌル ックァジャ	~でしょう 分けるでしょう	나눌 거예요 ナヌル ッコエヨ
~から 分けるから	나누니까 ナヌニッカ	~と思います 分けると思います	나눌 것 같아요 ナヌル ッコッ カタヨ
~けれど 分けるけれど	나누지만 ナヌジマン	意志 分けます	나누겠어요 ナヌゲッソヨ

「分ける」は 가르다 カルダ とも言います。

忘れる　잊다 イッタ

動形形動　規則　基本単語

요体 忘れます	잊어요 イジョヨ	~てください 忘れてください	잊어 주세요 イジョ ジュセヨ
否定 忘れません	잊지 않아요 イッチ アナヨ	~ないでください 忘れないでください	잊지 마세요 イッチ マセヨ
過去 忘れました	잊었어요 イジョッソヨ	仮定 忘れれば	잊으면 イジュミョン
現在連体 忘れる(約束)	잊는 (약속) インヌン ニャクソク	~たいです 忘れたいです	잊고 싶어요 イッコ シポヨ
過去連体 忘れた(約束)	잊은 (약속) イジュン ニャクソク	~て 忘れて	잊고 イッコ
未来連体 忘れる(約束)	잊을 (약속) イジュル リャクソク	~でしょう 忘れるでしょう	잊을 거예요 イジュル ッコエヨ
~から 忘れるから	잊으니까 イジュニッカ	~と思います 忘れると思います	잊을 것 같아요 イジュル ッコッ カタヨ
~けれど 忘れるけれど	잊지만 イッチマン	意志 忘れます	잊겠어요 イッケッソヨ

「忘れる」には 잊어버리다 イジョボリダ という語も使います。

渡す　건네다 コンネダ

動 形 形動 規則

요体 渡します	건네요 コンネヨ	~てください 渡してください	건네 주세요 コンネ ジュセヨ
否定 渡しません	건네지 않아요 コンネジ アナヨ	~ないでください 渡さないでください	건네지 마세요 コンネジ マセヨ
過去 渡しました	건넸어요 コンネッソヨ	仮定 渡せば	건네면 コンネミョン
現在連体 渡す(小切手)	건네는 (수표) コンネヌン スピョ	~たいです 渡したいです	건네고 싶어요 コンネゴ シポヨ
過去連体 渡した(小切手)	건넨 (수표) コンネン スピョ	~て 渡して	건네고 コンネゴ
未来連体 渡す(小切手)	건넬 (수표) コンネル ッスピョ	~でしょう 渡すでしょう	건넬 거예요 コンネル ッコエヨ
~から 渡すから	건네니까 コンネニッカ	~と思います 渡すと思います	건넬 것 같아요 コンネル ッコッ カタヨ
~けれど 渡すけれど	건네지만 コンネジマン	意志 渡します	건네겠어요 コンネゲッソヨ

「渡す」には 넘기다 ノムギダ、주다 チュダ という言い方もあります。

渡る　건너다 コンノダ

動 形 形動 規則

요体 渡ります	건너요 コンノヨ	~てください 渡ってください	건너 주세요 コンノ ジュセヨ
否定 渡りません	건너지 않아요 コンノジ アナヨ	~ないでください 渡らないでください	건너지 마세요 コンノジ マセヨ
過去 渡りました	건넜어요 コンノッソヨ	仮定 渡れば	건너면 コンノミョン
現在連体 渡る(橋)	건너는 (다리) コンノヌン ダリ	~たいです 渡りたいです	건너고 싶어요 コンノゴ シポヨ
過去連体 渡った(橋)	건넌 (다리) コンノン ダリ	~て 渡って	건너고 コンノゴ
未来連体 渡る(橋)	건널 (다리) コンノル ッタリ	~でしょう 渡るでしょう	건널 거예요 コンノル ッコエヨ
~から 渡るから	건너니까 コンノニッカ	~と思います 渡ると思います	건널 것 같아요 コンノル ッコッ カタヨ
~けれど 渡るけれど	건너지만 コンノジマン	意志 渡ります	건너겠어요 コンノゲッソヨ

「渡る」には 지나가다 チナガダ という語もあります。

わびしい　쓸쓸하다　ッスルッスラダ　動 形 形動 規則

요체 **わびしいです**	쓸쓸해요 ッスルッスレヨ	~のに **わびしいのに**	쓸쓸한데 ッスルッスランデ
否定 **わびしくないです**	쓸쓸하지 않아요 ッスルッスラジ アナヨ	~くても **わびしくても**	쓸쓸해도 ッスルッスレド
過去 **わびしかったです**	쓸쓸했어요 ッスルッスレッソヨ	仮定 **わびしければ**	쓸쓸하면 ッスルッスラミョン
過去否定 **わびしくなかったです**	쓸쓸하지 않았어요 ッスルッスラジ アナッソヨ	~けれど **わびしいけれど**	쓸쓸하지만 ッスルッスラジマン
現在連体 **わびしい(人生)**	쓸쓸한 (삶) ッスルッスラン サム	~でしょう **わびしいでしょう**	쓸쓸할 거예요 ッスルッスラル ッコエヨ
過去連体 **わびしかった(人生)**	쓸쓸하던 (삶) ッスルッスラドン サム	~ようです **わびしいようです**	쓸쓸한 것 같아요 ッスルッスラン ゴッ カタヨ
~くて **わびしくて**	쓸쓸하고 ッスルッスラゴ	~ないようです **わびしくないようです**	쓸쓸하지 않은 것 같아요 ッスルッスラジ アヌン ゴッ カタヨ
~から **わびしいから**	쓸쓸하니까 ッスルッスラニッカ	~く **わびしく**	쓸쓸하게 ッスルッスラゲ

ひと言フレーズ 昨日は一人でわびしく夕食をとりました。
어젠 혼자서 쓸쓸하게 저녁을 먹었어요. オジェン ホンジャソ ッスルッスラゲ チョニョグル モゴッソヨ

詫びる／謝る　사과하다　サグァハダ　動 形 形動 規則

요체 **詫びます**	사과해요 サグァヘヨ	~てください **詫びてください**	사과해 주세요 サグァヘ ジュセヨ
否定 **詫びません**	사과하지 않아요 サグァハジ アナヨ	~ないでください **詫びないでください**	사과하지 마세요 サグァハジ マセヨ
過去 **詫びました**	사과했어요 サグァヘッソヨ	仮定 **詫びれば**	사과하면 サグァハミョン
現在連体 **詫びる(人)**	사과하는 (사람) サグァハヌン サラム	~たいです **詫びたいです**	사과하고 싶어요 サグァハゴ シポヨ
過去連体 **詫びた(人)**	사과한 (사람) サグァハン サラム	~て **詫びて**	사과하고 サグァハゴ
未来連体 **詫びる(人)**	사과할 (사람) サグァハル ッサラム	~でしょう **詫びるでしょう**	사과할 거예요 サグァハル ッコエヨ
~から **詫びるから**	사과하니까 サグァハニッカ	~と思います **詫びると思います**	사과할 것 같아요 サグァハル ッコッ カタヨ
~けれど **詫びるけれど**	사과하지만 サグァハジマン	意志 **詫びます**	사과하겠어요 サグァハゲッソヨ

「詫びる」には 용서를 빌다 ヨンソルル ピルダ という言い方もあります。

笑う　웃다　ウッタ

[動][形][形動][規則] 基本単語

丁寧形 笑います	웃어요 ウソヨ	~てください 笑ってください	웃어 주세요 ウソ ジュセヨ
否定 笑いません	웃지 않아요 ウッチ アナヨ	~ないでください 笑わないでください	웃지 마세요 ウッチ マセヨ
過去 笑いました	웃었어요 ウソッソヨ	仮定 笑えば	웃으면 ウスミョン
現在連体 笑う(顔)	웃는 (얼굴) ウンヌ ノルグル	~たいです 笑いたいです	웃고 싶어요 ウッコ シポヨ
過去連体 笑った(顔)	웃은 (얼굴) ウス ノルグル	~て 笑って	웃고 ウッコ
未来連体 笑う(顔)	웃을 (얼굴) ウス ロルグル	~でしょう 笑うでしょう	웃을 거예요 ウスル ッコエヨ
~から 笑うから	웃으니까 ウスニッカ	~と思います 笑うと思います	웃을 것 같아요 ウスル ッコッ カタヨ
~けれど 笑うけれど	웃지만 ウッチマン	意志 笑います	웃겠어요 ウッケッソヨ

「笑ってください」には 웃으세요 ウセヨ という言い方もあります。

笑わせる　웃기다　ウッキダ

[動][形][形動][規則]

丁寧形 笑わせます	웃겨요 ウッキョヨ	~てください 笑わせてください	웃겨 주세요 ウッキョ ジュセヨ
否定 笑わせません	웃기지 않아요 ウッキジ アナヨ	~ないでください 笑わせないでください	웃기지 마세요 ウッキジ マセヨ
過去 笑わせました	웃겼어요 ウッキョッソヨ	仮定 笑わせれば	웃기면 ウッキミョン
現在連体 笑わせる(マンガ)	웃기는 (만화) ウッキヌン マヌァ	~たいです 笑わせたいです	웃기고 싶어요 ウッキゴ シポヨ
過去連体 笑わせた(マンガ)	웃긴 (만화) ウッキン マヌァ	~て 笑わせて	웃기고 ウッキゴ
未来連体 笑わせる(マンガ)	웃길 (만화) ウッキル マヌァ	~でしょう 笑わせるでしょう	웃길 거예요 ウッキル ッコエヨ
~から 笑わせるから	웃기니까 ウッキニッカ	~と思います 笑わせると思います	웃길 것 같아요 ウッキル ッコッ カタヨ
~けれど 笑わせるけれど	웃기지만 ウッキジマン	意志 笑わせます	웃기겠어요 ウッキゲッソヨ

(否定)「笑わせません」には 안 웃겨요 ア ヌッキョヨ という活用形もあります。

割る (卵・氷などを) 깨다 ッケダ

動 形 形動 規則

요体 割ります	깨요 ッケヨ	~てください 割ってください	깨 주세요 ッケ ジュセヨ
否定 割りません	깨지 않아요 ッケジ アナヨ	~ないでください 割らないでください	깨지 마세요 ッケジ マセヨ
過去 割りました	깼어요 ッケッソヨ	仮定 割れば	깨면 ッケミョン
現在連体 割る(氷)	깨는 (얼음) ッケヌ ノルム	~たいです 割りたいです	깨고 싶어요 ッケゴ シポヨ
過去連体 割った(氷)	깬 (얼음) ッケ ノルム	~て 割って	깨고 ッケゴ
未来連体 割る(氷)	깰 (얼음) ッケ ロルム	~でしょう 割るでしょう	깰 거예요 ッケル ッコエヨ
~から 割るから	깨니까 ッケニッカ	~と思います 割ると思います	깰 것 같아요 ッケル ッコッ カタヨ
~けれど 割るけれど	깨지만 ッケジマン	意志 割ります	깨겠어요 ッケゲッソヨ

(意志)「割ります」には 깰게요 ッケルッケヨ、깰래요 ッケルレヨ という活用形もあります。

悪い 나쁘다 ナップダ

動 形 形動 으不規則 **基本単語**

요体 悪いです	나빠요 ナッパヨ	~のに 悪いのに	나쁜데 ナップンデ
否定 悪くないです	나쁘지 않아요 ナップジ アナヨ	~くても 悪くても	나빠도 ナッパド
過去 悪かったです	나빴어요 ナッパッソヨ	仮定 悪ければ	나쁘면 ナップミョン
過去否定 悪くなかったです	나쁘지 않았어요 ナップジ アナッソヨ	~けれど 悪いけれど	나쁘지만 ナップジマン
現在連体 悪い(天気)	나쁜 (날씨) ナップン ナルッシ	~でしょう 悪いでしょう	나쁠 거예요 ナップル ッコエヨ
過去連体 悪かった(天気)	나쁘던 (날씨) ナップドン ナルッシ	~ようです 悪いようです	나쁜 것 같아요 ナップン ゴッ カタヨ
~くて 悪くて	나쁘고 ナップゴ	~くないようです 悪くないようです	나쁘지 않은 것 같아요 ナップジ アヌン ゴッ カタヨ
~から 悪いから	나쁘니까 ナップニッカ	~く 悪く	나쁘게 ナップゲ

「(たばこは体に)悪い」には (담배는 몸에) 해롭다 (タムベヌン モメ) ヘロプタ という表現もあります。

●監修者

石賢敬（ソク ヒョンキョン）

東海大学外国語教育センター講師。大阪外国語大学大学院言語社会研究科国際言語社会専攻（日本コース）博士前期課程修了、東京大学大学院総合文化研究科言語情報専攻博士後期課程修了（学術博士）。共著に、ゲスト出演した『NHKラジオ　まいにちハングル』(NHK出版)、『みんなの韓国語1』『（同）2』(白帝社)、『韓国語へのとびら』(朝日出版社)などがある。

●執筆

金南昕（キム ナムン）

東海大学、日本外国語専門学校、在日本韓国YMCA韓国語講座非常勤講師。

平野水蓮（ヒラノ スヨン）校閲・コラム執筆

アジア・アカデミー講師。韓国の東国大学校卒。お茶の水女子大学大学院修了。

新井公子（あらい きみこ）

アジア・アカデミー講師。K-POPが大好きで韓国語の勉強を始める。

李光輝（イ カンヒ）p.20-49執筆

放送大学客員准教授、近畿大学・関西外国語大学非常勤講師。

すぐわかる！
韓国語活用辞典

監修者　石賢敬
発行者　高橋秀雄
編集者　原田幸雄
発行所　高橋書店
　　　　〒112-0013　東京都文京区音羽1-26-1
　　　　編集 TEL 03-3943-4529 ／ FAX 03-3943-4047
　　　　販売 TEL 03-3943-4525 ／ FAX 03-3943-6591
　　　　振替 00110-0-350650
　　　　http://www.takahashishoten.co.jp/

ISBN978-4-471-11324-7
Ⓒ TAKAHASHI SHOTEN　　Printed in Japan
定価はカバーに表示してあります。
本書の内容を許可なく転載することを禁じます。また、本書の無断複写は著作権法上での例外を除き禁止されています。本書のいかなる電子複製も購入者の私的使用を除き一切認められておりません。
造本には細心の注意を払っておりますが万一、本書にページの順序間違い・抜けなど物理的欠陥があった場合は、不良事実を確認後お取り替えいたします。下記までご連絡のうえ、小社へご返送ください。ただし、古書店等で購入・入手された商品の交換には一切応じません。

※本書についての問合せ
土日・祝日・年末年始を除く平日9：00～17：30にお願いいたします。
内容・不良品／☎03-3943-4529（編集部）
在庫・ご注文／☎03-3943-4525（販売部）